Teilhabe von Menschen mit schwerer und mehrfacher Behinderung
an Alltag | Arbeit | Kultur

Impulse: Schwere und mehrfache Behinderung

Herausgegeben von Norbert Heinen, Theo Klauß, Wolfgang Lamers und Klaus Sarimski

Band 3

Wolfgang Lamers (Hg.)
unter Mitarbeit von Tina Molnár

Teilhabe von Menschen mit schwerer und mehrfacher Behinderung an Alltag | Arbeit | Kultur

ATHENA

Umschlagabbildung:
Dörte Nielandt, Berlin

Dieses Buch entstand in Kooperation mit der
Bundesvereinigung Lebenshilfe e. V.,
die die fachliche Beratung und das fachliche Lektorat übernahm.

Bibliografische Information der Deutschen Nationalbibliothek

Die Deutsche Nationalbibliothek verzeichnet diese Publikation
in der Deutschen Nationalbibliografie; detaillierte bibliografische Daten
sind im Internet über <http://dnb.d-nb.de> abrufbar.

1. Auflage 2018

Copyright © 2018 by ATHENA-Verlag,
Mellinghofer Straße 126, 46047 Oberhausen

www.athena-verlag.de

Alle Rechte vorbehalten

Druck und Bindung: Grafisches Centrum Cuno, Calbe (Saale)

Gedruckt auf alterungsbeständigem Papier (säurefrei)

Printed in Germany

ISBN 978-3-7455-1000-3

Inhalt

Norbert Heinen, Theo Klauß, Wolfgang Lamers und Klaus Sarimski

Vorwort der Herausgeber der Reihe zu Band III

Mit dem neuen Bundesteilhabegesetz (BTHG) wurde das Bewusstsein dafür gestärkt, wie lebensnotwendig das Teilhaben für jeden Menschen ist. Niemand kann die in ihm angelegten Möglichkeiten ausbilden und seine Persönlichkeit entwickeln ohne die Chance, in den für ihn relevanten Lebensbereichen (vgl. ICF; DIMDI 2005) selbstbestimmt teilhaben zu können. Bei Lernen und Wissensanwendung, bei Kommunikation und sozialen Beziehungen, Mobilität, Häuslichem Leben, Bildung und Arbeit, Kultur, Freizeit, Sport u.a.m. brauchen Menschen die Möglichkeit der Teilhabe, also erleben zu können, dass sie ein Teil des Ganzen sind, sich an den gesellschaftlichen Angeboten beteiligen und sie nutzen sowie durch eigene Entscheidungen und Teilnahme einwirken können (vgl. v. Kardorff 2010).

Die Reihe »Impulse: Schwere und mehrfache Behinderung«, deren dritter Band nun erscheint, begründet sich darin, dass Menschen mit besonderen Beeinträchtigungen und hohem Unterstützungsbedarf ihr Recht auf derart vielfältige Teilhabe nur sehr begrenzt einlösen können. Sie erfahren in allen Lebensbereichen, sowohl in der Praxis als auch in der Wissenschaft, Gesellschaft und Politik, Exklusion und werden ganz erheblich an ihrer gesellschaftlichen Teilhabe gehindert. Auch dieser dritte Band stellt sich der Aufgabe, dazu beizutragen, diese Be-Hinderung der Teilhabe zu verringern.

Die Beiträge in diesem Buch basieren auf dem Kongress *TEILhabe an Alltag, Arbeit und Kultur*, der im Oktober 2017 an der Humboldt-Universität zu Berlin durchgeführt wurde. Hauptthema dieses Buches sind die Teilhabebehinderungen und -chancen von Erwachsenen mit schwerer Behinderung, und im Mittelpunkt steht der Alltag, in dem sich Zugehörigkeit und gelingende Teilhabe erweisen müssen.

Es wird ein Spektrum aufgemacht, das die in diesem Zusammenhang wesentlichen und in der ICF genannten Lebensbereiche anspricht und umfasst. Das Buch beginnt mit Klärungen, was *Teilhabe*, *Teilnahme*, *Teil-Sein* und *Teilgabe* für Menschen mit schwerer Behinderung bedeuten kann, inwieweit ihr Teilhaben Leistungsanforderungen und unseren Vorstellungen von Beteiligung entsprechen muss, und inwiefern das BTHG die Teilhabechancen für sie tatsächlich verbessern kann.

Konkret geht es dann um Fragen wie diese: Wie kann und muss *Alltag* gemeinsam gestaltet werden, um *Zugehörigkeit*, Einflussnahme und *aktive Beteiligung* tatsächlich möglich zu machen? Wie wird *Kultur* in ihrer breiten Vielfalt zugänglich, wie gelingt deren aktive Aneignung den Menschen, denen häufig kognitive und sprachliche Zugänge verwehrt bleiben und die darauf angewiesen sind, basale, elementare und konkret-gegenständliche Vermittlungswege zu nutzen? Wie können Menschen mit schwerer Behinderung nicht nur zu Rezipient(inn)en, sondern selbst auch zu *Gestalter(inne)n* von Kultur werden? Und wie kann eine aktive Ausgestaltung und

Nutzung des *Sozialraums* Barrieren für deren Teilhabe am Zusammenleben im Wohnquartier abzubauen helfen?

Eine zentrale Rolle spielen – zu Recht – Texte, in denen es um *arbeitsweltorientierte Angebote* für Menschen mit schwerer und mehrfacher Behinderung geht, um eine berufliche Bildung, die sich als Erwachsenenbildung versteht statt bloßer Vorbereitung auf Arbeit, und um die Bahnung von Übergängen von der Schule in das Arbeitsleben. Konkrete Beispiele gibt es dafür, wie Eigenproduktionen die Chance bieten, sich als produktiv erleben zu können – und wie einfach es sein kann, Menschen mit hohem Unterstützungsbedarf den Zugang zu arbeitsweltbezogener Bildung zu eröffnen.

Teilhabe ist auch *Partizipation*, davon dürfen Menschen mit hohem Hilfebedarf nicht ausgeschlossen werden; die Mitarbeit in einem FuB-Beirat (**F**örder- **u**nd **B**etreuungsbereiche-Beirat) bietet einen Rahmen dafür. Bei der Persönlichen Zukunftsplanung geschieht Einflussnahme individuell in Bezug auf das eigene Leben: Menschen mit schwerer Behinderung können über ihre Zukunft (mit)entscheiden. Nicht nur dabei erweisen sich Begrenzungen der *Kommunikation* als zentrale Hürden für die selbstbestimmte Teilhabe; insofern ist das Konzept der *Unterstützten Kommunikation* ein Schlüssel, um diese Barriere öffnen und Teilhabechancen eröffnen zu können.

Auffälliges Verhalten erweist sich als wesentliche Teilhabebegrenzung; das Verstehen seines subjektiven Sinns – u. a. mit dem Konzept der *Rehistorisierenden Diagnostik* – bietet einen Ansatz zur Überwindung dieser Barriere.

Diesem dritten Band ist wiederum zu wünschen, dass er bei Fachleuten, Angehörigen, Verbänden, Sozialpolitiker(inne)n und Verantwortlichen in Diensten und Einrichtungen im Sinne der UN-BRK zur Bewusstseinsbildung für die Rechte von Menschen mit schwerer Behinderung beiträgt, in allen Lebensbereichen selbstbestimmt teilhaben zu können.

Literatur

DIMDI (2005): ICF – Internationale Klassifikation der Funktionsfähigkeit, Behinderung und Gesundheit. Deutschsprachige Übersetzung – Stand Oktober 2005. http://www.dimdi.de/static/de/klassi/icf/index.htm. (04.2007).

Kardorff, E. von (2010): Evaluation beteiligungsorientierter lokaler Enabling Community-Projekte: Welche Anforderungen sind damit verbunden? In: Evangelische Stiftung Alsterdorf, Katholische Hochschule für Sozialwesen Berlin (Hg.): Enabling Community – Anstöße für Politik und soziale Praxis, 263–275.

UN (United Nations) (2008): Convention on the Rights of Persons with Disabilities and Optional Protocol. http://www.un.org/disabilities/documents/convention/convoptprot-e.pdf. (03.02.2011).

Vorwort

»Was bedeutet Teilhabe von Menschen mit Behinderungen?«
fragt das Bundesministerium für Arbeit und Soziales auf seiner Homepage und liefert
auch gleich die Antwort: Menschen mit Behinderungen wollen genauso leben wie
nichtbehinderte Menschen auch. Eine scheinbar schlichte Antwort, die beinhaltet, dass
Menschen mit Behinderung partizipieren, also diskriminierungsfrei Teil-sein, an allen
zentralen Lebensbereichen Teil-haben, aktiv an Entscheidungsprozessen Teil-nehmen
und ihre eigenen Fähigkeiten und Kompetenzen zur Gestaltung des gesellschaftlichen
Miteinanders einbringen können sollen (vgl. von Kardorff 2014). Teilhabe umfasst
somit mehr als die Anerkennung und Wertschätzung individueller Besonderheiten
oder das Ermöglichen gleichberechtigten Dabeiseins unterschiedlicher Gruppen z. B.
an Bildung, Arbeit oder sozialer Sicherung.

Aber wie würde die Beantwortung der Frage nach den gesellschaftlichen Teilhabemöglichkeiten für jene (erwachsenen) Menschen ausfallen, die wir als Menschen mit
schwerer und mehrfacher Behinderung oder Komplexer Behinderung bezeichnen?

Wenn Wissenschaftler(innen) diese Fragen beantworten, dann konstatieren sie zwar
einerseits, dass die Bundesrepublik Deutschland mittlerweile über ein ausgebautes,
differenziertes und abgesichertes Netz an Hilfen für Menschen mit Behinderungen
verfügt, dass aber andererseits die Interessen und Bedürfnisse der Menschen, um die
es auf der durch diesen Sammelband dokumentierten Fachtagung ging, auf allen gesellschaftlichen Ebenen zu wenig Beachtung finden und ihre Teilhabe in zentralen
gesellschaftlichen und kulturellen Bereichen nicht selbstverständlich ist oder in Frage
gestellt wird. Selbst wenn man die Frage der Teilhabemöglichkeiten dieser Menschen
auf die behindertenpädagogischen Institutionen als gesellschaftliche Subsysteme beschränkt, zeigt sich sehr oft, dass sie auch dort am Rande stehen und nicht im gleichen
Maße teilhaben können wie andere behinderte Menschen ihres Alters.

Diese Befunde, die in eklatantem Widerspruch zu aktuellen Leitvorstellungen
und Gesetzesvorgaben (vgl. UN-BRK) stehen, waren ein zentraler Impuls, im Oktober 2017 die Fachtagung »Teilhabe von Menschen mit schwerer und mehrfacher
Behinderung an Alltag | Arbeit | Kultur« an der Humboldt-Universität zu Berlin
auszurichten. Schließlich stehen Mitarbeiter(innen) in Förder- und Betreuungseinrichtungen täglich neu vor der Herausforderung, Teilhabemöglichkeiten für diese
Menschen zu realisieren. Eine solche Fachtagung durchzuführen, war von der Idee
geleitet, Mitarbeiter(innen) und Leitungen von Einrichtungen, die für diesen Personenkreis tagesstrukturierende Angebote realisieren, aber auch Wissenschaftler(innen),
Verbändevertreter(innen), Studierende und Angehörige in einen fruchtbaren Austausch zu bringen, der dazu beitragen sollte, die Partizipationsmöglichkeiten von
Menschen mit schwerer und mehrfacher Behinderung zu erweitern.

Für die Konzeption der Fachtagung und des Buches war die Frage leitend, was erwachsene Menschen mit einer schweren und mehrfachen Behinderung brauchen, um

ein gutes Leben führen zu können. Eine Grundannahme war und ist, dass Menschen mit einer schweren Behinderung nicht grundsätzlich andere Bedürfnisse haben als Menschen ohne Behinderung, denn die Unterschiede sind keine Wesensunterschiede, wie Speck feststellt, sondern lediglich solche der persönlichen Ausprägung aufgrund konstitutioneller und kommunikativer Erschwerungen (vgl. Speck 1982). Vor diesem Hintergrund haben sich drei Themenfelder herauskristallisiert, die im Titel der Tagung erscheinen und sich wie ein roter Faden durch den Tagungsband ziehen: Es geht um die Teilhabe von Menschen mit schwerer und mehrfacher Behinderung an Alltag, Arbeit und Kultur. Diese inhaltliche Fokussierung entspringt der Überzeugung, dass es für jeden Menschen, unabhängig davon, ob er behindert ist oder nicht, grundsätzlich bedeutsam ist, dass er im Alltag, im Kontext von Arbeit sowie im Rahmen kultureller Bildung sinnvollen und seinem Lebensalter entsprechenden Tätigkeiten nachgehen kann. Wenn die Teilhabe behinderter Menschen bedeutet, so leben zu können wie Menschen ohne Behinderung auch, dann beschreiben diese drei Themenfelder sicherlich einen wesentlichen Kern von einem guten Leben.

Für das nun vorliegende Buch sind die meisten Beiträge der Tagung, die diese Themen sowohl aus theoretischer als auch praktischer Sicht beleuchten, verschriftlicht und damit einem größeren Kreis zugänglich gemacht worden. Sie zeigen neue Perspektiven für die Arbeit mit erwachsenen Menschen mit schwerer und mehrfacher Behinderung auf, die als Impulse dienen können, die Praxis zu verändern und weiterzuentwickeln.

Die Heterogenität des Personenkreises von Menschen mit schwerer und mehrfacher Behinderung spiegelt sich nicht nur in der Verwendung unterschiedlicher Bezeichnungen, sondern auch in den inhaltlichen Schwerpunkten der einzelnen Artikel wider, da gerade auch die Beiträge aus der Praxis konkret durch die Menschen mit Behinderung geprägt sind, die die Arbeit im Alltag bestimmen. Diese Vielfalt der Zugänge bedeutet für die Leser(innen) ggf. die Herausforderung, das Gelesene bezogen auf die eigene Arbeit weiterzudenken, aufzugreifen oder sogar weiter zu gestalten

Formal sei noch darauf verwiesen, dass zum 01.01.2018 Änderungen im SGB IX (BTHG) in Kraft getreten sind, die in den Artikeln dieses Buches noch nicht berücksichtigt wurden. Die Beiträge beziehen sich i.d.R. auf die im Oktober 2017 gültige Gesetzeslage.

Berlin, im Mai 2018

Wolfgang Lamers

Literatur

Kardorff, E. von (2014): Partizipation im aktuellen gesellschaftlichen Diskurs – Anmerkungen zur Vielfalt eines Konzepts und seiner Rolle in der Sozialarbeit. In: Archiv für Wissenschaft und Praxis der sozialen Arbeit (2), 4–15.

Speck, O. (Hg.) (1982): Erwachsenenbildung bei geistiger Behinderung. Grundlagen, Entwürfe, Berichte. München.

Teilhabe für Menschen mit schwerer Behinderung – eine Einführung

Andreas Fröhlich

Sein oder Haben
eine Einführung

Ganz sicher wird dieses Buch, erst recht nicht dieser Beitrag im Buch, das Erste sein, was Sie zum Thema Teilhabe lesen. Seitdem die deutsche Übersetzung der *Convention of the United Nations on the rights of persons with disabilities* vorliegt, ist auch der Begriff Teilhabe im Gespräch. In Deutschland haben wir nun auch ein Teilhabegesetz, über das schon viel geschrieben wurde.

Eine Einführung kann die Vielfalt der möglichen Aspekte solcher Gesetze und Konventionen, ihre Hintergründe und vor allem ihre Auswirkungen unmöglich alle darstellen und würdigen. Diese Einführung will ein paar wenige Akzente setzen, um Ihren Blick auf einige kritische Fragen zu richten.

Manche dieser Fragen werden Texte im vorliegenden Buch beantworten, manche werden offen bleiben und Ihnen auch immer wieder im beruflichen Alltag begegnen.

Eine Ein*führung* nimmt für sich in Anspruch, jemanden, die Leserin oder den Leser führen zu können. Die Einführung bittet also, ihr zu folgen, wenigsten ein paar Seiten lang, um dann selbst zu entscheiden, ob diese Sichtweise, diese Argumentation weiterhin verfolgenswert ist.

So darf ich Sie also bitten, mir einige Minuten zu folgen …

1   Ein besonderer Blick

Mein berufliches Augenmerk gilt – auch im Zusammenhang dieses Beitrags – den Menschen, die wir *schwer und mehrfachbehindert* nennen. Es sind Menschen mit sehr schweren und schwierigen Funktionseinschränkungen (im Sinne der ICF), die zu erheblichen Aktivitätseinbußen führen. Viele dieser Menschen sind dazu auch chronisch krank oder gesundheitlich sehr instabil, ihre durchschnittliche Lebenserwartung ist meist deutlich geringer als die weniger stark beeinträchtigter Menschen.

Aus diesen Aktivitätseinschränkungen, die den gesamten Alltag betreffen, resultiert dann fast immer eine »Komplexe Behinderung« (Fornefeld). Das Leben dieser Personen unterscheidet sich in den großen Linien, wie auch in den alltäglichen Fragen, sehr von dem eines nicht beeinträchtigten Menschen.

Es sind Menschen, die nicht über gesprochene Sprache kommunizieren, Menschen, die ganz wenig Selbstpflegekompetenz entwickeln konnten, d. h. sie sind in den meisten Verrichtungen des täglichen Lebens auf andere Menschen angewiesen, sei es die eigene Fortbewegung, die Positionierung auf einem geeigneten Stuhl oder die Nahrungsaufnahme, von der Zubereitung derselben ganz zu schweigen. So spricht

man eben auch von *Menschen mit sehr hohem Unterstützungsbedarf* – wiewohl dieser
Ausdruck der Komplexität ihrer Bedürfnisse und Möglichkeiten bei Weitem nicht
entspricht.

2   Haben oder Sein

Erich Fromm (1900–1980), ein deutscher Psychoanalytiker und Sozialphilosoph,
1933 in die USA emigriert, veröffentlichte 1976 ein Buch *To have or to be*. Es erschien
rasch auch auf Deutsch *Haben oder Sein*.

Dieses Buch hat mich in meinen frühen Berufsjahren sehr beeindruckt. Mit seiner
klaren Abrechnung eines vorwiegend auf Konsum ausgerichteten Lebens, mit seiner
Analyse eines Lebensstils, der dem Besitz von Statussymbolen huldigte, entsprach
Fromm den Gedanken mancher der jüngeren Generation damals.

Vor allem aber waren es seine Überlegungen zum intellektuellen Sein oder Haben.
Lernen konnte für ihn auf zweierlei Art geschehen: als geistige, durchaus anstrengende Besitzergreifung von Wissen, über das man dann als Herrschaftswissen verfügen
konnte (Stichwort: Wissen ist Macht) oder Lernen als aktives Durchdringen von Ide-
enwelten, Gedanken und Überlieferungen, um besser zu verstehen.

Wissen *haben* oder wissend *sein* – das kann dann eine zentrale Frage für das ganze
Leben werden.

In der heute gängigen Sicht von Bildung (als »Rohstoff«) sind wir offenbar ganz bei
der Haben-Variante angelangt.

Es war aber dieses *Haben* im Titel, das mich in der Vorbereitung des Berliner Vortrags
nach Jahrzehnten wieder zu Fromms Buch greifen ließ. Teil*habe*, da liegt ja nun großes
Gewicht auf dem *Haben*.

Teilhabe ist für mich ein sprachlich unangenehmes Wort. Da wird ein Verb, ein Tun-
Wort, nämlich *haben* zu einem Substantiv, zu einem Ding-Wort gemacht zur *Habe*.
Das ist sprachlich möglich, liegen wird zur Liege, anrichten zur Anrichte und sogar
lachen zur Lache.

Aber mit dieser sprachlichen Umwandlung wird Dynamik durch Statik ersetzt, was
als Tun-Wort voller Leben war, wird als Ding-Wort starr und unbelebt (manches dazu
kann man bei Fromm weiter vertiefen).

3   Nur Teilhabe?

Will man tatsächlich nur Teilhabe?
Möchte man nicht auch Teil sein? Fühlt man sich nicht erst als Teil, wenn man auch
seinen Teil dazu geben kann? Das deutete auch der Flyer zur Tagung in Berlin an, die
diesem Buch hier zugrunde liegt.

In den Originalsprachen des Übereinkommens der Vereinten Nationen ist von *Partizipation* die Rede. Part (lat. pars) bedeutet Teil, Anteil, aber auch Rolle, Amt und Pflicht. Hier kann man einen Zusammenhang sehen mit einer *Rollenübernahme* innerhalb einer Gesellschaft.

Partizipation in der neueren Zeit, etwa seit der französischen Revolution, betont das bürgerschaftliche Engagement, die Eigenschaft als mitbestimmender, mitwirkender, mitverantwortlicher Citoyen. Partizipation ist zu einem zentralen Begriff moderner Bürgerrechtsbewegungen geworden.

Partizipation von Menschen mit schweren und mehrfachen Beeinträchtigungen? Warum sollte man das nicht als Vorstellung formulieren? Sie sollen nicht nur den ihnen zustehenden Teil (ab)bekommen, sie sollten ebenso ihren Anteil geben und gestalten, sie sollten selbstverständlich Teil der Gesamtgesellschaft sein können. Zum Teil sind das noch Utopien – aber sie müssen gedacht werden.

4   Zum Beispiel Herr Kaiser

Herrn Kaiser kenne ich seit vielen Jahren. Er ist Mitarbeiter einer Tagesförderstätte, zusammen mit ehemaligen Schulkamerad(inn)en, mit später hinzu gekommenen Unfallopfern, mit Menschen, die nach einem schweren Schlaganfall, nach Narkosezwischenfällen nicht mehr in ihr vorheriges Leben zurückkehren konnten. Er verbringt dort die Tage, seine Tätigkeiten sind sehr beschränkt, er teilt diese Alltagssituation mit vielen anderen.

Oliver Kaiser ist aber auch Musiker. Irgendwann einmal entdeckte jemand seine Liebe zur Unterhaltungsmusik, zu Songs – und eine schon lange vorhandene, ihm verbliebene motorische Fähigkeit: ein Bein kann er einigermaßen kontrolliert bewegen, den Fuß nach vorne strecken. Das geht, wenn er im angepassten Rollstuhl sitzt, wenn er sich konzentrieren kann.

Oliver war vor ungefähr vierzig Jahren eines der Kinder, mit denen ich meine berufliche Arbeit begann. Mit ihm versuchten wir uns damals an neuen Kommunikationstechnologien.

1982 hatten wir beide es sogar bis in die Tagesschau gebracht, zusammen mit einem Ur-Computer, der einzelne Buchstaben nacheinander anzeigen konnte. Mit seiner eingeschränkten Motorik konnte er – wenn er denn wollte – einzelne Buchstaben markieren, diese sollten dann als Wort auf dem grünlich flackernden Bildschirm lesbar erscheinen.

Aber Oliver hat das – bis heute – nie wirklich interessiert, Er blieb schriftlos wortlos – aber nicht sprachlos. Er fand die Musik.

Eine musizierende Gruppe, manche sichtlich »behindert«, andere eher nicht. Oliver Kaiser, fast liegend in seinem Rollstuhl, vor ihm am Boden steht ein Gestell mit vielen kleinen Glöckchen. Streckt er seinen Fuß aus, so stößt er an die Glöckchen, bringt sie zum Klingen. Der Saal ist groß, erstaunlich gut gefüllt. Die Gruppe *Carpe Diem* ist bekannt in der Region, viele Leute kommen, wenn sie ihre Musik spielen. Es sind nicht nur Angehörige und Mitarbeiter(innen), nein, es kommen auch Zuhörer(innen) nur wegen der Musik. Wir sehen diesen Mann mittleren Alters, mit sehr deutlich ausgeprägten Funktionseinschränkungen, wir sehen seine Anstrengung und seine Begeisterung.

Oliver Kaiser *gibt* etwas. Er leistet einen Beitrag zur regionalen Musikkultur. Und er ist Teil einer Band, Teil der »Szene« in der Region.

Er *hat* einen Bandleader, der ihn versteht, der auf ihn eingeht und sich von ihm inspirieren lässt.

Er *hat* Support, d. h. Unterstützung. Er wird für die Proben »frei gestellt«, die Mobilitätsfragen werden gelöst, technische Herausforderungen werden angegangen.

Kann man das mit *haben* beschreiben? Müsste man nicht sagen (und denken): »derzeit besteht die Möglichkeit für ihn …«?

Dieses *Haben* ist sehr fragil, unterliegt Einschränkungen, ist immer gefährdet. Aber hier und jetzt kann er leben, als Musiker.

5   Kurzes Innehalten

Vieles im Leben sehr schwer behinderter Menschen ist unsicher, in noch viel größerem Maße als bei allen Menschen. Die prinzipielle Existenzunsicherheit manifestiert sich an ihnen ganz besonders, nichts scheint sicher und stabil.

Bezogen auf die Lebenszeit Oliver Kaisers können wir aber doch auch sagen, dass sich für Menschen mit schweren und mehrfachen Beeinträchtigungen viel zum Positiven verändert hat.

Eine Auswahl:
- Man lässt sie nicht mehr einfach »gehen«, wenn sie sich eine Lungenentzündung zugezogen haben, man versorgt sie medizinisch. Man kümmert sich um ihre Schmerzen und meint nicht, dass sie diese ja doch nicht wirklich spürten.
- Man hat Kommunikationstechniken und -technologien entwickelt, die es vielen, wenn auch nicht allen, möglich machen, sich zu äußern.
- Man erkennt ihre Sexualität an, gesteht ihnen manchmal sogar Befriedigung zu.
- Man redet weniger von Autoaggressivität, wenn es doch eigentlich um verzweifelte Versuche geht, sich vor Überflutung, Überlastung und Schmerz zu schützen.
- Stereotypien gelten nicht mehr als Unarten, die man »wegtherapieren« sollte, sondern können als Formen des Spiels, der Beschäftigung verstanden werden.
- Fixierung und medizinische Eingriffe werden bedacht, rechtlich geregelt und nicht mehr zur Vereinfachung der Arbeitsabläufe fraglos eingesetzt.
- Es gibt Einmalwindeln, auch die mussten erfunden und entwickelt werden. Und sie mussten bezahlbar werden!

- Es fand auch eine gewisse spirituelle »Ent-Elendung« statt. Schwerst beeinträchtigte Kinder gelten nicht mehr einfach als »Strafe Gottes«. Sie werden auch nicht mehr von Kommunion und Konfirmation ausgeschlossen, wenn denn die Familien einen kirchlichen Bezug pflegen.
- Auch die Zwangsversetzung weniger geschätzter Mitarbeiter(innen) in die »Abteilung für Schwerstbehinderte« gehört der Vergangenheit an(?).
- Es wurde erkannt, dass auch eine sehr unvollständige Selbstständigkeit noch nicht bedeutet, dass ein Mensch nicht selbst bestimmen kann, wie er leben möchte.
- Unbildbar, unerziehbar, nicht beschulbar – das sind Attribute, die nicht mehr gelten. Die Annahme einer unteren Grenze der Lernfähigkeit ist unhaltbar geworden.
- Die Koppelung der zugesprochenen Personwürde an definierte kognitive Fähigkeiten hat keine Gültigkeit mehr.

Wir können wirklich sagen, es hat sich vieles geändert – und es bleibt vieles zu tun.

6   Teilhabe – teils teils

Am Ende dieser Einführung, bevor es mit wissenschaftlichen Einsichten und praktischen Erfahrungen zum Eigentlichen geht, noch eine grundsätzliche Erwägung:
Am besten schauen wir unser eigenes Leben an, dies kann zwar nicht der Maßstab für andere sein, aber doch ein Maßstab dafür, was wir bedenken sollten, wenn wir manchmal allzu vollmundig von Teilhabe sprechen.

Wovon sehe ich mich denn als Teil, als Mit-Glied?
Und wovon ganz sicher nicht?
Wo wäre ich denn gerne Teil, und wo lässt man mich nicht mitmachen, mit dabei sein?
Wem würde ich denn gerne etwas von mir geben, wem nicht?
Mit wem möchte ich teilen, mein Glück, meinen Schmerz?
Und wen geht das nichts an?
Was möchte ich denn unbedingt haben, was ist mir eher egal?

Denken Sie an ganz banale alltägliche Situationen, nicht nur an die großen, bedeutsamen:
Möchte ich Teil haben an den Telefongesprächen von Mitreisenden im Zug?
Zu welchen politischen Gruppierungen möchte ich nicht gerechnet werden?
Mit wem wäre es mir peinlich, gesehen zu werden?
Und wen möchte ich auf einem Selfie mit auf dem Bild haben?
Alles das sind Alltagsformen von Teilhabe, zufällig oder zwangsläufig, aufgezwungen oder frei gewählt, immer aber sehr persönlich, mich selbst betreffend.

Und da kommt das für mich so wichtige *Recht, in Ruhe gelassen zu werden* ins Spiel.

Privacy, nicht für jeden jederzeit zur Verfügung zu stehen, nicht über sich verfügen lassen zu müssen. Dieses Recht möchte ich auch für Menschen mit hohem Unterstützungsbedarf, für solche mit komplexen Behinderungen, umfänglichen Beeinträchtigungen und schwersten Funktionseinschränkungen und lebensverkürzenden gesundheitlichen Problemen einfordern.

Rechte, Menschenrechte sind unteilbar. Da sind alle Menschen eingeschlossen, ausnahmslos alle, nicht nur diese …

Andreas Fröhlich
Berlin/Kaiserslautern Oktober 2017

Wolfgang Lamers und Tina Molnár

Ein Leben in Vielfalt – auch für Menschen mit schwerer und mehrfacher Behinderung

1 Vielfalt und Teilhabe als gesellschaftliche Zielperspektiven

Vielfalt und Teilhabe – zwei schillernde Begriffe, die trotz (oder vielleicht) gerade wegen ihrer Vieldeutigkeit in zahlreichen Kontexten genutzt und diskutiert werden. Während Prengel das Anerkennen von Vielfalt in inklusiven Bildungssettings als »Richtschnur für das Handeln, (als) eine Orientierung« (Prengel 2003, o. S.) beschreibt und ihm dadurch eine normative Funktion beimisst, wird Vielfalt im Sinne von Diversity (Management) als Instrument gesehen, das genutzt wird, um eine erhöhte Wertschöpfung zu erreichen (vgl. Fröhlich 2012, 75 f.). So kann je nach Perspektive und Zielsetzung »Vielfalt gestalten […] beides sein, Mittel und Zweck, allerdings nicht gleichzeitig« (Schröer 2006, 5).

Den Umstand, dass Vielfalt bzw. Diversity auch einen wirtschaftlichen Wirkfaktor darstellt, spiegelt die folgende Aussage aus der Charta der Vielfalt der Unternehmen in Deutschland wider: »Wir können wirtschaftlich nur erfolgreich sein, wenn wir die vor-

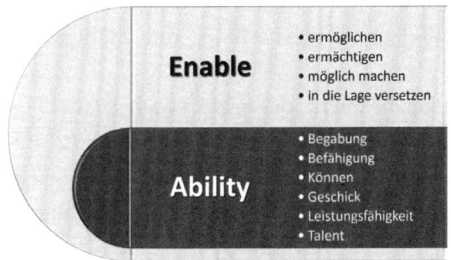

handene Vielfalt erkennen und nutzen« (Charta der Vielfalt e. V. 2017). Dabei wird eine Verknüpfung mit den Begriffen *Enable* und *Abilities* vorgenommen, worunter verstanden werden kann, dass Arbeitgeber(innen), die sich für Vielfalt einsetzen, einen Rahmen schaffen sollen, in dem sehr unterschiedliche Menschen ihre Fähigkeiten, ihr Können, ihre Be-

Abb. 1: Bedeutungsspektrum Enable/Ability

gabung und ihr Talent einbringen können. Doch der Umstand, dass in Deutschland mehr als ein Drittel aller DAX-Unternehmen bei IT-Projekten Mitarbeiter(innen) von auticon rekrutiert, einem IT-Dienstleister, der ausschließlich Menschen mit Asperger-Syndrom als IT-Consultants beschäftigt, ist keineswegs mit einer philanthropischen Überzeugung großer Konzerne zu erklären. So wird auch auf der Webseite von ›auticon‹ der ökonomische Mehrwert von Diversity hervorgehoben: Mit der Beschäftigung autistischer Mitarbeiter(innen) »verbinden wir wirtschaftliche und soziale Ziele. Autistische Mitarbeiter bringen oftmals besondere Begabungen in Logik, Detailgenauigkeit und Mustererkennung mit« (auticon GmbH 2017).

Auch für den Begriff der *Teilhabe* haben sich mittlerweile verschiedene Verstehensweisen etabliert. Während er im Kontext des Übereinkommens der Vereinten Nationen über die Rechte von Menschen mit Behinderungen (UN-BRK) trotz der da-

Abb. 2: Dimensionen von Partizipation nach von Kardorff 2014

mit einhergehenden Bedeutungsverluste lediglich als Übersetzung des englischen Begriffs *participation* auftaucht (vgl. Hirschberg 2010, 2), kann Teilhabe nach von Kardorff auch in einem komplexeren Verhältnis zu Partizipation betrachtet werden. Er unterscheidet *Teilnahme, Teilhabe, Teil-Sein und Teilgabe* als vier Dimensionen von Partizipation.

- Mit dem Aspekt ›*Teil-Sein*‹ verbinden sich für von Kardorff Fragen der diskriminierungsfreien Anerkennung von Minderheiten, der individuellen Verschiedenheit und persönlichen Lebensorientierungen sowie der sozialen Einbindung, also Aspekte der Zugehörigkeit zu einem ›Ganzen‹ der Gesellschaft und zu einer Gemeinschaft im Alltag.

- ›*Teil-haben*‹ fragt danach, wie die Zugangsmöglichkeiten zum Arbeitsmarkt, zu Bildung, zu angemessenem Wohnraum, zu sozialen Kontakten außerhalb des Versorgungssystems, zur Teilhabe an sozialen und kulturellen Angeboten etc. realisiert sind.

- ›*Teil-nehmen*‹ beinhaltet einen aktiven Aspekt und kann verstanden werden als Aufforderung und Chance, die Bürger(innen)rolle engagiert wahrzunehmen, Gestaltungsmacht und Möglichkeiten zu nutzen, die Lebensbedingungen im eigenen Lebensumfeld mitzubestimmen und durch eigene Ideen und Handeln zu bereichern.

- ›*Teil-geben*‹ als vierte Dimension von Teilhabe meint, dass jedes Mitglied einer Gesellschaft seine eigenen Fähigkeiten und Kompetenzen zur Gestaltung des gesellschaftlichen Miteinanders einbringen kann. Teilgabe beinhaltet auch eine gesellschaftliche Reziprozitätserwartung, es geht nicht nur ums ›Haben‹ und ›Nehmen‹, sondern auch um das Zurückgeben (vgl. von Kardorff 2014, 10).

Sowohl theoretische als auch praktische Annäherungen an die Begriffe *Vielfalt* und *Teilhabe* zeichnen sich demzufolge dadurch aus, dass sie um ein diskriminierungsfreies Zusammenleben von unterschiedlichen Menschen im interkulturellen Miteinander, in der Nachbarschaft, in Netzwerken und im Alltag bemüht sind bzw. dieses beschreiben. Es stellt sich die Frage, inwiefern solche zweck- oder normorientierten Bestrebungen dazu führen können, auch Menschen mit schwerer und mehrfacher Behinderung neue und attraktive Möglichkeiten der Teilhabe an einem gemeinsamen Leben in Vielfalt zu eröffnen. Die bisherigen Erfahrungen und der Umstand, dass Vielfalt und Teilhabe in wirtschaftlichen Kontexten dort ihre Grenzen erfahren, wo der pekuniäre Mehrwert und Wettbewerbsvorteil ausbleibt, lassen vermuten, dass Menschen mit schwerer und mehrfacher Behinderung auch in absehbarer Zeit nicht als Bürger(innen) betrachtet werden, die das gesellschaftliche Zusammenleben tatsächlich bereichern können (vgl. Neukirchinger 2013, 106 f.).

Mit der Unterzeichnung der UN-BRK haben sich die Vertragsstaaten dazu verpflichtet, Maßnahmen zu ergreifen, die »*das Bewusstsein für Menschen mit Behinderungen [...] schärfen und die Achtung ihrer Rechte und ihrer Würde [...] fördern*« (BMAS 2011, 19). In Artikel 8 werden u. a. folgende Ziele formuliert:

- »*das Bewusstsein für die Fähigkeiten und den Beitrag von Menschen mit Behinderungen [zu unterstützen ...],*
- *eine positive Wahrnehmung von Menschen mit Behinderungen und ein größeres gesellschaftliches Bewusstsein ihnen gegenüber [zu erreichen und ...]*
- *die Anerkennung der Fertigkeiten, Verdienste und Fähigkeiten von Menschen mit Behinderungen und ihres Beitrags zur Arbeitswelt und zum Arbeitsmarkt zu fördern*« (BMAS 2011, 18).

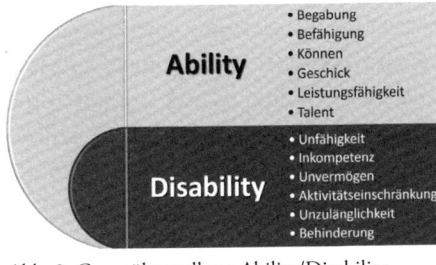

Es existieren durchaus Kampagnen und Bestrebungen, die diesen Verpflichtungen folgend versuchen, das Bewusstsein für Menschen mit Behinderungen und ihre Fähigkeiten zu schärfen, aber in den seltensten Fällen werden dabei auch Menschen mit schwerer und mehrfacher Behinderung in den Blick genommen.

Abb. 3: Gegenüberstellung Ability/Disability

Häufig stehen in der Wahrnehmung von Menschen mit schwerer und mehrfacher Behinderung statt der Assoziationen im Sinne von *Abilities* eher solche im Vordergrund, die *Disabilities* beschreiben.

2 Die Lebenssituation von Menschen mit schwerer und mehrfacher Behinderung – Prüfstein für Bemühungen um Vielfalt und Teilhabe

Es bleibt die Frage, wie die Arbeit mit Menschen mit schwerer und mehrfacher Behinderung konsequent an der Leitidee des Ermöglichens und »in die Lage Versetzens« ausgerichtet werden kann. Dabei soll von einem Zusammenhang zwischen einem Leben in Vielfalt im soziologischen Sinne und einem im pädagogischen Verständnis vielfältigen oder interessanten Leben, das sich durch inspirierende, abwechslungsreiche und anregende Momente auszeichnet, ausgegangen werden. Es wird im Umkehrschluss die Hypothese

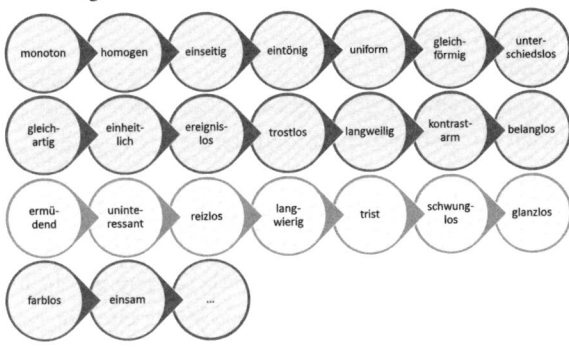

Abb. 4: Synonyme ›Monotonie‹

aufgestellt, dass ein nicht-vielfältiges, im Sinne eines eintönigen, ereignislosen und gleichförmigen Lebens, dazu beiträgt, dass Menschen mit schwerer und mehrfacher Behinderung ihre *Abilities* nicht entwickeln oder einbringen können und dadurch gesellschaftliche Ausgrenzung erfahren.

2.1   Alltägliches und Monotonie statt Besonderes und Irritation: die Rolle der Praxis

Dabei ist dieser Blick auf den Personenkreis, der ihre Kompetenzen und Fähigkeiten übersieht, selbst in Behinderteneinrichtungen zu finden. Empirische Daten aus verschiedenen bundesweiten Forschungsprojekten in Förder- und Betreuungseinrichtungen legen die Vermutung nahe, dass es in der Praxis außerordentlich schwer zu fallen scheint, Menschen mit schwerer und mehrfacher Behinderung einen vielseitigen und interessanten Alltag zu ermöglichen, sie mit Angeboten anzuregen und zu bewegen, sie zu inspirieren und anzusprechen. Folgende Handlungs- und Strukturmuster konnten in diesem Zusammenhang beobachtet werden (vgl. Lamers & Heinen 2006; BiSB-Projekt in Klauß et al. 2006 und Janz et al. 2009; SITAS-Projekt in Terfloth & Lamers 2013; EloQuenT-Projekt in Riegert et al. 2016):

*   Häufig findet sich der erfahrungsgeprägte Hinweis, dass Menschen mit schwerer und mehrfacher Behinderung möglichst gleich bleibende Abläufe, Zeiten und Bezugspersonen im Alltag benötigen. Es ist sicherlich nicht von der Hand zu weisen, dass Rituale und klare Strukturen durchaus bedeutsam sind, allerdings sind umgekehrt keine empirischen Ergebnisse bekannt, die Überraschungen, Neues, Abwechslungsreiches und ›dosierte Irritationen‹ als schädlich für diesen Personenkreis beschreiben würden. Dies mag für einzelne Personen durchaus zutreffend sein, kann aber nicht generalisiert werden. Dass die Gleichförmigkeit des Alltags und ständig wiederholte Abläufe nicht unbedingt geeignet sind, den Enthusiasmus und die Motivation der Pädagog(inn)en und Therapeut(inn)en zu erhalten, dürfte auf der Hand liegen. Jeden Tag zu Beginn über einen langen Zeitraum das gleiche Begrüßungsritual zu vollziehen, die gleiche Zuordnungs- oder Sortieraufgabe zu üben, das gleiche Spiel zu spielen, bringt auf allen Seiten das Interesse zum Erliegen und löst Langeweile aus.

*   Interesse kommt aber nicht nur dann zum Erliegen, wenn der Alltag selbst gleichförmig ist, sondern auch, wenn während des Tages viel ›Leerlauf‹ entsteht. So wurde sowohl in den Schulen als auch in den Förderbereichen festgestellt, dass selbst in den für Unterricht bzw. Förderung und Arbeit vorgesehenen Phasen lange nichts mit den Menschen geschah und diese Zeit nicht als Lern-, Förder- oder Arbeitszeit genutzt wurde. Als fast schon definitionsmächtig zeigte sich, dass Menschen mit schwerer und mehrfacher Behinderung, insbesondere in sehr homogenen Gruppen, über den Tag verteilt unendlich lange Wartezeiten in Kauf nehmen mussten.

- Aus psychologischen Erhebungen ist bekannt, dass der soziale Austausch mit anderen Mitgliedern einer Gruppe einen bedeutsamen Kontext für Entwicklung und Lernen darstellt (vgl. Bruner 1986 zit. n. Lamers & Heinen 2006). Auch hier zeigte sich in den untersuchten Institutionen, dass der sozialen Interaktion und dem gemeinsamen Agieren mit den anderen Mitgliedern einer Klasse oder Fördergruppe im Wochenverlauf nur eine untergeordnete Bedeutung beigemessen wurde.

- Darüber hinaus konnte beobachtet werden, dass die räumlichen Bedingungen, unter denen Menschen mit schwerer und mehrfacher Behinderung ihren Alltag verbringen, nicht immer so gestaltet sind, dass sie eine förderliche, Interesse weckende Wirkung entfalten können. Überreizungen durch überladene Regale, mit Hilfsmitteln zugestellte Flächen, ein Überangebot an Medien einerseits und anregungslose, fast sterile Räume, reinigungsfreundliche, zweckmäßige Möbel, leere Wände und mangelnde Auseinandersetzungsmöglichkeiten mit Materialien andererseits kennzeichnen nicht selten die Räume, in denen dieser Personenkreis seinen Tag verbringen muss. Hinzu kommen neben den oft zu kleinen Räumen schlechte Lichtverhältnisse, mangelnde Raumstrukturen, fehlende Differenzierungsräume oder Rückzugsmöglichkeiten usw. Menschen mit schwerer und mehrfacher Behinderung haben kaum Möglichkeiten, sich einer solchen unzureichenden räumlichen Gestaltung zu entziehen, sie sind ihr ausgeliefert. Die Gefahr ist groß, dass schlecht gestaltete Räume dazu beitragen, dass Menschen mit schwerer und mehrfacher Behinderung ihr Interesse an der räumlichen und medialen Umwelt verlieren und ein innerer Leerraum entsteht, der ebenfalls zu Langeweile und Interesselosigkeit führt.

- Um ein Interesse an der Umwelt, an den Mitmenschen entwickeln, um lernen zu können, ist es von grundlegender Bedeutung, dass das Wohlbefinden der Menschen mit schwerer und mehrfacher Behinderung gesichert ist. Neben der existenziellen Grundversorgung (Vermeidung von Müdigkeit, Schmerz, Hunger, Durst, usw.) (vgl. Fischer, E. in Lamers 2003, 207) ist eine emotionale Grundsicherung und affektive Absicherung, insbesondere in Stress- und Notsituationen (vgl. Jantzen, W. in ebd.) notwendig. Auch diesbezüglich belegen die Daten, dass diese existenzielle Grundversorgung nicht in jedem Fall ausreichend gewährleistet wird. Menschen mit schwerer und mehrfacher Behinderung können ihre vitalen Bedürfnisse nicht immer eindeutig vermitteln, sondern sind darauf angewiesen, dass die Pädagog(inn)en und Therapeut(inn)en sie erkennen. Trotz unterstellter bester Absichten kommt es nicht selten vor, dass diese Menschen über lange Zeit an einem Ort stehen oder liegen, die schmerzvolle Sitzhaltung im Rollstuhl nicht verändert, die nasse Windel nicht bemerkt oder nicht ausreichend Flüssigkeit während des Tages gegeben wird.

- Nicht zuletzt sind die Einstellungen der Pädagog(inn)en oder Therapeut(inn)en bedeutsam dafür, dass sich bei Menschen mit schwerer und mehrfacher Behinderung ein Interesse an der Welt entwickeln kann. Professionelle, die mit diesem Personenkreis arbeiten, müssen motiviert sein für ihre Arbeit, Interesse an den Angeboten haben, die sie gestalten und vor allem auch ein Stück weit fasziniert und ergriffen sein von den Menschen, mit denen sie gemeinsam arbeiten. Diese Motivation zeigt sich auch in der Qualität und Intensität der Planung oder der Strukturierung von Angeboten. Die Untersuchungen dazu bestätigen, dass sich der diesbezügliche planerische Aufwand häufig in Grenzen hält und die inhaltliche Ausgestaltung der Angebote zu wünschen übrig lässt.

Obwohl diesen Untersuchungsergebnissen, die eher ein wenig vielfältiges Leben beschreiben, auch zahlreiche Gegenbeispiele (s. Anhang und Good-Practice-Berichte in diesem Band) entgegengesetzt werden könnten, stellen sie keine Einzelfälle dar.

2.2   Blinde Flecken statt Farbe in Ausbildung und Wissenschaft

Folgt man Fornefelds Feststellung, dass Menschen mit Komplexer Behinderung in ihrer Lebenswelt häufig mit unqualifiziertem Personal und unprofessionellem Verhalten konfrontiert und zudem häufig wechselnden und nicht koordinierten medizinisch-therapeutischen und pädagogisch-psychologischen Interventionen ausgesetzt sind (vgl. Fornefeld 2008, 58), deutet sich ein erster Erklärungsansatz für die zuvor aufgeführten Problemfelder an, der jedoch einer differenzierteren und ergänzenden Analyse bedarf.

So zeigen die Daten der oben aufgeführten Forschungsprojekte, dass zumindest in den Institutionen der Förder- und Betreuungseinrichtungen bundesweit zu einem sehr hohen Prozentsatz Heilerziehungspfleger(innen) in den Gruppen arbeiten und häufig auch Therapeut(inn)en dort tätig sind. Allerdings ist damit noch keine Aussage darüber getroffen, dass diese formal durchaus qualifizierten Mitarbeiter(innen) auch inhaltlich und methodisch für die spezifische Arbeit mit Menschen mit schwerer und mehrfacher Behinderung ausreichend ausgebildet sind. Als faktisches Gegenargument kann angeführt werden, dass Heilerziehungspfleger(innen) durch ihre Ausbildung multifunktionale Verwendung in unterschiedlichen behindertenpädagogischen Handlungsfeldern erlangen sollen und sich somit nicht vertiefend mit schwerstbehindertenpädagogischen Themen auseinandersetzen können (vgl. Thesing & Vogt 2013).

Neben diesem fehlenden inhaltlichen Fokus innerhalb der praktischen Ausbildung muss an dieser Stelle ein zweiter weitreichender Aspekt angeführt werden. So kann hinsichtlich der diesbezüglichen wissenschaftlichen Analysen im biblischen Sinne von einem »Balken im eigenen Auge« (Mt. 7,3) gesprochen werden, der nicht bemerkt wird: Denn ebenso wie von Defiziten in der praktischen Umsetzung schwerstbehindertenpädagogischer Angebote ausgegangen werden kann, gilt es gleichermaßen zu hinterfragen, welche theoretischen Grundlagen vonseiten der Wissenschaft in den letzten Jahren bezogen auf erwachsene Menschen mit schwerer und mehrfacher Behinderung formuliert wurden. Welche Konzepte wurden über die bereits Anfang der 80er Jahre bestehenden hinaus entwickelt und welche theoriegeleiteten Orientierungen für die Praxis haben den Mitarbeiter(inne)n in den Einrichtungen Handlungsoptionen eröffnet? Zu den wenigen wissenschaftlichen Beiträgen, die bezogen auf erwachsene Menschen mit schwerer und mehrfacher Behinderung methodische, inhaltliche und konzeptionelle Orientierungen für die Praxis und die Qualifikation der Mitarbeiter(innen) liefern können, zählen Veröffentlichungen zum Thema Pflege (Bienstein & Fröhlich 2010), Beschäftigung (Becker 2016), Wohnen (Seifert 2009) oder Fornefelds Beitrag (2011) zur kulturellen Teilhabe durch Mehrsinngeschichten.

Betrachtet man jedoch exemplarisch die Teilhabefelder der UN-BRK (vgl. BMAS 2011), wird sehr schnell deutlich, dass zahlreiche Themenfelder bezogen auf erwachsene Menschen mit schwerer und mehrfacher Behinderung wissenschaftlich bislang nicht oder kaum bearbeitet wurden. Die medienwirksame Reportage »Under Cover« vom Team Wallraff (20.02.2017), durch die die subtile und offene Gewalt gegen Menschen mit Behinderung in sie betreuenden Einrichtungen öffentlich gemacht wurde, zeigt, dass selbst Artikel 16 der UN-BRK, der die Freiheit von Ausbeutung, Gewalt und Missbrauch fordert, nicht überall als selbstverständlich gelten kann. Als Erklärung für die in der Reportage gezeigten despektierlichen Verhaltensweisen der Mitarbeiter(innen) wird häufig auf die Bedeutung der Haltung und des dahinterstehenden Menschenbildes verwiesen.

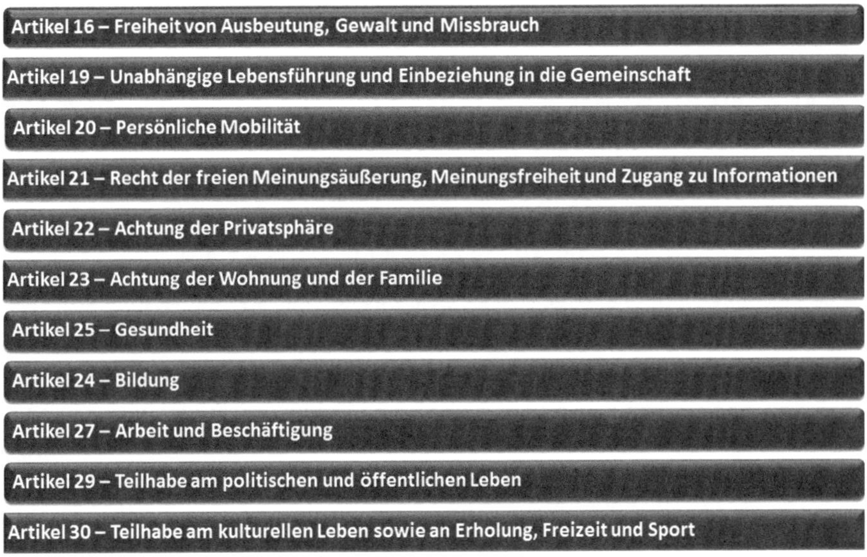

Artikel 16 – Freiheit von Ausbeutung, Gewalt und Missbrauch

Artikel 19 – Unabhängige Lebensführung und Einbeziehung in die Gemeinschaft

Artikel 20 – Persönliche Mobilität

Artikel 21 – Recht der freien Meinungsäußerung, Meinungsfreiheit und Zugang zu Informationen

Artikel 22 – Achtung der Privatsphäre

Artikel 23 – Achtung der Wohnung und der Familie

Artikel 25 – Gesundheit

Artikel 24 – Bildung

Artikel 27 – Arbeit und Beschäftigung

Artikel 29 – Teilhabe am politischen und öffentlichen Leben

Artikel 30 – Teilhabe am kulturellen Leben sowie an Erholung, Freizeit und Sport

Abb. 5: Ausgewählte Artikel aus der UN-BRK

Menschenbilder bieten einen bewussten oder unbewussten Orientierungsrahmen im sozialen Miteinander und prägen die Sicht aufeinander. Aus dem Bild, das wir von einem anderen Menschen haben, leitet sich unser Verhalten ihm gegenüber ab, wie wir ihn ansprechen, welche Erwartungen wir an ihn stellen, was wir ihm anbieten usw. (vgl. Dederich 2017, 162). Die Gestalt eines Menschenbildes ist nicht zeitlos, sondern abhängig von dem jeweiligen gesellschaftlichen und kulturellen Kontext, von individuellen Faktoren, wie religiösen oder persönlichen Erfahrungen und Überzeugungen, aber auch von Wissen, das z. B. im Rahmen der Ausbildung erworben wurde (vgl. Janz et al. 2006, 13).

Bezogen auf den letzten Aspekt ließe sich somit fragen, welches Wissen sich die Fachkräfte in den Einrichtungen über erwachsene Menschen mit schwerer und mehr-

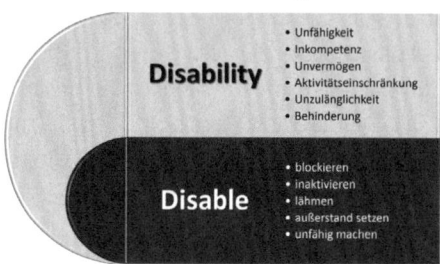

facher Behinderung aneignen konnten oder welchen Beitrag die Wissenschaft leistet oder geleistet hat, um im Gegensatz zu den in der Reportage vermuteten Einstellungen eine Haltung zu vermitteln, die die *Abilities* von Menschen mit schwerer und mehrfacher Behinderung sieht, fördert und sichtbar macht. Nega-

Abb. 6: Bedeutungsspektrum Disability/Disable

tiv ausgedrückt muss hinterfragt werden, wie zu erklären ist, dass in der Praxis immer noch Sichtweisen auf erwachsene Menschen mit schwerer und mehrfacher Behinderung vorzufinden sind, die fast zwangsläufig dazu führen, dass ihre *Disabilities* im Mittelpunkt stehen.

Bereits vor 26 Jahren, in der ersten Auflage seines mittlerweile vielfach aufgelegten Buches ›Basale Stimulation‹ schreibt Fröhlich unter der Überschrift ›Perspektiven in der Erwachsenenarbeit‹:

> »Frühförderung umfasst einen Zeitraum von vielleicht zwei bis vier Jahren, ähnlich ist es mit dem Kindergarten, die Schule umfasst zwölf Jahre. Dies sind überschaubare Bereiche, die in der Regel von recht gut qualifizierten Mitarbeitern inhaltlich abgedeckt werden … Der Erwachsenenbereich hingegen ist zeitlich viel weiter ausgedehnt und die darin Tätigen in der Regel für ihre Arbeit weniger gut ausgebildet. Erst langsam beginnt man diese Probleme zu sehen und zu würdigen. Angesichts eines ›allgemeinen Pflegenotstandes‹ ist man aber wohl noch weit davon entfernt eine befriedigende Situation für Mitarbeiter und Behinderte realisieren zu können« (Fröhlich 1991, 226).

Ein zentrales Problem besteht darin, dass die theoretische Schwerstbehindertenpädagogik nach wie vor dominant schulisch geprägt und damit wesentlich auf eine Lebensphase fokussiert ist (vgl. Klauß 1996). Zum Teil dadurch bedingt spielt bei der Gestaltung von Unterricht und Förderangeboten für Menschen mit schwerer und mehrfacher Behinderung die Orientierung am Entwicklungsalter eine dominante Rolle, und dies obwohl von Seiten der Wissenschaft seit den 80er Jahren heftig und kontinuierlich Kritik daran geübt wurde, da eine Orientierung am Entwicklungsalter weder die individuellen Lebenserfahrungen noch die besondere Lebenssituation der betroffenen Menschen berücksichtigt. Dementsprechend wird bis heute ebenso heftig und kontinuierlich gefordert, dass die Planung und Gestaltung von Angeboten sowohl das Entwicklungsalter als auch das Lebensalter berücksichtigen muss (vgl. Lamers 2017).

In den letzten 40 Jahren wurde die theoretische Schwerstbehindertenpädagogik weiterentwickelt, bspw. indem anthropologische und ethische Fragen intensiv diskutiert und Ansätze zur Bewegungs-, Wahrnehmungs- und Kommunikationsförderung sowie für eine gute pflegerische Versorgung konzipiert wurden. Allerdings beziehen sich diese, wenn sie nicht grundsätzliche philosophische Positionen formulieren, primär auf das Kindesalter und die schulische Förderung. Das Fehlen methodischer Hinweise und konzeptioneller Überlegungen zu der Frage, wie sich mit zunehmendem Alter das Spannungsfeld zwischen Entwicklungs- und Lebensalter überwinden lässt, wurde in der Wissenschaft bislang kaum thematisiert und wirkt wiederum in die Praxis hinein.

Die planerische und methodische Umsetzung von Angeboten für Menschen mit schwerer und mehrfacher Behinderung orientiert sich nach wie vor oft an den früh(est)en Stufen der kindlichen Entwicklung. Dieses Bild von erwachsenen Menschen mit schwerer und mehrfacher Behinderung, das sich bewusst oder unbewusst in vielen Köpfen verfestigt hat, hat letztlich auch Konsequenzen für das praktische Handeln: Erwachsenen Menschen mit schwerer und mehrfacher Behinderung werden kleinkindliche Inhalte zugemutet, die ignorieren, dass die menschliche Entwicklung sich über die gesamte Lebensspanne in Übergängen und damit verbundenen Lebensereignissen, Veränderungen und Umstrukturierungen vollzieht (vgl. Erikson 1966). Das hieraus resultierende Grundproblem lässt sich auf eine simple Formel reduzieren: Je größer die Diskrepanz zwischen diagnostiziertem Entwicklungsalter und Lebensalter wird, umso weniger gelingt es, altersgerechte Angebote zu gestalten. Stattdessen werden diese Menschen quasi wie ›alterslose‹ gesehen, deren Lebensvielfalt sich oft auf kindliche Erlebnisdimensionen beschränkt (vgl. Lamers 2017).

In der Konsequenz können sie nicht an der Fülle der Lebensereignisse und -themen der allgemeinen Bevölkerung umfassend teilhaben. Die nach wie vor dominierende, am »Entwicklungsstand« orientierte Auswahl- und Planungspraxis von Angeboten für Menschen mit schwerer und mehrfacher Behinderung führt fast zwangsläufig zu einer inhaltlichen Reduktion und Exklusion. Gerade mit zunehmendem Alter führt eine primär entwicklungsorientierte Auswahl von Angebotsinhalten unausgesprochen zu einer in der Person des behinderten Menschen begründeten Zuschreibung von »Unfähigkeit« und damit zu einer »Inkompatibilität« zu für andere Menschen relevanten Lebensthemen. Damit ist die Möglichkeit für erwachsene Menschen mit schwerer und mehrfacher Behinderung, ›Teil sein und Teil haben‹ zu können, fast ausgeschlossen.

Insofern ist Fornefelds Vorwurf, Menschen mit schwerer und mehrfacher Behinderung seien häufig mit unqualifiziertem Personal und unprofessionellem Verhalten konfrontiert, dahingehend zu ergänzen, dass die wissenschaftliche Schwerstbehindertenpädagogik für diesen Missstand mitverantwortlich ist. Ohne entsprechende Impulse, Konzepte und Methoden aus der Wissenschaft ist es in der Praxis jedoch kaum möglich, sich für die Arbeit mit erwachsenen Menschen mit schwerer und mehrfacher Behinderung adäquat zu qualifizieren und professionell zu verhalten.

3 Die Orientierung an einem Leben in Vielfalt als Grundlage einer neuen Haltung

Wie müssen Theorie und Praxis nun weitergedacht und weiterentwickelt werden, »damit Menschen mit einer schweren und mehrfachen Behinderung am Ende ihres Lebens auf ein gutes und erfülltes Leben zurückblicken können« (Fröhlich 2013)? Mit der Frage, was es bedeutet, ein gutes Leben zu führen, haben sich Philosoph(inn)en aller Jahrhunderte beschäftigt. Komplexitätssteigernd wirkt der Umstand, dass die Antworten auf diese, aber auch auf die Frage, was ein vielfältiges und interessantes Leben ausmacht oder was im Alltag anregend, bewegend, inspirierend sein kann, immer der subjektiven, inneren Perspektive des Menschen unterliegt. Folgende Gesichtspunkte können jedoch zur allgemeineren Orientierung dienen:

- Grundlegend für ein gutes Leben, aber auch für das Erleben eines vielfältigen und anregenden Alltags ist das körperliche und psychische Wohlbefinden (vgl. Nussbaum 1999). Diese Feststellung ist ebenso banal wie anspruchsvoll, wenn es darum geht, diesen Grundsatz für Menschen mit schwerer und mehrfacher Behinderung zu gewährleisten. Demzufolge muss dem Wohlbefinden im Alltag viel Aufmerksamkeit geschenkt werden, da alles andere Erleben und Handeln von ihm abhängt, es aber ohne die Unterstützung durch andere hochgradig eingeschränkt werden kann. Es wäre allerdings gleichzeitig fatal, wenn die Bedürfnisse von Menschen mit schwerer und mehrfacher Behinderung nur auf das Erleben von Wohlbefinden reduziert würden.
- Es ist in der Sicht auf und in unserer Haltung gegenüber Menschen mit schwerer und mehrfacher Behinderung ein grundsätzlicher Perspektivwechsel notwendig, der in unterschiedlicher Weise, z. B. in der ICF (vgl. DIMDI 2005) oder der UN-BRK (vgl. BMAS 2011) zwar theoretisch vollzogen erscheint, aber den Alltag der Personen bei Weitem noch nicht erreicht hat, wie die Tendenz zeigt, diesem Personenkreis aufgrund seiner Einschränkungen und zugeschriebenen Unfähigkeiten und fehlenden Kompetenzen die Teilhabe an vielen für andere erwachsene Menschen bedeutsamen Lebensbereichen zu verwehren. Ohne die mit der Behinderung verbundenen biologischen Faktoren zu ignorieren, muss deutlicher erkannt, eingestanden und kommuniziert werden, dass es wesentlich mit dem Wissen und Können der Professionellen zusammenhängt, ob für Menschen mit schwerer und mehrfacher Behinderung auf jedem Niveau und in jedem Lebensabschnitt besondere, ja vielleicht sogar exklusive Möglichkeiten der Teilhabe entwickelt werden können. Schwerstbehindertenpädagogische Arbeit sollte dabei von der Überzeugung geleitet werden, dass Menschen mit schwerer und mehrfacher Behinderung grundsätzlich die gleichen Bedürfnisse haben wie Menschen ohne Behinderung (vgl. Bienstein & Sarimski 2017, 109).
- Für die Veränderung des konkreten Alltags, der Menschen mit schwerer und mehrfacher Behinderung ein vielfältiges Leben ermöglichen soll, ist ebenfalls

ein Perspektivwechsel notwendig. Die Kenntnis medizinischer, biologischer und entwicklungspsychologischer Fakten ist für die Planung und Durchführung von Angeboten für Menschen mit schwerer und mehrfacher Behinderung von großer Relevanz, *nicht aber für die Auswahl der zu gestaltenden Inhalte*. Zentral sollte sein, dass nicht der Entwicklungsstand eines Menschen den Ausgangspunkt für die Förderung und die Gestaltung von Angeboten darstellt, sondern eine altersgemäße Auswahl von Inhalten (vgl. Lamers 2017). Erst im nächsten Schritt bekäme eine entwicklungsorientierte Perspektive große methodische Bedeutung. Dies bedeutet, Lösungen zu finden, wie sich erwachsene Menschen mit schwerer und mehrfacher Behinderung den ausgewählten altersgemäßen Inhalt ihrem individuellen Entwicklungsstand entsprechend aneignen und erschließen können. Weil es viel einfacher erscheint, Angebote zu planen und durchzuführen, die sich am Entwicklungsalter orientierten, fällt es allerdings schwer, diese Forderung umzusetzen, weshalb der Personenkreis von der altersgemäßen Teilhabe an gesellschaftlich und kulturell relevanten Themen ausgeschlossen bleibt und deshalb letztlich auf ein ›Kinderleben‹ mit sehr eingeschränkten Lebenserfahrungen reduziert wird.

4   Neue Impulse aus der Wissenschaft – Bewegung im Feld

Um altersadäquate Angebote realisieren zu können, ist die Praxis allerdings auf die Unterstützung und Kooperation mit der Wissenschaft angewiesen, die sich zunächst ihrer Verantwortung gegenüber erwachsenen Menschen mit schwerer und mehrfacher Behinderung stärker bewusst werden muss. Die wissenschaftliche Schwerstbehindertenpädagogik ist daher zunehmend gefordert, Konzepte, Methoden und Inhalte sowohl für die konkrete Umsetzung von Angeboten als auch für die Aus- und Weiterbildung für die Arbeit mit erwachsenen Menschen mit schwerer und mehrfacher Behinderung zu entwickeln. Die Erfahrungen zeigen, dass solche Impulse in der Praxis durchaus gehört werden und eine Bereitschaft besteht, die eigene Arbeit weiter zu entwickeln. Folgende Projekte können als ›Lichtblicke‹ am Horizont verstanden werden, die andeuten, dass sich die Disziplin an verschiedenen Stellen verändert:

- An der Universität zu Köln wird im Rahmen des Projekts »Teil-sein & Teil-haben« das Spannungsfeld von Pflege und Pädagogik im Zusammenhang mit Menschen mit Komplexer Behinderung erforscht. Ziele des Projekts sind neben der Entwicklung eines Teilhabekonzepts für Menschen mit Komplexer Behinderung und der Erfassung ihrer Bedürfnisse im Hinblick auf Teilhabe bei Pflege und heilpädagogische Begleitung vor allem auch die Entwicklung eines modularisierten Fortbildungsprogramms zur Realisation von teilhabeorientierter Pflege und Assistenz (vgl. Fornefeld 2017).
- Unter dem Titel »Implementation von Partizipation und Inklusion für Menschen mit komplexen Beeinträchtigungen – Determinanten für Handlungsspielräume

und bedarfsgerechte Unterstützungssettings« (IMPAK) wird an der Universität Hamburg ein Forschungsprojekt durchgeführt, in dessen Mittelpunkt die Frage steht, wie es gelingt, bedarfsgerechte Handlungsspielräume bei komplexer Beeinträchtigung zu eröffnen und zu fördern bzw. welche strukturellen und prozessbezogenen Bedingungen ihre Bildungs- und Partizipationschancen verbessern können (vgl. Beck 2017).

- Im Rahmen des Forschungsprojekts »Qualitätsoffensive Förderbereich« (Quo F) der Humboldt-Universität zu Berlin werden in Kooperation mit der Pädagogischen Hochschule Heidelberg nachschulische Angebote für Menschen mit schwerer und mehrfacher Behinderung weiterentwickelt. Im Zentrum des Projekts steht die Entwicklung eines Orientierungsplans für die Arbeit in Förder- und Betreuungseinrichtungen auf Grundlage einer theoretisch fundierten und didaktisch strukturierten Aufarbeitung von alltags- und arbeitsweltorientierten sowie kulturellen Angeboten. Darüber hinaus werden spezifische Materialien zur Qualifizierung von Mitarbeiter(inne)n in den Einrichtungen erstellt (vgl. Lamers & Thäle 2017).[1]

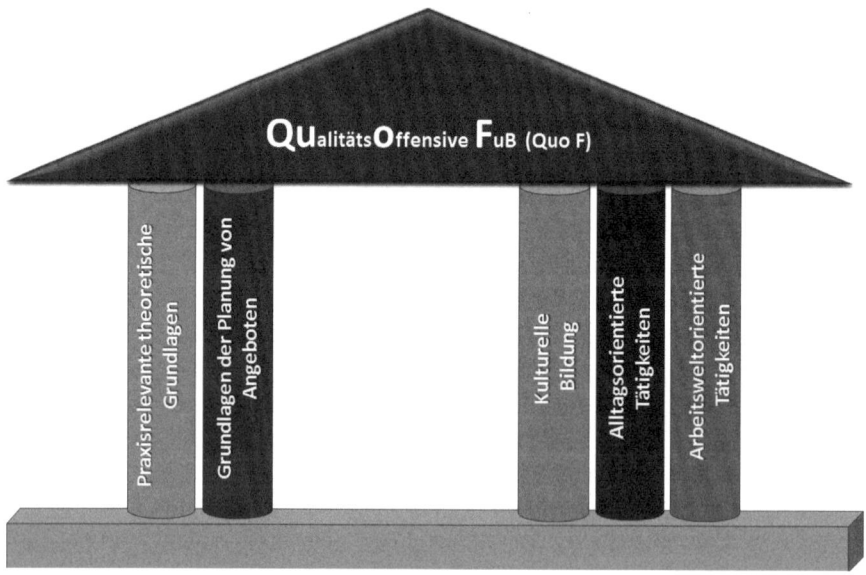

Abb. 7: Schwerpunkte des Projekts Qualitätsoffensive Förderbereich (Quo F)

---

1   Das Projekt wird von der Software AG Stiftung, der Heidehofstiftung, von der Stiftung Gesellschaftliche Integration von Menschen mit Behinderungen und von RC Partner für Reintegration und Chancengleichheit e. V. gefördert.

5 Vielfalt für Menschen mit schwerer und mehrfacher Behinderung – eine gemeinsame Aufgabe der Praxis und der Wissenschaft

Abschließend soll noch einmal der Bogen zu der Frage, was ein gutes, vielseitiges Leben ausmacht, gespannt werden. Rosa zufolge, hängt alles »davon ab, ob es zwischen der Welt und uns einen Draht gibt, der vibriert« (2014, 51, s. dazu auch Dederich in diesem Band):

»Die Ausbildung von Selbstwirksamkeitserwartungen und von intrinsischen Interessen […] korreliert mit der Erfahrung von sozialer Anerkennung. Ohne Liebe, Achtung und Wertschätzung bleibt der Draht zur Welt – bleiben die Resonanzachsen – starr und stumm. […] (D)as gelingende Leben (ist) durch ›offene‹, vibrierende, atmende Resonanzachsen gekennzeichnet […], die die Welt tönend und farbig und das eigene Selbst bewegt, sensitiv, reich werden lassen« (ebd., 56).

In diesem Sinne soll eine moderne Schwerstbehindertenpädagogik in Theorie und Praxis zahlreiche Vibrationen und anregende Impulse hervorbringen, um ein Leben in Vielfalt auch für Menschen mit schwerer und mehrfacher Behinderung zu ermöglichen.

Literatur

auticon GmbH (2017): auticon – Querdenker mit System (Internetpräsenz des Unternehmens). Berlin, http://auticon.de/unternehmen/ (05.01.2018)

Beck, I. (2017): IMPAK – Implementation von Partizipation und Inklusion für Menschen mit komplexen Beeinträchtigungen – Determinanten für Handlungsspielräume und bedarfsgerechte Unterstützungssettings. Universität Hamburg, https://www.ew.uni-hamburg.de/einrichtungen/ew2/behindertenpaedagogik/forschungsprojekte/impak.html (06.01.2018)

Becker, H. (2016): … inklusive Arbeit! Das Recht auf Teilhabe an der Arbeitswelt auch für Menschen mit hohem Unterstützungsbedarf. Weinheim.

Bienstein, C./Fröhlich, A. D. (Hgg.) (2010): Basale Stimulation in der Pflege. Die Grundlagen. 6. überarb. Aufl., Bern.

Bienstein, P./Sarimski, K. (2017): Unterstützung von psychischer Gesundheit als psychologischer Beitrag zur Förderung von Lebensqualität. In: Fröhlich, A./Heinen, N./Klauß, T./Lamers, W. (Hgg.): Schwere und mehrfache Behinderung – interdisziplinär. 2. Aufl. Oberhausen, 109–128.

BMAS (Bundesministerium für Arbeit und Soziales)(Hg.) (2011): Übereinkommen der Vereinten Nationen über die Rechte von Menschen mit Behinderungen (UN-BRK). Bonn.

Charta der Vielfalt e. V. (2017): Diversity als Chance – Die Charta der Vielfalt für Diversity in der Arbeitswelt. Berlin, https://www.charta-der-vielfalt.de/die-charta/ueber-die-charta/charta-im-wortlaut (24.10.2017)

Dederich, M. (2017): Schwere und mehrfache Behinderung – Philosophische Aspekte. In: Fröhlich, A./Heinen, N./Klauß, T./Lamers, W. (Hgg.): Schwere und mehrfache Behinderung – interdisziplinär. 2. Aufl. Oberhausen, 159–175.

DIMDI (Deutsches Institut für Medizinische Dokumentation und Information)(Hg.) (2005): ICF – Internationale Klassifikation der Funktionsfähigkeit, Behinderung und

Gesundheit. World Health Organization. Genf, www.dimdi.de/dynamic/de/klassi/down-loadcenter/icf/stand2005/icfbp2005.zip (24.10.2017)

Erikson, E. H. (1966): Identität und Lebenszyklus. Berlin.

Fornefeld, Barbara (2008): Menschen mit Komplexer Behinderung – Klärung des Begriffs. In: dies. (Hg.): Menschen mit Komplexer Behinderung. Selbstverständnis und Aufgaben der Behindertenpädagogik. München, 50–81.

Fornefeld, B. (Hg.) (2011): Mehrsinnliches Geschichtenerzählen – eine Idee setzt sich durch. Multi-sensory Storytelling – an idea gets through. Berlin.

Fornefeld, B. (2017): Teil¬sein & Teil¬haben. Modellprojekt zur Erfassung der Bedarfe von Menschen mit Komplexer Behinderung und zur Professionalisierung einer Teilhabeorientierten Pflege und Begleitung. Universität zu Köln, https://www.hf.uni-koeln.de/38207 (06.01.2018)

Fröhlich, A. (1991): Basale Stimulation. Düsseldorf.

Fröhlich, A. (2012): Diversity Management – ein übertragbarer Ansatz?. In: Breyer, C./Fohrer, G./Goschler, W./Heger, M./Kießling, C./Ratz, C. (Hgg.): Sonderpädagogik und Inklusion. Oberhausen, 75–82.

Fröhlich, A. (2013): Sind Menschen mit schwersten Behinderungen zu exklusiv für die Inklusion. Gastvortrag an der Humboldt-Universität zu Berlin am 09.07.2013. unveröffentl.

Hirschberg, M. (2010): Partizipation – ein Querschnittsanliegen der UN-Behindertenrechtskonvention. In: Positionen der Monitoring-Stelle zur UN-Behindertenrechtskonvention. Deutsches Institut für Menschenrechte. Berlin.

Jantzen, W. (2002): Geistige Behinderung, Probleme behinderter Entwicklung und soziale Kontexte. Auszug aus: Identitätsentwicklung und pädagogische Situation behinderter Kinder und Jugendlicher. In: Sachverständigenkommission 11. Kinder- und Jugendbericht (Hg.): Gesundheit und Behinderung im Leben von Kindern und Jugendlichen. Materialien zum Jugendbericht. Bd. 4. München: DJI, http://www.basaglia.de/Artikel/DJI-Auszug.pdf (27.10.2017)

Jantzen, W. (2003): Die soziale Konstruktion von schwerer Behinderung durch die Schule. In: Klauß, T./Lamers, W. (Hgg.): Alle Kinder alles lehren … Grundlagen der Pädagogik für Menschen mit schwerer und mehrfacher Behinderung. Heidelberg, 51–72.

Janz, F./Klauß, T./Lamers, W. (2009): Unterricht für Schülerinnen und Schüler mit schwerer und mehrfacher Behinderung – Ergebnisse aus dem Forschungsprojekt BiSB. Empirische Unterrichtsforschung in der Allgemeinen Pädagogik und in der Sonderpädagogik. In: Behindertenpädagogik (2), 117–142.

Kardorff, E. v. (2014): Partizipation im aktuellen gesellschaftlichen Diskurs – Anmerkungen zur Vielfalt eines Konzepts und seiner Rolle in der Sozialarbeit. In: Archiv für Wissenschaft und Praxis der sozialen Arbeit (2), 4–15.

Klauß, T. (1996): Probleme und Perspektiven der aktuellen Geistigbehindertenpädagogik. In: Zeitschrift für Heilpädagogik (6), 1–8.

Klauß, T./Lamers, W./Janz, F. (2006): Die Teilhabe von Kindern mit schwerer und mehrfacher Behinderung an der schulischen Bildung. Ergebnisse aus dem Forschungsprojekt zur »Bildungsrealität von Kindern und Jugendlichen mit schwerer und mehrfacher Behinderung in Baden-Württemberg (BiSB)«. Teil I – Fragebogenerhebung. Universität Heidelberg, http://archiv.ub.uni-heidelberg.de/volltextserver/6790/1/Forschungsbericht_BiSB_I.pdf (06.12.2017)

Lamers, W. (2003): Unterricht mit Schülerinnen und Schülern mit schwerer Behinderung. Eine empirische Annäherung. In: Fröhlich, A./Heinen, N./Lamers, W. (Hgg.): Schulentwicklung – Gestaltungs(t)räume in der Arbeit mit schwerbehinderten Schülerinnen und Schülern. Düsseldorf, 197–211.

Lamers, W. (2016): Qualitätsoffensive Förderbereich (QuoF). In: Teilhabe 55. Jg. (3), 146–147.

Lamers, W. (2017): Entwicklungsgemäß und altersgerecht?! Eine Herausforderung für Bildung und Interaktion. In: Lernen Konkret 36 Jg. (3), 8–12.

Lamers, W./Heinen, N. (2006): Bildung mit ForMat. Impulse für eine veränderte Unterrichtspraxis mit Schülerinnen und Schüler mit einer (schweren) Behinderung. In: Laubenstein D., Lamers W. und Heinen N. (Hgg.): Basale Stimulation kritisch – konstruktiv. Düsseldorf, 141–205.

Lamers, W./Terfloth, K./Prokop, I. (2008): Sinn-volle produktive Tätigkeit für Menschen mit schwerer und mehrfacher Behinderung zur Partizipation am sozialen und kulturellen Leben (SITAS). In: Zeitschrift für Heilpädagogik (7), 250–259.

Lamers, W./Thäle, A. (2017): Qualitätsoffensive Förderbereich (Quo F). In: Vierteljahresschrift für Heilpädagogik und ihre Nachbargebiete 86. Jg. (2), 158–162.

Neukirchinger, B. (2013): Gleichstellungspolitik im Lichte von Diversity – das Ende der Teilhabe? In: Bruhn, L./Homann, J. (Hgg.): UniVision 2020 – Ein Lehrhaus für Alle – Perspektiven für eine barrierefreie und diskriminierungsfreie Hochschule. Herbolzheim, 98–109.

Nussbaum, M. (1999): Gerechtigkeit oder Das gute Leben. Frankfurt am Main.

Prengel, A. (2003): Gleichberechtigung der Verschiedenen. Plädoyer für eine Pädagogik der Vielfalt. In: Deutsche Liga für das Kind (6), http://liga-kind.de/fk-603-prengel (27.10.2017)

Riegert, J./Musenberg, O./Lamers, W. (2016): Abschlussbericht zum Forschungsprojekt ›Evaluation und Qualitätsentwicklung in Tagesförderstätten‹ (EloQuenT). Berlin, unveröffentl.

Rosa, H. (2014): Was ist das gute Leben? In: Zeit (Hg.): Wie soll ich leben? Philosophen der Gegenwart geben Antwort, München, 51–57.

Schröer, H. (2006): Vielfalt gestalten – Kann Soziale Arbeit von Diversity-Konzepten lernen, http://antidiskriminierungsforum.eu/fileadmin/bilder/vielfalt_leben_und_gestalten.pdf (25.10.2017)

Seifert, M. (2009). Lebensqualität von Menschen mit schweren Behinderungen. Forschungsmethodischer Zugang und Forschungsergebnisse. In: Zeitschrift für Inklusion, https://www.inklusion-online.net/index.php/inklusion-online/article/view/186 (24.10.2017)

Terfloth, K./Lamers, W. (2013): Was sollen wir noch alles? Zur konzeptionellen Sicherung von arbeitsweltbezogenen Angeboten im Förder- und Betreuungsbereich. In: Michalitsch, N. J./Grunick, G. (Hgg.): Bildung und Arbeit von Erwachsenen mit schweren und mehrfachen Behinderungen. Düsseldorf, 56–79.

Thesing, T./Vogt, M. (2013): Pädagogik und Heilerziehungspflege. Ein Lehrbuch, 5. Auflage, Freiburg im Breisgau.

Beispiele guter Praxis

alsterdorf assistenz west gGmbH: Die Qualifizierungsbausteine

http://www.alsterdorf-assistenz-west.de/assistenz/bildungundbeschaeftigung/qualifizierungs-bausteine/ (20.04.2018)

ASB Landesverband Bremen e. V.: Tagesförderstätte

https://www.asb-bremen.de/unsere-dienstleistungen/hilfen-fur-menschen-mit-behinderung/tagesforderstatte (20.04.2018)

Caritasverband Singen-Hegau e. V.: Wir können mehr

http://www.wir-koennen-mehr.eu/#home (20.04.2018)

Evangelisches Johannesstift Behindertenhilfe gGmbH: Die Macherei

http://www.evangelisches-johannesstift.de/behindertenhilfe/die-macherei-beschaeftigung-und-bildung (20.04.2018)

Gemeinnützige Werkstätten und Wohnstätten GmbH: FuB Beirat

https://www.gww-netz.de/de/projekte/fub-beirat.html (20.04.2018)

Leben mit Behinderung Hamburg Elternverein e. V.: Auf Achse

https://www.lmbhh.de/angebote/arbeit/auf-achse (20.04.2018)

Leben mit Behinderung Hamburg Elternverein e. V.: Feinwerk

https://www.lmbhh.de/angebote/arbeit/feinwerk (20.04.2018)

Lebenshilfe für Menschen mit geistiger Behinderung e. V. Landesverband Berlin: Tagesförderstätten

https://www.lebenshilfe-berlin.de/de/bildung-arbeit-beschaeftigung/tagesfoerderstaetten/index.php (20.04.2018)

Lebenshilfe Fürth e. V.: Förderstätte

http://www.lebenshilfe-fuerth.de/foerderstaette.html (20.04.2018)

Lebenshilfe Lörrach e. V.

https://www.lebenshilfe-loerrach.de/menschen%20mit%20hohem%20unterstuetzungsbedarf (06.01.2018)

LWV.Eingliederungshilfe GmbH: Kulturpark Reutlingen-Nord

http://www.lwv-eh.de/wohnen/hauptstandorte/reutlingen/kulturpark-reutlingen-nord (20.04.2018)

Sozialwerk Breisgau gGmbH: Sozialtherapeutische Lebens- und Arbeitsgemeinschaft Am Bruckwald, Waldkirch

http://bruckwald.sozialwerk-breisgau.de/am-bruckwald (20.04.2018)

Spastikerhilfe Berlin eG: Tagesförderstätten

http://www.spastikerhilfe-berlin-eg.de/index.php?id=17 (20.04.2018)

Rolf Schmachtenberg

Das Bundesteilhabegesetz: Teilhabe ermöglichen – auch für Menschen mit schwerer und mehrfacher Behinderung

1   Begrüßung

Sehr geehrte Teilnehmer(innen) der Fachtagung »Teilhabe an Alltag | Arbeit | Kultur«, sehr geehrte Mitarbeiter(innen) der Abteilung »Geistigbehindertenpädagogik« des Instituts für Rehabilitationswissenschaften der Humboldt-Universität zu Berlin, sehr geehrter Herr Prof. Dr. Lamers,

ich danke Ihnen allen sehr, diese große Fachtagung vorbereitet und auf den Weg gebracht zu haben. Ich bedanke mich herzlich für Ihre Einladung und freue mich sehr, hier bei Ihnen zu sein.

Teilhabe an Alltag, Arbeit und Kultur ist unser Thema. Unter Alltag verstehen wir Abläufe, die sich in einem bestimmten Rhythmus wiederholen und unser Leben bestimmen. Hierzu zählen neben vielen weiteren Aspekten u. a. Berufstätigkeit sowie Aktivitäten in der Freizeit, insbesondere im Bereich von Kultur und Sport.

Arbeit hat für das Leben der Menschen in Deutschland einen großen Stellenwert, denn der Job bestimmt nicht nur die Höhe des Einkommens, sondern die Arbeit prägt auch unsere Identität.

Stellt man sich in Deutschland bei neuen Begegnungen vor, so beschreibt man sich eher durch seine Berufstätigkeit als durch Familienstand und Religionszugehörigkeit, wie es in vielen anderen Gesellschaften gewöhnlich ist.

Ebenso wird in der deutschen Gesellschaft der Kultur eine herausragende Bedeutung beigemessen, denn sie bietet uns – je nach dem, was für ein Menschentyp wir sind – Entspannung, Ablenkung, Kurzweil, Orientierung – kurzum einen weiteren Resonanzboden außerhalb von Familie und Beruf.

Was glücklicherweise für einen Großteil der deutschen Gesellschaft so selbstverständlich klingt, ist jedoch für Menschen mit schwerer geistiger oder mehrfacher Behinderung leider nicht selbstverständlich. Sie stehen wegen ihrer besonderen Beeinträchtigungen oft »am Rande der Gesellschaft«.

An dieser Stelle möchte ich einen im Vorfeld zu dieser Veranstaltung geschriebenen Textbeitrag aufgreifen, zu finden unter den »Abstracts Theoriebeiträge« der Tagung, verfasst von Frau Sophia Falkenstörfer (Universität zu Köln und Humboldt-Universität zu Berlin), der die Bedeutung des Themas für uns alle, für jede Frau und jeden Mann, begreifbar macht:

> »Der Mensch ist per se ein verletzliches, abhängiges und bedürftiges Wesen. Deshalb kann davon ausgegangen werden, dass jeder Mensch zumindest ein Drittel seines Lebens auf die Fürsorge durch andere Menschen angewiesen ist. Eine sogenannte schwere und mehrfache

Behinderung bringt nun allerdings mit sich, dass ein ganzes Leben in Abhängigkeit die Folge sein kann«.

Die Zahl der Menschen mit Beeinträchtigungen ist von 10,99 Millionen im Jahr 2005 auf 12,77 Millionen Menschen im Jahr 2013 gestiegen. Dies entspricht einem Zuwachs um 16 % (bei gleichzeitigem Rückgang der Gesamtbevölkerung um 2 %). Im selben Zeitraum ist der Anteil der Menschen mit Beeinträchtigungen an der Gesamtbevölkerung von 13,3 % auf 15,8 % gestiegen. Diese Entwicklung ist zu einem großen Teil, aber nicht allein auf den demografischen Wandel zurückzuführen, denn Beeinträchtigungen treten mit höherem Alter vermehrt auf. Folglich führen die gestiegene Lebenserwartung und die Alterung der Gesellschaft insgesamt auch zu einer höheren Zahl von Menschen mit Beeinträchtigungen.[1] Wer mehr dazu wissen will, dem empfehle ich die Lektüre des (Zweiten) Teilhabeberichts der Bundesregierung über die Lebenslagen von Menschen mit Beeinträchtigungen 2016.

Das zentrale Ziel der Politik für Menschen mit Beeinträchtigungen ist es, diesen gleichberechtigte Selbstbestimmung und Teilhabe am Leben in allen Lebensbereichen der Gesellschaft zu ermöglichen.

Menschen mit Beeinträchtigungen sind jedoch nicht gleichzusetzen mit Menschen mit Behinderungen. Menschen mit Behinderungen sind »Menschen, die langfristige körperliche, seelische, geistige oder Sinnesbeeinträchtigungen haben, welche sie in Wechselwirkung mit *einstellungs-* und *umwelt*bedingten Barrieren an der gleichberechtigten Teilhabe an der Gesellschaft hindern können«[2].

Mit der Ratifizierung der UN-BRK 2009 wurde diese Formulierung unseres Verständnisses von Behinderung Teil des deutschen Rechtes. Dieses wurde 2016 mit der Weiterentwicklung des Gesetzes zur Gleichstellung von Menschen mit Behinderungen (BGG) auch ausdrücklich in das nationale deutsche Recht aufgenommen.

Ist es nicht möglich, die einstellungs- und umweltbedingten Barrieren gänzlich zu beseitigen, so sind angemessene Vorkehrungen vorzusehen, um sie im Einzelfall auszuräumen oder zumindest ihre Wirkung zu mildern. In der Politik der Teilhabe von Menschen mit Behinderungen wird auch von Nachteilsausgleichen gesprochen.

Menschen, die aufgrund einer wesentlichen Behinderung nur eingeschränkte Möglichkeiten der Teilhabe am Leben in der Gesellschaft haben, erhalten Leistungen der Eingliederungshilfe, sofern nicht einkommens- oder vermögensbedingte Aspekte einen Anspruch ausschließen. Im Jahr 2015 haben 733.449 Personen Leistungen der Eingliederungshilfe für Menschen mit Behinderungen erhalten. Auch diese Zahl wächst kontinuierlich. Die Eingliederungshilfe wird seit 1960 als Teil der Sozialhilfe, dem untersten Auffangnetz des Sozialstaats, erbracht.

---

1   vgl. Teilhabebericht der Bundesregierung über die Lebenslagen von Menschen mit Beeinträchtigungen 2016, S. 1, Bundestagsdrucksache 18/10940

2   vgl. § 3 Satz 1 BGG

Zur Verbesserung der Lebenssituation von Menschen mit Behinderungen wurde die Eingliederungshilfe im Rahmen des Bundesteilhabegesetzes zu einem modernen Teilhaberecht weiterentwickelt.

2   Der Weg zum Bundesteilhabegesetz

Ich denke, dass in der jetzt auslaufenden 18. Legislaturperiode des Deutschen Bundestags viel in der Politik der Teilhabe für Menschen mit Behinderungen erreicht werden konnte.

Die im Koalitionsvertrag der 18. Legislaturperiode verankerte Leitidee für Menschen mit Behinderungen war die inklusive Gesellschaft. Die Koalitionsparteien CDU, CSU und SPD hatten sich darauf verständigt, die Teilhabe von Menschen mit Behinderungen in den allgemeinen Arbeitsmarkt zu begleiten und so die Beschäftigungssituation nachhaltig zu verbessern. Die Leistungen für Menschen, die aufgrund einer wesentlichen Behinderung nur eingeschränkte Möglichkeiten der Teilhabe am Leben in der Gemeinschaft haben, sollten aus dem bisherigen »Fürsorgesystem« der Sozialhilfe herausgeführt und die Eingliederungshilfe zu einem modernen Teilhaberecht weiterentwickelt werden. Die Leistungen sollten sich am persönlichen Bedarf orientieren und entsprechend mit einem bundeseinheitlichen Verfahren personenbezogen ermittelt werden. Leistungen sollten nicht länger institutionszentriert, sondern personenzentriert bereitgestellt werden.

Ich bin froh darüber, Ihnen heute mitteilen zu können, dass all die vorgenannten, durch die Koalitionsparteien im Koalitionsvertrag formulierten Ziele im Bundesteilhabegesetz erreicht werden konnten. Damit ermöglicht der Gesetzgeber Teilhabe, Selbstbestimmung und Mitbestimmung von Menschen mit Behinderungen. Wenn es uns jetzt gelingt, die neuen gesetzlichen Regelungen im Sinne der UN-BRK zu leben und mit Leben zu füllen, so werden wir – und dabei schließe ich Sie, sehr geehrte Zuhörer(innen) ausdrücklich mit ein – mit dazu beitragen, die Teilhabe und damit die Lebenssituation von Menschen mit Behinderungen zu verbessern.

Nach kontroversen politischen Verhandlungen hat der Deutsche Bundestag in seiner Sitzung am 1. Dezember 2016 das Bundesteilhabegesetz beschlossen, der Bundesrat hat dem Gesetz in seiner Sitzung am 16. Dezember 2016 zugestimmt. Es ist ein Artikelgesetz mit dem Schwerpunkt der Neufassung des Neunten Buches Sozialgesetzbuch (SGB IX). Der zentrale Artikel 1 umfasst das neu gefasste SGB IX, das mit dem Bundesteilhabegesetz inhaltlich geändert und darüber hinaus neu strukturiert worden ist. In Teil 1 ist das für alle Rehabilitationsträger geltende Rehabilitations- und Teilhaberecht verankert. Teil 2 regelt das aus dem Zwölften Buch Sozialgesetzbuch (SGB XII) herausgelöste und reformierte Recht der Eingliederungshilfe als »Besondere Leistungen zur selbstbestimmten Lebensführung von Menschen mit Behinderungen«. Teil 3 enthält das weiterentwickelte Schwerbehindertenrecht.

Die Erarbeitung des Bundesteilhabegesetzes erfolgte nach dem im Koalitionsvertrag ebenfalls niedergeschriebenen Grundsatz »Nichts über uns – ohne uns«. Menschen mit Behinderungen und ihre Verbände wie auch die weiteren betroffenen Akteure wurden von Anfang an und kontinuierlich am Gesetzgebungsprozess beteiligt. Zu diesem Zweck setzte das Bundesministerium für Arbeit und Soziales 2014 die hochrangige Arbeitsgruppe Bundesteilhabegesetz ein. Ziel dieser Arbeitsgruppe war es, die Kernpunkte der Reform auf politischer Ebene zu erörtern, mögliche Kompromisslinien zu verschiedenen Themen der Reform abzuklären und die Reformthemen und -ziele zu besprechen.

Ich freue mich, dass die erste der insgesamt vier Reformstufen des Bundesteilhabegesetzes dieses Jahr bereits in Kraft getreten ist. Damit sind die ersten Verbesserungen für die Menschen heute schon spürbar. Nennen möchte ich hier das neue Merkzeichen für taubblinde Menschen im Schwerbehindertenausweis.[3] Die bereits seit dem 1. Januar 2017 geltende Neuregelung sieht vor, dass im Schwerbehindertenausweis das Merkzeichen »TBl« für »taubblind« einzutragen ist, wenn bei einem schwerbehinderten Menschen wegen einer Störung der Hörfunktion ein Grad der Behinderung von mindestens 70 und wegen einer Störung des Sehvermögens ein Grad der Behinderung von 100 anerkannt ist.

Weiterhin möchte ich die Stärkung der Rechte der Schwerbehindertenvertretungen und die Verbesserung ihrer Arbeitsmöglichkeiten[4] und die Verbesserung der Mitwirkungsmöglichkeiten[5] der in den Werkstätten für behinderte Menschen beschäftigten Menschen mit Behinderungen und die Einführung von Frauenbeauftragten[6] in diesen Einrichtungen nennen.

Zudem wurde das zusätzlich zum Werkstattgehalt zu zahlende Arbeitsförderungsgeld für Beschäftigte in Werkstätten für behinderte Menschen zum 1. Januar 2017 von derzeit 26 Euro auf 52 Euro erhöht.[7] Das freizulassende Barvermögen wurde ab 1. Januar 2017 für Bezieher(innen) von Leistungen der Eingliederungshilfe um zusätzlich bis zu 25.000 Euro zur Sicherstellung einer angemessenen Lebensführung und einer angemessenen Alterssicherung angehoben.[8] Weiterhin wurde die Heranziehung von Einkommen für die Eingliederungshilfe im noch bis Ende 2019 geltenden Recht der Sozialhilfe verbessert und ein Freibetrag für Erwerbseinkommen von derzeit bis zu 265 Euro pro Monat eingeführt.[9] Mit Wirkung ab 1. April 2017 wurden zudem die

---

3   vgl. § 3 Absatz 1 Nr. 8 Schwerbehindertenausweisverordnung
4   vgl. §§ 94, 95, 96, 97 SGB IX
5   vgl. § 139 SGB IX, Werkstätten-Mitwirkungsverordnung
6   vgl. § 139 SGB IX, § 39a Werkstätten-Mitwirkungsverordnung
7   vgl. § 43 SGB IX bzw. § 59 Absatz 1 SGB IX i.d.F. ab 1. Januar 2018
8   vgl. § 60a SGB XII
9   vgl. § 82 Absatz 3a SGB XII

Vermögensfreibeträge in der Sozialhilfe ganz allgemein für Einzelpersonen von 2.600 Euro auf 5.000 Euro und für Paare von 3.214 Euro auf 10.000 Euro angehoben.[10]

Und doch haben wir immer noch viel Arbeit vor uns. In diesem Jahr ist ein mehrstufiger Umsetzungsprozess gestartet. Dies ist bei einem Gesetz, das eine Systemreform beinhaltet, wichtig und sinnvoll. So kann die Reform der Eingliederungshilfe planmäßig zum 1. Januar 2020 umgesetzt werden. Auf einzelne Aspekte des Umsetzungsprozesses werde ich im Verlauf meines Vortrags kurz eingehen.

Mit dem Bundesteilhabegesetz hat es Deutschland geschafft, einen weiteren Schritt hin zu einer inklusiven Gesellschaft zu gehen. Daher kann das Bundesteilhabegesetz zu Recht als eine der richtungsweisenden Sozialreformen der 18. Legislaturperiode bezeichnet werden.

3   Errungenschaften des Bundesteilhabegesetzes

Lassen Sie mich kurz die wesentlichen Errungenschaften des Bundesteilhabegesetzes im Bereich der Eingliederungshilfe zusammenfassen:

Mit dem Bundesteilhabegesetz erfolgt eine qualitative strukturelle Weiterentwicklung des Rechts der Eingliederungshilfe für Menschen mit Behinderungen. Um das Leitbild einer inklusiven Gesellschaft und in diesem Zusammenhang insbesondere die Herausführung der Eingliederungshilfe aus dem »Fürsorgesystem der Sozialhilfe« sichtbar werden zu lassen, wird die Eingliederungshilfe aus dem SGB XII herausgelöst und als neuer Teil 2 in das SGB IX integriert.

Kernstück der Reform der Eingliederungshilfe ist die Neuausrichtung der Eingliederungshilfe – weg von einer überwiegend einrichtungszentrierten hin zu einer personenzentrierten Leistung. Dies ist der zentrale, seit Jahrzehnten vorbereitete und mit der UN-BRK auch gesetzlich gefasste Paradigmenwechsel, der nun auch im Recht der Eingliederungshilfe verwirklicht wird. Mit dieser Neuausrichtung orientiert sich die notwendige Unterstützung der Menschen mit Behinderungen künftig nicht mehr an einer bestimmten Wohnform. Die Charakterisierung von Leistungen in ambulante, teilstationäre und stationäre Maßnahmen der Eingliederungshilfe wird aufgehoben. Die notwendige Unterstützung ist unter ganzheitlicher Perspektive nur am notwendigen individuellen Bedarf ausgerichtet. Dieser wird gemeinsam mit dem jeweils betroffenen Menschen mit Behinderungen ermittelt, das passende »Hilfepaket« zusammengestellt und im gewohnten oder gewünschten Lebensfeld organisiert. Das heißt, künftig soll nicht mehr über den Menschen mit Behinderungen, sondern gemeinsam mit ihm gehandelt werden, um seine individuelle Lebensplanung und Selbstbestimmung zu unterstützen.

Die Eingliederungshilfe konzentriert sich künftig auf die Fachleistungen. Diese werden zukünftig klar von den Leistungen zum Lebensunterhalt getrennt und finanziert.

---

10 vgl. VO zu § 90 Absatz 2 Nr. 9 SGB XII

Das ist ein kompletter Systemwechsel. Künftig steht damit der Mensch im Mittelpunkt. Die Leistungen der Eingliederungshilfe umfassen künftig:

- Leistungen zur Medizinischen Rehabilitation (SGB IX, Teil 2, Kapitel 3),
- Leistungen zur Teilhabe am Arbeitsleben (SGB IX, Teil 2, Kapitel 4),
- Leistungen zur Teilhabe an Bildung (SGB IX, Teil 2, Kapitel 5) und
- Leistungen zur Sozialen Teilhabe (SGB IX, Teil 2, Kapitel 6).

Eine weitere Verbesserung im künftigen Recht der Eingliederungshilfe ist, dass ab 2020 Einkommen und Vermögen von Ehe- und Lebenspartnern nicht mehr herangezogen werden. Diese Regelung wurde von vielen schlicht als »Heiratshindernis« empfunden. Auch die Regelungen zum Einsatz von Einkommen und Vermögen werden so zugunsten der Menschen mit Behinderungen verbessert, dass es sich lohnt, eine Arbeit aufzunehmen.

4   Leistungen zur Teilhabe am Arbeitsleben

Für alle Menschen im erwerbsfähigen Alter ist »Arbeit« ein wesentlicher Bestandteil des Lebens. Auch für Menschen mit Behinderungen ist die Teilnahme am Arbeitsleben eine wichtige Voraussetzung für eine gleichberechtigte und gesamtgesellschaftliche Teilhabe. Die Möglichkeit einer Arbeit nachzugehen, wirkt sich in vielfältiger Weise auf die persönliche Entwicklung und die Teilhabechancen am gesellschaftlichen Leben aus. Arbeit ermöglicht den Erwerb des eigenen Lebensunterhalts, wirkt sinnstiftend und fördert damit die persönliche Entwicklung. Dies bedeutet, dass die Chancen der gesellschaftlichen Teilhabe in großem Ausmaß abhängig von der Erwerbsbeteiligung sind.[11]

Nach derzeitigem Recht ist voll erwerbsgeminderten Menschen mit Behinderungen der Zugang zum allgemeinen Arbeitsmarkt in der Regel auf Dauer versperrt. Es handelt sich hier um Menschen, die wegen Krankheit oder Behinderung auf nicht absehbare Weise außerstande sind, unter den üblichen Bedingungen des allgemeinen Arbeitsmarktes mindestens drei Stunden täglich erwerbstätig zu sein.[12]

Das Bundesteilhabegesetz verpflichtet nun die Träger von Reha-Maßnahmen wie z. B. die Bundesagentur für Arbeit oder die gesetzliche Rentenversicherung, drohende Behinderungen frühzeitig zu erkennen und durch gezieltes Handeln noch vor Eintritt eine Rehabilitation zu ermöglichen, um Zugänge in die Eingliederungshilfe insbesondere aus der Grundsicherung für Arbeitsuchende und der gesetzlichen Rentenversicherung zu verringern. Ziel ist es, bereits vor Eintritt einer chronischen Erkrankung oder Behinderung durch geeignete präventive Maßnahmen entgegenzuwirken und die Erwerbsfähigkeit zu erhalten. Konkret bedeutet das: Ein(e) Jobcenter-Mitarbeiter(in)

---

11 vgl. Teilhabebericht der Bundesregierung über die Lebenslagen von Menschen mit Beeinträchtigungen 2016, S. 156, Bundestagsdrucksache 18/10940

12 vgl. § 43 Absatz 2 Satz 2 Sechstes Buch Sozialgesetzbuch (SGB VI)

ist bei der Antragsstellung für Arbeitslosengeld II-Leistungen verpflichtet, die zuständigen Reha-Stellen einzuschalten, wenn Hinweise auf eine mögliche Gefährdung der Erwerbsfähigkeit vorliegen. Auf diese Weise kann frühzeitig Hilfe angeboten werden.

Zur Unterstützung dieser gesetzlichen Pflicht wird der Bund auf fünf Jahre befristete Modellvorhaben mit den Jobcentern und der gesetzlichen Rentenversicherung fördern.[13] In diesen wird geprüft, durch welche Maßnahmen einer drohenden Behinderung frühzeitig entgegengewirkt werden kann. Dabei kann im Rahmen der Modellvorhaben befristet von gesetzlichen Vorgaben abgewichen werden, um neue Wege und Methoden erproben zu können. Das Bundesteilhabegesetz zielt also darauf ab, Erwerbsfähigkeit als wichtigen Zugang zur gesellschaftlichen Teilhabe zu erhalten.

Ziel der Modellvorhaben ist die Entwicklung innovativer Maßnahmen und neuer Kooperationsformen zwischen den Rehabilitationsträgern, um die Erwerbsfähigkeit zu erhalten und damit den Verbleib der Betroffenen auf dem allgemeinen Arbeitsmarkt zu sichern. Daher erfahren die beiden sozialrechtlichen Prämissen »Prävention vor Reha« und »Rehabilitation vor Rente« mit den Modellvorhaben eine wesentliche Stärkung.

Aber auch für Menschen mit Behinderungen, die voll erwerbsgemindert sind und infolgedessen eine Beschäftigung nur noch in der Form einer »Zuverdienst-Beschäftigung«, also in einer geringfügigen Beschäftigung ausüben können, haben wir einiges erreicht. Wenn eine solche Beschäftigung in einem Inklusionsbetrieb ausgeübt wird, können die Integrationsämter seit dem 1. August 2016 Leistungen der begleitenden Hilfen im Arbeitsleben bereits ab einer wöchentlichen Arbeitszeit von zwölf Stunden erbringen und so auch eine Zuverdienst-Beschäftigung fördern.[14]

Ansonsten hat der Personenkreis der Menschen mit einer dauerhaften vollen Erwerbsminderung heute aktuell lediglich die Möglichkeit, in einer anerkannten Werkstatt für behinderte Menschen am Arbeitsleben teilzuhaben. An dieser Stelle möchte ich dies gerne mit Zahlen unterlegen: In 700 Werkstätten bundesweit befanden sich im Jahr 2016 rund 310.000 Menschen mit Behinderungen, davon werden ca. 283.100 im Arbeitsbereich beschäftigt.

Zugang zu Werkstätten für behinderte Menschen erhalten Personen mit einer vollen Erwerbsminderung, bei denen davon ausgegangen werden kann, dass sie spätestens am Ende der zweijährigen Berufsbildungsphase in der Lage sind, wenigstens ein Mindestmaß wirtschaftlich verwertbarer Arbeitsleistung zu erbringen.[15]

Im Eingangsverfahren einer Werkstatt für behinderte Menschen wird insbesondere festgestellt, ob die Werkstatt der geeignete Ort zur Teilhabe des Menschen mit Behinderungen am Arbeitsleben ist. Im Berufsbildungsbereich werden dem Leistungsberechtigten Fertigkeiten und Grundkenntnisse verschiedener Arbeitsabläufe vermittelt

---

13 vgl. § 11 SGB IX i.d.F. ab 1. Januar 2018
14 § 102 Absatz 2 Satz 3 SGB IX bzw. § 185 Absatz 2 Satz 3 SGB IX i.d.F. ab 1. Januar 2018
15 vgl. § 136 Absatz 2 Satz 1 SGB IX bzw. § 219 Absatz 2 Satz 1 SGB IX i.d.F. ab 1. Januar 2018

sowie Schwerpunkte der Eignung und Neigung festgestellt, u. a. mit dem Ziel, ihn zu größerer Ausdauer und Belastung und zur Umstellung auf unterschiedliche Beschäftigungen im Arbeitsbereich zu befähigen.

Diese bisherige Konzentration auf das Beschäftigungsangebot anerkannter Werkstätten für behinderte Menschen trägt dem heterogenen Personenkreis der leistungsberechtigten Personen jedoch nicht in ausreichendem Maße Rechnung. Dies trifft häufig insbesondere für Menschen mit einer psychischen Behinderung zu, die bei entsprechender Begleitung und Anleitung am Arbeitsplatz deutlich leistungsfähiger als Menschen mit einer Mehrfach- oder geistigen Behinderung sind, gleichwohl aber im Vergleich zum Wettbewerbsarbeitsmarkt auf geschützte Arbeitsbedingungen angewiesen sind. Sie fühlen sich innerhalb des von Behindertenwerkstätten dominierten Systems oft fehlplatziert. Hinzu kommt die von nicht wenigen befürchtete Stigmatisierung durch eine Werkstattbeschäftigung.

Die im Bundesteilhabegesetz reformierten Leistungen zur Teilhabe am Arbeitsleben für dauerhaft voll erwerbsgeminderte Menschen mit Behinderungen wurden daher personenzentriert weiterentwickelt.

Durch die Zulassung anderer Leistungsanbieter[16] und die Einführung des Budgets für Arbeit[17] wird für diese Personen die Möglichkeit eröffnet, bei einem anderen Leistungsanbieter zu arbeiten, eine Beschäftigung auf dem allgemeinen Arbeitsmarkt aufzunehmen oder weiterhin in einer Werkstatt für behinderte Menschen tätig zu sein. Jeder Mensch mit Behinderungen soll entsprechend seinem individuellen Leistungsvermögen durch passgenaue Leistungen und Förderung die für ihn größtmögliche Teilhabe am Arbeitsleben erreichen. Im Interesse der Menschen mit Behinderungen soll eine Beschäftigung weder eine Über- noch eine Unterforderung gemessen an seinem Leistungsvermögen bedeuten.

Diese neuen Leistungen im Bereich der Teilhabe am Arbeitsleben möchte ich Ihnen im Nachfolgenden kurz vorstellen:

Andere Leistungsanbieter stellen für Menschen mit Behinderungen, die Anspruch auf Aufnahme in eine Werkstatt für behinderte Menschen haben, eine Alternative zur beruflichen Bildung und zur Beschäftigung in einer Werkstatt dar. Dabei gelten für einen anderen Leistungsanbieter dieselben fachlichen Anforderungen wie für Werkstätten. Auch die anderen Leistungsanbieter müssen also qualifiziertes Fachpersonal mit sonderpädagogischer Zusatzqualifikation haben und über begleitende Dienste zur pädagogischen, sozialen und medizinischen Betreuung verfügen. Auf diese Weise stellen wir einen Qualitätsstandard sicher. Es gibt einige wenige Ausnahmen. Zum Beispiel gilt die Mindestplatzzahl von 120 Beschäftigten nicht. Aber ich denke, das leuchtet unmittelbar ein.

---

16 vgl. § 60 SGB IX i.d.F. ab 1. Januar 2018
17 vgl. § 61 SGB IX i.d.F. ab 1. Januar 2018

Die Menschen mit Behinderungen stehen bei einem anderen Leistungsanbieter genauso, wie sie in einer Werkstatt stehen würden. Es besteht also ein arbeitnehmerähnliches Rechtsverhältnis. Und es gilt die gesetzliche Rentenversicherung zu 80 % der Bezugsgröße.

Mit dem Budget für Arbeit wollen wir Arbeitgeber(innen) dafür gewinnen, sich für Menschen mit Behinderungen zu entscheiden. Dauerhaft voll erwerbsgeminderten Menschen mit Behinderungen wird ab 2018 eine im Rahmen der Eingliederungshilfe geförderte Aufnahme einer Beschäftigung auf dem allgemeinen Arbeitsmarkt ermöglicht. Dabei wird ihnen, was für viele Betroffenen nach eigenem Bekunden bedeutsam ist, das Recht auf jederzeitige Rückkehr in eine Werkstatt für behinderte Menschen[18] eingeräumt. Damit machen wir den Schritt aus der Werkstatt heraus möglich – möglich für die, die es wollen und es sich zutrauen. Arbeitgeber(innen), die bereit sind, den vorgenannten Personenkreis zu beschäftigen, werden künftig durch ein Budget für Arbeit unterstützt, indem sie einen unbefristeten Lohnkostenzuschuss zum Ausgleich der dauerhaften Minderleistung des Beschäftigten mit Behinderungen erhalten. Überdies kann eine im Einzelfall notwendige Anleitung und Begleitung am Arbeitsplatz hieraus finanziert werden.

Gleichwohl versichere ich Ihnen, dass Werkstätten für behinderte Menschen auch künftig ein wichtiger Platz für die Beschäftigung von Menschen mit Behinderungen mit einer dauerhaften vollen Erwerbsminderung sein werden. Und dies nicht nur, weil niemand mehreren hunderttausend Werkstattbeschäftigten mit gutem Gewissen einen problemlosen Übergang auf den allgemeinen Arbeitsmarkt versprechen könnte, sondern auch deshalb, weil sich die meisten der Menschen mit Behinderungen, die in Werkstätten arbeiten, dort wegen des beschützenden Umfelds wohl und gut aufgehoben fühlen.

Die Beschäftigungsangebote anerkannter Werkstätten für behinderte Menschen werden durch die neuen Beschäftigungsalternativen sinnvoll ergänzt. Dadurch werden Menschen mit Behinderungen Wahlmöglichkeiten eröffnet. Ihnen wird somit ein Weg aus der Einbahnstraße Werkstatt für behinderte Menschen auch in Richtung allgemeiner Arbeitsmarkt ermöglicht.

Alle diese geschützten Formen von Arbeit sind für mich wichtige Ergänzungen des allgemeinen Arbeitsmarkts, der zumindest vorerst – trotz aller Anstrengungen, ihn inklusiver werden zu lassen, den ganz überwiegenden Teil derjenigen Menschen nicht an Arbeit teilhaben lassen wird, die als nicht-erwerbsfähig gelten.

---

18   vgl. § 220 Absatz 3 SGB IX i.d.F. ab 1. Januar 2018

5   Tagesstrukturierende Leistungen als Leistungen zur Sozialen Teilhabe

Neben den werkstattfähigen Personen gibt es aber auch Menschen mit Behinderungen, deren gesundheitliche Einschränkungen derart gravierend sind, dass sie nicht in
der Lage sind, in eine Austauschbeziehung von Leistung und Gegenleistung, in eine
Interaktion einzutreten, wie sie nach meiner Auffassung konstitutiv für den Begriff
Arbeit ist. In Gesetzessprache lautet diese Abgrenzung nicht in der Lage zu sein, regelmäßig »ein Mindestmaß wirtschaftlich verwertbarer Arbeitsleistung (zu) erbringen«.

Nach derzeitigem Recht sollen diese Personen in Einrichtungen oder Gruppen betreut und gefördert werden, die der Werkstatt angegliedert sind.[19] Nach dem Kennzahlenvergleich der Bundesarbeitsgemeinschaft der überörtlichen Träger der Sozialhilfe (BAGüS) gab es im Jahr 2015 bundesweit insgesamt rund 34.000 Leistungsberechtigte in Tagesförderstätten und rund 1.000 Plätze in Tagesstätten für Menschen mit
seelischer Behinderung. Bemerkenswert hierbei ist, dass die absolute Zahl der Leistungsberechtigten in Tagesförderstätten sich seit dem Jahr 2013 um 2.000 Personen
(6,3 %) erhöht hat.[20] In den einzelnen Ländern ist die Tagesförderstätten-Landschaft
sehr unterschiedlich ausgeprägt. So gibt es beispielsweise in Nordrhein-Westfalen keine Tagesförderstätten. Dort steht die Werkstatt für behinderte Menschen grundsätzlich auch dauerhaft voll erwerbsgeminderten Menschen mit schweren oder mehrfachen Behinderungen offen.

Es ist wichtig, dass auch für Menschen mit Behinderungen, die nicht in der Lage
sind, regelmäßig ein Mindestmaß wirtschaftlich verwertbarer Arbeitsleistung zu erbringen, wie für Menschen ohne Behinderungen ein »zweiter Lebensort« offensteht.
Die Lebensbereiche des Wohnens und des Arbeitens sind für Menschen ohne Behinderungen im erwerbsfähigen Alter im Regelfall räumlich voneinander getrennt. Das
sog. Zwei-Milieu-Prinzip wird somit auch Menschen, die nicht in der Lage sind, ein
Mindestmaß wirtschaftlich verwertbarer Arbeitsleistung zu erbringen, mit dem Besuch einer Tagesförderstätte ermöglicht, indem sie morgens das Haus verlassen und
zur »Arbeit« gehen.

Die Voraussetzung der Erbringung eines Mindestmaßes wirtschaftlich verwertbarer
Arbeitsleistung wird von verschiedenen Seiten – auch im Rahmen des Bundesteilhabegesetz-Prozesses – immer wieder in Frage gestellt.

Ist denn diese Voraussetzung tatsächlich zwingend erforderlich, um am Arbeitsleben
teilhaben zu können? Kann man nur bei einer wirtschaftlich verwertbaren Tätigkeit
von Arbeit sprechen? Was ist Arbeit überhaupt?

Man unterscheidet körperliche und geistige Arbeit, leitende und ausführende Arbeit, ungelernte, angelernte und gelernte Arbeit, selbstständige oder unselbstständige
Arbeit. Was ist all diesen verschiedenen Arten von Arbeit gemeinsam? Sie verfolgen

---

19 vgl. § 136 Absatz 3 SGB IX
20 vgl. BAGüS, Kennzahlenvergleich Eingliederungshilfe der überörtlichen Träger der Sozialhilfe,
    2015, S. 45–52

allesamt das gemeinsame Ziel der Existenzsicherung! Das bedeutet: der Erbringung einer Arbeitsleistung steht immer eine in der Regel monetäre Gegenleistung gegenüber!

Mit dem kritisierten Begriff der »wirtschaftlich verwertbaren Arbeitsleistung« wird
eine Voraussetzung zur Aufnahme in eine Werkstatt für behinderte Menschen und
damit eine Voraussetzung zur Fähigkeit zur Teilhabe am Arbeitsleben bestimmt.

Werkstätten für behinderte Menschen sind neben ihrem Charakter als Einrichtungen der Rehabilitation auch Wirtschaftsbetriebe, in denen eine – der Leistungsfähigkeit der dort beschäftigten Menschen mit Behinderungen entsprechende – Arbeitsleistung erbracht werden muss. Die Teilhabe am Arbeitsleben setzt eine Fähigkeit zur
Teilhabe voraus. Die Teilhabefähigkeit wird gesetzlich definiert durch die Fähigkeit,
spätestens nach der beruflichen Bildung in der Werkstatt in der Lage zu sein, wenigstens ein Mindestmaß wirtschaftlich verwertbarer Arbeitsleistung zu erbringen. Das
bedeutet, dass

> »der Behinderte irgendwie am Arbeitsauftrag der Werkstatt mitwirken, d. h. an der Her-
> stellung und Erbringung der von der Werkstatt vertriebenen Waren und Dienstleistungen
> durch nützliche Arbeit beteiligt werden kann«[21],

so die Rechtsprechung zum Begriff des Mindestmaßes wirtschaftlich verwertbarer Arbeitsleistung.

In den Werkstätten beschäftigte Menschen mit Behinderungen erwerben nach einer
Beschäftigungszeit von 20 Jahren in der Werkstatt einen Anspruch auf eine Rente
wegen voller Erwerbsminderung. Dafür kann auf ein Mindestmaß an Leistung nicht
verzichtet werden. Denn die gesetzliche Rentenversicherung ist in erster Linie eine
Solidargemeinschaft für versicherungspflichtige Beschäftigte. Sie kann nur in begrenztem Umfang gesamtgesellschaftliche Aufgaben übernehmen. Im Übrigen haben auch
die Werkstattbeschäftigten ein Gefühl dafür, wer mehr oder wer weniger leistet. Dass
es auf Leistung nicht mehr ankommen soll, wird vielen Werkstattbeschäftigten und
auch der Öffentlichkeit, die diese Rentenversicherungsbeiträge im Ergebnis aus Steu-
ermitteln finanzieren muss, nicht zu vermitteln sein.

Aus der UN-Behindertenrechtskonvention (UN-BRK) kann eine Pflicht, die Unterscheidung zwischen Werkstatt und Tagesförderstätte aufzugeben, nicht hergeleitet
werden. Artikel 27 der Konvention verbietet nicht, im einzelstaatlichen Recht die
Leistungsfähigkeit zu berücksichtigen. Vielmehr fordert Artikel 27 der UN-BRK im
Kern von den Vertragsstaaten, das Recht von Menschen mit Behinderungen auf Arbeit durch – ich zitiere – »geeignete Schritte« zu fördern, dabei steht den Vertragsstaaten hier also ein Gestaltungsspielraum zu.

Die Frage, ob auch die Leistungen zur Tagesstrukturierung für nicht werkstattfähige
Menschen mit Behinderungen in die Leistungen zur Teilhabe am Arbeitsleben einbezogen werden sollten, wurde im Rahmen des Bundesteilhabegesetz-Prozesses einge-
hend diskutiert. Die Bundesregierung ist im Rahmen des Gesetzgebungsverfahrens

---

21 Bundessozialgericht, Urteil vom 7. Dezember 1983, Az. 7 RAr 73/82

des Bundesteilhabegesetzes davon ausgegangen, dass rund 25.000 Personen betroffen wären und für die geforderte Gleichstellung in Betracht kämen. Im Ergebnis hat sich eine generelle Einbeziehung als nicht mehrheitsfähig herauskristallisiert.

Demnach ist die Antwort auf die eingangs gestellte Frage eindeutig: Ein Recht auf Arbeit ist ohne die individuelle Fähigkeit zur Erbringung eines Minimums an objektiv messbarer Arbeitsleistung nicht darstellbar. Der Begriff der Teilhabe an Arbeit wäre nicht mehr mit dem belegt, was Arbeit ausmacht.

Im Übrigen erschien mir die Forderung auch stets wie ein Relikt aus der Zeit der Angebotsorientierung im Gegensatz zur Personenzentrierung: Es war eine Forderung dem Angebot der stationären Einrichtungen der Werkstätten für behinderte Menschen 25.000 neue Leistungsfälle zuzuführen, nicht aber eine Überlegung, welche Angebote für diese Betroffenengruppe am besten geeignet wären. Und damit bin ich an den Kern dessen gelangt, weswegen ich froh darüber bin, dass Sie heute in dieser Fachtagung zusammengekommen sind. Nämlich zusammenzutragen, was hier gute, individuelle passende Formen der Sozialen Teilhabe sein können. Und welche Voraussetzungen erfüllt sein müssen, um in der ganzen Vielfalt möglicher Formen der sozialen und kulturellen Teilhabe jeweils für den oder die Einzelne(n) die bestmögliche zu verwirklichen.

Hierzu hat sich der Gesetzgeber mit dem Bundesteilhabegesetz für ein Rahmenkonzept entschieden, von dem nicht werkstattfähige Menschen mit Behinderungen profitieren können, die über das Potenzial zur persönlichen Weiterentwicklung bis hin zur Entwicklung von Werkstattfähigkeit verfügen.

So enthält der neue § 219 SGB IX in Absatz 3 nicht mehr nur die Bestimmung, dass behinderte Menschen, die die Voraussetzungen für eine Beschäftigung in einer Werkstatt nicht erfüllen, in Einrichtungen oder Gruppen betreut und gefördert werden sollen, die der Werkstatt angegliedert sind. Vielmehr ist in Absatz 3 nunmehr des Weiteren normiert, dass die Betreuung und Förderung auch gemeinsam mit den Werkstattbeschäftigten in der Werkstatt erfolgen kann und die Betreuung und Förderung auch Angebote zur Orientierung auf Beschäftigung enthalten sollen. Damit hat der Gesetzgeber die – bislang nicht existente – Brücke zwischen Tagesförderung und Werkstattförderung geschaffen, die behinderten Menschen in Tagesförderung nunmehr grundsätzlich auch eine Arbeitsweltperspektive eröffnet.

Vor weitergehenden Überlegungen zu möglicherweise bundesgesetzlichen Vorgaben sollten wir den Praxistest abwarten, wobei sich die für die Durchführung der Eingliederungshilfe zuständigen Länder u. a. auch mit der Frage befassen werden (müssen), wie auch diejenigen nicht werkstattfähigen Menschen mit Behinderungen von der Neuregelung profitieren könnten, die ihre Tagesförderung nicht unter dem verlängerten Dach einer Werkstatt für behinderte Menschen erhalten.

Hierzu wird dann die Praxis auch Leitfäden für die Verwaltung entwickeln. Ein Beispiel hierfür im Rahmen des noch geltenden Rechtes sind die Werkstattempfehlungen der BAGüS, die WE/BAGüS, die auf 136 Seiten Ausführungen zur Förderung der

Werkstätten für behinderte Menschen und an ihrem Ende auf 5 Seiten auch Ausführungen zur Tagesförderung enthalten.

6 Menschen mit Behinderungen, die die Regelaltersgrenze erreicht haben

Einer weiteren Betrachtung bedürfen die Menschen mit Behinderungen, die die Regelaltersgrenze erreicht haben. Diese Gruppe wird in den nächsten Jahren rasch anwachsen. Dies wird die Leistungsträger und -anbieter in der Eingliederungshilfe quantitativ und qualitativ vor neue Herausforderungen stellen. Denn auch unter den Menschen mit wesentlichen Behinderungen wird die Gruppe der »Jungen Alten« in den nächsten Jahren schnell zunehmen. Analog zu Menschen ohne Behinderung scheiden auch Werkstattbeschäftigte mit Erreichen der Regelaltersgrenze aus dem Arbeitsleben in der Werkstatt für behinderte Menschen aus. Sie erhalten, nachdem sie bis dahin ihre Rente wegen voller Erwerbsminderung erhalten haben, nun ihre Altersrente. Damit ermöglicht man den Werkstattbeschäftigten – wie Beschäftigten auf dem allgemeinen Arbeitsmarkt – eine klare Ruhestandsperspektive. Mit dem Erreichen der Regelaltersgrenze enden in der Regel die Leistungen zur Teilhabe am Arbeitsleben, nicht aber ein Anspruch auf Leistungen zur Teilhabe in anderen Bereichen.

Nach Beendigung der Beschäftigung in der Werkstatt werden den Menschen in der Praxis angemessene tagesstrukturierende Hilfen angeboten, die auch in den Werkstätten in der Regel angegliederten Tageseinrichtungen erfolgen können. Mit dem Bundesteilhabegesetz werden in besonderen Einzelfällen auch künftig flexible Übergänge aus dem Arbeitsleben möglich sein, dies hat der Gesetzgeber im Gesetzgebungsverfahren klargestellt.[22]

Im Zusammenhang mit älteren Menschen mit Behinderungen, die nicht mehr im »Erwerbsleben« stehen, ist immer wieder die Frage aufgetaucht, inwieweit auch hier das Zwei-Milieu-Prinzip sinnvoll erscheint, um »Normalität« zu erreichen. Wenn wir allerdings auch hier den Vergleich zu Menschen ohne Behinderungen vornehmen, kommen wir zu dem Ergebnis, dass es den Menschen freigestellt werden sollte, ob sie diese Angebote annehmen.

7 Ausblick

Meine Schlussfolgerung aus alledem: Um Teilhabe an Alltag, Arbeit und Kultur auch für Menschen mit schwerer geistiger oder mehrfacher Behinderung selbstverständlich werden zu lassen, haben wir noch viel Arbeit vor uns.

Mit der Verabschiedung des Bundesteilhabegesetzes sind wir einen wichtigen Schritt in der Politik für Menschen mit Behinderungen in Richtung inklusive Gesellschaft ge-

---

22 vgl. § 58 Absatz 1 Satz 3 SGB IX i.d.F. ab 1. Januar 2018

gangen. Damit ist dieser Schritt aber noch nicht komplett vollzogen. Jetzt gilt es, die Normen in die Praxis umzusetzen und dort zu leben.

Schon das sukzessive, über mehrere Jahre verteilte Inkrafttreten der unterschiedlichen Regelungen macht deutlich, dass die Neuregelungen nach Auffassung des Gesetzgebers zum Teil tiefgreifend sind und ihre Einführung einer guten Vorbereitung bedarf.

Um sicherzustellen, dass die mit dem Bundesteilhabegesetz verbundenen Ziele – insbesondere hinsichtlich der reformierten Eingliederungshilfe – erreicht werden, sieht das Bundesteilhabegesetz diverse Maßnahmen der Umsetzungsunterstützung vor und hat hiermit das Bundesministerium für Arbeit und Soziales beauftragt. Auch hier ist die Partizipation und Einbindung der Menschen mit Behinderungen und ihrer Verbände – ebenso wie bei der Vorbereitung des Gesetzes – für das Bundesministerium für Arbeit und Soziales von zentraler Bedeutung.

Der Gesetzgeber wird mit dieser Umsetzungsunterstützung in die Lage versetzt ggf. noch vor Inkrafttreten der reformierten Eingliederungshilfe im Jahr 2020 bzw. danach korrigierend einzugreifen. Damit hat der Gesetzgeber die Voraussetzungen dafür geschaffen, über etwaige »Nachbesserungen« auf einer gesicherten Grundlage zu gegebener Zeit zu entscheiden.

Neben diversen weiteren Maßnahmen der Umsetzungsunterstützung werden eine modellhafte Erprobung und eine Untersuchung zur Implementation der reformierten Eingliederungshilfe durchgeführt.

Im Rahmen der modellhaften Erprobung werden ab dem Jahr 2018 im Einvernehmen mit den Ländern ausgewählte Leistungsträger parallel zur regulären Anwendung des geltenden Rechts spiegelbildlich einen repräsentativen Fallbestand »virtuell« nach den künftigen Vorschriften bearbeiten. Die Modellphase wird begleitend wissenschaftlich evaluiert, um rechtzeitig Hinweise auf mögliche Veränderungsbedarfe zu erhalten.

Die Untersuchung zur Implementation der reformierten Eingliederungshilfe wird das Bundesministerium für Arbeit und Soziales ebenfalls im Einvernehmen mit den Ländern durchführen. Die Aufgabe der Durchführung dieses Projekts hat das Bundesministerium für Arbeit und Soziales im Rahmen einer Zuwendung an den Deutschen Verein übertragen. Ziel des Projekts ist es, die zukünftigen Träger der Eingliederungshilfe bei der Umsetzung der neu eingeführten Regelungen der Eingliederungshilfe zu begleiten und zu unterstützen.

Ich versichere Ihnen, dass Menschen mit schwerer und mehrfacher Behinderung auch hierbei im Fokus der Arbeiten des Bundesministeriums für Arbeit und Soziales stehen. Wir werden prüfen, ob im Rahmen der Modellvorhaben und/oder der Umsetzungsbegleitung des Deutschen Vereins ein Modul für Menschen mit schwerer und mehrfacher Behinderung eingerichtet wird.

Nun wünsche ich uns einen guten Verlauf der Veranstaltung mit erkenntnisreichen Vorträgen, Diskussionen und Ergebnissen und danke Ihnen für Ihre Aufmerksamkeit.

Peter Masuch

Was bringt das Bundesteilhabegesetz?

1   Zum Einstieg ein paar Zahlen

Insgesamt leben in Deutschland 7,5 Millionen Menschen mit einer Schwerbehinderung. Von denen beziehen gut 11 % Leistungen der Eingliederungshilfe (EH), das sind aktuell rund 870.000 Berechtigte. Unter diesen haben über 500.000 Menschen, d. h. weit mehr als die Hälfte, eine sogenannte geistige Behinderung. Damit sind die Menschen mit geistiger Behinderung die größte Gruppe der Leistungsempfänger der Eingliederungshilfe und somit am stärksten durch die Reform dieser Leistungen im Bundesteilhabegesetz betroffen.

Bis zum Inkrafttreten der Neuregelungen im Bundesteilhabegesetz ist die Eingliederungshilfe für behinderte Menschen eine Leistung der Sozialhilfe. Über die Hälfte aller Sozialhilfeausgaben liegen im Bereich der Eingliederungshilfe. Im Jahr 2014 wurden hierfür 15 Milliarden Euro netto aufgewendet.

2   Themen dieses Beitrags

Zunächst werde ich Ihnen einen *Überblick über das Gesetzespaket* bestehend aus Bundesteilhabegesetz, Drittes Pflegestärkungsgesetz (PSG III) und Regelbedarfsermittlungsgesetz (RBEG) verschaffen. Sodann möchte ich Ihnen einen *kurzen Rückblick* auf die Vorgeschichte des Bundesteilhabegesetzes und das Gesetzgebungsverfahren geben. Als Drittes werde ich *die wesentlichen Neuregelungen,* die Zeitpunkte des *Inkrafttretens* sowie den *Umsetzungsprozess* des Bundesteilhabegesetzes darstellen. Schließen möchte ich mit einer kurzen Reflexion über die *Chancen und Herausforderungen dieser Sozialreform.*

3   Das Gesetzespaket: Bundesteilhabegesetz (BTHG), Drittes Pflegestärkungsgesetz (PSG III) und Regelbedarfsermittlungsgesetz (RBEG)

Das *Bundesteilhabegesetz (BTHG)* ist ein Artikelgesetz, das in zwölf Gesetzen und vier Verordnungen Änderungen hervorgebracht hat, maßgeblich im SGB IX und im SGB XII. Zugleich ist das BTHG Teil eines noch größeren Gesetzespakets. Zeitgleich mit dem BTHG wurden wesentliche – und untrennbar mit dem BTHG verflochtene – Änderungen am Recht der Sozialen Pflegeversicherung (SGB XI) und der Hilfe zur Pflege (SGB XII) durch das Dritte Pflegestärkungsgesetz und am SGB XII durch das Gesetz zur Ermittlung von Regelbedarfen sowie zur Änderung des Zweiten und Zwölften Buches Sozialgesetzbuch (SGB) vorgenommen.

In dem Gesetzespaket sind zahlreiche Veränderungen der Unterstützungsleistungen für Menschen mit Behinderung enthalten:

*   Zunächst wird mit dem *BTHG* der Teil 1 des SGB IX umfassend überarbeitet, insbesondere das Teilhabeplanverfahren und die Koordinierungsvorschriften werden neugefasst.
*   Des Weiteren wird das Recht der Eingliederungshilfe zum 1. Januar 2020 aus der Sozialhilfe herausgelöst und in das SGB IX überführt. Hierbei werden auch die Leistungen der Eingliederungshilfe neu beschrieben und die Trennung der bislang stationären Eingliederungshilfe in den Fachleistungsteil (Eingliederungshilfe) einerseits und den Lebensunterhaltsteil (Regelsatz und Kosten der Unterkunft) andererseits aufgeteilt.
*   Auch das Verfahren zur Antragstellung und Bedarfsermittlung sowie das Leistungserbringungsrecht in der Eingliederungshilfe werden ebenso reformiert wie die Regelungen zur Kostenheranziehung.

Mit dem *Dritten Pflegestärkungsgesetz* wird zunächst die Rolle der Kommunen bei der Versorgung pflegebedürftiger Menschen gestärkt. Des Weiteren wird der neue Pflegebedürftigkeitsbegriff auch in der Hilfe zur Pflege eingeführt und schließlich die Schnittstelle zur Eingliederungshilfe neu geregelt.

Das *Regelbedarfsermittlungsgesetz* ist ebenfalls ein Artikelgesetz. Sein Artikel 1 enthält das Regelbedarfsermittlungsgesetz (RBEG), das zum 1.1.2017 in Kraft getreten ist. Hiermit werden die Regelsätze neu festgesetzt. Die Menschen mit Behinderung, die z. B. bei ihren Eltern leben, werden der Regelbedarfsstufe 1 zugeordnet; eine neue Regelung wurde für die Kosten der Unterkunft geschaffen, wenn Menschen mit Behinderung z. B. mit ihren Eltern in einer Wohnung leben. Schließlich werden mit dem RBEG Menschen, die in Einrichtungen der Behindertenhilfe leben, ab 2020 in die Regelbedarfsstufe 2 eingestuft.

4 Kurzer Rückblick

Das Gesetzgebungsverfahren zum Bundesteilhabegesetz ist mit den Beschlüssen vom Bundestag am 1. und vom Bundesrat am 16. Dezember 2016 zu Ende gegangen. Die neuen Regelungen treten im Zeitraum vom 30. Dezember 2016 bis zum 1.1.2023 sukzessive in Kraft.

Vorangegangen ist ein *hartes und langwieriges Gesetzgebungsverfahren*. Grundlegende Reformüberlegungen insbesondere in Bezug auf eine Bundesbeteiligung an den Kosten der Eingliederungshilfe kursieren schon seit dem Jahr 2003. Seit der Verabschiedung der UN-Behindertenrechtskonvention im Jahr 2006 wurde auch in Fachkreisen verstärkt der Ruf nach einer Neuordnung der Eingliederungshilfe zu einem modernen

Teilhaberecht laut. Zuletzt hat die derzeitige Bundesregierung mit ihrem *Koalitionsvertrag* im Jahr 2013 vielversprechende Vorgaben gemacht:

- Angekündigt wurde das größte sozialpolitische Reformvorhaben der Bundesregierung, mit dem die Teilhabesituation von Menschen mit Behinderung umfassend verbessert werden soll.
- Die Eingliederungshilfe sollte zu einem modernen Teilhaberecht weiterentwickelt werden und ihre Leistungen sollten sich am persönlichen Bedarf orientieren und im Rahmen eines bundeseinheitlichen Verfahrens personenbezogen ermittelt werden.
- Des Weiteren legte der Koalitionsvertrag fest, dass das Wunsch- und Wahlrecht von Menschen mit Behinderungen im Sinne der UN-BRK gestaltet werden soll.
- Schließlich sollten die Kommunen bei den Kosten der Eingliederungshilfe um 5 Milliarden Euro entlastet und eine Ausgabensteigerung in der Eingliederungshilfe vermieden werden.

Dabei wird eine *doppelte Zielsetzung* deutlich: Das BTHG soll einerseits die Teilhabe und Selbstbestimmung der Menschen mit Behinderung stärken, aber andererseits die Kostensteigerung in der Eingliederungshilfe bremsen. An diesen beiden Zielen wird das BTHG auch jetzt von den unterschiedlichen Akteuren – den Anspruchsberechtigten einerseits und den Leistungsträgern andererseits – gemessen.

Im Sommer 2014 begann das Bundesministerium für Arbeit und Soziales (BMAS) sodann den gesetzgeberischen Prozess mit einem eher ungewöhnlichen, aber allseits hoch geschätzten *breit angelegten Beteiligungsprozess*. Es wurde eine »Arbeitsgruppe Bundesteilhabegesetz« mit knapp 40 Vertretern der unterschiedlichen Akteure zusammengesetzt, an der auch die Menschen mit Behinderung und ihre Verbände mit insgesamt zehn Sitzen vertreten waren. Diese Gruppe tagte bis April 2015 acht Mal und legte damit die Grundlage für das neue Bundesteilhabegesetz. Das BMAS entsprach damit den Vorgaben der UN-BRK, Menschen mit Behinderungen und ihre Verbände stets bei jeder sie betreffenden Gesetzgebung zu beteiligen.

Der vorgelegte *Arbeitsentwurf* und auch noch der *Referentenentwurf* aus dem BMAS riefen dennoch ganz *erhebliche Kritik* gerade seitens der Behindertenverbände hervor. Demnach wirkte eine Vielzahl der ursprünglich vorgestellten Regelungen den bereits im Koalitionsvertrag festgeschriebenen Zielen entgegen.

Der im Juni 2016 vorgestellte *Regierungsentwurf* enthielt dann zwar schon eine ganze Reihe an Verbesserungen – *fünf wesentliche Kritikpunkte* blieben aber bestehen:

- § 99 SGB IX, Beschränkung des Zugangs zu den Leistungen der Eingliederungshilfe
- § 13 Abs. 3 SGB XI, § 103 SGB IX, die Neubeschreibung des Verhältnisses zwischen Eingliederungshilfe und Hilfe zur Pflege sowie zu den Leistungen der Pflegeversicherung

- § 116 SGB IX, die Einführung der Möglichkeit zum »Poolen«, das heißt zur gemeinsamen Erbringung von Leistungen der Eingliederungshilfe, auch wenn der Leistungsberechtigte dem widerspricht
- § 42 b SGB XII, Begrenzung der Kostenübernahme des Bundes bei den Kosten der Unterkunft in stationären Wohnsettings auf maximal 25 % über dem, was für einen Einzelwohnhaushalt üblich ist
- Die Beschränkung der Verbesserung der Einkommens- und Vermögensheranziehung für Eingliederungshilfeberechtigte.

Im weiteren *parlamentarischen Prozess* konnten dank des enormen Einsatzes aus der Mitte der Zivilgesellschaft ebenso wie aus der Koalitionsarbeitsgruppe im Bundestag an allen fünf Hauptkritikpunkten ganz wesentliche Verbesserungen herbeigeführt werden. Das Gesetzgebungsverfahren blieb bis zuletzt spannend. Die *68 Änderungsanträge* der Fraktionen der CDU/CSU und der SPD im Bundestag mussten schließlich auch noch die Zustimmung im Bundesrat erreichen.

5   Wesentliche Neuregelungen

5.1   Koordinierung der Leistungen

Im Teil 1 des SGB IX werden anknüpfend an die bereits bestehende Regelung zur Zuständigkeitsklärung in § 14 SGB IX die Regelungen zur Koordinierung gesetzlich ausführlicher geregelt. Ab 2018 ist in §§ 15 ff. SGB IX detailliert gesetzlich geregelt, dass der nach § 14 zuständige Rehabilitationsträger das Verfahren zur Feststellung der Rehabilitationsleistungen koordiniert, wenn mehrere Rehabilitationsträger beteiligt sind.

5.2   Teilhabeplanung und Bedarfsermittlung

Kurz gesagt: Die Teilhabeplanung im Teil 1 des SGB IX wird ab 2018 konkretisiert. In der Eingliederungshilfe gilt darüber hinaus ebenfalls ab 2018 ein neues, ausführlich geregeltes Gesamtplanverfahren. Des Weiteren sind nun die Bundesländer in der Verantwortung, nähere Vorgaben für ein ICF-orientiertes *Bedarfsermittlungsinstrument* vorzusehen.

In Teil 1 des SGB IX ist ab 2018 vorgesehen, dass der nach § 14 zuständige Rehabilitationsträger eine *Teilhabeplanung* durchführt, wenn Leistungen verschiedener Leistungsgruppen oder mehrerer Rehabilitationsträger erforderlich sind (§ 19 SGB IX). Das Gesetz gibt konkrete Anweisungen (§ 19 Abs. 2), was Inhalt dieses Teilhabeplans sein muss. Der Teilhabeplan wird der Entscheidung über die Leistung zugrunde gelegt (§ 19 Abs. 4 SGB IX), ist jedoch selbst nicht Bestandteil des Bescheids; in der Begründung des Bescheids ist erkennbar zu machen, dass und wie die im Teilhabeplan getroffenen Feststellungen bei der Entscheidung über den Antrag berücksichtigt wurden.

§ 20 SGB IX regelt, unter welchen Voraussetzungen ab 2018 eine *Teilhabeplankonferenz* durchzuführen ist. Diese Konferenz dient der stärkeren Beteiligung des Leistungsberechtigten und darf daher nur mit seiner Zustimmung stattfinden. Gleichzeitig soll durch diese Konferenz gleichsam als Medium der Koordinierung – Kapitel 4 handelt insgesamt von der Koordinierung der Leistungen – auch die *Abstimmung* zwischen den verschiedenen Rehabilitationsträgern erleichtert werden. Der Leistungsberechtigte kann die Durchführung einer Teilhabeplankonferenz anregen. Der Rehabilitationsträger kann seinerseits den Wunsch des Leistungsberechtigten auf Durchführung ablehnen, insbesondere wenn aus seiner Sicht eine schriftliche Ermittlung des Sachverhalts ausreicht.

Ab 2018 gilt ein neues ausführlich geregeltes *Gesamtplanverfahren* in der Eingliederungshilfe. Wenn gleichzeitig ein Teilhabeplanverfahren nach dem Teil 1 des SGB IX durchzuführen ist, sollen beide Verfahren miteinander verbunden werden. Auch im Rahmen der Eingliederungshilfe ist die Erstellung eines Gesamtplans (GP) mit bestimmten Inhalten sowie – unter bestimmten Voraussetzungen – die Durchführung einer Gesamtplankonferenz vorgesehen. Insbesondere muss im Rahmen des Gesamtplanverfahrens mit dem Leistungsberechtigten darüber beraten werden, welche Barmittel ihm zur selbstbestimmten Verwendung aus dem Regelsatz verbleiben (dazu gleich näher). Darüber hinaus ist im Recht der Eingliederungshilfe verankert worden, dass die Ermittlung des individuellen Bedarfs mit einem *Instrument* erfolgen muss, das an der *ICF* – der International Classification of Functioning, Disability and Health (ICF) der Weltgesundheitsorganisation – orientiert ist (§ 118).

Die Bundesländer sind nun in der Verantwortung, nähere Vorgaben für das *Bedarfsermittlungsinstrument* zu machen. Die Leistungsträger, die bisher nicht mit einem ICF-orientierten Instrument arbeiten, stehen nun unter einem gewissen Zeitdruck, da diese Regelung bereits zum 1. Januar 2018 in Kraft tritt.

Neu ist auch, dass ab 2020 in der Eingliederungshilfe das *Antragserfordernis* gilt (§ 108 Abs. 1 SGB IX), d. h. dass Leistungen der Eingliederungshilfe künftig nur auf Antrag gewährt werden.

Was geschieht mit dem Anteil des *Regelsatzes* für den notwendigen Lebensunterhalt nach § 27a SGB XII? Dazu findet sich eine Aussage in § 121 zum GP, danach enthält der GP auch das Ergebnis über die Beratung zu den verbleibenden Barmitteln. Als notwendiger Bestandteil des GP teilt diese Feststellung indes auch das rechtliche Schicksal des GP: Er ist »Grundlage« des Leistungsfeststellungsbescheids, eine der Vollstreckung fähige, also bindende Feststellung des GP insgesamt oder der verbleibenden Barmittel verspricht das Gesetz nicht. Das kann durchaus zum Streit führen, handelt es sich doch um eine existenzielle, knapp bemessene Leistung der Grundsicherung.

Interessant unter dem Gesichtspunkt der Ziele des BTHG ist auch § 121 Abs. 2, wonach der GP der Steuerung, Wirkungskontrolle und Dokumentation des Teilhabeprozesses dient, haben es doch die Träger der Eingliederungshilfe maßgeblich darauf angelegt, gegenüber den übrigen Leistungsträgern gewissermaßen in den Vorrang zu gelangen. Darüber wird noch zu sprechen sein.

5.3 Ergänzende unabhängige Teilhabeberatung

Mit dem Bundesteilhabegesetz wird ab 2018 eine ergänzende unabhängige Teilhabe-beratung eingeführt (§ 32 SGB IX), für die der Bund jährlich 58 Millionen Euro zur Verfügung stellt. Die Förderung des Bundes ist allerdings auf fünf Jahre befristet. Über eine mögliche Entfristung soll nach einer Evaluation entschieden werden.

Die Teilhabeberatung soll bereits im Vorfeld der Beantragung konkreter Leistungen zur Verfügung stehen und über Rehabilitations- und Teilhabeleistungen nach dem SGB IX informieren und beraten. Im Vordergrund der ergänzenden unabhängigen Beratung soll die Peer-Beratung stehen. Das heißt die Beratung von Betroffenen für Betroffene. Sie ergänzt die Beratung durch die Leistungsträger.

5.4 Frühförderung

Teil der Leistungen zur medizinischen Rehabilitation (§§ 42 ff.) ist die Früherkennung und Frühförderung. Sie ist in § 46 geregelt und bringt zahlreiche, bereits ab 2018 wirksame Veränderungen. Positiv zu bewerten sind die Einführung einer gesetzlichen Definition der Komplexleistung und eine klare Definition der Leistungsbestandteile der Frühförderung (§ 46 Abs. 3 SGB IX i. V. m. §§ 2 und 6a Frühförderungsverord-nung).

Die Länder erhalten die Möglichkeit (§ 46 Abs. 2), neben den Interdisziplinären Frühförderungsstellen und den Sozialpädiatrischen Zentren weitere Einrichtungen mit vergleichbarem interdisziplinären Förder-, Behandlungs- und Beratungsspektrum zur Leistungserbringung nach Landesrecht zuzulassen. An dieser Stelle muss der bloße Hinweis genügen, dass die Abgrenzung zwischen den bundes- und den landesrecht-lichen Einrichtungen Probleme aufwerfen kann; zu fordern ist, dass die alternativen Landesangebote sich nicht als »SPZ light« entwickeln.

5.5 Leistungsberechtigter Personenkreis

Die große Angst bei den Ländern und den EH-Trägern vor einer Ausgabendynamik durch eine erhebliche Ausweitung des Personenkreises der Leistungsberechtigten hat eine weitere Komplizierung des Gesetzes zur Folge gehabt. Zunächst haben die Ver-bände der behinderten Menschen eine einschneidende Neubestimmung der Zugangs-voraussetzungen verhindern können. Die überkommenen Regelungen zum Zugang zu den Leistungen der Eingliederungshilfe bleiben bis Ende 2022 unverändert be-stehen. Voraussetzung für eine Leistung der EH ist also weiterhin eine »wesentliche Behinderung«.

In den kommenden sechs Jahren soll jedoch wissenschaftlich erforscht und dann modellhaft erprobt werden, wie der Personenkreis der Leistungsberechtigten künftig konkreter beschrieben werden kann. Fest steht bereits, dass sich eine Neuregelung an den ICF-Lebensbereichen auszurichten soll. Artikel 25a des Bundesteilhabegesetzes beschreibt bereits eine Neufassung des § 99 SGB IX, deren Inkrafttreten zum 1. Januar 2023 geplant ist.

5.6   Teilhabe am Arbeitsleben

(Kurz:) Mit dem Bundesteilhabegesetz werden bundesweit ab 2018 als Alternativen zur WfbM das *Budget für Arbeit* und *andere Leistungsanbieter* eingeführt.

Derzeit ist die Werkstatt für behinderte Menschen (WfbM) in der Eingliederungshilfe der zentrale Ort für die Teilhabe am Arbeitsleben. Nur in einigen Bundesländern ist es momentan möglich, ein Budget für Arbeit in Anspruch zu nehmen. Die Voraussetzungen und Leistungsinhalte sind dabei länderspezifisch ausgestaltet.

Ab 2018 werden nun mit dem Bundesteilhabegesetz bundesweit Alternativen zur WfbM eingeführt: das *Budget für Arbeit* und die *anderen Leistungsanbieter* (§ 140 SGB XII, ab 2020: 111 SGB IX, jeweils i. V. m. den entsprechenden Regelungen im Teil 1 des SGB IX).

Das *Budget für Arbeit* umfasst einen Lohnkostenzuschuss an den Arbeitgeber und die notwendige *Assistenz* am Arbeitsplatz (§ 61 SGB IX). Beides wird jeweils anhand des individuellen Bedarfs bemessen und bei Bedarf dauerhaft geleistet. Der *Lohnkostenzuschuss* ist auf eine Höchstsumme begrenzt, die aufgrund der Kopplung an die Bezugsgröße nach § 18 Abs. 1 SGB IV dynamisiert ist. Die Länder dürfen hinsichtlich der Höhe des Lohnkostenzuschusses nur nach oben abweichen.

Neben der WfbM und dem Budget für Arbeit können Leistungen zur Teilhabe am Arbeitsleben in Zukunft auch bei *anderen Leistungsanbietern* in Anspruch genommen werden (§ 60 SGB IX). Es gelten dort grundsätzlich die gleichen Voraussetzungen wie für eine WfbM mit Ausnahme der förmlichen Anerkennung, der Mindestplatzzahl und der für eine WfbM geltenden räumlichen/sächlichen Ausstattung. Andere Leistungsanbieter sind außerdem nicht verpflichtet, sowohl Leistungen im Bildungsbereich als auch im Arbeitsbereich anzubieten. Weiterhin besteht – im Gegensatz zu Werkstätten – keine Aufnahmeverpflichtung.

Auch für andere Leistungsanbieter gilt damit beispielsweise die Werkstätten-*Mitwirkungsverordnung*, sodass auch den dortigen Beschäftigten entsprechende Rechte zustehen. Da andere Leistungsanbieter jedoch von der Mindestplatzzahl entbunden sind, gilt die Möglichkeit, eine dem Werkstattrat vergleichbare Vertretung zu wählen, erst ab fünf Mitarbeiter(inne)n.

Bereits zum 30. Dezember 2016 ist die geänderte Werkstätten-Mitwirkungsverordnung (Art. 22 BTHG) in Kraft getreten (Art. 26 Abs. 2). Damit einher geht insbesondere die Einführung von Mitbestimmungsrechten des Werkstattrats in wesentlichen Bereichen (§ 5 WMVO), die Möglichkeit, auf externe Vertrauenspersonen zurückzugreifen (§ 39 Abs. 3 WMVO) und die Einführung von Frauenbeauftragten (§§ 39a ff.

WMVO). All diese Veränderungen stellen einen wichtigen Beitrag zur Stärkung der Interessen von Werkstattbeschäftigten dar.

5.7   Teilhabe an Bildung ab 2020 eine eigene Leistungsgruppe

Die bisher u. a. als Hilfen zur angemessenen Schulbildung bezeichneten Leistungen (§ 54 Abs. 1 Satz 1 Nr. 1 SGB XII) werden in der Eingliederungshilfe ab 2020 als eine eigene Leistungsgruppe beschrieben (§ 112 SGB IX). Leistungen der Schulbegleitung sind damit weiterhin als Leistung der Eingliederungshilfe vorgesehen. Erstmals bezieht das Gesetz auch den offenen Ganztagsbereich in die Regelung mit ein (§ 112 Abs. 1 S. 2 SGB IX). Schüler(inne)n mit Behinderung kann unter den genannten Voraussetzungen nun die notwendige Unterstützung zum Besuch schulischer Ganztagsangebote in der offenen Form als einkommens- und vermögensrechtlich privilegierte Leistung zur Teilhabe an Bildung gewährt werden.

5.8   Soziale Teilhabe

Mit der Verortung des Rechts der Eingliederungshilfe im SGB IX werden die Leistungen zur Sozialen Teilhabe ab 2018 in Teil 1 des SGB IX (§§ 76 ff. SGB IX) und für die Eingliederungshilfe ab 2020 in Teil 2 des SGB IX (§§ 113 ff. SGB IX) zusammengeführt und neu strukturiert.

In der Eingliederungshilfe ist nach wie vor ein *offener Leistungskatalog* vorgesehen (§ 113 SGB IX), sodass auf individuelle Bedarfe jedes einzelnen Menschen weiterhin adäquat eingegangen werden kann. Die beschriebenen Leistungen im Rahmen des offenen Leistungskatalogs sind jedoch zum Teil neu gefasst worden.

Dem Tatbestand der *Assistenzleistungen* (§ 113 Abs. 2 Nr. 2 i. V. m. § 78 SGB IX) wird im neuen Recht der Eingliederungshilfe eine ganz besondere Bedeutung zukommen. In ihm vereinen sich verschiedene Leistungen wie z. B. die Hilfen zum selbstbestimmten Leben in betreuten Wohnmöglichkeiten und zur Teilhabe am gemeinschaftlichen und kulturellen Leben. Die Reichweite der Norm wird damit großen Einfluss auf die Teilhabe von Menschen mit Behinderung haben. Es ist daher positiv zu bewerten, dass die Norm selbst als offener Leistungskatalog ausgestaltet worden ist und damit bei Bedarf auch in nicht benannten Lebensbereichen Assistenzleistungen möglich sind.

5.9   Trennung der Leistungen

In der über ein Jahrzehnt währenden Debatte um eine Reform der Eingliederungshilfe stand lange die Forderung nach einem Paradigmenwechsel im Mittelpunkt. Aus der Sicht der Betroffenen ging es vor allem um die Gewährung eines *Nachteilsausgleichs* anstelle einer Fürsorgeleistung. Demgegenüber rückten die Länder und die Leistungsträger/Sozialhilfeträger die Individualisierung der Leistungen in den Vordergrund, wohl eher euphemistisch als »*Personenzentrierung*« bezeichnet. Damit war die Auflösung der stationären Struktur gemeint: statt pauschaler Leistungen aus einer Hand (»all inclusive«) – nun auf den Einzelnen abgestimmte Angebote in modularer Struktur. Damit entfiel die Unterscheidung von ambulanten und stationären Leistungen, dafür ist das Eintreten einer Vielzahl von Folgen abzusehen. Man wird diesen Strukturwandel, die Veränderung der Einrichtungs- und Dienstleistungslandschaft, gleichsam der physischen und räumlichen Institutionen im *Mittelpunkt* des Reformwerks sehen müssen.

Das Bundesteilhabegesetz vollzieht einen *Systemwechsel* von einem institutionenorientierten hin zu einem personenzentrierten Leistungssystem. Dieser Wechsel vollzieht sich zum 1.1.2020: Die Leistungen der Eingliederungshilfe werden dann auch in ursprünglich stationären Settings von den existenzsichernden Leistungen getrennt.

Menschen mit Behinderung erhalten dann – auch wenn sie in einer gemeinschaftlichen Wohnform leben und Anspruch auf Sozialleistungen zum Lebensunterhalt haben – den *Regelsatz* und die Kosten der Unterkunft als gesonderte Sozialhilfeleistungen. Sie müssen davon ihren Lebensunterhalt und die »Wohnkosten« in der Wohneinrichtung bestreiten. Zugleich entfallen für sie der für Menschen in Einrichtungen geleistete Barbetrag zur persönlichen Verfügung und die Kleiderpauschale nach § 27b Abs. 2 SGB XII.

Menschen mit Behinderung in gemeinschaftlichen Wohnformen erhalten ab 2020 im Gegensatz zu Personen, die in einer Wohnung leben, nicht die Regelbedarfsstufe 1, sondern lediglich die *Regelbedarfsstufe 2*, die nur 90 % der Regelbedarfsstufe 1 beträgt (derzeit 368 Euro statt 409 Euro monatlich). Ob dies ausreichend sein wird, um die Kosten ihres Lebensunterhalts in der gemeinschaftlichen Wohnform zu decken und zugleich ein hinreichender Betrag zu ihrer persönlichen Verfügung verbleibt, ist zurzeit noch nicht absehbar.

Die Trennung der Leistungen gilt allerdings nicht für minderjährige Leistungsberechtigte. Leben Kinder mit Behinderung in stationären Einrichtungen, wird ihr Lebensunterhalt dort weiterhin durch die Einrichtungen gedeckt.

In Bezug auf die *gemeinschaftliche Mittagsverpflegung* regelt § 9 Abs. 3 RBEG ab 2020, dass bei der Ermittlung der Mehrbedarfe im Rahmen der Grundsicherung für gemeinschaftliche Mittagsverpflegung in Werkstätten für behinderte Menschen, bei anderen Leistungsanbietern oder im Rahmen vergleichbarer tagesstrukturierender Angebote ein Eigenanteil für ersparte Verbrauchsausgaben für Ernährung in Höhe von 1 Euro zu berücksichtigen ist.

5.10   Gemeinsame Inanspruchnahme von Leistungen

Das Bundesteilhabegesetz sieht ab 2020 Veränderungen in Bezug auf das Wunsch- und Wahlrecht im Recht der Eingliederungshilfe vor und führt eine Regelung zur gemeinsamen Inanspruchnahme von Leistungen ein; dieser Sachverhalt wird in der Branche auch als »Poolen« bezeichnet. Hier müssen wir genauer hinschauen. »Gemeinsame Inanspruchnahme« ist zunächst ein ubiquitärer Sachverhalt: die Menschen mit Behinderungen benutzen den gemeinsamen Bus, teilen sich eine Schulassistentin oder einen Schulassistenten, wohnen in gemeinsamen Einrichtungen usw. Wer bislang die stationäre Wohnform verlassen wollte, um in eine betreute Einzelwohnung zu ziehen, gab de facto die »gemeinsame Inanspruchnahme« der Wohnung ebenso auf wie die dort angebotene gemeinsame Betreuung. Weil das teuer werden konnte, musste sich die oder der Betroffene ggfs. den sog. »*Mehrkostenvorbehalt*« entgegenhalten lassen: wenn das ambulante Wohnen höhere (Betreuungs-)Kosten verursachte als die stationäre Betreuung, dann musste der grundsätzliche *Vorrang der ambulanten Leistung* der kostengünstigeren stationären Wohnform weichen, das Einzelwohnen scheiterte an den Mehrkosten für die individuellere Leistung (dazu § 13 SGB XII). Hier kennen wir eine streitfällige, komplizierte Rechtslage in der Kollision von Wunsch- und Wahlrecht mit fiskalischen Interessen.

§ 104 SGB IX schafft nun eine *Nachfolgeregelung* zum heute geltenden Mehrkostenvorbehalt in § 13 SGB XII. Ob diese Regelung Rechtsfrieden schafft und das Selbstbestimmungsrecht wirklich stärkt, muss sich erst erweisen. Jedenfalls gibt es eine neue Regelung, die wir erst erschließen müssen.

Am *Beispiel* des Wohnungswunschs (s. o.): Wenn das Einzelwohnen teurer als das stationäre Wohnen kommt, ist die »*Zumutbarkeit*« des vom Wunsch des behinderten Menschen abweichenden (stationären) Angebots zu prüfen. Bei dieser Vergleichsprüfung sind neben den persönlichen, familiären und örtlichen Umständen auch die gewünschte Wohnform angemessen zu *berücksichtigen*. Wenn wir uns hier durch die zahlreichen Fußangeln der unbestimmten Begriffe hindurchgearbeitet haben, dann können wir im Ergebnis die kostengünstigere Lösung entweder für zumutbar oder nicht zumutbar ansehen. Sie kann zumutbar sein, auch wenn wir die gewünschte Wohnform »berücksichtigt« haben – mit der Folge, dass sich die oder der Antragsteller(in) in der »gemeinsamen Inanspruchnahme« des stationären Wohnangebots wiederfindet. Dies schließt ein, dass die zum Wohnen erforderlichen Assistenzleistungen dem oder der Leistungsberechtigten ebenso wie den übrigen Mitbewohner(inne)n gewährt werden (§ 113 Abs. 2 Nr. 2). Darauf muss ich gleich noch einmal zurückkommen.

Zunächst kann man sagen, dass im Rahmen des parlamentarischen *Beratungsprozesses* die Regelung zur Zumutbarkeit – im Verhältnis zum Regierungsentwurf – in Bezug auf den besonders sensiblen Bereich des *Wohnens gestärkt* wurde. Bei der Zumutbarkeitsprüfung ist nun die Wohnform explizit als zu berücksichtigender Faktor benannt (§ 104 Abs. 3 SGB IX). Weiter heißt es dann in § 104 Abs 3: »Kommt danach ein Wohnen außerhalb von besonderen Wohnformen in Betracht, ist dieser Wohnform der Vorzug zu geben, wenn dies von der leistungsberechtigten Person gewünscht wird«. Das heißt nun aber nur, dass das Einzelwohnen nicht gegen den Wunsch verordnet werden kann. Im umgekehrten Fall: das gewünschte Einzelwohnen kommt nach der Zumutbarkeitsprüfung nicht in Betracht – dann sticht der Wunsch eben auch nicht. Allein mit § 104 kommen wir nicht weiter. Man wird eben nicht sagen können, dass das Wohnen »außerhalb besonderer Wohnformen« wie z. B. in der eigenen Wohnung oder in inklusiven Wohngemeinschaften auf Wunsch des Menschen mit Behinderung Vorrang hat vor dem Leben in einer »Wohnstätte«.

Eine andere Lösung erschließt sich erst, wenn wir den normativen Ort in Betracht ziehen, der die *gemeinsame Inanspruchnahme* in Bezug auf das Wohnen regelt. Das ist § 104 Abs. 3 Satz 4 f i. V. m. § 116. Dort heißt es:

> »Soweit die leistungsberechtigte Person dies [d. i. Wohnen außerhalb von besonderen Wohnformen] wünscht, sind in diesem Fall die im Zusammenhang mit dem Wohnen stehenden Assistenzleistungen nach § 113 Absatz 2 Nummer 2 im Bereich der Gestaltung sozialer Beziehungen und der persönlichen Lebensplanung nicht gemeinsam zu erbringen nach § 116 Absatz 2 Nummer 1.«

Damit wird dem Konzept des stationären Wohnens, der gemeinsamen Betreuung, der Boden entzogen; ein Vergleich der kostengünstigeren stationären Wohnform mit dem individuell begleiteten Einzelwohnen oder einer inklusiven Wohngemeinschaft entfällt.

Bei systematisch-methodischer Betrachtung erscheint das Gesetz nicht zwingend, was wohl am ehesten auf einen Kompromiss »hinter den Linien« hinweisen mag.

5.11 Schnittstellen zwischen Eingliederungshilfe und Pflege

In Bezug auf die Schnittstelle zwischen Eingliederungshilfe und Pflege müssen drei Konstellationen unterschieden werden:

- Zum einen die Schnittstelle zwischen Eingliederungshilfe und Pflegeversicherung – hier bleibt der Gleichrang bestehen
- zum anderen die Schnittstelle zwischen Eingliederungshilfe und Hilfe zur Pflege – hier wird das Lebenslagenmodell eingeführt
- und schließlich die Sonderregelung bei Pflegeversicherungsleistungen in Einrichtungen der Behindertenhilfe (§ 43a in Verbindung mit § 71 Abs. 4 SGB XI).

5.11.1 Zur Schnittstelle zwischen Eingliederungshilfe und Pflegeversicherung

Erfreulicherweise dürfen Menschen mit Behinderung und Pflegebedarf auch weiterhin die Leistungen der Eingliederungshilfe und Pflegeversicherung nebeneinander in Anspruch nehmen. § 13 Abs. 3 SGB XI gilt unverändert. Dies war eine der sehr im Sinne der Menschen mit Behinderung erfolgten Last-Minute Änderungen im Parlamentarischen Verfahren. Jedoch gelten seit dem 1. Januar 2017 die verstärkten Koordinierungsregeln beim Zusammentreffen von Leistungen der Pflegeversicherung und der Eingliederungshilfe (§ 13 Abs. 4 und 4a SGB XI). Deren Auswirkungen bleiben abzuwarten.

5.11.2 Zur Schnittstelle zwischen Eingliederungshilfe und Hilfe zur Pflege

Die Schnittstelle zur Hilfe zur Pflege ist mit dem sog. Lebenslagenmodell ebenfalls sinnvoll gelöst worden (§ 103 Abs. 2 SGB IX): Die Eingliederungshilfe umfasst demnach ab 2020 auch die Hilfe zur Pflege, wenn die Behinderung bereits vor dem Rentenalter eintritt. Dies hat zur Folge, dass die Leistungen der Eingliederungshilfe und Hilfe zur Pflege so aus einer Hand erbracht werden und außerdem die verbesserten Einkommens- und Vermögensregelungen der Eingliederungshilfe umfassender zur Anwendung gelangen. Wenn die Behinderung hingegen erst nach Eintritt des Rentenalters entsteht, stehen die Leistungen der Eingliederungshilfe und der Hilfe zur Pflege wie bisher nebeneinander.

5.11.3 Zur Sonderregelung bei Pflegeversicherungsleistungen in Einrichtungen der Behindertenhilfe

Die pauschale Abgeltung von Pflegeversicherungsleistungen nach § 43a in Verbindung mit § 71 Abs. 4 SGB XI (mit 266 Euro monatlich) gilt weiter fort. Für die Frage, ob diese Regelung zur Anwendung kommt oder nicht, kommt es auch künftig darauf an, ob der Mensch mit Behinderung und Pflegebedarf innerhalb oder außerhalb einer vormals stationären, jetzt gemeinschaftlichen Wohnform lebt. Diese gemeinschaftlichen Wohnformen sind ab 2020 jede Wohnform für Menschen mit Behinderung, die dem WBVG unterliegen und weitgehend einer vollstationären Einrichtung entsprechen.

5.12 Leistungserbringungsrecht

Das neue Leistungserbringungsrecht gilt ab 1.1.2018, um schon neue Verhandlungen zwischen Leistungsträgern und Leistungserbringern zu ermöglichen. Für die bestehenden Verträge gilt das alte Leistungserbringungsrecht bis zum 1.1.2020 fort. Das neue Leistungserbringungsrecht der Eingliederungshilfe im Teil 2 Kapitel 8 des SGB IX sieht allerdings zahlreiche Veränderungen vor – im *Überblick*:

- Schiedsstellenfähigkeit der Leistungsvereinbarung
- Methodik des externen Vergleichs
- gesetzliches Prüfungsrecht
- Möglichkeit der Vergütungskürzung
- Erfordernis des erweiterten Führungszeugnisses (gilt bereits seit dem 1.1.2017)

Das neue Leistungserbringungsrecht der Eingliederungshilfe im Kapitel 8, Teil 2 des SGB IX hält am Vereinbarungsprinzip und am sozialrechtlichen Dreiecksverhältnis fest, sieht allerdings zahlreiche Veränderungen vor:

- *Schiedsstellenfähigkeit der Leistungsvereinbarung* (§ 126 Abs. 1 und 2 SGB IX). Dies war eine der zentralen Forderungen der Leistungserbringer.
- Der Leistungserbringer hat in Zukunft darüber hinaus einen *direkten öffentlich-rechtlichen Zahlungsanspruch* gegen den Eingliederungshilfeträger (§ 123 Abs. 6

SGB IX). Bisher ergab sich der Anspruch aus einem zivilrechtlichen Schuldbeitritt.

- Bei den Verhandlungen über die Vergütung wird zukünftig gesetzlich verpflichtend die *Methodik des externen Vergleichs* zur Anwendung kommen (§ 124 Abs. 1 SGB IX). Da die Rechtsprechung die aus dem Pflegebereich kommende Methodik bereits auf die Eingliederungshilfe übertragen hatte, werden sich Veränderungen vor Ort insbesondere dort ergeben, wo der »externe Vergleich« bisher nicht angewendet worden ist. Positiv zu bewerten ist die gesetzliche Verankerung des auch von der Rechtsprechung bisher angewendeten Grundsatzes, dass die Bezahlung tariflicher Entgelte nicht als unwirtschaftlich abgelehnt werden darf, wenn dadurch die Vergütung oberhalb des unteren Drittels liegt.
- Das bisher vertraglich begründete Prüfungsrecht wird in ein *gesetzliches Prüfungsrecht* umgewandelt (§ 128 SGB IX). Eine Prüfung muss erfolgen, soweit tatsächliche Anhaltspunkte dafür bestehen, dass der Leistungserbringer seine vertraglichen oder gesetzlichen Pflichten nicht erfüllt. Den Ländern ist darüber hinaus die Möglichkeit eingeräumt worden, durch Landesrecht auch anlasslose Prüfungen vorzusehen.
- Darüber hinaus ist erstmals die Möglichkeit der *Vergütungskürzung* vorgesehen, wenn der Leistungserbringer seine gesetzlichen oder vertraglichen Verpflichtungen ganz oder teilweise nicht einhält (§ 129 SGB IX). In diesem Fall darf der Eingliederungshilfeträger in Zukunft für die Dauer der Pflichtverletzung die Vergütung kürzen. Über die Höhe der Vergütung müssen sich die Vertragsparteien einigen; kommt eine Einigung nicht zustande, kann die Schiedsstelle angerufen werden.

Aufgrund der Trennung der Leistungen wird sich das Leistungserbringungsrecht der Eingliederungshilfe in Zukunft nur noch auf die *Fachleistungen* der Eingliederungshilfe beziehen, § 125 SGB IX (Ausnahme: Einrichtungen für minderjährige Kinder mit Behinderung, § 134 SGB IX).

Insgesamt bleibt abzuwarten, welche Auswirkungen die neuen gesetzlichen Regelungen im Leistungserbringungsrecht in der Praxis haben werden. Es wird in den nächsten Jahren ein besonderes Augenmerk darauf zu legen sein, ob durch die gesetzliche Verankerung des »externen Vergleichs«, die Einführung eines gesetzlichen Prüfungsrechts und die Möglichkeit der Vergütungskürzung ein Ungleichgewicht im sozialrechtlichen Dreiecksverhältnis entsteht, das zu Lasten der Qualität in der Betreuung geht.

Seit dem 1.1.2017 dürfen Dienste und Einrichtungen nur noch solche Personen zur Betreuung erwachsener Menschen mit Behinderung beschäftigen, die nicht wegen bestimmter Straftaten gegen die sexuelle Selbstbestimmung oder die körperliche Unversehrtheit verurteilt worden sind (§ 75 Abs. 2 SGB XII, ab 2020: § 124 Abs. 2 SGB IX). Um dies sicherzustellen, sollen Dienste und Einrichtungen sich hierfür ein *erweitertes Führungszeugnis* nach § 30a Bundeszentralregistergesetz vorlegen lassen. Dies gilt sowohl bei Neueinstellung als auch in regelmäßigen Abständen bei laufenden Beschäftigungsverhältnissen. Die Regelung findet nicht nur Anwendung auf hauptamtlich Beschäftigte, sondern auch auf dauerhaft ehrenamtlich tätige Personen, die bei ihrer Tätigkeit Kontakt mit Menschen mit Behinderung haben.

6   Umsetzungsprozess

Man wird nicht sagen können, dass sich der Gesetzgeber der bevorstehenden Umsetzungsschwierigkeiten dieser doch umwälzenden Reform durch das Bundesteilhabegesetz nicht bewusst gewesen wäre, hat er doch eine ganze Reihe an Maßnahmen zur Umsetzungsbegleitung vorgesehen.

Artikel 25 sieht zunächst neben einer *allgemeinen Umsetzungsunterstützung* insbesondere für die Verwaltungen im Zeitraum von 2017 bis 2019 auch eine *Wirkungsuntersuchung* ab 2017 bis 2021 vor.

Zu den wesentlichen Regelungsbereichen, die am 1.1.2020 in Kraft treten, ist weiterhin eine *modellhafte Erprobung der Verfahren und Leistungen* vorgesehen. Hiervon umfasst sind:

- die Einkommens- und Vermögensanrechnung,
- die Assistenzleistungen in der Sozialen Teilhabe, insbesondere Assistenzleistungen für Personen, die ein Ehrenamt ausüben,
- die Umsetzung der Regelung zum Verhältnis von Leistungen der Eingliederungshilfe und Leistungen der Pflege bei Leistungstatbeständen, die von beiden Leistungssystemen erfasst sind,
- die Umsetzung der Regelung für Menschen mit Behinderungen und Pflegebedarf – Lebenslagenmodell,
- die Prüfung der Zumutbarkeit und Angemessenheit,
- die Möglichkeit der gemeinschaftlichen Leistungserbringung,
- die Abgrenzung der neuen Leistungen der Eingliederungshilfe von den existenzsichernden Leistungen.

Außerdem werden sechs Regelungsbereiche hinsichtlich ihrer *finanziellen Auswirkungen* im Zeitraum von 2017 bis 2021 untersucht. Hierzu gehören:

- die verbesserte Einkommens- und Vermögensanrechnung,
- die Einführung des Budgets für Arbeit und der anderen Leistungsanbieter,
- die neuen Leistungskataloge für die soziale Teilhabe und die Teilhabe an Bildung,
- die Trennung der Fachleistungen der Eingliederungshilfe von den Leistungen zum Lebensunterhalt,
- die Einführung eines trägerübergreifenden Teilhabeplanverfahrens sowie
- die Einführung von Frauenbeauftragten in den Werkstätten für behinderte Menschen.

7   Chancen und Herausforderungen dieser Sozialreform

Der Rechtsbereich der Eingliederungshilfe wird durch das BTHG und die angrenzenden Regelungen im PSG III und dem Regelbedarfsermittlungsgesetz erheblich umgestaltet. Die Umsetzung stellt daher für alle beteiligten Akteure in den nächsten Jahren eine große Herausforderung dar.

Viel hängt nun von der Umsetzung auf Landesebene ab. Die Bundesländer werden Ausführungsgesetze erlassen, die Eingliederungshilfeträger bestimmen, ggf. die Verfahren konkretisieren. Sie werden möglicherweise bei der Frühförderung und beim Budget für Arbeit von ihren Abweichungsrechten Gebrauch machen. Die Leistungsträger und die Leistungserbringer werden sodann mit neuen Rahmenvereinbarungen den Grundstein für die neuen Leistungen legen. Die Rehabilitationsträger, also auch die Eingliederungshilfeträger, verwenden »systematische und standardisierte Arbeitsmittel (Instrumente) zur Ermittlung des Rehabilitationsbedarfs, die gemeinsam vereinbarten Grundsätzen entsprechen sollen« (§ 13). All dies muss nun sehr schnell beginnen und dabei sind viele Fragen noch offen. An Herausforderungen mangelt es also nicht.

Chancen gibt es indessen auch. Das Recht der Menschen mit Behinderung ist – nach der Einführung des SGB IX vor 15 Jahren – mit dem Bundesteilhabegesetz nun einen weiteren ganz erheblichen Schritt nach vorne gegangen. Die Leistungen der Eingliederungshilfe wurden aus dem Recht der Sozialhilfe herausgeführt und die Einkommens- und Vermögensheranziehung ganz wesentlich reduziert. Hiervon werden gerade die berufstätigen Menschen mit körperlichen Beeinträchtigungen erheblich profitieren. Für die Menschen mit geistigen oder seelischen Beeinträchtigungen sehe ich die Chancen – neben vielen kleinen, auch leistungsrechtlichen Verbesserungen – insbesondere in der neuen, umfassenden Bedarfsermittlung der Teilhabeplanung und der neuen, personenzentrierten Ausrichtung der Leistungen.

Teilhabe an Alltag, Arbeit und Kultur

Benita Richter und Angelika Thäle

Same same but different – Herausforderungen der Alltagsgestaltung in Förder- und Betreuungseinrichtungen

Während aktuelle Projekte im Kontext schwerer Behinderung vor allem die Teilhabe an Arbeit thematisieren (vgl. Aktion Mensch e. V. 2014, Becker 2016), werden Fragen der Alltagsgestaltung derzeit deutlich seltener diskutiert. Doch insbesondere alltägliche Aufgaben, wie das Anreichen der Mahlzeiten, die Körperpflege oder das Gestalten von Übergängen im Tagesablauf, stellen Mitarbeiter(innen) in Einrichtungen für Menschen mit schwerer Behinderung immer wieder vor neue Herausforderungen. Mit der thailändischen Redewendung »same same but different« lassen sich diese treffend charakterisieren: Je nach Betonung des Satzes kann damit der Fokus auf das immer Gleiche und Wiederkehrende – *same same* – gelegt werden oder es stehen – *but different* – Veränderungen im Alltag im Mittelpunkt, die es flexibel zu meistern gilt.

In diesem Beitrag wird zunächst auf den Alltagsbegriff und die Bedeutung von Routinen eingegangen. Im Anschluss daran wird das Einnehmen von Mahlzeiten als eine zentrale Alltagssituation in Förder- und Betreuungseinrichtungen genauer analysiert und diesbezügliche Ansprüche und Herausforderungen sowohl aus der Perspektive der Beschäftigten als auch der Mitarbeiter(innen) aufgezeigt. Im dritten Teil des Beitrags werden schließlich Überlegungen zur nachhaltigen Veränderung von Alltagsroutinen durch Methoden der Reflexion und Organisationsentwicklung vorgestellt.

1 Alltag und Routinen

Im Allgemeinen können mit »Alltag« die immer wiederkehrenden Situationen im Tages- und Wochenablauf bezeichnet werden. Nach Moers et al. (1999, 19) handelt es sich dabei um vertraute und sinnhafte Sequenzen, in denen kompetent Routinen bewältigt werden. Dazu gehören beispielsweise Tätigkeiten der Körperpflege, Essen und Trinken sowie Freizeitbeschäftigungen oder die tägliche Arbeit. Hans Thiersch bezieht sich bei der Begriffsklärung stark auf das Subjekt und die Vertrautheit, die im alltagsorientierten Handeln existiert und damit Sicherheit, aber auch Lebenssinn und Identität vermitteln: »Alltäglichkeit ist die Welt, die mir vertraut ist, auf die ich mich verlasse, … in der ich zu Hause bin. In den Selbstverständlichkeiten meines komplexen, überschaubaren und pragmatischen Alltags sind Lebenssinn und Identität begründet« (Thiersch 1978 in Rohrmann 1996, 13). Diese Sicherheit des Alltags bietet einer Person die Möglichkeit, sich weiterzuentwickeln und die Welt zu entdecken. Grunwald und Thiersch (2004, 18) beschreiben den Alltag auch aus einer zweiten Perspektive:

»[Der Alltag] ist gekennzeichnet durch die entlastende Funktion von Routinen, die Sicherheit und Produktivität im Handeln ermöglichen, die aber andererseits Enge, Unbeweglichkeit und Borniertheit erzeugen und menschliches Leben in seinen Grundbedürfnissen und Möglichkeiten einschränken und behindern«. (Grundwald & Thiersch 2004, 18)

Moers et al. (1999, 19) gehen noch weiter und bezeichnen den Alltag als ein statisches Gebilde. Damit meinen sie einen Zustand, der sich wenig ändert und bei dem individuelle Entwicklungen ausbleiben können.

Diesen zwei Seiten des Alltags zu begegnen ist eine Herausforderung im professionellen Handeln der Mitarbeiter(innen) in Förder- und Betreuungseinrichtungen. Sie sind angehalten, sowohl alltägliche Pflegehandlungen zu vollziehen als auch die Entwicklung der Menschen mit schwerer Behinderung zu fördern. Ihr Handeln bezieht sich dabei zentral auf die Berücksichtigung der menschlichen Grundbedürfnisse im Alltagsleben. Als Grundbedürfnisse können physiologische, psychosoziale und geistige Bedürfnisse unterschieden werden, wie sie beispielsweise von dem Sozialpsychologen Abraham Maslow (1943) oder der Pflegewissenschaftlerin Liliane Juchli (1994) beschrieben wurden.

Zur Erfüllung der Grundbedürfnisse im Alltag spielen Routinen eine wesentliche Rolle: Sie können als immer wiederkehrende Situationen und zumeist auch unbewusste, automatisch ablaufende Handlungen verstanden werden, die durch eine längere Anwendung zur Gewohnheit geworden sind. Im Alltag der Förder- und Betreuungseinrichtungen sind das beispielsweise die sich ähnelnden Gespräche in der Morgenrunde, die gleichbleibenden Sitzplätze am Gruppentisch oder Toilettengänge mit den Beschäftigten nach dem Mittagessen. Routinen nehmen dabei verschiedene Funktionen ein: Sie umfassen das Zum-Überleben-Notwendige und sind damit Grundlage für weitere Aktivitäten, Wünsche und Unternehmungen (vgl. Schulze 1996 in Moers et al. 1999, 19). Sie bieten Sicherheit, indem sie im gewohnten Umfeld und mit gleichen Personen stattfinden. Sie wirken aber auch entlastend, da sie in der Regel durch ein produktives und effektives Handeln geprägt sind. Neben diesen positiven Aspekten besteht durch Routinen aber auch die Gefahr, menschliche Grundbedürfnisse einzuschränken: Durch die sich stetig wiederholenden Tätigkeiten können festgefahrene alltägliche Aktivitäten Langeweile und ›Nicht-Dabeisein‹ erzeugen sowie alternative Handlungen verhindern.

Neben Routinen wird der Tagesablauf auch durch ein Wechselspiel zwischen An- und Entspannung geprägt. Es bedarf Anspannung in Form von physischer, psychosozialer oder geistiger Anstrengung, um Entspannung sowohl spüren als auch genießen zu können und einen zufriedenen Alltag zu erleben. Anspannung kann vor allem durch körperliche Aktivitäten oder neue Erfahrungen erreicht werden. Daher spielt auch für Menschen mit schwerer Behinderung die Vielfalt in der Tagesgestaltung eine wesentliche Rolle (vgl. Lamers & Molnár in diesem Band).

Das Erfüllen der Grundbedürfnisse, der Einfluss von Routinen und das Ermöglichen von Vielfalt sind demnach zentrale Aspekte des Alltags in Förder- und Betreuungseinrichtungen, auf die im Folgenden näher eingegangen werden soll. Dabei wird als Beispiel die Einnahme des Mittagessens als fester Bestandteil des Alltags herangezogen.

2   Mahlzeiten im Einrichtungsalltag

Betrachtet man den historischen Wandel von Mahlzeiten (vgl. Schönberger 2011, Schlegel-Matthies 2011), dann wird deutlich, dass sich mit der Zeit sowohl die Vorstellungen, was unter einer Mahlzeit verstanden wird, als auch ihre Bedeutung und Funktion geändert haben (vgl. Schönberger 2011, 17). Gesa Schönberger legt in ihrer Darstellung den Schwerpunkt auf die soziale Bedeutung der Essenssituationen und erörtert »Mahlzeit als Regelsystem, als gesellschaftliche Institution und als Ort und Zeit des menschlichen Miteinanders« (Schönberger 2011, 17). So unterliegen Mahlzeiten bestimmten Mustern und Ordnungen und sind von Wiederholungen geprägt. Damit sind bestimmte Verhaltens- und Handlungsweisen verknüpft, die zu Gewohnheiten werden (vgl. Schlegel-Matthies 2011, 26 f.). Uhrzeit, Anzahl und Inhalt der Mahlzeiten sind insofern kulturell geprägt und habitualisiert, dass z. B. normative Vorstellungen darüber bestehen, ob herzhafte Speisen am Morgen, zu Mittag oder am Abend gegessen werden sollten. Daneben gibt es ebenfalls Erwartungen zu Umgangsformen bei Tisch: Verhaltensweisen wie Schlürfen und Schmatzen werden in einigen Kulturkreisen als unhöflich, in anderen wiederum als Zeichen dafür aufgefasst, dass die Speise schmeckt (vgl. Schlegel-Matthies 2011, 29).

In Förder- und Betreuungseinrichtungen werden Mahlzeiten aufgrund ihrer immanenten Bedeutung zu zentralen Momenten im Tagesablauf. Als lebensnotwendige Tätigkeit strukturieren sie den Tag und lassen Teilhabe an kulturellem und sozialem Geschehen zu. Doch sind Essenssituationen mit Menschen mit schwerer Behinderung auch von Ess- und Trinkschwierigkeiten sowie Abhängigkeiten von Assistenzleistungen geprägt. Im Folgenden wird sich der Einnahme von Mahlzeiten aus den Perspektiven sowohl der Beschäftigten als auch der Mitarbeiter(innen) genähert.

2.1   Perspektive der Beschäftigten

Anhand eines Fallbeispiels werden zunächst die Bedürfnisse und Herausforderungen im Alltag einer Beschäftigten dargestellt.

Mittagessen in Gruppe 3: Frau Hanke hat Gemüselasagne gewählt. Als Frau Hanke früh mit dem Fahrdienst ankam, hat sie neben der Teeküche den BigMack betätigt und erfahren, dass es Königsberger Klopse oder Gemüselasagne gibt.
Zur Mittagszeit holt Frau Hanke zusammen mit einem Mitarbeiter das Essen für die Gruppe bei der Ausgabe in der Küche ab. Danach wird sie an den Tisch gefahren. Auch die weiteren Mitglieder der Gruppe 3 kommen hinzu. Es dauert noch zehn

Minuten, bis bei allen der Kleidungsschutz und Essenvorrichtungen angebracht sind und jeder sein Essen hat. Frau Hanke wartet währenddessen und wählt danach zum Trinken Eistee, wie jeden Tag.

Beim Essen wird sie von Frau Schmidt unterstützt. Frau Schmidt zeigt ihr das Essen vor dem Pürieren und danach, lässt sie daran riechen und benennt das Gemüse in der Lasagne. Heute ist ein guter Tag: Die pürierte Gemüselasagne rutscht gut und das Schlucken fällt ihr leicht. Sonst ist das Essen und Schlucken oft sehr anstrengend für sie und sie ermüdet dabei schnell. Herr Maslack neben ihr bekommt plötzlich einen starken Hustenanfall. Frau Hanke erschrickt, entspannt sich aber schnell wieder und isst weiter.

Betrachtet man Essen und Trinken als menschliche Grundbedürfnisse (vgl. Juchli 1994, Maslow 1943), zielen sie vorrangig auf das körperliche Wohlbefinden ab. Jedoch sollte die Nahrungsaufnahme nicht nur als ein physiologisches Bedürfnis betrachtet werden. Essenssituationen schließen die psychosoziale und geistige Ebene der menschlichen Grundbedürfnisse ebenfalls mit ein.

Auf der *psychosozialen Ebene* wird das Bedürfnis nach Sicherheit durch die Gestaltung von Raum und Zeit verwirklicht. Damit sind bezüglich der beschriebenen Essenssituation nicht nur der gleiche Raum und die gleiche Mittagszeit gemeint, sondern auch initiale und unmittelbare Handlungen vor der Nahrungsaufnahme: das Geklapper des Geschirrs beim Tischdecken oder das Riechen an der Gemüsesauce bereiten auf das Mittagessen vor. Aber auch die Gespräche und Geräusche während des Essens können beruhigend wirken: Eine direkte Ansprache, die vertraute Stimme der Mitarbeiterin und die gewohnten Tischgeräusche (z. B. das Schmatzen des Tischnachbarn) können Sicherheit und Wohlbefinden auslösen.

Zur *geistigen Ebene* können sowohl soziale sowie ästhetische Bedürfnisse gezählt werden als auch Individualbedürfnisse und der Wunsch nach Selbstverwirklichung. Anhand der Einnahme von Mahlzeiten in der Gemeinschaft wird sozialen Bedürfnissen nach Interaktion, Kommunikation und Beziehungen nachgegangen. Selbst wenn die Möglichkeiten zum kommunikativen Austausch bei Menschen mit schwerer Behinderung eingeschränkt oder verlangsamt sind, so bietet die gemeinsame Tischsituation einen Rahmen, um Gemeinschaft und ein anregendes Umfeld zu erleben. Zusätzlich können ästhetische Aspekte, zum Beispiel das Material des Geschirrs, das Eindecken des Tisches oder das Aussehen der Speise, Wohlbefinden durch ein geschmackvolles und ansprechendes Herrichten der Mahlzeit auslösen (vgl. Schönberger 2011, 18). Hierbei fließen kulturelle und bildende Aspekte mit ein. Deutlich wird, dass die alleinige Orientierung an Pflege- und Therapiemaßnahmen bei der Versorgung von Menschen mit schwerer und mehrfacher Behinderung nicht genügt, sondern eine »Offenheit für neue inhaltliche und thematische Akzentuierungen« (Stinkes 2008, 82) notwendig ist, um Wohlbefinden zu ermöglichen.

Neue Impulse können in den Alltag einfließen, indem auf die spezifischen Motivationen, Interessen und Wünsche der Personen stärker eingegangen wird. Auch aktuelle gesellschaftliche Entwicklungen bieten Anlass, Neues in den Alltag zu integrieren: Für die Essenssituation bedeutet das zum einen, dass typisch deutsche oder regionale Gerichte, wie Königsberger Klopse sowohl Kindheitserinnerungen wecken als auch eine kulturelle Zugehörigkeit ermöglichen können. Zum anderen geben kulinarische Trends den Anlass, unbekannte Gerichte, Zutaten und Gewürze kennenzulernen: Falafelbällchen, Smoothies, Gojibeeren oder beispielsweise Quinoa bieten aufgrund ihrer ungewöhnlichen Konsistenz oder Form ein (Geschmacks-)Erlebnis für die Sinne.

Die umfassende Berücksichtigung der verschiedenen Grundbedürfnisse in Essenssituationen kann damit eine Orientierung für die Gestaltung von Mahlzeiten aus der Perspektive der Beschäftigten in Förder- und Betreuungseinrichtungen geben.

2.2   Perspektive der Mitarbeiter(innen)

Um nun die vielfältigen alltäglichen Aufgaben der Mitarbeiter(innen) zu verdeutlichen, soll zunächst das obige Fallbeispiel noch einmal aus ihrer Sicht erzählt werden.

Mittagessen in Gruppe 3: Frau Schmidt ist heute für Frau Hanke und Herrn Maslack zuständig. Sie fährt Frau Hanke an den Tisch und bindet ihr den Kleidungsschutz um, dann wendet sie sich Herrn Maslack zu und stattet auch ihn für das Mittagessen aus. Herr Maslack wirkt heute sehr aufgeregt, er wippt vor und zurück, Frau Schmidt rückt ihn noch ein bisschen weg vom Tisch, damit er sich nicht an der Tischkante verletzen kann.

Dann püriert sie das Essen von Frau Hanke und erzählt ihr noch einmal, was es heute gibt. Sie merkt, dass Frau Hanke ihr dabei mit den Augen folgt und ihre Aufmerksamkeit genießt. Bei Frau Hanke achtet Frau Schmidt besonders darauf, sie durch Wahlmöglichkeiten an den Alltagshandlungen zu beteiligen. Sie bezieht dabei den Talker mit ein, obwohl ihr eine sinnvolle Anwendung des Geräts in Essenssituationen schwerfällt. Es kommt kaum ein Dialog zustande.

Beim Reichen des Essens berührt Frau Schmidt mit dem Löffel leicht Frau Hankes Lippen. Diese reagiert auf das Signal und öffnet den Mund.

Während Frau Hanke schluckt, wendet sich Frau Schmidt Herrn Maslack zu und unterstützt ihn nach Bedarf beim sonst selbstständigen Essen. Plötzlich beginnt Herr Maslack stark zu husten und spuckt die Hälfte des bisherigen Essens wieder über den Tisch. Frau Schmidt wendet sich ihm zu, redet leise beruhigend auf ihn ein, wischt ihm den Mund und das Gesicht sauber. Sie verändert leicht seine Sitzposition im Rollstuhl, damit er besser atmen kann.

Dann wendet sie sich wieder Frau Hanke zu, legt ihr beruhigend die Hand auf den Arm, um ihr anzuzeigen, dass sie wieder bei ihr ist und es mit dem Essen weitergeht.

2.2.1   Professionelle Aufgaben

In der dargestellten Essenssituation ist es die vorrangige Aufgabe der Mitarbeiterin, die Grundbedürfnisse der von ihr begleiteten Personen zu erkennen und sie bei deren Erfüllung zu unterstützen: Die Mitarbeiterin assistiert bei der Essensaufnahme, versucht durch das Verändern der Sitzposition das Atmen zu erleichtern und vermittelt Sicherheit z. B. durch die handlungsbegleitende Ansprache und das ritualisierte Anreichen des Essens.

Darüber hinaus verbindet sich mit Essenssituationen der professionelle Anspruch »bildende Verhältnisse« (Stinkes 2008, 102) zu gestalten. Dieser von Ursula Stinkes geprägte Begriff ist insbesondere für die Arbeit mit Menschen mit schwerer Behinderung passend, da er sowohl die wichtige Rolle der Beziehung als auch des gestalteten Umfelds in Bildungsprozessen betont.

Alltägliche Essens- und Pflegesituationen sind durch eine große physische Nähe zwischen Mitarbeiter(inne)n und den von ihnen betreuten Personen geprägt. Dabei ist es die schwierige Aufgabe der Mitarbeiter(innen), sich auf das Befinden der einzelnen Personen einzulassen, damit z. B. das Anreichen des Essens gut gelingen kann. Stinkes beschreibt dies als »pädagogisch-ethische Grundformeln der Geduld, des Wartens, des Hörens, der Nähe, der sensiblen Sensorik« (Stinkes 2008, 84). Diese Einstellungen sind die Bedingung für »responsives Verhalten« (ebd.), das heißt ein angemessenes Antwortverhalten der Mitarbeiter(innen) bzw. Pädagog(inn)en auf die Impulse der von ihnen begleiteten Menschen mit schwerer Behinderung. Kritisch hält Stinkes fest, dass responsives Verhalten und darauf aufbauend Entwicklungs- und Bildungsprozesse zur Disposition stehen, wenn Zeitmangel oder eine unzureichende Personalausstattung den Alltag in den Einrichtungen prägen (vgl. ebd.).

Doch welches konkrete Bildungspotenzial beinhalten Essenssituationen und welche Aufgaben ergeben sich daraus für die Mitarbeiter(innen)? In seinem Beitrag »Brauchen Menschen mehr als Kalorien und Flüssigkeit? – Ernährung als Thema der Bildung aller Menschen« benennt Theo Klauß (2013) die verschiedenen Bildungsaspekte, die sich bei Mahlzeiten zwar ›nebenbei‹ ergeben, jedoch bewusster Ausgestaltung bedürfen. Diese sind:

*   »Bildung als Bedürfnis- und Geschmacksbildung durch Teilhabe am kulturellen Reichtum
*   Ernährung als Autonomiebildung
*   Ernährung als Beziehungsbildung
*   Ernährung als soziale Teilhabe« (Klauß 2013, 44).

Während im vorangegangenen Abschnitt bereits ausführlicher vielfältige Möglichkeiten zur Geschmacksbildung beschrieben wurden, sei hier aus Perspektive der Mitarbeiter(innen) noch kurz auf die weiteren drei Punkte eingegangen.

Autonomiebildung und die Förderung von Selbstbestimmung und Selbstständigkeit sind ein hoher Anspruch an die Gestaltung von Essenssituationen, denn Menschen mit schwerer Behinderung sind meistens dauerhaft auf Unterstützung bei der Bewältigung alltäglicher Anforderungen angewiesen. Oft gehen Mitarbeiter(innen) in Förder- und Betreuungseinrichtungen die Aufgaben schneller von der Hand, wenn sie etwas *für* die von ihnen betreuten Personen machen als *mit* ihnen. Es erfordert von Mitarbeiter(inne)n eine ausgeprägte pädagogisch-ethische Grundhaltung, um z. B. in Essenssituationen immer wieder neu den Beschäftigten Wahlmöglichkeiten aufzuzeigen oder geduldig mit ihnen das Nutzen von Vorrichtungen zum selbstständigen Essen zu üben.

Beziehungsbildung umfasst das Erfahren tragfähiger Beziehungen, das Ausbilden von Vertrauen und einer positiven Erwartung gegenüber anderen Menschen als essenzielle Voraussetzungen für die eigene Beziehungsfähigkeit (vgl. Klauß 2013, 46). In Essenssituationen wie im Fallbeispiel kann Beziehungsbildung v. a. im Kontakt mit der Mitarbeiterin realisiert werden. Dabei tritt deutlich das professionelle Spannungsfeld zutage, in dem sich Mitarbeiter(innen) von Förder- und Betreuungseinrichtungen oft befinden: Zum einen versucht die Mitarbeiterin individuell auf die von ihr begleiteten Personen einzugehen und für eine ruhige und angenehme Essensatmosphäre zu sorgen. Zum anderen muss sie abwägen, wessen Bedürfnisse Priorität haben, ihre Zuwendung verteilen und schnell zwischen den verschiedenen Essensstilen der beiden Personen wechseln können. Bezogen auf die Essenssituation ist also zu fragen, wie viel Gleichzeitigkeit in den (Beziehungs-)Handlungen überhaupt verträglich ist, damit kein Abgleiten in »andere Praktiken ›am‹ Menschen« (Stinkes 2008, 84), also z. B. in grobes und unachtsames Verhalten geschieht.

Um *soziale Teilhabe* zu erleben und Zugehörigkeit zu anderen Menschen zu spüren, bietet das gemeinsame Einnehmen von Mahlzeiten ein hohes Potenzial. Im ›organisierten Lebensraum‹ der Förder- und Betreuungseinrichtungen sind Essenssituationen meistens auf eine gesamte Gruppe ausgerichtet. Sowohl das Gruppensetting als auch der Ort des Essens wird wenig variiert. Es besteht für Menschen mit schwerer Behinderung daher kaum die Wahl, das Mittagessen allein, zu zweit bzw. in einer größeren Runde oder auch außerhalb der Einrichtung einzunehmen. Dabei würde dies weitere, neue Chancen der sozialen Teilhabe eröffnen. Aus Perspektive der Mitarbeiter(innen) beinhaltet das Gruppensetting eine andere Problematik, die sich im unterschiedlichen Zeiterleben in Essenssituationen widerspiegelt: Während für die einzelnen Personen mit schwerer Behinderung immer wieder Wartezeiten vor und bei den Mahlzeiten entstehen können, sind die Mitarbeiter(innen) durchgängig in Aktion, da sie sich um mehrere Beschäftigte gleichzeitig kümmern müssen. Dies ist zum einen sicherlich der oft zu dünnen Personalausstattung in den Einrichtungen geschuldet, liegt aber auch an der zeitlichen und räumlichen Organisation des Essens als festes Gruppenangebot.

Um die alltäglichen professionellen Aufgaben (im Team) bewältigen zu können, haben Routinen eine große, handlungsentlastende Bedeutung. Der gesamte Ablauf und die Organisation des Mittagessens sind von Routinen geprägt: Wie der Tisch gedeckt wird, welches Geschirr genutzt wird, wer wo sitzt, wer heute wen beim Essen unterstützt usw. Im Fallbeispiel erfolgt auch das primär pädagogische Handeln der Mitarbeiterin routiniert: das Aufzeigen von Wahlmöglichkeiten, das handlungsbegleitende Sprechen, das Zeigen des Essens u.v.m. Auch diese Routinen sollten immer wieder hinterfragt werden, ob sie noch ihren Zweck erfüllen und ein offenes, am Gegenüber interessiertes Verhältnis darstellen oder eher ein inhaltsleeres Ritual geworden sind.

2.2.2   Bedürfnisse der Mitarbeiter(innen)

Essenssituationen mit Menschen mit schwerer Behinderung stellen häufig einen deutlichen Kontrast zu vertrauten Vorstellungen von Mahlzeiten dar, die mit entspanntem Genuss, ausgeprägter Tischkultur und anregender Unterhaltung verbunden sind. Aufgrund von Kau- und Schluckstörungen ist die Nahrungsaufnahme für Menschen mit schwerer Behinderung oft eine besondere Anstrengung und mit körperlicher Anspannung, starkem Speichelfluss, Ausspucken und Aufstoßen verbunden. Die beschriebene Essenssituation verlangt daher die volle Konzentration und Aufmerksamkeit sowie körperlichen Einsatz der Mitarbeiterin, um die von ihr betreuten Personen adäquat unterstützen zu können. Dieser alltäglichen Herausforderung kann sicherlich nicht immer mit Humor und Leichtigkeit begegnet werden.

Gerade wiederkehrende Aufgaben, die auf den Körper ausgerichtet sind, können situativ unangenehme und ablehnende Empfindungen wie Ekel, Verachtung und Zorn hervorrufen. Die amerikanische Philosophin Martha Nussbaum schreibt in ihren jüngeren Arbeiten immer wieder über die große Bedeutung solcher Emotionen als Ursache für die gesellschaftliche Exklusion von einzelnen Personengruppen (vgl. Nussbaum 2010, 2014, 2017). Beispielsweise die primären Merkmale des Ekels – Körperflüssigkeiten oder -ausscheidungen – können, so Nussbaum, in einer sekundären Phase auf eine gesamte Person bzw. Personengruppe projiziert werden (vgl. Nussbaum 2017, 75 f.). Die »stark aversiven Tendenzen« (ebd. 76), mit denen Ekel einhergeht, erhärten sich dadurch und verstärken Ablehnung und Ausgrenzung. Mit Bezug auf die Arbeiten von Nussbaum und Hughes (2012) stellt Markus Dederich fest, dass nicht allein der professionelle Anspruch oder die institutionellen Rahmenbedingungen in der pädagogischen Arbeit, sondern ebenso situative Eindrücke und emotionale Resonanzen auf Menschen mit Behinderung stärker berücksichtigt und reflektiert werden sollten, um die Qualität der (inklusiven) Praxis verbessern zu können (vgl. Dederich 2015 sowie in diesem Band). Hinsichtlich der Alltagsgestaltung in Förder- und Betreuungseinrichtungen bedarf es einer Offenheit im Team der Mitarbeiter(innen) und auf der Ebene der Einrichtungsleitung, damit auch ablehnende Gefühle gegenüber einzelnen Personen thematisiert und reflektiert werden können. Um Entlastungsmomente zu schaffen, sollte es trotz der im Alltag angestrebten Beständigkeit für die betreuten Personen auch die Möglichkeit zur Rotation von Pflegehandlungen geben.

Weitere Bedürfnisse von Mitarbeiter(inne)n in Förder- und Betreuungseinrichtungen bestehen bezüglich der Anerkennung und Wertschätzung für die alltäglich geleistete Arbeit. Dies betrifft zum einen innerhalb der Einrichtung das Etablieren einer positiven Rückmeldepraxis, die nicht allein auf besondere Projekte und Aktionen fokussiert. Zum anderen bezieht es sich auf gesellschaftliche Formen der Anerkennung. Die aktuelle Diskussion um eine angemessene Bezahlung in Pflegeberufen zeigt deutlich, wie gering die bisherige öffentliche Wahrnehmung und Wertschätzung noch ist.

Aus der Perspektive der Mitarbeiter(innen) ist zusammenfassend festzustellen, dass sich die professionellen Herausforderungen vorrangig auf die individuell abzustimmende Alltagsbegleitung beziehen, die das Gestalten von bildenden Verhältnissen mit umfasst. Darüber hinaus ist der Einfluss von Einstellungen und Emotionen der Mitarbeiter(innen) auf die Ausführung ihrer alltäglichen Aufgaben zu reflektieren.

Im folgenden Abschnitt soll näher darauf eingegangen werden, wie sich Routinen im Alltag nachhaltig verändern lassen.

3 Veränderung von Routinen

Wenn Routinen das Handeln und die Offenheit für Neues einschränken, sind Reflexionsprozesse nötig, um Veränderungen im Alltag zu ermöglichen. In pädagogischen Handlungsfeldern hat sich die Reflexionsarbeit in den letzten Jahren zunehmend professionalisiert (vgl. Göhlich 2011, 140). Supervision, Coaching und Organisationsentwicklung als Formen dieser Professionalisierung nehmen Einzug in pädagogische Praxen und werden u. a. von Pädagog(inn)en durchgeführt und angeboten (ebd.). Reflexion selbst ist damit zu einem neuen professionellen Handlungsfeld geworden.

3.1 Reflexion und Reflexionsunterstützung

Nach Bernasconi und Böing (2015, 127) können zwei Formen von Reflexivität unterschieden werden: die Erste nimmt die Gegebenheiten und das System (z. B. Regeln und Ressourcen) in den Blick, die Zweite bezieht sich auf das Individuum selbst. Sie verweisen in diesem Zusammenhang auch auf die strukturell-widersprüchlichen Bedingungen (vgl. Bernasconi & Böing 2015, 124 ff.), durch die Reflexionsprozesse eine zunehmend wichtige Bedeutung erhalten: So widerspricht sich z. B. der pädagogische Anspruch, Nähe aufzubauen mit den Grundsätzen, Autonomie zu fördern und Distanz zu wahren. Dieses widersprüchliche Handeln im Alltag lässt sich durch Reflexion nicht auflösen, wird damit aber ›sichtbar‹ und kann bearbeitet werden.

Es haben sich verschiedene methodische Verfahren zur Reflexion etabliert, von denen einige hier kurz vorgestellt werden sollen.

Wenn man sich selbst in den Fokus nehmen möchte, um über sein Handeln und Verhalten nachzudenken, kann die Verschriftlichung der eigenen Gedanken und Vorstellungen dabei helfen, zu neuen Einsichten zu gelangen und komplexe Zusammenhänge zu verstehen. Reflexionsprozesse sind jedoch noch bereichernder, wenn weitere Personen mit einbezogen werden, beispielsweise Kolleg(inn)en, die als Beobachter(innen) in spezifischen Situationen anwesend sind. Dabei kann das intuitive und spontane Beratungshandeln unter Kolleg(inn)en, welches oft zwischen ›Tür und Angel‹ oder in einer Teamsitzung stattfindet, zu professionellem Beratungshandeln weiterentwickelt werden. Dazu bietet sich die Form der Kooperativen Beratung an, wie sie beispielweise von Mutzeck (2011) beschrieben wird. Hierbei wird der Ratsuchende als Expertin ihrer oder Experte seiner Alltagspraxis angesehen und ihr oder ihm die Kompetenz zur selbstständigen Lösung des Problems zugeschrieben. Die Ratgebenden sprechen darauf bezogen ihre Gefühle und Gedanken an, die sie bezüglich des geschilderten Anliegens haben und vermeiden es, Belehrungen, Bewertungen oder Lösungsvorschläge zu äußern. Durch die verschiedenen Sichtweisen auf das Problem kann der Ratsuchende sein eigenes Erleben und Handeln reflektieren sowie Handlungsoptionen entwickeln. Das Anwenden der Kooperativen Beratung erfordert eine spezifische Kommunikationskultur und umfasst einen systematisierten Gesprächsablauf. Diesbezüglich gibt es viele methodische Vorgehensweisen, die sich in der Struktur und Abfolge der Schritte unterscheiden. An dieser Stelle kann als Beispiel das »Heilsbronner Modell zur kollegialen Beratung« genannt werden, dessen stark strukturierte Variante für Kollegien geeignet ist, die selbstständig Fallberatungen organisieren und durchführen wollen (vgl. Institut für kollegiale Beratung e. V. 2016). Das im Wesentlichen von Gerhard Spangler entwickelte Modell bietet auf der Internetplattform www.kokom.net ausführliche Informationen zu den Schritten des Verfahrens und zusätzlich die Möglichkeit, die Kollegiale Fallberatung online durchzuführen.

Eine weitere effektive Methode stellen videogestützte Verfahren zur Reflexion dar (vgl. Harmon 2010, Berther & Loosli 2015). Durch die Analyse von Videosequenzen im Team werden Fähigkeiten, Ressourcen und Entwicklungschancen bei den Beschäftigten und den Mitarbeiter(inne)n sichtbar. Sie können in der Arbeit ein Aha-Erlebnis auslösen und für die Weiterarbeit motivieren. Vor allem lassen sich aber auch gelingende Situationen im Alltag finden, an die angeknüpft werden kann und die Potenzial für Veränderungen bieten.

Neben den Formen der kooperativen Beratung, die ohne eine professionelle Unterstützung auskommen können, ist ebenso die Möglichkeit zu Supervision und Coaching durch Expert(inn)en wünschenswert und notwendig. Für Mitarbeiter(innen) in Förder- und Betreuungseinrichtungen sieht der Einsatz jeglicher Reflexionsverfahren bisher jedoch oft anders aus: Knappe Personalressourcen, unzureichende Vor- und Nachbereitungszeiten der eigenen Arbeit oder Supervisionsangebote nur in Krisensituationen sind die Regel. Dabei sind regelmäßige Reflexionsprozesse insbesondere in der Arbeit mit Menschen mit schwerer und mehrfacher Behinderung notwendig, um eine adäquate Unterstützung und einen zufriedenstellenden Alltag gewährleisten zu können. Reflexion, ob individuell oder im Team durchgeführt, erfordert in erster Linie einen Willen zur Veränderung.

Während die hier genannten Verfahren zur Alltagsreflexion vor allem die Verbesserung des eigenen professionellen Handelns bzw. des Handelns im Team zum Ziel haben, ist es ebenso notwendig, die Institution sowie gesellschaftliche Bedingungen im Blick zu behalten, um Alltagsroutinen nachhaltig verändern zu können.

3.2   Organisationsentwicklung

In der Sozialen Arbeit und der Behindertenhilfe ist es ein prominenter Leitsatz, dass es neben der guten Arbeit *im* System vor allem auf die gute Arbeit *am* System ankomme. Prozesse der Veränderung von Systemen und der Entwicklung von Institutionen bzw. Organisationen sind jedoch oft sehr langwierig. An dieser Stelle sei mit Bezug auf die Arbeiten von Everett Rogers hierzu nur ein knapper Ausblick gegeben. Rogers hat in seinem Buch »Diffusion of Innovations« (2003) ausführlich den Prozess beschrieben, wie sich neue Ideen oder Ansätze in sozialen Systemen durchsetzen können. Er benennt einige zentrale Faktoren, die für die Umsetzung von neuen Ideen und damit auch für die Veränderung von Alltagsroutinen in Förder- und Betreuungseinrichtungen relevant sind:

*   *Verbesserung:* Die Innovation muss einen subjektiv wahrgenommenen Vorteil gegenüber dem Status Quo darstellen.
*   *Passung*: Der Aufwand muss überschaubar sein, mit dem die Innovation in die alltägliche Praxis integriert wird.
*   *Komplexität*: Das Neue sollte leicht anzuwenden und zu verstehen sein.
*   *Erprobbarkeit*: Die Erneuerung kann über einen bestimmten Zeitraum erprobt und dann noch einmal in Frage gestellt werden.
*   *Beobachtbarkeit:* Die Reform sollte beobachtbar und nachvollziehbar sein (vgl. Rogers 2003, 36).

Bezüglich der Alltagsgestaltung in Förder- und Betreuungseinrichtungen wäre daraus abzuleiten, dass neue Ansätze, wie z. B. eine stärkere Sozialraumorientierung im Alltag, sowohl für die Beschäftigten als auch die Mitarbeiter(innen) eine Verbesserung darstellen sollten. Hinsichtlich der Passung ist zu berücksichtigen, dass für Menschen mit schwerer Behinderung die Gewöhnung an neue Situationen im Alltag deutlich länger dauern kann und nicht allein organisatorisch, sondern vor allem didaktisch vorbereitet und reflektiert werden muss.

Damit Innovationen in einem System diffundieren können, also eine ganze Einrichtung erfassen, bedarf es der Vermittler zwischen den verschiedenen Systemebenen. Diese Rolle nehmen in Förder- und Betreuungseinrichtungen oft die Leitung eines Förderbereichs oder engagierte Mitarbeiter(innen) ein. Die Aufgabe der Vermittler ist es, die Innovation auf den unterschiedlichen Einrichtungsebenen zu kommunizieren. Die herausragende Bedeutung kommunikativer Prozesse für die Entwicklung von Organisationen bezieht sich dabei grundlegend auf die Art und Weise der Kommunikation in Institutionen, insbesondere auch auf eine transparente Kommunikationskultur, die das Informieren aller Beteiligten umfasst.

4   Fazit

Menschen mit schwerer Behinderung sind in ihrem Alltag auf umfassende Unterstützung angewiesen; im individuellen Fall sind ihre jeweiligen Bedürfnisse jedoch oft sehr verschieden. Daraus entstehen differente Anforderungen für die Mitarbeiter(innen) in den Einrichtungen, die mit systemspezifischen Bedingungen korrelieren. Anhand der Analyse von Essenssituationen wurde in diesem Beitrag aufgezeigt, dass die Herausforderungen während alltäglicher Pflegehandlungen vor allem auf der Interaktionsebene zwischen Beschäftigten und Mitarbeiter(inne)n zu verorten sind. Darüber hinaus wird der Alltag in den Förder- und Betreuungseinrichtungen durch institutionelle und gesellschaftliche Rahmungen geprägt.

Für eine zufriedenstellende Gestaltung des Alltags ist es notwendig, sowohl die physischen als auch psycho-sozialen Grundbedürfnisse der betreuten Personen im Blick zu behalten und in diesem Sinne Alltagssituationen als bildende Verhältnisse zu gestalten. Gerade bei den alltäglichen Aufgaben sollte eine Vielfalt an Erfahrungen und Begegnungen in und außerhalb der Förder- und Betreuungseinrichtung realisiert werden. Hierfür ist auch die temporäre Auflösung des Gruppensettings z. B. bei Essenssituationen sinnvoll, um einen individuell passenden Alltag gestalten zu können. Damit der einengenden Seite von Routinen begegnet werden kann, ist die Verankerung von Reflexionsverfahren im professionellen Alltag unabdingbar. Dies benötigt Zeit – für die Mitarbeiter(innen) im Team, aber auch gemeinsam mit den Beschäftigten.

Alltagsroutinen und Bildungsanspruch zusammenzudenken, um Menschen mit schwerer Behinderung eine umfassende Teilhabe am Alltag und ein Erfüllen ihrer Bedürfnisse zu ermöglichen, scheint auf den ersten Blick ein Widerspruch zu sein. Routinen, wie sie den Alltag prägen, beziehen sich auf etwas Vergangenes und Eingeübtes. Bildung im Sinne der Gestaltung von bildenden Verhältnissen, weist auf das, was noch nicht ist, aber sein könnte – also Zukünftiges – hin. Es sollte zur Routine werden, Routinen in Frage zu stellen und auf der Basis von Reflexion Alltagsabläufe neu zu denken, um dem Zukünftigen und Ungewissen mehr Raum zu geben. Damit wäre der Alltag in Förder- und Betreuungseinrichtungen same same *and* different.

Literatur

Aktion Mensch e. V. (2014): Arbeit möglich machen! Teilhabe am Arbeitsleben von Menschen mit schwerer und mehrfacher Behinderung. http://bvkm.de/wp-content/uploads/Flyer_Arbeit.pdf (02.01.2018)

Becker, H. (2016): … inklusive Arbeit! Das Recht auf Teilhabe an der Arbeitswelt auch für Menschen mit hohem Unterstützungsbedarf. Weinheim/Basel.

Bernasconi, T./Böing, U. (2015): Pädagogik bei schwerer und mehrfacher Behinderung. Stuttgart.

Berther, C./Loosli, Th. N. (2015): Die Marte Meo Methode: Ein bildbasiertes Konzept unterstützender Kommunikation für Pflegeinteraktionen. Bern.

Dederich, M. (2015): »Nature Loves Variety – Unfortunately Society Hates it«. Emotionale Resonanzen auf Behinderung und ihre Bedeutung für die Inklusion. In: Inklusion als Ideologie. Jahrbuch für Pädagogik 2015. Frankfurt am Main u. a., 121–132.

Göhlich, M. (2011): Reflexionsarbeit als pädagogisches Handlungsfeld. Zur Professionalisierung der Reflexion und zur Expansion von Reflexionsprofessionellen. In: Supervision, Coaching und Organisationsberatung. Zeitschrift für Pädagogik, 57. Beiheft. Weinheim/Basel, 138–152.

Grunwald, K./Thiersch, H. (2004): Das Konzept Lebensweltorientierte Soziale Arbeit – einleitende Bemerkungen. In: Grunwald, K./Thiersch, H. (Hgg.): Praxis Lebensweltorientierter Arbeit. Weinheim/München, 13–25.

Harmon, T. (2010): Videoanalyse im reflektierenden Team – Ein didaktisches Werkzeug in der sonderpädagogischen Arbeit mit Kindern mit multiplen Behinderungen ohne verbale Sprache. In: Gesellschaft für Unterstützte Kommunikation (Hg.): Handbuch der Unterstützten Kommunikation. Karlsruhe, 14.046.001–14.052.001.

Hughes, B. (2012): Fear, pity and disgust: emotions and the non-disabled imaginary. In: Watson, J./Roulstone, A./Thomas, C. (Hgg.): Routledge Handbook of Disability Studies. London/New York, 67–78.

Institut für kollegiale Beratung e. V. (2016): Heilsbronner Modell zur kollegialen Beratung. 10 Schritte für die Gruppe. https://www.kokom.net/assets/oos/mdb/8/10Schritte_2016.pdf (14.01.2018)

Juchli, L. (1994): Pflege: Praxis und Theorie der Gesundheits- und Krankenpflege. 7., neubearbeitete Auflage. Stuttgart u. a.

Klauß, Th. (2013): Brauchen Menschen mehr als Kalorien und Flüssigkeit? – Ernährung als Thema der Bildung aller Menschen. In: Maier-Michalitsch, N. J. (Hg.): Ernährung für Menschen mit schweren und mehrfachen Behinderungen. Düsseldorf, 38–54.

Maslow, A. H. (1943): A theory of human motivation. In: Psychological Review, 50 (4), 370–396, https://doi.org/10.1037/h0054346 (02.01.2018)

Moers, M./Schnepp, W./Schiemann, D. (1999): Pflegewissenschaft und andere »Alltäglichkeiten«. In: Moers, M./Schiemann, D./Schnepp, W. (Hgg.): Pflegeforschung zum Erleben chronisch kranker und alter Menschen. Bern, 11–23.

Mutzeck, Wolfgang (2011): Kooperative Beratung. Möglichkeit einer Klärung, Problemlösung und Unterstützung in (sonder)pädagogischen Handlungsfeldern. In: Diouani Streek, Mériem; Ellinger, Stephan (Hgg.): Beratungskonzepte in sonderpädagogischen Handlungsfeldern. Oberhausen, 71–87.

Nussbaum, M. (2010): From Disgust to Humanity: Sexual Orientation and Constitutional Law. New York.

Nussbaum, M. (2014): Politische Emotionen. Frankfurt am Main.

Nussbaum, M. (2017): Zorn und Vergebung. Darmstadt.

Rogers, E. (2003): Diffusion of Innovations. New York.

Rohrmann, E. (1996): Der Alltag behinderter Menschen. In: Hellmann, M./Rohrmann, E. (Hgg.): Alltägliche Heilpädagogik und ästhetische Praxis. Heidelberg, 13–30.

Schlegel-Matthies, K. (2011): Mahlzeiten im Wandel – die Entideologisierung einer Institution. In: Schönberger, G./Methfessel, B. (Hgg.): Mahlzeiten: Alte Last oder neue Lust? Wiesbaden, 26–38.

Schönberger, G. (2011): Die Mahlzeit und ihre soziale Bedeutung: Simmel, Wiegelmann, Douglas, Tolksdorf, Barlösius. In: Schönberger, G./Methfessel, B. (Hgg.): Mahlzeiten: Alte Last oder neue Lust? Wiesbaden, 17–25.

Stinkes, U. (2008): Bildung als Antwort auf die Not und Nötigung, sein Leben zu führen. In: Fornefeld, B. (Hg.): Menschen mit Komplexer Behinderung. München, 82–107.

Teresa Sansour

Zwischen Leistung und Sinnstiftung – arbeitsweltorientierte Angebote für Menschen mit schwerer und mehrfacher Behinderung

1 Einleitung

> Ist das wirklich für alle so wichtig, dass es »richtige Arbeit« ist, was sie machen? Ich kann mir beim besten Willen nicht vorstellen, dass meine Tochter ihren »Wert« nach dem bemisst, was sie »arbeitet«. […] Ich weiß nicht, ob wir uns da nicht auf einem schlechten Weg befinden, wenn wir das Glück und die Zufriedenheit unserer Kinder nach ihrer Arbeitswilligkeit beurteilen. […] Unsere Kinder sind auch […] ohne jeden Leistungsnachweis wertvolle, liebenswerte und für diese Welt äußerst wichtige Menschen (Anonym 2011, o. S.).

Das obenstehende Zitat stammt von einer Mutter, die sich in einem Forum, in dem sich Eltern über ihre erwachsenen Kinder mit schwerer Behinderung austauschen, zu Wort meldet. Diese exemplarische Äußerung zeigt auf, wie kontrovers Arbeit im Kontext von schwerer Behinderung diskutiert wird. Der Kommentar kann als Plädoyer dafür gelesen werden, Menschen in ihrem So-Sein bedingungslos anzuerkennen. Dem ist zweifelsfrei zuzustimmen. Allerdings darf mit einer solchen Argumentation die Frage nach dem Anspruch auf Teilhabe an allen Lebensbereichen nicht umgangen werden. Vielmehr gilt es zu fragen, welches Verständnis von Arbeit und Leistung zugrunde gelegt werden muss, damit die Teilhabe an Arbeit für Menschen mit schwerer Behinderung nicht eine leere Worthülse bleibt und Arbeit für die Menschen selbst als sinnstiftend erlebt werden kann.

Menschen mit schwerer und mehrfacher Behinderung erfahren aktuell eine doppelte Exklusion von der Teilhabe an Arbeit: Sie haben in der Regel weder Zugang zum ersten Arbeitsmarkt noch – geregelt durch den im Sozialgesetzbuch IX formulierten § 136 (seit dem 1.1.2018 § 219) – Zugang zum Arbeits- und Berufsbildungsbereich der Werkstatt für behinderte Menschen. Menschen mit schwerer und mehrfacher Behinderung besuchen daher in der Regel unterschiedliche Formen von tagesstrukturierenden Einrichtungen wie zum Beispiel Förder- und Betreuungsbereiche. Die Ausgestaltung der Angebote in den verschiedenen Förder- und Betreuungsbereichen fällt bundesweit – nicht zuletzt aufgrund fehlender Vorgaben und/oder Orientierungspunkte – sehr unterschiedlich aus und unterscheidet sich nicht nur in der Art, sondern auch in der Qualität der Angebote (vgl. Sabo & Terfloth 2011). Das dokumentiert eine Studie des Projekts SITAS (»Sinnvolle produktive Tätigkeit für Menschen mit schwerer und mehrfacher Behinderung zur Partizipation am sozialen und kulturellen Leben«) von Lamers, Terfloth und Sabo, in der die Angebote in Förderbereichen em-

pirisch untersucht wurden. Mitarbeiter(innen) der insgesamt 274 befragten Teams bezogen sich dabei auf die Arbeit mit konkreten Beschäftigten (sog. Indexpersonen). Die
Studie zeigt eine breite Vielfalt der Angebote auf, die – kritisch betrachtet – auch als
gewisse Beliebigkeit ausgelegt werden kann (vgl. ebd.). Darüber hinaus erhielten weniger als die Hälfte der Personen (41,9 %) überhaupt Angebote im Bereich Arbeit (ebd.).

In diesem Beitrag soll der Frage nachgegangen werden, was unter Arbeit verstanden
wird und warum Arbeit auch für Menschen mit schwerer Behinderung ein relevanter
Lebensbereich sein kann. Davon ausgehend werden erste Schlussfolgerungen für die
Gestaltung von Arbeitsangeboten in Förder- und Betreuungsbereichen entwickelt.

2   Arbeit, Leistung und Anerkennung

Der Arbeitsbegriff lässt sich schwer definieren. Ähnlich wie der Begriff der Behinderung handelt es sich dabei um eine soziale Konstruktion, die vor dem Hintergrund
sozial-gesellschaftlicher Entwicklungen entsteht. Was unter Arbeit verstanden wird,
wird in gesellschaftlichen Diskursen verhandelt und ist nicht faktisch gegeben (vgl.
Gröschke 2011). Eine theoretische Annäherung an den Arbeitsbegriff erscheint allerdings sinnvoll, um der Beliebigkeit von sogenannten Arbeitsangeboten vorzubeu-
gen. Kocka unterscheidet verschiedene Blickrichtungen auf Arbeit. »Im allgemeinen
Sprachgebrauch heutiger westlicher Gesellschaften« (Kocka 2008, 455) lasse sich Arbeit in einem engeren Verständnis als Erwerbsarbeit fassen. In Abgrenzung zu einem
umfassenden, weiten Arbeitsbegriff umfasse er das

> »Ensemble körperlicher und geistiger Tätigkeiten des Menschen mit dem Zweck, etwas
> herzustellen, zu leisten, zu erreichen oder Aufgaben zu erfüllen. Arbeit meint zugleich das
> Ergebnis solcher Tätigkeiten« (Kocka 2008, 445 f.).

In Bezug auf Arbeit fokussieren nach Kocka verschiedene wissenschaftliche Disziplinen gänzlich unterschiedliche Aspekte. Während Arbeit beispielsweise in der Phy-
sik als das Produkt von Kraft und Weg definiert werde, betone die anthropologische
Sichtweise die interaktiven Beziehungen, die sich bei Arbeit ereignen. Aus wirtschaft-
licher Perspektive wiederum werde Arbeit vor allem als Produktionsfaktor verstanden
(vgl. ebd.).

Auch Krebs (2002) weist auf die Mehrdeutigkeit des Begriffs ›Arbeit‹ hin. Sie geht
der Frage nach, welches Verständnis von Arbeit geeignet sei, die menschlichen Tätigkeiten zu markieren, die gesellschaftliche Anerkennung verdienen (vgl. ebd.). Krebs
plädiert für einen sog. institutionellen Arbeitsbegriff. Sie sieht die arbeitsteilige Gesellschaft als eine *Institution* an, über die Austauschverhältnisse gestaltet werden. Dabei
rückt sie zwei Begriffe ins Zentrum, die einer Erläuterung bedürfen: »Tätigkeit für
andere« und »Leistungsaustausch« (vgl. Krebs 2002, 42). Nach Krebs komme es bei
der Tätigkeit für andere darauf an, dass eine Tätigkeit vorliegt, von der (auch) andere
einen Nutzen haben. Es werden also Güter, d. h. Dinge oder Leistungen, bereitge-

stellt, die der Befriedigung von Interessen anderer dienlich sind. Dies sei unabhängig davon, ob der- oder diejenige, welche(r) die Tätigkeit durchführt, diese als Akt der Selbstverwirklichung erlebe. Abzugrenzen von solchen Tätigkeiten für andere sind nach Krebs Tätigkeiten, die ausschließlich einen Nutzen für einen selbst haben (z. B. Zähneputzen). Von einem Leistungsaustausch ist dann zu sprechen, wenn die Tätigkeiten, die verrichtet werden, für das Funktionieren einer Gemeinschaft wesentlich sind und ersetzt werden müssten, fielen sie weg. Ein solcher Leistungsaustausch kann auf privater Ebene (z. B. innerhalb der Nachbarschaft) oder auf gesellschaftlicher Ebene erfolgen (vgl. ebd.). Allerdings räumt Krebs ein, dass ein nicht unbeträchtlicher Teil der Tätigkeiten, die auf dem Arbeitsmarkt einen Lohn erzielen, gesellschaftlich zugewiesen worden ist. Darüber hinaus würde ihr Wegfall nicht unbedingt dazu führen, diese Tätigkeiten zu ersetzen. Insofern formuliert Krebs als weiteres Kriterium: »Alle faktisch von der Allgemeinheit bezahlten Tätigkeiten nehmen am gesellschaftlichen Leistungsaustausch teil« (Krebs 2002, 48).

Auf die Frage, wie Arbeit zu fassen sei, könnte man mit Krebs also folgende Antwort geben (vgl. Tabelle 1): Arbeit lässt sich von Tätigkeiten abgrenzen, die ausschließlich selbstzweckhaft oder zweckrational sind. Arbeit ist immer in einen Leistungsaustausch eingelassen, der privat und/oder gesellschaftlich gerahmt sein kann. Nicht in jedem Fall erfolgt aber eine finanzielle Entlohnung.

	Arbeit	
Tätigkeiten für mich	Private Arbeit	Gesellschaftliche Arbeit
Private Tätigkeiten zur Führung eines menschenwürdigen, guten Lebens	Privater Leistungsaustausch in Form einer (potenziellen) Gegenleistung	Gesellschaftlicher Leistungsaustausch
Bsp.: Körperpflege, Musik hören, Sport	Bsp.: Blumen gießen für den Nachbarn (privat)	Erwerbsarbeit, Ehrenamt

Tabelle 1: Arbeitstätigkeit in Abgrenzung von anderen Tätigkeiten

Wenn Arbeit Tätigkeiten innerhalb eines Leistungsaustauschs meint, dann bleibt zu fragen, was eigentlich Leistung ist. Auch dieser Begriff ist schwer zu bestimmen. Aus einer sozioökonomischen Perspektive lassen sich Leistungen nach Schettgen – »attributionstheoretisch betrachtet – als die personabhängigen Ursachen bzw. Gründe für das Zustandekommen von Arbeitsergebnissen [...] verstehen« (Schettgen 1996, 172). Leistung unterliegt somit der subjektiven Fremd- und Selbstbeurteilung und wird an Ergebnissen gemessen. Nicht alle Ergebnisse liegen jedoch immer konkret sichtbar vor.

Der Sozialphilosoph Axel Honneth siedelt Leistung traditionell in der Sphäre der Wirtschaft an und beschreibt damit verbundene gesellschaftliche Konflikte vor dem Hintergrund der Kategorie der *Anerkennung*. In seiner Theorie der Anerkennung, die auf einer Rekonstruktion der Hegelschen Rechtsphilosophie beruht, macht Honneth auf sozial etablierte Interaktionsmuster in drei Anerkennungssphären aufmerksam: Liebe, Recht und Wirtschaft bzw. Leistung (vgl. Honneth 2011).

Die Anerkennungssphäre der Liebe beruht für Honneth auf der Grundlage persönlicher Nahbeziehungen.

>»Die Erfahrung dieser grundlegenden Form von Anerkennung erlaubt es, auch fremde Perspektiven als bedeutungsvoll zu erleben und so fundamentale Kompetenzen für die Partizipation am öffentlichen Leben zu entwickeln« (ebd., 39).

Anerkennung in dieser Sphäre ist ferner dadurch gekennzeichnet, dass sie reziprok verläuft. Das gleichberechtigte Erleben von Anerkennung setzt für Honneth voraus, dass keine ökonomische Abhängigkeit zwischen den Partner(inne)n besteht und dass diese sich nicht mehr in einer schutzbedürftigen Phase, also z. B. nicht mehr in der Phase der Kindheit, befinden (ebd., 38 f.). Darüber hinaus kommt dieser Sphäre der Anerkennung eine Kompensationsfunktion zu, wenn in anderen Bereichen Anerkennungsverluste oder Missachtung erfahren werden (vgl. ebd.). Allerdings lässt sich für die Sphäre der Liebe feststellen, dass es vielen Menschen nicht gelingt, ihre persönlichen Nahbeziehungen in positiver Weise aufrechtzuerhalten. Eine Kompensationsfunktion ist dadurch in vielen Fällen nicht gegeben.

In der Sphäre des Rechts wird Anerkennung als individuelle Freiheit und Form kognitiver Achtung erlebt, die auf der Grundlage einer egalitären Gleichbehandlung vor dem Gesetz ermöglicht wird (vgl. ebd.). Honneth macht jedoch darauf aufmerksam, dass diese »Quelle der Anerkennung« (ebd., 42) angesichts von subjektiv empfundenen ›Bedrohungen‹ (wie beispielsweise der Einwanderung von Geflüchteten) zu einem »Mittel zur Abwehr« (ebd.) mutiert.

In der Anerkennungssphäre der Wirtschaft wird Achtung aufgrund der Fähigkeiten und Leistungen eines Menschen erfahren. Die moderne Gesellschaft ist dadurch charakterisiert, dass sich soziale Anerkennung – im Gegensatz zur feudalen Gesellschaftsordnung – von Stand und Herkunft ablöst und über individuelle Beiträge geregelt wird. Damit einher geht der Anspruch, bestimmte Ämter, Einkünfte usw. über die Qualifikation einer Person zu vergeben. Das Leistungsprinzip nimmt dadurch eben gerade keine egalisierende Funktion ein, sondern soll Ungleichheit (z. B. in der Bezahlung) legitimieren und begründen (vgl. Honneth 2011, 40). Nach Honneth kann diese Sphäre der Anerkennung

>»nur unter der Voraussetzung begriffen werden, dass ein Wertehorizont hinzugedacht wird [...]; ansonsten wäre es gar nicht möglich zu bestimmen, was eine wertvolle Leistung bzw. als gesellschaftlicher Beitrag gelten könne« (Stojanov 2006, 141).

Konflikte bestehen dauerhaft dadurch, dass erstens keine Chancengleichheit existiert, zweitens Leistung immer subjektiven Bewertungen unterliegt und drittens unser Wirtschaftssystem immer komplexer und schwerer zu durchschauen ist. In vielen Fällen wird – aufgrund der ansonsten mangelnden Vergleichbarkeit – über Geld als stellvertretendes Symbol das Ausmaß an Anerkennung festgelegt (vgl. Honneth 2011). Darüber hinaus lässt sich konstatieren, dass der Kampf um »leistungsvermittelte Anerkennung« für viele Menschen nicht mehr innerhalb des Wirtschaftssystems stattfindet, sondern vor dessen »verschlossenen Toren« (ebd., 43).

In Bezug auf Menschen mit schwerer und mehrfacher Behinderung lässt sich nicht leugnen, dass dieser Personenkreis sowohl in der Sphäre des Rechts als auch in der Sphäre der Wirtschaft geringe Anerkennung oder gar Missachtungserfahrungen erlebt. Selbst in der Sphäre der Liebe muss zumindest eine reziproke Form der Anerkennung aufgrund von Pflege- und Schutzbedürftigkeit in Frage gestellt werden. Anerkennung als menschliches Grundbedürfnis lässt sich dadurch begründen, dass sie eine positive Beziehung zu sich selbst wachsen lässt und damit die subjektive Autonomie der oder des Einzelnen stärkt. Insofern ist die Anerkennung, die man sich selbst entgegenbringt, abhängig von der Achtung, die einem durch das Umfeld bzw. die Gesellschaft entgegengebracht wird. Menschen mit schwerer Behinderung sind aber von einer gesellschaftlich begründeten Selbstachtung weitgehend ausgeschlossen.

Führt man sich die eingangs zitierten Worte der Mutter eines erwachsenen Kindes mit schwerer Behinderung noch mal vor Augen (»*Ich kann mir beim besten Willen nicht vorstellen, dass meine Tochter ihren »Wert« nach dem bemisst, was sie »arbeitet«. [...] Unsere Kinder sind auch [...] ohne jeden Leistungsnachweis wertvolle, liebenswerte und für diese Welt äußerst wichtige Menschen.«*), so lassen sich diese der Anerkennungssphäre Familie bzw. Liebe zuordnen: Die Mutter bringt ihrer Tochter mit schwerer Behinderung Anerkennung auf der Ebene der persönlichen Nahbeziehungen entgegen, wenngleich für Honneth aufgrund der Schutzbedürftigkeit das Kriterium der Gleichberechtigung nicht gegeben wäre. Trotzdem vermittelt die Mutter eine überaus wertschätzende Haltung ihrem Kind gegenüber. Gerade im Kontext von Menschen mit Behinderung ist aber auch zu beobachten, dass die Anerkennungssphäre der Liebe in einer Widerspruchskonstellation zu den anderen beiden Sphären stehen kann. Wenn aus einer fürsorglichen Haltung heraus Mitbestimmungsprozesse nicht ermöglicht und Entscheidungen abgenommen werden, wenn Menschen mit schwerer Behinderung von vornherein als nicht zurechnungsfähig eingestuft werden oder ein Ausschluss von bestimmten Aktivitäten zum vermeintlichen Wohl des Betroffenen befürwortet wird (vgl. Sansour et al. 2016).

Mit Honneths Theorie der Anerkennung lassen sich Systeme auf den Prüfstand stellen: Gewähren wir Menschen mit schwerer Behinderung Zugang zu bestimmten Institutionen und Lebensbereichen (Sphäre des Rechts)? Erfahren sie emotionale Zuneigung durch verlässliche Bezugspersonen, die sie als gleichwertig anerkennen (Sphäre der Liebe)? Und ermöglichen wir es ihnen, sich durch ihr Tun als relevant für Prozesse gesellschaftlichen Leistungsaustauschs zu erleben, selbst wenn diese nicht immer wirtschaftlich sind (Sphäre Wirtschaft/Leistung)? An dieser Stelle sei darauf hingewiesen, dass es viele Beispiele von Menschen mit schwerer und mehrfacher Behinderung gibt, die wirtschaftlich verwertbare Arbeit leisten. Diese sollten dies auch tun dürfen. Wenn

Menschen mit schwerer Behinderung etwas herstellen und ein Verkauf nicht möglich ist, weil per Gesetz die wirtschaftliche Verwertbarkeit abgesprochen wird, dann stellt das den Tatbestand der Missachtung von Leistung dar.

Andererseits gilt es kritisch zu hinterfragen, ob es richtig sein kann, die ohnehin verzerrten Anerkennungsnormen unserer Gesellschaft auf Menschen mit schwerer und mehrfacher Behinderung einfach zu übertragen und ein Verständnis von Erwerbsarbeit auf sie zu projizieren. Hier kommt der Begriff der Sinnstiftung ins Spiel. Was für den Einzelnen sinnstiftend ist, kann wohl nicht pauschal, sondern immer nur individuell beantwortet werden.

3   Praxisbeispiele

Frau L., eine junge, kontaktfreudige Frau, besucht eine Tagesförderstätte. Frau L. kann wenige Worte sprechen, setzt aber viele Zeigegesten ein und führt ihre Bezugspersonen zu Dingen oder Orten, um auf ihre Bedürfnisse und Interessen aufmerksam zu machen. Ihre motorischen Fähigkeiten ermöglichen es ihr, dass sie sich im Raum bewegen kann und einfache Aufgaben im Haushalt (wie Tisch abwischen) ausführen kann. Frau L. wirkt meist gut gelaunt und lacht viel. Auf Angebote lässt sie sich bereitwillig ein. Wenn in der Gruppe Mensch-ärger-dich-nicht gespielt wird, kann Frau L. würfeln oder mit der Figur vorrücken, bis man Stopp sagt. Sie verfügt aber lediglich in Ansätzen über ein Verständnis der Regeln. So weiß sie zum Beispiel nicht, wann und warum genau das Spiel beendet ist.

Da Frau L. relativ gute motorische Kompetenzen mitbringt und von ihrem Verhalten her sehr zugänglich und aufgeschlossen wirkt, fällt es den Mitarbeiter(inne)n leicht, Frau L. in Angebote zu integrieren. Frau L. eine Teilhabe an Arbeit zu ermöglichen heißt, sie in ihren Handlungskompetenzen zu unterstützen.

Eine Handlung lässt sich in vier Strukturelemente zerlegen, die aufeinander abgestimmt werden müssen: Orientierung, Planung, Durchführung und Kontrolle (vgl. Schulte-Peschel & Tödter 1996) (vgl. Abb. 1). Handlungsorientierung setzt voraus, dass man wach und aufmerksam ist und ein Bedürfnis bzw. Motiv ausbildet. Die Planung einer Handlung impliziert, dass man sich konkrete Ziele oder Effekte einer Handlung sowie die damit verbundenen Schritte vor Augen führen kann. Die Handlungsdurchführung meint die tatsächliche Ausführung, während mit der Handlungskontrolle eine emotionale und/oder Kriterien geleitete Bewertung des Vorgangs einhergeht (vgl. ebd.).

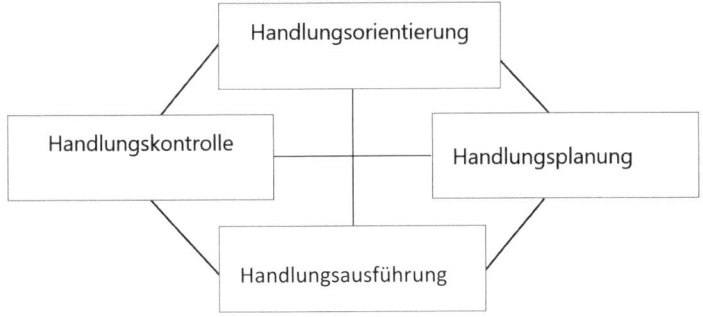

Abb. 1: Strukturelemente einer Handlung (vgl. Schulte-Peschel & Tödter 1996, 23)

Im Gegensatz zum Handlungsbegriff ist der Tätigkeitsbegriff weiter zu fassen. Tätigkeiten können unterschiedliche Formen annehmen. In Anlehnung an die Lebensformen nach Haisch (1998) lassen sich folgende Tätigkeiten unterscheiden: basale, effektgeleitete, ergebnisorientierte und kooperative/verständigungsorientierte Tätigkeiten. Während die basale Tätigkeit ausschließlich auf Wahrnehmungsprozessen beruht, die unmittelbar über den Körper erfahren werden, zeichnen sich die effektgeleiteten Tätigkeiten dadurch aus, dass durch Manipulieren ein Effekt, z. B. ein Geräusch, ausgelöst wird. Den ergebnisorientierten Tätigkeiten liegt ein »um-zu-Motiv« zugrunde. Gegenstände werden nicht effektgeleitet verwendet, sondern ihrem Nutzen entsprechend. Die Tätigkeitsform der Kooperation/Verständigung geht mit erweiterten kognitiven und kommunikativen Möglichkeiten einher. Es können eigene Vorschläge eingebracht werden, wie eine bestimmte Handlung auszuführen ist, und es können Kompromisse eingegangen werden (vgl. Abb. 2).

| Kooperation/Verständigung (Kompromissbereitschaft, Einbringen eigener Vorstellungen) |
| Ergebnisorientierte Tätigkeiten (Mittel-Zweck-Verständnis) |
| Effektgeleitete, manipulierende Tätigkeiten |
| Basale, wahrnehmungsbezogene Tätigkeiten (Bsp.: Riechen, Schmecken, Tasten …) |

Abb. 2: Tätigkeitsformen

Frau L. ist überwiegend ergebnisorientiert tätig, größere Zusammenhänge kann sie jedoch (noch) nicht überblicken. Daher ist es wichtig, sie bei den einzelnen Strukturelementen einer Handlung zu unterstützen. Frau L. ist leicht zu motivieren, da sie das soziale Miteinander sehr schätzt. Um sie in ihrer Handlungsorientierung zu unterstützten, kann man an dieser sozialen Orientierung ansetzen und das Gemeinschaftliche an der Tätigkeit hervorheben. Daneben ist es für Frau L. hilfreich, wenn ihr das angestrebte Ziel ihrer Tätigkeit möglichst konkret vor Augen geführt wird. Frau L. wird aufgrund ihrer relativ guten motorischen Kompetenzen einzelne Arbeitsschritte bereits nach kurzer Zeit selbstständig ausführen können. Man könnte dann anbahnen, die einzelnen Arbeitsschritte für sie zu visualisieren,

damit sie sich im Ablauf leichter orientieren und ihr Tun auch zunehmend selbstständig kontrollieren kann.

Das Moment des Leistungsaustauschs sollte für Frau L. erfahrbar werden. Darauf zu
verweisen, dass ein Produkt, wenn es fertig ist, zu einem anderen Zeitpunkt an einem
anderen Ort genutzt werden kann, wäre für Frau L. vermutlich wenig nachvollziehbar.
Die Erfahrung eines Leistungsaustauschs macht Frau L. viel unmittelbarer, indem ihr
verdeutlicht wird, dass sie einen wichtigen Part innerhalb der Gruppe einnimmt, dass
ohne ihre Tätigkeit das gemeinsame Ziel nicht erreicht werden kann.

Da Arbeit an Ergebnissen orientiert ist, erscheint es in Bezug auf Menschen, die
überwiegend basal oder effektgeleitet tätig sind, angemessener, in Anlehnung an Radatz et al. (2005) von arbeitsweltorientierten Tätigkeiten zu sprechen und nicht von
Arbeit. Gemeint sind damit Tätigkeiten, die zur Arbeit hinführen und/oder Menschen
an der Arbeitswelt beteiligen.

Dazu ein zweites Beispiel:

> Herr M., ein 30-jähriger Mann, besucht eine Tagesförderstätte. Herr M. sitzt im
> Rollstuhl. Er gibt häufig Brummtöne von sich, die auf seinen Erregungs- oder Ge-
> mütszustand schließen lassen. Er scheint das Geschehen um sich herum bewusst
> wahrzunehmen. So ist z. B. zu beobachten, dass er sich einer plötzlichen Geräusch-
> quelle durch Drehen des Kopfes zuwendet. Häufig schläft Herr M. mitten am Tag
> ein. Auf Ansprache reagiert er nicht sichtbar. Die Mitarbeiter(innen) können zwar
> einschätzen, was Herr M. gerne isst und trinkt und meinen festgestellt zu haben,
> dass er sich auf dem Sitzsack gut entspannen kann, doch sind sie sehr unsicher, wie
> sie für Herrn M. Angebote, insbesondere Arbeitsangebote gestalten können.

Warum stellt die Planung von (Arbeits-)Angeboten für Herrn M. eine so große Herausforderung für die Mitarbeiter(innen) dar? Um im eigentlichen Sinne arbeiten zu
können, ist es erforderlich, zielorientierte Handlungen durchzuführen. Das ist Herrn
M. nicht möglich. Er ist (überwiegend) auf basale Weise tätig. Er schaut sich um,
er nimmt akustische Informationen auf, er riecht, schmeckt usw. Wie er die Informationen verarbeitet, das wissen die Mitarbeiter(innen) nicht. Auch wird Herr M.
(noch) nicht eigenständig aktiv, indem er nach Gegenständen greift und mit diesen
Effekte erzeugt. Herr M. ist möglicherweise, so legen es die Beobachtungen nahe,
entwicklungspsychologisch noch nicht in der Lage, sich auf ein gemeinsames Drittes
zu beziehen, das heißt, sich mit einer Person über einen Gegenstand durch Blickkontakt zu verständigen. Ein sinnstiftendes, arbeitsweltorientiertes Angebot für Herrn M.
muss an seinen Fähigkeiten ansetzen. Herr M. nimmt Raum- und Lageveränderungen
wahr. Wenn nach dem Frühstück eine Arbeitsphase stattfinden soll, dann muss dies
für Herrn M. sichtbar und klar markiert werden. So könnte zum Beispiel der Werkraum aufgesucht werden und Herr M. erlebt den Ortswechsel als Beginn einer neuen
Phase. Alternativ könnte auch der Gruppenraum verändert werden, indem z. B. der
Gruppentisch zum Arbeitstisch umfunktioniert wird. Herr M. wird an den Arbeits-

schritten so beteiligt, dass er verschiedene Erfahrungen über seine Sinne machen kann. So könnte er beim Auswaschen von Pinseln beispielsweise erleben, wie sich das Wasser verfärbt, er könnte bei der Arbeit mit Holz das unbehandelte Holz im Unterschied zum geschliffenen glatten Holz ertasten oder am Transport von Gegenständen beteiligt werden. Bei dieser Form der Beteiligung geht es nicht um Pseudo-Arbeit. Vermutlich ist für Herrn M. das Produkt oder Ergebnis des Arbeitsangebots nicht relevant und vermutlich kann er auch den seiner Tätigkeit innewohnenden Leistungsaustausch nicht kognitiv nachvollziehen. Der sinnstiftende Charakter seiner Beteiligung liegt in den unmittelbaren und vielfältigen Erfahrungen, die Herr M. emotional bewerten kann. Dies teilt er über sein Verhalten mit, indem er sich z. B. auf eine taktile Erfahrung einlässt oder die Hand wegzieht, indem er sich zum Geschehen hinwendet oder den Kopf wegdreht. Dass diese Erfahrungen für Herrn M. einen Mehrwert darstellen, kann man auch daraus ableiten, dass er in Situationen, in denen kein Angebot erfolgt, häufig einschläft oder auf unruhige Art lautiert. Natürlich könnte man nun einwenden, dass er solche basalen Erfahrungen auch im Snoezelraum machen kann. Die Blubbersäulen und Lichteffekte bieten aber weniger Anlass zur Kontaktaufnahme mit anderen und wären in ihrem Bildungspotenzial auf die Dauer auch eher als einseitig zu bewerten. Zudem bietet eine solche Erfahrung in isolierten Sonderräumen keine Möglichkeit der Übertragung auf die Welt außerhalb des Förderbereichs. Es sei hier trotzdem angemerkt, dass Angebote außerhalb des Lebensbereichs Arbeit ebenfalls ihre Berechtigung haben und als sinnstiftend erlebt werden können.

Nachdem nun zwei Einzelpersonen beschrieben wurden, soll noch auf den Aspekt der Gruppe und auf Möglichkeiten der Kooperation und Kontaktaufnahme eingegangen werden. Im Rahmen einer studentischen Abschlussarbeit wurde ein in einer Tagesförderstätte videografiertes Angebot analysiert, bei dem gemeinsam gekocht wurde. Zunächst einmal ist positiv hervorzuheben, dass die Gruppe überhaupt gemeinsam ihr Essen zubereitet, ist es doch aufgrund institutioneller Vorgaben gar nicht in allen Einrichtungen möglich oder erwünscht, dass Essen von den Gruppen selbst zubereitet wird. Die Studentin hebt in ihrer Analyse auch die positive Interaktion zwischen den Beschäftigten und ihren Mitarbeiter(inne)n hervor, merkt jedoch an, dass die Beschäftigten sehr auf die Mitarbeiter(innen) fixiert wirken. Das macht sie u. a. daran fest, dass die Sitzposition der Beschäftigten keine Berührungen oder anderweitige körperbezogene Kontaktaufnahme der Beschäftigten untereinander ermöglichte. Darüber hinaus beobachtet sie eine geringe inhaltliche Verknüpfung der Tätigkeiten und formuliert dazu:

»Obwohl zum Teil ein Austausch von Lebensmitteln der einen mit der anderen Tischhälfte stattfindet, eine Person das Verpackungsmaterial des Gemüses einer anderen Person entsorgt und eine Person das Gemüse, das von jemand anderem geschnitten wurde, in eine Schüssel gibt, bleiben die Prozesse für die Teilnehmenden überwiegend intransparent [...], weil lediglich [...] Einzelziele verfolgt werden« (Bedey 2017, 49).

Das Beispiel zeigt, dass der Gruppe das gemeinsame Ziel nicht hinreichend vor Augen geführt wurde, sondern die Beschäftigten überwiegend mit Einzelaufgaben versorgt wurden. Das Moment des Leistungsaustauschs kommt dadurch nicht zum Tragen. Der Fokus der Mitarbeiter(innen) lag vermutlich auf der Handlungsdurchführung, während die Planung der Essenszubereitung den Beschäftigten abgenommen wurde. Insofern werden sie überwiegend motorisch gefordert, erleben sich in ihrer Arbeit aber weniger bedeutsam für die Zubereitung einer *gemeinsamen* Mahlzeit. Um den solidarischen, gemeinschaftlichen Charakter des Angebots zu verdeutlichen, könnte die Arbeitsteilung gemeinsam besprochen werden, die einzelnen Zwischenergebnisse könnten durch die anderen in der Gruppe bewertet werden und es ließen sich auch Arbeitsschritte identifizieren, die eine unmittelbare Kooperation von zwei Beschäftigten erforderlich machen (z. B. einer hält den Mülleimer, der andere schüttet den Abfall rein).

4   Fazit

Beim Lesen der Beispiele vermisst man als Leser(in) vielleicht eine Konkretisierung der Beispiele. Dieser Beitrag verzichtet bewusst auf eine konkrete Ausgestaltung der Beispiele, um den Fokus nicht auf das *Was*, sondern auf das *Warum* und auf das *Wie* zu legen. Es gibt sehr viele Möglichkeiten, wie Menschen mit schwerer Behinderung arbeitsweltorientiert tätig werden können. Die Ausführungen lassen sich sowohl auf sozialraumorientierte Angebote übertragen, haben aber auch eine Relevanz für Angebote, die innerhalb der Einrichtung des Förder- und Betreuungsbereichs gestaltet werden.

Grundsätzlich müssen sich Arbeitsangebote, welcher Art auch immer, daran messen lassen, ob sie es ermöglichen,

… dass den Beschäftigten Anerkennung zuteil wird.

Das setzt voraus, dass nicht innerhalb einer Gruppe zwischen »Arbeitsfähigen« und »Arbeitsunfähigen« unterschieden wird, sondern dass alle in die Tätigkeit einbezogen werden. Das bedeutet ferner, dass die Mitarbeiter(innen) sich ihnen gleichberechtigt und positiv zuwenden und verlässliche Beziehungen aufbauen. Und schließlich geht es darum, Leistung in den unterschiedlichen Tätigkeitsformen anzuerkennen. Anerkennung von Leistung ist dann möglich, wenn die Tätigkeit alle Beteiligten (einschließlich der Mitarbeiter(innen) oder Angehörigen) als sinnvoll angesehen wird. Insofern kommt es darauf an, dass die Angebote, die gemacht werden, nicht eine Inszenierung von Arbeit darstellen, sondern für alle Beteiligten bedeutsam sind.

… dass die Beschäftigten an ihnen Aspekte von Kooperation und Aufgabenteilung erfahren.

Das wird zum Beispiel ermöglicht, indem den Beschäftigten das gemeinsame Ziel vor Augen geführt wird und indem sie bereits in die Planung einbezogen werden und die Arbeitsteilung (wer übernimmt was?) nachvollziehen können. Für Beschäftigte, die diesen Nachvollzug kognitiv nicht leisten können, ist es dennoch wichtig, dass sie die anderen bei ihren Tätigkeiten beobachten können und Kontaktaufnahmen ermöglicht und unterstützt werden.

… dass die Beschäftigten sich arbeitsweltbezogen bilden.

Insbesondere weil Menschen mit schwerer Behinderung, die vom Produktionsbereich der Werkstatt für behinderte Menschen ausgeschlossen sind, häufig keine berufliche Bildung erfahren, sollte im Förder- und Betreuungsbereich Wert auf arbeitsweltbezogene Bildung gelegt werden. Damit ist nicht eine Verschulung von Angeboten für erwachsene Menschen gemeint. Vielmehr geht es darum, innerhalb der vorhandenen Angebote eine Erweiterung der Handlungskompetenz anzustreben, indem es Menschen z. B. durch sorgfältig geplante Übergänge leichter fällt, sich auf ein Angebot einzulassen, indem durch den Einsatz von Unterstützter Kommunikation oder durch Vorrichtungen Planung, Durchführung und Kontrolle von Arbeitsschritten selbstständiger übernommen werden können.

Literatur

Anonym (2011): Intakt: Fragen und Antworten zu meinem behinderten Kind. http://www.intakt.info/forum/forum/themen-aus-allen-lebenslagen/mein-kind-wird-erwachsen-wohnen-arbeit-betreuungsrecht/5517-tagesf%C3%B6rderst%C3%A4tten?9367-Tagesfoerderstaetten=&p=70169 (26.09.2017)

Bedey, K. (2017): Teilhabe von Menschen mit schwerer und mehrfacher Behinderung an Gruppenprozessen. Unveröffentlichte Masterarbeit an der Humboldt-Universität zu Berlin.

Gröschke, D. (Hg.) (2011): Arbeit, Behinderung, Teilhabe. Anthropologische, ethische und gesellschaftliche Bezüge. Bad Heilbrunn.

Haisch, W. (1998): Kognition dargestellt an der Entwicklung der sensomotorischen Intelligenz. In: Schermer, F.-J. (Hg.): Einführung in Grundlagen der Psychologie. Würzburg, 13–71.

Honneth, A. (2011): Verwilderungen. Kampf um Anerkennung im frühen 21. Jahrhundert. In: Aus Politik und Zeitgeschichte (APUZ) (1–2), 37–45, http://www.bpb.de/apuz/33577/verwilderungen-kampf-um-anerkennung-im-fruehen-21-jahrhundert?p=all (26.09.2017)

Kocka, J. (2008): Arbeit im historischen Grundriss. In: Davis, B./Lindenberger, Th./Wildt, M. (Hgg.): Alltag, Erfahrung, Eigensinn. Historisch-anthropologische Erkundungen. Frankfurt am Main, 445–457.

Krebs, A. (Hg.) (2002): Arbeit und Liebe. Die philosophischen Grundlagen sozialer Gerechtigkeit. Frankfurt am Main.

Radatz, J./König, F./Bausch, M./Petri, Ch./Humpert-Plückhahn, G. (2005): Arbeitsfeldbezogene Bildungsbegleitung im Übergangsfeld zwischen Schule und Beruf. Impulse 36 (12), 23–33.

Sabo, T./Terfloth, K. (2011): Lebensqualität durch tätigkeits- und arbeitsweltbezogene Angebote. In: Fröhlich, A./Heinen, N./Klauß, T./Lamers, W. (Hgg.): Schwere und mehrfache Behinderung interdisziplinär. Impulse: Schwere und mehrfache Behinderung, Bd. 1. Oberhausen, 345–366.

Sansour, T./Bauernschmitt, S./Essig-Dehner, S. (2016). Inklusion – Kunst – Anerkennung. In: BÖKWE-Fachblatt für Bildnerische Erziehung, Technisches Werken, Textiles Gestalten (4), 208–213.

Schettgen, P. (1996): Arbeit, Leistung, Lohn. Analyse- und Bewertungsmethoden aus sozioökonomischer Perspektive. In: Neuberger, Oswald (Hg.): Basistexte Personalwesen, Bd. 1. Stuttgart. 172.

Schulte-Peschel, D./Tödter, R. (1996): Einladung zum Lernen. Geistig behinderte Schüler entwickeln Handlungsfähigkeit in einem offenen Unterrichtskonzept. Dortmund.

Stojanov, K. (2006): Bildung und Anerkennung. Soziale Voraussetzungen von Selbst-Entwicklung und Welt-Erschließung. Wiesbaden.

Judith Riegert und Oliver Musenberg

Kulturelle Teilhabe von Menschen mit schwerer und mehrfacher Behinderung

1 Einleitung

Das Recht auf kulturelle Teilhabe ist nicht nur expliziter Bestandteil der Allgemeinen Erklärung der Menschenrechte (Artikel 27), sondern wird auch in der UN-Konvention über die Rechte von Menschen mit Behinderungen (2006) besonders hervorgehoben. Kulturelle Teilhabe bezieht sich hier auf die gesamte Bandbreite kultureller Hervorbringungen, Aktivitäten, Institutionen und Orte einer Gesellschaft – von Theatern und Bibliotheken über das Fernsehprogramm bis hin zu Denkmälern und anderen kulturell relevanten Stätten (vgl. ebd., Artikel 30, Abs. 1). Von den Vertragsstaaten sind laut Behindertenrechtskonvention darüber hinaus geeignete Maßnahmen zu ergreifen, um auch

> »Menschen mit Behinderungen die Möglichkeit zu geben, ihr kreatives, künstlerisches und intellektuelles Potenzial zu entfalten und zu nutzen, nicht nur für sich selbst, sondern auch zur Bereicherung der Gesellschaft« (ebd., Artikel 30, Abs. 2).

Selbst wenn kulturelle Teilhabe im Kontext von ›disability‹ bzw. ›diversity‹ inzwischen nicht nur menschenrechtlich verankert ist, sondern auch im wissenschaftlichen Diskurs zunehmend zum Thema gemacht wird (vgl. u. a. Braun 2012, Liebau 2015, Mandel & Renz 2014, Poppe 2010, Sauter 2017, Schlummer 2010, Ziemen 2014), zeigen die Ergebnisse des Zweiten Teilhabeberichts der Bundesregierung über die Lebenslagen von Menschen mit Beeinträchtigungen (2016), dass dieser Anspruch in der Praxis bislang nur unzureichend eingelöst wird: Nach den dort aufgeführten empirischen Befunden ist davon auszugehen, dass dieser Personenkreis im Vergleich zu Menschen ohne Beeinträchtigungen in geringerem Maß kulturelle Veranstaltungen besucht. Dies betreffe sowohl »klassische Veranstaltungen« (ebd., 362), z. B. Opern- oder Theateraufführungen, klassische Konzerte und Ausstellungen, als auch »populärkulturelle Veranstaltungen« (ebd., 363) wie z. B. Kinofilmvorführungen, Popkonzerte und Tanzveranstaltungen (vgl. ebd., 361 ff.). Darüber hinaus gingen Menschen mit Beeinträchtigungen auch in geringerem Maße selbst eigenen musischen und künstlerischen Aktivitäten nach (vgl. ebd., 359 f.). In beiden Fällen, also sowohl hinsichtlich rezeptiver Formen kultureller Teilhabe als auch eigener künstlerisch-kultureller Aktivitäten, nehme diese Tendenz mit zunehmendem Schweregrad der Behinderung zu. Die Gründe dafür werden im Teilhabebericht nicht nur in entsprechenden körperlichen Anforderungen und zeitlichen Ressourcen vermutet, sondern insbesondere auch in fehlenden »barrierefreie[n] oder beeinträchtigungsspezifische[n] Angebote[n], damit

Menschen mit Beeinträchtigungen so aktiv sein können wie Menschen ohne Beeinträchtigungen« (ebd., 377).

Menschen mit schwerer und mehrfacher Behinderung werden im Teilhabebericht bislang noch gar nicht berücksichtigt, weil dieser Personenkreis forschungsmethodisch zu den sogenannten »schwer befragbaren Gruppen« (ebd., 536) zählt und durch die genutzten schriftlichen und mündlichen Fragebogenerhebungen nicht erreicht wird. Es ist aber davon auszugehen, dass die aufgezeigten Tendenzen – vermutlich in noch weit höherem Maße – auch für die kulturelle Teilhabe dieses Personenkreises gelten. Für diese Annahme spricht ebenfalls, dass sich Angebote für Menschen mit schwerer und mehrfacher Behinderung, insbesondere in der Entstehungszeit der sogenannten Schwerstbehindertenpädagogik, als *Förder*-Angebote verstanden und sich mit wenigen Ausnahmen an Entwicklungskonzepten, nicht am Kultur- und Bildungsbegriff orientierten. Eine solche Ausrichtung ist im Sinne einer Abwendung von einem (kognitiv) voraussetzungsreichen und dadurch auch exkludierenden Bildungsbegriffs der Erziehungswissenschaft historisch durchaus nachvollziehbar (vgl. Ackermann 2007). Allerdings wurden mit solchen Förderkonzepten (z. B. Snoezelen, Aktives Lernen, Basale Stimulation) auch ›kulturelle Sonderwelten‹ für diesen Personenkreis geschaffen, ohne Berührungspunkte zur kulturellen Praxis der umgebenden Gesellschaft. Inzwischen hat sich das Angebot in vielen Einrichtungen weiterentwickelt, inhaltlich erweitert und auch in den Sozialraum hinein geöffnet. Dennoch wird nach wie vor eher selten explizit thematisiert und diskutiert, was unter kultureller Teilhabe von Menschen mit schwerer und mehrfacher Behinderung genau zu verstehen ist und welche Anforderungen sich aus einer solchen Begriffsbestimmung für die Gestaltung entsprechender (Erwachsenen-)Bildungsangebote ableiten lassen. Dieses Desiderat betrifft allerdings nicht nur die pädagogische bzw. andragogische Praxis. Denn auch im Rahmen der Theoriebildung wäre die Frage nach der Bedeutung kultureller Teilhabe für Menschen mit schwerer und mehrfacher Behinderung noch wesentlich grundlegender zu stellen, als es die Diskussion um bauliche Barrierefreiheit von Kultureinrichtungen auf den ersten Blick suggeriert.

Exemplarisch möchten wir in diesem Zusammenhang Überlegungen von Erhard Fischer und Josef Peter Mertes (1990) zum Bildungsverständnis im Kontext schwerer und mehrfacher Behinderung aufgreifen, die vor kurzem in einem Sammelband zur Inklusion im Förderschwerpunkt geistige Entwicklung noch einmal reaktualisiert wurden (vgl. Fischer 2016). Der Ansatz geht davon aus, dass es bei Menschen mit mehrfacher und schwerer Behinderung um »die Schaffung eines körperlichen Wohlbefindens, Befriedigung primärer Bedürfnisse oder Beziehungsaufbau, als Voraussetzung für andere und komplexere Bildungsziele in weitergehenden Erfahrungs- und Lebensfeldern« (Fischer 2016, 104) gehe. Mit einer schrittweisen Erweiterung des zugeschriebenen Weltbezugs – vom Körper über die soziale Beziehung zur Umwelt – veränderten sich nach diesem Modell auch die Bildungsziele, die im Sinne einer Entwicklungslogik als aufeinander aufbauend gedacht werden: vom körperlichen

Wohlbefinden hin zur lebenspraktischen Selbstständigkeit (vgl. ebd.). Ungeachtet der Tatsache, dass körperliches Wohlbefinden und tragfähige Beziehungen für *alle* Menschen eine wichtige Grundlage darstellen, ist ein solches Verständnis von Bildung und kultureller Teilhabe durchaus kritisch zu hinterfragen: Sind Umwelt und das, was hier als »weitergehende Erfahrungs- und Lebensfelder« bezeichnet wird, für Menschen mit schwerer und mehrfacher Behinderung dann – unter Umständen dauerhaft – ohne Bedeutung? Sollte sich pädagogisches Handeln bei diesen Personen erst einmal ausschließlich am Ziel körperlichen Wohlbefindens orientieren? Ist die Teilhabe an Umwelt bezogen auf Menschen mit geistiger Behinderung generell auf lebenspraktische Alltagsbewältigung und Selbstständigkeit zu reduzieren (vgl. dazu kritisch auch Musenberg et al. 2015)? Umgekehrt ließe sich auch fragen, ob kulturelle Umwelt und »weitergehende Erfahrungs- und Lebensfelder« nicht immer auch in der Pflege und beim Aufbau von Beziehungen eine wichtige Rolle spielen: Beispielsweise bedeutet Essen ja nicht nur Nahrungsaufnahme, sondern ist immer zugleich eine kulturell beeinflusste Geschmacksfrage, sind Kleidungsgewohnheiten und Frisuren von Kultur und Zeitgeist geprägt, genauso wie bestimmte Formen der Körperpflege (vgl. dazu auch Klauß 2011).

Es zeigt sich also, dass das Verhältnis von Kultur und Bildung im Allgemeinen und bezogen auf schwere und mehrfache Behinderung im Besonderen auch theoretisch durchaus klärungsbedürftig ist. Aus diesem Grund möchten wir beide Begriffe in einem ersten Schritt theoretisch genauer beleuchten, um auf dieser Grundlage dann Überlegungen zur kulturellen Teilhabe von Menschen mit schwerer und mehrfacher Behinderung anzustellen.

2 Zum Verhältnis von Kultur und Bildung

Kultur und Bildung sind zwei ›große‹ Begriffe, die nicht nur Wissenschaftsdisziplinen ihren Namen geben (Kulturwissenschaft, Bildungswissenschaft), sondern eine lange, vielfältige und durchaus auch inter- und transdisziplinäre Tradition der begrifflichen Selbstvergewisserung und Kritik aufweisen (vgl. Musenberg 2013). Dass die beiden Begriffe in einem engen Zusammenhang stehen, wird deutlich, wenn Adorno (1959/2006, 9) unter Bildung die subjektive Zueignung von Kultur versteht oder wenn Bildung als Dualismus von Selbstentwicklung und Welterschließung konzeptualisiert und dies auch in den Begriffen Personalisation und En*kulturation* ausgedrückt wird (vgl. Stojanov 2006). Bildung kann insofern als subjektive Seite von Kultur betrachtet werden, als Art und Weise, wie der Mensch sich selbst in der Welt als Individuum hervorbringt. Kultur wiederum umfasst als ›objektive‹ Seite von Bildung alle Tätigkeiten und deren Produkte, durch die der Mensch die Welt zu einer Welt des Menschen macht. Diese beiden Prozesse der *Personalisation* und *Enkulturation* sind als aufeinander bezogen zu denken: Die jeweils vorhandene Kultur stellt einen (dynamischen und gestaltbaren) Möglichkeitsraum für Bildungsprozesse dar. Zugleich erfährt das ›kulturelle Erbe‹ durch die kulturelle Teilhabe jedes einzelnen Menschen eine permanente Veränderung und Weiterentwicklung, es wird nicht einfach unverändert von einer Generation zur nächsten tradiert.

Bevor wir aber den Kultur- und Bildungsbegriff im Sinne kultureller Bildung und Teilhabe direkt aufeinander (zum Verhältnis von Bildung und Teilhabe vgl. Miethe et al. 2017) und darüber hinaus auf Menschen mit schwerer und mehrfacher Behinderung beziehen, sollen die beiden Begriffe zunächst jeweils für sich kurz skizziert werden.

2.1   Kultur

Von der ursprünglichen Wortbedeutung (Etymologie) her meint Kultur die Bearbeitung von Natur im Sinne von pflegen, bebauen, bestellen, und ebenso das Anbeten und Verehren im Sinne von Kult und Kultgegenständen. Wenn von Kultur die Rede ist, geschieht dies zudem oft in Abgrenzung zur Natur. Während z. B. die Naturlandschaft als eine von der Natur und ihrer typischen Tier- und Pflanzenwelt geprägte Landschaft gilt, versteht man die Kulturlandschaft als eine vom Menschen veränderte Landschaft. Aber die Grenzen sind fließend, und auch die vermeintlich urwüchsige Natur ist häufig kulturell überformt. Generell ist die naturräumliche Bedeutung mittlerweile stark in den Hintergrund getreten und es sind nach Hansen (1995, 9–16) andere Bedeutungen prominenter: Erstens Kultur als künstlerischer und kreativer Prozess und dessen Ergebnisse (Literatur, bildende Kunst, Film usw.), zweitens Kultur als ›Kultiviertheit‹ im Sinne von Geschmack, Kunstsinn und Humanität, drittens Kultur als gruppentypische Gewohnheiten, Rituale usw. (z. B. Jugendkultur, Subkultur) und viertens schließlich Kultur als Ergebnis von Anbau und Pflege (z. B. Kulturlandschaft, Bakterienkultur).

Doch auch wenn man sich eines solchen engeren und inhaltsbezogenen Kulturbegriffs bedient, z. B. den Aspekt des künstlerischen und kreativen Schaffens herausgreift und hier wiederum nur einen Bereich ästhetischer Praxis fokussiert, nämlich die Musik, so bleibt die Vielfalt enorm und reicht vom klassischen Musizieren mit traditionellen Instrumenten innerhalb des Ordnungssystems der Harmonielehre bis hin zu freieren Formen der Klangproduktion mit unkonventionellen Instrumenten sowie experimenteller, elektronischer und softwarebasierter Klangerzeugung.

Treten wir nochmal einen Schritt zurück und wenden den Blick ab von den möglichen inhaltlichen Füllungen des Kulturbegriffs, kann Kultur zunächst ganz weit gefasst werden, nämlich als das von Menschen in Theorie und Praxis Hervorgebrachte:

»Während ein engerer, ursprünglich dem agrarischen Bereich entstammender Kulturbegriff unterschiedliche Formen der Pflege und Kultivierung des Menschen durch Erziehung, Religion, Wissenschaft oder Kunst bezeichnet, zielt ein weiter Kulturbegriff auf den generellen Umstand, dass Gesellschaften die sie umgebenden Wirklichkeiten mit bestimmten Bedeutungsnetzen ausstatten« (Landwehr 2009, 9).

Landwehr unterscheidet vier Dimensionen von Kultur: Eine *interpretative Dimension*, denn alle Aspekte soziokultureller Wirklichkeit würden von einzelnen Menschen oder Gruppen mit Bedeutung ausgestattet, eine *ergologische Dimension*, denn Kultur sei immer das Produkt menschlicher Tätigkeit und somit nicht naturgegeben, eine *soziale Dimension*, denn Gesellschaften benötigten kulturelle Symbolsysteme, um aus der sozialen Realität in all ihren Details eine mit Sinn versehene Wirklichkeit zu machen, und schließlich eine *temporale Dimension*, denn Kultur sei grundsätzlich historisch und lasse sich nur in ihrer Historizität als ›gemacht‹ begreifen (vgl. Landwehr 2009, 8–9).

Kultur basiert also in erster Linie auf dem Gebrauch kultureller Zeichen- und Symbolsysteme, die generell an die Fähigkeit der Symbol*bildung* gebunden sind (vgl. Ackermann 2010).

2.2   Bildung

Das bereits angeklungene Zitat von Adorno, nämlich dass Bildung nichts anderes sei »als Kultur nach der Seite ihrer subjektiven Zueignung« (Adorno 1959/2006, 9), macht nicht nur auf den Zusammenhang von Kultur und Bildung aufmerksam, sondern auch auf eine besondere Akzentuierung des Bildungsbegriffs: Bildung fokussiert das Subjekt und seinen Bildungsprozess, so »dass der Bildungsbegriff ein Wechselverhältnis zwischen einem Einzelnem [sic!] und einem Allgemeinen enthält, das – im Unterschied zum Erziehungsbegriff – die Seite des Einzelnen betont« (Zirfas 2018, 41).

Eine erste zentrale Figur bildungstheoretischen Denkens ist die *Bildsamkeit*. Gemeint ist damit die generelle Zuerkennung der Selbstbildungsfähigkeit jedes einzelnen Menschen ungeachtet seiner natürlichen oder sozialen Ausstattung (vgl. Rekus 2016, 52). Dieses pädagogische Universalprinzip schließt die Notwendigkeit der Individualisierung mit ein. Die Pointe heißt dann bei Heinz-Elmar Tenorth, »dass die Zuschreibung universell ist, die Praktiken aber in höchstem Maße individualisierend sind […]« (2013, 24). Bildsamkeit ist universell, damit auch grundsätzlich nicht ausgrenzend und beschreibt in erster Linie eine pädagogische *Aufgabe*, nicht eine Eigenschaft oder Fähigkeit von Menschen.

Ein zweiter zentraler Anspruch des Bildungsbegriffs ist die *Aufforderung zur Selbsttätigkeit*. Bildung ist zwar ein soziales Geschehen, aber Bildung als Möglichkeit müsse letzten Endes immer von jedem selbst ergriffen werden. Das betrifft auch Menschen, die z. B. aufgrund schwerer und mehrfacher Behinderung in hohem Maße von anderen abhängig sind. Auch hier sind Blicke, basale Bewegungen nicht von außen zu erzeugen, sondern bedürfen letzten Endes eigener Motive (vgl. Rekus 2016).

Drittens ist die im Bildungsbegriff betonte *symbolische Vermittlung des Selbst- und Weltverhältnisses* von zentraler Bedeutung. Bildung kann verstanden werden als die Verschränkung von Selbst-Entwicklung und Welt-Erschließung, wobei diese Verschränkung in aktuellen Ansätzen (vgl. Stojanov 2006, Ricken 2009) als äußerst beweglich und nicht vorgezeichnet verstanden wird. Bildungsprozesse überschreiten die unmittelbare Umwelt eines Menschen, indem sie über Repräsentationen Weltaus-schnitte zum Gegenstand machen, die nicht unmittelbar gegeben sind (z. B. wenn durch ein Bild ein abwesender Gegenstand repräsentiert wird oder wenn sich Men-schen mit ideellen Objekten wie Begriffen, Argumenten und Prinzipien beschäftigen, z. B. mit ›Demokratie‹ im Rahmen politischer Bildung.

Damit ist bereits der vierte Punkt angesprochen, nämlich die *triadische Figuration* von Bildungsprozessen. Die symbolische Vermittlung von Selbst- und Weltverhältnis-sen bedeutet also, dass sich Menschen in Situationen der Vermittlung und Aneignung auf etwas Drittes beziehen und dieser gemeinsame Bezugspunkt als konstitutiv für Bildungsprozesse angesehen wird. Dabei steht das ›Dritte‹ (Weltausschnitt) nicht als Objektivation außerhalb der vermittelnden Beziehung, sondern wird in der gemeinsa-men Bezugnahme wechselseitig hervorgebracht (vgl. Ricken 2009).

Das als symbolisch bzw. zeichenhaft vermittelt gedachte Selbst-Welt-Verhältnis wie auch die wechselseitige Bezugnahme auf ein ›gemeinsames Drittes‹ kann für Men-schen mit schwerer und mehrfacher Behinderung eine Herausforderung darstellen. Denn ein Symbolverständnis kann nicht per se vorausgesetzt werden, sodass ein basa-les Verständnis von Bildung notwendig ist, das die Tätigkeit der Symbolbildung selbst als das zentrale Element von Bildung auffasst, so Karl-Ernst Ackermann (2010, 234).

3   Kulturelle Teilhabe im Kontext schwerer und mehrfacher Behinderung

Aus diesen allgemeinen theoretischen Überlegungen lassen sich einige Schlussfolge-rungen hinsichtlich der kulturellen Teilhabe und Bildung im Kontext schwerer und mehrfacher Behinderung ableiten, die aus unserer Sicht so zu Prämissen für die Ge-staltung von Angeboten für diesen Personenkreis werden:

- Menschen mit schwerer und mehrfacher Behinderung sind immer schon Teil der kulturellen Welt und bewegen sich in kulturell geprägten Räumen, auch außer-halb von speziellen Kultureinrichtungen wie Theatern oder Konzertsälen.
- Der Mensch verwendet seine Fähigkeiten dazu, seine Umwelt zu gestalten und sie auf diesem Wege mit Sinn auszustatten. Vor diesem Hintergrund sind auch Menschen mit schwerer und mehrfacher Behinderung als kulturelle Akteure an-zuerkennen, die produktiv-gestaltend an Kultur und ihrer Weiterentwicklung mitwirken.
- Selbst-Entwicklung ist nicht ohne Welt-Erschließung denkbar – und umgekehrt. Den einleitend aufgegriffenen Überlegungen von Fischer (2016) ließe sich etwas zugespitzt entgegenhalten, dass Bildungsprozesse insofern auch nicht in einem ›kulturfreien Raum‹ zu denken sind, durch die erst die Voraussetzungen für eine auf später vertagte kulturelle Teilhabe geschaffen werden.

- Darüber hinaus ist eine Verengung von Bildung auf lebenspraktische Alltagsbewältigung kritisch zu hinterfragen. In dieser Hinsicht versteht auch Max Fuchs
  kulturelle Teilhabe in ihren vielfältigen Formen als allgemeines Menschenrecht:

> »Jede Festlegung auf nur eine Zugangsweise engt ein: Es ist kennzeichnend für den Men-
> schen, dass er nicht nur auf einen einzigen, spezifischen Zugang zur Wirklichkeit festge-
> legt ist, sondern seine Blickwinkel selbst wählen und auf diese Weise von einer Ansicht der
> Dinge zu einer anderen wechseln kann« (Fuchs 2008, 38).

In diesem Sinne haben auch Menschen mit schwerer und mehrfacher Behinderung
ein Recht auf vielfältige Zugänge zur kulturellen Welt: Vielfalt im Sinne einer Teilhabe
an unterschiedlichen kulturellen Handlungsfeldern (Kunst, Politik, Religion, Technik
usw.), aber auch Vielfalt *innerhalb* dieser Handlungsfelder: von Goethe bis Poetry
Slam, von Kultgegenständen bis Alltagskultur, von Hochkultur bis Popkultur.

Was diese theoretischen Prämissen für die Gestaltung von Angeboten bedeuten
und welche Fragen dabei aufgeworfen werden, wird im Folgenden am Beispiel unterschiedlicher Musikformate genauer beleuchtet.

4   Beispiel Musik

Musik ist einerseits ein Alltagsphänomen, das wir nur beiläufig wahrnehmen, z. B.
wenn während der Freizeit oder am Arbeitsplatz das Radio läuft, wenn im Fahrstuhl
Musik erklingt oder in Kaufhäusern Hintergrundmusik zum Einsatz kommt. Andererseits ist das Musikhören und das Musizieren eine bewusst gewählte Tätigkeit, die
aus Interesse und Spaß an der Musik und/oder die im Rahmen pädagogischer bzw.
andragogischer Angebote ausgeübt wird. Letztere stehen in der Pädagogik für Menschen mit geistiger Behinderung allerdings in einer musiktherapeutischen und musik-
pädagogischen Tradition (vgl. Hartogh 1998, 102–108), die Musik weniger mit dem
Ziel der Heranführung an Musik um ihrer selbst willen thematisiert und aktiv praktiziert hat, sondern Musik eher als Vehikel für Förderziele eingesetzt hat, z. B. um die
Wahrnehmung zu schulen, das auditive Gedächtnis zu fördern oder einfach nur, um
Entspannung und Wohlbefinden im Rahmen der Tagesstruktur zu ermöglichen (vgl.
u. a. Meyer et al. 2016). Das alles sind legitime Ziele pädagogischer Angebote, die
unter dem Strich aber weniger die kulturelle Teilhabe als vielmehr die entwicklungs-
bezogene Förderung im Blick haben. Hinzu kommt, dass durch die Orientierung am
Entwicklungsalter musikalische Angebote für erwachsene Menschen mit schwerer
und mehrfacher Behinderung nicht immer ihrem Lebensalter angemessen sind und
dann mit der Gefahr der Infantilisierung einhergehen.

Im Folgenden werden wir exemplarisch das Potenzial sog. »Neuer Musik« hinsichtlich der kulturellen Teilhabe von Menschen mit schwerer und mehrfacher Behinderung skizzieren. Unter Neuer Musik sollen im Folgenden – diesmal im Kontrast zu
Adorno und dessen enger Auffassung – nicht nur Kompositionen für ein klassisches

Instrumentarium verstanden werden, die hinsichtlich der Harmonien und Kompositionstechnik neue Wege gehen bzw. gegangen sind (wie die von Arnold Schönberg grundgelegte Zwölftonmusik) – sondern die Vielfalt freier Formen der Musik und des Musizierens, die sowohl die Grenzen der traditionellen Instrumentierungen durch alternative Formen der Klangerzeugung erweitern als auch die Grenzen zwischen ›U‹ und ›E‹, also zwischen Unterhaltungsmusik und ernster Musik verflüssigen (vgl. Mießgang 1991). Im Folgenden wollen wir einige Beispiele aufgreifen und danach fragen, inwieweit hier Möglichkeiten ästhetischer Erfahrung eröffnet werden. Dabei orientieren wir uns an ausgewählten Dimensionen ästhetischer Erfahrung nach Brandstätter (2012), wie z. B. Leiblichkeit, Selbstbezug und Weltbezug, das Oszillieren zwischen Präsenz und Bedeutung sowie zwischen Differenz und Affirmation.

Wenn z. B. Frank Zappa (1940–1993) in den 1960er Jahren in einer amerikanischen Fernsehshow auf einem Fahrrad musiziert[1], dann ist dies einerseits aufgrund der Komik der Situation sehenswert, zeigt aber auch exemplarisch die Dignität der Alltagsgeräusche und Spannbreite der Klänge, die mit Alltagsgegenständen produziert werden können. Diese Klänge können bewusstgemacht und auch als Musik wahrgenommen werden. Der Ausgangspunkt kann die unmittelbare Lebenspraxis der Menschen sein, verbunden mit der Perspektive, diese mit ›Welt‹ zu verknüpfen, indem z. B. mit Alltagsgeräuschen produzierte Klänge in einen neuen Kontext gestellt werden. Im Hinblick auf die Dimension ›Differenz und Affirmation‹ kann z. B. das Musizieren mit einem Fahrrad traditionelle Wahrnehmungs- und Denkweisen aufbrechen und Differenzerfahrungen ermöglichen. Dennoch ist auch das rein Affirmative, das Eingeschliffene, das Wiedererkennen ohne neue Erfahrungen ebenfalls wertvoll und als ästhetische Erfahrung zu kennzeichnen (z. B. das Hören der Lieblingsmusik). Allerdings: Gerade bei Menschen mit schwerer und mehrfacher Behinderung werden manchmal wiederkehrende, haltgebende Strukturen so stark betont, dass Möglichkeiten der Irritation, auch im Sinne ästhetischer Differenzerfahrung, grundsätzlich vorenthalten werden.

Mit der Würdigung von Alltagsgeräuschen hat auch die berühmte ›Komposition‹ »4'33"« von John Cage (1912–1992) zu tun. Cage setzt hier den Zufall als Komponisten ins Werk. Das Stück besteht nur aus Pausen, die Musikerinnen und Musiker stehen auf der Bühne, agieren, aber ohne zu musizieren[2]. Stattdessen geht es um das, was sich in dieser Zeit, in vier Minuten und 33 Sekunden, als Klang im Raum ereignet. Auch hier sind es die alltäglichen Geräusche, die zur Musik werden, nicht, indem aktiv Klang erzeugt wird, sondern indem ein Zeitfenster besonderer auditiver Aufmerksamkeit definiert wird und alles, was sich in diesem Intervall ereignet (Husten, Atmen, Lachen, Umweltgeräusche) als ›Material‹ für ästhetische Erfahrungen dienen

---

1 Frank Zappa on the Steve Allen Show 1963, https://www.youtube.com/watch?v=1MewcnFl_6Y (10.01.2018)

2 John Cage lässt mit dem Stück 4'33" den Zufall komponieren, https://www.youtube.com/watch?v=Oh-o3udImy8 (10.01.2018)

kann (selbst erzeugte Geräusche können aufgenommen, erneut gehört und durch weitere Klänge ergänzt werden).

Das von Leon Theremin in den 1920er Jahren entwickelte und nach ihm benannte Instrument »Theremin« erzeugt ein elektromagnetisches Feld, das durch die Position der Hände beeinflusst wird, was mit einer Veränderung der Tonhöhe verbunden ist[3]. Es handelt sich damit um ein Instrument, das berührungslos gespielt werden kann. Tonhöhen verändern sich durch Bewegungen im Raum, kleinste motorische Aktivitäten können eine große Wirkung erzielen. In Verbindung mit Software sind hier unbegrenzte Möglichkeiten der Klangerzeugung oder auch der Steuerung von Lichtquellen o. Ä. möglich und bereits oft praktiziert worden. Beim Prinzip des Theremins sowie bei computer- bzw. softwaregestützter elektronisch-digitaler Klangerzeugung geht zwar der unmittelbare leibliche Zusammenhang von Haptik und Klang zunächst verloren, allerdings kann auch ein großes Potenzial darin liegen, durch Verstärkung kleiner Bewegungen große (Klang-)Wirkungen erzielen zu können und auf diesem (Um-)Weg wiederum neue leibliche Erfahrungen zu ermöglichen.

Der Komponist Harry Partch (1901–1974) hat sein eigenes Instrumentarium und ein eigenes mikrotonales Klangspektrum erfunden. Nicht zuletzt imponieren hier die selbstgebauten, übergroßen hölzernen Schlaginstrumente[4]. Ausgehend von den motorischen Möglichkeiten von Menschen mit schwerer und mehrfacher Behinderung können neue Instrumente und/oder neue Zugänge zu herkömmlichen Instrumenten entwickelt werden, um auf diese Weise auch in die Kultur und die Welt der Instrumente einzugreifen. Im Sinne der Dimension der Leiblichkeit stehen die Körper der wahrnehmenden Subjekte im Zentrum. Bässe und Vibrationen können durch großformatige Instrumente besonders gut wahrgenommen werden.

Seit Langem gängige Praxis ist es, das Instrumentarium einer Band zu vereinfachen, z. B. indem Gitarren auf einen Akkord gestimmt oder die Anzahl der Saiten reduziert werden. Diese Praxis könnte noch stärker im Hinblick auf basalere Zugänge ausgeweitet werden und zur Emanzipation basaler musikalischer Formen als gleichrangig zum herkömmlichen Instrumentalspiel beitragen. Hier bietet die elektrische Verstärkung von Geräuschen die Möglichkeit, mit sehr minimalen motorischen Aktionen große Wirkungen zu erzielen. Bislang sind allerdings Menschen mit schwerer und mehrfacher Behinderung als Mitglieder von Bands und gleichberechtigte Sessionteilnehmer(innen) die absolute Ausnahme. Gerade in offenen Formen des Musizierens und der Klangerzeugung könnten ausgehend von den Klangproduktionen von Menschen mit schwerer und mehrfacher Behinderung Improvisationen entwickelt und wechselseitige Bezüge hergestellt werden – durchaus mit Bezügen zu

---

3 Leon Theremin spielt auf seinem Instrument, https://www.youtube.com/watch?v=_3H5JbkPXpw (10.01.2018)

4 Harry Partch: The Staging of Delusion of the Fury, https://www.youtube.com/watch?v=TKU0KBivZ7c (10.01.2018)

behindertenpädagogischen Konzepten wie der Basalen Kommunikation (Mall) oder des präreflexiven Dialogs (Fornefeld).

Während die Teilhabe an Bildungsangeboten und -prozessen oftmals Sprachkompetenzen voraussetzt, müssen ästhetische Erfahrungen nicht auf den Begriff gebracht werden – was allerdings den Gebrauch von Sprache und das ›passive‹ Wahrnehmen von Sprache keinesfalls ausschließt (Gesang, Sprachklang). Mit Brandstätter (2012) bewegen sich ästhetische Erfahrungen zwischen Präsenz und Bedeutung, zwischen Ding und Zeichencharakter – die konkrete Materialität von z. B. einer Gitarre als Wirklichkeit für sich (Gitarre: Materialität, Ding) und Wirklichkeit im Hinblick auf etwas anderes (Gitarre: Instrument mit einer Kulturgeschichte und bestimmten Funktionen als Begleit- und Soloinstrument). Einerseits kann die Präsenz der Materialität für sich stehen, wird auch durch gesellschaftlich geteilte Bedeutungen (z. B. E-Gitarre als Zeichen für Rockband) nicht völlig verdeckt und verhindert somit auch nicht, die Gitarre in ihrer Materialität zu erkunden, Klänge zu produzieren und wahrzunehmen, unabhängig von geteilten Bedeutungen. Andererseits kann zugleich eine Chance darin liegen, dass Dinge sukzessive mit Bedeutung aufgeladen werden und sich auf diesem Wege kulturelle Bildung durch Teilhabe ereignet.

In der ästhetischen Erfahrung liegen in doppelter Hinsicht Erkenntnismöglichkeiten, zum einen im Sinne von Erkenntnis *von* Kunst (Kunst als Gegenstand der Erkenntnis), zum anderen im Sinne von Erkenntnis *durch* Kunst (Kunst als Mittel der Erkenntnis). So können durch Musik neue Erfahrungen z. B. im Hinblick auf die Ausdruckmöglichkeiten des eigenen Körpers gesammelt werden. Aber auch das Wiedererkennen von Instrumenten und Klängen, von Themen und Variationen stellt eine Erkenntnis dar, die durch eine kulturelle Teilhabe an Musik eröffnet werden kann.

5   Schlussfolgerungen und offene Fragen

Nach diesen exemplarischen Überlegungen zur kulturellen Teilhabe an Neuer Musik möchten wir noch einige allgemeinere Perspektiven für die Gestaltung von Angeboten kultureller Teilhabe für Menschen mit schwerer und mehrfacher Behinderung entwerfen, aber auch einige offene Fragen markieren.

5.1   Erwachsenenbildung und das Prinzip der Freiwilligkeit

Kulturelle Teilhabe ist zwar wie aufgezeigt sehr eng mit Bildungsprozessen verbunden zu denken, allerdings nicht als zeitliche Überdehnung schulischer Förderung ins Erwachsenenalter hinein misszuverstehen. Erwachsenenbildung ist im Unterschied zur Schulbildung als nicht-formales Bildungsangebot einzuordnen und gründet insofern auch konzeptionell auf dem Prinzip der Freiwilligkeit. Vor diesem Hintergrund wären Angebote kultureller Bildung für erwachsene Menschen mit schwerer und mehrfacher Behinderung an diesem Prinzip der Freiwilligkeit auszurichten – sowohl bezogen auf die Entscheidung zur Teilnahme als auch im Sinne von Zweckfreiheit hinsichtlich von außen gesetzter Zielsetzungen und Erwartungen.

Ein solcher Anspruch erzeugt in mehrfacher Hinsicht Reibungspunkte und Herausforderungen: Zum einen beschränkt sich der Auftrag und auch das institutionelle Selbstverständnis von Einrichtungen für Menschen mit schwerer und mehrfacher Behinderung i.d.R. nicht auf die Ermöglichung kultureller Teilhabe, sondern umfasst darüber hinaus Aufgabenbereiche wie Förderung, Beschäftigung, Arbeit, Therapie usw. Vor diesem Hintergrund wären Überlegungen anzustellen, wie Angebote kultureller Teilhabe in solchen Einrichtungen zeitlich, räumlich und konzeptionell, idealtypisch auch institutionell und personell transparent von anderen Angeboten getrennt werden können, nicht zuletzt um ein Bewusstsein dafür zu schärfen, solche Angebote auch für Menschen mit schwerer und mehrfacher Behinderung als Angebote der Erwachsenenbildung zu verstehen und entsprechend (anders) zu gestalten.

Zum anderen verbinden sich mit einer solchen Akzentuierung von Angeboten kultureller Teilhabe als Angebote der Erwachsenenbildung und dem Gestaltungsprinzip der Freiwilligkeit noch grundsätzlichere Fragen, die das Verhältnis von Selbstbestimmung und Stellvertretung (vgl. Ackermann & Dederich 2011) im Kontext schwerer Behinderung betreffen: Woran lässt sich erkennen, ob eine Person mit schwerer Behinderung an einem kulturellen Angebot teilnehmen möchte oder auch nicht? Bestimmte Interessen entwickeln sich darüber hinaus erst im Tun und Ausprobieren. In Zusammenhang mit dem »Mehr an sozialer Abhängigkeit« (Hahn 1981) von Menschen mit schwerer und mehrfacher Behinderung erwächst hier einerseits die Notwendigkeit, verschiedene Angebote bereitzustellen, um die Möglichkeit zu eröffnen, Präferenzen und eigene Interessen entwickeln zu können, andererseits aber auch dem Prinzip der Freiwilligkeit angemessen Rechnung zu tragen.

5.2   Kulturelle Vielfalt

Wie aufgezeigt beinhaltet Kultur vielfältige kulturelle Handlungsfelder, die jeweils einen spezifischen Zugang zur Welt darstellen: Neben verschiedenen künstlerisch-ästhetischen Formen lassen sich dazu auch Politik, Religion, Technik usw. zählen. Anspruch und Ziel kultureller Teilhabe müsste es also sein, auch Menschen mit schwerer und mehrfacher Behinderung einen Zugang zu diesen vielfältigen Formen von Kultur zu ermöglichen. Am Beispiel von Musik als *eine* Form kultureller Praxis hat sich gezeigt, dass sich hier vielfältige Teilhabemöglichkeiten selbst für Personen mit hohem Unterstützungsbedarf gestalten lassen. Dies hängt ganz wesentlich damit zusammen, dass Musik von allen Menschen grundsätzlich erst einmal sinnlich erfahren wird, bevor eigene Eindrücke und Bedeutungssetzungen dazu in abstrakte Begriffe gefasst und zum Gegenstand der Reflexion bzw. eines Austauschs mit anderen werden. Auf diese Weise haben Menschen mit schwerer und mehrfacher Behinderung erst einmal einen Zugang zur Musik, können beim Zuhören, aber auch durch das eigene Experimentieren mit Klängen, mit der eigenen Stimme usw. entsprechende ästhetische Erfahrungen machen.

Im Hinblick auf andere kulturelle Handlungsfelder ist eine solche Teilhabemöglichkeit aus unserer Sicht nicht ohne Weiteres gegeben, da diese oftmals mit kognitiv-abstrakten Konzepten (beispielsweise ›Demokratie‹ im Bereich politischer Teilhabe oder ›Leistung‹ im Bereich Wirtschaft) operieren, die Menschen mit schwerer und mehrfacher Behinderung nur schwer zugänglich gemacht werden können – ohne unzulässige Simplifizierungen vorzunehmen, durch die beispielsweise politische Teilhabe für diesen Personenkreis auf soziales Lernen reduziert wird (vgl. Musenberg & Riegert 2015).

5.3 Partizipation an kultureller Praxis – rezeptiv und produktiv

Analog zum Prinzip der Sozialraumorientierung ließe sich im Kontext kultureller Teilhabe vom Prinzip der ›Kulturraumorientierung‹ sprechen: Es geht hier um die Öffnung von Einrichtungen für Menschen mit schwerer und mehrfacher Behinderung in den kulturellen Raum der Gesellschaft hinein, beispielsweise durch die Zusammenarbeit mit Künstler(inne)n und anderen gesellschaftlichen Akteuren, aber auch durch die Teilhabe an kulturellen Veranstaltungen außerhalb der Einrichtungen. Auch dieser Anspruch ist mit bestimmten Herausforderungen verbunden, die über pragmatische Fragen eines barrierefreien Zugangs zu Kultureinrichtungen hinausgehen und grundsätzlicher die gesellschaftliche Anerkennung von Menschen mit schwerer Behinderung als Kulturschaffende betreffen: Inwieweit und durch welche Maßnahmen lässt sich eine solche gesellschaftliche Anerkennung tatsächlich positiv beeinflussen und eine Öffnung des kulturellen Raums für Menschen mit schwerer und mehrfacher Behinderung befördern?

Literatur

Ackermann, K.-E. (2007): Sonderpädagogische Erfindungskraft als Medium der Wiederentdeckung der Bildsamkeit. Zum physiologischen Ansatz einer »Pädagogik bei schwerster Behinderung«. In: Mietzner, U./Tenorth, H.-E. (Hgg.): Pädagogische Anthropologie – Mechanismus einer Praxis. Zeitschrift für Pädagogik, Beiheft 52. Weinheim, 155–170.

Ackermann, K.-E./Dederich, M. (Hgg.) (2011): An Stelle des Anderen. Ein interdisziplinärer Diskurs über Stellvertretung und Behinderung. Oberhausen.

Ackermann, K.-E. (2010): Zum Verhältnis von geistiger Entwicklung und Bildung. In: Musenberg, O./Riegert, J. (Hgg.): Bildung und geistige Entwicklung. Bildungstheoretische Reflexionen und aktuelle Fragestellungen. Oberhausen, 224–244.

Adorno, Th. W. (1959/2006): Theorie der Halbbildung. Frankfurt am Main.

Brandstätter, U. (2012): Ästhetische Erfahrung. In: Bockhorst, H./Reinwand, V.-I./Zacharias, W. (Hgg.): Handbuch Kulturelle Bildung. München, 174–180.

Braun, E. (2012): Kulturelle Bildung für Menschen mit Behinderung. In: Bockhorst, H./Reinwand, V.-I./Zacharias, W. (Hgg.): Handbuch Kulturelle Bildung. München, 828–831.

Bundesministerium für Arbeit und Soziales (2016): Zweiter Teilhabebericht der Bundesregierung über die Lebenslagen von Menschen mit Beeinträchtigungen. Teilhabe – Beeinträchtigung – Behinderung, http://www.bmas.de/SharedDocs/Downloads/DE/PDF-Publikationen/a125-16-teilhabebericht.pdf;jsessionid=546098E1262E1A7EC125AB637 1E93582?__blob=publicationFile&v=9 (10.01.2018)

Bundesministerium für Arbeit und Soziales (2011): Übereinkommen der Vereinten Nationen über die Rechte von Menschen mit Behinderung, http://www.bmas.de/SharedDocs/ Downloads/DE/PDF-Publikationen/a729-un-konvention.pdf;jsessionid=0B025238EA1 3B1FBF96A2313500309B6?__blob=publicationFile&v=3 (24.04.2018)

Fischer, E. (2016): (Wie) Kann dem Bildungs- und Erziehungsbedarf von Kindern und Jugendlichen mit Förderschwerpunkt geistige Entwicklung im gemeinsamen Unterricht ausreichend begegnet werden? In: Fischer, E./Markowetz, R. (Hgg.): Inklusion im Förderschwerpunkt geistige Entwicklung. Stuttgart, 74–133.

Fischer, E./Mertes, J.-P. (Hgg.) (1990): Unterrichtsplanung in der Schule für Geistigbehinderte. Dortmund.

Fuchs, M. (2008): Kulturelle Bildung. Grundlagen – Praxis – Politik. München.

Hahn, M. (1981): Behinderung als soziale Abhängigkeit. Zur Situation schwerbehinderter Menschen, München.

Hansen, K. P. (1995): Kultur und Kulturwissenschaft. Tübingen und Basel.

Hartogh, Th. (1998). Musikalische Förderung geistig behinderter Menschen. Theorie und praktische Beispiele eines ganzheitlich-ökologischen Ansatzes. Neuwied.

Klauß, Th. (2011): Gute Pflege für Menschen mit schwerer und mehrfacher Behinderung. In: Fröhlich, A./Heinen, N./Klauß, Th./Lamers, W. (Hgg.): Schwere und mehrfache Behinderung – interdisziplinär. Oberhausen, 87–108.

Landwehr, A. (2009): Kulturgeschichte. Stuttgart.

Liebau, E. (2015): Kulturelle Bildung für alle und von allen? Über Teilhabe und Zugänge zur Kulturellen Bildung. https://www.kubi-online.de/artikel/kulturelle-bildung-alle-allen-ueber-teilhabe-zugaenge-zur-kulturellen-bildung (10.01.2018)

Mandel, B./Renz, Th. (Hgg.) (2014): MIND THE GAP? Zugangsbarrieren zu kulturellen Angeboten und ein kritischer Diskurs über Konzeptionen niedrigschwelliger Kulturvermittlung. Hildesheim.

Meyer, H./Zentel, P./Sansour, T. (2016). Musik und schwere Behinderung. Karlsruhe.

Miehte, I./Tervooren, A./Ricken, N. (2017): Bildung und Teilhabe. Zwischen Inklusionsforderung und Exklusionsdrohung. Wiesbaden.

Mießgang, Th. (1991): Semantics. Neue Musik im Gespräch. Hofheim.

Musenberg, O. (2013): Kultur-Geschichte-Behinderung: Zur Einleitung. In: Musenberg, O. (Hg.): Kultur-Geschichte-Behinderung. Die kulturwissenschaftliche Historisierung von Behinderung. Oberhausen, 11–25.

Musenberg, O./Riegert, J./Lamers, W. (2015): Innovation und Reduktion. Das Verhältnis von Bildung und Lebenspraxis in der Pädagogik für Menschen mit geistiger Behinderung. In: Teilhabe 54. Jg. (2), 54–60.

Musenberg, O./Riegert, J. (2015): Wege zur Öffnung des politischen Raums für Menschen mit kognitiven Beeinträchtigungen: Zwischen Selbstvertretung und Stellvertretung. In: Zurstrassen, B./Dönges, Ch./Hilpert, W. (Hgg.): Didaktik der inklusiven politischen Bildung. Bonn, 261–271.

Poppe, F. (2010): Künstler mit Assistenzbedarf. Anforderungen an die Ausbildung der neuen Generation. In: Erwachsenenbildung und Behinderung (1–2), 3–11.

Rekus, J. (2016): Allgemeinpädagogische Überlegungen aus Anlass der Inklusionsdebatte. In: Vierteljahresschrift für Wissenschaftliche Pädagogik 92 (1), 46–56.

Ricken, N. (2009): Zeigen und Anerkennen. Anmerkungen zur Form pädagogischen Handelns. In: Berdelmann, K./Fuhr, Th. (Hgg.): Operative Pädagogik. Grundlegung, Anschlüsse, Diskussion. Paderborn, 111–134.

Sauter, S. (2017): Gerechtigkeit in der kulturellen Bildung? Gerechtigkeit durch kulturelle Bildung! Der Capability Approach als Rahmenkonzept für eine inklusive Kulturpraxis. https://www.kubi-online.de/artikel/gerechtigkeit-kulturellen-bildung-gerechtigkeit-durch-kulturelle-bildung-capability-approach (10.01.2018)

Schlummer, W. (2010): Inklusion und Kultur. Aspekte institutioneller und interdisziplinärer Herausforderungen. In: Erwachsenenbildung und Behinderung (1–2), 20–25.

Stojanov, K. (2006): Bildung und Anerkennung. Soziale Voraussetzungen von Selbst-Entwicklung und Welt-Erschließung. Wiesbaden.

Tenorth, H.-E. (2013): Inklusion im Spannungsfeld von Universalisierung und Individualisierung – Bemerkungen zu einem pädagogischen Dilemma. In: Ackermann, K.-E./Musenberg, O./Riegert, J. (Hgg.): Geistigbehindertenpädagogik!? Disziplin – Profession – Inklusion. Oberhausen, 17–41.

Vereinte Nationen (1948): Allgemeine Erklärung der Menschenrechte 1948. Resolution der Generalversammlung A/RES/217 A (III), www.un.org/depts/german/menschenrechte/aemr.pdf (24.04.2018)

Ziemen, K. (2014): Kultur-Partizipation. Herausforderungen, Chancen und Perspektiven. In: Behinderte Menschen (1), 31–35.

Zirfas, J. (2018): Einführung in die Erziehungswissenschaft. Paderborn.

Berufliche Bildung und Gestaltung von Übergängen

Caren Keeley

Berufliche Bildung als Zugang zur arbeitsbezogenen Lebenswelt

Teilhabe von Menschen mit (schwerer) Behinderung rückt nicht erst seit der Ratifizierung der UN-Konvention und dem gerade verabschiedeten Bundesteilhabegesetz (BTHG) in den Fokus aktueller (Fach-)Diskurse, sondern ist spätestens im Kontext eines »neuen« Verständnisses von Behinderung durch die International Classification of Functioning, Disability and Health (ICF), aber auch im Hinblick auf einen stattgefundenen Paradigmenwechsel das Leitbild der Behindertenhilfe.

Dementsprechend kommt auch dem Lebensfeld Arbeit eine wesentliche Bedeutung zu, wenn über Teilhabe von Menschen mit (schwerer) Behinderung gesprochen wird. In den letzten Jahren sind durchaus Bestrebungen festzustellen, die Teilhabe am Arbeitsleben von Menschen mit Behinderung zu verbessern, im Fokus steht dabei jedoch vor allem die Teilhabe von Menschen mit leichteren Beeinträchtigungen am allgemeinen Arbeitsmarkt. Die Personengruppe der Menschen mit schwerer und/oder mehrfacher Behinderung scheint in der aktuellen Debatte bisher wenig im Blick zu sein (vgl. Aktion Mensch 2014, 2).

Wenn Arbeit aber als »Grundlage menschlichen Lebens« verstanden wird, so wie Terfloth und Lamers (2011b, 19) es formuliert haben, dann ist es zwingend notwendig, auch Menschen mit schwerer Behinderung an diesem Lebensbereich teilhaben zu lassen und ihnen Möglichkeiten zu bieten, sich diese Welt zu erschließen.

Einen wesentlichen Beitrag dazu kann die berufliche Bildung leisten. Anknüpfend an ein lebenslanges Bildungsrecht und einem Bildungsverständnis, das neben konkreten (materialen) Bildungsinhalten vor allem (formale) Selbst- und Persönlichkeitsbildung berücksichtigt, ist hier ein Teilhaberecht zu verorten, das es Menschen mit schwerer Behinderung ermöglicht, auch im Hinblick auf Arbeit an Bildungsmöglichkeiten zu partizipieren. Darüber hinaus, so die Hypothese, können durch berufliche Bildung Zugänge geschaffen werden, die es Menschen mit schwerer Behinderung ermöglichen, sich die Lebenswelt Arbeit zu erschließen und an ihr teilzuhaben. In diesem Kontext gibt es bereits einige gute Konzepte und Beispiele aus der Praxis, allen gemeinsam ist aber, dass es an theoretischer und didaktischer Fundierung fehlt, die es braucht, um auch hier das Bildungsrecht zu manifestieren und Übertragbarkeit und allgemeingültige Umsetzung zu gewährleisten. Daher setzt sich dieser Beitrag zum Ziel, Überlegungen zur didaktisch-methodischen Konzeptionierung beruflicher Bildung von Menschen mit schwerer Behinderung zu skizzieren und exemplarisch darzustellen.

Zunächst wird das Themenfeld der Arbeit in aller Kürze in seiner Bedeutung und Gestaltung für Menschen mit schwerer Behinderung dargestellt, um darauf basierend den Bereich der beruflichen Bildung näher zu betrachten und relevante Anknüpfungspunkte zu fokussieren. Nach der Darstellung allgemeiner Grundlagen werden die schulische und außerschulische Gestaltung beruflicher Bildungssituationen von Menschen mit schwerer Behinderung beschrieben. Neben einer Betrachtung der aktuellen Situation werden mittels des didaktischen Ansatzes der Elementarisierung exemplarische Zugangsmöglichkeiten zur arbeitsbezogenen Lebenswelt entwickelt und in diesem Kontext Überlegungen zur Gestaltung von beruflichen Bildungsprozessen von Menschen mit schwerer Behinderung vorgestellt.

1 Lebenswelt Arbeit im Kontext schwerer Behinderung

Mit dem Begriff »Arbeit« sind in unserer Gesellschaft verschiedenste Vorstellungen verbunden. Je nach (Wissenschafts-)Perspektive können diese außerordentlich divergierend sein. Grundsätzlich handelt es sich um ein vielschichtiges Konzept, das sich in seiner Bedeutung nicht nur auf die ihm oft alleinig zugeschriebene Funktion der Erwerbsarbeit reduzieren lässt. Rückt in der Definition bzw. im Verständnis von Arbeit der Aspekt der Produktivität im Sinne einer Erwerbsarbeit in den Fokus, liegt also ein ökonomisches Verständnis von Arbeit vor, dann werden Personengruppen ausgeschlossen,

> »die diesem Ideal nicht oder nur unzureichend genügen können […]. Damit geht jedoch nicht nur ein Ausschluss aus einem gesellschaftlich höchst relevanten Bereich einher, sondern zudem wird Menschen ein für das Selbstkonzept wichtiger Bestandteil des Lebens vorenthalten« (Bernasconi & Böing 2015, 230).

Soll diesem leistungsbezogenen Ausschluss entgegengewirkt werden, so ist ein Arbeitsverständnis zugrundezulegen, das arbeitsbezogenes Tätigsein in einen weiteren Verständniskontext setzt. So definiert beispielsweise Doose (2012) Arbeit als

> »die Tätigkeit, die den Menschen in Beziehung zur Gesellschaft bringt. Arbeit bestimmt die Art und Weise, wie der Mensch in die Gesellschaft integriert ist. […] Arbeit sollte eine für die Person und die Umwelt bedeutungsvolle Tätigkeit sein, die Interessen aufgreift und weckt, Fähigkeiten herausfordert« (Doose 2012, 94).

Dieser Aspekt der Persönlichkeitsentwicklung und -entfaltung intendiert einen Bildungsaspekt, den auch andere Autor(inn)en als konstituierend im Kontext von Arbeit beschreiben. So verweist Klauß (2012) darauf, dass Arbeit Lernen und Bildung voraussetzt und gleichzeitig Lernen ermöglicht, da »wir Erlerntes anwenden, Kenntnisse und Kompetenzen nutzen und weiterentwickeln. Teilhabe in diesem Lebensbereich erfordert und beinhaltet also Bildung« (Klauß 2012, 49). Feuser (2001) spricht in diesem Zusammenhang von einer Einheit, die Arbeit und Bildung trotz funktionaler Unterschiedlichkeit bilden und bezieht in dieses Verständnis explizit alle Menschen mit ein:

»Bildung und Arbeit ist jedem Menschen in »Zusammen«-Arbeit mit anderen möglich, wie beeinträchtigt er in unserer Wahrnehmung, wie gestört er in seiner Aneignungstätigkeit und wie behindert er im Spiegel gesellschaftlicher Normen auch sein mag« (Feuser 2001, 308).

Als ein weiterer konstituierender Aspekt eines erweiterten Arbeitsverständnisses kann dementsprechend das gemeinsame Tätigsein bezeichnet werden. So kann Arbeit als individuell zweckgerichtetes, persönlichkeitsbildendes und sinnstiftendes Handeln in sozialer Gemeinschaft bezeichnet werden, und dementsprechend

»nicht nur die eher marktorientierten Aspekte von Arbeit wie z. B. messbare Leistungen, verwertbare Produkte sowie Entlohnung, sondern auch die personenorientierten Aspekte wie z. B. Anstrengung, Gefordertsein, Selbstentfaltung und Anerkennung berücksichtigen« (Kistner & Juterczenka 2013, 111).

Es wird deutlich, dass Arbeit und (berufliche) Bildung eng zusammenhängen, Arbeit quasi als Ziel beruflicher Bildung verstanden und durch berufliche Bildung ein Erleben arbeitsbezogener Tätigkeit ermöglicht werden kann. Arbeit erfordert und ermöglicht Bildung.

2　　Berufliche Bildung

Nach der deutschen UNESCO-Kommission (2010, o. S.) ist berufliche Bildung

»ein lebensbegleitender Prozess und damit ein bedeutender Baustein in der Bildungsbiographie eines Menschen. Die Berufswelt ist wichtiger Lernort, Erfahrungs- und Gestaltungsraum und eng mit gesellschaftlicher Transformation verknüpft«.

Lebensbegleitend kann hier in doppelter Hinsicht interpretiert werden. Zunächst als eng mit dem eigenen Leben verknüpft und die individuelle Entwicklung begleitend und darüber hinaus auch als ein lebenslanger, das gesamte (Arbeits-)Leben andauernder Prozess. Ein weiterer wesentlicher Aspekt dieser Definition ist der Verweis auf die Berufswelt als Handlungsraum. Arbeit und Beruf werden als eigene Lebenswelt gesehen, die von wesentlicher Bedeutung für gesellschaftliche Teilhabe sind. Diese Welt wird als Bildungsraum bezeichnet (Lern-, Erfahrungs- und Gestaltungsraum) und bildet dementsprechend den Rahmen für ein lebenslanges Lernen im Kontext dieser Lebenswelt.

In einem am ökonomischen Arbeitsbegriff orientierten Verständnis beruflicher Bildung wird diese häufig eng verknüpft mit der Ausbildung bestimmter Fähigkeiten im Hinblick auf entsprechende Berufsbilder. Ein derartiges Verständnis erschwert den Zugang für Menschen mit schwerer Behinderung, da derartige Ansprüche als überhöht bzw. nicht den Bedürfnissen des Personenkreises entsprechend bezeichnet werden können. Radatz et al. (2005) prägen diesbezüglich den Begriff der ›arbeitsweltbezogenen Bildungsbegleitung‹. Damit betonen sie

»die zentralen Aspekte des Spannungsverhältnisses zwischen den notwendigen Kompetenzen und den erschwerten gesellschaftlichen Rahmenbedingungen zur Berufsausübung sowie den Lernmöglichkeiten von Menschen mit einer schweren geistigen und mehrfachen Behinderung« (Terfloth 2011, 356).

Die Begrifflichkeit ›arbeitsweltbezogen‹ bedient sich eines weiteren Kontextes als der Begriff ›beruflich‹ und umfasst auch grundlegende Tätigkeiten. Darüber hinaus impliziert die Fokussierung des Bildungsaspekts, »dass die Fähigkeit zur Arbeit und deren Voraussetzungen erlernbar sind« (ebd.). Diesem Verständnis schließt sich der vorliegende Beitrag an. Um allerdings im aktuellen Diskurs den Anschluss an die allgemeine Pädagogik zu gewährleisten, wird hier weiterhin die gesellschaftlich anerkannte Begrifflichkeit ›berufliche Bildung‹ genutzt, implizierend, dass es sich dabei um eine Bildung handelt, die das Recht auf Teilhabe aller Menschen an Arbeit und (beruflicher) Bildung umsetzt.

2.1   Aktuelle Situation beruflicher Bildung für Menschen mit schwerer Behinderung

Im aktuellen Diskurs um berufliche Bildung und mögliche Qualifizierungsmaßnahmen für die Teilhabe am Arbeitsleben auch für Menschen mit geistiger Behinderung wird der Personenkreis der Menschen mit schwerer und mehrfacher Behinderung weiterhin kaum berücksichtigt. Terfloth (2011) begründet dies damit, dass »Arbeit und die Ausübung eines Berufes für sie als unrealistische Zielperspektive betrachtet werden« (Terfloth 2011, 356) und dementsprechend Maßnahmen der beruflichen Bildung nicht notwendig erscheinen.

Neben gesellschaftlichen und sozialpolitischen Begründungsansätzen ist es auch die rechtliche Situation, die die Teilhabe von Menschen mit schwerer und mehrfacher Behinderung an beruflicher Bildung erschwert, wie im Folgenden ausgeführt wird. Folgt man der UN-BRK, dann besteht ein menschenrechtlicher Anspruch, dass

»Menschen mit Behinderungen ohne Diskriminierung und gleichberechtigt mit anderen Zugang zu allgemeiner Hochschulbildung, Berufsausbildung, Erwachsenenbildung und zum lebenslangen Lernen haben. Zu diesem Zweck stellen die Vertragsstaaten sicher, dass für Menschen mit Behinderungen angemessene Vorkehrungen getroffen werden« (Art. 24 Abs. 5 UN-BRK).

Dazu ergänzend schreiben Terfloth und Lamers (2011a), dass

»das grundlegende Recht auf lebenslanges Lernen bzw. Bildung impliziert, [dass] unabhängig von der Schwere der Behinderung, […] jedem Menschen ein Entwicklungs- und Lernpotenzial sowie Bildungsfähigkeit zugesprochen wird« (Terfloth & Lamers 2011a, 71).

Diese Zielsetzung wird u. a. in der aktuell gültigen Handlungsempfehlung bzw. Geschäftsanweisung (HEGA) der Bundesagentur für Arbeit »Teilhabe am Arbeitsleben – Fachkonzept für Eingangsverfahren und Berufsbildungsbereich in Werkstätten für behinderte Menschen (WfbM)« angestrebt, in dem es heißt, dass

»durch das Fachkonzept [...] die Möglichkeiten zur selbstbestimmten Teilhabe behinderter Menschen am Arbeitsleben verbessert und somit ein Beitrag zur Umsetzung der in der UN-BRK über die Rechte behinderter Menschen verankerten Zielsetzung beruflicher Inklusion geleistet werden« sollen (Bundesagentur für Arbeit 2010).

Dies gilt allerdings weiterhin nur für einen bestimmten Personenkreis. Menschen mit schwerer und mehrfacher Behinderung, die nicht das geforderte Mindestmaß an wirtschaftlich verwertbarer Arbeit erbringen ((§ 136 SGB IX (§ 219 SGB IX i.F.v. 1.1.2018)), sind weiterhin von Exklusion betroffen. Neben den Möglichkeiten zur Teilhabe an Arbeit bezieht sich dies auch auf die Teilhabe an beruflicher Bildung. Rechtlich ist die Situation nicht eindeutig geklärt bzw. wird in der gängigen Praxis häufig zum Nachteil von Menschen mit schwerer Behinderung ausgelegt (vgl. Terfloth & Lamers 2011a). Die Übernahme in den Berufsbildungsbereich der WfbM erfolgt erst nach dem durchgeführten Eingangsverfahren, an dem grundsätzlich alle Menschen teilnehmen, die ›nicht, noch nicht oder noch nicht wieder‹ auf dem allgemeinen Arbeitsmarkt tätig werden können. Das bedeutet, dass formal eine Teilnahme am Eingangsverfahren unabhängig von Art und Schwere der Behinderung gesichert sein müsste. Legt man des Weiteren zugrunde, dass

»Personen, bei denen ›erwartet werden kann, dass sie spätestens nach Teilnahme an Maßnahmen im Berufsbildungsbereich wenigstens ein Mindestmaß wirtschaftlich verwertbarer Arbeitsleistung erbringen werden‹ ein Recht auf die Aufnahme in einer Werkstatt haben« (Hirsch 2006, 190),

liegt hier ein rechtlicher Legitimierungsrahmen, der eine Aufnahme und Teilhabe an beruflicher Bildung innerhalb des Berufsbildungsbereichs der Werkstätten auch für Menschen mit schwerer und mehrfacher Behinderung begründet. So ist es dringend notwendig, die Bewertung bzw. Beurteilung der Fähigkeit zur Erbringung wirtschaftlich verwertbarer Arbeit (neben vielen weiteren Gründen) deshalb kritisch zu diskutieren, denn

»wenn jemand nicht an den qualifizierenden Maßnahmen der beruflichen Bildung teilnehmen kann, wird er nur schwer unter Beweis stellen können, dass er in der Lage ist, ein Mindestmaß an verwertbarer Arbeit zu erbringen« (Lamers 2012, 27).

So ist grundsätzlich ein Spielraum auszumachen, der ein Recht auf berufliche Bildung auch für Menschen mit schwerer und mehrfacher Behinderung realisierbar erscheinen lässt.

Aktuell ist diese Veränderung allerdings noch nicht in Sicht. Auch das neue BTHG hält am § 136 (§ 219 SGB IX i.F.v. 1.1.2018) fest. So bleibt die Möglichkeit einer Teilhabe an beruflicher Bildung davon abhängig, in welchem Bundesland (NRW weist beispielsweise ohne Mindestmaß-Kriterium eine Werkstattfähigkeit zu) oder in welcher Einrichtung (es gibt zunehmend gute (Einzel-)Beispiele, siehe weitere Beiträge in diesem Band) ein Mensch mit schwerer und mehrfacher Behinderung die Lebenswelt Arbeit betritt.

Zur näheren Betrachtung der aktuellen Situation wird im Folgenden der beruflichen Bildung in institutionellen Kontexten nachgegangen.

2.2   Berufliche Bildung im schulischen Kontext

»Die Werk-, Abschluss-, Berufs- oder Übergangsstufe der Schule mit dem Förderschwerpunkt Geistige Entwicklung hat die zentrale Aufgabe, Schüler(innen) umfassend auf das
Erwachsenenleben im Hinblick auf Arbeiten, Wohnen und Freizeit vorzubereiten und
ersetzt in der Regel die Berufsschule« (Terfloth 2011, 358).

Hier sollten nach Auftrag der Kultusministerkonferenz (KMK) in unterschiedlich ausgeprägter Form und mit unterschiedlichen Tätigkeits- und Lernangeboten eine Art
beruflicher Grundbildung und eine Berufsvorbereitung stattfinden. Dazu gehört auch
die Vermittlung von Schlüsselqualifikationen, die u. a. im Rahmen von Arbeitslehre-
unterricht, aber auch im sonstigen Schulalltag vermittelt werden (vgl. Klauß et al.
2009, 16).

Grundsätzlich kann eine Ausrichtung der vermittelten Inhalte an den Lernaus-
gangslagen und -voraussetzungen von Menschen mit schwerer und mehrfacher Behinderung und ihre Einbindung in aktives Unterrichtshandeln als ausbaufähig konstatiert
werden (vgl. Klauß et al. 2009, 25 f.). Bei Angeboten zur beruflichen Bildung stellt
sich die Situation noch kritischer dar. Lamers (2012) stellt dazu fest, dass es

»eine merkwürdige Verschiebung der Inhalte [gibt], da für den Personenkreis anscheinend
eher allgemeine Bildungsziele im Vordergrund stehen und berufliche Bildung nicht oder
kaum berücksichtigt wird« (Lamers 2012, 21).

Lamers beruft sich in diesem Zusammenhang auf Rückmeldungen aus der Schulpra-
xis und konstatiert, dass berufliche Bildung »als nicht notwendig, als nicht sinnvoll, als
Überforderung betrachtet wird« (ebd., 23). Die hier implizierte Bildungsunfähigkeit
der Personengruppe wird darauf zurückgeführt, dass die Institution Schule »nicht in
der Lage ist, berufliche Bildungsangebote für diese Menschen zu realisieren« (ebd., 24)
und stattdessen mit den anders gelagerten (Bildungs-)Bedürfnissen argumentiert. So
ist es häufig Realität, dass

»Menschen mit schwerer und mehrfacher Behinderung die Schule beruflich ungebildet
verlassen und dass dadurch der weitere Lebensweg, besonders auch die Entscheidung darüber, wer einen Arbeits- bzw. Produktionsbereich oder einen FuB besucht, wesentlich
mitbestimmt wird« (Klauß et al. 2009, 17).

Zu den Aufgaben der (Förder-)Schule als Bildungseinrichtung gehört es, das Themenfeld Arbeit in all seinen Facetten aufzuzeigen und dementsprechend formale
und materiale Bildungsinhalte zu vermitteln. Bildungsziel ist es, individuelle, an der
Entwicklung orientierte Wege zur Teilhabe an der Arbeitswelt zu eröffnen.« (Terfloth
2011, 364) Auch wenn die Rahmenvorgaben und Richtlinien der Bundesländer
diesbezüglich relativ breit gestaltet sind, ist es fraglich, inwiefern Schüler(innen) mit
schwerer und mehrfacher Behinderung an den angebotenen Inhalten partizipieren
bzw. ob sie an ihren Lern- und Entwicklungsniveaus orientiert sind und so Zugangsmöglichkeiten eröffnen. Trotzdem kann ein Blick in die Lehrpläne sinnvoll sein, um
einen Überblick über mögliche Bildungsinhalte zu erhalten, die von schulischer Seite

im Kontext der Lebenswelt angedacht sind. Hieraus lassen sich im weiteren Verlauf Anknüpfungspunkte für berufliche Bildungsangebote im nachschulischen Bereich ableiten. Grundlage können hier die Lehrpläne für die Förderschule mit dem Förderschwerpunkt geistige Entwicklung aus Baden-Württemberg und Bayern sein, da sie als differenziert und konkret übertragbar bezeichnet werden können und an vielen Schulen in anderen Bundesländern als Grundlage verwendet werden.

Selbst wenn deutlich ist, dass nicht jeder Bildungsinhalt für alle Schüler(innen) gleichermaßen bedeutsam ist und auch nicht für jede(n) Schüler(in) Auseinandersetzungs- und Aneignungsmöglichkeiten bietet, ist der Überblick über die Inhalte und die Forderung, die damit einhergeht, nämlich allen Schüler(inne)n Zugang zu diesen Bildungsinhalten anzubieten, als gewinnbringend und strukturgebend für die berufliche Bildung in schulischen Kontexten geeignet. Die konkrete Umsetzung bzw. die Elementarisierung der Bildungsinhalte unter Berücksichtigung der individuellen Aneignungsebenen ist eine Herausforderung, der sich Lehrpersonen stellen müssen, wenn sie eine berufliche Bildung für Schüler(innen) mit schwerer und mehrfacher Behinderung ermöglichen wollen. Hier könnten Strukturen und Zugangsmöglichkeiten geschaffen werden, die auch für die nachschulische berufliche Bildung konstituierend und hilfreich sein könnten. Die didaktischen Überlegungen im Anschluss sollen dazu erste Ansätze bieten.

Zunächst aber wird kurz die aktuelle Situation beruflicher Bildung im nachschulischen Bereich skizziert.

2.3   Berufliche Bildung im nachschulischen Bereich

Aufgrund der beschriebenen rechtlichen Situation ist grundsätzlich davon auszugehen, dass zum aktuellen Zeitpunkt nur ein kleiner Personenkreis der Menschen mit schwerer und mehrfacher Behinderung an Angeboten zur beruflichen Bildung teilnimmt. Nach Lamers (2012) setzt sich die Situation mangelnder beruflicher Bildung in den WfbM und Tagesförderstätten fort: Es findet

>»in den der Schule nachfolgenden Einrichtungen eine Fortschreibung der Vorenthaltung beruflich qualifizierender Angebote und damit auch eine Festschreibung der Berufsbildungsunfähigkeit von Menschen mit schwerer und mehrfacher Behinderung statt« (Lamers 2012, 28).

Lamers nimmt mit diesen Aussagen explizit keine Schuldzuweisung vor, sondern konstatiert vielmehr, dass sowohl den Lehrer(inne)n an Förderschulen, als auch den Mitarbeiter(inne)n in WfbM und FuB Ressourcen und Möglichkeiten angeboten werden müssen, um ihre professionelle Handlungsfähigkeit zu erweitern.

>»Nur wenn entsprechende Angebote und Möglichkeiten existieren, sich Kompetenzen anzueignen, didaktisch und methodisch beruflich bildende Angebote bei Menschen mit schwerer und mehrfacher Behinderung zu gestalten, kann ich als Pädagoge beruflich bildend tätig werden« (Lamers 2012, 29).

Grundsätzlich kann von einer Zunahme an Projekten zur beruflichen Bildung von Menschen mit schwerer und mehrfacher Behinderung gesprochen werden, allerdings existieren hierfür keine festen Strukturen, Konzepte, Modelle, Rahmenvorgaben, Richtlinien oder ähnliches. Für diese formale Weiterentwicklung bräuchte es neben vielen anderen Aspekten zunächst die Anerkennung beruflicher Bildungsfähigkeit des Personenkreises. Wird berufliche Bildung tatsächlich angeboten, zeigt sich selbst bei den existierenden positiven Beispielen aus der Praxis, dass die Inhalte vor allem aus der Perspektive der einzelnen Tätigkeits- bzw. Handlungsschritte einer Produkterstellung abgeleitet werden. Nach Lamers (2012) wird bei der Umsetzung von (guten) Projekten in der Praxis zu wenig berücksichtigt, dass »auch Praxis, wenn sie erfolgreich sein und nicht in Beliebigkeit und Aktionismus verfallen will, immer theoriegeleitet sein muss« (ebd., 33). An dieser Stelle ist allerdings vor allem die Wissenschaft gefordert, da hier grundlegende Theorien und Konzepte zur beruflichen Bildung entwickelt werden müssen, »die allen Menschen, unabhängig vom Schweregrad ihrer Behinderung, Zugänge zur beruflichen Bildung eröffnet, was sie bislang aber kaum getan hat« (ebd., 34). Darüber hinaus bedarf es einer Diskussion des Arbeitsbegriffe und des darin impliziten Produktivitätsgedankens, um Angebote der beruflichen Bildung für den Personenkreis sinnvoll und bedeutsam zu gestalten und hier deutlich zu machen, dass

> »betriebswirtschaftliche Produktivität kein vorrangiges Ziel im Rahmen der arbeitsweltbezogenen Bildung für diesen Personenkreis darstellt, sondern mit Maßnahmen zur Persönlichkeitsentwicklung verbunden sein sollte« (Grampp 2006, 197).

Diese Überlegungen führen nun zu den Ausführungen über (didaktische) Zugangsmöglichkeiten zu beruflicher Bildung.

2.4   (Didaktische) Zugangsmöglichkeiten zu beruflicher Bildung

In der Arbeit mit Menschen mit schwerer Behinderung spielt die berufliche Bildung (wie beschrieben) eine untergeordnete Rolle. Neben vielen weiteren (sozialpolitischen, ethischen, institutionellen usw.) Gründen sind es vielleicht auch die fehlenden Zugänge, die mangelnde didaktische Theorie, die dazu beiträgt, dass die professionell Handelnden in diesem Feld (wenn überhaupt berufliche Bildung angeboten wird) auf subjektive Theorien zurückgreifen und (nur) mit konzeptionell-methodischem Wissen arbeiten, wenn es um die Gestaltung von Bildungsangeboten geht. Im Umkehrschluss könnte es bedeuten, dass wenn es adaptierbare und praktikabel anzuwendende Ansätze (didaktischer Theorie) geben würde, die professionellen pädagogischen Handlungskompetenzen erweitert werden und theoriegeleitetes didaktisches Handeln möglich wird.

Berufliche Bildung nimmt in der Diskussion um Qualifizierung und Arbeitsmarktorientierung gesamtgesellschaftlich einen wachsenden Stellenwert ein. Dies zeigen u. a. die zunehmenden Publikationen zu diesem Themenbereich. Erfreulicherweise rücken dabei zunehmend auch inklusive Überlegungen in den Mittelpunkt. Grundsätzlich ist eine inklusive berufliche Bildung anzustreben, die keinen ausschließt und Zugänge für alle Mitglieder bereithält. Für Menschen mit schwerer Behinderung könnte ein erster Schritt in diese Richtung die Teilnahme am Berufsbildungsbereich (BBB) der WfbM sein, wie es in vereinzelten Werkstätten in NRW bereits angedacht und umgesetzt wird. Hier wäre es sicherlich lohnenswert weiter zu denken, sodass die weiteren Ausführungen auch übergeordnet zu verstehen sind. Damit soll explizit gegen eine eigene Didaktik und eine eigene berufliche Bildung für Menschen mit schwerer Behinderung argumentiert werden. Die folgenden Überlegungen sollen als ein Beitrag verstanden werden, in dem erste Ideen aufgezeigt werden, wie es gelingen kann, Menschen mit schwerer Behinderung den Zugang zu beruflicher Bildung zu ermöglichen. Die erarbeiteten Zugänge lassen sich dann im Verständnis einer Didaktik für alle ebenfalls auf alle weiteren Teilnehmer(innen) beruflicher Bildungsprozesse übertragen.

So stellt sich übergeordnet die Frage,

> »wie auch komplexe Inhalte, Themen und Gedanken derart aufbereitet werden können, dass sie zum einen zugänglich werden, zum anderen aber nicht ihren [wesentlichen] Gehalt verlieren. Es darf demnach nicht um Vereinfachung gehen, sondern um das Identifizieren und Herausstellen elementarer Inhalte« (Wittenhorst & Bernasconi 2016, 3)

eines Lerngegenstandes. Um diesen Anspruch zu erfüllen, bedarf es einer didaktischen Fundierung und didaktischer Handlungsmöglichkeiten, die Zugänge zu beruflicher Bildung für alle ermöglichen. So kann der didaktische Zugang als Werkzeug für die Planung und Begleitung von Bildungsprozessen verstanden werden und so die professionelle Handlungsfähigkeit erweitern, Barrieren abbauen und Zugänge möglich machen.

Aus der allgemeinen Pädagogik gibt es bereits einige didaktische Ansätze zur beruflichen Bildung, die allerdings nur geringe Zugangsmöglichkeiten für den fokussierten Personenkreis beinhalten und diesbezüglich erweitert werden müssten. Weitere didaktische Ansätze bietet die Geistigbehindertenpädagogik, wo aktuell vor allem zwei Ansätze zur Anwendung kommen. Zum einen ist dies die entwicklungslogische Didaktik nach Georg Feuser, und zum anderen die sogenannte Bildung mit ForMat nach Lamers und Heinen. Letztgenannte soll im Folgenden exemplarisch dargestellt werden.

2.4.1 Bildung mit ForMat

Bildung mit ForMat wurde von Lamers und Heinen in Anlehnung an Klafkis bildungstheoretische Didaktik entwickelt, um einen »theoriegeleiteten Denkanstoß für die Praxis zu liefern« (Lamers & Heinen 2006, 145) und einen »Vorschlag für eine veränderte Unterrichtspraxis mit Schülerinnen und Schülern mit schwerer und mehrfacher Behinderung« (Bernasconi & Böing 2015, 170) vorzulegen.

Sie haben damit einen wesentlichen Beitrag für die Geistigbehindertenpädagogik geleistet und didaktische Zugänge nicht nur für den anvisierten Personenkreis erweitert. In Nähe zu Klafki gehen sie von einem Bildungsverständnis aus, das Bildung als Begegnung des Menschen mit der ihn umgebenden Wirklichkeit versteht und im Sinne einer doppelseitigen Erschließung die Notwendigkeit einer kategorialen Bildung in den Fokus stellt. Auf der Suche nach Kriterien, die zur Auswahl von Bildungsinhalten dienen können, verknüpfte Klafki materiale und formale Bildungstheorien, die bis zu diesem Zeitpunkt noch nicht miteinander vereinbar schienen. Dabei ist die materiale Bildung als die Aneignung von Wissen und die formale Bildung als Entwicklung von Kompetenzen zu verstehen.

> »Das heißt, dass eine wechselseitige Betrachtung von Inhalt und Person stattfindet, so dass es dazu kommen kann, dass die objektive Welt zur subjektiv bedeutenden Welt wird und das Individuum somit durch seine Erkenntnisse und Handlungen wieder Einfluss auf die Umwelt nehmen kann. Es ist also ein Prozess des Erschließens und Erschlossen-Werdens« (Clauß 2017, 54).

Lamers und Heinen (2006) haben darauf basierend den Kunstbegriff »Bildung mit ForMat« kreiert, der deutlich machen soll, dass Bildung immer formal und material zugleich sein soll, das heißt, dass die »Aufnahme und Aneignung von Inhalten« immer auch mit der »Formung, Entwicklung und Reifung von körperlichen, seelischen und geistigen Kräften« verbunden ist (Klafki 1964, 297, zit. n. Lamers & Heinen 2006, 155).

Bei Bildung mit ForMat ergeben sich Bildungsinhalte durch die Orientierung an fundamentalen Ideen, aus der Orientierung an der (individuellen) Lebenswelt und den Möglichkeiten einer didaktischen Realisierung. Hierzu nutzen Lamers & Heinen (2006) das Konzept der Elementarisierung, »das sich auf bildungstheoretische Überlegungen und Entwicklungen bezieht und ganz konkret auf die Unterrichtspraxis abzielt« (ebd., 159).

2.4.2   *Elementarisierung*

Elementarisierung kann als Abstimmungsprozess zwischen dem Kerngehalt des Bildungsinhalts und den Lernvoraussetzungen der Schülerin/des Schülers verstanden werden (vgl. Bernasconi & Böing 2015, 172) und konkretisiert die Beziehung von (materialem) Lerninhalt und der Bedeutung für die/den Lernende(n). Der Elementarisierung liegt die wechselseitige Erschließung von Person und Sache zugrunde, das heißt, sie befasst sich zum einen »mit der Interaktion zwischen Lehrenden und Lernenden, zum anderen mit der individuellen Veränderung der Schülerinnen und Schüler innerhalb des Unterrichts« (Lamers & Heinen 2006, 160). Dementsprechend ist Elementarisierung viel mehr als nur Methode, sie ist immer auch »ein Beziehungsgeschehen, das den Umgang von Lehrenden und Lernenden miteinander ebenso betrifft, wie die Beziehung des Individuums zur Gemeinschaft« (ebd., 163). Mittels dieses mehrperspektivischen Konzepts kann eine didaktische Reduktion gelingen, um einen komplexen Lerngegenstand zu »vereinfachen«, zu reduzieren, und somit eine adressatengemäße Präsentation des jeweiligen Lerninhalts zu ermöglichen. Dazu werden fünf Elementarisierungsrichtungen unterschieden, die nur in wechselwirkender Weise zu verstehen und umzusetzen sind und die im Folgenden kurz vorgestellt werden:

Erste Elementarisierungsrichtung: Elementare Strukturen

Hier stehen die Frage nach den konstitutiven Grundbestandteilen und die Identifizierung elementarer Strukturen von Bildungsinhalten im Vordergrund. Durch die Verdeutlichung von formalen, sprachlichen und inhaltlichen Strukturen können Lehrende einen Unterrichtsgegenstand sach- und adressatengemäß vereinfachen, ohne ihn zu simplifizieren. Diese Elementarisierungsmöglichkeiten können der Lehrperson helfen, elementare Strukturen herauszufiltern und Nebensächliches und Hauptsächliches zu trennen (vgl. Lamers & Heinen 2006, 161; Heinen 2003, 133). Dabei muss das Elementare eines Gegenstands erhalten bleiben bzw. durch die Elementarisierung deutlicher hervorscheinen. Diese erste Dimension kann somit als »Problem der wissenschaftlichen Vereinfachung im Sinne sach- und textgemäßer Konzentration gesehen werden« (Heinen 2003, 132). Vereinfacht formuliert, geht es darum, festzustellen, was die wesentlichen Aspekte eines Inhalts aus Sicht der Fachwissenschaft sind.

Zweite Elementarisierungsrichtung: Elementare lebensleitende Grundannahmen

Der Fokus liegt hier auf der »Auswahlproblematik der Inhalte mit Blick auf das konkrete Klientel der didaktischen Bemühungen und dessen lebensweltlicher Situation« (Bernasconi & Böing 2015, 173). Mit dieser Elementarisierungsrichtung soll

> »darauf aufmerksam gemacht werden, dass die Lernsituation auch als Vermittlung relevanter Aspekte der Kultur oder des gesellschaftlichen-sozialen Zusammenlebens fungieren soll und die Inhalte dabei auf den gegenwärtigen Menschen ausgelegt werden müssen« (Clauß 2017, 58).

Neben einer Berücksichtigung der Ansprüche und Voraussetzungen des didaktischen Prozesses steht daher die Analyse des Gegenstands bzw. Inhalts im Hinblick auf die kulturell-gesellschaftliche und individuelle Bedeutung im Vordergrund. Heinen (2003) bezeichnet diese Elementarisierungsrichtung als das »Vergewisserungsproblem im Sinne der Erschließung fundamentaler Wahrheiten« (Heinen 2003, 133), wobei neben der inhaltlichen Bedeutsamkeit auch »deren Auslegung auf das Dasein des heutigen Menschen« (ebd., 134) im Vordergrund steht. Der Bildungsinhalt muss also daraufhin untersucht werden, ob er bedeutsame lebensleitende Grundaussagen erfahrbar werden lassen kann (vgl. Bernasconi & Böing 2015, 173). Es stehen also die gesellschaftlich-kulturelle Relevanz und deren (fachwissenschaftliche) Begründung im Mittelpunkt der Elementarisierungsrichtung.

Dritte Elementarisierungsrichtung: Elementare Erfahrung

Bei dieser Dimension liegt der Fokus auf der Lebensbedeutsamkeit des Inhalts für die/den Lernende(n). Es handelt sich demnach um die Reflexion eines Inhalts hinsichtlich der Lebensbedeutung im Sinne persönlich und sachlich bedeutsamer Erfahrungen (vgl. Lamers & Heinen 2006, 161 f.) Hier kommt es zu Überlegungen im Hinblick auf die doppelseitige Erschließung nach Klafki, denn nicht nur der Inhalt soll erschlossen werden, sondern auch die Möglichkeiten der Einflussnahme erfahrbar gemacht werden. In diesem Sinne fassen Terfloth und Bauersfeld (2012) zusammen, dass die Auswahl des Bildungsinhalts dadurch legitimiert wird, »dass exemplarisch lebensbedeutsame Fragen behandelt werden, die die Menschheit bewegen, die existenziell relevant sind und anthropologisch bedeutsame Aspekte vermitteln« (Terfloth & Bauersfeld 2012., 88). Lamers und Heinen (2006) sprechen von einem »Schnittpunkt von kultureller Überlieferung und gegenwärtiger Situation des Menschen« (Lamers & Heinen, 161), was auch als Zusammenführung der Sach- und Subjektperspektive verstanden werden kann, indem explizit nach der Lebensbedeutsamkeit für die/den Lernende(n) gefragt wird. Für die Gestaltung der Bildungssituation ist es daher notwendig, die jeweilige Biografie und deren Analyse zu berücksichtigen (vgl. Heinen 2003, 135 ff.). »Das heißt, dass genau durch die in der Welt gesammelten Erfahrungen der Mensch zu dem wird, was er ist und die Kultur zu der, die sie durch den Menschen wird« (Clauß 2017, 60).

Vierte Elementarisierungsrichtung: Elementare Zugänge

Hier geht es um die Frage nach den individuellen (entwicklungspsychologischen) Voraussetzungen der Adressatin/des Adressaten der didaktischen Analyse, weshalb diese Elementarisierungsrichtung in enger Verbundenheit zu den elementaren Erfahrungen steht. Es werden Zugangsmöglichkeiten zu Inhalten gesucht und in der Auseinandersetzungen mit lebensgeschichtlichen und entwicklungspsychologischen Aspekten Kriterien für didaktische Entscheidungen gefunden. Nach Heinen (2003) geht es um die »Frage nach der Vermittelbarkeit eines Inhalts mit Blick auf eine bestimmte Person, wobei sowohl der Inhalt strukturell als auch die lebensgeschichtliche Entwicklung beachtet werden müssen« (Heinen 2003, 138). Hier geht es demnach um die konkreten Lernvoraussetzungen des Einzelnen, also die entwicklungsbezogenen Kompetenzen, wie Sprache, Motorik, Kognition, Emotion und bereits erworbene Lernstrategien. Mit Blick auf den Bildungsinhalt muss also bei dieser Elementarisierungsrichtung gefragt werden, über welche sprachlichen, kognitiven, emotionalen oder motorischen Kompetenzen die einzelnen Lerner(innen) verfügen, um darauf basierend entsprechende individuelle Lernangebote zu gestalten. Dabei hilfreich können Verfahren, wie das Beobachten, Befragungen, Expertengespräche, Aktenstudien und die eigenen Erfahrungen mit dem Menschen sein. Um den kognitiven Entwicklungsbereich einzuschätzen, ist die Auseinandersetzung (Zuordnung) zu den momentanen bewältigbaren Aneignungsniveaus hilfreich. Hier wird von vier verschiedenen, aber gleichwertigen und altersunabhängigen Aneignungs- und Lernwegen ausgegangen (vgl. MKJS BW 2009, 13 ff.):

- basal-perzeptiv: über die sinnliche Wahrnehmung
- konkret-gegenständlich: durch äußerliche Aktivitäten/Umgang mit Dingen
- anschaulich: über anschauliche, bildhafte Darstellungen
- abstrakt-begrifflich: mit innerlicher, gedanklicher, abstrahierter Vorstellungskraft

Die unterschiedlichen Tätigkeitsstufen, mit denen ein Bildungsinhalt/Gegenstand erschlossen wird, sind dabei als gleichwertige Lernwege, abhängig von den individuellen Erfahrungsmustern zu betrachten. Bildungsinhalte müssen dementsprechend für unterschiedliche Tätigkeitsniveaus aufbereitet werden und dabei die unterschiedlichen Lebens- und Erfahrungswelten der/des einzelnen Lernenden berücksichtigen.

Fünfte Elementarisierungsrichtung: Elementare Aneignungswege

Im Fokus stehen hier die möglichen Vermittlungs- bzw. Angebotsmethoden, wobei die Überlegungen über die konkrete Gestaltungsfrage hinausgehen. Mit den Methoden ist in diesem Fall der »Implikationszusammenhang zwischen den Faktoren des Unterrichts gemeint« (Heinen 2003, 133). Dabei wird die Methodenentscheidung

»in den Kontext der weiteren Elementarisierungsrichtungen gestellt, um zum einen zur Lösung des Auswahlproblems, zum anderen aber gleichzeitig zur Lösung des Vermittlungsproblems unter Einbeziehung der vielfaltigen Wechselbeziehung beizutragen« (ebd.).

Hier kommt es zu einer »Wechselwirkung zwischen Unterrichtszielen, -inhalten und -methoden sowie Aspekten der Persönlichkeit von Schülerinnen und Schülern und Lehrpersonen« (Bernasconi & Böing 2015, 174). Es geht demnach darum, differenzierte und individualisierte Lernwege zu entwickeln und anzubieten. Berücksichtigung finden hierbei alle Erkenntnisse aus den anderen Elementarisierungsrichtungen, wobei die oberste Prämisse eine individualisierte und differenzierte Gestaltung des Bildungsangebots ist. Hilfreich kann dabei ein projektorientiertes Arbeiten sein, welches sich an den didaktischen Prinzipien der Handlungsorientierung und Interessenorientierung ausrichtet. Darüber hinaus ist die Beachtung der Altersangemessenheit notwendig, da so eine Berücksichtigung der Bedürfnisse die jeweilige Lebensphase, in der sich der Lernende befindet, gewährleistet wird.

Eine breite Methodenauswahl und die entsprechende Anwendungskompetenz erweitern die Möglichkeiten der Lehrenden, entsprechende Angebote zu gestalten.

Unter Berücksichtigung der fünf Elementarisierungsrichtungen könnte eine Auseinandersetzung mit dem beispielhaften Themenfeld »Arbeits-/Lärmschutz«, welches Baustein aller Curricula im Kontext beruflicher Bildung ist, folgende exemplarischen Aspekte beinhalten:

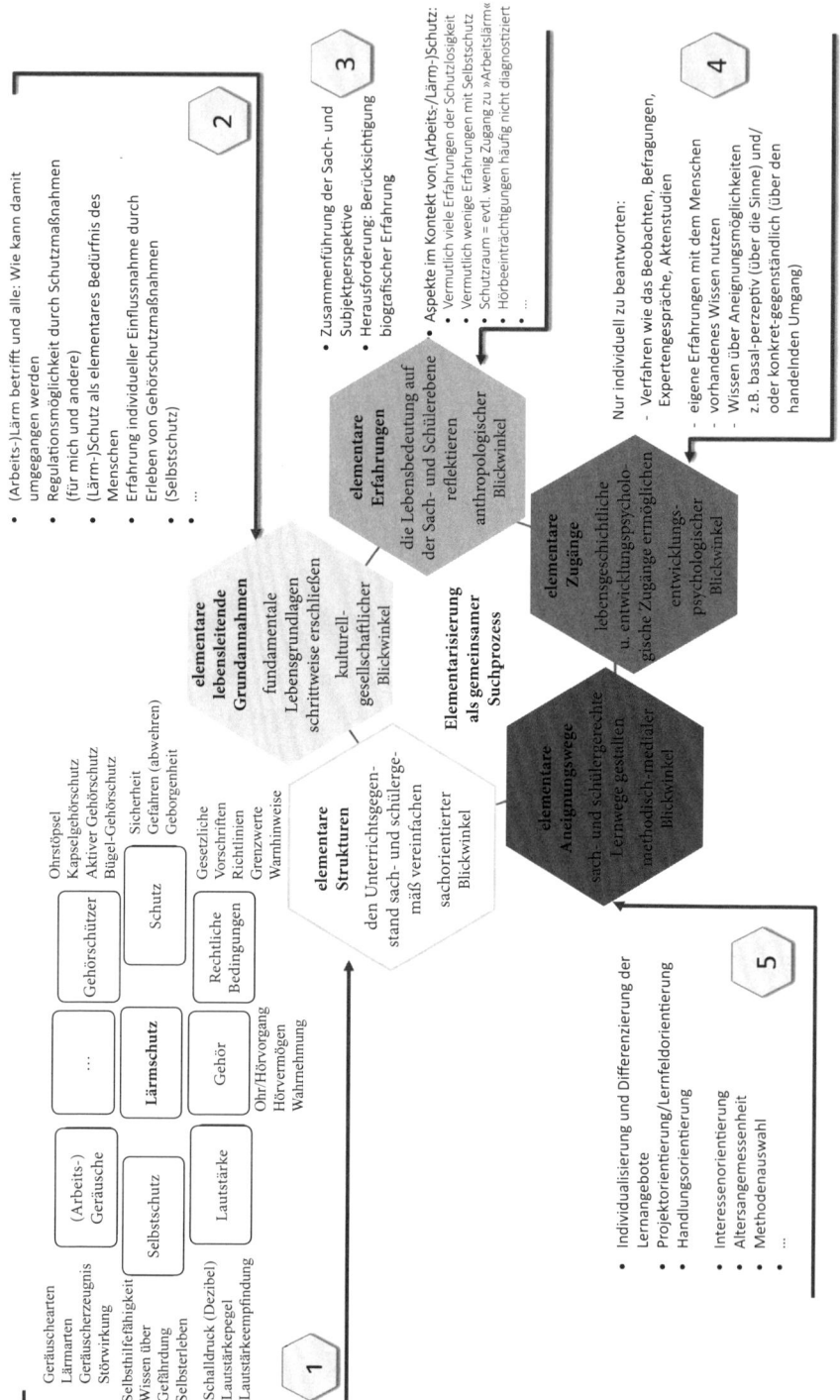

Abb. 1: Exemplarische Elementarisierung des Bildungsinhalts »Arbeits-/Lärmschutz« (in Ergänzung zu Terfloth/Bauersfeld 2012, 88)

3 Fazit

Was kann nun aus der Auseinandersetzung mit der Elementarisierung für die berufliche Bildung von Menschen mit schwerer und mehrfacher Behinderung an Erkenntnissen gewonnen werden? Zunächst einmal ist grundsätzlich festzuhalten, dass es sich hier um einen möglichen Schritt zur Umsetzung von Möglichkeiten zur Teilhabe von Menschen mit schwerer Behinderung an allen Bildungsinhalten handelt. Hier ergibt sich ein Ansatzpunkt, den Bereich der beruflichen Bildung zu fundieren und didaktisch zugänglich zu machen. Mittels dieser Form didaktischer Analyse kann es gelingen, berufliche Bildungsinhalte für Menschen mit schwerer Behinderung und unterschiedlichsten lebensgeschichtlichen Voraussetzungen anzubieten. Dabei ist die Erkenntnis leitend, dass jeder Mensch »sich mit einem Inhalt auf sehr unterschiedliche Art und Weise auseinandersetzt und dadurch individuell bildet« (Lamers & Heinen 2011, 333), »was dazu führt, dass ein Lernen am gemeinsamen Gegenstand bei unterschiedlichen individuellen Lernvoraussetzungen denkbar und praktizierbar wird« (Bernasconi & Böing 2015, 176 f.).

Um grundsätzlich das Thema der beruflichen Bildung für Menschen mit schwerer Behinderung anzugehen, bedarf es neben der weiteren Auseinandersetzung der skizzierten didaktischen Zugangsmöglichkeiten auch einiger Veränderung der institutionellen und sozialrechtlichen Rahmenbedingungen: So hätte zum Beispiel der »Fortschritt bei der Verwirklichung des Rechts auf Bildung, auch Strukturveränderungen […] der WfbM zur Folge« (Greving & Scheibner 2017, 223). Auch der schulische Bereich müsste hiervon betroffen sein und den Ausbau der beruflichen Bildung in den Abschlussstufen der Förderschule mit dem Förderschwerpunkt Geistige Entwicklung in Angriff nehmen. Damit einhergehen könnten eine wesentlich stärkere Vernetzung der beteiligten Systeme und eine Gestaltung des Übergangsprozesses von der Schule in die Arbeitswelt. Um berufliche Bildung auch didaktisch fundiert anzubieten, wäre es notwendig, Lehrer(innen) und Mitarbeiter(innen) der Behindertenhilfe (weiter) zu qualifizieren und das Themenfeld Arbeit in allen diesbezüglichen Ausbildungsformen zu verankern. Abschließend kann noch ein Handlungsbedarf an Forschung und wissenschaftlicher Begleitung konstatiert werden und die damit einhergehende Forderung nach Entwicklung von Konzepten, Modellen, Curricula, denn: Berufliche Bildung kann mit entsprechenden didaktischen Ansätzen (auch) für Menschen mit schwerer und mehrfacher Behinderung einen Zugang zur arbeitsbezogenen Lebenswelt ermöglichen!

Literatur

Aktion Mensch (2014): Arbeit möglich machen! Teilhabe am Arbeitsleben von Menschen mit schwerer und mehrfacher Behinderung. Bonn.

Bernasconi, T./Böing, U. (2015): Pädagogik bei schwerer und mehrfacher Behinderung. Stuttgart.

Bundesagentur für Arbeit (2010): HEGA 06/10 – 02 – Teilhabe am Arbeitsleben – Fachkonzept für Eingangsverfahren und Berufsbildungsbereich in Werkstätten für behinderte
Menschen (WfbM), https://www3.arbeitsagentur.de/web/wcm/idc/groups/public/docu-
ments/webdatei/mdaw/mta1/~edisp/l6019022dstbai390139.pdf (15.09.2017)

Bundesministerium für Arbeit und Soziales (2011): Übereinkommen der Vereinten Nationen über die Rechte von Menschen mit Behinderung, http://bmas.de/SharedDocs/
Downloads/DE/PDF-Publikationen/a729-un-konvention.pdf (20.04.2018)

Clauß, S. (2017): Elementare gesundheitsfördernde Bildung mit Menschen mit Komplexer
Behinderung in Pflegesituationen. Unveröffentlichtes Manuskript. Universität zu Köln.

Deutsche UNESCO-Kommission e. V. (2010): Berufliche Bildung, http://www.bne-por-
tal.de/de/einstieg/bildungsbereiche/berufliche-bildung (16.02.2017)

Doose, S. (2012): Persönliche Zukunftsplanung in der beruflichen Orientierung für Men-
schen mit schwerer und mehrfacher Behinderung. In: Leben mit Behinderung Hamburg
(Hg.): Ich kann mehr! Berufliche Bildung für Menschen mit schweren Behinderungen.
Hamburg, 93–111.

Feuser, G. (2001): Arbeit und Bildung für geistig schwerstbehinderte Menschen. In: Jantzen, W. (Hg.): Jeder Mensch kann lernen – Perspektiven einer kulturhistorischen (Behin-
derten-)Pädagogik. Neuwied, 300–323.

Grampp, G. (2006): Das Arbeitsbezogene Bildungssystem (ABS) als Basis einer normali-
sierten beruflichen Bildung für geistig behinderte Menschen. In: Lindmeier, Ch./Hirsch,
S. (Hgg.): Berufliche Bildung von Menschen mit geistiger Behinderung. Neue Wege zur
Teilhabe am Arbeitsleben. Weinheim, Basel, 145–161.

Greving, H./Scheibner, U. (2017): BildungsArbeit. Schlüssel zur Inklusion. Ein neues Verständnis von Arbeit und Bildung in »Werkstätten für behinderte Menschen«. Berlin.

Heinen, N.(2003): Überlegungen zur Didaktik mit Menschen mit schwerer Behinderung
– eine Zwischenbilanz. In: Schulentwicklung. Gestaltungs(t)räume in der Arbeit mit
schwerstbehinderten Schülerinnen und Schülern. Texte zur Körper- und Mehrfachbehindertenpädagogik. Düsseldorf, 121–143.

Hirsch, S. (2006): Das zu fordernde Recht auf berufliche Bildung für Menschen mit
schweren und mehrfachen Behinderungen. In: Hirsch, S./Lindmeier, Ch. (Hgg.): Berufliche Bildung von Menschen mit geistiger Behinderung. Neue Wege zur Teilhabe am
Arbeitsleben. Weinheim, Basel, 186–201.

Kistner, K./Juterczenka, W. (2013): Der Schlüssel ist die Begegnung – Arbeitsmöglichkeiten für Menschen mit hohem Unterstützungsbedarf. In: Maier-Michalitsch, N./Grunick,
G. (Hgg.): Bildung und Arbeit von Erwachsenen mit schwerer und mehrfachen Behinderungen. Düsseldorf, 110–132.

Klauß, Th. (2012): Bildungsangebote im Bereich Arbeit und Beschäftigung für Menschen
mit hohem Hilfebedarf. In: Leben mit Behinderung Hamburg (Hg.): Ich kann mehr!
Berufliche Bildung für Menschen mit schweren Behinderungen. Hamburg, 45–68.

Klauß, Th./Lamers, W./Terfloth, K. (2009): Berufliche Bildung für Menschen mit schwerer
und mehrfacher Behinderung auf dem Weg zur Inklusion? In: Impulse, 50. Jg. (2/3),
14–20.

Lamers, W. (2012): Berufliche Bildung und Orientierung von Menschen mit schwerer und
mehrfacher Behinderung. In: Leben mit Behinderung Hamburg (Hg.): Ich kann mehr!
Berufliche Bildung für Menschen mit schweren Behinderungen. Hamburg, 17–44.

Lamers, W./Heinen, N. (2006): Bildung mit ForMat. Impulse für eine veränderte Unterrichtspraxis mit Schülerinnen und Schülern mit einer (schweren) Behinderung. In: Laubenstein, D./Lamers, W./Heinen, N. (Hgg.): Basale Stimulation kritisch-konstruktiv. Düsseldorf, 141–205.

Lamers, W./Heinen, N. (2011): Bildung für alle. Menschen mit schwerer und mehrfacher Behinderung im Spannungsfeld von Inklusion und Exklusion. In: Fröhlich, A./Heinen, N./Klauß, Th./Lamers,W. (Hgg.): Schwere und mehrfache Behinderung – interdisziplinär. Oberhausen, 317–344.

MKJS BW (Ministerium für Kultus, Jugend und Sport Baden-Württemberg)(2009): Bildungsplan Schule für Geistigbehinderte. Verfügbar unter: http://www.bildungsplaene-bw.de/site/bildungsplan/get/documents/lsbw/Bildungsplaene/Bildungsplaene-SBBZ/SBBZ-GE/BPL_SchuleGeistigbehinderte_online_oV.pdf (15.09.2017)

Radatz, J./König, F./Bausch, M./Petri, Ch./Humpert-Plückhahn, G, (2005): Arbeitsfeldbezogene Bildungsbegleitung im Übergangsfeld zwischen Schule und Beruf. In: Impulse, 36. Jg. (12), 23–33, http://www.bag-ub.de/dl/impulse/impulse36.pdf (20.02.2017)

Terfloth, K. (2014): Teilhabe am Arbeitsleben von Menschen mit hohem Unterstützungsbedarf. In: WfbM-Handbuch 22. Ergänzungslieferung 09/2014. Marburg.

Terfloth, K./Bauersfeld, S. (2012): Schüler mit geistiger Behinderung unterrichten. Didaktik für Förder- und Regelschule. Stuttgart.

Terfloth, K. (2011): Arbeitsweltbezogene Bildungsbegleitung von Schüler(inne)n mit schwerer und mehrfacher Behinderung. In: Ratz, Ch. (Hg.): Unterricht im Förderschwerpunkt geistige Entwicklung. Fachorientierung und Inklusion als didaktische Herausforderungen. Oberhausen, 355–379.

Terfloth, K./Lamers, W. (2011a): Berufliche Bildung für alle – außer für Menschen mit schwerer geistiger und mehrfacher Behinderung? In: Teilhabe, 50 Jg. (2), 69–76.

Terfloth, K./Lamers, W. (2011b): Arbeitsweltbezogen tätig sein. In: Orientierung 2/2011, 19–21.

Wittenhorst, M./Bernasconi, T. (2016): Elementarisierung als didaktische Möglichkeit zur Gestaltung von inklusivem Literaturunterricht – Perspektiven aus Sicht des Förderschwerpunktes Geistige Entwicklung In: Frickel, D. A./Kagelmann, A. (Hgg.): Der inklusive Blick. Die Literaturdidaktik und ein neues Paradigma. Frankfurt a. M., 115–132.

Henning Ader, Steven Reres, Michael Werner und Joachim Wolff

Schulische Übergänge in eine gesicherte Zukunft

1   Vorstellung der Einrichtung und ihrer Zielgruppen

Die Johannes-Diakonie Mosbach ist als modernes, soziales Dienstleistungsunternehmen Mitglied im Diakonischen Werk Baden. Arbeitsschwerpunkte sind vielfältige Unterstützungsangebote für Menschen mit Behinderung und psychischen Erkrankungen, Medizin und berufliche Rehabilitation, Bildung und Jugendhilfe. Unsere Arbeit ist geprägt vom christlichen Menschenbild und darin wurzelnden diakonischen Gedanken. Wir orientieren uns an den Leitlinien der Behindertenhilfe: Selbstbestimmung, Individualität und Privatheit, Eigenkompetenz, Normalisierung, soziale Begleitung. Wir halten ein umfassendes und passgenaues Angebot an pädagogischen, pflegerischen, therapeutischen, medizinischen, berufsbildenden, psychologischen und am Bedarf orientierten Hilfen bereit. Hierfür beschäftigen wir annähernd 3.000 Mitarbeitende in den unterschiedlichsten Professionen. Gegründet wurde die Johannes-Diakonie Mosbach im Jahr 1880. Heute ist sie eine Körperschaft des öffentlichen Rechts.

Die Schwarzbach Schule ist ein Sonderpädagogisches Bildungs- und Beratungszentrum (SBBZ) mit verschiedenen Förderschwerpunkten. Als staatlich anerkannte Ersatzschule auf dem Schwarzacher Hof ist sie eine sich stetig wandelnde, lebendige und innovative Schule. Alle Schüler(innen) werden in ihrer Einzigartigkeit angenommen und gefördert. Als sonderpädagogisches Bildungs- und Beratungszentrum bietet sie Angebote mit den Förderschwerpunkten: emotionale und soziale Entwicklung (Bildungsgang Lernen), geistige Entwicklung und körperliche und motorische Entwicklung (Bildungsgang geistige Entwicklung und Lernen).

Im Schuljahr 2017/18 nehmen ca. 120 Schüler(innnen) das Angebot der Schwarzbach Schule wahr. Diese sind auf 9 verschiedene Standorte verteilt. Unsere Angebote umfassen auf dem Schwarzacher Hof (ca. 50 Schüler(innen)) Grundstufe, Hauptstufe, Outdoorklasse auf der Jugendfarm Schwarzach (erlebnis- und tierpädagogische Angebote), Schwimmbad und therapeutisches Reiten. Zudem nehmen ca. 50 Schüler(innen) ein Angebot in einer kooperativen Organisationsform des gemeinsamen Unterrichts wahr. Die berufliche Vorbereitung erfolgt sowohl im EBAZ (Eberbacher Bildungs- und Arbeitszentrum) in Eberbach als auch in der berufsvorbereitenden Einrichtung (BVE) an der Theodor-Frey-Schule in Eberbach (ca. 20 Schüler(innen)).

In den letzten Jahren befasste sich die Johannes-Diakonie intensiv mit der Thematik »Menschen mit starken Verhaltensauffälligkeiten«. Der Personenkreis zeigt zum Teil schwerwiegende Verhaltensprobleme in Form von manifester Selbstgefährdung bis hin zur vitalen Gefährdung und/oder starker Fremdgefährdung und/oder massiver Beeinträchtigung anderer Personen. Diese Menschen werden oft stigmatisiert, weil ausschließlich ihr störendes Verhalten wahrgenommen wird. Die defizitorientierte Perspektive ist jedoch notwendigerweise zu ergänzen durch den Blick darauf, dass es sich meist um sehr verletzte bzw. verletzbare Menschen handelt, deren emotionale und soziale Situation dominiert wird von Angst, Überforderung, Verunsicherung und einem negativen Selbstwertgefühl.

Um den Bedürfnissen dieser Schüler(innen) gerecht zu werden, hat die Schwarzbach Schule je nach Art und Intensität der Verhaltensauffälligkeiten verschiedene Möglichkeiten der Beschulung entwickelt, innerhalb derer die Schüler(innen) ihre Kompetenzen entfalten und erweitern können:

- Die Schüler(innen) werden in bestehende Klassen integriert
- Aufnahme der Schüler(innen) in eine Förderschulklasse mit Erziehungshilfe
- Punktuelle Beschulung (Beschulung für eine je nach Möglichkeiten der Schülerin oder des Schülers bestimmte Anzahl an Wochenstunden. Die Beschulung kann im Klassenverbund, aber auch in der Einzelförderung stattfinden. Bei Bedarf kann der Unterricht auch auf der Wohngruppe oder zu Hause bei den Schüler(inne)n stattfinden.)
- Beschulung in der »Outdoorklasse« (für Schüler(innen) mit gravierenden Verhaltensauffälligkeiten)

Die Outdoorklasse hat kein Klassenzimmer im eigentlichen Sinne, stattdessen findet der Unterricht ganzjährig auf dem Gelände der Jugendfarm Schwarzach statt. Hier befinden sich auf einem Gelände von circa 2 Hektar drei Bauwägen und verschiedene Stallungen mit Eseln, Ziegen, Schweinen, Ponys, Hasen und Meerschweinchen. In einer überdachten Outdoor-Küche kann auf einem Herd, der mit Feuer betrieben wird, Essen zubereitet werden. Des Weiteren steht ein Bauwagen zur Verfügung, in dem Fachunterricht in Einzelsettings oder Kleingruppen gehalten wird.

Die Schüler(innen) der Outdoorklasse sind zwischen 6 und 21 Jahre alt. Derzeit besuchen 15 Schüler(innen) die Outdoorklasse. Sie gelten oft als unbeschulbar, da sie bereits mehrere Schulen durchlaufen haben und durch ihr als herausfordernd wahrgenommenes Verhalten in keiner Klasse Fuß fassen konnten. Sie zeigen starke Verhaltensauffälligkeiten und Bindungsstörungen[1], viele Schüler(innen) sind bedingt durch ihre Biografie traumatisiert. Dies zeigt sich beispielsweise durch intensive Gefühlsausbrüche, selbst- oder fremdaggressive Verhaltensweisen und hohes Konfliktpotenzial. Durch private Ereignisse bzw. ihre emotionale Verfassung kommt es vor, dass sie die Teilnahme am Unterricht verweigern. Das übergeordnete Ziel dieser Beschulungsformen ist eine Erweiterung der Handlungsfähigkeit im sozialen Kontext mit dem langfristig angelegten Ziel der sozialen Integration der Schüler(innen) und einer Reduktion der unerwünschten Verhaltensweisen.

---

1 Die Bindungstheorie nach Bowlby (1968) und Ainsworth (1969) geht davon aus, dass die Bindungserfahrungen zur Mutter oder einer anderen Bezugsperson »die Grundlage für das spätere emotionale und soziale Verhalten der Menschen, für seine Fähigkeit, Emotionen wahrzunehmen, zu bewerten und situationsangemessen auszudrücken, ebenso für die Qualität seiner Sozialbeziehungen [bildet]« (Vernooj & Schneider 2013).

Voraussetzung für eine erfolgreiche Arbeit ist hier die Zusammenarbeit in multi-professionellen Teams mit entsprechender Kommunikation untereinander sowie eine intensive Zusammenarbeit mit den Wohngruppen bzw. bei externen Schüler(inne)n mit den Eltern.

Ein Teil der Schüler(innen) wohnt im Heim auf Wohngruppen des Schwarzacher Hofs, sodass eine individuell nach den Bedürfnissen der Schüler(innen) ausgerichtete Beschulung möglich ist, wozu auch eine stundenweise Beschulung gehören kann. Die Wohnsituation erlaubt es außerdem, dass in enger Absprache mit der Wohngruppe einzelne Schüler(innen) den Unterricht verlassen können, falls sie aufgrund ihrer aktuellen Stimmung nicht in der Lage sind, am Unterricht teilzunehmen.

Wir gehen davon aus, dass dieses Verhalten für die Schüler(innen) subjektiv sinnvoll ist, auch wenn wir ihre Gründe vielleicht nicht verstehen. Es ist ihre Art der Welt zu begegnen und es ist Bestandteil ihrer Persönlichkeit. Mit ihrem Verhalten, das uns herausfordert, versuchen sie ihre Umwelt zu stabilisieren. Das gibt ihnen Sicherheit, in einer sonst für sie vielleicht unsicheren Welt. In der Schule zeigt sich jedoch, dass die Schüler(innen) mit ihrer Persönlichkeit nicht in den herkömmlichen Rahmen von Schule passen. Sie werden im Klassenrahmen als störend empfunden und erleben sich als ausgegrenzt. Mit ihrem Verhalten provozieren sie steten Widerspruch und Reglementierungen von Seiten der Lehrer(innen) und Mitschüler(innen), sodass sie nur bedingt am Unterricht teilhaben. Ihre Schulbiografien sind häufig sehr wechselhaft und es existieren teilweise häufige und lange Phasen von Schulabstinenz.

Aufgrund der Persönlichkeiten der Schüler(innen) und den Erfahrungen im Schulalltag wurde in der Entstehungsphase der Outdoorklasse überlegt, wie ein erfolgreicher Schulbesuch trotzdem ermöglicht werden kann. Bei der Entwicklung des Konzepts wurde daher der Leitsatz geprägt: Schule muss sich den Schüler(inne)n anpassen, nicht die Schüler(innen) an die Schule. Das heißt: Schule muss einen Rahmen finden, der den Bedürfnissen der Schüler(innen) entspricht. Es müssen Räume gefunden werden, in denen sie ihrer Kompetenzen ausleben und entfalten können. Ausgehend davon entstand 2004 das *Outdoor-Konzept*.

2 Zielsetzungen, Grundannahmen und Thesen des Outdoor-Konzepts

- Die Schule passt sich den Schüler(inne)n an, nicht die Schüler(innen) der Schule
- Akzeptanz des »So-seins«
- Förderung durch »Körperliche Aktivierung«
- Sinnvolle Beschäftigung und Bewegungen wirken sich positiv auf das Sozialverhalten aus
- Reduktion der Verhaltensauffälligkeiten
- Reduktion des Einsatzes von stark sedierenden Medikamenten
- Aktive Teilnahme an Lernsituationen für Schüler(innen) mit Verhaltensauffälligkeiten

- Lernfeld außerhalb der Schule – Umgehung des oftmals negativ behafteten Schulstandorts
- Interdisziplinäre Zusammenarbeit mit anderen Professionen
- Offenes Angebot für alle: Jederzeit Möglichkeit der Teilnahme an allen Projekten und Förderangeboten
- Erwerb von Handlungskompetenz
- Zunehmende Erweiterung des Verhaltensrepertoires
- Schaffung von individuellen Handlungsfeldern
- Mit allen Sinnen erfahren, erlebnis- und handlungsorientiert nachhaltig lernen
- Von der unbewussten Wirkung des Erlebnisses auf Verhalten, Einstellungen und Wertesystem ausgehen
- Erfahrungslernen ist das Grundprinzip erlebnispädagogischen Lernens
- Die Elemente Natur, Erlebnis, Herausforderung und Gemeinschaft werden bei dieser handlungsorientierten Methode zielgerichtet miteinander verbunden
- Die verschiedenen persönlichkeitsstabilisierenden Förderangebote richten sich jeweils nach den individuellen Lern- und Entwicklungsfortschritten jedes Einzelnen, sind klar strukturiert und in einzelnen Teilschritten erlernbar (z. B.: Umgang mit Werkzeugen, misten, füttern, …)
- Schaffen von Lernräumen, in denen soziale, personale, methodische und fachliche Kompetenzen vermittelt werden
- Durch Beziehung mit Lebewesen emotionsverknüpftes Lernen
- Beziehungsaufbau durch tiergestützte Therapie
- Übernahme von Verantwortung
- Identifikation mit dem Projekt und somit Schaffung von Kontinuität
- Stolz durch die geleistete Arbeit, Identifikation ist möglich
- Reintegration der Schüler(innen) in eine soziale Gemeinschaft
- Aktive Teilhabe an der Gesellschaft durch das Durchführen von Dienstleistungstätigkeiten
- Ermöglichen von lebensverbessernden Strukturen
- Ganzheitliche Naturerfahrungen im Jahreskreislauf mit Tieren und Pflanzen

Bedingt durch ihre Vorerfahrungen ist es für die Schüler(innen) besonders wichtig, sichere Bindungen und Vertrauen zu ihren Lehrkräften aufzubauen. Im Unterricht geschieht dies durch zumeist projektorientiertes Arbeiten im landwirtschaftlichen und handwerklichen Bereich, das in ritualisierte Vorgehensweisen eingebettet ist. Hierbei ist zu beachten, dass die unterschiedlichen Bedürfnisse der Schüler(innen), zum Beispiel bezüglich der Ausdauer, der Aufmerksamkeit[2] oder des benötigten Freiraums während der Arbeit in den Projekten berücksichtigt werden müssen.

---

2 Definiert nach Sarimski (2003). Nach ihm »stellt die Aufmerksamkeit […] keine einheitliche Fähigkeit dar, sondern umfasst voneinander unabhängige, aber miteinander verbundene Teilprozesse, die zur Verarbeitung von Informationen aus der Umgebung beitragen« (Sarimski 2003, 158). Hierbei können die selektive Aufmerksamkeit, die wechselnde Aufmerksamkeit, die geteilte Aufmerk-

Bevor es in verschiedene handwerkliche Projektarbeiten oder in den Fachunterricht geht, werden in der Outdoorklasse jeden Morgen nach einer Morgenbesprechung zunächst die Tiere versorgt. Hierzu gehört neben der Versorgung mit Futter und frischem Wasser auch das Reinigen der Stallungen. Durch den täglichen direkten Kontakt mit den Tieren bauen die Schüler(innen) eine Beziehung zu diesen auf. Somit bietet das tiergestützte Arbeiten gerade für die Schüler(innen) der Outdoorklasse viele Möglichkeiten, die sich positiv auf sie auswirken können. Wie bereits erwähnt, liegen bei den Schüler(inne)n zumeist Bindungsstörungen vor. Die Tiere können für die Schüler(innen) zu einer Art »Bindungsobjekt« (Vernooj & Schneider 2013, 11) werden, wodurch »positive Bindungserfahrungen […] möglicherweise auf die soziale Situation mit Menschen übertragen werden können« (ebd.). Die Schüler(innen) sollen durch den Kontakt zu den Tieren »Empathie, Selbstkongruenz und (Selbst-)Vertrauen« (ebd., 25) entwickeln – Eigenschaften, die durch den Kontakt zu den Tieren aufgebaut, erweitert und gefestigt werden können (vgl. ebd.). Ebenfalls können die Tiere beruhigend auf die Schüler(innen) wirken oder sich positiv auf deren Befindlichkeit auswirken (vgl. ebd., 13). Es spielt jedoch nicht nur der direkte Kontakt zu den Tieren eine Rolle – es ist ebenfalls notwendig, dass die Schüler(innen) den richtigen Umgang mit ihnen lernen und ihren Bedürfnissen nachkommen. Neben der täglichen Versorgung mit Futter und Wasser ist es dabei ebenso wichtig, dass die Schüler(innen) lernen, wie die Tiere richtig gepflegt und behandelt werden sowie welche Unterbringung für die jeweilige Tierart angemessen ist. Indem die Schüler(innen) selbst an der Gestaltung der Stallungen mitwirken, wird ihnen ihre Verantwortung für die Tiere bewusst gemacht und ihnen der angemessene Umgang, den Bedürfnissen der Tiere entsprechend, vermittelt.

3 »Körperliche Aktivierung« – Ein Förderansatz für Menschen mit schwerer geistiger Behinderung und gravierenden Verhaltensauffälligkeiten

3.1 Historische Hintergründe

Mitte der 80er Jahre des vorigen Jahrhunderts wurde ein Kooperationsprojekt zwischen der Pädagogischen Hochschule Heidelberg und dem Schwarzacher Hof der Johannes-Diakonie Mosbach gegründet. Hintergrund war die völlige Hilflosigkeit seitens der Heimmitarbeiter(innen) im Umgang mit einem jungen, schwer geistig behinderten Mann, der überaus schwere und problematische Verhaltensauffälligkeiten zeigte. Er war extrem unruhig, sehr hyperaktiv und erethisch. Zudem zeigte er starke Weglauftendenzen, aggressiv-zerstörerische Handlungen und massive Stereotypien.

---

samkeit, die Daueraufmerksamkeit und die Fähigkeit zur integrierten Wahrnehmung voneinander unterschieden werden (ebd., 158 f.).

Am schlimmsten waren jedoch seine nahezu unglaublichen selbstverletzenden Verhaltensweisen, die zum Teil lebensbedrohlich waren. Sämtliche angebahnten Förderangebote zeigten keinerlei Wirkung. Die Situation verschlimmerte sich derart drastisch, dass er in der Heimsonderschule nicht mehr tragbar war und nur noch stundenweise beschult wurde. Ebenso schlugen die Versuche fehl, ihn in die Werkstatt für behinderte Menschen zu vermitteln, sie scheiterten schon in der Anbahnung der berufsvorbereitenden Praktika. So kam es, dass dieser junge Mann unbeschulbar und arbeitslos den größten Teil des Tages auf der Wohngruppe verbrachte. Hier verschlimmerte sich die Situation noch einmal so massiv, dass es zu immer unerträglicheren Eskalationssituationen führte und er unter fast völliger Isolation und Ablehnung »aufbewahrt« wurde. Schließlich stellten die Mitarbeiter(innen) der Wohngruppe geschlossen den Antrag zur Verlegung des Mannes in eine Psychiatrie, ansonsten wollten sie geschlossen kündigen. Die damalige Anstaltsleitung schob den Mann jedoch nicht ab, sondern holte sich professionelle Hilfe über Prof. J. F. Kane, einem Experten für Verhaltensstörungen (vgl. Markowetz 2007, 571 ff.).

3.2 Die Bedeutung von bewegungsintensiven Beschäftigungen für Menschen mit herausfordernden Verhaltensweisen

Das Ziel des Projekts war es, alltagsstrukturierende Tätigkeiten zu entwickeln, die sowohl eine Tagesstruktur anbieten, als auch die Fortschritte der Einzeltherapien weiterführen. Nach den Erkenntnissen von Lancioni et al. (1984) wurde die Entwicklungsarbeit begonnen. Lancioni und seine Mitarbeiter(innen) zeigten anhand von Versuchen, dass durch anstrengende Arbeiten wie Gartenarbeit und schwere Hausarbeit in einem Umfang von zwei bis drei Stunden täglich Stereotypien und selbstverletzende Verhaltensweisen dauerhaft abgebaut bzw. reduziert werden konnten. Lancioni u. a. vermuteten weiterhin, dass die vielfältigen Angebote und körperlich anstrengende Arbeiten neue sensorische Reize hervorrufen und somit auch eine befriedigende Form der Stimulation darstellten (vgl. Markowetz 1996, 39).

Markowetz geht davon aus, dass fehlende äußere Reize sowie mangelnde Bewegung zu einer Untererregung führen, welche durch Stereotypien, Unruhe und selbstverletzende Verhaltensweisen kompensiert wird. Ebenso besteht die Erkenntnis, dass intensive körperliche Tätigkeiten oder intensive sportliche Betätigung auch helfen, allgemeine Spannungszustände zu reduzieren. Es wird allgemein angenommen, dass hierbei biochemische Stoffwechselprozesse in Form einer Ausschüttung opiatähnlicher, körpereigener Substanzen (Endorphine) im Limbischen System eine wichtige Rolle spielen (Abele & Brehm 1984). Durch diese finden im menschlichen Organismus Ausgleichsprozesse statt, die zu einer inneren Balance (Homöostase) führen.

Aus oben beschriebenen Erkenntnissen leiteten Markowetz und Kane ab, dass für Menschen mit derart schwierigen Verhaltensauffälligkeiten Förderprogramme mit einem hohen Maß an Stimulation und Bewegung entwickelt werden müssen, bei denen die körperliche Aktivierung im Vordergrund steht.

»Körperliche Aktivierung heißt Aufbau und Erwerb von Handlungskompetenzen, die handlungsorientierte Aneignung und kognitive Abbildung von Kultur und Welt und zielt darauf ab, alle Sinne einzubeziehen, zu fördern und zu integrieren« (Markowetz 1996, 44).

Markowetz versteht den Förderansatz der »Körperlichen Aktivierung« als eine, alle anderen Verfahren und Methoden mit einbeziehende, heilpädagogische Beschäftigungs- und Arbeitstheorie für den beschriebenen Personenkreis.

Im Laufe der Jahre wurden hierzu fünf Schwerpunkte entwickelt, ausgebaut und dokumentiert:

- Transportdienste (Postdienst, Wäschedienst, Altglasentsorgung)
- Farm-Projekt (Garten- und Feldarbeit, Forstarbeiten, Verwertung von Obst und Gemüse)
- Sinnesgarten (Pflege des Geländes, Instandhaltungsmaßnahmen)
- Dienstleistungsgruppe DAZ
- Outdoorklasse der Schwarzbach Schule

4 Übergang Schule/Beruf

Während der Schulzeit werden seitens der Lehrkräfte permanent Kompetenzen der einzelnen Schüler(innen) erfasst, gefestigt, weiterentwickelt und mit möglichen Tätigkeiten abgeglichen. Diese werden in jährlich stattfindenden Berufswegekonferenzen von allen am Prozess beteiligten Personen (Schüler(innen), Lehrer(innen), Mitarbeiter(innen) der WfbM, Erzieher(innen), Eltern, Kostenträger, Agentur für Arbeit) besprochen. Dabei werden weitere Zielsetzungen und der zeitliche Rahmen festgelegt.

Über die gesamte Schulzeit in der Berufsschulstufe werden diverse Praktika zur Arbeitserprobung organisiert. Beginnend mit stundenweisen Praktika in Begleitung der Lehrkraft werden die Schüler(innen) beim schrittweisen Kennenlernen der Arbeitsbereiche sowie beim Kennenlernen und beim Beziehungsaufbau zu den zuständigen Mitarbeiter(inne)n unterstützt. Im Anschluss daran werden individuelle, auf die einzelne Schülerin oder den einzelnen Schüler angepasste längerfristige Praktika angebahnt. Währenddessen findet ein regelmäßiger Austausch zwischen der Schule und dem Arbeitsplatz statt. Nach jedem Praktikum wird der Verlauf gemeinsam evaluiert und nach Stärken, Schwächen, Kompetenzen und benötigten Rahmenbedingungen geprüft.

Dadurch soll für alle Beteiligten ein transparenter und gesicherter Übergang in die berufliche Zukunft gewährleistet werden.

5   Die Schwarzacher Werkstätten (anerkannte WfbM und Anbieter von Förder-und Betreuungsbereich-Plätzen)

Die Schwarzacher Werkstätten sind eine der insgesamt acht Werkstätten der Johannes-Diakonie Mosbach. Die derzeit 600 Plätze sind wie folgt belegt:
- 480 Plätze am Hauptstandort in Schwarzach (inkl. ausgelagerte Arbeitsplätze)
- 60 Plätze in der Betriebsstätte in Neunkirchen
- 60 Plätze in der Betriebstätte in Eberbach

Von den 600 Plätzen sind 150 FuB-Plätze an den Standorten Schwarzach und Eberbach.

5.1   Übergänge gestalten: Eingangsverfahren/Berufsbildungsbereich

Nach der schulischen Laufbahn wird durch das Eingangsverfahren/den Berufsbildungsbereich sondiert, wie die weitere berufliche Laufbahn für den betreffenden Menschen aussehen könnte. Dieses Instrument dient dazu, individuelle, personenzentrierte Angebote passgenau machen zu können.

Bei der Personengruppe handelt es sich hier meist um:
- Menschen mit schweren und mehrfachen Behinderungen
- Menschen mit ausgeprägten Verhaltensauffälligkeiten mit leichter bis mittlerer Intelligenzminderung
- Menschen mit hohem Unterstützungsbedarf in den Bereichen Kommunikation, Mobilität und Tagesstrukturierung
- Menschen, die neben herausforderndem Verhalten einen starken Bewegungsdrang und/oder Weglauftendenzen zeigen
- Menschen, die aufgrund ihres herausfordernden Verhaltens und Störungen im Sozialverhalten nicht im Rahmen des Personalschlüssels einer regulären Arbeitsgruppe des Arbeitsbereiches (1:12) betreut werden können.

Übergänge gestalten

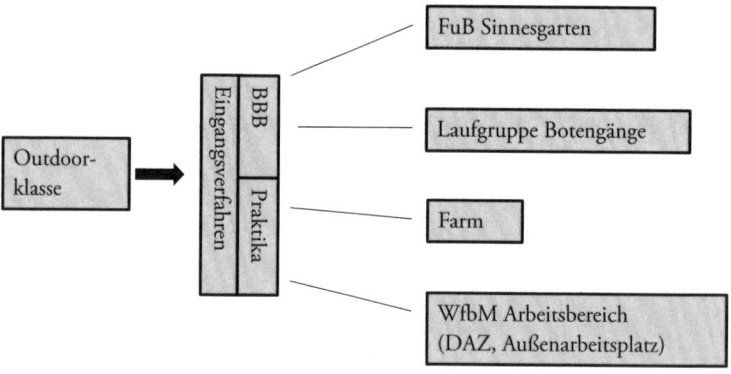

Abb. 1: Übergänge gestalten (eig. Abb.)

Diesen Menschen können die Schwarzacher Werkstätten die nachfolgenden Angebote machen, die in ihrer Entstehungsgeschichte auf dem »Farm-Projekt« basieren.

5.2 Die Dienstleistungsgruppe DAZ

Dienstleistungen (von A wie Apfelsaftpressen bis Z wie Zebrastallausmisten) des Arbeitsbereichs:

Drei Gruppen führen unterschiedliche Auftragsarbeiten für kommunale und auch private Auftraggeber(innen) aus, dazu gehören beispielsweise: Mäharbeiten, die Pflege des Tierparks innerhalb der Gemeinde, Säuberungsarbeiten auf Parkplätzen und öffentlichen Plätzen der Gemeinde, Gartenarbeiten, Landschaftspflege. Als besonderes Highlight ist die »Mobile Kelter« zu nennen, mit der umliegende Gemeinden angefahren werden und nach Anlieferung der Äpfel individuell Apfelsaft für die Kund(inn)en gepresst und in Gebinde abgefüllt wird. Unsere DAZ-Beschäftigten bringen ihre Stärken und Fähigkeiten mit Freude und besonderem Engagement ein, sie merken, wie wichtig diese Arbeiten für die Auftraggeber(innen) oder das Gemeinwohl sind. Wo es der Unterstützung und Hilfestellung bedarf, stehen ihnen unsere Mitarbeiter(innen) zur Seite. So entsteht ein inklusives Miteinander zum Nutzen aller.

Ein Hauptaugenmerk wird allgemein auf Selbstbestimmung der Menschen mit Behinderung gelegt. Einmal im Jahr werden in allen Bereichen mittels des »Arbeitswegedialogs« Ziele mit den Beschäftigten (und/oder Betreuer(inne)n/gesetzlichen Vertreter(inne)n) zusammen festgelegt. Der Beschäftigte steht hier im Mittelpunkt, er ist unmittelbar beteiligt, bestimmt, welche Unterstützung er benötigt. So können Ressourcen aktiviert und Transparenz für alle Beteiligten sichergestellt werden.

5.3 Der Arbeitsbereich Plus

Darüber hinaus gibt es Personen, welche mit den Anforderungen und den dabei gleichzeitig zugrundeliegenden Rahmenbedingungen eines herkömmlichen Arbeitsbereichs in den Werkstätten nicht in der Lage sind, ihr Potenzial auszuschöpfen. Sie sprengen die für einen klassischen Arbeitsbereich vorgesehenen Arbeitsbedingungen durch ihr herausforderndes Verhalten und Störungen im Sozialverhalten. Dies hatte bislang unweigerlich zur Folge, dass diese Beschäftigten aus dem Arbeitsbereich, aufgrund des notwendig besseren Betreuungsschlüssels in den Förder- und Betreuungsbereich wechseln mussten.

Mit der »Arbeitsbereich Plus«-Gruppe wird für Personen mit erhöhtem Betreuungsaufwand aufgrund des herausfordernden Verhaltens und Störungen im Sozialverhalten ein Angebot zwischen dem Arbeitsbereich und dem Förder- und Betreuungsbereich geschaffen. Durch die betreuungsintensive Werkstattgruppe soll

- ein Wechsel vom Arbeitsbereich in den Förder- und Betreuungsbereich vermieden oder aufgeschoben oder

- ein Wechsel aus dem Förder- und Betreuungsbereich in den Arbeitsbereich ermöglicht oder
- eine direkte Aufnahme nach dem Eingangsverfahren oder Berufsbildungsbereich in den Förder- und Betreuungsbereich vermieden werden.

Mit der intensiveren Betreuung erhalten die Betroffenen die Möglichkeit, einen Einblick in die Sinnhaftigkeit des Arbeitslebens zu bekommen und können durch ihre eigene Tätigkeit in der WfbM am Arbeitsleben teilhaben. Die Menschen mit Behinderung sollen lernen, ihre eigene Selbstwirksamkeit zu erleben, sollen ihren Alltag aktiv gestalten können anstatt nur passiv mit dabei zu sein. Dazu gehört z. B. die Zubereitung und Herstellung des eigenen Essens als arbeitsbegleitende Maßnahme einmal pro Woche. Bei einem erfolgreichen Verlauf im Arbeitsbereich Plus kann eine Eingliederung in den regulären Arbeitsbereich erfolgen.

5.4   Ausgelagerte Arbeitsplätze

Speziell im Dienstleistungsbereich der Johannes-Diakonie Mosbach, das sind insbesondere die Bereiche Landwirtschaft, Reittherapie, Garten-/Landschaftspflege, Küche und Wäscherei, lassen sich spezielle personenzentrierte Arbeitsangebote für unsere Menschen mit besonderen Bedarfen entwickeln.

5.5   Die Farm

Die Farm als erstes Projekt in diesem Bereich ist ein Blockhaus (70 qm) und befindet sich im »grünen« Randbereich des Schwarzacher Hofs. Um das Haus befinden sich etwa 500 qm Gartenflächen, die von den acht Beschäftigten und zwei Mitarbeiter(inne)n des Farm-Teams bewirtschaftet werden. Sie gehört zum Förder- und Betreuungsbereich der Schwarzacher Werkstätten. Folgende Tätigkeiten werden angeboten: Beete Anlegen und Pflegen, Ernten und Verarbeiten von Früchten und Gemüse, Brennholzverarbeitung, Apfelsaftherstellung, Handwagentransporte von Erde, Unkraut, Baumaterial, gemeinsames Kochen und Backen, Spazier- und Besorgungsgänge und Montagetätigkeiten aus dem Arbeitsbereich der Werkstätten. Im Kreativbereich: Werken, Spielen, Malen. Diese Tätigkeiten lassen sich mit Bewegung im Freien verbinden, was insbesondere dem Bewegungsdrang vieler autistisch behinderter Menschen entgegenkommt. Ziel ist es, durch sinnvolle und passende Betätigung im Alltag Stereotypen und Verhaltensauffälligkeiten zu vermindern oder zu vermeiden.

5.6   Das Konzept des Sinnesgartens

Der Sinnesgarten ist eine Schule der Beobachtung und Wahrnehmung. Die einzelnen Erfahrungsstationen sind harmonisch in eine naturnah gestaltete Parklandschaft (Größe ca. ein Hektar) eingebettet. Das Gelände ist öffentlich und frei zugänglich. Es beinhaltet 31 Stationen in den Wahrnehmungsbereichen Hören, Sehen, Riechen, Spielen, Schmecken, Tasten und Fühlen, Bewegen. Führungen, bei denen die Erlebnisstatio-

nen erklärt und erfahrbar gemacht werden, können gebucht werden. Der Sinnes-
garten ist ein inklusiver Treff- und Tätigkeitsort. Bewohner(innen) der umliegenden
Gemeinden treffen hier auf Bewohner(innen) der Johannes-Diakonie, an Ehrenamts-
tagen arbeiten Mitarbeiter(innen) verschiedener Unternehmen mit WfbM-Beschäf-
tigten und Werkstattmitarbeiter(innen)n zusammen. Dann werden gemeinsam ältere
Stationen instand gesetzt, neue Stationen installiert oder das Parkgelände gepflegt.
Dies ist auch die alltägliche Aufgabe der Mitarbeiter(innen) und Beschäftigten des
Förder- und Betreuungsbereiches der Schwarzacher Werkstätten. Auf dem Parkgelän-
de befindet sich ein etwa 70 qm großes Blockhaus, das ganzjährig von der Gruppe
(3 Mitarbeiter(innen) und 10 Beschäftigte) genutzt wird. Weiter stehen der Gruppe
eine Holzwerkstatt und ein Kreativraum in dem an den Sinnesgarten angrenzenden
Verwaltungsgebäude zur Verfügung. Neben den täglich anfallenden Arbeiten werden
Kreativ- und Spielangebote gemacht, so verfügt man über ein breites und passgenaues
Angebot von Tätigkeiten auch bei schlechtem Wetter.

5.7   Die Laufgruppe des Förder- und Betreuungsbereichs

Die Laufgruppe basiert ebenfalls auf dem Konzept der Alltagsorientierung von Prof. J.
F. Kane. Ursprünglich wurde täglich Schmutzwäsche mit Rucksäcken zur Wäscherei
transportiert. So wurden verlässliche Strukturen geschaffen, die körperliche Belastung
konnte individuell variiert werden. Daraus erwuchs die sogenannte »Laufgruppe«, bestehend aus sechs Beschäftigten, die erkennbar gerne zu Fuß unterwegs sind und einem Mitarbeiter. Ihre wichtigsten Aufgaben sind: Verteilen der internen Hauspost, das
Ausliefern von Waren, Botengänge und die Weitergabe von Informationen innerhalb
der Abteilung. Um auch bei ungünstigen Wetterverhältnissen Beschäftigungsangebote
machen zu können, ist die Laufgruppe einem Haus mit weiteren Förder- und Betreu-
ungsbereichsgruppen angeschlossen, wo sie über eigene Räumlichkeiten verfügt.

Abschließend möchten wir uns bei Prof. J. F. Kane für sein pädagogisches Konzept
der »Förderprogramme zur Körperlichen Aktivierung« bedanken, das für unsere Arbeit richtungsweisend war. Wir sind stolz darauf, dass wir das Konzept in der Praxis
fortführen und auf die Schwarzbach-Schule und die Werkstätten ausweiten konnten.
So konnten wir vielen Menschen mit Behinderungen, von denen andere schulische
oder berufliche Angebote nicht angenommen wurden, ein für sie passendes Angebot
machen.

Literatur

Abele, A./Brehm, W. (1984): Befindlichkeits-Veränderungen im Sport. Hypothesen, Mo-
    dellbildung und empirische Befunde. In: Sportwissenschaft, 14 (3), 252–275.
Markowetz, R. (1988): Die Farm, Antrag zur Vorlage bei der Robert-Bosch-Stiftung.
Markowetz, R. (1996): Körperliche Aktivierung, In: Behinderte (2), 33–56.

Markowetz, R. (2007): Soziale Integration, Identität und Entstigmatisierung. Dissertationsarbeit.

Sarimski, K. (2003): Kognitive Prozesse bei Menschen mit geistiger Behinderung. In: Irblich, D./Stahl, B. (Hgg.): Menschen mit geistiger Behinderung. Psychologische Grundlagen, Konzepte und Tätigkeitsfelder. Göttingen, 148–204.

Vernooj, M. A./Schneider, S. (2013): Handbuch der tiergestützten Intervention. Grundlagen, Konzepte, Praxisfelder. 3., korrigierte und aktualisierte Auflage. Wiebelsheim.

alsterdorf assistenz west gGmbH

Die Beschäftigungs- und Qualifizierungsplanung in der alsterdorf assistenz west gGmbH[1]

Die Beschäftigungs- und Qualifizierungsplanung, die im Folgenden vorgestellt wird, ist ein wichtiger Teil der konzeptionellen Arbeit in den Tagesförderstätten für Menschen mit komplexen Beeinträchtigungen in der alsterdorf assistenz west gGmbH. Sie folgt den Phasen des Case Managements. Die einzelnen Phasen werden gemeinsam mit den Beschäftigten durchlaufen. Grundlage allen Handelns ist der Wille der Beschäftigten. Die Mitarbeiter(innen) unterstützen dabei, erreichbare Entwicklungs- und Lernziele zu setzen und entwickeln gemeinsam mit den Beschäftigten eine berufliche Perspektive. Die Beschäftigungs- und Qualifizierungsplanung bildet dafür die Grundlage. Anhand der Darstellung des Kreislaufs der Beschäftigungs- und Qualifizierungsplanung wird die Anwendung des Planungsinstruments, die dafür notwendigen Grundlagen sowie der Aufbau und das Prinzip der Qualifizierung dargestellt und verdeutlicht.

In vielfältigen Angeboten aus Bildung, Beschäftigung und Qualifizierung erhalten Menschen mit komplexen Beeinträchtigungen die Möglichkeit, sich auf ein selbstgewähltes Tätigkeitsfeld vorzubereiten und sich beruflich zu qualifizieren. Dies entweder in einem unserer Standorte oder in Zusammenarbeit mit Kooperationspartner(inne)n in den jeweiligen Stadtteilen. Aus unterschiedlichen beruflichen Tätigkeitsfeldern haben sie die Möglichkeit, einen Qualifizierungs-Baustein auszuwählen. Die Bausteine bestehen aus einzelnen Modulen. Im Folgenden wird der Aufbau eines Qualifizierungs-Bausteins am Beispiel »Nähen« dargestellt.

1   Die Ziele der Beschäftigungs- und Qualifizierungsplanung

Die Teilhabe am Leben in der Gesellschaft wird wesentlich durch die Teilhabe am Arbeitsleben beeinflusst und mitbestimmt. Deshalb ist eines der wichtigsten Ziele der Beschäftigung, eine sinnstiftende, am Willen der Beschäftigten orientierte Tätigkeit zu finden, die zudem Möglichkeiten der persönlichen und beruflichen Weiterentwicklung bietet.

In diesem Sinne ermitteln die Persönlichen Beschäftigungsassistent(inn)en im Rahmen der Planung gemeinsam mit den Beschäftigten, was sie in ihrem beruflichen Alltag erreichen möchten.

---

1   © Die Rechte liegen bei der alsterdorf assistenz west gGmbH

Die Planung der Beschäftigung und Qualifizierung ist somit ein personenzentrierter Prozess, ein gemeinsames Aushandeln von beruflichen Zielen auf der Grundlage der aktuellen Lebenssituation.

Die Anwendung von Methoden und ein planvolles, strukturiertes Vorgehen sollen die Persönlichen Beschäftigungsassistent(inn)en darin unterstützen, die beruflichen Ziele und Perspektiven gemeinsam mit den Beschäftigten zu entwickeln. Den Willen der Beschäftigten zu erkennen und respektierend herauszuarbeiten, setzt eine empathische, zugewandte und ressourcenorientierte Haltung voraus – sowohl bei den Persönlichen Beschäftigungsassistent(inn)en als auch bei Kooperationspartner(inne)n und Unterstützer(inne)n.

Im gesamten Prozess sollen die Ressourcen und die Kompetenzen der Beschäftigten möglichst umfassend entdeckt, genutzt und weiterentwickelt werden. Der Blick auf die Ressourcen und Fähigkeiten eines Menschen sowie auf seine Vorerfahrungen, Kolleg(inn)en und sein Quartier wird als ressourcenorientiertes Vorgehen und Handeln bezeichnet. Dabei geht es auch um die Vernetzung aller Beteiligten. Ein Unterstützerkreis kann die Beschäftigte(n) bei der Umsetzung ihrer Ziele und bei der Teilnahme an Arbeitsangeboten zusätzlich unterstützen.

2   Die Schritte der Beschäftigungs- und Qualifizierungsplanung

Die Beschäftigungs- und Qualifizierungsplanung folgt den Phasen des Case Managements: Dazu gehören die vier Phasen der Einschätzung und Aushandlung, Planung und Vereinbarung, Umsetzung und Auswertung sowie das ressourcenorientierte Vorgehen und Handeln.

In der Beschäftigungs- und Qualifizierungsplanung werden gemeinsam mit den Beschäftigten diese einzelnen Phasen durchlaufen. Grundlagen allen Handelns sind der Wille der Beschäftigten, ihre Schul- beziehungsweise Arbeitsbiografie und ihre Ressourcen.

Die erste Phase, die Einschätzungs- und Aushandlungsphase, dient der Herausarbeitung der Interessen und des Willens der Beschäftigten. Zudem erheben die Persönlichen Beschäftigungsassistent(inn)en in dieser Phase ihre Fähigkeiten und Kompetenzen. Auf Grundlage der aktuellen Arbeitssituation und der Interessen der Beschäftigten werden gemeinsam erste Richtziele und die Inhalte der Beschäftigung und/oder Qualifizierung festgelegt.

In den Tagewerken können die Beschäftigten an Angeboten teilnehmen, die eine berufliche Grundlage bieten oder zur beruflichen Grundbildung gehören. Dazu zählen Arbeitsangebote wie Arbeitssicherheit und soziale Kompetenzen sowie Materialkunde, Umgang mit dem Computer, Schreiben und Lesen.

Nach einem Check in Bezug auf die Möglichkeit, die eigenen Ressourcen sowie die des Stadtteils, der Kooperationspartner(innen) und des Umfelds mit einzubeziehen, legen die Beschäftigten gemeinsam mit den Persönlichen Beschäftigungsassistent(inn)en die Beschäftigungs- und/oder Qualifizierungsmaßnahmen fest.

In der Planungs- und Vereinbarungsphase übertragen die Persönlichen Beschäftigungsassistent(inn)en die ausgehandelten Ziele in notwendige Arbeitsangebote und Schritte und machen sie sowohl für sich selbst als auch für die Beschäftigten sichtbar und transparent. Ziele und Maßnahmen sind im Beschäftigungsordner dokumentiert und finden sich sowohl im Wochenplan der Beschäftigten als auch in der Einsatzplanung der Persönlichen Beschäftigungsassistent(inn)en wieder.

In der Umsetzungsphase wird die Teilnahme an den vereinbarten Arbeits- und Qualifizierungsangeboten dokumentiert. Diese können in Einzelarbeit, in Bildungs- oder Interessengruppen stattfinden.

Der letzte Schritt ist die Auswertungsphase. Jetzt können die erreichten Ziele anhand der Dokumentation und mithilfe von Gesprächen und Leitfragen ausgewertet werden. Die Auswertung ist die Grundlage für das weitere Vorgehen.

3   Die Qualifizierung

Die Qualifizierung ist die Spezialisierung auf ein berufliches Themengebiet, in dem die Beschäftigten sich weiterentwickeln, Kompetenzen und Fähigkeiten ausbauen wollen. So kann durh die Qualifizierung der Übergang in andere Arbeitsverhältnisse ermöglicht oder unterstützt werden.

Die Qualifizierung richtet sich hauptsächlich an Schulabgänger(innen) und Menschen, die sich in einer Phase der Neuorientierung im Bereich der Beschäftigung befinden. Die Beschäftigten können zu jeder Zeit deutlich machen, dass sie eine Qualifizierungsmaßnahme durchlaufen möchten.

Dabei stehen ihnen verschiedene, an beruflichen Tätigkeiten orientierte Bausteine zur Verfügung. Jeder Baustein ist in Module unterteilt. Diese entsprechen einzelnen Arbeitsschritten, die als didaktische Schritte genutzt werden können und so auch Menschen mit komplexeren Einschränkungen die Möglichkeit bieten, an einer Qualifizierung teilzunehmen.

3.1   Das Qualifizierungsprinzip

Die Qualifizierung kann unterschiedlich umfangreich sein sowie individuell geplant und umgesetzt werden. Bei einer Gesamtqualifizierung können die Beschäftigten mehrere Bausteine und Module durchlaufen. Diese haben eine Dauer von ca. zwei bis drei Jahren und das Ziel, ein Berufsbild und den beruflichen Werdegang eines Menschen mit Behinderung zu gestalten und zu konkretisieren. Sie kann als Vorbereitung dienen, sodass den Beschäftigten der Übergang in eine Ausbildung leichter fällt. Alternativ können sie aber auch einen Arbeitsplatz in einem Unternehmen anstreben, das z. B. mit einer WfbM oder der Hamburger Arbeitsassistenz kooperiert.

Zum Abschluss ihrer Gesamtqualifizierung werden die Beschäftigten durch die offizielle Überreichung des entsprechenden Zertifikats gewürdigt.

Bei der Qualifizierung in mindestens einem Baustein sind die Ziele weniger umfangreich. Es sollen mögliche Tätigkeitsfelder identifiziert werden; es können neue Fähigkeiten und Kompetenzen erworben und neue Ressourcen mobilisiert und einbezogen werden. Durch diesen Prozess entstehen neue Perspektiven und eine erweiterte berufliche Teilhabe. Das Abschließen eines Bausteins hat eine Dauer von ca. sechs bis 24 Monaten. Dieser Zeitraum dient zur Orientierung und wird individuell mit den Beschäftigten ausgehandelt. Der Abschluss eines Bausteins wird zertifiziert und offiziell gewürdigt.

Die Teilnahme an mindestens einem Modul aus einem Baustein ermöglicht es, Tätigkeitsfelder herauszuarbeiten und in kleinen Schritten Teilhabe am Arbeitsleben zu schaffen. Es können sowohl neue Ressourcen als auch neue Kompetenzen und Fähigkeiten aktiviert und mobilisiert werden. Ein Modul muss nicht innerhalb eines bestimmten Zeitraums absolviert werden und wird durch eine Teilnahmebestätigung individuell gewürdigt.

3.2 Die Methoden der Beschäftigungs- und Qualifizierungsplanung und die Methoden zur Umsetzung

Im Rahmen der Beschäftigungs- und Qualifizierungsplanung können personenzentrierte Methoden wie zum Beispiel der Kompetenzdialog oder unterschiedlichste ressourcenorientierte Fragestellungen zur Anwendung kommen. Ebenso können Vorgehensweisen und Methoden aus der Persönlichen Zukunftsplanung oder auch Netzwerk- und Ressourcenkarten genutzt werden.

Die Formulare zur Fähigkeitsanalyse dienen dazu, vorhandene Stärken und Kompetenzen zu erheben und/oder Beobachtungen besser zu strukturieren. Methoden der Visualisierung wie z. B. ein bebilderter Wochenplan und die Strukturierung von Arbeitsplätzen und Zeiten können die Beschäftigten in ihrer Selbstständigkeit bei der aktiven Gestaltung ihres Arbeitstages unterstützen.

Methoden der Sozialraumorientierung wie zum Beispiel Stadtteilbegehungen oder Firmenbesuche bei Kooperationspartner(inne)n und Hospitationen unterstützen das Kennenlernen von Beschäftigungsverhältnissen und Arbeitsplätzen im ersten Arbeitsmarkt. Zudem erweitern sie das Netzwerk von Kolleg(inn)en.

3.3   Der Umgang mit Einzelblättern und Formularen

Das Instrument der Beschäftigungs- und Qualifizierungsplanung besteht aus einer Reihe von Einzelblättern und Formularen. Gemeinsam mit den Beschäftigten wird entschieden, wie die Verschriftlichung und Visualisierung der jeweiligen Ziele, der Vereinbarungen und der jeweiligen Dienstleistungen erfolgen soll. Dies immer in der Sprache der Beschäftigten.

Das Instrument soll die Persönlichen Beschäftigungsassistent(inn)en und die Beschäftigten unterstützen bei der:

- Erfassung der persönlichen Kompetenzen und Ressourcen der Beschäftigten und wie sie diese einsetzen wollen
- Sichtbarmachung der Ressourcen des Umfelds und des Quartiers
- Erfassung des Willens der Beschäftigten
- Entwicklung von Zielen, die aus dem Willen begründet sind
- Zielerreichung und Sichtbarmachung des Ressourcenaufbaus

4   Die Aufgaben als Persönliche Beschäftigungsassistent(inn)en

Die Persönlichen Beschäftigungsassistent(inn)en unterstützen die Beschäftigten dabei, ihre persönlichen Vorstellungen zum Thema Arbeit herauszuarbeiten sowie ihren Willen, ihre Kraft und ihre gesamten Ressourcen in die Umsetzung dieser Vorstellungen einzubringen. Dafür ist es notwendig, geeignete Methoden zu kennen und anwenden zu können, die Ressourcen der Beschäftigten zu kennen, diese aktiv in die Umsetzung mit einzubinden und eventuell die Koordination der unterschiedlichen Personen (z. B. in Form eines Unterstützerkreises) zu übernehmen.

Die Persönlichen Beschäftigungsassistent(inn)en haben somit Folgendes im Blick:

- Die vereinbarten Ziele der Beschäftigten und die dafür benötigten Assistenz- oder Dienstleistungen
- Die persönlichen Kompetenzen und Ressourcen der Beschäftigten
- Die Ressourcen des Quartiers – in enger Zusammenarbeit mit der Treffpunktleitung
- Die arbeitsbezogenen Reha-Gesamtziele und die Ziele aus dem Sozial- und Verlaufsbericht

Darüber hinaus erbringen die Persönlichen Beschäftigungsassistent(inn)en die vereinbarten Assistenz- und Dienstleistungen in Absprache mit den Beschäftigten. Oder sie delegieren und prüfen, ob diese im Sinne der Beschäftigten erbracht wurden. Mithilfe der ressourcenorientierten Haltung schauen sie auf persönliche Kompetenzen der Beschäftigten und flechten diese in die Dienstleistungen ebenso mit ein wie ihre sozialen Ressourcen.

Die Beschäftigungs- und Qualifizierungsplanung ist somit kein einmaliger Prozess, sondern sie ist eingebettet in den Arbeitsalltag der Beschäftigten.

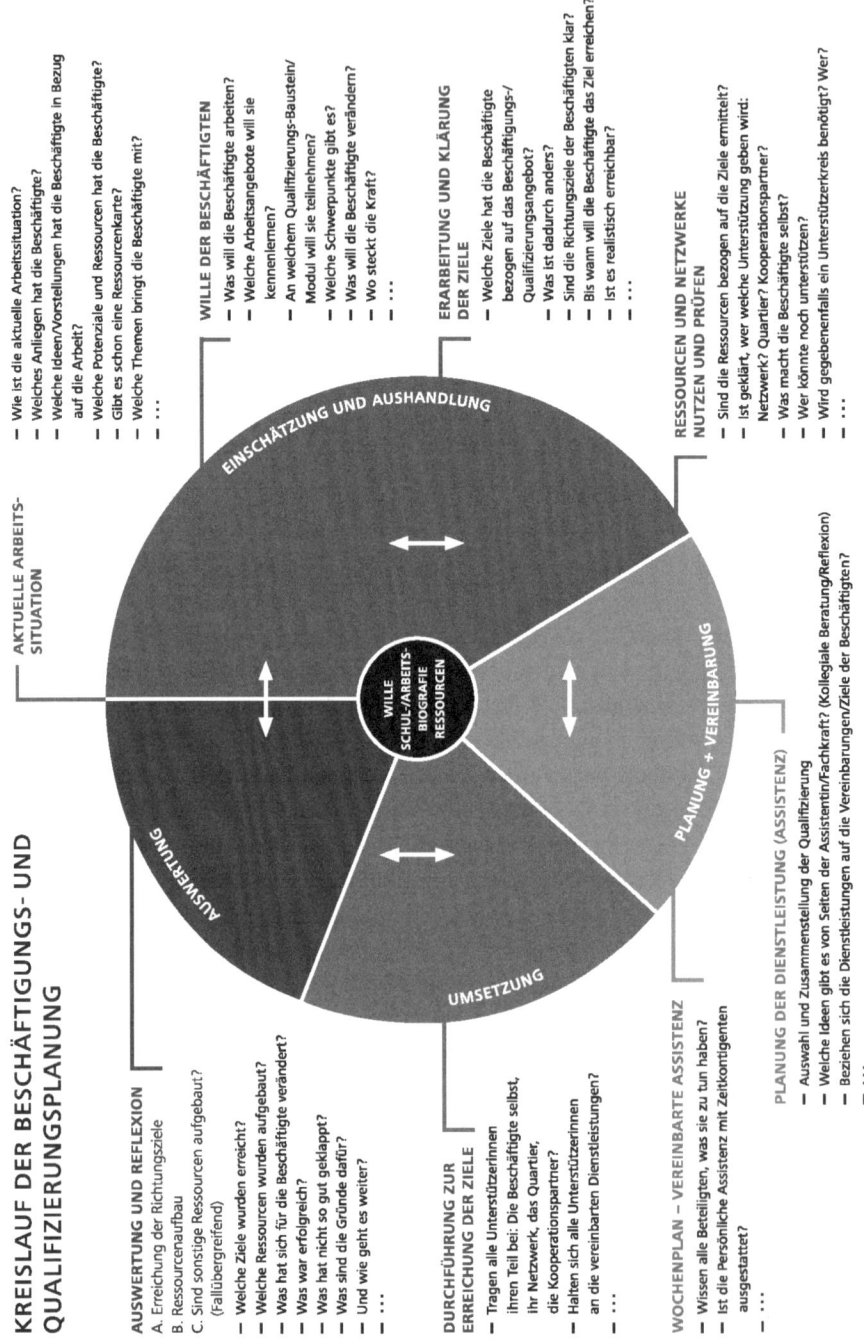

Abb. 1: Kreislauf der Beschäftigungs- und Qualifizierungsplanung (vgl. M. Lüttringhaus/Donrath/
Streich, ISSAB, Essen 2007)

Qualifizierungs-Baustein: Nähen

für : _____

Zeitraum: _____

1. Zielsetzung

Tätigkeiten in der Nähwerkstatt haben das Ziel, dass die Beschäftigten motorische und kognitive Fähigkeiten zur Verarbeitung von Stoffen erwerben. Dazu gehören auch Arbeitssicherheits- und Unfallverhütungsvorschriften.

Die Beschäftigten sind Teil eines Teams und arbeiten gemeinsam an der Herstellung von Produkten. Darüber hinaus nehmen Beschäftigte an der Planung und Entwicklung von Arbeitsaufträgen teil. Sie lernen dabei, Teilaspekte zu übernehmen. Die Qualifizierung in der Nähwerksatt bereitet auf verschiedene Arbeitsschritte des Schneiderhandwerks vor.

2. Qualifizierungszeit und -methoden

Die Qualifizierungszeit in der Nähwerkstatt beträgt je nach Voraussetzungen der Beschäftigten zwischen 6 und 24 Monaten.

Die meisten Lerninhalte werden an konkreten Arbeitsschritten erlernt.

Thema	Teilaspekte und Lernfelder für Beschäftigte	Mit Assistenz	selbständig
Berufsbildung	Bedeutung des Vertrags kennen, Rechte und Pflichten von Arbeitnehmer und Arbeitgeber kennen		
Kenntnisse über das Tagewerk	Aufbau, Aufgaben und Leistungen des Tagewerks kennen, Arbeitsabläufe kennen		
Arbeitssicherheit	Sicherheitsvorschriften, Unfallverhütung, Gefahren erkennen und vermeiden		
Schutzmaßnahmen ergreifen	Erste Hilfe üben, Brandschutzübung, Verhalten bei Unfällen lernen, sachgerechte Entsorgung		
Regeln in der Nähwerkstatt	Umgang mit Kolleginnen, Verhaltensregeln, Umgang mit Materialien und Arbeitsgeräten		

Vor- und Nachbereitung des Arbeitsplatzes

Thema	Teilaspekte und Lernfelder für Beschäftigte	Mit Assistenz	selbständig
Nähwerkstatt kennenlernen	Orientierung im Raum, Arbeitsplatz vorbereiten, nutzen und im Anschluss Nähwerkstatt aufräumen		
Planung der Arbeitsabläufe	Aussuchen des herzustellenden Produktes, Schablone, Arbeitsschritte planen		
Materialien auswählen und zurechtlegen	Materialien zusammensuchen und an den Arbeitsplatz bringen		

 ## Umgang mit Werkzeugen

Thema	Teilaspekte und Lernfelder für Beschäftigte	Mit Assistenz	selbständig
Einsatz verschiedener Geräte und Arbeitsmittel. Z.B.: Nähmaschine, Bügeleisen, Bügelbrett, Schere, Lineal, Schablonen, Nadeln	Kennen- und anwenden lernen der einzelnen Funktionen verschiedener Geräte, Möglichkeiten der wirtschaftlichen und umweltschonenden Energieverwendung kennen lernen und anwenden können, von Geräten ausgehende Gefährdungen der Sicherheit und Gesundheit einschätzen und vermeiden lernen, Verhaltensweisen bei Unfällen kennen sowie erste Maßnahmen einleiten können		
Gerätepflege	Reinigung der Geräte nach Vorschrift, sorgsamer und auf Langlebigkeit der Geräte ausgerichteter Umgang		

 ## Materialbearbeitung

Thema	Teilaspekte und Lernfelder für Beschäftigte	Mit Assistenz	selbständig
Schablone aufzeichnen	Auswahl der passenden Schablone, ggf. Anfertigen einer Schablone, auflegen und abzeichnen		
Stoff schneiden	Stoff nach Vorlage schneiden		
Stecknadeln	Stoff zurechtlegen und heften		
Nähtechnik	Auswahl des passenden Stiches, Stoff auf der Maschine ausrichten und justieren, Stoff gleichmäßig über die Maschine führen, Endergebnis beurteilen		

Werkstoffkunde

Thema	Teilaspekte und Lernfelder für Beschäftigte	Mit Assistenz	selbständig
Kennenlernen der Arbeitsmaterialien	Papier - und Stoffschere, verschiedene Nadeln, Schablonen/Lineal Bügeleisen/-brett, Schneiderkreide, Nähmaschine		
Stoffe kennenlernen			

Den Menschen im Blick

Markus Dederich

Menschsein und Teilhabe. Eine anthropologische Skizze

1 Einleitung: Zwei Probleme

Otto Speck zufolge benötigen die Heil- und Sonderpädagogik eine »integrale Anthropologie«, die das Wissen aus den verschiedenen Humanwissenschaften (Medizin, Psychologie, Soziologie, Erziehungswissenschaft usw.) kohärent bündelt und zu einer »Leitvorstellung vom Menschen« (Speck 2003, 128) ausformuliert. Entgegen dieser Auffassung scheint anthropologisches Denken im Vergleich mit empirisch-pragmatisch ausgerichteter pädagogischer Forschung gegenwärtig nur noch eine marginale Rolle zu spielen: Sie gilt als allzu philosophisch-abstrakt, von normativen Vorstellungen durchsetzt und sich einer exakten empirischen Überprüfung entziehend. Diese Skepsis mag in Teilen begründet sein. Trotzdem stellt sich die Frage, ob Teilhabe überhaupt angemessen konzeptualisiert und begründet werden kann, wenn man sie nicht in eine Leitvorstellung einbettet, die die grundsätzliche Bedeutung von Sozialität, Zugehörigkeit, Mitbestimmung und Anerkennung für das Leben der Menschen herausarbeitet.

Bevor ich auf diese Fragen eingehe und einige Möglichkeiten skizziere, wie Teilhabe im Kontext anthropologischer Denkfiguren gefasst werden könnte, möchte ich auf zwei Probleme hinweisen, die eine Fragestellung wie die hier diskutierte nicht ausblenden darf.

a) Anthropologiekritik

Möglicherweise erscheint die Idee Specks heute nicht mehr einlösbar, weil die Anthropologie überhaupt als obsolet gilt. Anthropologische Theorien sind angesichts einer Pluralität der Lebensformen, kulturell äußerst heterogener Leitbilder des Menschseins sowie extrem differierender, das Individuum betreffender gesellschaftlicher Erwartungshorizonte ins Zwielicht gerückt. Theorien, die vorgeben, etwas über das ›Wesen‹ des Menschen, d. h. eine historisch, kulturell und sozial relativ invariable Essenz, sagen zu können, stehen im Verdacht, ontologisierend zu sein: als gegeben, in seinem Kern feststehend und unveränderbar anzusehen, was nach heutigem Wissen doch durch und durch das Produkt von historischen Prozessen, machtförmigen gesellschaftlichen Strukturen, verfügbarer Technik, Wissensordnungen, institutionellen Arrangements und sozialen Praktiken ist. Als aktuelles Beispiel für eine solche Kritik der Anthropologie (die zugleich aber als kritische Anthropologie auftritt) sei ein zentraler Baustein der Philosophie Peter Sloterdijks genannt. Im Rahmen seiner anthropologischen Überlegungen entwickelt er eine Theorie, der zufolge der Mensch sich selbst als ›Projekt‹ begreift. Demnach ist er ein Lebewesen, das sich als ›nicht festgestelltes

Tier‹ (eine auf Nietzsche zurückgehende Bezeichnung) auf eine noch offene Zukunft
hin entwirft. Der Mensch gibt sich nicht mit dem Vorhandenen zufrieden, sondern
imaginiert eine andere und bessere Zukunft. Einerseits möchte er Widrigkeiten, Leiden und Not überwinden, andererseits malt er sich Eigenschaften, Fertigkeiten, körperliche und mentale Zustände seiner selbst sowie soziale oder politische Realitäten
aus, die er in Zukunft erreichen möchte. Um dies zu erreichen, entwickeln Menschen
seit jeher eine Fülle sehr unterschiedlicher Verfahrensweisen und Techniken, die Sloterdijk unter dem Oberbegriff »Anthropotechniken« zusammenfasst (vgl. Sloterdijk
2009). Er beschreibt Kulturen unter Rückgriff auf eine technisch gefärbte Metapher
als Menschentreibhäuser, die die doppelte Eigenschaft haben, menschgemacht und
menschenmachend in einem zu sein. Sloterdijks anthropologische Kernthese lautet:
Der Mensch ist autoplastisch – indem er eine in ein symbolisches Universum eingebettete gesellschaftliche und kulturelle Welt schafft, schafft er zugleich sich selbst.

> »Tatsächlich ist der Mensch, als Gattungswesen wie als Matrix von Individualisierungs-
> chancen verstanden, eine Größe, die es in der bloßen Natur nicht gibt und niemals geben
> kann und die sich erst unter der Rückwirkung spontaner Prototechniken in sehr langen
> formativen Prozessen mit kontra-naturaler Tendenz hat bilden können. Die menschliche
> Kondition ist durchweg Produkt und Resultat […]« (Sloterdijk 2001, 13).

Wenn es zutrifft, dass der Mensch zugleich Produzent und Produkt einer von ihm
geschaffenen Welt ist, ist es nicht mehr möglich, hinter seine Selbstherstellung zu-
rückzugehen und einen invarianten, historischen, kulturellen und gesellschaftlichen
Formkräften vorgelagerten ›Kern‹ oder ein ›Wesen‹ freizulegen – es sei denn, dieses
Invariante sei die skizzierte Nichtfestgestelltheit des Menschen selbst sowie die daraus
resultierende Pluralität und Vielfalt seiner Lebensformen und Lebensentwürfe.

Ein weiterer Kritikpunkt an Wesensanthropologien besagt, dass diese unausweich-
lich in der Gefahr stehen, totalisierend zu sein und die Menschen normierend auf
bestimmte Eigenschaften festzulegen. Wenn es ein auf spezifischen Merkmalen beru-
hendes Wesen des Menschen gibt (z. B.: der aufrechte Gang, die fünf Umweltsinne,
die Vernunftbegabung usw.), dann stellen alle Menschen, die diese Merkmale nicht
aufweisen, mit Mängeln behaftete Fehlformen des Menschen dar. Das kann bekannt-
termaßen so weit reichen, dass ihnen der humane Status überhaupt abgesprochen wird
(vgl. Dederich 2016).

Um dieser eindeutig gegebenen Gefahr der ideologischen Aufladung und latenten
Gewaltsamkeit anthropologischer Theorien zu begegnen, betonen neuere philoso-
phisch-anthropologische Theorien stets die Historizität des Menschen und unterstrei-
chen, er sei eine offene und offenzuhaltende Frage (vgl. Wulf 2004, Dederich 2013,
115 ff.).

Was bedeutet das für unseren Zusammenhang? Die Absage an eine Wesensanthro-
pologie dürfte Versuche, die Teilhabe als notwendige Bedingung des Menschseins zu
begründen, zumindest erschweren. Allein aufgrund anthropologischer Denkfiguren
dürfte eine Begründung kaum gelingen; vielmehr macht ein solches Unterfangen auch

den Rückgriff u. a. auf Theorien aus der Soziologie und der politischen Philosophie erforderlich.

b) Die Nichtableitbarkeit ethischer Normen aus anthropologischen Theorien

Teilhabe bezeichnet keinen in der Welt auffindbaren und beschreibbaren Sachverhalt, sondern ein *normatives Prinzip,* das uns im Raum des Politischen aus bestimmten ethischen Gründen zu bestimmten Handlungen verpflichtet und auf die Realisierung einer bestimmten Form des Gemeinwesens hin angelegt ist. Ohne eine zugrundeliegende Konzeption von individuellen Schutz- und Freiheitsrechten sowie den Rückgriff auf die Ideen der Gleichheit und der Gerechtigkeit ist Teilhabe nicht sinnvoll denkbar. Teilhabe bringt also aus gleichermaßen individual- und sozialethischen Gründen ein Sollen zum Ausdruck, das die Politik notwendig zu beachten hat.

Nun hat es sich in der Philosophie zu Beginn des 20. Jahrhunderts eingebürgert, die Ableitung einer ethischen Norm beispielsweise aus einem natürlichen, historischen oder politischen Sachverhalt als »naturalistischen Fehlschluss« zu bezeichnen.

> »Tatsachenbehauptungen allein rechtfertigen keine normativen Forderungen; ein unvermittelter Übergang vom Beschreiben zum Vorschreiben, vom Deskriptiven zum Präskriptiven ist weder in grammatischer noch sachlicher Hinsicht erlaubt« (Schnädelbach 2012, 147).

Vor diesem Hintergrund kann die Anthropologie die Ethik nicht mehr substanziell begründen (vgl. Dederich 2013, 123 f.). Aus der Tatsache, dass vermutlich die meisten Menschen ab einem bestimmten Alter sie selbst betreffende Entscheidungen selbst treffen wollen, folgt nicht unmittelbar, dass sie auch ein Recht auf Selbstbestimmung haben.

Trotz dieser weitreichenden Einschränkung hat die Anthropologie eine gewisse fundierende Funktion für die Ethik: Sie hat die Aufgabe, solche Aspekte des Menschseins herauszuarbeiten und zu begründen, die für die Ethik bedeutsam sind. Welche Eigenschaften, Bedürfnisse, Wünsche usw. des Menschen sind etwa für die Ermöglichung eines gelingenden Lebens so bedeutsam, dass berechtigterweise die Forderung erhoben werden kann, sie zu berücksichtigen und folglich als legitime Grenzen der eigenen Bestrebungen und Handlungen anzuerkennen? ›Fundierend‹ heißt aber wie gesagt nicht, dass ethische Normen aus anthropologischen Annahmen abgeleitet werden können. Die eigentliche Begründung von Normen kann nur die Ethik bzw. Moralphilosophie leisten.

Von hier aus besehen bilden die Anthropologie und die Ethik keinen Begründungs-, sondern einen Reflexionszusammenhang, in dem es u. a. darauf ankommt, »die moralische Praxis […] auf ihre anthropologischen Implikationen und Voraussetzungen« (Gröschke 2008, 241) kritisch zu prüfen. In einem konstruktiven Sinn liefert die Anthropologie Hinweise auf Eigenschaften oder Charakteristika des Menschen, die möglicherweise konstitutiv für das Menschsein sind und daher als schützenswert erscheinen. Eine historische und kritische Anthropologie hat zudem die reflexive Aufgabe, gleichsam ideologiekritisch zu analysieren, auf welchen historisch gewachsenen Menschenbildern ethische, politische und pädagogische Theorien beruhen und zu fragen, wie diese Menschenbilder zur Herstellung beispielsweise von Zugehörigkeit und Nichtzugehörigkeit beitragen.

2 Die Relevanz eines anthropologischen Zugangs

Vor dem Hintergrund der beiden kurz genannten Probleme erweist es sich einerseits als unmöglich, ein auch für die Pädagogik relevantes normatives Prinzip wie die Teilhabe anthropologisch zu begründen, also quasi aus einer vorgeblichen ›Natur des Menschen‹ abzuleiten. Andererseits aber hat die Erläuterung des zweiten Problems auch gezeigt, dass die Anthropologie im Kontext der Ethik – aber auch der politischen Philosophie, die sich beispielsweise mit der Frage nach einem gerechten Gemeinwesen befasst, sowie der Pädagogik, die ihrerseits eine untilgbare normative Dimension aufweist – keineswegs obsolet ist. Vielmehr hat sie, wie ich bereits angedeutet habe, zwei miteinander verschränkte Funktionen: eine normativ orientierende sowie eine kritische.

Das sei kurz erläutert: Will die Pädagogik aktuell gesellschaftlich gesetzte Normen nicht einfach funktional reproduzieren, indem sie bei jungen Menschen erwünschte Dispositionen hervorzubringen und unerwünschte zu unterdrücken oder vermeiden sucht, braucht sie ein Leitbild von menschlichen Entwicklungs- und Bildungsprozessen sowie von allgemeinen, für ein gutes menschliches Leben unverzichtbaren materiellen und nichtmateriellen Gütern und Ressourcen. Das erfordert einen zumindest schwach normativen Bezugsrahmen, der es ermöglicht, sich kritisch auf gegebene Verhältnisse zu beziehen. Ohne einen solchen kritischen (und als solchen unweigerlich normativ eingefärbten) Standpunkt ist es schlechterdings nicht möglich, die Defizite, Gewalt und Inhumanität eines gegebenen Status quo argumentativ zu kritisieren und die Notwendigkeit zu Veränderungen zu begründen. Dies zeigt, dass der normative Gesichtspunkt in der kritischen Funktion schon impliziert ist.

Meiner Auffassung nach ist die Vulnerabilität ein für die Ethik höchst relevantes anthropologisches Kriterium (vgl. Schnell 2017). Es ist unschwer zu zeigen, dass der Mensch unabhängig von allen historischen und kulturellen Varianzen eine sein Menschsein mitbestimmende Verletzbarkeit aufweist (vgl. Burghardt et al. 2017). Ebenfalls lässt sich zeigen, dass faktisch erfolgende Verletzungen Auswirkungen haben können (z. B. die Verletzung elementarer Schutzrechte gegen Willkür und Gewalt), die als nicht hinnehmbar einzustufen sind. Eine solche erfahrungsbasierte Rekonstruktion der Verletzbarkeit sowie der Folgen tatsächlicher Verletzungen (etwa die Beschädigung der Integrität der Menschen durch bestimmte Handlungen oder gesellschaftliche Strukturen) legt den Schluss nahe, dass bestimmte Handlungsweisen dem Menschen gemäßer sind als andere, nämlich Handlungsweisen, durch die solche Verletzungen der Integrität vermieden werden.

Um das an einem Beispiel zu verdeutlichen: Wenn es sich erstens zeigen lässt, dass Menschen konstitutiv auf Bildung angewiesen sind (vgl. Zirfas 2004) und also Bildungsbedürftigkeit eine Universalie ist und zweitens die Vorenthaltung von Bildung den Menschen auf eine nicht hinnehmbare Weise schädigt, ergibt sich hieraus die präskriptive bzw. normative Forderung, ihm eine angemessene Bildung zu gewähren. Dies gilt zumindest unter der Voraussetzung, dass die Schädigung anderer Menschen ein zu vermeidendes Übel ist. Damit ist aber noch nicht klar, was »angemessene Bildung« ist. Um diese Angemessenheit bestimmen zu können, brauchen wir orientierendes Wissen darüber, wessen der Mensch bedarf. Das erfordert zu zeigen, welche Rahmenbedingungen des individuellen Entwicklungsprozesses im sozialen Mikrobereich bis hin zu ökonomischen und politischen Makrostrukturen einerseits Verletzungen vermeiden, andererseits aber auch förderlich dabei sind, dass es dem einzelnen Menschen gelingt, ein gutes Leben zu entfalten.

Was bedeutet nun die vorangehende Erläuterung zum Zusammenwirken von Ethik und Anthropologie für das Konzept der Teilhabe? Offensichtlich ist es nur sinnvoll, Teilhabe als verbindliches Leitprinzip gleichermaßen für die Politik und die Pädagogik zu verstehen und deren Verwirklichung einzufordern, wenn es gelingt zu zeigen, dass die Ermöglichung von Teilhabe an unterschiedlichen Bereichen des menschlichen Lebens tatsächlich ein für das Wohlergehen des Menschen unverzichtbares und deshalb politisch zu realisierendes Gut darstellt, während deren Vorenthaltung eine nicht hinnehmbare Einschränkung oder Verletzung ist. Anders gesagt: Teilhabe kann nur dann anthropologisch plausibilisiert werden, wenn zweierlei gezeigt werden kann: (a) Sie stellt etwas dar, wonach Menschen in bestimmten historischen und politischen Kontexten verlangen, weil es sich um ein für ihr soziales Wohlergehen unverzichtbares Gut handelt; (b) die Vorenthaltung von Teilhabe lässt sich als nicht hinnehmbare Integritätsverletzung ausweisen.

Nach diesen zwei Klärungen werde ich in den nachfolgenden Abschnitten den Versuch machen, eine anthropologische (oder zumindest anthropologisch gefärbte) Denkfigur zu umreißen, die einen Beitrag zur Plausibilisierung des normativen Leitprinzips der Teilhabe leisten könnte. Dabei werde ich in drei Schritten vorgehen. Zunächst werde ich meine grundlegende These erläutern, dass Teilhabe als Versuch verstanden werden kann, eine ursprüngliche Sozialität wiederherzustellen. In einem kleinen Exkurs werde ich anschließend auf einige Aspekte der Studien von Michael Tomasello hinweisen, der die anthropologische These vertritt, der Mensch sei als Gattungswesen auf Kooperation, d. h. prosoziale Verhaltensweisen hin angelegt. Im hierauf folgenden Abschnitt werde ich in Anschluss an Hartmut Rosa Teilhabe als Resonanz rekonstruieren, bevor im letzten Abschnitt die Frage aufgeworfen wird, wie sich Gefühle bzw. Empathie, die ich ihrerseits als Resonanzphänomene verstehen werde, auf die Herstellung oder Beeinträchtigung von Teilhabe auswirken.

3   Teilhabe als Wiederherstellung einer ursprünglichen Sozialität

Ein wahrscheinlich zentraler Aspekt der Teilhabe im Kontext von Behinderung besteht in ihrem Versprechen, bisher benachteiligten bzw. ausgeschlossenen Individuen
oder Gruppen ein höheres Maß an Zugang und Mitgestaltungsmöglichkeiten in unterschiedlichen Lebensbereichen zu eröffnen und rechtlich absichern zu wollen. Jedoch ist nicht nur dieser eher formale, auf Vergesellschaftung abzielende Aspekt wichtig, sondern auch der der Vergemeinschaftung. Hiermit ist hier ein Prozess gemeint,
durch den sich jemand als Teil eines subjektiv bedeutsamen sozialen Zusammenhangs
erfahren kann, etwa einer Familie, einer subkulturellen Peergroup, eines Wohnquar-
tiers oder eines Arbeitszusammenhangs.

Vor diesem Hintergrund möchte ich nun folgende These formulieren: Ein Grund
dafür, dass viele Menschen sich nach Teilhabe im Sinn der Vergemeinschaftung seh-
nen, liegt in der fundamentalen Erfahrung des Getrenntseins von anderen. Es ist der
Verlust einer ursprünglichen Sozialität, d. h. der fraglosen Zugehörigkeit und des
Aufgehobenseins in einer sozialen Mitwelt, die den Menschen nach Teilhabe streben
lässt. Das Gefühl des Getrenntseins (das nicht identisch ist mit dem der Isolation
oder Entfremdung, sich jedoch dazu entwickeln kann) verdichtet sich im Zuge der
Entwicklung in der Kindheit und im Jugendalter. Ohne die vorgängige Erfahrung des
Verlustes von Zugehörigkeit und Aufgehobensein gäbe es keinen Wunsch oder keine
Forderung nach Teilhabe.

Ohne Zweifel unterliegen die Intensität, das Ausmaß und auch die Folgen der Erfahrung des Getrenntseins sowohl biografischen als auch vielfältigen historischen und
kulturellen Einflüssen. Frühe Trennung, Verlust und Vertreibung, Lieblosigkeit, Isolation und Gewalt, wirtschaftliche Not, Entrechtung, die Zugehörigkeit zu benachteiligten oder verfolgten Minderheiten usw. können das Gefühl erheblich verstärken
und vertiefen, während sichere Bindung, soziale Geborgenheit oder die Verfügbarkeit
eines verlässlichen sozialen Netzes die Erfahrung erheblich abmildern können. Zugleich darf angenommen werden, dass es sich trotzdem um eine menschliche Grund-
erfahrung handelt, die sich im Zuge der Individuation, vor allem in der Phase der
Adoleszenz einstellt.

Die vielgestaltige Erfahrung des Getrenntseins geht in den Erfahrungshintergrund
der Individuen ein und strukturiert ihrerseits, wie diese ihre Welt wahrnehmen und
deuten und sich handelnd auf sie beziehen. Meiner These zufolge ist das Verlangen
nach sozialer Zugehörigkeit oder gesellschaftlicher Anerkennung eine Antwort auf
diese Erfahrung. Teilhabe wäre vor diesem Hintergrund die Verheißung, dass zwar die
ursprüngliche Sozialität nicht zurückgewinnbar, jedoch eine andere Form der Einbindung und Zugehörigkeit möglich ist.

4 Teilhabe als Ausdruck anthropologisch bedingter Kooperation

In dem soeben skizzierten Zugang wurde die Forderung nach Teilhabe von einer universalen, sich im Zuge des Prozesses der Individuation einstellenden Erfahrung aus plausibel gemacht. Warum aber ist Teilhabe für die Menschen so bedeutsam? Eine naturgeschichtliche Antwort auf diese Frage liefert Michael Tomasello in verschiedenen Studien, in denen er sich vor allem mit der phylogenetischen Entwicklung der menschlichen Kommunikation und Kooperation sowie der Evolution des Denkens und der Moral befasst.

Tomasellos Forschungen sind u. a. deshalb bedeutend, weil sie einen Beitrag dazu leisten, den Menschen nicht – wie es wirkungsmächtige Strömungen der europäischen Philosophie und Wissenschaften nahegelegt haben – als mehr oder weniger egoistisches oder der Tendenz nach auch dem Bösen zugeneigtes Wesen zu zeichnen. Vielmehr geht es ihm darum nachzuweisen, dass der Mensch auf Kooperation hin angelegt ist. Dies ist auch die naturgeschichtliche Basis seiner Moralfähigkeit (vgl. Tomasello 2017). Das auf Kooperation hin angelegte menschliche Handeln wird zwar durch Erziehung und Sozialisation kulturell überformt und in bestimmte Bahnen gelenkt. Jedoch ist es Tomasello zufolge weniger eine Folge von Kultur als eine ihrer Voraussetzungen. Kooperation wird demgemäß als in der Natur auftretendes Phänomen behandelt, das sich naturgeschichtlich rekonstruieren lässt und die fundamentale Bedingung der Möglichkeit für Sprache, Sozialität und Moralität darstellt.

Wie Tomasello in verschiedenen Schriften herausarbeitet, hat die Entwicklung der menschlichen Kommunikation durch Gesten, Blicke, Bewegungen, Verbalsprache und andere Symbolisierungssysteme nicht nur eine intersubjektive Verständigung möglich gemacht, sondern auch ein durch die kommunizierende Gruppe (zumindest zeitweise) gemeinsam bewohntes und geteiltes symbolisches Universum geschaffen.

Ein zentraler Befund von Tomasello (2009) besagt, dass menschliche Kommunikation eine spezifische Form kooperativen Handelns darstellt, der eine »geteilte Intentionalität« zugrunde liegt. In seiner Theorie zum Ursprung der menschlichen Sprache geht er davon aus, dass diese aus dem »Zeigen und Gebärdenspiel« hervorgegangen sei (Tomasello 2009, 13). Seinen Ausführungen zufolge sind »gemeinsame Aufmerksamkeit, geteilte Erfahrungen, gemeinsames kulturelles Wissen« (ebd., 15) die unverzichtbaren Elemente der »geteilten Intentionalität«. Damit ist gemeint, dass sich Menschen auf hinreichend ähnliche Weise auf Gegenstände oder Handlungsziele fokussieren, sich darüber verständigen und ihre Handlungen koordinieren können.

Im Zuge seiner Darstellung entwickelt und prüft Tomasello drei Hypothesen. Die erste Hypothese besagt, dass menschliche Kooperation sowohl in der Evolution als auch in der individuellen Ontogenese »in der Form natürlicher, spontaner Gesten des Zeigens und des Gebärdenspiels« (ebd., 21) auftrete. Die zweite Hypothese führt die geteilte Intentionalität ein, deren zentrale Funktion die Koordination von Zusammenarbeit oder Kooperation ist. Sie ist durch zwei wichtige Komponenten charakterisiert:

»(a) sozio-kognitive Fertigkeiten zur gemeinschaftlichen Erzeugung gemeinsamer Absichten und gemeinsamer Aufmerksamkeit (und anderer Formen eines gemeinsamen begrifflichen Hintergrundes), und (b) prosoziale Motive oder sogar Normen des Helfens und Teilens mit anderen« (ebd., 21).

Die dritte Hypothese schließlich besagt, menschliche Kommunikation durch Sprache setze voraus, dass

»die an ihr Beteiligten schon über Folgendes verfügen: (a) natürliche Gesten und ihre Infrastruktur geteilter Intentionalität sowie (b) Fertigkeiten des kulturellen Lernens und der Nachahmung, um gemeinsam verstandene kommunikative Konventionen und Konstruktionen zu schaffen und weitergeben zu können« (ebd., 22 f.).

Diese wenigen Hinweise müssen an dieser Stelle genügen. Sie sollen deutlich machen, dass Teilhabe möglicherweise ein spätes menschheitsgeschichtliches Echo der bereits sehr früh angelegten kooperativen Natur des Menschen ist, die ihrerseits eine wie auch immer geartete Sozialität zugleich vorbereitet und zu ihrer Weiterentwicklung und Ausdifferenzierung voraussetzt. Damit ist gemeint, dass Kooperation bestimmte Normen hervorbringt, die ihrerseits strukturierend und normierend auf das kooperative Verhalten zurückwirken.

Hinzuzufügen ist jedoch noch ein Aspekt, der für den weiteren Verlauf des Gedankengangs wichtig ist. Tomasello zeigt, dass sich drei Grundmotive bzw. soziale Motivationen für Kommunikation unterscheiden lassen, nämlich das Auffordern, das Informieren und das Teilen von Gefühlen und Einstellungen (vgl. ebd., 95 ff.). Das dritte Motiv ist hier von besonderem Interesse, da es wesentlich für die Herstellung von Bindung ist. Das Teilen von Gefühlen »im Hinblick auf bestimmte gemeinsame Erfahrungen […] trägt dazu bei, dass wir uns psychologisch einander näher fühlen« (ebd, 226). Das Teilen von Gefühlen und Einstellungen hat eine wichtige Funktion für das Entstehen einer Gruppenidentität. Sofern Teilhabe keine den Menschen oktroyierte politische Ideologie ist, sondern etwas, was sie selbst tatsächlich auch wollen und befürworten, kann sie, folgt man Tomasello, nur gelingen, wenn eine hinreichende Basis gemeinsamer Erfahrungen und gruppenidentitätsstiftende Gefühle vorhanden ist. Auf diesen Aspekt werde ich im übernächsten Abschnitt zurückkommen.

5   Teilhabe als Resonanzphänomen

In diesem Abschnitt möchte ich eine aktuelle, jedoch ganz anders gelagerte Theorie hinsichtlich ihrer Bedeutung für einen anthropologischen Zugang zur Teilhabe umreißen, nämlich die soziologische Theorie der Resonanz von Hartmut Rosa (2016).

Teilhabe ist ein Ausdruck für eine spezifisch moderne, gesellschaftlich eingebettete und zugleich gesellschaftlich vermittelte Form der Weltbeziehung. Im politischen Diskurs ist Teilhabe eine zentrale Figur im Diskurs über die Frage, »wie gesellschaftliche Zugehörigkeit hergestellt und erfahren wird, und wie viel Ungleichheit […] die Gesellschaft« akzeptiert (Barthelheimer 2007, 8). Je ausdifferenzierter eine Gesellschaft und je institutionalisierter diese Form der Weltbeziehung ist, umso weniger betrifft sie das Individuum in seiner personalen Totalität, sondern nur aspekthaft in Hinblick auf jeweils dominante gesellschaftliche Funktionsbereiche. Analog zu Luhmanns Verständnis von Inklusion müsste man dann argumentieren, dass es keine umfängliche Teilhabe an der Gesellschaft als Gesamtsystem geben kann, sondern stets nur Teilhabe an Teilsystemen. Entsprechend ist die Vorenthaltung von Teilhabe zunächst einmal bereichs- oder (sub-)systemspezifisch. Allerdings kann sich die Vorenthaltung der Teilhabe an verschiedenen Subsystemen kumulieren und sich zu einer Erfahrung weitgehenden sozialen Ausschlusses verdichten. Und ohne Frage wirkt sie sich für die betroffenen Menschen existenziell aus und wird zu einem wichtigen Bestandteil ihrer Selbst-, Fremd- und Weltwahrnehmung.

In Anschluss an Hartmut Rosa (2016) könnte man nun argumentieren, dass es eine der Teilhabe vorgelagerte ursprüngliche, bereits auf leiblicher Ebene wirkende Form der Weltbeziehung gibt, nämlich die Resonanz. Rosa (2016) entwickelt in seiner umfangreichen Studie die These, dass das Verhältnis zwischen Individuum und Welt auf einer ganz grundlegenden Ebene resonanztheoretisch zu verstehen ist. Resonanz bedeutet im Kern – hier greift Rosa auf eine aus der Musik kommende Begrifflichkeit zurück, die er teilweise metaphorisch verwendet, teilweise aber auch direkt auf soziale Phänomene überträgt –, dass unter bestimmten Voraussetzungen zwischen Subjekt und Welt ein quasi rhythmisches und synchronisierendes »Aufeinandereinschwingen« (Rosa 2016, 55) stattfindet. Ein solches resonantes Aufeinandereinschwingen ist Bedingung der Möglichkeit, dass die Individuen ein gutes Leben führen können. Im Hintergrund steht die Annahme, dass Subjekt und Welt nicht als vorgängig getrennte Entitäten zu fassen sind, sondern als dynamischer Verflechtungszusammenhang, der beide Seiten überhaupt erst konstituiert. Rosa definiert Resonanz als

> »ein spezifisch kognitives, affektives und leibliches Weltverhältnis, bei dem Subjekte auf der einen Seite durch einen bestimmten Weltausschnitt berührt und bisweilen bis in ihre neuronale Basis ›erschüttert‹ werden, bei dem sie aber auch auf der anderen Seite selbst ›antwortend‹ handelnd und einwirkend auf die Welt bezogen sind und sich als wirksam erfahren« (Rosa 2016, 279).

Rosa zufolge sind soziale Gemeinschaften »Resonanzgemeinschaften« (Rosa 2016, 267), weil Individuen »die gleichen Resonanzräume bewohnen« (ebd., 267).

Jedoch wird Resonanz weder anthropologisch im Sinne eines geschichts- und gesellschaftsunabhängigen Phänomens noch psychologisch gedeutet, sondern soziologisch gerahmt. Rosa ist es wichtig zu betonen, dass die spezifische Weise des In-der-Welt-Seins einzelner Menschen »sogar in leiblicher Hinsicht ganz umfassend von den Praxisformen und den institutionellen Zusammenhängen« (ebd., 663) abhängen, die für das Leben dieser Menschen maßgeblich sind.

Wenn nun gelingendes Leben auf Resonanz beruht, ist misslingendes Leben das Ergebnis von Resonanzstörungen. Das Resultat mangelhafter Resonanz belegt Rosa mit dem alten politischen Begriff der Entfremdung, das eine weitgehende Form des Getrenntseins von der sozialen Welt und den gesellschaftlichen Verhältnissen zum Ausdruck bringt. Entfremdung bezeichnet ein Weltverhältnis

>in dem die (subjektive, objektive und/oder soziale) Welt dem Subjekt gleichgültig gegen-
überzustehen scheint (Indifferenz) oder sogar feindlich entgegentritt (Repulsion). Entfremdung bezeichnet damit eine Form der Welterfahrung, in der das Subjekt den eigenen
Körper, die eigenen Gefühle, die dingliche und natürliche Umwelt oder aber die sozialen
Interaktionskontexte als äußerlich, unverbunden und nichtresponsiv bzw. stumm erfährt«
(ebd., 306).

Rosa geht davon aus, dass Menschen in ihrem Leben spezifische Erfahrungen von Resonanz bzw. Entfremdung machen. Diese Erfahrungen prägen unsere Weltbeziehungen und schlagen sich in Form einer individuellen Disposition nieder, die auf einem Kontinuum zwischen Resonanzreichtum und Resonanzarmut bzw. dispositionaler Resonanz und dispositionaler Entfremdung aufgespannt ist. Das bedeutet: Die kontinuierliche Erfahrung, in einer resonanzarmen, verdinglichten Welt zu leben, polt die betreffenden Menschen ihrerseits auf Resonanzarmut oder Stummheit, während die Erfahrung, in einer überwiegend resonanten Welt zu leben, die Menschen einen eher resonanten Modus der Beziehung zur Welt ausbilden lässt. Das bedeutet, dass die Erzeugung dispositional resonanter bzw. dispositional entfremdeter Interaktionskontexte und Beziehungsmodi in hohem Maße gesellschaftlich bedingt sind.

Hier nun möchte ich auf meine weiter oben bereits formulierte These zurückkommen und sie leicht modifizieren: Die Forderung nach Teilhabe kann überhaupt nur dort laut werden und sich beispielsweise in sozialen Bewegungen verdichten und artikulieren, wo die von Rosa beschriebene Weltbeziehung gestört ist, wo es für Individuen nicht hinreichende Resonanzräume gibt. Erst das Bewusstwerden einer gravierenden, sich der Erfahrung nachhaltig einschreibenden Mangelerfahrung, etwa das Gefühl von Ausgesetztsein an eine unverständliche und nicht beinflussbare soziale Welt (d. h. u. a. das Fehlen der Erfahrung von Selbstwirksamkeit), setzt das Verlangen nach Zugehörigkeit oder einer Chance zur Mitgestaltung der eigenen Lebensumstände frei. So gesehen wäre das normative Leitprinzip der Teilhabe ein Versuch, aus einem Mangel an Resonanz entstehende Entfremdung politisch abzufedern oder zumindest teilweise wieder rückgängig zu machen.

Nun stellt sich die Frage, was diese eher grundsätzlich und allgemein gehaltenen Überlegungen mit dem Personenkreis der Menschen mit schweren und komplexen Behinderungen zu tun haben. Dieser Frage soll im letzten Abschnitt unter einem spezifischen Fokus nachgegangen werden, nämlich der Bedeutung von Gefühlen und Empathie für das Ge- oder Misslingen von Teilhabe.

6 Teilhabe und die Bedeutung von Gefühlen und Empathie

Spätestens durch die politischen Aktivitäten der Behindertenbewegung und die vielfältigen Studien der Disability Studies wissen wir, dass eine medizinische und psychologische Annäherung an das Thema Behinderung nicht nur viel zu eng ist, sondern auch entscheidende Zusammenhänge bzw. Wirkfaktoren bei der Herstellung von Behinderung ausblendet. Eine zeitgemäße Theorie der Behinderung kommt nicht mehr an historischen, gesellschaftlichen und kulturellen Aspekten vorbei. Hierzu sind sehr unterschiedliche Theorien der Behinderung entwickelt worden (vgl. Goodley 2011). Im Ausgang von Rosas Theorie der Weltbeziehung könnte man nun die Hypothese formulieren, dass viele dieser Theorien trotz zum Teil erheblicher Unterschiede in einem Punkt zusammenlaufen: nämlich darin, dass der jeweils in den Blick genommene zentrale Fokus (Fremdbestimmung, Stigmatisierung und Abwertung, Marginalisierung und Ausgrenzung, Entrechtung usw.) stets eine gesellschaftlich bedingte resonanzarme bzw. verdinglichende Weltbeziehung begünstigt.

Wie bereits im vorangehenden Abschnitt betont wurde, ist Teilhabe in modernen, funktional differenzierten Gesellschaften nicht als totale Einbeziehung zu begreifen, sondern als jeweils spezifische Partizipation an verschiedenen Lebensbereichen, etwa Bildung, Arbeit, soziale Sicherungssysteme oder soziale Nahbeziehungen (vgl. Barthelheimer 2007, 10). Diese folgen jeweils eigenen Logiken hinsichtlich der Voraussetzungen und Ausgestaltung der Teilhabe und fügen sich nicht bruchlos zu einem kohärenten Ganzen. Diese Differenzierung impliziert die Unterscheidung von quasi formalisierten und rechtlich verbrieften Formen der Teilhabe (Vergesellschaftung) und eher informellen, sozialen Spielarten (Vergemeinschaftung). Je stärker der Institutionalisierungsgrad des Zusammenwirkens der beteiligten Akteure im jeweiligen Teilhabebereich ist, um so geregelter und formalisierter sind sie, und umso mehr treten Emotionen als notwendiges ›Bindeglied‹ in den Hintergrund. Umgekehrt gilt, dass eher informelle Spielarten der Teilhabe – bzw. die zwischenmenschlichen Aspekte der Teilhabe in hochgradig institutionalisierten Kontexten – in hohem Maße von der individuellen Teilhabebereitschaft der Akteure abhängig sind. Hierbei spielen bestimmte emotionale bzw. affektive Resonanzen, etwa Zuneigung, Angst oder Neid, eine maßgebliche Rolle.

Ähnliches lässt sich für Sympathie und Antipathie sagen. Auch ihnen eignet eine maßgebliche Integrations- und Bindungskraft. Sympathie lässt sich in einer ersten und vorläufigen Annäherung als unwillkürliche emotionale Reaktion auf etwas oder jemanden fassen. Sie ist eine Form des unmittelbaren, affektiv getönten Angesprochenwerdens durch den Anderen und geht mit Zuwendung, Zuneigung, Interesse und einem Sich-Einlassen auf die Befindlichkeit des Anderen einher. Demgegenüber bewirkt Antipathie eine Abgrenzung vom Anderen und induziert »negative bzw. antisoziale Empathiegefühle« (Breyer 2013, 14).

Die Diskurse über die gesellschaftliche Bedeutung und Funktion von Gefühlen sind überaus uneinheitlich und heterogen und bedienen sich auch verschiedener Nomenklaturen, die nicht ohne weiteres kombinierbar sind. In unserem Zusammenhang ist dies zunächst nicht von Bedeutung. Mir kommt es hier nur auf die Feststellung an, dass soziale Differenzierungsprozesse, die Herstellung von sozialer Ungleichheit und Prozesse der Inklusion oder Exklusion von Individuen und Gruppen zumindest dann auch eine bedeutsame emotionale oder affektive Seite haben, wenn sie sich auf einer interpersonalen Ebene vollziehen. Emotionale Resonanzen sind demnach ein erheblicher Inklusions- bzw. Exklusionsfaktor. Einerseits sind positive Emotionen Voraussetzung für Teilhabe als soziale Vergemeinschaftung. Andererseits könnten bestimmte Behinderungen z. T. aversiv aufgeladen sein und, indem sie beispielsweise Unsicherheit, Scham, Verlegenheit, Beklemmung, Wut, Frustration, Angst, Ekel, das Bedürfnis sich abzuwenden usw. auslösen, Prozesse der Herstellung von sozialer Teilhabe unterminieren. Nussbaum (2013) jedenfalls konstatiert, dass es unter Menschen eine deutliche Tendenz gebe, Sympathie nur gegenüber einer recht kleinen Gruppe von Menschen zu empfinden. Tatsächlich bestätigt die empirische Forschung, dass Empathie nach dem Kriterium der Gruppenzugehörigkeit ungleich verteilt wird. Das bedeutet konkret, dass Menschen in der Regel deutlich mehr Empathie denjenigen gegenüber empfinden, mit denen sie durch die Zugehörigkeit zu sozialen Gruppen verbunden sind und die sie als ihresgleichen erleben. Das bestätigen auch die Befunde von Tomasello (2016). Ebenso spielt die »Ähnlichkeit zwischen Beobachter und Beobachteten eine wichtige Rolle« (Breithaupt 2017, 89).

Das stößt uns auf eine ambivalente Spannung, die offensichtlich mit inklusiven Prozessen einhergehen kann und diese vielleicht sogar charakterisiert: Einerseits kann die ›gelebte‹ Teilhabe aufgrund bestimmter emotionaler Resonanzen erschwert oder sogar verunmöglicht werden; andererseits aber birgt ein Minimum an sozialer Interaktion und Kontakt mit behinderten Menschen nicht nur die Gefahr der Unterminierung von Teilhabe, sondern ist zugleich Voraussetzung dafür, negative oder unangenehme Gefühle zu überwinden.

7   Schlussbemerkungen

Resonanzphänomene im Allgemeinen und Gefühle im Besonderen sind nicht allein anthropologisch erklärbar. Sie sind in hohem Maße gesellschaftlich und kulturell gerahmt. Trotzdem sind Gefühle und ihre Auswirkungen auf das Zusammenleben ein universales Kennzeichen des Menschseins.

Interessanterweise spielen Affekte bzw. Emotionen im gegenwärtigen Inklusionsdiskurs praktisch keine Rolle, und auch im für die Teilhabe maßgeblichen politischen Diskurs, findet eine entsprechende Auseinandersetzung bisher erst ansatzweise statt (z. B. bei Nussbaum 2013). Damit aber gerät ein vermutlich maßgeblicher Ge- bzw.

Misslingensfaktor aus dem Blick. Wie vorab gezeigt wurde, sind Gefühle bzw. Affekte (bzw. deren Fehlen) als eine Spielart von Resonanz ein bisher unterschätzter und daher zu wenig gewürdigter Faktor bei der Untersuchung von Inklusions- und Teilhabeprozessen. In diesen blinden Fleck hinein möchte ich einige Fragen stellen: Löst die Begegnung mit Menschen mit (schweren) Behinderungen negative oder zumindest ambivalente Gefühle bzw. Affekte aus? Führt sie uns an Grenzen der positiven Empathie heran? Sind die Begegnungen zumindest dann, wenn wir sie nicht erwarten oder nicht mit den betreffenden Menschen vertraut sind, Ausnahmesituationen, die spontane Reaktionen von Repulsion auslösen und Empathieversuche zum Scheitern bringen? Welche Konsequenzen für die Beziehungsgestaltung hat es, wenn mich ein anderer Mensch hochgradig verunsichert, weil meine Kommunikationserwartungen systematisch enttäuscht werden? Wie wirkt sich beispielsweise das Gefühl von Ekel in Pflegesituationen aus? Welche Empfindungen werden in mir ausgelöst, wenn ich Menschen begegne, die mir als selbstverständlich und quasi natürlich erscheinende Kriterien des Menschseins nicht erfüllen?

Sollten die vorab angedeuteten Befunde zumindest in ihren Grundzügen zutreffen, dann wären die durch eine Behinderung ausgelösten negativen Emotionen eine in den Prozess der Herstellung von Teilhabe negativ intervenierende Variable.

Hier tut sich ein kompliziertes und in Teilen brisantes, aber auch innovatives Forschungsfeld auf, dem wir uns in Zukunft verstärkt zuwenden sollten.

Literatur

Barthelheimer, P. (2007): Politik der Teilhabe. Ein soziologischer Beipackzettel. In: FES Working Paper 2007, http://library.fes.de/pdf-files/do/04655.pdf. (2.7.2016)

Breithaupt, F. (2017): Die dunklen Seiten der Empathie. Berlin.

Breyer, Th. (2013): Empathie und ihre Grenzen: Diskursive Vielfalt – phänomenale Einheit? In: Breyer, Th. (Hg.): Grenzen der Empathie. Philosophische, psychologische und anthropologische Perspektiven. München, 13–42.

Burghardt, D./Dederich, M./Dziabel, N./Höhne, Th./Lohwasser, D./Stöhr, R./Zirfas, J. (2017): Vulnerabilität. Pädagogische Herausforderungen. Stuttgart.

Dederich, M. (2013): Philosophie in der Heil- und Sonderpädagogik. Stuttgart.

Dederich, M. (2016): Über die Gewalt der Bilder und der Worte – Geistige Behinderung im Spiegel der Heilpädagogik, Psychiatrie und Philosophie. In: Bilstein, J./Ecarius, J./Ricken, N./Stenger, U. (Hgg.): Bildung und Gewalt. Wiesbaden, 117–128.

Goodley, D. (2011): Disability studies: an interdisciplinary introduction. Los Angeles.

Gröschke, D. (2008): Heilpädagogisches Handeln. Eine Pragmatik der Heilpädagogik. Bad Heilbrunn.

Nussbaum, M. (2013): Political Emotions. Why Love Matters for Justice. Cambridge/London.

Rosa, H. (2016): Resonanz. Eine Soziologie der Weltbeziehung. Berlin.

Scheler, M. (1973): Wesen und Form der Sympathie. Bern/München.

Schnädelbach, H. (2012): Was Philosophen wissen und was man von ihnen lernen kann. München.

Schnell, M. W. (2017): Ethik im Zeichen vulnerabler Personen. Leiblichkeit, Endlichkeit, Nichtexklusivität. Weilerswist.

Sloterdijk, P. (2001): Das Menschentreibhaus. Stichworte zur historischen und prophetischen Anthropologie. Weimar.

Sloterdijk, P. (2009): Du musst Dein Leben ändern. Über Anthropotechniken. Frankfurt am Main.

Speck, O. (2003): System Heilpädagogik. Eine ökologisch reflexive Grundlegung. 5. neu bearbeitete Auflage. München.

Tomasello, M. (2009): Die Ursprünge der menschlichen Kommunikation. Frankfurt am Main.

Tomasello, M. (2016): Eine Naturgeschichte der menschlichen Moral. Berlin.

Wulf, Ch. (2004): Anthropologie. Geschichte, Kultur, Philosophie. Reinbek bei Hamburg.

Zirfas, J. (2004): Pädagogik und Anthropologie. Eine Einführung. Stuttgart.

Sophia Falkenstörfer

Fürsorge: Alltag in der Praxis – ein blinder Fleck in der Theorie

»[D]ie Gefühle der Fürsorglichkeit und der Sympathie [gehören], wenn man sie gebührend unter die Lupe genommen hat, wirklich zum innersten Wesen des ethischen Lebens. Keine Gesellschaft kann es sich leisten, diese Gefühle nicht zu kultivieren« (Nussbaum 1999, 11).

1   Einleitung

Das Leben von Menschen mit geistiger und schwerer Behinderung ist in der Regel maßgeblich von Abhängigkeitsverhältnissen[1] geprägt. Aufgrund dieser Tatsache sind sie existenziell auf Fürsorgebeziehungen angewiesen. Für heilpädagogische Fachkräfte ist diese Erkenntnis zentral, da die Entscheidung, mit Menschen mit geistiger und schwerer Behinderung zu arbeiten, im besten Fall eine bewusste Entscheidung auch dahingehend ist, verantwortungsvoll Fürsorgebeziehungen gestalten zu wollen.

Wie komplex Fürsorgebeziehungen im Allgemeinen wie im Spezifischen sind, soll ein erster holzschnittartiger Themenaufriss deutlich machen: Fürsorge entsteht da, wo ein Mensch der Hilfe eines anderen Menschen bedarf. In diesem Moment wird der eine Mensch (aktiv) zum Fürsorge-Gebenden und der andere Mensch (passiv) zum Fürsorge-Erhaltenden. Aufgrund dieser *asymmetrischen Beziehung* entsteht ein *ungleiches Machtverhältnis* (vgl. Conradi 2001). Der (passiv) Fürsorge-Erhaltende Mensch befindet sich sodann in einer Abhängigkeit zu dem Fürsorge-Gebenden Menschen. Eine Folge dieser Abhängigkeit ist ein unterschiedlich hohes Maß an Fremdbestimmung, welches dem Fürsorge-Erhaltenden Menschen widerfährt.

Aus der hier sehr verkürzten Beschreibung von Fürsorgebeziehungen wird ersichtlich, dass Menschen, die beruflich in Fürsorgesituationen wirken, sich intensiv und reflektiert mit Fürsorge auseinandersetzen müssten. Für die Heil- und Behindertenpädagogik gilt das insbesondere mit Blick auf den Personenkreis der Menschen mit geistiger und schwerer Behinderung, da für viele dieser Menschen der Zustand der Abhängigkeit von Fürsorge-Gebenden nicht nur eine temporäre Lebensrealität (wie z. B. in Zeiten einer Krankheit) darstellt, sondern elementar lebensbegleitend ist. Entsprechend groß ist die Verantwortung, welche die Fachkräfte der Heil- und Behindertenpädagogik übernehmen, da sie die von ihnen abhängigen Menschen in besonderem Maße prägen. Die Macht, die sie besitzen, kann zum Wohle oder Unwohle der abhängigen Personen ausgeübt werden.

---

1   Zu Abhängigkeitstypen siehe Dederich (2011a, 141)

Nun zeigt sich hinsichtlich der ›Fürsorge im Kontext der Heilpädagogik‹ erstaun-
licherweise eine große Diskrepanz zwischen dem *alltäglichen praktischen fürsorglichen
Handeln* (die Praxis lebt Fürsorge – es geht nicht anders) und dem *wissenschaftlichen
Diskurs*. Fürsorge als einem *relevanten Aspekt praktischen pädagogischen Handelns* wird
im Kontext der Heil- und Behindertenpädagogik so gut wie keine Beachtung geschenkt; im Gegenteil, es scheint eher so, als würde sie verschwiegen, als wäre sie
unangenehm, nicht zeitgemäß, verstaubt. Die breite wissenschaftliche und politische
Diskussion fokussiert seit Jahren beinahe ausschließlich Themen der Selbstbestimmung und der Inklusions- wie Teilhabebemühungen, ohne explizit aufzuzeigen, dass
all diese Bemühungen für Menschen mit geistiger und schwerer Behinderung nur
in Zusammenhang mit Abhängigkeit und der daraus folgenden Fremdbestimmung
gedacht werden können.

Gefordert wäre eine ›Ethik der Fürsorge‹, welche sich im Kontext der Behindertenpädagogik spezifisch mit den Lebensumständen von Menschen mit geistiger und
schwerer Behinderung befasst und welche sich sodann in einem – für die Praxis ausgerichteten – ›Konzept der reflektierten Fürsorge‹ verdichtet. Ziel einer solchen ethisch
fundierten und reflektierten Fürsorge könnte das höchst mögliche Maß an ›gutem
Leben‹, beispielweise in Anlehnung an Martha Nussbaums Capabilities Approach
(Nussbaum 2016) sein.

Aus diesen Überlegungen heraus ergeben sich zum Problemaufriss drei übergeordnete Gedankengänge, denen im Rahmen dieses Beitrags – allerdings nur skizzenhaft
und exemplarisch – nachgegangen werden soll.

Erstens: Der Mensch ist ein verletzliches Wesen, er bedarf der Fürsorge.
Zunächst soll mit Schnell (2008) und Benner et al. (2017) der Annahme nachgegangen werden, dass der Mensch per se ein verletzliches Wesen ist und infolgedessen
Fürsorge keine besondere pädagogische Maßnahme darstellt, sondern eine *existenzielle
menschliche Konstante* ist. Diese ethische Begründung ist insofern eine Notwendigkeit,
als dass ›Fürsorge‹ nur dann verhandelt werden kann, wenn es gelingt, diese zu begründen und zu fundieren.

*Zweitens: Es gibt in der Care-Ethik Ansätze, die sich die Behindertenpädagogik zunutze
machen kann.*
Der zweite Gedanke resultiert aus den Überlegungen, dass hinsichtlich der Fürsorge
im Kontext der Heilpädagogik, mit Blick auf Menschen mit geistiger und schwerer
Behinderung, die Theorie der Praxis dienen muss. Fürsorgliches Handeln – das konnte in Ansätzen dargestellt werden – ist mächtiges und verantwortungsvolles Handeln
an abhängigen Personen. Der Theoriediskurs, der in dem folgenden Beitrag nur sehr
grob angerissen werden kann, muss ausführlich geführt werden, damit anschließend
diese theoretischen Überlegungen Eingang in Praxiskonzepte, wie bspw. einem ›Konzept der reflektierten Fürsorge‹, finden können. Da die Care-Ethik mit Sorge- und
Pflegefragen befasst ist, stellt diese Konzepte und Theorien zur Verfügung, die sich die
Behindertenpädagogik in einem Fürsorgediskurs zunutze machen könnte.

Drittens: Es gibt Gründe, warum Fürsorge ein blinder Fleck im wissenschaftlichen Diskurs der Behindertenpädagogik ist.
Der dritte Gedanke folgt nicht der Systematik der ersten zwei Gedankengänge; denn er befasst sich nicht mit möglichen Inhalten, Theorien und Konzepten von Fürsorge, sondern er wendet sich der Behindertenpädagogik zu und ist geleitet von der Frage, warum die Behindertenpädagogik, bei der – wie mir scheint – doch offensichtlichen Relevanz, der Fürsorge keine Beachtung schenkt.

2   Was ist Fürsorge?

An dieser Stelle muss zunächst eine erste Annäherung an den Fürsorgebegriff erfolgen. In dem Buch *Dimensionen der Sorge* schreiben Henkel et al. (2016) eingangs: »Die Sorge ist gegenwärtig als eine mögliche Zukunft. Sorge wirkt also gegenwärtig durch die Voraussicht, durch die Vergegenwärtigung dessen, was nicht ist, aber doch werden könnte« (21). Damit verweisen sie auf den Zukunftsbezug, der jeder Sorge inne wohnt. Aufgrund der Fokussierung, die bei dem Terminus *Für*-sorge vorgenommen wird, indem die »Sorgen um den Anderen« (ebd.) aus der Sicht des Sorgenden beschrieben wird als eine *Hinwendung*, ein *Für-jemanden-sorgen* – findet eben dieser Begriff hier Verwendung.
Laut Duden (2017) ist *Fürsorge* zuerst eine »tätige Bemühung um jemanden, der ihrer bedarf«; zweitens eine »öffentliche, organisierte Hilfstätigkeit zur Unterstützung in Notsituationen oder besonderen Lebenslagen« als auch drittens »(veraltend) Einrichtung der öffentlichen Fürsorge; Sozialamt« oder »(umgangssprachlich) Fürsorgeunterstützung«. Der Begriff steht demnach nicht nur für eine (individuelle) helfende Tätigkeit, sondern auch für die organisierte und (veraltet) institutionalisierte Hilfe. Bei der *Fürsorge,* wie sie hier verstanden werden soll, handelt es sich um die Sorge, die sich – zum (zukünftigen) Erhalt oder zur Verbesserung bestimmter Lebensumstände – in Taten ausdrückt und sich auf das Wohlergehen anderer richtet. Mit Schütz et al. (1991) kann davon gesprochen werden, dass Fürsorge ausschließlich in *Wir-Beziehungen*, also in unmittelbaren Erfahrungen mit Mitmenschen in der *sozialen Umwelt* umgesetzt und gelebt werden kann (vgl. Schütz et al. 1991, 234 ff.). Die unmittelbare *fürsorgende* Hinwendung verläuft immer einseitig, von den Fürsorge-Gebenden zu den Fürsorge-Erhaltenden, d. h. die helfende Tätigkeit *fürsorgen* kann als ein aktiver Hinwendungsprozess *von* einem Menschen *zu* einem anderen Menschen verstanden werden. Es handelt sich nach Schütz um Wirkensbeziehungen.[2] Indem ich fürsorge,

---

2 »Konstruiere ich den anderen als nur partielles Selbst, als Darsteller typischer Rollen oder Funktionen, so findet dies eine Entsprechung im Prozeß der Selbsttypisierung, der einsetzt, sobald ich mit dem Anderen in soziale Wirkensbeziehungen eintrete. Ich nehme an einer solchen Beziehung auch nicht als ganze Persönlichkeit, sondern nur mit bestimmten Persönlichkeitsschichten teil. Indem ich die Rolle des Anderen definiere, nehme ich selbst eine Rolle an« (Schütz 1972, 21).

definiere ich mein Selbst als ein fürsorgendes Selbst und den Anderen als ein der Fürsorge bedürftiges Selbst.

3   Der Mensch ist per se ein verletzliches Wesen, er bedarf der Fürsorge

In diesem Beitrag wird, um der Behauptung nachzugehen, dass der Mensch ein verletzliches Wesen sei, exemplarisch die ›Ethik als Schutzbereich‹ (nach Martin Schnell
2008) als Theoriekonzept zugrunde gelegt.[3] Dieser Zugang wurde ausgewählt, da der
Philosoph und Ethiker Martin Schnell den vulnerablen Menschen in den Blick genommen hat. Das Anliegen dieser Ethik ist es, »dass sowohl schon geborene als auch
noch lebende Menschen, die krank, pflegebedürftig und/oder behindert sind, als ach-
tungs- und schutzwürdig anerkannt werden« (ebd., 1). Es erscheint demnach zunächst
als ein geeignetes Ethik-Konzept im Fürsorgediskurs.

> »Ethik als Schutzbereich nimmt […] ihren Ausgang vom leiblichen Existenzvollzug […].
> Diese Vorgehensweise bedingt, dass die Selbst- und Fürsorge und damit der Umgang des
> Menschen mit dem Kranksein in den Mittelpunkt rücken« (ebd., 13).

Schnell geht bei seinem Konzept von der »philosophischen Annahme eines grundlegenden Zusammenhangs von *Leiblichkeit* und *Selbstsorge* [Hervorhebung d. Verf.]«
(ebd., 19) aus und bezieht sich dabei mit Heidegger, Husserl, Merleau-Ponty u. a.
vor allem auf die philosophische Strömung der Phänomenologie (vgl. ebd., 21). Seine
Ethik versteht sich als eine »nichtexklusive Ethik des bedürftigen Menschen« (ebd.,
16), welche sich u. a. auf den folgenden Annahmen gründet:

> »1. Der relevante Ausgangspunkt aller Überlegungen ist der bedürftige Mensch. 2. Der
> bedürftige Mensch ist der leibhafte Mensch. 3. Der leibhafte Mensch verhält sich zu sich
> selbst, zu Anderen und zur Welt. 4. Dieses Verhalten ist die alltägliche Sorge des Men-
> schen. […] 7. Die Philosophie des bedürftigen Menschen ist für die Pflege relevant (vgl.:
> Schnell, 2002a; Schnell, 2004a)« (Schnell 2008, 19).

Dass Menschen Menschen pflegen, sie ver- und um-sorgen und sich ihnen fürsorgend
zuwenden, ist von dieser Ethik ausgehend kein spezifisches Phänomen helfender Berufe, sondern ein allgemeines und zutiefst menschliches, ja existenziell menschliches
Phänomen – eben weil der Mensch leiblich ist: »Der *Leib* ist dadurch *definiert*, dass
er den Menschen insgesamt ausmacht […] [Er] ist das Grundphänomen« (ebd., 21)
[Hervorhebung d. Verf.].

> »Nur weil der Mensch leiblich ist, kann er krank, behindert, therapie- und pflegebedürftig
> werden. Hinter diesen Möglichkeiten steht das Grundfaktum: Der Mensch ist endlich
> und damit zum Tode verurteilt« (ebd.).

---

3   Begründen ließen sich die Verletzlichkeit des Menschen u. a. auch mit Butler (2014), Dederich
    u. a. in Burghardt et al. (2017), Lévinas (2012), Stinkes (2015), Gröschke (2002) u. a.

Vor dem Hintergrund dieser bewussten Wahrnehmung von Leiblichkeit und Endlichkeit formuliert Schnell die Gestaltung der Existenz, des Lebens, als *Selbstsorge (cura sui)* und hält fest: »Pflege ist im Sinne des Geistes und der Praktiken der Selbstsorge des leiblichen Menschen zu verstehen« (ebd., 25). Unter der Selbstsorge versteht er, u. a. mit Rückgriff auf Heideggers *Dasein als Sorge,* die Möglichkeit, das endliche Leben zu gestalten. Er führt mit Foucault als positive Möglichkeit zur Ausgestaltung der Lebensspanne die *cura sui* an, welche »in einer *Lebenskunst* [Hervorhebung d. Verf.] zur Geltung kommt […]« (ebd., 26). Die Lebenskunst wiederum äußert sich in *Aktivitäten des täglichen Lebens* (vgl. ebd.).

Mit Patricia Benner folgt er sodann den Gedanken der *Primacy of Caring.* Benner leitet von dem grundlegenden Faktum, dass der Mensch zum Tode verurteilt sei und deshalb das Leben als Selbstsorge verstanden werden kann ab, dass Fürsorge in praktisches Handeln umgesetzte (Selbst-)Sorge ist (vgl. ebd., 29 f.). Sie verweist darauf, dass die dem Menschen eigene *Verletzlichkeit* und das daraufhin folgende *aufeinander Angewiesensein* nicht negativ als *Schwäche* bewertet werden, sondern als *Grundsituation jedes Menschen anerkannt, bejaht und bewusst gelebt werden* [soll] (Benner et al. 2017, 29). Unter *Primacy of caring* setzt sie sich dafür ein, dass Pflege (diese wird im Verlaufe der weiteren Ausführungen als Teil der Fürsorge verstanden) als höchster Wert einer Gesellschaft überhaupt wahrgenommen wird:

> »Pflegen und Fürsorge sind lebensermöglichende Tätigkeiten. ›Vorrang der Fürsorge‹ stellt die Grundlage dar für jedes sorgende, engagierte und Menschen zugewandte Verhalten. Menschen sind weltschöpferisch, indem sie andere pflegen und sich um sie kümmern (Benner, 2000b, 15)« (Benner et al. 2017, 29).

Die Behindertenpädagogik müsste nach Schnells Ethik *Fürsorge* für Menschen mit geistiger und schwerer Behinderung in Abhängigkeitsverhältnissen im Geiste der *Selbstsorge (cura sui)* als Gestaltung der befristeten Existenz des leiblichen Menschen und demnach als *Aktivität des täglichen Lebens* auffassen. Oder mit Benner als die *in praktisches Handeln umgesetzte Selbstsorge. Fürsorgliches Handeln* ist demnach ein *In-der-Welt-Sein, was das Selbst mit dem Anderen verbindet* (vgl. ebd., 30). Es ist im Kontext dieser Ethik ein Bestandteil des Lebens; eine *Conditio Humana*[4] (vgl. ebd., 25). Fürsorge ist entsprechend nicht irgendeine helfende Tätigkeit, die umgesetzt werden kann oder nicht, sie ist schlicht eine überlebenswichtige menschliche Notwendigkeit, eine *existenzielle menschliche* Konstante.

---

4 »Die conditio humana (lateinisch, wörtl. »menschliche Bedingung«) ist die Gesamtheit der Grundbedingungen menschlicher Existenz auf dieser Erde. Sie ist zum Teil (bis auf weiteres) unabänderlich, z. T. wird sie von Menschen gestaltet« (Schütz 1983, 5).

4   Es gibt Ansätze in der Care-Ethik, die sich die Behindertenpädagogik
         zunutze machen kann

Für einen reflektierten Umgang mit Fürsorge darf jedoch nicht nur die Erkenntnis der
Verwundbarkeit als passive Eigenschaft eines jeden Menschen Eingang in den Diskurs
erhalten, sondern auch die »aktive Fähigkeit des Verwundens, welche […] [den] Menschen auszeichnen« (Burghardt et al. 2017, 35). Im Kontext der Menschen mit geistiger und schwerer Behinderung, welche in Abhängigkeitsverhältnissen leben, ist davon
auszugehen, dass Fürsorge ein lebensbegleitender Zustand ist. Infolge der ungleichen
Machtverhältnisse, die diesen Fürsorgebeziehungen inhärent sind, müssen ethische
Überlegungen im Umgang mit abhängigen Menschen zu deren Schutz und zum Ziele
eines ›guten Lebens‹ umfassend diskutiert werden. Da bisher keine Praxiskonzepte
existieren, die sich explizit mit der Gestaltung von Fürsorgebeziehungen hinsichtlich
des Personenkreises der Menschen mit schwerer und geistiger Behinderung befassen,
lohnt ein Blick in die Nachbarwissenschaften, insbesondere in die Pflegewissenschaften und dort in die Care-Ethik Debatte. Diese Debatte bietet sich im Kontext der Fürsorge deshalb an, weil sie sich ethisch, politisch und praktisch mit den Dimensionen
der Sorge und der Pflege beschäftigt.

> »Philosophische Konzeptionen zur Gerechtigkeit, Anerkennung, Verantwortung und
> Care begründen Antworten gegen soziale Ungleichheit, Exklusion, Diskriminierung, Un-
> terdrückung, Marginalisierung von Menschen und/oder Gruppen in ihrer körperlichen
> und psychischen Verletzlichkeit« (Großmaß & Perko 2011, 59).

Der relativ junge Zweig der Care-Ethik, welcher sich im angloamerikanischen Raum
und dort besonders in den USA der 1980er und 1990er-Jahre angestoßen von Femi-
nistinnen wie Carol Gilligan und Nel Noddings entwickelt hat, hat in Deutschland
am ehesten Eingang in die Pflegewissenschaften gefunden (vgl. Kohlen & Kumbruck
2008, 2). Das Anliegen der Care-Ethik Vertreter(innen) ist es, »Sorge überhaupt als
ethisches Grundprinzip zu etablieren« (Henkel et al. 2016, 22).

> »Denn gute Care-Strukturen sind für uns alle die Grundlage eines guten Lebens. […]
> Care stiftet damit individuelle Identität und schafft gemeinschaftlichen Zusammenhalt.
> Wir brauchen eine neue gesellschaftliche Kultur, in der die Sorge für sich und andere ei-
> nen eigenständigen Stellenwert bekommt […]« (Care-Manifest 2013, 325).

Der Begriff ›Care‹ wird im Deutschen mit *Fürsorge* wiedergegeben. Da der deutsche
Fürsorgebegriff jedoch u. a. aufgrund seiner Begriffsgeschichte stark mit den historischen Hilfesystemen verknüpft wird, »wird in der aktuellen Debatte nicht selten das
englische Wort verwendet«, (Schnabl 2005, 16). Care umfasst dabei »eine weite Palette
von Bedeutungen (Zuwendung, Anteilnahme, Versorgung, Mitmenschlichkeit, Verantwortung, Hausarbeit, Pflege, …)«. (ebd.)
    Der englische Begriff Care vereint darüber hinaus mehrere Sorgedimensionen, die
im Deutschen sprachlich differenziert werden, wie: *sich sorgen um, sorgen für, die Sorge*

und wird zumeist in Kontexten der Pflege als *pflegerische Sorge* und *pflegekundige Sorge* eingesetzt (vgl. Kohlen & Kumbruck 2008, 2).

Exemplarisch für ein auf die konkrete praktische Umsetzbarkeit angelegtes Care-Konzept kann Joan Trontos ›Modell der engagierten Sorge‹ (1993) angeführt werden. Sie versteht Care weder als Gefühl noch als Prinzip, sondern als Praxis, die sich durch ein Miteinander-Verbundensein von Denken und Handeln auszeichnet (vgl. Kohlen & Kumbruck 2008, 17). Tronto will in ihrem Modell »Caring als einen gehaltvollen und umfassenden Prozess« (Kohlen 2011, 228) verstanden wissen. Als Feministin spricht sie sich für eine Untrennbarkeit zwischen Moral und Politik aus. Entsprechend verknüpft sie in ihrem Konzept sowohl praktische als auch moralische und politische Aspekte miteinander (vgl. Kohlen & Kumbruck 2008, 15).

> »Die Anerkennung und Bewertung von Bedürfnissen betrachtet Tronto als eine Frage der sozialen Gerechtigkeit. Anteilnahme bedeutet in diesem Zusammenhang, sich in die Perspektive einer anderen Person oder Gruppe zu versetzen und für die identifizierten Bedürfnisse die Verantwortung zu übernehmen sowie darüber nachzudenken, wie eine Unterstützung konkret aussehen kann« (Kohlen 2011, 228).

Tronto ordnet je eines der ethischen Elemente: *Aufmerksamkeit*, *Verantwortlichkeit*, *Kompetenz* und *Resonanz* den Prozessschritten des ›Vier-Phasen-Modells der engagierten Sorge‹ zu. Sie beginnt den Prozess mit der Phase der *Anteilnahme* (caring about), bei der es zunächst darum geht, die Bedürfnisse des Gegenübers wahrzunehmen und festzustellen, dass Unterstützung notwendig ist. In dieser Phase steht die ethische Dimension der *Aufmerksamkeit* im Zentrum. Es folgt die Phase der *Unterstützung* (taking care of), bei welcher der Fürsorge-Gebende beurteilen muss, wie geholfen werden kann. Er übernimmt *Verantwortung*. Diese Verantwortung, so Tronto, steht nicht nur für konkrete Situationen, sondern auch für eine politische Haltung. Sie fordert, dass Verantwortungsfragen in politische Debatten hineingetragen werden sollen. Der dritte Schritt im Prozess der ›engagierten Sorge‹ ist die konkrete Hilfeleistung, das praktische *Versorgen* (care giving). Dieser Prozessschritt verlangt *Kompetenz*. Die letzte Phase ist die *Reaktion* (care-receiving), welche ganz bewusst die Sicht des Fürsorge-Erhaltenden fokussiert. Indem dieser sich zu der erhaltenen Versorgung äußern soll, erhält der Fürsorge-Gebende eine *Resonanz*. Tronto verweist mit dieser Dimension darauf, dass sich »Engagierte Sorge […] immer mit Bedingungen der Ungleichheit befaßt [sic] – Abhängigkeit ist mißbrauchbar [sic]« (Conradi 2001, 225). Hier greift Tronto das den Fürsorgebeziehungen inhärente ungleiche Machtverhältnis auf und versucht, durch die konzeptionelle Verankerung der ethischen Dimension *Resonanz* eine konkrete Antwort darauf zu geben, wie Machtmissbrauch, Unterdrückung, Bevormundung und ›ungute‹ Fremdbestimmung verhindert werden können. Hinsichtlich der Menschen mit geistiger und schwerer Behinderung, welche häufig auch in ihren Ausdrucksmöglichkeiten eingeschränkt sind, müsste dieser Aspekt besondere Beachtung bei einer ›Konzeption einer reflektierten Fürsorge‹ finden.

5   Zwischenfazit

Es hat sich gezeigt, dass insbesondere die Pflegewissenschaften intensiv mit den ethischen, politischen und praktischen Spannungsfeldern zwischen menschlicher Verletzlichkeit und Pflege bzw. Fürsorge befasst sind. Meines Erachtens muss die Behindertenpädagogik als Wissenschaft diesen Diskurs aufgreifen, erweitern und vertiefen. Die Anerkennung der besonderen Verletzlichkeit von Menschen mit geistiger und schwerer Behinderung in Abhängigkeitsverhältnissen zwingt die Behindertenpädagogik – als eine Disziplin, deren Selbstverständnis darin besteht, sich für den Umgang und die Rechte von Menschen mit Behinderung einzusetzen – nicht nur in Nischen (z. B. Seifert 2009, Schlichting 2012, 2013) über Fürsorge nachzudenken. Als Ansatzpunkte können an dieser Stelle folgende Argumentationsstränge festgehalten werden:

Grundsätzliche Annahmen über den Menschen:
- Der Mensch ist per se ein verletzliches Wesen.
- Aus dieser Verletzlichkeit ergibt sich die Abhängigkeit.
- Der Abhängigkeit muss mit Fürsorge begegnet werden.
- Die Fürsorge ist entsprechend eine Conditio Humana; eine Grundbedingung menschlicher Existenz.

Allgemeine Annahmen über die Fürsorge:
- Fürsorgebeziehungen sind asymmetrische Beziehungen.
- Asymmetrische Beziehungen verweisen auf ein ungleiches Machtverhältnis.
- Macht kann missbraucht werden.

Daraus folgende Annahmen für einen Fürsorgediskurs:
- Es muss ein ›Recht auf gute Fürsorge‹ geben.
- Dieses setzt eine ›Ethik der Fürsorge‹ voraus.
- Die ›Ethik der Fürsorge‹ muss Ziele der Fürsorge (wie etwa das ›gute Leben‹) verhandeln.
- Eine ›Ethik der Fürsorge‹ muss in Praxiskonzepten münden.

Dieser wissenschaftliche Diskurs muss – ähnlich wie in der Care-Ethik geschehen – in der Behindertenpädagogik so geführt werden, dass er praktische und politische Konsequenzen für die Praxis der Behindertenpädagogik hat. Warum, so lautet nun allerdings die Frage, missachtet die deutschsprachige Behindertenpädagogik zu allergrößten Teilen sowohl die Care-Debatte als auch den notwendigen Diskurs um Fürsorge?

6   Es gibt Gründe, warum Fürsorge ein blinder Fleck im wissenschaftlichen Diskurs der Behindertenpädagogik ist

6.1   These 1: Fürsorge ist ein historisch diskreditierter Begriff

Es kann angenommen werden, dass ›Euthanasie‹ und Missbrauch unter dem System der ›öffentlichen Fürsorge‹ im Nationalsozialismus dazu geführt haben, dass der Fürsorgebegriff nach dem Zweiten Weltkrieg vor allem im Kontext der Behindertenpädagogik zunehmend in Verruf geraten ist. Zwar wurde das System der ›öffentlichen und privaten Fürsorge‹ (Sozialhilfesystem) während des Nationalsozialismus in ›Volkswohlfahrt(spflege)‹ umbenannt, die ›Fürsorge‹ *als Begriff in sozialen Unterstützungskontexten* (Fürsorgerinnen; Fürsorgetag; Fürsorgewesen, Fürsorgeerziehung usw.) blieb jedoch in weiten Teilen erhalten (vgl. Scherpner 1962, 17). Wie drastisch der *Begriff der Fürsorge* von den Nationalsozialisten im Sinne ihrer ideologischen Ziele umgedeutet wurde, zeigt das Zitat der promovierten Fürsorgerin Dr. phil. Emmy Wagner:

> »In den universalen Rahmen einer neuen deutschen Kultur wird sich auch die künftige deutsche Fürsorge eingliedern. Sie wird nicht – wie die heutige Fürsorge – von angeblichen Rechten und Ansprüchen des Individuums ausgehen, noch die Erhaltung entarteter Schichten bezwecken […]. Ausgang und Ziel dieser neuen Fürsorge ist die Reinerhaltung und Erhöhung des Volkstums […]« (Wagner 1933, 364).

Die ideologische Verwendung des Fürsorgebegriffs und die unter dessen Namen begangenen Gräueltaten an Menschen mit Behinderung (be-)trifft die Behindertenpädagogik (Heilpädagogik) bis heute unmittelbar. Nicht nur, weil ihr vorgeworfen wird, dass sie den Personenkreis der Menschen mit Behinderung in der NS-Zeit nicht zu schützen wusste, sondern zu Anteilen sich der Mittäterschaft schuldig gemacht hat. Überdies auch, weil die Heilpädagogik auf der gesetzlich verankerten Fürsorgeerziehung der 1920er-Jahre gründet (vgl. Moser 2012, 270). »Das heilpädagogische Selbstverständnis« hat sich infolgedessen zunächst eng »an [dem] Konzept der Fürsorge orientiert (vgl. auch Schriber, 1994, 80)« (Hänsel 2012, 243). Da bislang keine Problemgeschichte der Fürsorge im Kontext der Behindertenpädagogik erfolgt ist, kann davon ausgegangen werden, dass der Begriff nach wie vor historisch belastet ist. Statt einer Aufarbeitung des Begriffs und intensiver Bemühungen, diesen wieder zu rehabilitieren, scheint die Behindertenpädagogik diesen sukzessive aus ihrem Repertoire gestrichen zu haben; allerdings ohne nach einem begrifflichen Ersatz zu suchen (vgl. auch Schnabl 2005, 57).

6.2 These 2: Fürsorge impliziert Fremdbestimmung und Paternalismus

Die Annahme zweitens, dass *Fürsorge* mit Fremdbestimmung und Paternalismus[5] gleichgesetzt wird und somit das Gegenteil von Selbstbestimmung und Autonomie für das Subjekt bedeutet, ist sowohl in der Fachdebatte als auch in populärwissenschaftlichen Veröffentlichungen allgegenwärtig. Jene willkürlich ausgewählte Beispiele sollen das exemplarisch verdeutlichen: »Mehr Teilhabe statt Fürsorge für behinderte Menschen« (Vetter 2010); »Autonom leben statt ›fürsorgliche Belagerung‹« (Keupp 2003) oder mit dem theologischen Ethiker Lob-Hüdepohl:

---

5 »In den ethischen Debatten der vergangenen 30 Jahre ist ›Paternalismus‹ von einer ethischen Legitimationsfigur ärztlichen, pädagogischen und fürsorglichen Handelns überhaupt zu einem Problemtitel geworden. Als Instrument herrschaftlicher Machtausübung und herrschaftlichen Machtmissbrauchs und generell wegen seiner autonomiefeindlichen Struktur ist paternalistisches Handeln in Misskredit geraten und scheint heute kaum noch begründbar zu sein« (Dederich 2011b, 167).

»[Die] Fürsorge nimmt […] gerade in asymmetrischen Beziehungen und damit gerade gegenüber Menschen mit besonderem Unterstützungsbedarf nicht selten eine Gestalt an, die den Behüteten überversorgt, die ihn einengt, die ihn gelegentlich sogar aus der Verantwortung für seine eigene Lebensführung herausdrängt. […] Damit stehen sie diametral gegenüber den menschenrechtlichen Ansprüchen auf eine möglichst selbstständige und eigenverantwortliche Lebensführung, also auf Autonomie im eigentlichen Sinne« (Lob-Hüdepohl 2011, 170 f.).

Die Frage, die sich in Anbetracht dieser Kritiken stellt, liegt auf der Hand: Wie soll es gelingen, die Vorstellung eines autonomen und selbstbestimmten Menschen mit dem eines von Fürsorge abhängigen Menschen zu vereinbaren, *ohne* dass es sich dabei um eine *fremdbestimmte und paternalistische Belagerung* handelt? Lob-Hüdepohl sieht und benennt die Notwendigkeit von Fürsorge und versucht diese so umzudeuten, dass sie anwaltlich verstanden wird.

»Es wäre unredlich, ja zynisch zu verschweigen, dass in außergewöhnlich belastenden Lebenskrisen andere für Menschen (mit oder ohne Behinderung) stellvertretend entscheiden müssen. Solche stellvertretenden Entscheidungen können entweder paternalistisch bevormunden oder aber – im eigentlichen Wortsinn – anwaltlich sein. Um es zuzuspitzen: Eine paternalistische Stellvertretung mag zwar das Wohl des Menschen mit Behinderung oder des Patienten im Auge haben; sie veranschlagt aber dieses Wohl nach eigenem Gutdünken, in dem sich die Maßstäbe des stellvertretenden Entscheiders widerspiegeln, nicht aber oder nur zufällig die des Betreuten. Sie [die paternalistische Stellvertretung] ist deshalb mit dem Anspruch auf Autonomie und folglich mit der Würde des betreuten Menschen nicht vereinbar« (ebd.).

Mit Lob-Hüdepohl würde Fürsorge, wie sie in diesem Beitrag dargelegt wurde, sowohl der Menschenwürde als auch dem Anspruch auf Autonomie widersprechen. Seiner Vorstellung folgend, müsste diese als der ›Auftrag eines autonomen Menschen‹ definiert werden, welcher *stellvertretend* durchgeführt werden kann. Dass diese Definition an ihre Grenzen stoßen muss, zeigt sich nicht nur mit Blick auf Säuglinge oder an Demenz erkrankten Menschen, sondern auch hinsichtlich des hier fokussierten Personenkreises. Die Problematik um den Fürsorgebegriff verdichtet sich demnach – wie hier nur im Ansatz gezeigt werden konnte – in großen Fragen: Was ist der Mensch? Ein autonomes und/oder ein verletzliches Wesen …? Und: Was ist das Leben? Ein selbstbestimmtes Dasein und/oder ein Dasein in (Selbst-)Sorge …?

6.3   These 3: Fürsorge als Widerspruch zum modernen Menschenbild

Wie ersichtlich geworden ist, scheinen Autonomie und Selbstbestimmung die erstrebenswerten Ziele für den modernen Menschen zu sein. Fürsorge steht somit der Vorstellung des modernen Menschen diametral gegenüber. »Der Autonomieanspruch ist heute so allgemein geworden, daß [sic] er sogar zur Signatur unserer Epoche, der Postmoderne, werden konnte« (Antor & Bleidick 2000, 102). Wie problematisch sich der Begriff der Fürsorge angesichts dieses Selbstverständnisses darstellt, verdeutlicht Schnabl (2005) in ihrem Werk ›Gerecht sorgen‹:

»Mit Fürsorge konnotiert man heute eher überkommene, nichtprofessionelle Hilfeleistungen, die als paternalistisch, bevormundend oder kontrollierend erlebt werden. Zum modernen helfenden Handeln gehört Professionalität und Rationalität auf der Seite derer, die helfen, wie ein Recht auf Hilfe und mündige Selbstbestimmung auf der Seite derer, die der Hilfe bedürfen. Es scheint, als hätte man sich vom Begriff der Fürsorge […] nicht nur praktisch, sondern auch theoretisch verabschiedet. […] Diese Leerstelle aber ist kein Ergebnis von Gleichgültigkeit, zufälliger Unaufmerksamkeit oder wissenschaftlichem Zufall, sondern Ergebnis einer bestimmten Programmatik, die mit den Plausibilitäten der Moderne zusammenhängt. Dem Begriff der Fürsorge haftet etwas Abgegriffenes und Vormodernes an. Er lässt sich mit den modernen Kategorien wie Autonomie, Selbstbestimmung und Gerechtigkeit nicht so einfach verbinden« (Schnabl 2005, 57).

Fürsorge ist demnach zusammengefasst nicht nur unzeitgemäß, sondern sie schadet dem modernen Subjekt und macht es passiv, hilflos und abhängig. Fürsorge ist übergriffig und paternalistisch – und: sie beinhaltet die Gefahr des Machtmissbrauchs. Diese Feststellungen haben weitreichende Folgen für die behindertenpädagogische Praxis und deren Wissenschaft. Überspitzt ausgedrückt, werden die Praktiker(innen) zu *fürsorgenden, fremdbestimmenden Täter(inne)n*, während die Menschen in Abhängigkeitsverhältnissen als *fremdbestimmte Opfer der Fürsorgenden* erscheinen. Diesen Anklagen muss sich die Behindertenpädagogik stellen und Fürsorge neu in ihren ethischen und moralischen, pädagogischen wie politischen Dimensionen verhandeln, begründen und definieren.

7 Fürsorge im Kontext der Behindertenpädagogik

Während die Praxis *Fürsorge* implizit mehr oder weniger bewusst *lebt,* ist diese im Diskurs der Wissenschaft *aus dem Blick geraten.* Der blinde Fleck, der sich daraus ergibt, verhindert eine ganzheitliche Sicht auf die Lebenssituationen von Menschen in Abhängigkeitsverhältnissen. Für Menschen mit geistiger und schwerer Behinderung, für die ein Leben in Abhängigkeit die Lebensrealität darstellt, kann jedoch eine unreflektierte fürsorgende Haltung ebenso wie eine unreflektierte Überhöhung der Begriffe Selbstbestimmung und Autonomie, große Gefahren bergen.

»Gefährdungen und ethischer Schutz sind zusammen zu denken. Auf gesellschaftlicher Ebene sind Fragen der politischen Ethik und Sozialethik berührt, auf der institutionellen Ebene berufsethische Aspekte und auf der interpersonalen Ebene im sozialen Nahbereich Momente einer Ethik der Sorge. Ihnen allen muss eine ›Anthropologie der Fragilität, der Zerbrechlichkeit und Gebrechlichkeit der conditio humana‹ (Gröschke 2002, 82) zugrunde gelegt werden, denn von ihr geht ein Anspruch aus, der den innersten Kern der Ethik bildet« (Dederich 2011a, 151).

Die Abhängigkeitsverhältnisse münden in Machtverhältnissen, welche sich in der fürsorgenden Praxis äußern. Die Ohnmacht auf der einen Seite des Verhältnisses bestimmt die Macht auf der anderen Seite des Verhältnisses. Damit ist die fürsorgende Praxis per se eine mächtige Praxis.

Da Fürsorge von Menschen mit geistiger und schwerer Behinderung erfahren wird, muss diese in den Fokus der wissenschaftlichen Diskussion der Behindertenpädagogik genommen werden. Sie muss die Verantwortung *für den Personenkreis* (den *Menschen*) übernehmen und sich um diesen sorgen – auch im politischen Handeln und vor allem: in einer politischen Haltung.

Es erscheint mir – nicht nur, aber auch – mit Blick auf den Fürsorgediskurs weder sinnvoll, dass die Behindertenpädagogik die Antinomie Selbstbestimmung/Autonomie versus Fremdbestimmung weiterhin derart unvereinbar verfolgt, noch, dass Selbstbestimmung und Autonomie ausnahmslos positiv und Fremdbestimmung ausnahmslos negativ dargestellt werden. In einer ›Ethik der Fürsorge‹ *muss* eine »kritische Reflexion« seitens der Behindertenpädagogik auf die stets »aufs Neue wiederholte Überakzentuierung von individueller Kompetenz, Akteurschaft, Selbstbestimmung und Autonomie« (Stinkes 2011, 153 f.) erfolgen, damit das Selbst- und Miteinandersein wieder zusammen gedacht werden kann und »Bedingtheit und Angewiesenheit in der Folge [nicht mehr] nur […] als Unfreiheit (Fremdbestimmung) gebrandmarkt werden« (ebd.).

Es finden sich in der Heil-und Sonderpädagogik (Dederich, Fornefeld, Großmaß & Perko, Stinkes u.a.m.) wissenschaftliche Auseinandersetzungen um an die Fürsorge angrenzende Begriffe wie Gerechtigkeit, Anerkennung, Stellvertretung und Verletzlichkeit sowie Diskurse um Autonomie und Selbstbestimmung im Spannungsfeld von Paternalismus und Fremdbestimmung. Diese Diskussionen finden bislang kaum Gehör in der vorherrschenden – eher inklusions- und teilhabe- wie rechtebasierten Behindertenpädagogik. Die ethikbasierten behindertenpädagogischen Ansätze haben (bisher) kaum politische Reichweite, noch finden sie umfassende Umsetzung in geeignete Praxiskonzeptionen. Wie in der Care-Ethik geschehen, müssten die vorhandenen wissenschaftlichen Ansätze, Theorien und Überlegungen – aus den genannten Gründen – so verhandelt werden, dass diese Eingang in die politische und pädagogische Praxis finden können.

Literatur

Antor, G./Bleidick, U. (2000): Behindertenpädagogik als angewandte Ethik. Stuttgart.

Benner, P. E./Staudacher, D./Wengenroth, M. (2017): Stufen zur Pflegekompetenz. From novice to expert. 3., unveränd. Aufl. Bern.

Burghardt, D./Dederich, M./Dziabel, N./Höhne, Th./Lohwasser, D./Stöhr, R./Zirfas, J. (2017): Vulnerabilität. Pädagogische Herausforderungen. Stuttgart.

Butler, J. (2014): Kritik der ethischen Gewalt. Adorno-Vorlesungen 2002, Institut für Sozialforschung an der Johann Wolfgang Goethe-Universität, Frankfurt am Main. 4. Aufl. Frankfurt am Main.

Care-Manifest. Care.Macht.Mehr: Von der Care-Krise zur Care-Gerechtigkeit (2013). In: Feministische Studien (2), 324–326.

Conradi, E. (2001): Take care. Grundlagen einer Ethik der Achtsamkeit. Basel.

Dederich, M. (2011a): Abhängigkeit, Macht und Gewalt in asymmetrischen Beziehungen. In: Dederich, M./Grüber, K. (Hgg.): Herausforderungen. Mit schwerer Behinderung leben. 2. unveränd. Aufl. Frankfurt am Main. 139–152

Dederich, M. (2011b): Paternalismus als ethische Figur – Ein Problemaufriss. In: Ackermann, K.-E./Dederich, M. (Hgg.): An Stelle des Anderen. Ein interdisziplinärer Diskurs über Stellvertretung und Behinderung. Oberhausen, 167–193.

Duden (2017) https://www.duden.de/rechtschreibung/Fuersorge (09.01.2018)

Eckart, Ch. (2004): Fürsorgliche Konflikte. Erfahrungen des Sorgens und die Zumutungen der Selbstständigkeit. In: Österreichische Zeitschrift für Soziologie (2), 24–40.

Großmaß, R./Perko, G. (2011): Ethik für soziale Berufe. Paderborn.

Gröschke, D. (2002): Leiblichkeit, Interpersonalität und Verantwortung – Perspektiven der Heilpädagogik. In: Schnell, M. W. (Hg.): Pflege und Philosophie. Interdisziplinäre Studien über den bedürftigen Menschen. Bern, 81–108.

Hänsel, D. (2012): Quellen zur NS-Zeit in der Geschichte der Sonderpädagogik. In: Zeitschrift für Pädagogik (2), 242–261.

Henkel, A./Karle, I./Lindemann, G./Werner M. (Hgg.) (2016): Dimensionen der Sorge. Soziologische, philosophische und theologische Perspektiven. Baden-Baden.

Keupp, H. (2003): Autonom leben statt »fürsorgliche Belagerung«. Vortrag. http://web.ev-akademie-tutzing.de/cms/uploads/media/Autonom_leben_01.pdf (09.01.2018)

Kohlen, H. (2011): Care Praxis und Gerechtigkeit. Das konkrete Andere in Medizin und Pflege. In: Dederich, M. (Hg.): Anerkennung und Gerechtigkeit in Heilpädagogik, Pflegewissenschaft und Medizin. Auf dem Weg zu einer nichtexklusiven Ethik. Bielefeld, 217–231.

Kohlen, H./Kumbruck, Ch. (2008): Care-(Ethik) und das Ethos fürsorglicher Praxis (Literaturstudie). Artec-paper Nr. 151, http://www.uni-bremen.de/fileadmin/user_upload/single_sites/artec/artec_Dokumente/artec-paper/151_paper.pdf (05.01.2018)

Lévinas, E. (2012): Die Spur des Anderen. Untersuchungen zur Phänomenologie und Sozialphilosophie. Studienausgabe. 6. Aufl. Freiburg im Breisgau.

Lob-Hüdepohl, A. (2011): Exklusive versus inklusive Solidaritäten – Anmerkungen zu soziokulturellen Deutungsmustern und professionsmoralischen Grundhaltungen. In: Dederich M. (Hg.): Herausforderungen. Mit schwerer Behinderung leben. 2., unveränd. Aufl. Frankfurt am Main, 161–174.

Moser, V. (2012): Gründungsmythen der Heilpädagogik. In: Zeitschrift für Pädagogik (2), 262–274.

Nussbaum, M. C. (1999): Konstruktion der Liebe, des Begehrens und der Fürsorge. Drei philosophische Aufsätze. Stuttgart.

Nussbaum, M. C. (2016): Gerechtigkeit oder Das gute Leben. 9. Aufl. Frankfurt am Main.

Scherpner, H. (1962): Theorie der Fürsorge. Göttingen.

Schnabl, Ch. (2005): Gerecht sorgen. Grundlagen einer sozialethischen Theorie der Fürsorge. Freiburg Schweiz/Freiburg im Breisgau/Wien.

Schnell, M. W. (2008): Ethik als Schutzbereich. Kurzlehrbuch für Pflege, Medizin und Philosophie. Bern.

Schütz, A. (1972): Gesammelte Aufsätze. Dordrecht.

Schütz, A./Endreß, M./Renn, J. (Hgg.) (1991): Der sinnhafte Aufbau der sozialen Welt. Eine Einleitung in die verstehende Soziologie. Bd. 2. Konstanz.

Schütz, E. (1983): Helmuth Plessners Anthropologie in pädagogischer Perspektive. Vorlesung. Universität zu Köln, https://www.erziehungswissenschaften.hu-berlin.de/de/allgemeine/egon-schuetz-archiv/verzeichnis-der-unveroeffentlichten-schriften/39 (05.01.2018)

Schlichting, H. (2012): Die Ethik der Achtsamkeit und die Pflege von Menschen mit schwersten Behinderungen. In: Teilhabe (1), 31–36.

Schlichting, H. (2013): Pflege bei Menschen mit schwerer Behinderung. Ein Praxisbuch. Düsseldorf.

Seifert, M. (2009): Selbstbestimmung und Fürsorge im Hinblick auf Menschen mit besonderen Bedarfen. In: Teilhabe (3), 122–128.

Speck, O. (1997): Chaos und Autonomie in der Erziehung. Erziehungsschwierigkeiten unter moralischem Aspekt. 2., überarb. Aufl. München.

Stinkes, U. (2011): Ein unzeitgemäßer Humanismus als das Erste der Bildung. Der Anspruch des Anderen. In: Dederich, M. (Hg.): Anerkennung und Gerechtigkeit in Heilpädagogik, Pflegewissenschaft und Medizin. Auf dem Weg zu einer nichtexklusiven Ethik. Bielefeld, 143–158.

Stinkes, U. (2015): Dekategorisierung: Perspektiven der Beziehung zum Anderen. In: VHN (4), 285–298.

Vetter, S. (2010): Mehr Teilhabe statt Fürsorge für behinderte Menschen, http://www.aktion-lebensfreude-juelich.de/cms//files/mehr_teilhabe_statt_fuersorge.pdf (08.01.2018).

Wagner, E. (1933): Die Motive der Fürsorge. In: Franz, W./Riphahn, R./Smolny, W./Wagner, J. (Hgg.): Jahrbücher für Nationalökonomie und Statistik, (138), 321–364.

Theo Klauß

Wenn Verhalten stört – beim Teil-Sein und Teil-Haben

1 Verhalten als Teilhabe-Barriere

Nico isst Schokolade nach einer minutiösen Prozedur. Ausschließlich Nougatge-schmack einer bestimmten Marke. Er lässt sich die Tafel nach einem genauen Muster knicken und öffnen und beginnt nur dann zu essen, wenn sie rechtwinklig vor ihm liegt. In der Schule ist Nico nicht so korrekt. Ist eine Tür nicht verschlossen, sucht er das Weite. Ein Spalt am Fenster bedeutet für Nico Freiheit. Die staatliche Spezialschu-le für Schüler mit Autismus hat entschieden, Nico nicht mehr zu unterrichten. Nun erhält er sechs Stunden pro Woche Hausunterricht. Sonst sitzt Nico zu Hause, spielt, isst Schokolade, und versucht wegzulaufen (vgl. Füller 2011).

Nico hat nach der UN-BRK ein Recht auf Teilhabe an guter Bildung. Es wird ihm verwehrt. Seine besonderen Verhaltensweisen werden zur unüberwindlichen Teilhabe-Barriere für ihn.

2 Behinderung bedeutet Hinderung an Teilhabe

Was ist Teilhabe, welche Bedeutung hat sie für die Menschen? Der Begriff kam als Übersetzung von ›participation‹ in der ICF in die deutsche Diskussion, er hat keine pädagogische Begriffsgeschichte. Er ist aber zentral für die Frage, was nach der ICF Behinderung bedeutet.

- Grundlegend sind Beeinträchtigungen der (körperlichen) Strukturen und Funk-tionen – das ist sozusagen das klassische ›medizinische Verständnis‹ von Behin-derung.
- Doch organische Beeinträchtigungen sind noch keine Behinderung. Sie resultiert – im zweiten Blick – aus Beeinträchtigungen der ›Aktivitäten‹, also der für den menschlichen Lebensvollzug relevanten Kompetenzen und Fertigkeiten, etwa sich selbst zu versorgen, zu kommunizieren, zu arbeiten, zu lesen und zu schreiben usw.
- Entscheidend ist aber für eine Behinderung, inwiefern sich aus Beeinträchtigun-gen bei körperlichen Bedingungen und Aktivitäten auch solche der participation (Teilhabe) ergeben.

Dabei spielen Umwelt- und Personenfaktoren eine entscheidende Rolle. Sie entschei-den, inwiefern organische Beeinträchtigungen zu solchen der Aktivitäten und diese zur Behinderung der Teilhabe führen oder nicht (vgl. DIMDI 2005).

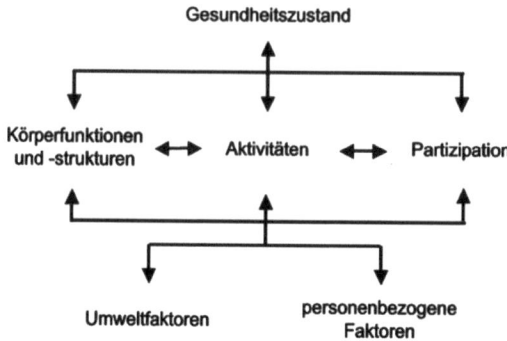

Abb. 1: Bio-psycho-soziales Modell der ICF (DIMDI 2005)

2.1   Die Bedeutung der Teilhabe für Menschwerdung und Menschsein

Teilhabe ist somit das Gegenteil von behindert-Werden. Umgekehrt hat Teilhabe eine zentrale Bedeutung für das Menschsein, für das Menschwerden. Menschen brauchen Teilhabe, um sich als Mensch entwickeln, die in ihnen liegenden Möglichkeiten ausbilden und gut leben zu können.

• Wir haben am Zusammenleben in der Familie teil und gehören dort dazu. Nur in verlässlichen Beziehungen bilden wir z. B. Bindungskompetenz aus, erfahren wir die Welt und explorieren, machen Kommunikationserfahrungen und eignen uns Alltagskompetenzen an.

• Teilhabe im Bereich der Bildung ermöglicht es, sich das zu eigen zu machen, was es in KiTa, Schule, VHS zu lernen gibt. Hier erwerben wir Kompetenzen, die dann wieder wichtig sind, um in weiteren Lebensbereichen teilhaben zu können. Zum Beispiel:

• Im Arbeitsleben. Durch diese Teilhabe kann man die Erfahrung machen, dass jeder Mensch produktiv sein, Dinge herstellen und erzeugen kann, die für ihn und andere wichtig sind, dass jeder in einer praktischen Tätigkeit Fähigkeiten entwickeln und – gemeinsam mit anderen – anwenden kann.

• Teilhabe im Bereich der Freizeit ist wichtig, um seine Zeit zu füllen, den Wechsel von Erholung und Anstrengung zu erleben, Interessen zu entwickeln und Langeweile zu vermeiden.

• Teilhabe beim Wohnen heißt lernen können, wie man mit anderen zusammenleben, in seiner Wohnung seine Bedürfnisse befriedigen und sich dort sicher und wohlfühlen kann, in und von der Wohnung aus mobil zu sein und in der Nachbarschaft dazu zu gehören.

• Teilhabe an der Kommunikation bedeutet, sich informieren und eigene Bedürfnisse und Ideen äußern, eigene Interessen vertreten, Kultur rezipieren und zu ihr beitragen zu können, sich mit Sinnfindung auseinandersetzen und orientieren zu können.

In allen diesen Bereichen können Menschen an Teilhabe gehindert und damit behindert sein. Ausschluss von Teilhabe bedeutet Exklusion.

2.2 Was bedeutet Teilhabe?

Um den Zusammenhang von Teilhabe bzw. der Exklusion von der Teilhabe und Behinderung zu klären, lassen sich mit v. Kardorff (2010) vier Bedeutungsdimensionen von Teilhabe/Partizipation unterscheiden:

- Partizipation bedeutet die aktive Teilnahme an Entscheidungen in Prozessen, die die Lebensverhältnisse von Einzelnen und von sozialen Gruppen betreffen (vgl. die Forderung der Selbstvertreter(innen) ›not about us without us‹).
- Teil-Sein meint Anerkennung von Minderheiten, individueller Verschiedenheit, persönlicher Lebensorientierungen sowie soziale Einbindung, also Zugehörigkeit zu einem »Ganzen« der Gesellschaft, zu einer Gemeinschaft im Alltag und das Gefühl, in einer Gemeinschaft respektiert zu sein und gebraucht zu werden (vgl. das ›sense of belonging‹ in der UN-BRK, UN 2008). Das ist das Gegenteil von sozialem Ausschluss, Diskriminierung, emotionaler Ablehnung, verweigerter Anerkennung.
- Teilhabe ist Einbeziehung in gesellschaftliche Aktivitäten und Entscheidungen, in zentrale Bereiche der Gesellschaft wie Bildung, Arbeit und Soziale Sicherung, aber auch die Teilhabe an gesellschaftlichen Gütern wie Sicherheit, Wohnung, Arbeit und sozialen Leistungen. Sie ist das Gegenteil von vorenthaltenen Beteiligungsmöglichkeiten, materiellen wie immateriellen Zugangsbarrieren zu Bildung, Beschäftigung, Öffentlichkeit usw.
- Schließlich meint die Teil-Gabe eine aktive Übernahme von Selbstverantwortung und sozial-moralischen Verpflichtungen und als aktiven Aspekt die Aufforderung die Bürgerrolle engagiert wahrzunehmen, die Lebensbedingungen im eigenen lokalen Lebensumfeld mitzubestimmen und durch eigene Ideen und Handeln zu bereichern (ebd.).

Selbstbestimmte Teilhabe ist das Gegenteil von behindert-Werden, das sich auf alle diese Teilhabeaspekte beziehen kann.

2.3 Teilhabe in der ICF

Nach der Internationalen Klassifikation der Funktionsfähigkeit, Behinderung und Gesundheit (ICF, DIMDI 2005) bedeutet Teilhabe (participation) das Einbezogensein einer Person in eine Lebenssituation bzw. einen Lebensbereich. Einschränkungen der Teilhabe sind Probleme, die eine Person bezüglich ihres Einbezogenseins in Lebenssituationen bzw. Lebensbereiche erlebt. Im Detail gehört zum Teilhabekonzept der ICF ein Spektrum von Inhalten:

• Zugänglichkeit zu Lebensbereichen	• Zufriedenheit in Lebensbereichen
• Integration in Lebensbereiche	• Anerkennung und Wertschätzung in Lebensbereichen
• Daseinsentfaltung in Lebensbereichen	
• Unabhängiges, gleichberechtigtes und selbstbestimmtes Leben in Lebensbereichen	• Erlebte gesundheitsbezogene Lebensqualität in Lebensbereichen

Tabelle 1: Teilhabeaspekte nach der ICF (DIMDI 2005)

Auch hier meint Teilhabe sowohl objektive Aspekte wie die Barrierefreiheit als auch Zugehörigkeit und – als psychologische Seite – Zufriedenheit, Anerkennung und Wertschätzung, Beteiligung in allen Lebensbereichen und Lebensqualität.

Folgende Lebensbereiche, in denen Teilhabe für den Menschen relevant ist und in denen das Teilhaben beeinträchtigt sein kann, differenziert die ICF:

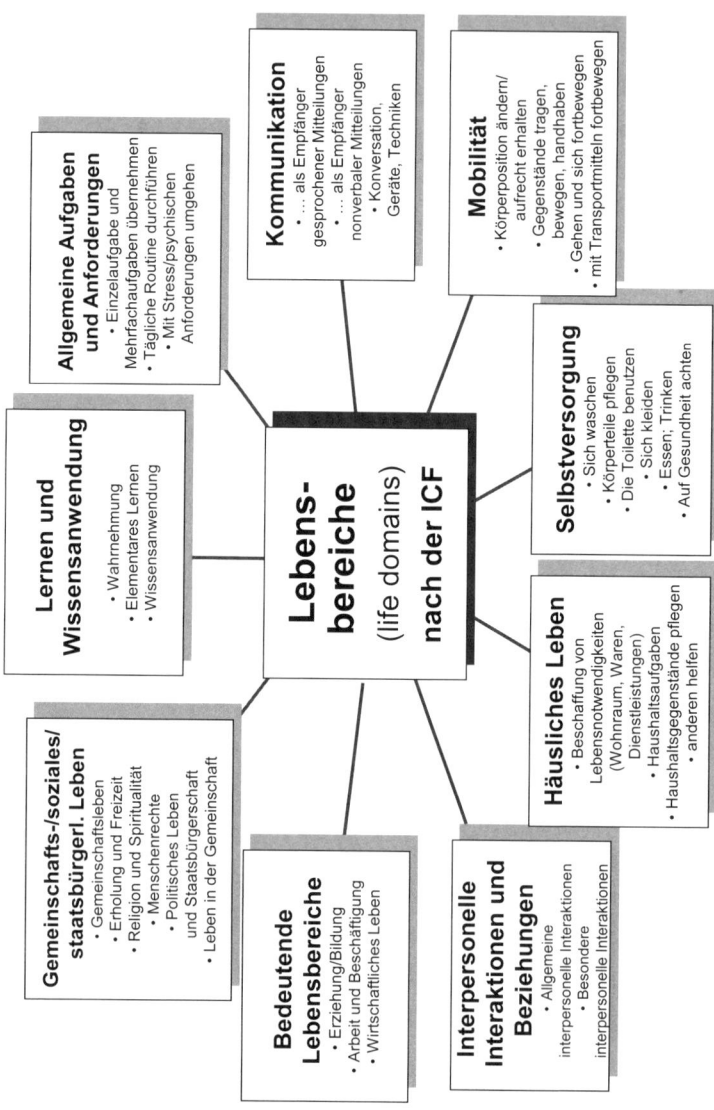

Abb. 2: Lebensbereiche (Domänen) in der ICF (DIMDI 2005, 42–46)

3 Auffälliges Verhalten als Exklusionsrisiko und -folge

Teilhabe kann durch unterschiedliche Exklusionsrisiken in Frage gestellt sein: durch die soziale Lage, Migrationshintergrund, sexuelle oder religiöse Orientierung und durch Beeinträchtigungen. Auffällige Verhaltensweisen, die gemeinsam mit kognitiven Beeinträchtigungen auftreten, stellen ein zusätzliches Exklusionsrisiko dar und verstärken die Exklusion, die durch die Behinderung bedingt wird.

3.1 Formen auffälligen Verhaltens im Förderschwerpunkt geistige Entwicklung

In welchen Formen zeigt sich auffälliges Verhalten bei Menschen mit kognitiven Beeinträchtigungen? Bei Schüler(inne)n nimmt ihr Anteil in allen Schulformen vehement zu, auch im Förderschwerpunkt *geistige Entwicklung* (vgl. Dworschak et al. 2012). Nach einer Studie in diesem Förderschwerpunkt mit 1260 Lehrkräften gehören dazu:

- Bei mehr als 40 % der Schüler(innen) Vermeidungsverhalten, Probleme beim Eingehen sozialer Beziehungen, Hilflosigkeit/Unsicherheit
- Bei mehr als 30 %: Impulsivität, motorische Unruhe und Angstverhalten
- Bei mehr als 20 % Aggressionen gegen Personen und unsoziales Verhalten, Stereotypien, Depression/Rückzug, sowie Aggressionen gegen Sachen
- Bei weniger als 20 % psychotisches Verhalten, selbstverletzendes Verhalten, sexuelle Auffälligkeiten (Klauß et al. 2016, 20).

Die von den Lehrpersonen beobachteten Verhaltensweisen treten offenbar selten isoliert auf, sondern eher in Kombinationen mit anderen. Aus den Verhaltensweisen, aufgrund derer die Lehrpersonen die jeweiligen Schüler(innen) als ›verhaltensauffällig‹ einschätzen, lassen sich drei Faktoren ableiten; das bedeutet, dass sie jeweils häufig gemeinsam auftreten und somit vermutlich miteinander zusammenhängen:

- *Faktor 1: Nach außen gerichtetes, sozial wirksames Verhalten.* Dieser Faktor bezieht sich vor allem auf diese Items (›hohe Ladung‹): Aggression gegen Sachen und gegen Menschen, unsoziales Verhalten und Impulsivität. Dieser Faktor entspricht weitgehend den Charakterisierungen für *externalisierendes* oder *herausforderndes Verhalten*. Dieser Faktor korreliert hoch mit der Einschätzung als verhaltensauffällig (r = .557). Das belegt die soziale Wirksamkeit der hier zusammengefassten Verhaltensweisen: Sie fordern heraus und veranlassen zur Reaktion. Man kommt kaum daran vorbei.
- *Faktor 2: Auf sich bezogene auffällige Aktivitäten.* Hier laden fünf Items hoch, am stärksten Stereotypien, selbstverletzendes Verhalten und auch sexuelle Auffälligkeiten sowie motorische Unruhe sowie Auffälligkeiten, die mit einer psychischen Störung (*psychotisch*) zusammenhängen. Dieses Verhalten erscheint weniger *sozial wirksam*, deshalb korreliert es weniger mit der Einschätzung *verhaltensauffällig* (r = .336).
- *Faktor 3: Tendenz zur inaktiven Auffälligkeit.* Hierzu gehören vor allem depressives und Rückzugsverhalten sowie ängstliches Verhalten, Hilflosigkeit und Vermei-

dungsverhalten – als weniger sozial wirksame Verhaltensweisen, die kaum Reaktion und Interaktion erzwingen. Dementsprechend korreliert der Faktor kaum mit der Einschätzung, die Schüler(innen) seien *verhaltensauffällig* (r = .132) (vgl. Klauß et al. 2016, 21–24).

3.2   Behinderung der Teilhabe durch auffälliges Verhalten

Wenn Menschen durch ihr Verhalten auffallen, durch Aggressionen gegen Personen oder Sachen, wenn sie sich selbst schädigen, wenn sie in stereotypen Verhaltensweisen und Interessen verharren oder sich depressiv zurückziehen, steigt das Risiko des Ausschlusses erheblich. Die beschriebenen auffälligen Verhaltensweisen erschweren die aktive Teilnahme, also die Beteiligung an Entscheidungen über eigene Lebensverhältnisse. Wer hört auf jemanden, der auf diese Art und Weise versucht, auf seine Bedürfnisse aufmerksam zu machen?

Dann wird das ›Teil-Sein‹ behindert, Zugehörigkeit in Frage gestellt: Wer durch ihr/sein Verhalten auffällt, riskiert Exklusion, also Ausgrenzung statt Inklusion. Auffälliges Verhalten machte anderen das Leben schwer, stört und provoziert Ablehnung. Die Hoffnung, Vielfalt werde als Bereicherung erlebt, schwindet schnell, wenn ein andere kratzendes, bespuckendes, tätlich angreifendes Kind diese Vielfalt herstellt. Oder wenn ein Mensch anscheinend die soziale Interaktion verweigert und nur nach seinen eigenen Regeln lebt, Verständnis für andere und Rücksichtnahme vermissen lässt. Oder wenn man nicht mehr mit ansehen kann, wie sich jemand ununterbrechbar den Kopf anschlägt.

Bei der Einbeziehung in gesellschaftliche Aktivitäten und Angebote geht es um die Chance, sich zu bilden, produktiv tätig zu sein und Leistungen der Gesundheitssorge nutzen zu können, eine gute Wohnung in akzeptierender Nachbarschaft zu bewohnen – also sich an den Aktivitäten zu beteiligen, die für die Bildung, für die Beteiligung im Arbeitsleben, in der Freizeit, in der Wohnnachbarschaft wichtig wären.

Auffälliges Verhalten stellt eines der größten Hindernisse dar, auf dem Allgemeinen Arbeitsmarkt arbeiten zu können, aber auch eine Beschäftigung in einer WfbM setzt ein einigermaßen sozialverträgliches Verhalten voraus, und sogar die Aufnahme in einen Förder- und Betreuungsbereich scheitert häufig daran, dass wegen Verhaltensoriginalität oder Autismus eine individuelle Assistenz erforderlich wäre, die aber vom Kostenträger nicht akzeptiert wird. Besonders möchte ich die Bildung in den Blick nehmen: Wir finden nicht nur in der schulischen Inklusion – im Förderschwerpunkt geistige Entwicklung – deutlich weniger Kinder und Jugendliche mit auffälligem Verhalten (vgl. Klauß 2016). Auch in Förderschulen droht aggressiven Kindern und Jugendlichen (Faktor I) Unterrichtsausschluss – bis hin zum Schulausschluss (vgl. Hennicke 2016).

Im Unterricht laufen Schüler(innen) mit ›selbstbezogenem‹, stereotypem oder autistischem Verhalten (Faktor II) Gefahr, sich selbst überlassen zu bleiben. Sie haben Schwierigkeiten, sich auf Lernangebote einzulassen und nehmen sich dadurch Bildungschancen. Und bei Rückzugs- und depressivem Verhalten (Faktor III), Ängstlichkeit und geringer Selbstwirksamkeitserwartung ist die aktive Teilnahme an bildenden Aktivitäten erheblich erschwert.

Und wie steht es um die Partizipation an Entscheidungen über eigene Lebensverhältnisse und bei der Übernahme von Verantwortung in der und für die Gesellschaft? Erfahren sie etwa, dass man ihnen das zutraut? Welche Chance haben hierbei z. B. Menschen, die ihre Interessen und Bedürfnisse statt auf verbalem Weg durch demonstratives oder destruktives oder verweigerndes Verhalten durchzusetzen versuchen, die andere Möglichkeiten nicht kennen?

3.3 Besonderes Risiko bei Menschen mit hohem Unterstützungsbedarf

Die Verwundbarkeit, also das Risiko, ein die Teilhabe behinderndes Verhalten auszubilden, ist für Menschen mit hohem Unterstützungsbedarf und zusätzlichem auffälligem Verhalten besonders hoch – mit dem Effekt, dass die durch die intensive und komplexe Beeinträchtigung bedingte Exklusion bei ihnen noch erheblich verstärkt wird.

4 Wie können wir die ›Teilhabe-Barriere Verhalten‹ abbauen?

Wenn auffällige Verhaltensweisen Teilhabe-Barrieren sind, so ist zu fragen, wie diese überwunden werden können. Es gehört zu den sonderpädagogischen Grundüberzeugungen, dass wir versuchen müssen, deren subjektiven Sinn zu verstehen – als Grundlage für Interventionsmöglichkeiten. Menschen haben ›gute Gründe‹ sich so zu verhalten, wie sie es tun. Doch wie können wir diese identifizieren? Objektiv feststellen lassen sie sich nicht. Wir müssen uns vielmehr wie experimentelle Forscher(innen) verhalten: Wir bilden Hypothesen – am besten beziehen wir die Menschen selbst dabei ein – und leiten daraus Handlungsmöglichkeiten ab, die wir dann erproben. ›Funktionieren‹ sie, so bestätigt das die Annahmen, sonst müssen wir sie anpassen.

4.1 Verhaltensanalyse als Instrument, gute Gründe zu finden

Die *Funktionale Verhaltensanalyse* (vgl. Sarimski 2009, Janz et al. 2016) kann helfen, mögliche *gute Gründe* für auffälliges Verhalten und die sich darin widerspiegelnden Bedürfnisse und Probleme zu finden. Da Verhalten zum einen durch auslösende *Reize* bedingt und durch positive oder negative Folgen aufrechterhalten wird, können mit dieser aus der Verhaltenstherapie abgeleiteten und für die sonderpädagogische Praxis angepassten Methode auslösende und aufrechterhaltende Bedingungen von Verhaltensauffälligkeiten herausgearbeitet werden (vgl. ebd.). Man kann auch Menschen selbst danach fragen, wodurch ihr Verhalten ausgelöst und verstärkt wird.

Findet man etwa heraus, bei welchen Gegebenheiten eine Person jeweils ausrastet oder in eine Depression verfällt, lassen sich vielleicht auslösende Bedingungen verändern und damit Teilhabebarrieren überwinden. Wenn man beobachtet, was nach dem Verhalten geschieht, erfährt man vielleicht, worauf es abzielt, welche Wirkungen damit erreicht werden sollen und können. Vielleicht wird beobachtet, dass jemand nach dem Ausrasten plötzlich im Mittelpunkt steht, dann könnte darin der für ihn relevante Sinn des Verhaltens liegen. Zu den aufrechterhaltenden nachfolgenden Bedingungen (Konsequenzen) kann zum Beispiel auch gehören, dass man etwa durch selbstverletzendes Verhalten die Erfahrung macht, den Schmerz so leichter ertragen zu können. Möglicherweise finden sich auch Hinweise darauf, dass das auffällige Verhalten einen Versuch darstellt, eine spezifische Lebenssituation zu bewältigen, etwa den Verlust von Personen, den Wechsel der gewohnten Umwelt usw.

Anzumerken ist hier, dass dann, wenn man bei der Verhaltensanalyse kaum ›gute Gründe‹ findet, das Verhalten eventuell mit seelischen Erkrankungen zusammenhängen kann. Auch Menschen mit Beeinträchtigungen können depressiv werden und sich deshalb nichts mehr zutrauen. Sie können eine Psychose bekommen und panische Angst vor Dingen oder Personen bekommen, die gar nicht da sind. Bei Wahnvorstellungen schlagen sie plötzlich jemanden, den sie für den Teufel halten. Es ist wichtig, für diese Menschen ebenfalls die Unterstützung von Ärzten und Psychotherapeuten zu suchen.

Zur Hypothesenbildung im Rahmen der Verhaltensanalyse ist es sinnvoll, sich mögliche Bedeutungsaspekte auffälligen Verhaltens zu vergegenwärtigen, also theoretische Grundlagen zu nutzen, sonst bewegen wir uns nur auf der Grundlage von subjektiven Alltagstheorien. Man kann beispielsweise klären, welche Teilhabebarrieren auffälliges Verhalten bedingen – und wie diese verringert werden können.

4.2   Besondere Verletzlichkeit von Menschen mit kognitiven Beeinträchtigungen

Fragen wir nach den Gründen dafür, dass bei Menschen mit kognitiven Beeinträchtigungen auffälliges Verhalten drei- bis viermal so häufig vorkommt wie sonst, stoßen wir auf das Argument ihrer besonderen ›Verletzlichkeit‹ (Vulnerabilität). Diese Menschen erleben mehr psychosoziale Belastungen und Anforderungen, für die sie jedoch nur begrenzt »gerüstet« sind. Alltägliche Anforderungen (z. B. Alltagsbewältigung, Mobilität u.a.m.) können sie überfordern. Dazu kommen mehr besondere Belastungen, z. B. im Zusammenhang mit Krankheit und Pflege. Die Bewältigung üblicher kritischer Lebensphasen ist für sie schwieriger (z. B. Ablösung, Verlust, Tod), und besonderen Lebensereignissen wie Heimaufnahmen, langen Klinikaufenthalten, traumatischen Erlebnissen, sind sie öfter als andere ausgesetzt. Vermutlich machen sie vermehrt traumatische Erfahrungen (vgl. Irblich 2007) und sie werden häufiger als andere als Kinder und Jugendliche Opfer von Gewalt, sehr häufig auch sexueller Übergriffe bis hin zu Misshandlungen. Nach einer Erhebung von Zemp (2002) gaben nahezu alle befragten in Wohnheimen lebenden Frauen und Männer mit geistigen Behinderungen an, sexuelle Belästigungen erfahren zu haben. Als Reaktion auf Gewalterfahrungen können sich psychische Störungsbilder entwickeln.

Abb. 3: Vulnerabilität (vgl. Schanze 2007, 55)

4.2.1 Auffälliges Verhalten als Folge von Exklusionserfahrungen

Man kann die Bedingungsaspekte der Vulnerabilität als (Folgen der) Einschränkungen von Teilhabe interpretieren – in den Lebensbereichen, die in der ICF als Systematik enthalten sind –, um zu beschreiben, wo Teilhabe für die Menschen wichtig ist – und beeinträchtigt sein kann. Das bedeutet, dass auffälliges Verhalten nicht nur exkludierend wirkt, sondern seinerseits auch Folge von Exklusionserfahrungen sein kann. Der Zusammenhang, die Wechselwirkung lässt sich in einem Kreisprozess verorten: Teilhabebarrieren in den für die Menschen relevanten Lebensbereichen machen vulnerabel für auffälliges Verhalten – das wiederum behindert die Teilhabe in den unterschiedlichen Lebensbereichen.

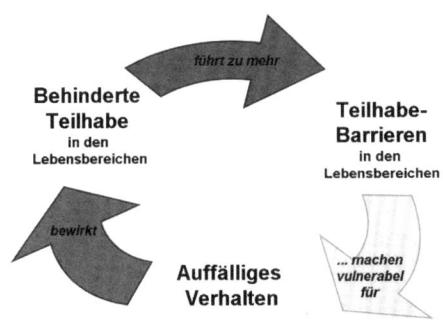

Abb. 4: Wechselwirkung von auffälligem Verhalten und Teilhabe-Beeinträchtigungen

Die pädagogische Unterstützung von Menschen mit auffälligem Verhalten stellt deshalb einen wesentlichen Schritt zum Abbau von Teilhabebarrieren dar, was wiederum das Risiko für auffälliges Verhalten verringern kann.

Diese Zusammenhänge lassen sich für die nach der ICF für die Teilhabe relevanten Lebensbereiche verdeutlichen – und zugleich kann man fragen, wie sich die jeweiligen Teilhabebarrieren abbauen und damit dem Menschen mit auffälligem Verhalten begegnet werden kann.

4.2.2 Teilhabebarrieren im Lebensbereich Lernen und Wissensanwendung

Menschen mit kognitiver Beeinträchtigung – oder mit einer Autismus-Spektrum-Störung – haben u. a. durch Beeinträchtigungen beim Wahrnehmen und Denken mehr Schwierigkeiten, eine Situation richtig zu verstehen. Sie geraten leichter in Angst oder Panik und erregen sich deshalb.

- Strukturierende Hilfen wie TEACCH (vgl. Häußler 2005) können solche Barrieren überwinden und Situationen, Abläufe, Interaktionen usw. verstehbar machen.

Im Bereich elementaren Lernens fehlt möglicherweise die Chance, sich die in unserer Kultur vorhandene Vielfalt von wahrnehmbaren Effekten und deren Aufrechterhaltung anzueignen. Effektstereotypien können Folge behinderter Teilhabe an Bildung beim Wahrnehmen der Welt sein.

- Hier sollte die Teilhabe an einer elementaren Bildung ermöglicht werden, durch die man sich etwas von den vielfältigen Betätigungsmöglichkeiten aneignen kann, die es in unserer Kultur gibt. Die sogenannte Musiktherapie ermöglicht so etwas (eigentlich keine Therapie, sondern ein Bildungsangebot!).

4.2.3   Teilhabebarrieren im Lebensbereich ›Aufgaben bewältigen‹

Menschen mit kognitiven Beeinträchtigungen fühlen sich oft überfordert. Eine Aufgabe ist vielleicht zu schwierig. Oder sie verstehen gar nicht, was sie jetzt tun sollen oder andere von ihnen wollen. Dann können sie Wut bekommen – oder sich auch zurückziehen, gar keine Lust mehr haben und ständig sagen »das kann ich nicht!« Wer nicht in befriedigenden Sozialbeziehungen lernen konnte, seine Impulse zu steuern, dem fehlt die für zielgerichtete Tätigkeiten und soziale Kooperation notwendige Impulskontrolle.

- Die Überwindung von Teilhabebarrieren in diesem Lebensbereich kann bedeuten, dass z. B. in einem guten handlungsorientierten Unterricht zielgerichtetes Handeln angeregt und erlernt werden kann. Auch das bereits erwähnte TEACCH kann Hindernisse aus dem Weg räumen, die der effektiven Bewältigung von Aufgaben im Wege stehen und damit zusammenhängenden Stress bewältigen helfen.

4.2.4   Teilhabebarrieren im Lebensbereich Kommunikation

Wem die Teilhabe in sprachlicher oder nicht-sprachlicher Kommunikation erschwert ist, der kommuniziert möglicherweise durch auffälliges Verhalten, um seine Bedürfnisse zur Geltung zu bringen.

Beeinträchtigte Teilhabe an Kommunikation macht es notwendig, anders auf seine Bedürfnisse aufmerksam zu machen und zur Geltung zu kommen. Wer z. B. nicht gut reden kann und wem auch noch Hilfsmittel der Unterstützten Kommunikation (vgl. Kristen 1994) vorenthalten werden, der erlebt ständig, dass seine Anliegen nicht verstanden und beachtet werden. Er wird vielleicht laut und wütend, um mit seinen Bedürfnissen zur Geltung zu kommen. Dafür setzt er ›Druckmittel‹ ein wie demonstratives oder appellatives Verhalten. Streit kann er nicht mit Worten austragen und schlägt, kratzt, schreit deshalb eher als andere.

- Teilhabebarrieren im Bereich der Kommunikation abzubauen bedeutet beispielsweise, die Erfahrung zu vermitteln, dass Menschen auch verstanden werden, wenn sie sich nur über den Körper oder ihr Verhalten ausdrücken können. Die Anwendung der Leichten Sprache kann Barrieren bei der Teilhabe an der öffentlichen und medialen Kommunikation verringern. Und alternative Mittel – etwa Unterstützte Kommunikation – verbessern die Chance, gehört zu werden und soziale Wirksamkeit zu erleben. Die Erweiterung kommunikativer Möglichkeiten führt tatsächlich zur Reduzierung unerwünschten, auffälligen Verhaltens (Mühl 1996, 103; Bernard-Opitz et al. 1988, 53). Vor allem bei autistischen Menschen nahmen dabei Interaktion, Aufmerksamkeit und Ausdauer zu und selbststimulierendes bzw. stereotypes Verhalten teilweise ab (Duker 1991, 14), verringerte sich aggressives Verhalten (Mühl 1996, 103 f.) und es wurden, insbesondere beim Einführen von Handzeichen, weniger Wutausbrüche, bessere Motivation, höhere Frustrationstoleranz und weniger selbstverletzendes Verhalten festgestellt (Mühl 1996, 105 f.).

4.2.5   *Teilhabebarrieren im Lebensbereich Mobilität*

Wer im Lebensbereich der Mobilität an der Teilhabe an den in unserer Kultur vorhandenen vielfältigen Bewegungsformen gehindert wird, greift häufig zu selbst gefundenen, stereotypen Verhaltensformen.

Menschen können aufgrund mangelnder Teilhabe an Bildung der Selbstbewegung Verhaltensweisen wie Unruhe und Bewegungsstereotypien – also selbst gefundene und oft sehr eintönige Formen der Bewegung – ausbilden. Nicht kompensierte Bewegungseinschränkungen können auch erheblich frustrieren und deshalb aggressive Reaktionen bedingen. Volker beispielsweise schlug sich an den Kopf, wenn er nicht von seinem Stuhl runter rutschen und zur Schublade mit Spielsachen kommen konnte (vgl. Klauß 2004).

- Einförmige Bewegungsformen sollte man nicht unterbinden. Man kann zur Aneignung von mehr Bewegungsvielfalt darauf eingehen, sie spiegeln und auch variieren. So entsteht soziale Interaktion, Interesse an der sozialen Welt und die Möglichkeit, sich gemeinsam die Vielfalt von Bewegungsmöglichkeiten zu erschließen, die es in unserer Kultur gibt: Im Tanz, Sport, beim Wandern, im Zusammenhang mit Musik oder Kunst (ebd.).

4.2.6   *Teilhabebarrieren im Lebensbereich Selbstversorgung*

Mangelnde Teilhabe an lebenspraktischer Bildung behindert eine selbstbestimmte Selbstversorgung, hält Menschen abhängig und kann auffälliges Verhalten bedingen, das aus Frustration resultiert oder Beachtung und Unterstützung zu erzwingen versucht.

Zum Lebensbereich Selbstversorgung gehört auch die Sorge für die Gesundheit. Unbefriedigte *organismisch bedingte Bedürfnisse* wie Essen, Schlaf, Atmung, Freiheit von Schmerz usw. können zu Aggressionen gegen sich und andere führen, aber auch zu Rückzug und zu Verweigerung. Selbstverletzendes Verhalten kann einen Versuch darstellen, mit selbst gefundenen Möglichkeiten Ohren- oder Zahnschmerzen zu bekämpfen. Hier fehlt die Teilhabe an Gesundheitsbildung, an der Nutzung von medizinischen Hilfen und an einer wirksamen Kommunikation über Gesundheitsprobleme, damit Hilfe geleistet werden kann.

- Angebote effektiver lebenspraktischer Bildung – auch bezogen auf die eigene Gesundheit – können auffällige Verhaltensweisen überflüssig machen. Dazu gehört beispielsweise die Vermittlung von Entspannungsmöglichkeiten, um selbst mit Stress und Anspannung umgehen zu können. Zentral ist aber auch hier die Teilhabe an Kommunikation – damit Menschen ihre körperlichen Bedürfnisse effektiv mitteilen und beispielsweise auch bestimmen können, wie, wann und ggfs. von wem sie bei der Selbstversorgung unterstützt werden möchten.

4.2.7   Teilhabebarrieren im Lebensbereich Interpersonelle Interaktionen und Beziehungen

Bei wem die Teilhabe an befriedigenden Interaktionen und Beziehungen beeinträchtigt ist, wer z. B. kein sicheres Bindungsverhalten, keine positiven Bindungserwartungen (›Arbeitsmodell‹) ausbilden kann, der managt seine Interaktionen und Beziehungen dementsprechend.

Manche auffälligen Verhaltensweisen lassen sich aufgrund von spezifischen Bindungserfahrungen besser verstehen (vgl. zur Bindungstheorie: Holmes 2002). Bindungserfahrungen führen zu Bindungserwartungen, aus denen unterschiedliche auffällige Verhaltensweisen resultieren können. *Sicher gebundene Menschen* gehen davon aus, dass sie sich auf Mitmenschen verlassen können und Lösungswege aus schwierigen Situationen kennen. Im Gegensatz dazu verlassen sich *unsicher-vermeidend gebundene Menschen* auf niemanden, regeln alles alleine und schützen sich durch Verleugnung von Gefühlen. *Unsicher-ambivalent gebundene Menschen* wissen nicht, was sie von anderen zu erwarten haben, müssen ständig die Bezugsperson kontrollieren und können ihr nicht trauen, was sie ärgerlich macht. Und letztlich suchen *desorganisiert gebundene Menschen* Halt, Begleitung sowie Schutz, haben jedoch ständig Angst vor neuen Verletzungen durch Bezugspersonen, zu denen es sie gleichzeitig hin- aber auch wieder wegzieht. Manche Verhaltensweisen lassen sich als Versuche verstehen, Bindungserwartungen zu bestätigen – also beispielsweise Bezugspersonen so lange zu nerven, bis sie endlich bestätigen, dass sie einen eigentlich ablehnen, dass man sich nicht auf sie verlassen kann.

- Vor diesem Hintergrund geht es vor allem darum, positive Bindungserfahrungen zu ermöglichen. Selbst wenn Bindungsmuster sich nicht grundsätzlich ändern, sind Besserungen durch neue Erfahrungen verlässlicher Interaktionen möglich.

Ebenso hindert die Erfahrung von Traumatisierung, Missbrauch usw. erheblich daran, an interpersonellen Interaktionen teilzunehmen und befriedigende Beziehungen einzugehen.

- Auch das Angebot traumatische Erfahrungen zu bearbeiten, etwa durch Biografiearbeit, kann Barrieren der sozialen Interaktion abbauen helfen.

4.2.8 Teilhabebarrieren in den Bedeutenden Lebensbereichen Bildung und Erziehung, Arbeit und Beschäftigung

Wer nicht an adäquaten Bildungs- oder Beschäftigungsangeboten teilhaben kann, wem hierbei qualifizierte Unterstützung fehlt, der reagiert mit Lernverweigerung oder ›gestörtem‹/störendem Arbeitsverhalten. Kinder und Jugendliche reagieren möglicherweise mit auffälligem Verhalten wie Lernverweigerung oder Unterrichtsstörungen, wenn sie in der Schule keine angemessenen Aufgaben erhalten, also bei erheblicher Unter- oder Überforderung. Auch wenn die didaktischen Konzepte nicht zu ihren Möglichkeiten passen, kann das zu scheinbaren Lernstörungen führen.

- Notwendig ist eine Passung zwischen Lernangeboten und Lernvoraussetzungen bei den Schüler(inne)n, damit diese an der schulischen Bildung teilhaben können.

In den im Februar 2017 ausgestrahlten ›Wallraff-Filmen‹ war ein junger Mann mit körperlicher Behinderung zu sehen, der mit Gewalt veranlasst wurde, Dinge in einen Karton zu werfen. Das Vorenthalten angepasster Arbeitsvorrichtungen und Hilfestellung machte ihm die Erfahrung produktiver Tätigkeit unmöglich – aus der Perspektive seines Begleiters störte er die Arbeit.

- Manche Menschen brauchen Arbeitsangebote, bei denen sie nicht stillsitzen, sondern sich körperlich verausgaben können. Kane (vgl. Kane & Nößner 2003) hat beispielsweise mit seinem FARM-Projekt nachgewiesen, wie unruhiges, aggressives oder selbstverletzendes Verhalten verringert werden kann, wenn Teilhabe an sinnvoller Beschäftigung durch individuell angepasste Arbeitsbedingungen und -anforderungen ermöglicht wird.

4.2.9 Teilhabebarrieren im Lebensbereich Gemeinschafts-, soziales und staatsbürgerliches Leben

Menschen, die sich vom staatsbürgerlichen und Gemeinschaftsleben ausgegrenzt, unbeachtet – also am ›Teil-Sein‹ gehindert – fühlen, entwickeln manchmal auffällige Verhaltensweisen, durch die sie ihre Bedeutsamkeit, ihren Selbstwert sichern möchten. »Wenn sie uns wenigstens fürchten« – diese Verhaltenslogik als Antwort auf das Gefühl, von Teilhabe ausgegrenzt zu sein, das erlebt man – nicht nur – bei PEGIDA.

- Politische Partizipation und Einflussnahme ist Menschen mit kognitiven Beeinträchtigungen möglich – wenn man es ihnen zutraut, sie an politischer Bildung teilhaben lässt und Wege bahnt.

5 Wie lassen sich Teilhabebarrieren im Bereich des Verhaltens abbauen?

Zusammenfassend kann man zum Zusammenhang zwischen auffälligen Verhaltensweisen und Teilhabebehinderungen sagen, dass erstere begriffen werden können als Ergebnis des Versuchs der Lebensbewältigung angesichts beeinträchtigter Teilhabe – in den Lebensbereichen der Kommunikation, der Mobilität, der Selbstversorgung, der

Bildung und Beschäftigung, der Interaktionen und Beziehungen usw. Der Abbau von Barrieren der Teilhabe in den Lebensbereichen, in denen man relevante Bedingungen für die Ausbildung auffälligen Verhaltens identifizieren kann, trägt dazu bei, dieses zu verringern, eigentlich prophylaktisch überflüssig zu machen. Damit verringert sich zugleich die Beeinträchtigung der Teilhabechancen, die aus dem auffälligen Verhalten selbst resultieren.

Literatur

Bernard-Opitz, V./Blesch, G./Holz, K. (1988): Sprachlos muss keiner bleiben. Handzeichen und andere Kommunikationshilfen für autistisch und geistig Behinderte. Freiburg.

DIMDI (2005): ICF – Internationale Klassifikation der Funktionsfähigkeit, Behinderung und Gesundheit. Deutschsprachige Übersetzung – Stand Oktober 2005. URL: http://www.dimdi.de/static/de/klassi/icf/index.htm. (05.12.2017)

Duker, P. C. (1991): Gebärdensprache mit autistischen und geistig behinderten Menschen. Ein Handbuch für Gebärden. Dortmund.

Dworschak, W./Kannewischer, S./Ratz, Ch./Wagner, M. (2012): Schülerschaft mit dem Förderschwerpunkt geistige Entwicklung. Eine empirische Studie. 2. Aufl. Oberhausen.

Füller, Ch. (2011): Autisten-Schule schmeißt autistischen Jungen raus. In: Spiegel Online, http://www.spiegel.de/schulspiegel/paedagogik-paradox-autisten-schule-schmeisst-autistischen-jungen-raus-a-765335.html (04.01.2018)

Häußler, A. (2005): Der TEACCH Ansatz zur Förderung von Menschen mit Autismus. Einführung in Theorie und Praxis. Dortmund.

Hennicke, K. (2007): Verhaltensauffälligkeiten und psychische Störungen bei Menschen mit geistiger Behinderung. In: Hennicke, K. (Hg.): Verhaltensauffälligkeiten bei Kindern, Jugendlichen und Erwachsenen mit geistiger Behinderung – Möglichkeiten der Prävention. Berlin, 4–7.

Hennicke, K. (2016): Grenzen der Beschulbarkeit. In: Hennicke, K./Klauß, Th. (Hgg.): Verhaltensauffälligkeiten von intelligenzgeminderten Schüler(inne)n. Eine Herausforderung für Pädagogik und Kinder- und Jugendpsychiatrie. Marburg, 188–211.

Holmes, J. (2002). John Bowlby und die Bindungstheorie. München.

Irblich, D. (2007): Ethische Aspekte bei der Anwendung von Sicherungstechniken und Schutzmaßnahmen bei Menschen mit geistiger Behinderung. In: Heinrich, J. (Hg.): Akute Krise Aggression. Aspekte sicheren Handelns bei Menschen mit geistiger Behinderung. Bundesvereinigung Lebenshilfe für Menschen mit geistiger Behinderung: Marburg. 2. durchgesehene Aufl. 223–256.

Janz, F./Klauß, Th. (2007). Schülerinnen und Schüler mit schwerer Behinderung und auffälligem Verhalten an Schulen für Geistig- und Körperbehinderte. In: Hennicke, K. (Hg.). Verhaltensauffälligkeiten bei Kindern, Jugendlichen und Erwachsenen mit geistiger Behinderung – Möglichkeiten der Prävention. Berlin, 32–51.

Janz, F./Hockenberger, M./Klauß, Th. (2016). »Warum macht er das bloß?« – Die Funktionale Verhaltensanalyse als hilfreiches Instrument zum Umgang mit verhaltensauffälligen Schüler(inne)n im Team. In: Hennicke, K./Klauß, Th. (Hgg.). Verhaltensauffälligkeiten von intelligenzgeminderten Schüler(inne)n. Eine Herausforderung für Pädagogik und Kinder- und Jugendpsychiatrie. Marburg, 138–156.

Kane, J. F./Nößner, Ch. (2003): Selbstverletzendes Verhalten und Juckreiz. Eine Herausforderung für die Kooperation zwischen Pädagogik, Psychologie und Medizin. In: Kane, J. F./Klauß, Th. (Hgg.): Die Bedeutung des Körpers für Menschen mit geistiger Behinderung. Zwischen Pflege und Selbstverletzung. Heidelberg, 149–176.

Kardorff, E. v. (2010): Evaluation beteiligungsorientierter lokaler Enabling Community-Projekte: Welche Anforderungen sind damit verbunden? In: Evangelische Stiftung Alsterdorf, Katholische Hochschule für Sozialwesen Berlin (Hg.): Enabling Community – Anstöße für Politik und soziale Praxis. Hamburg, 263–275.

Klauß, Th. (2004): Selbstverletzendes Verhalten zwischen Kompetenz, Selbstbestimmung und Hilflosigkeit. In: Furger, M./Kehl, D. (Hgg.): »… und bist du nicht willig, so brauch ich Gewalt«. Zum Umgang mit Aggression und Gewalt in der Betreuung von Menschen mit geistiger Behinderung. Luzern, 13–36.

Klauß, Th. (2016): Chancen der Inklusion für Schüler(innen) mit Verhaltensproblemen im Förderschwerpunkt geistige Entwicklung. In: Hennicke, K./Klauß, Th. (Hgg.): Verhaltensauffälligkeiten von intelligenzgeminderten Schüler(inne)n. Eine Herausforderung für Pädagogik und Kinder- und Jugendpsychiatrie. Marburg, 229–245.

Klauß, Th./Hockenberger, M. (2014). Wie gehen Lehrpersonen mit Verhaltensauffälligkeiten um? Ergebnisse einer Befragung in Baden-Württemberg. In: Hennicke, K./Klauß, Th. (Hgg.). Problemverhalten von Schülern mit geistiger Behinderung – Umgang, Förderung, Therapie, 62–88.

Klauß, Th./Janz, F./Hockenberger, M. (2016). Welches Verhalten von Schüler(inne)n im Förderschwerpunkt geistige Entwicklung erleben Lehrer(innen) als auffällig, problematisch und belastend? In: Hennicke, K./Klauß, Th. (Hgg.): Verhaltensauffälligkeiten von intelligenzgeminderten Schüler(inne)n. Eine Herausforderung für Pädagogik und Kinder- und Jugendpsychiatrie. Marburg, 18–39.

Kristen, U. (1994): Praxis Unterstützte Kommunikation – Eine Einführung. Düsseldorf.

Mühl, H. (1996): Mit nichtsprechenden Menschen kommunizieren. Der Erwerb von Handzeichen bei nichtsprechenden Menschen mit geistiger Behinderung und mit autistischem Verhalten. Oldenburg.

Sarimski, K. (2009): Verhaltensanalyse. In: Irblich, D./Renner, G. (Hgg.): Diagnostik in der klinischen Kinderpsychologie. Göttingen, 109–120.

Schanze, Ch. (2007): Entstehungsbedingungen und Prävention psychischer Störungen bei Menschen mit geistiger Behinderung aus Sicht der Erwachsenenpsychiatrie. In: Hennicke, K. (Hg.): Verhaltensauffälligkeiten bei Kindern, Jugendlichen und Erwachsenen mit geistiger Behinderung. Berlin.

UN (United Nations) (2008): Convention on the Rights of Persons with Disabilities and Optional Protocol. URL: http://www.un.org/disabilities/documents/convention/convoptprot-e.pdf. (03.02.2011).

Zemp, A. (2002): Sexualisierte Gewalt gegen Menschen mit Behinderung in Institutionen. In: Prax. Kinderpsychol. Kinderpsychiat. (51), 610–625.

Jutta Hennies

»Nichts geschieht einfach so!« Der Ansatz der Rehistorisierenden Diagnostik in der Betreuungsarbeit

In dem 1990 eröffneten Deutschen Taubblindenwerk/Standort Fischbeck leben 127 geburtstaubblinde und hörsehbehinderte erwachsene Menschen in 19 Wohngruppen. Wir leben in einem sehr ländlichen Bereich, haben auf weitläufigem Gelände eine anerkannte WfbM, einen Landhof mit Backstube, Werkstattladen, mit Pferden, Hunden, Hühnern und viel Natur rundherum.

Die zwei großen konzeptionellen Säulen unserer Arbeit sind die Basale Stimulation® nach Prof. Andreas Fröhlich und die Rehistorisierende Diagnostik, verbunden mit dem Namen Prof. Wolfgang Jantzen.

Ich möchte ein Wort von Anna Freud voranstellen:

> »Die ersten Jahre des Lebens sind wie die ersten Züge einer Schachpartie – sie geben den Verlauf und den Charakter der Partie vor, aber solange man noch nicht schachmatt ist, bleiben noch viele schöne Züge zu spielen« (Zit. n. Heinze 2014, 1).

Um einige dieser vielen schönen Schachzüge, die es zu spielen gilt, geht es in meinem Beitrag.

Zunächst beschreibe ich einige wichtige Grundannahmen und Eckpfeiler der Rehistorisierenden Diagnostik:

Wir alle haben eine individuelle Geschichte mit Ursachen und Wirkungen und Folgen … mit leichten und schönen Dingen, manchmal auch mit dramatischen Erinnerungen und schweren Kämpfen … wir haben Beziehungen, Familie, Freund(inn)e(n), Kolleg(inn)en … Wir wissen, dass unausgesprochene, ungesagte Gedanken, Gefühle, Ängste, die zwischen uns und einem anderen Menschen stehen, eine Situation plötzlich schwierig machen können, weil in uns ein Thema berührt wird, das uns unangenehm ist. Wir reagieren verschlossen, ärgerlich, vielleicht aggressiv. Der Andere schaut verwundert, versteht uns nicht – es entsteht ein Graben des Nichtverstehens, der ggf. unmöglich zu überwinden scheint. In den Augen des Anderen sind wir dann vielleicht überempfindlich, schwierig oder auffällig aggressiv. Die Beziehung leidet, wird evtl. sogar beendet. Doch wie gut tut es uns, wenn sich jemand uns zuwendet, interessiert nachfragt und wir intensiver ins Gespräch kommen. Dann kann sich die Beziehung vertiefen.

Ein verstehensorientiertes Miteinander kann also besser gelingen, indem wir in die Lebensgeschichte eines Menschen hineingehen, in seine persönliche Historie eintauchen, indem wir uns für seine Erlebnisse interessieren und Zusammenhänge mit seiner aktuellen Situation herstellen.

Rehistorisierung bedeutet, dieses selbstverständliche Alltagswissen zu systematisieren und im diagnostischen Prozess vom Erkennen zum Erklären zum Verstehen zum pädagogischen Handeln zu gelangen (vgl. Macykowski 2013, 141).

Wir versetzen den behinderten Menschen in seine persönliche Geschichte, bewerten nicht nur sein aktuelles Verhalten, sondern fragen nach seinem Gewordensein: »Welches sind deine Erfahrungen und Erlebnisse, wie bist du der Mensch geworden, als den wir dich heute erleben?«

Im Betreuungsalltag werden wir oft mit Situationen konfrontiert, die uns im Kontakt mit einem behinderten Menschen überfordern, ratlos und hilflos machen. Wir bereiten uns vor, planen die individuellen Fördermaßnahmen – und sehen uns dann immer wieder einem Verhalten ausgesetzt, das wir nicht nachvollziehbar finden und dessen Ursachen uns völlig verborgen bleiben.

Wir sprechen hier von Menschen, die

- oft nur über sehr eingeschränkte kommunikative Kompetenzen verfügen,
- selbst- und fremdverletzendes Verhalten zeigen, Gegenstände zerstören,
- immer wieder massiv die Grenzen anderer Menschen überschreiten,
- z. B. mit Exkrementen schmieren oder öffentlich onanieren,
- lang anhaltend laut schreien,
- sich in stereotypen Bewegungsmustern verlieren,
- u.a.m.

Solche Krisensituationen können oft eskalieren, eine Beruhigung wird nicht erreicht – und es geschieht immer wieder. Wir haben das Gefühl, uns in einer Endlosschleife zu befinden. Natürlich müssen wir dann ggf. alle Beteiligten vor Verletzungen schützen – aber meistens sieht ein Eingreifen im Sinne von »Abstellen« einer Krisensituation nicht sehr elegant aus und ist oft ein sehr unschönes Szenario. Da werden Menschen massiv festgehalten, auf den Boden gebracht, unsanft aus dem Raum geschafft usw. Um diese Endlosschleife zu verlassen, brauchen wir also dringend einen Zugang zu diesen Situationen und zu dem Menschen, der es uns ermöglicht, dieses aktuelle Geschehen neu und anders zu verstehen.

Wir benötigen komplexe biografische Daten und Zusammenhänge und müssen klären, was wann wie geschehen ist im Leben dieses Menschen. Wir müssen uns anschauen, welche biologischen, z. B. angeborenen körperlichen Beeinträchtigungen es gab, in welchen sozialen Bezügen dieser Mensch gelebt hat, also seine familiäre Situation, das Geschehen in Kindergarten, Schule und anderen Institutionen. Wir schauen uns an, ob, seit wann und in welcher Dosierung die betreffende Person Medikamente einnimmt. Eine systematische Aktenanalyse gehört ebenso dazu. So können wir daraus entsprechende Rückschlüsse ziehen auf die psychische Entwicklung der Person. Dieses »Lebens-Puzzle« wird im Sinne einer empathischen Betrachtungsweise zusammengefügt: »Was wäre, wenn dies *meine* Lebensgeschichte wäre?« Erst diese Klärung führt zu einer sinnvollen und damit hilfreichen und nicht stigmatisierenden Diagnose, auf die nicht nur der betreffende Mensch ein Recht hat, sondern auch die ihn betreuenden

Personen, von denen wir im Betreuungsalltag erwarten, dass sie bestmöglich informiert sind und professionell arbeiten!

Wir bewegen uns hier im Spannungsfeld von biologischen und sozialen Bedingungen und psychischer Entwicklung. Eins bedingt das andere, kein Bereich kann für sich genommen betrachtet werden:

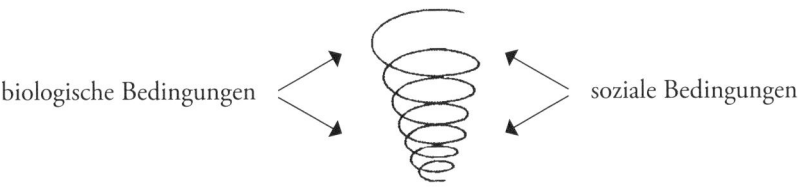

Bio-psycho-sozialer Zusammenhang

Abb. 1: Bio-psycho-sozialer Zusammenhang

In diesem Zusammenhang müssen wir uns u. a. mit dem Begriff der *Verhaltensauffälligkeit* beschäftigen. Gemeinhin scheint eindeutig, was man unter einer *Verhaltensauffälligkeit* versteht – doch was sagt die Bezeichnung *verhaltensauffällig* eigentlich aus? Das heißt zunächst nur, dass jemand ein bestimmtes Verhalten *auffällig* findet. Wir wissen nicht, ob der Mensch dieses Verhalten z. B. als Stabilisierungs- oder Orientierungsversuch benötigt oder aus Angst handelt. Wie dieses Verhalten genau aussieht, in welchen Situationen es auftritt, welche Ursache zugrunde liegt, bleibt dabei im Dunkeln. Eine andere Person bewertet dieses Verhalten u. U. völlig anders. Der Begriff »Verhaltensauffälligkeit« ist für sich genommen nur ein Kürzel, um das Verhalten eines Menschen zu benennen.

Welche Erlebnisse und Erfahrungen in der Vergangenheit können nun dazu führen, dass ein Mensch ein Verhalten entwickelt, das gemeinhin schnell als »auffällig« bezeichnet wird? Die Rehistorisierende Diagnostik bietet uns verschiedene Erklärungsansätze, von denen wir zunächst zwei näher betrachten wollen:

1   Erklärungsansätze für die Enstehung von »Verhaltensauffälligkeiten«

1.1   Innere Isolation

Die taubblinden Menschen in unserer Einrichtung leben allein schon aufgrund ihrer Sinnesbehinderung isoliert, denn sie nehmen den emotionalen Ausdruck anderer Menschen, also Mimik, Sprache, Körperhaltung nicht oder sehr eingeschränkt wahr. Ihr Zugang zu Menschen und zur Welt findet unter veränderten Bedingungen statt.

Es ist zunächst eine für sie inadäquate Welt, in der sie nur unzureichend Struktur und Orientierung finden.

Dasselbe gilt auch für geistig behinderte Menschen. Verändert sich die Welt für sie nicht nachvollziehbar, wirkt sich die körperliche Beeinträchtigung nachhaltig auf ihre sozialen und kognitiven Kompetenzen aus.

Auch Reizüberflutung, also zu viel nicht zu verarbeitende Information, kann sich isolierend auswirken.

1.2   Äußere Isolation

ist immer dann gegeben, wenn ein Mensch vom Zugang auf die Welt abgeschnitten ist, mit anderen Worten: immer dann mit sich allein ist und bleibt, wenn er eigentlich dringend menschlichen Kontakt bräuchte, um die Umwelt und gleichzeitig auch seine innere Situation zu verarbeiten.

Wir müssen untersuchen, ob es Zeiträume gab, in denen der Mensch widersprüchlichen Informationen ausgesetzt war, auf die er sich »keinen Reim« machen konnte, weil er nicht verlässlich emotional versorgt wurde. Gab es körperliche Beeinträchtigungen, Störungen, Schädigungen, die seine Situation so verändert haben, dass er besonderer entwicklungsförderlicher Maßnahmen bedurft hätte, diese aber wahrscheinlich nicht erhalten hat (Krankheiten, z. B. Meningitis, Epilepsie, Erblindung)?

Je früher es im Leben eines Menschen zu einer nicht ausreichenden oder gar falschen sozialen Strukturierung kommt, umso größer ist die Gefahr, dass er Symptome ausbildet wie z. B. stereotypes Verhalten, das sich dann ggf. im Laufe seiner weiteren Entwicklung manifestiert, immer heftiger wird und ihn u. U. sein ganzes Leben hindurch als *Verhaltensauffälligkeit* begleitet.

Beispiel: Wenn vor 50 Jahren ein 2-jähriges hörsehbehindertes Kind ohne Begleitung in der Augenklinik mehrfach operiert wird, sich einer fremden Welt, fremden Menschen, Händen, Gerüchen, Schmerzen ausgesetzt sieht, fixiert im Bettchen liegt, damit es sich die Zugänge und Verbände nicht abreißt – und bei der Gelegenheit auch gleich noch vom Schnuller entwöhnt wird, ist es nicht verwunderlich, dass noch über 25 Jahre später ein stereotypes Hin-und-Her-Bewegen des Kopfes, verbunden mit stimmlicher Vibration, beobachtet und – leider – als *Verhaltensauffälligkeit* diagnostiziert wird! Ein Mensch in Isolation *muss* Stereotypien entwickeln, um sich einen letzten Rest von Autonomie, von selbstständigem Verhalten zu bewahren, z. B. seine Bewegungsfähigkeit selbstständig einsetzen können, um sich innerlich zu stabilisieren und ein Mindestmaß an Sicherheit zu erlangen. Wir können demnach *Verhaltensauffälligkeiten* verstehen als *Kompetenzen*, entstanden unter isolierenden Bedingungen! Nach Jantzen sind »Verhaltensauffälligkeiten« Anzeichen für das Hineinwachsen der Vergangenheit in die Gegenwart (1992).

1.3 Misslingende frühkindliche Dialoge

Werfen wir einen Blick auf das Gelingen bzw. Misslingen früher Dialoge, denn sie sind von entscheidender Bedeutung bei der Suche nach den Ursachen von *Verhaltens-auffälligkeiten*: Nur wenn ein Kind in einer kritischen Situation durch die Bezugs-person verlässlich beruhigt bzw. stabilisiert wird, kann es die Fähigkeit der Selbstbe-ruhigung bzw. Selbststabilisierung erlangen. Mit anderen Worten: Nur wer als Kind verlässlich getröstet wurde, seine eigenen Gefühle gespiegelt und über die Sprache benannt bekommen hat, kann sich später selbst trösten und somit emotional und kognitiv steuern.

Das ist die beste Grundlage für Beziehungs- und Bindungsfähigkeit und ein sicheres Bindungsmuster. Geschieht das nicht in dieser Weise und bleibt das Kind länger in hoher Erregung und Irritation, geht das Vertrauen in den eigenen Körper verloren, denn es entsteht unauflösbarer Stress. Dadurch wird das Körperselbstbild nachhaltig irritiert, sodass ein »sicherer innerer Raum« nicht ausgebildet und ein »unsicherer in-nerer Raum« dagegen mit Stress gefühlt wird – u. U. ein Leben lang!

Nach Trevarthen und Aitken ist das menschliche Gehirn auf die »Existenz eines freundlichen Begleiters« angewiesen (zit. n. Jantzen 2009, 105).

Verkürzt dargestellt: Neugeborene halten ihre Augen in den ersten 24 Stunden sehr viel länger geöffnet als später. Durch den anhaltenden Blickkontakt zwischen Säugling und Mutter erfährt diese einen Oxytocin-Schub, Milch schießt ein, Bindung entsteht, usw. So sichert sich der kleine Mensch eine »freundliche Begleiterin«, die ihn be-schützt, nährt, umsorgt, liebt und sein Weiterleben sichert!

1.4 Störungen im Brindungs- und Beziehungsaufbau

Menschen haben ein angeborenes Bedürfnis, im Laufe des ersten Lebensjahres eine starke emotionale Bindung zu einer Hauptbezugsperson zu erlangen. Wird dem nicht Rechnung getragen, kommt es zu Brüchen im Beziehungsaufbau zwischen Eltern und Kind und damit zu entscheidenden Entwicklungsbeeinträchtigungen des Kindes. Ur-vertrauen kann nicht aufgebaut werden.

Auf seine Signale muss der Säugling eine unmittelbare und angemessene Reaktion erfahren. Wenn wir uns mit den Lebensgeschichten behinderter Menschen beschäf-tigen, begegnen uns immer wieder Berichte über Frühgeburten, lange Aufenthalte im Inkubator, wiederholte Klinikaufenthalte mit invasiven medizinischen Eingriffen usw., verbunden mit langen Trennungszeiten von den Bezugspersonen, ohne Hoff-nung auf Veränderung.

1.5 Das Phänomen der Traumatisierung

Ein Trauma ist ein plötzlich und heftig auftretendes Geschehen *von außergewöhnli-cher Bedrohung*, dessen Heftigkeit den betroffenen Menschen in einen ungeschützten und höchsten Angst-Schreck-Schock-Stresszustand versetzt, auf den er sich nicht ein-stellen und dem er auch nicht entkommen kann. *Traumatisches Erleben geht einher mit Verzweiflung, Hilflosigkeit, Ohnmacht, Kontrollverlust sowie mit Desintegration und Fragmentierung in der Verarbeitung des Erlebten.* Besonders sehr junge Kinder sind in Gefahr, sich hilflos, ausgeliefert und ohnmächtig zu fühlen, da sie noch keine Bewältigungsstrategien entwickelt haben können.

Extrem hospitalisierte Säuglinge gelten als so schwer traumatisiert, dass sie unter die Diagnose der Posttraumatischen Belastungsstörung einzuordnen sind.

Einige Symptome der PTBS sind wiederkehrende und eindringlich belastende Träume, Flashback-Erlebnisse, psychische und physiologische Reaktionen bei Konfrontation mit Hinweisreizen, z. B. Panikattacken, Herzrasen, Schweißausbruch, Atemnot.

Traumatisierte Menschen leiden in vielen Bereichen unter Einschränkungen, u. a. sind sie nur bedingt bindungsfähig, ihre sozialen und emotionalen Kompetenzen ebenso wie Impulskontrolle und Stressregulation sind beeinträchtigt, und besonders ihr Körper selbst und ihre Körperwahrnehmung nachhaltig gestört.

Beispiel: Frau K. trinkt in schwierigen Phasen bis zu 10 Liter Wasser und mehr, wenn man sie lassen würde. Anschließend entleert sie sich, um sich umgehend erneut zu »befüllen«. Sie schläft nächtelang nicht, wirkt ruhelos und getrieben und geht bis zu über 30 Mal extrem heiß-kalt duschen. Wir deckten durch die Rehistorisierung traumatische Strukturen auf, aufgrund derer sie sich vermutlich extreme Reize verschaffen muss, um ihren Körper zu spüren.

Traumatisierte Menschen befinden sich aufgrund mangelnder Fähigkeit zur Selbstregulierung häufig in einem Zustand der Über- oder Untererregung (Under- bzw. Overarousal). Das Trauma sitzt im Körper als »Antwort des Nervensystems«, wenn überschüssige Energie nicht abgebaut werden kann. Das zieht häufig katastrophale Auswirkungen auf Körper und Geist nach sich.

Ein Mensch kann auf drohende Gefahren mit Flucht, Kampf oder Erstarrung reagieren, vom Autonomem Nervensystem (ANS) organisiert und automatisch verlaufend, ohne dass er es beeinflussen könnte. Das ANS sichert die Überlebensreaktionen. Es hat zwei Zweige, das Sympathische (SNS) und das Parasympathische Nervensystem (PNS), die in gewisser Weise spiegelbildlich zueinander sind:

Das SNS ist wie ein »Gaspedal«, liefert Energie über Erhöhung von Herzschlag, Atmung und Blutdruck und hilft, auf Bedrohungen vorbereitet zu sein. Es leitet Blut vom Verdauungssystem in die Muskulatur um, damit der Mensch z. B. schnell fliehen könnte. Das PSN wirkt wie eine »Bremse«, hilft beim Ausruhen, Entspannen und bei der Entladung der Energien. Die Atmung vertieft sich, Puls und Blutdruck sinken, die Haut wird rosig und die Verdauung funktioniert. In einem gesunden Nervensystem wechseln sich Anspannung und Entspannung ab. Die Balance stimmt, die Regulierung funktioniert, das Nervensystem organisiert und reguliert sich selbst. Es ist zuverlässig und stark (breite Resilienz).

Wenn Flucht oder Kampf unmöglich ist, erstarrt der Mensch. Dann sind alle motorischen Energien im Körper und können nicht genutzt werden, sind *eingefroren* im Nervensystem und in den Muskeln. Eine Regulation findet nicht statt, das Nervensystem ist dysreguliert.

Natürlich sind mit den unterschiedlichen Aktionsplänen auch Emotionen verbunden, die ebenso gespeichert und eingefroren werden: Flucht geht einher mit Irritation, Angst, Furcht, Panik. Kampf hängt zusammen mit Gereiztheit, Ärger, Wut, Rage. Ein traumatisiertes Nervensystem ist nicht sehr widerstandsfähig (schmale Resilienz): Normale Alltagsbelastungen und Herausforderungen überfordern den Menschen schnell. Er kann sich nicht ausreichend kontrollieren und gerät ggf. rasch in einen Zustand der Übererregung. Er ist höchst wachsam, wie »auf dem Sprung«, ist schnell reizbar, hat einen hohen Muskeltonus und ist motorisch extrem aktiv. Wenn das PSN überaktiviert ist, finden wir einen erschöpften, energielosen Menschen vor. Er hat einen sehr niedrigen Muskeltonus, wirkt apathisch und depressiv und reagiert sehr verlangsamt.

2 Was können wir nun im Betreuungsalltag konkret tun?

Die betroffenen Menschen suchen nach etwas, was berechenbar und vorhersehbar ist. Sie sind einerseits auf der Suche nach einem »freundlichen Begleiter«, andererseits sind sie in der unglücklichen Situation, dass sie nicht einfach so davon überzeugt werden können, dass die Welt eigentlich ein sicherer Ort ist und Menschen ihnen wohlgesonnen sind. Auch unter den sichersten Bedingungen fühlt es sich für diese Menschen nicht sicher an. Sie müssen die Sicherheit nicht nur gezeigt und gesagt bekommen, sie müssen sie auch in ihrem Nervensystem spüren, wenn ihr Körper ihnen rückmeldet: »Jetzt und hier ist gerade alles in Ordnung, in diesem Moment bin ich vollkommen sicher aufgehoben!«

Wenn wir selbst uns in einem besonders wunderbaren Moment nichts sehnlicher wünschen, als dass die Zeit stillstehen möge, damit dieser Augenblick niemals aufhöre, z. B. bei einem Sonnenuntergang oder einem klassischen Musikstück, in einem Moment intensiven Verbunden-Seins mit Freund(inn)en oder einem geliebten Menschen, spüren wir zutiefst, dass es »hier und jetzt« perfekt ist – dann möchten wir die Welt anhalten – möchten Wurzeln schlagen – fühlen uns eins mit uns und anderen und der Welt: Auswirkungen der Endorphine in unseren Adern, der Glückshormone, die uns durchströmen.

Auch die betreuten Menschen müssen spüren, dass sie mit ihrer Umgebung und mit den anderen Menschen in harmonischer Weise verbunden sein können. Sie benötigen ein friedliches Umfeld! Sie brauchen viel guten Körperkontakt, Freundlichkeit, Herzlichkeit, Natürlichkeit, Humor, Wohlgefühl, ein »inneres Gutsein«, mit sich eins sein. Gute, wohlmeinende Berührungen der Haut bewirken eine Ausschüttung von Endorphinen, der Serotoninspiegel steigt, Adrenalin und Cortisol sinken, Stress wird abgebaut.

(Gleichzeitig müssen wir all diese förderlichen Energien wie Wohlgefühl, Lob, Anerkennung, Nähe usw. sehr achtsam dosieren, da ein dysreguliertes Nervensystem noch keine große Bandbreite an Verarbeitungsmöglichkeiten hat! Wenn wir – in der besten Absicht – zu schnell, zu forsch auftreten, den Menschen mit gut gemeinter

Zuwendung überschütten, wird sein Nervensystem u. U. überfordert reagieren und kollabieren, sich auf sein altes Muster zurückziehen.)

Unsere Aufgabe ist es, den Menschen im Betreuungsalltag verlässliche Partner(innen) zu sein, die ihnen helfen, sicheren Boden unter die Füße zu bekommen, damit sie Schritt für Schritt vorankommen. Sie benötigen Zeit, um eine gute Portion Wohlgefühl zu verarbeiten! Glückliche Momente der Verbundenheit mit uns, mit Tieren, mit Musik, mit der Natur! Sie müssen in und mit ihrem Körper spüren, was es bedeutet, zufrieden, froh, glücklich, stolz und – ganz bewusst sage ich: geliebt zu sein! Wie es sich anfühlt, ruhig, sicher, stark und verwurzelt zu sein! Zuhause sein, eine Heimat haben. Zu ihrem erlebten Schrecken, ihrer Not und so oft erfahrenen Selbstunwirksamkeit brauchen sie ein starkes und freundliches Gegengewicht!

Hier wird sehr deutlich, dass alle betreuerischen Aktivitäten auf der Basis einer emotional positiven Beziehung stattfinden müssen! Individuelle Hilfeplanung ohne partnerschaftliche, einfühlsame und menschenfreundliche Beziehungsgestaltung können wir getrost vernachlässigen.

»Der Mensch wird erst am DU zum ICH!«, sagte Martin Buber (zit. n. Schwing & Fryszer 2014, 36).

Dieses DU sind WIR! Wir alle, die wir für diese Menschen Verantwortung tragen! Gerade die Menschen mit dramatischem und traumatischem Erfahrungshintergrund sind angewiesen auf ein liebevolles, zugewandtes und Halt gebendes Beziehungsgeschehen. Sie benötigen einen Gegenpol zu ihrem gefühlten bzw. verinnerlichten Selbstbild des *Unvollkommen-Seins, Nicht-Perfekt-Seins, Immer-noch-Nicht-Gut-Genug-Seins.*

»Die Ehrfurcht vor der Vergangenheit und die Verantwortung für die Zukunft geben dem Leben die richtige Haltung« (Bonhoeffer 2004, 36).

Es geht um eine HALTUNG! Wir dürfen diese Menschen nicht als therapiebedürftige Objekte betrachten, sondern müssen an ihrer Geschichte, an ihrem Gewordensein echtes und lebendiges Interesse haben, um einen Weg zu finden, den wir gemeinsam mit ihnen beschreiten können! Diese Menschen brauchen uns als freundliche Begleiter(innen)!

3   Die Theorie mit Leben füllen: Konkrete Auswirkungen in unserer Einrichtung

Nun ein Blick darauf, wie wir diese theoretischen Annahmen und Überzeugungen in Fischbeck mit Leben füllen:

Als wir 1993 in der Betreuung einiger Bewohner(innen) mit Verhaltensbesonderheiten an unsere Grenzen gekommen waren, aber auf keinen Fall Lösungen durch z. B. verstärkten Einsatz von Psychopharmaka anstrebten, nahmen wir Kontakt zu dem Psychologen Dr. Kutscher (Verden) auf, der den Ansatz der Rehistorisierung vertritt. Er begleitet bis heute unsere Arbeit durch regelmäßige Beratungen und Fortbildungen zu unterschiedlichen Themen in diesem Bereich. Auch Frau Prof. Kraft (Ev. Hochschule Ludwigsburg) hat uns insbesondere durch Einzelfallberatungen maßgeblich unterstützt und inspiriert.

Unsere Mitarbeitenden werden regelmäßig und wiederholt zu diesem und zahlreichen anderen Themen geschult. Die Aspekte der Rehistorisierenden Diagnostik tauchen in unterschiedlichen Zusammenhängen immer wieder auf, z. B. wenn in unseren 14-tägigen Gruppenleiter(innen)konferenzen über Bewohner(innen) referiert wird. Das übernehmen in der Regel Mitarbeitende der Wohngruppen.

Die Basale Stimulation beschäftigt sich ebenso mit vorgeburtlichen und frühkindlichen Einflüssen und Erfahrungen, passt daher sehr gut zur Rehistorisierenden Diagnostik. Im Rahmen der AG Basale Stimulation hatten wir zum Thema Rehistorisierung eine »AG auf Zeit« gegründet und zahlreiche Rehistorisierungen erstellt. Unser Ziel ist es, nach und nach alle Bewohner(innen) entsprechend zu erfassen. Uns ist es wichtig, dass die Mitarbeitenden das zunächst überwiegend selbstständig erarbeiten. Sie erhalten dabei selbstverständlich alle Unterstützung und Anleitung, die sie benötigen. Es ist ein überaus wertvoller Effekt, wenn Mitarbeitende im Rahmen einer biografischen Anamnese tief berührt sind und feststellen, »Meine Güte, welch ein Leben dokumentiere ich hier gerade!«. Entscheidend dabei ist, dass es hier nicht um *Mitleid* geht, sondern um *Verstehen und Nachvollziehen* aktueller Verhaltensweisen in anstrengenden Alltagssituationen.

Wir stellen immer wieder fest, dass die Empathie in der Herangehensweise eines der wertvollsten Instrumente wie auch Resultate ist, denn die innere Haltung verändert sich, das Verständnis für das aktuelle Geschehen wächst, die Betreuungspersonen können mit größerer innerer Ruhe und Gelassenheit agieren und reagieren. Immer wieder sprechen sie mit Hochachtung von der inneren Stärke der behinderten Menschen, die sich trotz ihrer schweren Belastungen immer noch überwiegend freundlich und offen verhalten können.

Das alles wirkt sich sehr positiv auf die Atmosphäre in den Gruppen aus wie auch auf den unmittelbaren Kontakt mit betreffenden Bewohner(innen). Wir sind immer wieder erstaunt über positive Veränderungen und Entwicklungsschritte von Bewohner(inne)n, die wir ihnen eigentlich – noch – nicht zugetraut hätten: Innere Ruhe und Ausgeglichenheit wachsen, neue Kompetenzen entstehen, und damit natürlich auch die Möglichkeit der Teilhabe in den unterschiedlichsten Bereichen, z. B. wenn sich taubblinde Personen aus dem Bereich Tagesstruktur, d. h. nicht in der WfbM beschäftigt, weiterentwickeln und deutliches Interesse an kreativen und auch handwerklichen Tätigkeiten signalisieren. Im »Kreativbereich« der Werkstatt gibt es für diese Menschen die Möglichkeit, unterschiedliche Dinge auszuprobieren. Damit ist ihre Lebenswelt wieder ein Stück größer geworden.

Durch die vergleichsweise sehr geringe Personalfluktuation können wir den Bewohner(inne)n ein hohes und verlässliches Maß an Kontinuität bieten, was sich wiederum positiv auf die Beziehungsgestaltung auswirkt.

Die Elternarbeit wird empathischer und professioneller, denn durch die Auseinandersetzung mit der jeweiligen familiären Biografie kann die Situation der Angehörigen besser nachvollzogen werden und das Verständnis, auch insbesondere für aktuelle Schwierigkeiten, wachsen.

Ein weiterer sehr wertvoller Effekt ist die Reduzierung bzw. sogar das Absetzen von Psychopharmaka in zahlreichen Fällen. Darüber sind wir besonders glücklich! Wir arbeiten mit sehr engagierten Neurologen zusammen, deren Ziel es immer ist, nur so viele Medikamente wie nötig und so wenige wie möglich einzusetzen. Während Mitarbeitende sich früher eher schwer taten mit medikamentösen Reduzierungen, »weil es ja gerade so gut lief«, erleben wir heute häufiger, dass sie den behandelnden Neurologen um den Versuch einer Reduzierung bis hin zum Absetzen der Medikamente bitten. Im Vordergrund steht der Wunsch, es dem behinderten Menschen zu ermöglichen, sich selbst endlich ganz ohne Medikamente zu erleben.

Insgesamt sind wir natürlich sehr viel professioneller aufgestellt, wenn wir durch den Einsatz der Rehistorisierenden Diagnostik adäquate und hilfreiche pädagogische Perspektiven entwickeln!

Und nicht zuletzt …

können wir durch gezieltes Nachforschen und Analysieren in den Biografien der behinderten Menschen zu Zeug(inn)en individueller Isolations- oder Gewalterfahrungen werden, die andernfalls vielleicht für immer verborgen blieben!

Literatur

Bonhoeffer, E. (2004): Essay, Gespräch, Erinnerung, Berlin.

Heinze, S. (2009): Psychische Gesundheit bei Mädchen und Jungen im Kindesalter. Was hält Kinder trotz Belastungen psychisch gesund? Bachelorarbeit, http://digibib.hs-nb.de/file/dbhsnb_derivate_0000000285/Bachelorarbeit-Heinze-2009.pdf (18.12.2017)

Jantzen, W. (1992): Verhaltensgestört – Was tun? In: Behindertenpädagogik, 31. Jg. (3), 249–264.

Jantzen, W. (2000): Schwerste Beeinträchtigung und die Zone der nächsten Entwicklung«, in: Rödler, P./Berger, E./Jantzen, W. (Hg.)(2009): Es gibt keinen Rest! Basale Pädagogik für Menschen mit schwersten Beeinträchtigungen. Weinheim, Basel, 102–126.

Macykowski, M. (2013): Das Gegenteil von Praxis ist Technik. In: Zimpel, A. F. (Hg.): Zwischen Neurologie und Bildung. Göttingen, 129–152.

Schwing, R./Fryszer, A. (2014): Der Mensch wird erst am Du zum Ich: Beziehung, https://www.praxis-institut.de/fileadmin/Redakteure/Sued/Praxis-Dialog/2014_Schwing-Fryszer_Beziehung.pdf (12.01.2018)

Hein Kistner

Sich selbst erkennen. Biografiearbeit von Menschen mit (schwerer) Behinderung

Im Jahr 2010 wurde in der Lebens- und Arbeitsgemeinschaft Am Bruckwald die Praxis für Biografiearbeit gegründet. Seitdem besteht für die Bewohner(innen) das Angebot, biografische Gespräche zu führen und darin von einem ausgebildeten Biografieberater begleitet zu werden. Die Biografiearbeit wird auf die speziellen Bedürfnisse von Menschen mit Behinderung ausgerichtet. In Ergänzung zur bereits erfolgten allgemeinen Beschreibung (vgl. Kistner 2013) geht es im Folgenden darum, durch Erfahrungsberichte und Beispiele aus der Praxis einen möglichst konkreten Einblick in die Gesprächsarbeit zu ermöglichen. Im ersten Kapitel wird die Biografiearbeit von Menschen mit Behinderung vorgestellt, die den Gesprächsprozess aktiv (mit)gestalten können. Im zweiten Kapitel wird auf ein spezielles Angebot für Menschen mit schwerer Behinderung eingegangen. Die Gesprächspartner(innen) in der Biografiearbeit werden als Klient(inn)en bezeichnet.

1   Biografiearbeit von Menschen mit Behinderung

1.1   Biografisches Coaching bei Übergängen und Krisen

Nicht selten stehen für Klient(inn)en zu Beginn der Biografiearbeit wichtige Lebensereignisse im Vordergrund, welche sie sehr beschäftigen und die sie besprechen wollen. Meist handelt es sich um Schwierigkeiten oder Herausforderungen in Übergangssituationen und Krisen, welche die Klient(inn)en verunsichern. Insbesondere die Trauerarbeit wird stark nachgefragt. Anderseits müssen auch freudige Ereignisse, wie z. B. eine neue Partnerschaft oder ein bevorstehender und erwünschter Arbeitsplatzwechsel, mit einer nicht zu unterschätzenden Kraftanstrengung in das eigene Leben integriert werden. Das biografische Coaching dauert in der Regel einige Monate, manchmal auch ein bis zwei Jahre. Für manche Klient(inn)en bedeutet der Abschluss der Coachingphase auch ein Ende der Gesprächsarbeit. Für andere Klient(inn)en ist nun den Weg frei für eine Betrachtung ihres ganzen Lebenswegs. Dieser Schritt wird bewusst vollzogen. In der Regel führt er zu einem neuen oder erneuerten Auftrag an den Biografieberater.

1.2   Das ganze Leben betrachten

Die Betrachtung des Lebens ist von Klient(in) zu Klient(in) in Art und Umfang sehr unterschiedlich. Der Biografieberater achtet darauf, dass möglichst vielfältige Lebensbereiche und Aspekte der Persönlichkeit betrachtet und dass immer wieder Lebensereignisse konkret untersucht werden, die von den Klient(inn)en als besonders be-

deutend, schwierig, freud- oder leidvoll wahrgenommen werden. Diese Arbeit dauert
– bei wöchentlichen oder 14-tägigen Gesprächen – in der Regel mindestens ein Jahr.
In einigen Fällen wurde die Biografiearbeit über vier bis fünf Jahre und in mehr als 60
Gesprächen durchgeführt. Verschiedene Möglichkeiten stehen zur Verfügung, um das
eigene Leben zu studieren:

- Chronologische Betrachtung
- Themenbezogene Betrachtung
- Das Leben als Ganzes betrachten
- Stellvertretende Erlebnisse bearbeiten
- Lebenslinien nachvollziehen
- Fotos und persönliche Gegenstände betrachten

1.2.1   Chronologische Betrachtung

Das Leben wird dem zeitlichen Verlauf entsprechend betrachtet. Es besteht die Möglichkeit, mit dem Aufzeichnen eines Genogramms zu beginnen, die Geburtssituati-
on zu besprechen und mit Erinnerungen der frühen Kindheit, der Schulzeit, dem
Jugendalter, dem Übergang von der Schule in die Arbeitswelt und so weiter fort-
zufahren. Der Biografieberater unterstützt diese Arbeit, indem er zu den jeweiligen
Lebensaltern anregende und öffnende Fragen stellt und den Klient(inn)en ermöglicht,
einzelne wichtige Situationen und Erlebnisse genauer anzuschauen. Die Klient(inn)en
brauchen für diesen Weg Ausdauer und eine gute Orientierung in der Zeit.

1.2.2   Themenbezogene Betrachtung

Eine Annäherung an das ganze Leben kann auch erfolgen, indem bedeutsame Themen
bearbeitet werden:

- Menschen
- Lebensorte
- Spiel, Tätigkeit, Arbeit
- Interessen, Vorlieben
- Krankheiten, Krisen
- Spirituelle Erfahrungen
- »Das macht mein Leben schön!«

Diese Arbeitsweise bietet sich an, wenn individuelle Gründe vorliegen oder Interesse,
Fähigkeiten oder Kräfte für eine chronologische Betrachtung nicht in ausreichendem
Maß vorhanden sind.

1.2.3   Das Leben als Ganzes betrachten

Es gibt zahlreiche Möglichkeiten, das Leben als Ganzes darzustellen und zu betrachten, z. B.:

- Lebensbaum
- Lebensweg

- Lebensfluss
- Lebenspanorama

1.2.4   Stellvertretende Erlebnisse

Die Klient(inn)en wählen aus der Vielzahl ihrer Erlebnisse ein Einzelerlebnis aus. Die Auswahl kann beispielhaft, spontan oder aus anderen individuellen Gesichtspunkten erfolgen. Manche Klient(inn)en arbeiten gerne auf diese Weise und erstellen Skizzen oder Bilder dazu. Im Laufe der Jahre sammeln sich zahlreiche »Bilder des Lebens« an. Eine »Autobiografie in Bildern« entsteht.

1.2.5   Lebenslinien

Beim Betrachten von Lebenslinien findet eine Schwerpunktsetzung auf ein Thema statt, das durch einen Tag, einen Monat, eine wichtige Lebensphase oder durch alle Lebensalter hindurch verfolgt wird, z. B.:
- So sieht mein Tag aus
- Mein Weg von der Schule in den Beruf
- Mein Kontakt zu meiner Familie: früher und heute

1.3   Biografiearbeit ist Zukunftsarbeit

Ohne die Zukunft ist das Leben nicht vollständig. Vergangenheit und Gegenwart bilden ein Fundament für das, was die/der Klient(in) in Zukunft noch erleben wird und erreichen will. Die Zukunft tritt in zwei Formen auf: Es gibt eine Zukunft, in die der Mensch hineingehen, die er selbst gestalten, für die er Wünsche und Ziele haben, Pläne entwerfen und umsetzen kann. Zum anderen gibt es eine Zukunft, die dem Menschen entgegen kommt, die Ereignisse und Herausforderungen mit sich bringt, die dann auch zu ihm gehören, mit denen er sich auseinandersetzen muss und die er letztlich annehmen muss (vgl. Brotbeck 2005). Der Mensch ist mit seiner Zukunft verbunden. Vieles ist ihm dabei nicht bewusst. Dennoch kann er einen bewussten Zugang zu seiner Zukunft finden, indem er sich seine *Wünsche, Visionen, Zukunftsbilder* vergegenwärtigt und daraus *Ziele* für sich formuliert. Eine wichtige Grundlage dieser Zukunftsarbeit ist das *Erkennen eigener Stärken*. Um seine Ziele zu verwirklichen und sich als Gestalter seines Lebens erleben zu können, braucht der Mensch die Wertschätzung, Anerkennung und auch die konkrete Mithilfe eines *Unterstützerkreises*.

Stärken erkennen
Vieles in der Zukunft ist ungewiss, manches auch voller Risiken. Wenn der Mensch etwas Neues wagen will, braucht er dafür eine sichere Basis. Die Klient(inn)en vergegenwärtigen sich, welche Fähigkeiten und Stärken sie haben.

Wünsche
Die Wünsche, durch die der Mensch mit seiner Zukunft verbunden ist, liegen auf ganz verschiedenen Ebenen. Sie können sich beziehen auf:

- etwas Materielles
- die eigene Vitalität und Gesundheit
- die Art und Weise, wie etwas geschieht
- das Zusammenleben oder -arbeiten
- etwas, das er erleben oder nicht erleben will
- etwas, das er erreichen will
- ein Sinnerlebnis, das er anstrebt

Für viele Klient(inn)en ist diese Arbeit ungewohnt. Daher wird sie gut vorbereitet. Die äußeren Anlässe im Verlauf eines Jahres, z. B. die Vorbereitung auf Neujahr, den Geburtstag oder den bevorstehenden Urlaub, können genutzt werden.

Visionen

Der Mensch kann sich in seine fernere Zukunft vortasten, indem er Visionen in sich sucht und findet. Visionen beinhalten eine Richtung, welche Orientierung gibt, und sie verleihen Kraft und Mut, sich auf das Neue und Unbekannte einzulassen. Aus Ihnen können konkrete Vorhaben und Zukunftsentwürfe entwickelt werden. Skizzierte oder gemalte Visionen sind oft »nicht realistisch«, manchmal sind sie auch »nicht gegenständlich«.

Zukunftsbilder

Im Gegensatz zu Visionen sind Zukunftsbilder konkrete Situationen, in denen der Mensch sich selbst in einigen Monaten oder Jahren »sieht«. Der Biografieberater unterstützt die Klient(inn)en, dass sie zu »ihren« Zukunftsbildern Zugang finden. Er ermutigt sie, diese zu skizzieren oder zu malen. Die wiederholte Betrachtung dieser Bilder kann Sicherheit und Zuversicht geben.

Unterstützer(innen)

Um etwas Neues in der Zukunft erreichen zu können, ist der Mensch auf die Mithilfe von Unterstützer(inne)n angewiesen. Für größere Vorhaben ist es gut, wenn sich Unterstützerkreise um die Klient(inn)en bilden können. In der Vorbereitung nehmen die Klient(inn)en inneren Kontakt auf mit Menschen, die ihnen helfen können: Mit welchen Menschen fühle ich mich verbunden? Welchen Menschen will ich von meinen Zukunftswünschen und Zielen erzählen? Wen möchte ich um konkrete Unterstützung bitten?

1.4   Dokumentation von Arbeitsergebnissen

Biografiearbeit ist ein Bewusstseinsprozess, der in der Regel kein »vorzeigbares« Ergebnis hat. Allerdings entstehen in vielen Fällen zahlreiche Dokumente (Bilder, Fotos, Skizzen, Texte, Audiodateien), die auf die geleisteten Prozesse hinweisen oder Zwischenergebnisse markieren.[1]

---

1   Einige Klient(inn)en haben eine Auswahl ihrer Dokumente für Ausbildungszwecke zur Verfügung gestellt. (siehe Kistner 2018).

Gegen Ende der Biografiearbeit entscheiden die Klient(inn)en, wie sie mit den vorhandenen Dokumenten umgehen. Manche Klient(inn)en entwickeln das Bedürfnis, diese aufzubewahren und ihre Arbeit auch äußerlich zu dokumentieren. Die Dokumente werden vernichtet, wenn die Klient(inn)en es wünschen.

Folgende Dokumentationsmöglichkeiten werden genutzt:

- *Mappe:* Die im Rahmen der Biografiearbeit entstandenen Dokumente werden in einer Mappe gesammelt.
- *Porträt:* Die Klient(inn)en stellen sich selbst in einem Kurzporträt (Flyer) vor, in dem sie auf die verschiedenen Seiten ihrer Persönlichkeit eingehen.
- *Autobiografie:* In einigen Fällen verfassen Klient(inn)en mit Hilfe des Biografieberaters ihre Autobiografie. Sie kann als Text oder Audiodatei vorliegen. Oft wird eine umfangreiche Autobiografie von Lesern als »Endergebnis« aufgenommen. Dennoch ist auch sie nur ein Zwischenschritt in der Biografiearbeit, wenn auch ein sehr bedeutender.
- *Datei:* Die Dokumente können auf Wunsch digitalisiert werden und zusätzlich als Datei zur Verfügung stehen.

Darüber hinaus gibt es noch weitere Dokumentationsmöglichkeiten, die bei Bedarf aufgegriffen werden können:

- *Plakat:* Auf einem Übersichtsplakat wird mit Texten, Bildern, Fotos, Skizzen Wesentliches aufgeführt.
- *One Page Profile:* Das vergleichsweise umfangreiche Porträt wird auf eine Übersichtseite mit den wichtigsten Informationen zur Person verkürzt.
- *Lebensbücher:* Vorgegebene Fragen können individuell beantwortet und die Antworten aufgeschrieben werden.
- *Kreis:* Die wichtigsten Lebensereignisse werden in Stichworten chronologisch auf einen Kreis geschrieben. Auf diese Weise können Metamorphosen und Spiegelungen (vgl. Seyffer 2011, 2013) entdeckt werden.
- *Thematisch-zeitliche Übersicht:* Die wichtigsten Ereignisse des Lebens in den Themenbereichen Menschen, Orte, Krankheiten/Krisen, Spiritualität werden chronologisch und stichwortartig aufgelistet.

1.5   Einblicke in die Biografiearbeit gewähren

Nach längeren Arbeitsphasen werden die Klient(inn)en gefragt, ob sie nahestehenden Menschen von ihrer Biografiearbeit berichten wollen. Viele Klient(inn)en entscheiden sich gerne dafür und ermöglichen ihren Angehörigen oder Begleiter(inne)n Einblicke in die Gesprächsarbeit. Vor einem Treffen mit Angehörigen oder Begleiter(inne)n überlegen die Klient(inn)en zusammen mit dem Biografieberater, über welche Inhalte und Prozesse sie berichten wollen und über welche nicht. Gleichzeitig entscheiden sie, welche Dokumente gezeigt werden sollen. Manche Klient(inn)en haben kein Bedürfnis, anderen Menschen Einblick in ihre Biografiearbeit zu geben und behalten ihre Arbeitsergebnisse ganz für sich.

2   Biografiearbeit mit Menschen mit schweren Behinderungen

2.1   Umkreis Biografiearbeit

Auch Menschen mit schwerer Behinderung, die über keine verbale Kommunikation verfügen, können Angebote von Biografiearbeit wahrnehmen. Diese hat die Besonderheit, dass es der Mitarbeit von Menschen aus dem Umkreis, also von Freund(inn)en, Angehörigen und Begleiter(inne)n bedarf. Das prinzipielle Vorgehen für diesen Personenkreis wird in Schaubild 1 in Kurzform dargestellt. Entscheidend ist, dass es innere Erlebnisse und Erkenntnisse sowohl bei den Menschen im Umkreis als auch bei dem Menschen mit schwerer Behinderung gibt und diese voneinander unterschieden und nicht miteinander verwechselt werden dürfen. Die Bewusstseinsprozesse der Menschen im Umkreis können besprochen werden. Die Bewusstseinsprozesse der Menschen mit schwerer Behinderung können in der Regel höchstens erahnt werden.

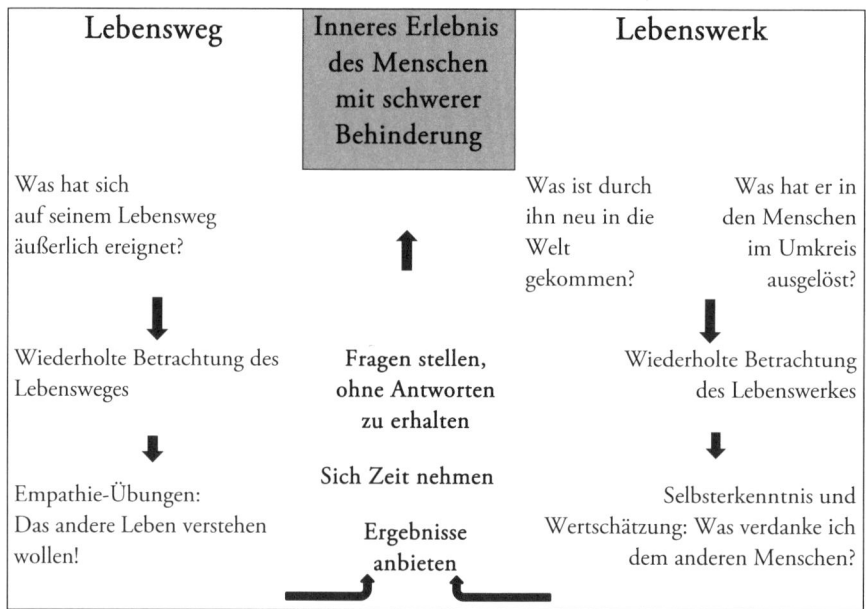

Abb. 1: Umkreis Biografiearbeit (eig. Abb.)

2.2   Lebensweg und Lebenswerk

In einem ersten Schritt bemühen sich die Menschen im Umkreis, die Ereignisse des Lebenswegs zusammenzutragen. Die Akteure müssen sich darüber bewusst sein, dass sie nur die äußere Seite des Lebens erfassen können und diese Sammlung lückenhaft – an manchen Stellen vielleicht sogar fehlerhaft – ist. Der so erarbeitete Lebensweg wird aufgeschrieben, skizziert, aufgemalt, als Sammlung in einem Erinnerungs- und Sinneskoffer oder auf eine andere Weise präsentiert. Bei der Erarbeitung und Präsentation können die Arbeitsweisen und die Methoden zum Einsatz kommen, die im ersten Kapitel vorgestellt wurden. In einem zweiten Schritt erarbeiten sich die Akteure ein Bewusstsein, was der Mensch mit schwerer Behinderung bewirkt und geleistet hat:

- Was ist in der Welt entstanden, das ohne ihn nicht entstanden wäre?
- Was hat er ermöglicht, getan, geleistet?
- Was hat er ertragen, auf was hat er verzichtet (verzichten müssen)?
- Was hat er bei seinen Freund(inn)en, Assistent(inn)en oder Angehörigen angeregt?

Auch für diese Arbeit gilt: Vieles ist nicht oder nur teilweise bekannt. Vieles bleibt trotz aller Bemühung unentdeckt. Das Lebenswerk wird nun auch in einer Präsentation zusammengestellt. Die Arbeit am Lebensweg und Lebenswerk erfolgt in Anwesenheit des Menschen mit schwerer Behinderung. Er ist von Beginn an in den Prozess eingebunden, dessen Mittelpunkt er zugleich ist.

2.2.1 Wiederholte Betrachtung

Die Menschen im Umkreis können sich fragen: »Wie würde ich mich fühlen, wenn ich diesen Lebensweg erlebt hätte?« Die wiederholte Betrachtung des Lebenswegs hilft, sich in den Menschen mit schwerer Behinderung einzufühlen. Wichtig ist: Es handelt sich hierbei um eine Annäherung an das innere Erlebnis des Menschen mit schwerer Behinderung – nicht mehr, aber auch nicht weniger. Bei der wiederholten Betrachtung des Lebenswerks können sich die Menschen im Umkreis bewusst werden, welche wertvollen Lebenserfahrungen sie dem Menschen mit schwerer Behinderung verdanken. All diese Bemühungen führen zu einer größeren Wachheit, Anerkennung und Dankbarkeit in der Umgebung des Menschen mit schwerer Behinderung. Er selbst hat durch seine Anwesenheit Anteil daran.

2.2.2 Arbeitsergebnisse anbieten

Die Menschen im Umkreis suchen nun nach geeigneten Möglichkeiten, wie sie ihre Arbeitsergebnisse dem Menschen mit schwerer Behinderung unmittelbar anbieten können. Sie können mit ihm zusammen berichten, erzählen, vorlesen, Bilder und Skizzen zeigen und gemeinsam den Inhalt des Erinnerungs- und Sinneskoffer erforschen. Die Bewusstseinsarbeit, die bisher vor allem im Umkreis stattgefunden hat, kann von dem Menschen mit schwerer Behinderung entsprechend seinen Bedürfnissen und seinen Möglichkeiten aufgenommen werden und ihre Wirkung in ihm entfalten.

Die Frage: »Wie hast Du diese Ereignisse innerlich erlebt?« wird immer wieder gestellt. Die Menschen im Umkreis entwickeln Interesse für das innere Erlebnis des Menschen mit schwerer Behinderung. Es ist das Interesse für eine Innenwelt, deren Inhalte im Wesentlichen verborgen bleiben, weil der andere Mensch nichts davon andeuten oder erzählen kann.

Die Arbeit der Eltern

- Ein Elternpaar hatte gerade das Rentenalter erreicht. Die Eltern hatten Zeit und großes Interesse und sie trugen sehr viele Erinnerungen zusammen.
- Ein anderes Elternpaar blickte krankheits- und altersbedingt auf das nahe Ende seines eigenen Lebens. Die Eltern hatten nicht die Kraft für eine große Rückschau auf das Leben. So wurde nach wenigen, aber »wesentlichen« Ereignissen gesucht: Welche drei Ereignisse waren die schönsten Erlebnisse mit ihrem Sohn? Welche Ereignisse waren die schwierigsten? Gegen Ende dieser Arbeit wurde deutlich, dass die aufgeschriebenen Erlebnisse eine Art Erinnerungs-Vermächtnis darstellen, das auch nach dem Tod der Eltern immer wieder mit dem Menschen mit schwerer Behinderung besprochen werden kann.
- Eine Mutter wollte sich an die Kindheit ihrer Tochter nicht erinnern, weil ihre Erlebnisse in dieser Zeit sehr schmerzhaft waren. An die Menschen, die ihr und ihrer Tochter begegnet sind, konnte und wollte sie sich gerne erinnern. So entstand eine Beschreibung des Lebens, die nur Namen von Menschen enthält und deren Berührungen und Beiträge zum Leben der Tochter.

Die Gespräche finden, wenn möglich, mit dem Menschen mit schwerer Behinderung statt. Die Erinnerungen der Eltern werden auf ein großes Papier für alle sichtbar skizziert oder von den Eltern selbst aufgeschrieben. Zum Abschluss dieser Gespräche werden die Eltern gefragt, ob sie die aufgeschriebenen Erlebnisse zur Verfügung stellen. Wenn sie zustimmen, kann es weitere Gespräche des Biografieberaters mit dem Menschen mit schwerer Behinderung geben. Der Biografieberater trägt ihm in aller Ruhe die Erlebnisse der Eltern(!) noch einmal vor und befragt dann das eigene Erlebnis des Menschen mit schwerer Behinderung: Das haben Deine Eltern über das Ereignis berichtet … Was war *Dir* damals wichtig? Was hättest *Du* anders oder zusätzlich erzählt? So haben Deine Eltern die Ereignisse erlebt … Wie hast *Du* sie innerlich aufgenommen? Was war *Dir* besonders wichtig dabei? Äußerlich betrachtet handelt es sich darum, Fragen zu stellen, ohne Antworten zu erhalten.

Die Arbeit der Begleiter(innen)

Abschließend soll von einer Arbeit mit Frau Solis (Name geändert), einer 45-jährigen Frau mit schwerer Behinderung, berichtet werden. Das Beispiel ist ein Element aus einem Biografieprojekt, das in den Jahren 2006 bis 2008 am Bruckwald durchgeführt wurde. Es wurde der Versuch unternommen, Methoden zu erforschen und zu beschreiben, die geeignet sind, biografische Motive und Fragestellungen von Menschen mit schweren Behinderungen zu erkennen. Das Projekt wurde geleitet von Bernhard Schmalenbach und Hein Kistner. 21 Begleiter(innen) im Wohnhaus und in der Werkstatt haben die Wirkung von Frau Solis auf sich selbst untersucht. Unter ihren zahlreichen Begegnungen mit Frau Solis haben sie eine ausgewählt, die ihnen wesentlich erschien. Jede(r) Begleiter(in) hat seine Begegnung mit Frau Solis in zweifacher Weise bearbeitet: Zum einen hat sie/er das äußere Ereignis genau erinnert und aufgeschrieben und dann erforscht, was diese Begegnung in ihm ausgelöst hat. Die Begleiter(innen) haben ihr inneres Erlebnis erst einmal nicht-gegenständlich gemalt, bevor sie versucht haben, es in Worte zu fassen. In dieser Untersuchung entstanden die folgenden Bilder:

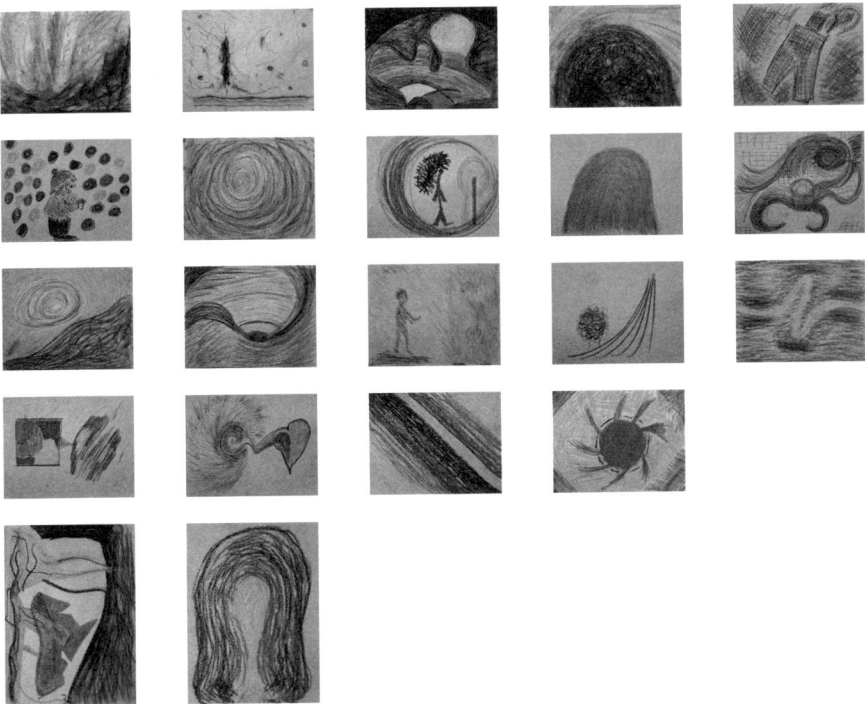

Abb. 2–22: Inneres Erlebnis der Begleiter(innen)

Viele Begleiter(innen) waren sehr erstaunt über die Wirkung auf sie selbst. Beeindruckend waren auch die sehr unterschiedlichen Wirkungen von Frau Solis auf ihre jeweiligen Begleiter(innen). Einigen Begleiter(inne)n wurde in diesem Moment bewusst, dass sie Frau Solis viel zu verdanken haben. Frau Solis hat das insgesamt zweijährige Biografieprojekt aktiv miterlebt und sehr davon profitiert.

Literatur

Brotbeck, S. (2005): Zukunft. Aspekte eines Rätsels. Dornach.

Kistner, H. (2012): Kraftvoll der Zukunft entgegen! Zukunftskonferenzen für Menschen mit schweren Behinderungen. In: Zeitschrift Seelenpflege (1), 45–53.

Kistner, H. (2013): Das eigene Leben studieren – vom Leben lernen. Biografiearbeit von Menschen mit schwerer Behinderung im Umfeld von Sterben, Tod und Trauer. In: Zeitschrift Seelenpflege (3), 37–48.

Kistner, H. (2017): Sich selbst erkennen. Biografiearbeit von Menschen mit Behinderung
in der Lebens- und Arbeitsgemeinschaft Am Bruckwald. In: Zeitschrift Seelenpflege (4),
24–36.

Kistner, H. (2018): Lebenswege. Biografiearbeit von Menschen mit Behinderung. Düsseldorf.

Seyffer, W. (2011): Der Spiegel im Spiegel. Was rätselhafte Spiegelungen in unserer Biographie bedeuten. In: INFO3, (3), 12–20.

Seyffer, W. (2013): Wenn das Schicksal zweimal klingelt. Synchronizität und Spiegelung als
Phänomene der Biographie. In: INFO3 (12), 51–55.

Kulturelle Angebote

Barbara Fornefeld

Miteinander Teilhabe gestalten
Erwachsene mit schwerer und mehrfacher Behinderung
teilen mit uns Kultur und gestalten sie

Einleitung

Jeder Mensch hat das Recht zur Teilnahme an der Kultur. Dieses Grundrecht haben
die Vereinten Nationen 1948 in Artikel 27, Absatz 1 ihrer Charta der Grundrechte
festgeschrieben: »*Jeder Mensch hat das Recht, am kulturellen Leben der Gemeinschaft
frei teilzunehmen [und] sich an den Künsten zu erfreuen [...]*«. 2006 hat die Generalversammlung der Vereinten Nationen mit dem »Übereinkommen über die Rechte
von Menschen mit Behinderungen (UN-BRK 2006)« dieses Grundrecht bekräftigt
und in Bezug auf Menschen mit Behinderung spezifiziert. In Artikel 30, Absatz 1b
heißt es: »*Die Vertragsstaaten [...] treffen alle geeigneten Maßnahmen, um sicherzustellen, dass Menschen mit Behinderung Zugang zu kulturellen Materialien in zugänglichen
Formaten haben*«. Da die Bundesregierung 2009 die schrittweise Umsetzung der UN-
BRK beschlossen hat, besteht die Aufgabe, das Recht *aller* Menschen mit Behinderung
auf kulturelle Teilhabe zu realisieren. Dies geschieht, indem ›*kulturelle Materialien in
zugänglichen Formaten*‹ (UN-BRK) entwickelt werden, die auch für Menschen mit
schwerer und mehrfacher Behinderung geeignet sind.

Der sich inzwischen vollziehende Paradigmenwechsel hin zu Inklusion und Partizipation führt erfreulicherweise dazu, dass Menschen mit geistiger Behinderung heute
stärker im öffentlichen und kulturellen Raum sichtbar sind. Die vielen inklusiven
Kulturprojekte, die in der Gemeinde und nicht mehr hinter dicken Mauern abge-
schotteter Behinderteneinrichtungen stattfinden, sind ein Beleg hierfür. Zu denken
ist beispielsweise an das ›Theater Thikwa‹ aus Berlin, die Künstlervereinigung ›Die
Schlumper‹ aus Hamburg, das Team der Zeitschrift ›Ohrenkuss‹ aus Bonn oder die
vielen ›LEA-Leseklubs‹®, in denen Menschen mit und ohne Behinderung in öffentlichen Cafés gemeinsam lesen. Menschen mit geistiger Behinderung sind nicht nur
Kulturrezipienten, sondern auch Kulturschaffende. Sie haben ihre Form gefunden,
ihre Vorlieben in Tanz, Theater, bildender Kunst oder in lyrischen Texten auszudrücken. Sie interessieren sich für Musik und Literatur und haben Freude, sich daran
zu beteiligen. Andere engagieren sich in Sportvereinen oder sind ehrenamtlich tätig.
Das Spektrum der kulturellen Angebote für Menschen mit Behinderung ist größer
geworden. Doch Erwachsene mit schwerer und mehrfacher Behinderung findet man
in diesen Initiativen i.d.R. nicht. Warum dem so ist und welche Möglichkeiten der
Teilhabe bestehen, soll in diesem Beitrag geklärt werden. Dabei wird von folgenden
Grundannahmen ausgegangen:

1. Menschen mit schwerer und mehrfacher bzw. mit Komplexer Behinderung *sind Teil* der kulturellen Gemeinschaft.
2. Sie können an der Gemeinschaft *teilhaben*, wenn die Voraussetzungen dafür geschaffen werden.
3. Erwachsene mit schwerer oder Komplexer Behinderung können aktiv an der Kultur *teilnehmen*, wenn ›*kulturelle Materialien in zugänglichen Formaten*‹ (UN-BRK) entwickelt werden.

Die Umsetzung der kulturellen Teilhabe für diese Personengruppe scheiterte bislang, weil ihr die Fähigkeiten hierzu abgesprochen und sie nicht als vollwertige Erwachsene angesehen werden.

1   Erwachsene mit schwerer und mehrfacher Behinderung

Erwachsen ist man, wenn man *sein Leben selbst in die Hand nehmen* kann, d. h., wenn man Verantwortung für die Konsequenzen seines Handelns übernehmen, Entscheidungen auf der Basis persönlicher Einstellungen und Erwartungen treffen kann und finanziell unabhängig ist. Reife, Autonomie und vernunftgeleitetes Handeln gehören zu den wesentlichen Kriterien des Erwachsenseins. Personen mit schwerer und mehrfacher Behinderung scheinen nicht in dieses Bild von Erwachsensein zu passen. Man nimmt an, dass ihre kognitiven Beeinträchtigungen vernunftgeleitete Entscheidungen verhindern. Aufgrund ihrer eingeschränkten Kommunikationsmöglichkeiten können Menschen mit Komplexer Behinderung ihre Wünsche und Bedürfnisse kaum oder gar nicht ausdrücken. Darum werden ihre Beeinträchtigungen als so gravierend wahrgenommen, dass ein eigenverantwortliches Leben unmöglich erscheint. Verschärfend kommt hinzu, dass diese Erwachsenen in allen Belangen ihres Lebens auf umfassende und weitreichende Hilfe von Angehörigen und Fachkräften angewiesen sind. Das führt dazu, dass man ihrem Pflege- und Versorgungsbedarf mehr Aufmerksamkeit schenkt als ihrem Anspruch auf kulturelle und soziale Teilhabe. Das gültige Verständnis von Behinderung scheint bei dieser Personengruppe nicht zu greifen.

Das bio-psycho-soziale Verständnis von Behinderung, wie es von der Weltgesundheitsorganisation in der ICF festgelegt wurde, betont die Wechselwirkung von individuellen Beeinträchtigungen der Person und prägenden Umweltfaktoren. Mitgedacht werden ebenfalls deren Auswirkungen auf die Teilhabe an der sozialen und kulturellen Gemeinschaft. Wie zuvor dargestellt, spielt bei Erwachsenen mit Komplexer Behinderung die Einstellung der Bezugspersonen eine entscheidende Rolle bei der Verwirklichung von Teilhabe. Einstellungen bzw. Haltungen kommen im Verhalten einer Person zum Ausdruck. Die Art und Weise, wie Fachkräfte mit Menschen mit Behinderung umgehen, beeinflusst deren Selbstbestimmungs- und Teilhabemöglichkeiten. Menschen mit Komplexer Behinderung stehen in der Gefahr, infantilisiert und entmündigt zu werden. Oft wird ihnen trotz ihres realen Lebensalters das Entwicklungsalter eines Kleinkindes attestiert. Sie werden wie Kinder angesprochen, bei Fehlverhalten aus dem Raum geschickt oder bestraft. Es gibt zu denken, wenn ein Fünfzigjähriger die Fachkraft fragt: »Bin ich böse?« Welche Erfahrungen hat dieser ältere Mensch sein Leben lang gemacht, oder anders gefragt: Warum muss er bis heute kindliches Verhalten zeigen, was wird von ihm erwartet und was hat er nicht lernen können? Erwachsene mit Komplexer Behinderung sind keine Kinder und dürfen nicht als solche behandelt werden! Wie muss sich ein Erwachsener fühlen, dessen Erwachsensein nicht wertgeschätzt oder gar permanent aberkannt wird?

Geht man aufmerksam durch Wohneinrichtungen oder Förderbereiche in Werkstätten für behinderte Menschen, kann man immer wieder Erwachsene mit schwerer und mehrfacher Behinderung sehen, die stundenlang vor ein und demselben Kinderspielzeug sitzen. Welches Menschenbild und welche Haltung drücken sich in diesem Angebot aus? Das, was auf den ersten Blick wie Gedankenlosigkeit aussieht, mag möglicherweise ein Zeichen der Ratlosigkeit von Fachkräften sein. Sie führt über Jahre hinweg zu einer gleichförmigen Gestaltung von Wohn- und Arbeitsangeboten für diese Personengruppe. Eine zu starre Ritualisierung des Alltagslebens verstellt bei den Fachkräften den Blick für Möglichkeiten der kulturellen Teilhabe von Menschen mit Komplexer Behinderung.

Monokausal sind weder die Beeinträchtigungen noch die Lebensumstände dieser Personengruppe zu erfassen, d. h. sowohl die Behinderung ist multifaktoriell bedingt (organisch-physisch, psychisch, sozial und/oder strukturell) als auch ihre Lebenslage. Häufige Wechsel der Lebensorte, Krankenhausaufenthalte, Verlegung in Psychiatrien, Ausschluss aus Institutionen wie der Förderschule oder Werkstatt für behinderte Menschen, oft wechselndes Personal in Therapie, Pflege und Unterstützung charakterisieren die Lebenssituation von Menschen mit Komplexer Behinderung. Die Bedingungen, die das Phänomen der Behinderung dieser Personengruppe ausmachen, sind überaus komplex. Diese Komplexität erschwert die Erfassung der Lebenswirklichkeit und der Bedürfnisse der betroffenen Personen.

Die Bezeichnung ›Menschen mit Komplexer Behinderung‹ trägt diesem Sachverhalt Rechnung, weil sie die Lebensumstände einer Person miteinbezieht. *Komplex ist nicht die Behinderung, sondern sind die Bedingungen, unter denen die Person lebt* (vgl. Fornefeld 2008, 50 f.). In diesem Sinne ist die Bezeichnung weiter gefasst als die der ›Menschen mit schwerer und mehrfacher Behinderung‹ und entspricht darum den veränderten Gegebenheiten in deren verschiedenen Lebensfeldern.

Die Ratlosigkeit im Hinblick auf die angemessene, lebenslange Versorgung von Menschen mit Komplexer Behinderung ist groß, weil die Behindertenhilfe auf die starke Zunahme dieser Population nicht ausreichend vorbereitet ist. Sie ist zur Herausforderung für das System geworden und verlangt eine Neuorientierung in rechtlich-administrativer, ethischer, theoretisch-konzeptioneller wie methodischer Hinsicht.

2   Erwachsene mit Komplexer Behinderung als Herausforderung

Der demografische Wandel verbunden mit medizinischem Fortschritt zeigt sich auch bei Menschen mit Komplexer Behinderung an einer höheren Lebenserwartung. Nach Angaben des Statistischen Bundesamtes (2015) ist die Zahl der Menschen mit zerebralen Störungen, geistiger und/oder seelischer Beeinträchtigung im Zeitraum von 2011 bis 2015 um rund 330.00 auf insgesamt 7.615.560 Personen gestiegen, wobei der Anteil der Männer höher ist als der der Frauen. Bei einem Behinderungsgrad von 100 % wird für denselben Zeitraum ein Zuwachs um rund 30.000 festgestellt. Die Anzahl der Menschen, die keine Einrichtung (Werkstatt für behinderte Menschen, Wohneinrichtung, Tagesförderstätte u. a.) besuchen und bei Eltern oder Geschwistern leben, ist unbekannt. Verstärkt kommen heute unversorgte ältere Menschen mit geistiger Behinderung in Wohneinrichtungen, weil Angehörige sterben. Sie haben meist große Schwierigkeiten, sich in das neue Wohnumfeld zu integrieren. All das führt dazu, dass die Gruppe der Menschen mit Komplexer Behinderung überaus heterogen ist. Zu ihr gehören:
- Menschen mit geistiger Behinderung ohne Verbalsprache;
- Menschen mit geistiger Behinderung und Zusatzbehinderungen (= Mehrfachbehinderung);
- Menschen mit geistiger Behinderung und Multimorbidität;
- Menschen mit geistiger Behinderung und Doppeldiagnose;
- Menschen mit geistiger Behinderung und gravierenden Verhaltensproblemen;
- Alte Menschen mit geistiger Behinderung.

Jede dieser Personengruppen hat ihre spezifischen Bedarfe, doch bei aller Unterschiedlichkeit verbindet sie ihre kommunikative Einschränkung sowie ihre Schwierigkeit in der Selbstvertretung. Erwachsene mit Komplexer Behinderung können ihre Wünsche und Bedürfnisse nur unzureichend zum Ausdruck bringen, was selbstverständlich nicht heißt, dass sie keine hätten. Veränderungen im Verhalten einer Person werden oftmals unreflektiert der Behinderung zugeschrieben. Beispielsweise werden nicht erkannte Schmerzen als Verhaltensstörung interpretiert oder Probleme bei der Nahrungsaufnahme als Verweigerungshaltung.

Menschen mit (geistiger) Behinderung sind eine vulnerable Personengruppe, d. h. zu ihrer Grundschädigung kommen im Verlauf des Lebens zusätzliche Erkrankungen hinzu, wie Diabetes Mellitus Typ 2 oder Herz-Kreislauf-Erkrankungen. Die Krankheitsverläufe unterscheiden sich bei Menschen mit Behinderung von denen ohne Behinderung hinsichtlich der Krankheitsverläufe und Erkrankungsmuster (vgl. Clauß 2016, 16). Diese zusätzlichen Erkrankungen physischer oder psychischer Art führen zu einer Veränderung der Lebenssituation und erfordern einen höheren Unterstützungsbedarf. Aus einer leichten geistigen Behinderung kann im Verlauf des Lebens u. U. eine Komplexe Behinderung werden. Es entstehen Gesundheitsbeschwerden, die mit den Beeinträchtigungen, mit der Behinderung oder Folgeerkrankungen zusammenhängen,

>wie psychische Störungen, neurophysiologische Erkrankungen (z. B. zerebrale Lähmungen, Epilepsie), sensorische Störungen und andere Sinnesbeeinträchtigungen, Probleme des Haltungs- und Bewegungsapparates (Skelettdeformationen, Muskeldystrophie), Probleme durch unzureichende Nahrungs- und Flüssigkeitsaufnahme, rezidivierende Infektionen der Atemwege oder hormonelle Störungen« (Bremer-Rinderer & Weber zit. nach Clauß 2016, 16).

»Gesundheit und Krankheit existieren also neben und in Verbindung mit Behinderung« (Clauß 2016, 17).

Der Vulnerabilität der Personengruppe steht ein unzureichendes Versorgungssystem gegenüber. Es gibt zu wenige Fachärzte in Praxen wie in Krankenhäusern, die ausreichend mit den spezifischen Gesundheitsproblemen dieser Klientel vertraut sind. Das pflegerische Fachpersonal in Kliniken ist ebenfalls nicht ausreichend auf diese Patient(inn)en vorbereitet. Studien von H. Budroni & W. Schnepp (2010) oder von M. Hasseler & E. Sandforth (2014) verweisen auf den Notstand in der medizinisch-pflegerischen Versorgung von Erwachsenen mit Komplexer Behinderung. Mit der zunehmenden Ökonomisierung des Gesundheitssystems, den engen Leistungsvorgaben und Forderungen nach messbaren Ergebnissen kommt es zu einer Entpersonalisierung der Arzt/Ärztin-Patient(in)-Beziehung und der Pflegekraft-Patient(in)-Beziehung. Weil Menschen mit Komplexer Behinderung mehr Zeit und soziale Zuwendung im Diagnose- und Behandlungsprozess von Ärzt(inn)en und Pflegekräften fordern, werden sie unter dem Systemdruck als Störfaktoren wahrgenommen und entsprechend behandelt.

M. Dederich et al. kritisieren in ihrem 2009 veröffentlichten Buch »Heilpädagogik als Kulturwissenschaft«, dass unter dem allgegenwärtigen Primat der Ökonomie und einer technologisch ausgerichteten Medizin der Blick auf gesellschaftliche Behinderungsprozesse verstellt werde:

»Behinderung scheint in dieser Perspektive von gesellschaftlichen Prozessen unabhängig und schicksalhaft zu sein. Sowohl das politische Handeln als auch die in der Gesellschaft vorhandene Bereitschaft zur Solidarität werden durch die Verbreitung dieser Deutung massiv eingeschränkt« (Dederich et al. 2009, 7).

In Zeiten, in denen es nur noch um das Schöne, Glatte und Unversehrte geht, wird das Unperfekte zur Gefahr (vgl. Han 2016). Man übersieht oder will nicht wahrhaben, dass Unperfektheit, Krankheit und Gebrechlichkeit zum Menschsein gehören. Die Heilpädagogik als Kulturwissenschaft hat die Aufgabe, an einem Menschenbild festzuhalten, in dem »*die Vielfalt der Menschen in all ihren Eigenschaften als Quelle der humanen Lebendigkeit eine Ressource der Gesellschaft darstellt« (Dederich et al. 2009, 7).* Jeder Mensch stellt einen Wert in der Gesellschaft dar und trägt mit seiner Existenz zur Gemeinschaft bei. Daraus folgt die Notwendigkeit der Solidarität und gegenseitigen Unterstützung und Hilfe. »*Dieses in Deutschland grundgesetzlich verbürgte Recht ist also kein unsymmetrischer Anspruch an eine Hilfe für Schwache, sondern ein Recht aller auf den Erhalt der Humanität des Gemeinwesens« (ebd.).*

Menschen mit Komplexer Behinderung, die aus den gängigen medizinisch-biologischen, den ökonomischen, psychologischen und soziokulturellen Normen herausfallen, werden heute zum Gradmesser der Humanität unserer Gesellschaft, aber auch unserer Kultur. Von deren Bereitschaft, Menschen mit gravierenden Beeinträchtigungen in ihrer Einzigartigkeit anzuerkennen und sie wertzuschätzen, wird es abhängen, ob sie ein qualitätsvolles Leben in der Gemeinschaft mit anderen leben können: Eine Gemeinschaft durch *Teilhabe* an sozialen und kulturellen Prozessen.

In Deutschland gibt es keine ausreichenden Erfahrungen mit den Bedürfnissen der älterwerdenden und alten Menschen mit geistiger und Komplexer Behinderung. Ihr starkes Anwachsen stellt das Hilfesystem und die darin Tätigen vor neue Aufgaben, die sie oft an ihre fachlichen wie persönlichen Grenzen bringen. Dieses Problem sehen die beiden Betreuungsrichter S. Kirsch & U. Engelfried. Sie betonen, dass bei allen Forderungen der Kostenträger die Menschen nicht übersehen werden dürfen, die sich in den Einrichtungen begegnen:

> »Auf der anderen Seite steht das ›HelferInnensystem‹, das eben nicht einfach ein abstraktes System ist, sondern aus Menschen besteht, Menschen mit Erfahrungen, Wissen, Fertigkeiten, aber auch mit Grenzen, die es zu respektieren gilt« (2017, 18).

Grenzen entstehen, weil die *Kultur* der Einrichtungen den Anforderungen der in ihnen lebenden oder arbeitenden Menschen nicht entspricht. Die erforderliche Balance zwischen ökonomisch Sinnvollem und human Notwendigem ist einseitig zugunsten der Wirtschaftlichkeit verschoben. Zudem erweisen sich die bestehenden Konzepte der Pflege und heilpädagogischen Lebensbegleitung als unzulänglich oder ungeeignet angesichts der physischen und psychischen Beeinträchtigungen Erwachsener mit Komplexer Behinderung. Man orientiert sich an bestehenden Konzepten der Schwerstbehindertenpädagogik, die sich aus der Arbeit mit Kindern und Jugendlichen entwickelt haben. Dabei wird zu wenig hinterfragt, ob sie wirklich für Erwachsene geeignet sind. Snoezelen darf nicht bei Erwachsenen ein individuell angepasstes Arbeitsangebot ersetzen. Oftmals lassen Fachkräfte Mit- oder Selbstbestimmung bzw. *Teilhabe* nicht zu, weil sie die Möglichkeiten erst gar nicht erkennen.

Im Umgang mit Erwachsenen mit Komplexer Behinderung scheint sich das medizinische Menschenbild hartnäckiger zu halten als in anderen Bereichen der Behindertenhilfe. Diese auf die medizinisch-pflegerischen Bedarfe ausgerichtete Sichtweise auf die Klientel ist bei allen zu finden, den politisch Verantwortlichen, den Kostenträgern, Fachkräften, oft aber auch bei Angehörigen. Auffallend ist auch, dass die guten Entwicklungen in der Pädagogik für Kinder und Jugendliche mit schwerer und mehrfacher Behinderung mit dem Erwachsenwerden der Population nicht Schritt halten. Es gibt gute Ansätze zur Unterstützten Arbeit wie z. B. *»Feinwerk«* und *»Auf Achse«* von Hilfe für Behinderte Hamburg (vgl. Juterczenka 2017, 110) oder das Kunstprojekt *»Zu wenig Platz«* der Lebenshilfe Heinsberg und andere mehr. Diese Initiativen reichen aber längst nicht aus, um den Anspruch der Personengruppe auf kulturelle Teilhabe zu realisieren. Außerdem ist zu fragen, ob Teilhabe nur in Projekten realisiert werden kann, denn sie ist von so elementarer Bedeutung, dass sie im Alltag umgesetzt werden muss.

3 Teilhabe und Kultur

Kultur, was ist das eigentlich? Den Begriff zu definieren, ist nicht einfach, weil er bis in die antike Philosophie zurückreicht, eine wechselvolle Geschichte erlebt hat und heute zu einem inflationär gebrauchten Modebegriff geworden ist (vgl. Hetzel 2012). Die Bedeutungsgeschichte des Kulturbegriffs kann hier nicht nachgezeichnet werden. Vielmehr wird eine aktuelle Definition von Kultur eingeführt, die der Philosoph Rolf Elberfeld jüngst vorgeschlagen hat und die in unserem Kontext zum Weiterdenken anregt:

> »Im strengen Sinne sind mit Kultur keine Resultate gemeint, sondern allein die Prozesse der Gestaltung, der Bildung und des Fortschritts als Kultivierung in Bezug auf die einzelnen Menschen, verschiedene Gruppen und die ganze Menschheit« (2017, 222 f.).

R. Elberfeld führt weiter aus: »*Kultur ist somit das, worin sich und als das sich menschliches Tätigsein vollzieht, so dass sich überall auf der Welt ›Kultur‹ finden lässt« (ebd.).*

Kultur zeigt sich demzufolge in menschlicher *Tätigkeit* und vollzieht sich im *Tätigsein*. Kulturelle Teilhabe bedeutet in diesem Sinne: *gemeinsames menschliches Tätigsein*.

Im Kontext der fachlichen Begleitung von Erwachsenen mit Komplexer Behinderung drängt sich nun die Frage auf, inwieweit pflegerisches und heilpädagogisches Tätigsein gestalterische Prozesse sind, die der Bildung und des Fortschritts der Kultivierung der Personen dienen. Oder anders gefragt: Wie kommt in der Pflege und heilpädagogischen Arbeit unsere Kultur zum Tragen?

Pflege umfasst im allgemeinen Sprachgebrauch alles Bemühen, das dem Erhalt eines guten Zustandes dient. Theo Klauß (2006) betont, dass alle Menschen Pflege benötigen, weil sich dies aus unserem Organismus und den damit verbundenen Bedürfnissen ergibt. Der Pflegebedarf des Menschen ergibt sich aus unserem Menschsein und darf nicht kurzsichtig allein der Behinderung oder Krankheit zugeordnet werden. Wir vollziehen im Verlauf des Tages eine ganze Reihe von Pflegehandlungen, beginnend mit dem Waschen und Zähneputzen am Morgen, über Kleiderpflege bis hin zum Besuch beim Friseur oder der Fußpflege. Pflegerische Handlungen gehören somit zur Kultur der Menschen.

Neben diesen alltäglichen Pflegeverrichtungen gibt es Situationen oder Lebensabschnitte, in denen pflegerische Unterstützungen von beruflich Pflegenden notwendig sind, wo pflegerische Fürsorge von professionellen Pflegekräften gefordert ist. Diese Fürsorge ist Teil der Kultur einer Gemeinschaft, deren Aufgabe sich folgendermaßen beschreiben lässt:

»Der deutsche Berufsverband für Pflegeberufe übersetzt die internationale gültige Definition von beruflicher Pflege nach der Vorlage des International Council of Nurses ins Deutsche. Demnach umfasst Pflege: ›[...] die eigenverantwortliche Versorgung und Betreuung, allein oder in Kooperation mit anderen Berufsangehörigen, von Menschen aller Altersgruppen, von Familien oder Lebensgemeinschaften, sowie von Gruppen und sozialen Gemeinschaften, ob krank oder gesund, in allen Lebenssituationen (settings). Pflege schließt die Förderung der Gesundheit, Verhütung von Krankheit und die Versorgung und Betreuung kranker, behinderter und sterbender Menschen ein. Weitere Schlüsselaufgaben der Pflege sind Wahrnehmung der Interessen und Bedürfnisse (Advocacy), Förderung einer sicheren Umgebung, Forschung, Mitwirkung in der Gestaltung der Gesundheitspolitik sowie im Management des Gesundheitswesens und der Bildung‹« (DBFK 2016 nach Clauß 2016, 34 f.).

Diese Definition zeigt, in welch engem Verhältnis die Pflege zur Bildung und sozialen Teilhabe steht. Jede gesundheitliche Herausforderung ist mit Fragen, Unsicherheiten, Neuorientierungen und Lernaufgaben verbunden, deren Begleitung Aufgabe von Pflege und Heilpädagogik ist. Ein Mensch mit Behinderung, aber im Grund jeder Mensch, kann sich nur neu orientieren, wenn er anerkennende Wertschätzung und Stärkung seiner Möglichkeiten erfährt. Die Zwischenmenschlichkeit, die ein kranker oder behinderter Mensch in der Pflege und Unterstützung erfährt, bildet quasi ein Medium, das sich positiv auf den Gesundungsprozess auswirkt (vgl. Koch-Straube 2008, 25). Darum ist für A. Schulze Höing Pflege ein interaktiver Beziehungsprozess, *»verbunden mit der Auffassung von sorgender Obhut und Hilfe bei den Aktivitäten des täglichen Lebens« (2016, 21).*

Die Teilhabe der Betroffenen ist in die *Kultur der Pflege* zu integrieren. Das ist möglich, wenn Angebote zur Selbstpflege bestehen. Ein Erwachsener mit Komplexer Behinderung, der selbst handeln kann, ganz gleich, wie lange es auch dauern mag, erfährt sich selbst und die Welt in seiner eigenen Weise. Pflegerische Unterstützungen, die dabei angeboten und nicht erzwungen werden, schaffen soziale Bindungen, ermöglichen soziale Teilhabe. Hier ein Beispiel: Für einen Erwachsenen mit einer starken Spastik in den oberen Extremitäten ist das selbstständige Essen schwierig. Gelingt es durch eine angepasste Esshilfe und mit Stabilisierung des Armes durch die Pflegekraft, den Löffel selbst zum Mund führen zu können, erfährt die Person ihre Selbstwirksamkeit und Teilhabe an der Esskultur unserer Gemeinschaft. Dies wird deutlich, wenn man wie der Soziologen Hartmut Rosa es tut, Essen und Trinken als eine Form der Weltaneignung versteht:

»Während die Atmung [...] ein weitgehend kulturinvariantes, sich unbewusst und unwillkürlich vollziehendes Phänomen ist, bei dem der Austauschprozess mit der Welt sich weitgehend unsichtbar, substanzlos und ohne Transformationswirkung vollzieht, bildet der Vorgang der Einverleibung und Ausscheidung von Welt durch Essen und Trinken einen variablen, aber durchaus zentralen Bestandteil für jegliche Form der Weltaneignung oder Weltanverwandlung« (2016, 98).

Wenn man, wie Rosa, den Akt der Nahrungsaufnahme als Prozess der Weltaneignung versteht, erkennt man, dass sich in dieser »*Weltbeziehung physische, psychische und symbolische Elemente unentwirrbar miteinander*« (ebd. 105) verschränken. Die Beziehungen des Menschen zur Welt sind leiblich, d. h. in ihnen kommen »*psychische, existentielle und emotionale, kognitive und evaluative Aspekte*« (ebd. 56) in wechselndem Verhältnis zueinander zum Tragen. Darum sind pflegerische Prozesse immer auch Bildungsprozesse, in denen unsere Kultur mit ihren Symbolen und sozialen Bindungen ihren Ausdruck findet.

Die körperliche Nähe im Pflegeprozess schafft die Basis für weitere Interaktionen, weil sie Vertrauen zu sich selbst und zu anderen schafft. Sie ermöglicht weitere Welterfahrungen. Eine so verstandene Pflege ist somit *nicht* das Gegenteil von Bildung oder Erwachsenenbildung, sondern eine Ermöglichung kultureller Teilhabe. Pflegerische wie heilpädagogische Tätigkeiten sind gestalterische und damit kulturelle Akte. Sie sind Teil unserer Kultur und tragen zu deren Entfaltung bei.

Artikel 6 der Pflege-Charta für hilfs- und pflegebedürftige Menschen fordert die »*Kommunikation, Wertschätzung und Teilhabe an der Gesellschaft*« (vgl. BMFSFJ & BMG 2014, Kap. 2.4). Um das zu erreichen, sind heilpädagogische wie pflegerische Angebote in gleichem Maße notwendig. Sie müssen Hand in Hand gehen, wenn *Teilhabe* für diese Personengruppe realisiert werden soll.

Ausgehend von diesen Grundüberlegungen schlage ich ein anthropologisches Verständnis von *Teilhabe* vor. Teilhabe kann als das soziale Band zwischen den Menschen und als Beziehung zur Welt aufgefasst werden, ohne das menschliches Leben nicht denkbar ist:

> »Teilhabe ist immer relativ, mehrdimensional und flüchtig. Sie muss aktiv und vor dem Hintergrund der Dynamik des individuellen Lebens der einander begegnenden Menschen und Dingen sowie auf der Grundlage der kulturellen und sozioökonomischen Bedingungen der Gesellschaft mit dem Einzelnen ausgehandelt und gestaltet werden. Teilhabe ist kein Endziel, sondern ein fortwährender lebendiger Prozess der natürlichen Bindung der Menschen und Dinge aneinander« (Fornefeld & Forscherteam Teil-sein & Teil-haben KuBus e. V. 2017).

4 Aspekte der Realisation des Teilhabeanspruchs von Erwachsenen mit Komplexer Behinderung

Wenn *Teilhabe* immer auf einem individuellen Beziehungsprozess zwischen Menschen oder Dingen beruht, dann kann es keine allgemeingültigen Normen für die Realisation von Teilhabe geben. Wohl gibt es Grundvoraussetzungen hierfür:

a) Eine Haltung dem Menschen mit Komplexer Behinderung gegenüber, die von Achtung, Wertschätzung und Anerkennung geprägt ist.

b) Eine Haltung dem Menschen mit Komplexer Behinderung gegenüber, die von einer grundsätzlichen Beziehungsfähigkeit des Anderen ausgeht und die Bereitschaft zum Antworten einschließt.

c) Eine Haltung dem Menschen mit Komplexer Behinderung gegenüber, die von Interesse an der Person, seiner Lebensgeschichte und seinen Weltbezügen geprägt ist.

d) Eine Haltung dem Menschen mit Komplexer Behinderung gegenüber, die berücksichtigt, dass auch die Fachkraft zur Belastung für den Menschen mit Behinderung werden kann.

e) Heilpädagogisch oder pflegerisch tätige Fachkräfte müssen über umfangreiches Fachwissen, ausreichende Handlungskompetenz und die Bereitschaft zur Selbstreflexion verfügen.

f) Es müssen in Einrichtungen Strukturen gegeben sein, die mehr Zeit für persönliche Zuwendung lassen.

g) Pflege-, Bildungs- und Interventionskonzepte müssen einerseits die behinderungs-, alters- und krankheitsbedingten Bedürfnisse des Erwachsenen berücksichtigen, andererseits müssen sie die sozialen und kulturellen Interessen einer Person aufgreifen.

Nachfolgend soll das Augenmerk auf die pädagogischen Möglichkeiten der Verwirklichung von kultureller Teilhabe im Spannungsfeld von sozialer Bindung und Weltaneignung gelenkt werden. Hierzu wird exemplarisch für viele denkbare andere Angebote die Narration als Teilhabemöglichkeit Erwachsener mit Komplexer Behinderung vorgestellt.

5   Teilhabe und Narration

Um Teilhabe mit Erwachsenen mit Komplexer Behinderung in der Praxis zu realisieren, müssen gemeinsame Themen mit ihnen gefunden werden, d. h. etwas, was Menschen miteinander verbindet. Die *Kultur des Erzählens* bietet sich hier geradezu als Verbindung an. Erzählen und Geschichten bringen Menschen einander näher, machen es möglich, Leben für einen Augenblick im Miteinander zu gestalten. Der eine erzählt, der andere hört zu – ohne Zuhörer kein Erzähler.

Jeder Mensch bringt Geschichten mit, auch die, die er nicht verbalisieren kann. Der Philosoph Wilhelm Schapp hat einmal gesagt: »*Kein Selbst ohne Geschichten*« (2012). Damit meint er, dass jeder Mensch sich selbst nur verstehen kann durch die Geschichten, die er erlebt hat, und sich im Erzählen vergegenwärtigt. Menschen erzählen einander fortwährend Geschichten aus dem eigenen Leben und kommen sich dabei näher. Seit Menschen Sprache entwickelt haben, erzählen sie Geschichten von sich, aus dem eigenen Volk oder Geschichten, die andere geschrieben haben. Geschichten ermöglichen, dass Menschen sich selbst, andere und die Welt erfahren und verstehen.

Der Philosoph und Kulturwissenschaftler B. C. Han betont die Bedeutung des Erzählens gerade in der heutigen Zeit, in der es nur noch um Informationsübermittlung
geht. Wir leben in einer Welt, in der Menschen sich keine Zeit für eine Erzählung
lassen, nicht einmal für ihre Kinder (vgl. ebd. 2016). Dabei verlernen wir, einander
zuzuhören, kritisiert Han.

> »Das ›Internet der Dinge‹, […] ist nicht narrativ. Kommunikation als Austausch von In-
> formationen erzählt nichts. Sie zählt nur. Schön sind narrative Verbindungen. Heute ver-
> drängt die Addition die Narration. Narrative Beziehungen weichen informellen Verbin-
> dungen. Die Addition von Information ergibt keine Narration, Metaphern sind narrative
> Beziehungen. Sie bringen Dinge und Ereignisse ins Gespräch« (ebd. 90 f.).

Hans Kritik und Appell sollten ernstgenommen werden, auch und gerade in der Arbeit mit Menschen mit Komplexer Behinderung. Diese Menschen sind nicht die ›un-
beschriebenen Blätter‹, für die sie gehalten werden. Sie sind voll von Geschichten,
die das Leben in sie eingewebt hat, möglicherweise sind es andere Geschichten, als
Menschen ohne Behinderung sie erleben. Da Menschen ohne Verbalsprache ihre Lebensgeschichten nicht selbst erzählen können, gehen Fachkräfte davon aus, dass diese
auch nichts zu erzählen hätten. Die Folge ist eine inhaltlich reduzierte Alltagskommu-
nikation mit diesen Personen, die oft stark ritualisierten Charakter hat.

Doch es gibt Möglichkeiten, über sinnliche Angebote mit Menschen ohne Verbalsprache in eine Form ›erzählerischen Dialogs‹ zu kommen, in dem man epische Literatur zu Hilfe nimmt. Auf der theoretischen Grundlage der »*Philosophie der Geschichten*«
von Wilhelm Schapp (2012) und Paul Ricœur (2007) ist das Konzept der mehr¬Sinn®
Geschichten entstanden, das sich als kulturelles Teilhabeangebot versteht (vgl. Fornefeld 2011 & 2016[2]).

Die mehr¬Sinn® Geschichten sind Neubearbeitungen klassischer Literaturvorlagen
wie Märchen, Sagen, Legenden, Bilderbücher, lyrische und religiöse Geschichten in
einem spezifischen Format (vgl. Fornefeld 2016b, 25 f.) Sie verdichten die literarische
Originalvorlage so, dass Menschen mit Komplexer Behinderung sie verstehen können.
Das mehr¬sinnliche Geschichtenerzählen ist ein überaus dynamischer Prozess, der
sich aus einem ausgewogenen Zusammenspiel von bearbeitetem Inhalt, Dramaturgie,
Sprache, Prosodie der Stimme, Requisiten, Musik, Inszenierung und Beziehung zwischen Erzähler(in) und Zuhörer(in) ergibt.

Märchen und Sagen sind nicht, wie oft angenommen wird, für Kinder entwickelt
worden, sondern gehören seit jeher zur Erwachsenenkultur. Sie sind uralte, z. T.
kulturübergreifende Überlieferungen, die die Urerfahrungen und -bedürfnisse der
Menschen ansprechen. Alle Menschen erfahren in ihrem Leben Angst, Freude, Missachtung, Hochmut, Trauer und die vielen anderen Erfahrungen, die als Motive in
Märchen und anderen Erzählungen vorkommen. Wie heute werden in diesen alten
Überlieferungen von jeher Fragen nach dem Sinn des Lebens gestellt und zu beantworten versucht. Dies sind Themen, die man Erwachsenen mit Komplexer Behinderung nicht vorenthalten sollte. Die mehr¬Sinn® Geschichten greifen Sinnfragen,

Motive und menschliche Charaktere auf und bearbeiten sie. Damit werden sie zu
Versionen des Überlieferten, die durch die spezielle Methode des Erzählens kulturelle
und soziale Teilhabe ermöglichen.

Frau Hamacher, die im Rahmen ihrer Examensarbeit die ›mehr¬Sinn® Geschichten-
Kiste‹ (KuBus e. V.) in einem Wohnheim für Erwachsene mit Komplexer Behinderung erprobt hat, beschreibt die Möglichkeiten der Teilhabe durch mehr¬sinnliche
Narration. Als Frau Hamacher Frau W. sagt, dass sie ihr eine Geschichte erzählen
möchte, setzt Frau W. sich

> »schnell auf ihr Bett und deutet mir [Frau Hamacher, Anm. d. Autorin], mich neben sie zu
> setzen. Ich öffne die Erzählkiste und lasse die Bewohnerin durch die Requisiten selbst eine
> Geschichte auswählen. Sie greift zielstrebig nach dem Glas mit den Muscheln und sagt
> ›Urlaub, Rosi mit‹. Ich wähle daher für diese Erzählung die Geschichte Reise zur Schatz-
> insel aus. Die Bewohnerin ist während der Geschichte fasziniert von den Materialien Sand
> und Muscheln. Sie hört mir aufmerksam zu und hält sowohl den Sand als auch die Mu-
> scheln gerne in ihren Händen. Nach Ende der Geschichte räume ich die Materialien lang-
> sam wieder zurück in die Kiste, währenddessen steht Frau W. auf, geht mit den Worten
> ›Rosi, Rosi‹ zur Wand und deutet mit ihren Fingern auf die Fotos des letzten Urlaubs. Auf
> den Bildern ist sie an der Nordsee zu sehen, wo sie am Strand sitzt und im Sand mit ihren
> Fingern gräbt« (Hamacher 2015, 10).

Mehr¬sinnliches Geschichtenerzählen ist *gelebte Kultur*, in der jeder *Teil ist*, *Teil hat*
und in der jeder dem anderen *gibt*.

Literatur

BMFSFJ & BMG – Bundesministerium für Familie, Senioren, Frauen und Jugend & Bun-
desministerium für Gesundheit (Hgg.) (2014): Charta der Rechte. Hilfe- und pflegebe-
dürftige Menschen. https://www.pflege-charta.de/fileadmin/charta/pdf/140603_-_Akti-
ve_PDF_-_Charta.pdf (19.11.2016)
Clauß, S. (2016): Elementare gesundheitsfördernde Bildung mit Menschen mit Komplexer
Behinderung in Pflegesituationen. Unveröffentl. Masterarbeit. Universität zu Köln.
Budroni, H./Schnepp, W. (2010) Die problematische Situation von Patientinnen und
Patienten mit Behinderung im Krankenhaus unter besonderer Berücksichtigung der
ForseA-Studie: In: BeB (Hg.): Patientinnen und Patienten mit geistiger und mehrfacher
Behinderung im Krankenhaus – Problemlagen und Lösungsperspektiven, Vol. 1 (BeB).
Berlin, 58–64.
Dederich, M./Greving, H./Mürner, Ch./Rödler, P. (Hgg.) (2009): Heilpädagogik als Kul-
turwissenschaft. Menschen zwischen Medizin und Ökonomie. Gießen.
Elberfeld, R. (2017): Philosophieren in einer globalen Welt. Wege zu einer transformativen
Phänomenologie. Freiburg/München.
Feinwerk: www.lmbhh.de/angebote/arbeit/feinwerk (21.07.2017).
Fornefeld, B. (2008): Menschen mit Komplexer Behinderung. Selbstverständnis und Auf-
gaben der Behindertenpädagogik, München.

Fornefeld, B. (2011): Mehr¬sinnliches Geschichtenerzählen. Eine Idee setzt sich durch. Multi-Sensory Storytelling. An Idea Gets Through. Münster.

Fornefeld, B. (2016a): mehr¬Sinn® Geschichten. Erzählen – Erleben – Verstehen. Konzeptband. 2. Aufl. Düsseldorf.

Fornefeld, B. (2016b): Teilhabe für die Stadtmusikanten. Mehr¬sinnliches Erzählen für Menschen mit Demenz. In: Kollak, I. (Hg.): Menschen mit Demenz durch Kunst und Kreativität aktivieren. Eine Anleitung für Pflege- und Betreuungspersonen. Berlin/Heidelberg, 21–37.

Hamacher, K. (2015): Geschichtenerzählen als Angebot für Menschen in stationären Einrichtungen. Unveröffentlichte schriftliche Hausarbeit im Rahmen der Ersten Staatsprüfung. Universität zu Köln.

Han, B.-C. (2016): Die Errettung des Schönen. 4. Aufl. Frankfurt am Main.

Hasseler, M./Sandforth, E. (2014): Gesundheitsförderung in stationären Einrichtungen für Menschen mit Mehrfachbehinderung. In: Pflege & Gesellschaft. 19 (2), 167–186.

Hetzel, A. (2012): Kultur und Kulturbegriff. In: Konersmann, R. (Hg.): Handbuch Kulturphilosophie. Stuttgart/Weimar, 31–39.

Juterczenka, W. (2017): Arbeit außerhalb der Tages(förder)stätten: Wenn Menschen mit herausforderndem Verhalten ›Auf Achse‹ gehen. In: Maier-Michalitsch, N./Grunick, G. (Hgg.): Herausforderndes Verhalten bei Menschen mit Komplexer Behinderung. München, 100–120.

Kirsch, S./Engelfried, U. (2017): Rechtliche Grundlagen bei Herausforderndem Verhalten. In: Maier-Michalitsch, N./Grunick, G. (Hgg.): Herausforderndes Verhalten bei Menschen mit Komplexer Behinderung. München, 18–39.

Klauß, Th. (2006): Qualität der Pflege für Menschen mit hohem Hilfebedarf – aus Sicht der Behindertenpädagogik. In: Lebenshilfe Berlin (Hg.): »Geistig behindert und pflegebedürftig …« Individuelle Hilfearrangements an der Schnittstelle von Eingliederungshilfe und Pflegeversicherung. Tagungsbericht. Berlin, 16–24.

Koch-Straube, U. (2008): Beratung in der Pflege. 2. Aufl. Bern.

KuBus e. V. (Hg.) (2016): Teil¬sein & Teil ¬haben. Modellprojekt zur Erfassung der Bedarfe von Menschen mit Komplexer Behinderung und zur Professionalisierung der teilhabeorientierten Pflege und Begleitung. Kooperationsprojekt mit der Universität zu Köln, http://www.kubus-ev.de/teil-sein-teil-haben (12.01.2018)

KuBus e. V. (o. J.): Verein zur Förderung der Kultur, Bildung + sozialen Teilhabe für Menschen mit + ohne Behinderung. Köln (www.kubus-ev.de)

Ricœur, P. (2007): Zeit und Erzählung. Zeit und historische Erzählung. Bd. 1. München.

Rosa, H. (2016): Resonanz. Eine Soziologie der Weltbeziehung. Berlin.

Schapp, W. (2012): In Geschichten verstrickt. Zum Sein von Mensch und Ding. 5. Aufl. Frankfurt am Main.

Statistisches Bundesamt (2015): www.destatis.de/DE/ZahlenFakten/GesellschaftStaat/Gesundheit/Behinderte/Tabellen/GeschlechtBehinderung.html (10.01.2018)

Schulze Höing, A. (2016): Pflege von Menschen mit geistiger Behinderung. Pflegebedarfsanalyse von Menschen mit geistiger Behinderung. Stuttgart.

UN (2006): Convention on the Rights of Persons with Disabilities – CRPD. New York.

Jochen Bietz

Kultur als Aneignungsprozess

Der »Kulturpark RT-Nord« als innovativer und inklusiver Standort des Förder- und Betreuungsbereiches (FuB) der LWV.Eingliederungshilfe GmbH in Reutlingen

1   Einführung

Der Kulturpark RT-Nord befindet sich auf dem Gelände Rappertshofen Reutlingen. Rappertshofen Reutlingen ist eine von vier Einrichtungen der LWV.Eingliederungshilfe GmbH mit jeweils eigenen Schwerpunkten. Hier erfahren über 250 Menschen mit Körper- und Mehrfachbehinderungen in ambulanten, teilstationären und stationären Angeboten Unterstützung in den Bereichen Wohnen, Arbeit und Tagesstrukturierung.

Das Angebot der Tagesförderstätte richtet sich an Menschen, die aufgrund der Schwere ihrer Behinderung die Voraussetzungen für eine Beschäftigung in einer Werkstatt nicht oder noch nicht erfüllen.

Im FuB gibt es zurzeit 27 Menschen, die das Angebot wahrnehmen, wovon elf auf dem Gelände, 16 in anderen Wohnformen leben. Ebenso nehmen Personen aus dem Leistungsbereich des SGB XI an den Angeboten teil. Es wird dabei auf interne Heterogenität Wert gelegt. Es wird nicht zwischen den Angeboten unterschieden. Lediglich aus dem zeitlichen Umfang der extern Wohnenden, die den gesamten Tag in der Tagesförderstätte verbringen, ergibt sich eine andere Betreuungsintensität.

Die Teilnehmenden haben ihre Beeinträchtigung entweder von Geburt an oder durch Unfall oder Krankheit erworben. Vorrangig liegen hierbei Erkrankungen des zentralen Nervensystems und degenerative, neurologische Erkrankungen vor. Für diesen Personenkreis stellen sich bei der Ausgestaltung sinnstiftender Angebote und arbeitsweltbezogener Tätigkeiten durch ihre vorhandenen Kenntnisse und Erfahrungen besondere Herausforderungen. Durch diesen Schwerpunkt ergibt sich wiederum eine hohe Übergangszahl, ca. 25 pro Jahr, der FuB-Klienten in die WfbM durch gezielte Förderung und Vorbereitung.

Die Mitarbeiterschaft besteht aus Ergotherapeut(inn)en, Heilerziehungspfleger(inne)n, dazu kommt eine Logopädin, eine Kunsttherapeutin, zwei Sporttherapeutinnen und ein Sozialpädagoge sowie Freiwillige im Sozialen Jahr mit insgesamt 15 Vollzeitstellen. Hinzu kommen für das später näher erläuterte Café auch geringfügig Beschäftigte im Service sowie eine Köchin.

Grundannahmen

Die Arbeit der Tagesförderstätte richtet sich an zwei Grundprinzipien aus: An sinn-stiftenden Tätigkeiten für Menschen mit schwerst-mehrfach Behinderungen einerseits und andererseits an der Orientierung an Selbstbestimmung und Selbstverwirklichung.

Schon von jeher war es uns wichtig, Menschen mit hohem Assistenzbedarf sinnvol-le, produktorientierte Tätigkeiten anzubieten. Dies sollte zu einer beruflichen Identi-tät beitragen. Unsere Angebote sind erwachsenengemäß und bieten viel Wahlfreiheit, da Klient(inn)en nicht festen Gruppen zugeordnet sind: Nach Interesse und Fähigkeit wird für jede(n) Klientin/Klienten ein Wochenplan erstellt, der unterschiedliche An-gebote beinhaltet, die sich auch innerhalb eines Tages in Vor- und Nachmittagsange-bot unterscheiden können.

Hierbei werden die Angebote stärker in den Fokus gestellt. Weder der Gruppen-raum noch die/der Mitarbeiter(in) stellen den vordergründigen Bezugsrahmen dar – vielmehr das Thema des Angebots rückt in den Mittelpunkt. Auch in Vertretungs-situationen wird versucht, dass die Mitarbeitenden – natürlich in angepasster Ausge-staltung – das gleiche Thema bearbeiten.

In unserer Wahrnehmung besteht hierbei die Herausforderung zukünftig darin, im-mer mehr Angebote für Personen zu finden, die kognitiv fit sind, aber motorisch stark eingeschränkt – bis hin zur Bewegungsunfähigkeit.

Die Räumlichkeiten, in denen dies stattfindet, waren bisher über das komplette Gelände der Einrichtung verstreut.

In einer kernsanierten ehemaligen Gärtnerei am Rande des Geländes entstanden nun neben neuen Gruppenräumen ein Café mit Außenbereich sowie ein Kunstatelier.

Außer unsere »Werkstätten« und die Sporttherapie befindet sich somit die Tage-struktur der Einrichtung im Kulturpark RT-Nord.

2   Kulturpark RT-Nord

Abb. 1: Kulturpark Außenansicht[1]

Der Kulturpark RT-Nord ist das erste Projekt, das in Baden-Württemberg nach neuen Förderrichtlinien für inklusive und innovative Projekte gefördert wird.

---

1   alle Abbildungen aus eigener Darstellung

»Innovativ an dem Projekt ist sein Beitrag, den er zur Konversion des Geländes leistet. Die Angebote zielen darauf ab, die Bürger der Stadt auf das Gelände zu holen und das Bewusstsein zu ändern, dass das Gelände der Einrichtung nicht nur an bestimmten Tagen betreten werden darf« (Peichl 2013).

Wie erwähnt werden im Kulturpark die bisherigen bestehenden Angebote zusammengefasst, aber um weitere Tätigkeitsfelder und Begegnungsmöglichkeiten ergänzt:

- Auf den umliegenden Flächen werden Saisongärten vermietet, aber auch in Eigenregie betrieben.
- Im Café ergeben sich Tätigkeitsplätze für Klient(inn)en an Kaffeemaschine, Kasse und im Service.
- Im Café finden Ausstellungen und kulturelle Veranstaltungen statt.
- In der Kunsttherapie finden Kurse für Menschen mit und ohne Behinderung statt.
- Das Projekt Mensch und Tier (MuT) bietet einen hohen Anreiz für Kooperationen, vor allem mit Schulen und Kindertagesstätten.
- Bei MuT finden auch Kindergeburtstage und Ferienprogramme statt.
- In der Produktionsküche entstehen täglich Kuchen für das Café sowie Lebensmittel wie Öle und Marmeladen für den Verkauf.

Nach dem Umbau war der Auftakt des Kulturparks die offizielle Einweihung im Oktober 2016. Der Umzug in die Gruppenräume und somit der Beginn der täglichen Arbeit in den neuen Räumen folgte im April 2017 zeitgleich mit der Vermietung der ersten Parzellen der Saisongärten. Das Café folgte schließlich mit der Eröffnung an Pfingsten 2017.

Im Folgenden eine schematische Darstellung, der im Kulturpark enthaltenen Bausteine, die im weiteren Verlauf dargestellt werden:

Abb. 2: Schematische Darstellung der Konzeption

Der wichtigste Grundaspekt hierbei ist, durch eine veränderte Herangehensweise die verschiedenen bestehenden und neuen Arbeitsmöglichkeiten so zu verknüpfen, dass diese einen Austausch mit Menschen der umliegenden Stadtteile und Gemeinden ermöglichen oder zumindest vereinfachen.

Dabei können Klient(inn)en durch künstlerische oder handwerkliche Tätigkeiten ebenso produktiv sein wie als Versorger von Tieren.

Zuerst wird im Folgenden das Projekt Mensch und Tier vorgestellt, da es längerer Bestandteil der Tagesstrukturierenden Angebote ist. Nachfolgend wird dann auf die Saisongärten, das Café sowie auf das kunsttherapeutische Angebot eingegangen.

2.1   Mensch und Tier (MuT)

Das Projekt wurde im Frühjahr 2010 von engagierten Mitarbeitenden gegründet, wovon sich zwei zur »Fachkraft für tiergestützte Therapie« fortgebildet haben. Heute verfügen wir auf dem Gelände über Alpakas, Schafe, Ziegen und Kaninchen.

Es wurden bewusst unterschiedliche Tierarten gewählt, die unterschiedliche Ansprüche haben. Die Ziegen werden gefüttert, gebürstet und sie lieben es, gestreichelt zu werden. Ziegen sind dabei sehr kontaktfreudig. Sie kommen zu Personen an den Rollstuhl und holen sich das Futter, sodass auch Menschen mit einem hohen Assistenzbedarf in die Rolle des Versorgers – weg vom Gepflegten – kommen können. Es ist dieses Gefühl der Menschen, dass sie von den Tieren nicht beurteilt werden, was dazu führt, dass die Gruppen bei MuT zu klein für die Zahl der Interessenten sind.

Für weniger kontaktfreudige Menschen gibt es unsere Alpakas, die auf das Laufen neben dem Rollstuhl trainiert wurden. So müssen Klient(inn)en mit Interesse an Tieren diese nicht berühren, können sie aber auch mit eingeschränkter Handfunktion an der Leine neben ihrem Rollstuhl führen.

Kaninchen hingegen sind neben dem Streicheln und Versorgen auch gut zur Beobachtung. Alle Kaninchen haben ähnliche Namen und sehen auch noch ähnlich aus, sodass genau hingeschaut werden muss, welches gerade was macht. Dies erleichtert es, mit Personen ins Gespräch zu kommen und ganz nebenbei erfahren die Klient(inn)en hier noch kognitives Training bei der Unterscheidung der Kaninchen.

Es geht nicht ausschließlich um die Aktivitäten mit dem Tier, sondern auch für das Tier. Diese Aktionen, z. B. beim Stall Ausmisten der Alpakas, führen zu sozialer Interaktion zwischen den Klient(inn)en und fördert deren sozialen Austausch als auch das Teamwork.

Über verschiedenste Hilfsmittel, Greifverlängerungen, Transportwagen für Rollstühle u. ä. soll erreicht werden, dass möglichst viele Arbeiten von Klient(inn)en selbst ausgeführt werden können und auch müssen. Da die Klient(inn)en in der Gruppe fest eingebunden sind, gibt es auch bei schlechtem Wetter keine Ausrede dafür, nicht raus zu gehen, denn die Tiere müssen versorgt werden.

Es wurde bereits oben erwähnt, dass das Projekt einen hohen Anreiz bietet für Kooperationen. Regelmäßig kommen dreimal die Woche Kindergärten oder Schulklassen zur Unterstützung vorbei. Ebenso gibt es in einer Woche im Jahr ein Kinderferienprogramm. Bei solchen Aktivitäten entstehen Beziehungen. So kommen Kinder z. T. das dritte Jahr in Folge zu den Tieren, aber auch, um die Klient(inn)en wiederzusehen. Die Tiere haben so auch die Funktion der Erleichterung des Kontakts zwischen Menschen unterschiedlichen Alters, Herkunft und Assistenzbedarfs.

Gerade bei Kindergeburtstagen können die Klient(inn)en in die Rolle des Spezialisten schlüpfen, da sie regelmäßigen Kontakt zu den Tieren haben und wissen, was diese brauchen, und so den Kindern ihr Wissen weitergeben.

Seit es die Tiere auf dem Gelände gibt, hat sich die Besucherzahl erhöht. Auch Personen ohne direkten Bezug kommen auf Spaziergängen vorbei, um sich die Tiere anzuschauen, was zu interessanten Kontakten in den Sozialraum führen kann, ebenso die Tatsache, dass die Tiere am Wochenende von Ehrenamtlichen aus den umliegenden Stadtgebieten versorgt werden.

2.2   Saisongärten

Abb. 3: Saisongärten, im Hintergrund Kulturpark RT-Nord

Als neues Element in der Konzeption des Kulturparks wurde die Vermietung von Saisongärten aufgenommen. Da der Kulturpark aus einer ehemaligen Gärtnerei entstand, gibt es angrenzend ausreichend Grünfläche (s. Bild) dies zu realisieren. Ebenso steht uns ein Geräteschuppen mit allen nötigen Utensilien zur Verfügung.

Mit der Vermietung von Saisongärten wird ein gesellschaftlicher Trend und ein Lebensgefühl aufgegriffen. Dies leistet einen Beitrag zu urbaner Lebensqualität. Pächter(innen) sind dabei auch oft Personen, die an ökologischer Selbstversorgung interessiert sind.

Die Klient(inn)en der Gartengruppe bewirtschaften auch eine Parzelle. Es steht ein Hochbeet zur Verfügung, um die Pflanzen vorzuziehen und den Rollstuhlfahrer(inne)n das Gärtnern zu erleichtern.

Es ist angedacht, dass die beteiligten Klient(inn)en noch stärker einbezogen werden in die Ausgabe der Gartengeräte oder das Gießen der Parzellen, wenn ein(e) Pächter(in) keine Zeit haben sollte.

Mit den Gärten hoffen wir, einen Schritt in die Richtung der Vernetzung unserer Angebote in den Sozialraum herzustellen und Kontakte zu knüpfen. Im ersten Jahr waren bereits sechs Parzellen verpachtet, für das nächste Jahr liegen bereits 11 Interessenbekundungen vor.

2.3   Cafébetrieb

Abb. 4: Außenbereich des Cafés

Das Café war seit Anbeginn der Planungen als fester Bestandteil des Kulturparks eingeplant.

Ähnlich den Überlegungen bei den Saisongärten ging es hier darum, einen gesellschaftlichen Bedarf aufzugreifen: (Verkehrsberuhigte) Straßencafés sind in den umliegenden Stadtteilen nicht oder nur vereinzelt bzw. saisonal vorhanden, weshalb hier der Wunsch bestand diese Lücke zu schließen.

Das Café hat von Dienstag bis Sonntag zwischen 14 und 18 Uhr geöffnet, wobei an 4 Tagen in dem Zeitraum zwischen 14 und 16 Uhr jeweils zwei bis drei Klient(inn) en beschäftigt werden. Damit der Fachkraft ausreichend Zeit zur Verfügung steht, mit den Klient(inn)en die Abläufe einzuüben oder Neues auszuprobieren, ist zusätzlich eine Servicekraft anwesend, die den Betrieb mit aufrechterhält.

Abb. 5: Innen-/Thekenbereich des Café

Kulturveranstaltungen:
Geplant ist ein monatliches Kulturprogramm mit Lesungen, Musik oder Comedy aus dem Bereich der Kleinkunst. Dies ist mit einer musikalischen Veranstaltung und einem Herbstfest seit September 2017 angelaufen.

Externe Vermietung:
Wie an Cafés mangelt es ebenfalls an mietbaren, vor allem barrierefreien Räumlichkeiten.
Für Kulturveranstaltungen, private Feiern oder Tagungen werden unsere Räume für Gruppen bis 100 Personen auch vermietet. Auch hier geht es darum, für die Bürger(innen) im Umkreis nützlich zu sein, attraktive Angebote zu machen und so miteinander in Kontakt zu kommen.

Café als Raum der Anerkennung für Produktion und Kunst:

Abb. 6: Stand der Eigenprodukte im Café

Ein öffentliches Café bietet viele Möglichkeiten und Chancen, unsere Ziele zu verfolgen. Durch die Mitarbeit von Klient(inn)en im laufenden Betrieb, bei der Vorbereitung und Planung von Veranstaltungen oder der Teilnahme an eben diesen ist eine niedrigschwellige Kontaktaufnahme mit Gästen, die auf anderem Wege nicht auf das Gelände gefunden hätten, möglich.

Aber auch die Ausstellung von Gemälden der Kunsttherapie im Gastraum sowie die Präsentation der Eigenprodukte aus den Werkgruppen des Förder- und Betreuungsbereichs liefern die Möglichkeit, das alltägliche Tun einer breiteren Öffentlichkeit zu präsentieren. Einerseits erfahren unsere Klient(inn)en durch interessierte Gäste Anerkennung, andererseits erleben sie, dass die Dinge, die sie herstellen, auch »verwertbar« sind.

2.4 Kunsttherapie

Die Kunsttherapie mit ihrem Atelier ist schon länger Bestandteil der Tagesstrukturierenden Angebote.

Das Wesentliche in der kunsttherapeutischen Arbeit liegt in der Anregung, Förderung und Begleitung des schöpferischen Prozesses. Ziel ist es, über gestalterische Mittel die Lebensvielfalt der/des Einzelnen erlebbar werden zu lassen.

Im experimentellen, prozessorientierten Arbeiten kann die Möglichkeit zum individuellen und authentischen Ausdruck gefördert werden. Der Schwerpunkt liegt dabei nicht auf dem Anspruch auf ein möglichst schönes und nützliches Endprodukt, sondern auf dem Schaffensprozess selbst, in dem sich das eigene schöpferische Potenzial entfalten kann. In Einzelbegleitung und inhaltlich differenzierten Gruppenangeboten wird mit vielfältigem Material zeichnerisch, malerisch, plastisch, und auch szenisch darstellend gearbeitet.

Hierbei wird verstärkt die Wahrnehmung angesprochen, denn die Arbeit mit Farben, Formen, Ton, Holz, Stein und vielfältigen anderen Materialien ist ein zutiefst sinnhaftes Tun und durch die Sinne körperlich, seelisch und geistig erfahrbar. Innere und äußere Bewegtheit, die nicht (mehr) in Worte gefasst werden kann, findet unter Verwendung geeigneter Mittel ihren Ausdruck. Der Mensch erlebt sich hierbei in seiner eigenen spezifischen Bewegung als schöpferisch Handelnder. Somit eröffnet sich ihm die Möglichkeit zu einer neuen und differenzierten Wahrnehmung von sich selbst und der Welt und befähigt ihn zu neuem Umgang (vgl. Burbulla 2013).

Die verschiedenen Aktivitäten der Kunsttherapie wurden dabei stets nach außen getragen. Verschiedene Ausstellungen und Vernissagen in öffentlichen Räumen, wie Behördenkantinen, die Präsentation auf dem Festival »Kultur vom Rande« sind dabei gleichrangiger Bestandteil, wie inklusive Workshops in Kooperation mit der Volkshochschule.

2.5 Kunststipendium

Mit der erstmaligen Vergabe eines Kunststipendiums im Oktober 2017 kommt eine ergänzende Komponente hinzu. Ziel des Stipendiums ist die Unterstützung der künstlerischen sowie persönlichen Entwicklung der/des Kunstschaffenden und die Kooperation mit Institutionen und Organisationen des Reutlinger Kunstbetriebs.

> »Kern und Antrieb ist es, einen Ort für Begegnungen zu schaffen, an dem der Gedanke der Inklusion tief verwurzelt ist und der das ganze Projekt trägt. Der Kunst und dem Kunststipendium weisen wir dabei eine besondere Rolle zu. Sie beschäftigt Menschen,

fordert heraus, regt an oder bietet Möglichkeiten, Dinge auszudrücken, die sonst verborgen sind. Sie senkt auch die Barrieren, miteinander zu kommunizieren« (LWV. Eingliederungshilfe o. D.).

3   Fazit

Dies – als ein erster und noch vorläufiger – Einblick in das noch junge Projekt »Kulturpark RT-Nord«: Mit seinen verschiedenen Bausteinen und durch eine veränderte Herangehensweise an die alltägliche Arbeit eines Förder- und Betreuungsbereichs wollen wir versuchen, eine Öffnung in die umliegenden Gemeinden und den Sozialraum zu schaffen und somit auch einen Beitrag zu leisten, das Gelände der bisherigen Komplexeinrichtung zu öffnen und zu verändern.

Das Projekt knüpft an viele bereits erarbeitete Bausteine und eine langjährige Erfahrung an. Durch den Umzug und die Neuausrichtung haben sich aber vielfältige neue Herausforderungen ergeben. Es wird darauf ankommen, die verschiedenen Bausteine weiter miteinander zu verzahnen, die Einbeziehung der Klient(inn)en in alle Prozesse und die weiteren Pläne auszubauen und die Bekanntheit zu steigern und somit Bürger(innen) für die Ziele gewinnen zu können.

Wir sind davon überzeugt, auf dem eingeschlagenen Weg weitere sinnvolle Beschäftigungen und somit Anerkennung für die Klient(inn)en zu finden. Ebenso sind wir davon überzeugt, neue und auch einfachere Zugänge zu anderen gesellschaftlichen Gruppen zu finden und hierüber ein Mehr an Inklusion und gesellschaftlichem Zusammenleben zu ermöglichen.

Literatur

Burbulla, I. (2013): Konzeption der Kunsttherapie (unveröffentlicht).

LWV. Eingliederungshilfe (o. D.): http://www.lwv-eh.de/wohnen/hauptstandorte/reutlingen/kulturpark-reutlingen-nord/kunststipendium (12.12.2017).

Peichl, N. (2013): Konzept »Kulturpark RT-Nord« (unveröffentlicht).

Dörte Eggers und Susanne Gruber

Erwachsenenbildung statt Arbeitsvorbereitung.
LeBiKo – Lebenslange Bildung in Kooperation.

1   Kultur in einer Tagesförderstätte für Menschen mit schwerer geistiger Behinderung?

Mit der Einordnung unseres Beitrags in die Sektion Kultur der Fachtagung sind wir durchaus einverstanden, denn die Konzeption unserer Einrichtung grenzt sich von den Arbeitsangeboten und von der Gestaltung des Alltags in Wohnstätten für Menschen mit schwerer Behinderung deutlich ab.

Zur differenzierten Definition des Begriffs »Kultur« verweisen wir auf den Beitrag von Judith Riegert und Oliver Musenberg.

Als Praktiker verstehen wir »Kultur« als einen Begriff, der im weiteren und im engeren Sinne gefasst werden kann: Einerseits bezeichnet Kultur die Werte, Regeln und Umgangsformen einer Gesellschaft, die sich diese gibt und nach denen sie lebt; andererseits verstehen wir Kultur als künstlerisches Schaffen einzelner Menschen in dieser Gesellschaft. Beide Aspekte finden sich in unserer Konzeption LeBiKo wieder.

1.1   Wer sind wir?

Die Tagesförderstätte Harbigstraße der Lebenshilfe Berlin ist eine von vier Tagesförderstätten mit Sonderstatus, deren Einzugsgebiet ganz Berlin umfasst. Es sind Einrichtungen der Eingliederungshilfe für erwachsene Menschen mit schwerer Behinderung, die *nicht*, *noch nicht* oder *nicht mehr* in einer Werkstatt arbeiten können.

In der Realität handelt es sich um Menschen, die aufgrund ihres sehr hohen Pflege- und Unterstützungsbedarfs kein anderes Angebot erhalten haben und die aus Werkstätten und ABFB-Einrichtungen wegen Verhaltensproblemen oder progredienten Krankheitsverläufen ausgeschlossen wurden.

Laut Leistungsbeschreibung ist das Ziel der Einrichtungen, diesen Menschen einen zweiten Lebensraum zu bieten, um ihnen die Teilhabe am Leben in der Gesellschaft und die Entwicklung ihrer Gesamtpersönlichkeit zu ermöglichen.

Im heutigen gesellschaftspolitischen Rahmen ist die Optimierung der Teilhabe des Einzelnen an Kultur und Gesellschaft das Ziel, welches durch einen umweltbezogenen Ansatz mit personenbezogenen Hilfen ermöglicht werden soll.

Die Tagesförderstätte Harbigstraße ist mit 70 Plätzen in acht Gruppen die größte dieser vier Einrichtungen. In unseren Gruppen arbeiten Heilerziehungspfleger(innen), Erzieher(innen), Physiotherapeut(inn)en und Ergotherapeut(inn)en zusammen im Gruppendienst.

1.2   Worauf bauen wir auf?

Bis zum Jahre 2008 arbeiteten wir nach einem aus heutiger Sicht konventionellen Ansatz, der sich am Vorbild der Konzeptionen der Werkstätten orientierte. Diese Konzeption ruhte auf zwei Säulen: Neben der sensomotorischen Förderung in Bezug auf die Aktivitäten des täglichen Lebens – der ersten Säule – arbeitete jede Gruppe mit einem Materialschwerpunkt wie Holz, Papier oder Ton … Die Anleitung zu diesen Arbeiten stellte die zweite konzeptionelle Säule dar.

Erklärtes Ziel war es dabei, die Kompetenzen der Menschen mit Behinderung im Umgang mit diesem Material so weit zu fördern, dass sie den Wechsel in eine Werkstatt erreichen konnten.

Die Realität führte diese Zielsetzung jedoch ad absurdum: Wir erreichten die Vorgabe seltenst, genau genommen nicht ein Mal in 20 Jahren. Mehr noch: Die erlebte Diskrepanz zwischen konzeptioneller Zielsetzung und Realität in der Tagesförderstätte führte auf Dauer zu Frustration und Unzufriedenheit. Die täglich gleiche, kaum Fortschritte bewirkende »Förderung« erzeugte für die Menschen mit Behinderung wie für die Mitarbeiter(innen) vor allem Eines: Langeweile. Auch den zweihundertsten Handschmeichler konnte der Rollstuhlfahrer mit Zerebralparese immer noch nicht selbst abschmirgeln, den einhundertsten Seidenschal immer noch nicht selbst bemalen. Je attraktiver ein hergestelltes Produkt war, umso geringer war der Anteil des Menschen mit Behinderung an seiner Herstellung und umso höher der Anteil der Mitarbeiterin/des Mitarbeiters. Die Unzufriedenheit führte auch zu kreativen Lösungen: In der Holzgruppe wurde auch mal etwas gemeinsam gemalt, gefilzt oder gekocht, Musik gehört und natürlich wurden Ausflüge gemacht.

Aber befanden wir uns mit dieser Entwicklung noch auf dem Niveau, das wir anstrebt hatten? Handelten wir noch fachlich fundiert oder einfach nur spontan?

1.3   Eine neue konzeptionelle Ausrichtung

2008 führten wir in der Harbigstraße zwei Klausurtage durch, um uns mit diesen Fragen zu beschäftigen. Prof. Praschak, der unsere Arbeit schon lange fachlich begleitete, stellte uns seine Kompetenz zur Verfügung und sorgte für die wissenschaftliche Fundierung.

Wir befassten uns mit den Fragen:
- Wer sind unsere Klient(inn)en?
- Was ist unser Auftrag?
- Welche Bedürfnisse haben unsere Klient(inn)en?
- *Wie können wir diesen Bedürfnissen möglichst gut entsprechen?*

Am Ende des zweiten Tages hatten wir uns von unserer alten Konzeption getrennt und gemeinsam die Grundlagen neuer Leitlinien erarbeitet. Die Abkürzung »LeBiKo« fasst unsere neue Ausrichtung zusammen:

1.4 Lebenslange Bildung in Kooperation

Heute definieren wir unsere Tagesförderstätte als Einrichtung der Erwachsenenbildung für Menschen mit schwerer Behinderung, die auf deren Bedürfnisse und Bedarfslagen zugeschnitten ist. Anders als bei der Annahme eines Bedürfnisses nach Arbeit, sehen wir ein Grundbedürfnis nach Persönlichkeitsbildung für alle Menschen gegeben, nach Reifung und Entwicklung in einem lebenslang andauernden Prozess, bei dem wir Menschen mit schwerer Behinderung unterstützen können.

Der Begriff der »Kooperation« wird im Namen der neuen Konzeption besonders hervorgehoben, da 2008 bereits die Forderung nach einem Paradigmenwechsel weg von der »Betreuung« hin zur »Assistenz« für Menschen mit Behinderung die Diskussion beherrschte. Assistenz aber ist ein Begriff, der für die Arbeit mit unseren Klient(inn)en nicht passend ist. Menschen mit schwerer geistiger Behinderung können in vielen Lebensbereichen *nicht* eigenverantwortlich als Assistenzgeber(innen) handeln. Aber sie müssen, unabhängig von ihrem kognitiven Vermögen, immer als *gleichwertige* Partner(innen) gesehen werden, die gemeinsam mit den sie unterstützenden Menschen ihr Leben und ihre Umwelt *mit*-gestalten, also kooperieren.

Wir streben mit LeBiKo ein Leben in sozialer Gemeinschaft an, das die Menschen mit Behinderung *mit gestalten* und *mitbestimmen* können.

Die zwei neuen Säulen unserer Konzeption sind nun:

• die gleichwertige Kooperation bei allen relevanten Alltagshandlung auf sensomotorischer Ebene und

• die Projektentwicklung und Projektgestaltung in der Gemeinschaft.

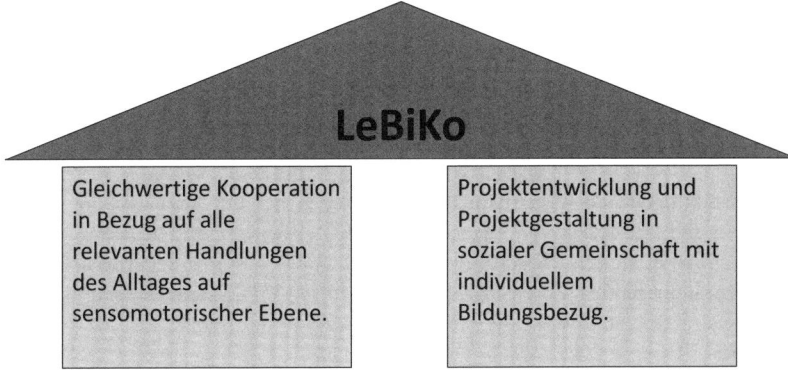

Abb. 1: Die zwei Säulen von LeBiKo

1.5 Bildung als zentraler Aspekt unserer Arbeit

Nach Wolfgang Klafki ist das Wesentliche an Bildung nicht die Aufnahme und Aneignung von Inhalten, sondern die Entwicklung von körperlichen, seelischen und geistigen Kräften, insbesondere die Reifung der Fähigkeit zur Selbstbestimmung und zur Solidarität gegenüber Schwächeren.

Das sind Ziele, die mit unserem fachlichen Anspruch genauso wie mit unserer Realität im Alltag vereinbar sind – auch wenn Selbstbestimmung und Solidarität gegenüber Schwächeren, bezogen auf unsere Klient(inn)en, sehr ambitionierte Ziele sind. Wolfgang Praschak definierte Bildung für uns wie folgt:

»Die Gestaltung eines möglichst unabhängigen, gleichberechtigten und selbstbestimmten Daseins in kultureller Wertorientierung. Das Erleben von Lebensqualität und persönlicher Wertschätzung innerhalb von heterogenen sozialen Gemeinschaften. Daseinsentfaltung innerhalb unterstützender und konstruktiver Hilfesysteme« (Praschak 2008, 12).

Das ist eine Definition, die für alle Menschen Anspruch auf Gültigkeit erhebt. Für Menschen mit schwerer Behinderung bedeutet Bildung handelnd-lernend tätig zu sein, in heterogenen Gruppen innerhalb eines strukturierten und auf gemeinsame Projekte bezogenen Alltags. Übergeordnetes Bildungsziel ist dabei die Entwicklung der Gesamtpersönlichkeit. Menschen mit schwerer Behinderung brauchen, um sich bilden zu können, genau die gleichen Voraussetzungen wie Menschen ohne Behinderung, aber im Gegensatz zu diesen brauchen sie *mehr* davon:

- mehr wohlwollende, unterstützende Menschen
- mehr Zeit und Raum
- beständige Animation, da ihnen der Antrieb, Neues zu wagen und auszuprobieren häufig fehlt oder »aberzogen« wurde
- mehr zumutbare Eigentätigkeit, bei der sie sich aktiv erleben können
- mehr Vertrauen in ihre Möglichkeiten
- mehr Aufforderung zur Mitgestaltung und nicht zuletzt
- mehr Freude am gemeinsamen Handeln, denn ohne Freude am Tun, sind sie, anders als Menschen mit höheren intellektuellen Fähigkeiten, tatsächlich kaum motiviert, aktiv zu werden.

Darüber hinaus müssen die Themen der Bildung diejenigen sein, die in ihrem Leben Relevanz haben. Dies sind (keineswegs ausschließlich, aber zu einem großen Teil), die elementaren Anforderungen des Alltags.

»Pflegehandlungen sind Alltagshandlungen, in denen sich der Wert und die Würde des Menschen über den Erhalt von Eigenaktivität und Mitbestimmung bemessen.
Die Partizipation an den Pflegehandlungen ist damit Bestandteil der Allgemeinbildung. Wenn der zu pflegende Mensch seine bereits gebildeten Fähigkeiten einbringen kann und die Pflegesituation so ausgestaltet ist, dass sie anerkannten kulturellen Wertmaßstäben entspricht« (Praschak 2008, 16).

1.6   Zusammenfassung: Die wichtigsten Aspekte von LeBiKo

Das Prinzip der Kooperation bestimmt die grundlegende Haltung der Mitarbeiter(innen) gegenüber den Menschen mit Behinderung ebenso wie zu den Kolleg(inn)en. In multiprofessionellen Mitarbeiter(innen)teams kommt ein erweitertes Fachwissen zum Tragen, das den realen Anforderungen des Alltags entspricht. Der Tages- und Wochenablauf verläuft strukturiert, mit sich wiederholenden Angeboten, da Routine

und Wiederholungen den Tag für Menschen mit schwerer Behinderung eher vorhersehbar machen und ihnen Sicherheit vermitteln.

Die alltäglichen Verrichtungen werden, aufgrund ihrer besonderen Relevanz für die
Lebensqualität der körperlich oft vollständig abhängigen Menschen, als wiederkehrende Bildungsangebote ausgestaltet. Bildungsangebote können einzeln und in Gruppen
realisiert werden, in vertrauten Stammgruppen ebenso wie in nach speziellen Vorlieben zusammengestellten Neigungsgruppen.

Zugangswege zum Erleben und Beeinflussen der Umwelt sind vorrangig die sen-
somotorische Förderung sowie basal-perzeptive Angebote. Die Umsetzung der Bildungsangebote, die zusätzlich zu den basalen lebenspraktischen Angeboten besteht,
erfolgt in Projektarbeit.

2   Die Projektmethode

Die Projektmethode als moderner Ansatz der Bildungsarbeit ist mittlerweile weit ver-
breitet und vielen aus dem Schulunterricht bekannt. In der Regel dauern Projekte dort
eine Woche. Ursprünglich wurde die Projektarbeit für die Arbeitswelt entwickelt, um
»sinnentleerte«, zergliederte Arbeitsteilung wieder in einen Allgemeinkontext zu stellen und dadurch die Zufriedenheit und Motivation der Arbeiter(innen) zu verbessern.
Ein Ansatz, der für unsere täglichen Herausforderungen in der Tagesförderstätte wie
geschaffen ist!

Ein gesellschaftlich relevantes, der individuellen Bedürfnis- und Interessenslage der
Beteiligten entsprechendes Thema oder Problem wird innerhalb und außerhalb der
Einrichtung aufgearbeitet. Dabei werden komplexe Handlungsabläufe so aufbereitet,
dass sie nachzuvollziehen und zu verstehen sind. Durch Mitverantwortung und selbstständiges Handeln können Eigeninitiative und kulturelle Werthaltungen ausgebildet
werden.

Dabei müssen die Projekte folgenden Ansprüchen genügen:

Sie müssen Situationsbezug und Lebensnähe zur Realität der Projektteilnehmer(innen)
haben, an den Interessen aller Beteiligten orientiert sein und ihnen neue Erfahrungen
ermöglichen. Ebenso soll aber auch ein gesamtgesellschaftlicher Bezug erkennbar sein.
Die Projektarbeit soll die Teilhabe am gesellschaftlichen Leben fördern und – dies ist
nicht immer umsetzbar – auch in die Gesellschaft außerhalb unserer Einrichtung hinaus wirken. Die Umsetzung des Projekts muss dann von der Gruppe selbst organisiert
werden, alle Beteiligten sollen die jeweils größtmögliche Selbstverantwortung tragen.
Dadurch entsteht eine sehr große inhaltliche Gestaltungsfreiheit. Gleichzeitig aber
muss die Planung des Projektjahrs präzise, zielgerichtet und zeitlich begrenzt erfolgen.
Hierzu haben wir Vorlagen entwickelt, auf die wir noch zurückkommen werden. Das
Projekt muss schließlich soziales Lernen – miteinander und voneinander – ermöglichen und selbstverständlich alle Wahrnehmungssinne mit einbeziehen. Multiprofessi-

onalität gewährleistet verschiedene Perspektiven auf das Thema. Am Ende des Projekts muss ein praktisches Ergebnis stehen, das muss nicht unbedingt ein Produkt sein, sondern kann auch eine Verhaltensänderung, eine schöne Erinnerung, ein Fest und vieles mehr umfassen.

Um ein Projekt zu realisieren, nehmen wir uns in der Tagesförderstätte in der Regel nicht eine Woche, sondern ein Jahr Zeit. Der Ablauf gliedert sich dabei in fünf Phasen, beginnend mit der Projektinitiative.

Phasen des Projekts:	
1. Projektinitiative	Wir suchen ein Thema
2. Projektskizze	Wir treffen die Wahl
3. Projektplan	Wir entwickeln Ziele, Angebote, Ablaufplan
4. Projektdurchführung	Wir setzen um
5. Projektabschluss	Wir präsentieren, ziehen Bilanz
• Projekt-Steuerungsgruppe	Wir tauschen uns aus
• Der Kontrollstopp	Wir ziehen Zwischenbilanz
• Die Denkpause	Wir denken über das Projekt nach

Abb. 2: Die Phasen eines LeBiKo-Projektes

Phase 1: *Die Projektinitiative*: Die Gruppenmitarbeiter(innen) überlegen gemeinsam und – wo immer möglich – mit den Klient(inn)en, welche Themen für alle Projektbeteiligten interessant sein könnten. Ein Thema kann ausgehen von:

- einem Gruppenmitarbeiter oder einer Gruppenmitarbeiterin. Dies ist der häufigste Ausgangspunkt, und das ist vollkommen legitim, sogar wünschenswert. Denn für ein interessantes Thema, in unserer Einrichtung war hierfür das Projekt »Indien« Paradebeispiel, kann die Mitarbeiterin/der Mitarbeiter auch andere begeistern.
- einer Klientin/einem Klienten. Nur die wenigsten unserer Klient(inn)en können sich verbal äußern, aber die Mitarbeiter(innen) sind darin geschult, sie aufmerksam zu beobachten. Welche Aktivitäten gefallen ihnen besonders? Welches Material spricht sie an? Aber vielleicht auch: Welches Thema stellt ein Problem dar, das wir durch intensive Auseinandersetzung lösen können? Im »Tierprojekt« zum Beispiel konnte ein Gruppenmitglied mit großer Angst vor Hunden diese Angst langsam mildern und schließlich überwinden.
- den Gegebenheiten in der Umwelt. Als für eine unserer Gruppen ein neues Pflegebad eingerichtet wurde, wählte diese Gruppe das Thema »Wasser«. Unter anderem gestaltete die Gruppe Fliesen mit Fischen, die von Fliesenlegern eingebaut wurden. Sie können im neuen Bad jetzt sowohl gesehen als auch von den blinden Gruppenmitgliedern erfühlt werden.

Phase 2: Nachdem viele Vorschläge gesammelt worden sind, wird geprüft, ob die Themen für alle Projektteilnehmer(innen) umsetzbar und interessant sind. Dann wird ein Thema ausgewählt und eine *Projektskizze* entworfen. Es wird ferner der Projektleiter oder die Projektleiterin bestimmt und das Thema in der *Projekt-Steuerungsgruppe*, in dem sich die Projektleiter(innen) monatlich treffen, vorgestellt.

Hier wird der Vorschlag nochmals kritisch geprüft, in der Regel erfolgen viele zusätzliche Anregungen. Sowohl die Leiterin wie die Psychologin der Einrichtung verfügen über ein »Vetorecht«. Dieses wurde bislang jedoch noch nicht genutzt, auch nicht, als eine Gruppe das Thema »Feuer« wählte und wir uns zunächst nicht vorstellen konnten, wie sich schwer behinderte Menschen »sinnlich erfahrbar« mit diesem Thema beschäftigen können: »Ihr wollt doch wohl kein echtes Feuer machen?!« Die Mitarbeiter(innen) wollten – und entwickelten sehr viele umsetzbare Ideen.

Phase 3: Schließlich wird ein differenzierter *Projektplan* geschrieben. In ihm werden das Thema, der Ist-Stand und die Zielsetzung des Projekts fixiert. Letztere wird für jede einzelne Klientin/jeden einzelnen Klienten angepasst: Was könnte sie/er erreichen? Wie kann sie/er von diesem Projekt profitieren? Auch die Angebote, die geplanten Mittel und Methoden sowie die Dokumentationsform werden festgelegt. Auf einer Zeitschiene werden für jeden Monat die konkreten Angebote, welche die Mitarbeiter(innen) für ihre Gruppe planen, eingetragen.

Gruppe:	6	Projektleitung:	Maria Fabis
Zeit:	Juli 2013 bis Juni 2014		
Thema:	Luft		
Ist-Stand bei Projektbeginn:	Sensorische Erfahrungen z.B. durch Wind, Föhn, Laubgebläse. Großes Interesse an Geräuschen und Allem, was fliegt. Vorerfahrung im Herstellen von Pappmacheéobjekten.		
Bildungsziele:	Erweiterung von sinnlichen und kognitiven Erfahrungen mit dem Element Luft. Verbesserung der Motorik und Erfahren von Selbstwirksamkeit.		
Angebote:	Ausflüge: Tempelhofer Feld, Teufelsberg (mit Modellflugzeug) Besuch Flughafen Tegel Herstellen von Mobile, Drachen, Libelle Drachen steigen lassen Luftexperimente mit diversen Geräten Musikalische Angebote zum Thema Luft		
Mittel:	Federn, Luftballons, Föhn, Filme, CDs, Bücher Windrad, Windspiele, Windmühlen, Laubgebläse, Luftrakete Luftpumpen, Fallschirme, Ventilatoren, Papierflieger, Seifenblasen Projektorscheibe (Himmel), Papier, Kleister, Scheren, Peddigrohr, Draht		
Methoden:	Unterstützung und Handführung beim Herstellen von Objekten Körper- und atmungsbezogene Wahrnehmungsübungen Explorieren und Experimentieren Erlebnis- und Sozialraumerfahrung		
Dokumentations-form:	Fotos Objekte, Videos		

Abb. 3: Beispiel eines Projektplans

Phase 4: Dieser Plan ist verbindlich, wird aber während der *Projektdurchführung* angepasst. Denn es handelt sich mit jedem neuen Projekt um neue Angebote und neue Erfahrungen. Nicht alles Geplante ist daher immer umsetzbar. In der sog. Rollenden Planung können Anpassungen jederzeit vorgenommen werden. Um den Korrekturbedarf zu erfassen, findet eine fortlaufende Reflexion (Kontroll- und Denkstopp) statt, in der Gruppe selbst und in der Steuerungsgruppe.

Phase 5: Jedes Projekt muss zum Abschluss gelangen. Es ist die Aufgabe der Mitarbeiter(innen), einen *guten* Abschluss zu gestalten. Häufig geschieht dies in Form eines Festes mit Präsentation der Ergebnisse für geladene Gäste.

Was uns zu Beginn der Arbeit mit LeBiKo nicht bewusst war, ist, welche starke Eigendynamik sich entwickelt, wenn die Gruppen ihr eigenes Projekt wählen und gestalten können und die Projektarbeit auch selbst in einer von ihnen gewählten Form dokumentiert wird.

Fotos und Filme, Theaterfiguren und -bühnen und vieles mehr entstanden, die Fotos wurden laminiert und auch nach dem Projektabschluss sorgsam aufgehoben. Sie dienen jetzt als Materialien der Unterstützten Kommunikation und ermöglichen es vielen Klient(inn)en, ihre Gruppengeschichte zumindest in Ansätzen als Narration zu erleben: Vor, während und nach einem Projekt können besondere Erlebnisse und Begegnungen jetzt erinnert und eingeordnet werden – und das von Menschen, denen wir dies, trotz unseres fachlichen Optimismus, kaum zugetraut hatten.

3   Praxisbeispiele

3.1   Das Bauernhof-Projekt

Nachdem eine Gruppe das Kartoffel-Projekt durchgeführt hatte, bei dem in unserem Garten eigene Kartoffeln gepflanzt wurden, entstand aufgrund der guten Resonanz der Wunsch, sich intensiv mit dem Thema Bauernhof zu beschäftigen.

Die Lebens- und Arbeitswelt eines Bauernhofs lebensnah und im Jahreskreislauf zu erfahren, war das Hauptbildungsziel für die Gesamtgruppe. Die Gruppe dekorierte ihre Gruppenräume mit Strohballen, Feldfrüchten und Pappmaché-Tieren des Bauernhofs, pflanzte einen Apfelbaum und legte ein Gemüsebeet an.

Es gelang, mit einem Bauernhof im Umland eine Kooperation einzugehen, sodass wir diesen Hof während der warmen Jahreszeit einmal wöchentlich besuchen konnten. Stroh wurde gerochen und gefühlt, Hühner und Ziegen gestreichelt und gefüttert. Beim »Abkeimen« von Kartoffeln waren unsere Gruppenmitglieder zwar keineswegs geschickt, aber jeder konnte eine Kartoffel berühren, fühlen und riechen; und (fast) jeder konnte die von den Mitarbeiter(inne)n bearbeitete Kartoffel dann wieder ergreifen und zielsicher in die Kiste zurücklegen.

Zu den Mitarbeitern des Bauernhofs entwickelten sich persönliche Kontakte. Mit jedem Gruppenmitglied wurde dabei auch an der Erreichung einer individuellen Zielsetzung gearbeitet: Diese galt z. B. dem Wecken von Interesse an neuen Sinneseindrücken, der verbesserten Kraftregulation im Kontakt mit anderen Menschen und – besonders motivierend für unsere Klient(inn)en – dem Kontakt mit Tieren.

Krönender Abschluss des Projekts war eine Übernachtung auf dem Bauernhof, die für die meisten Menschen mit Behinderung ein einmaliges Erlebnis darstellte.

Sicherlich hat keine(r) der Klient(inn)en umfänglich die Funktionsweise eines Bauernhofs erfasst. Aber kleine Teilbereiche wurden einem jeden durch verschiedene

Sinneserfahrungen erlebbar gemacht. Und jeder konnte erkennbar einen Bezug zu »unserem« Hof herstellen.

3.2   Öffentlichkeitswirksame Kooperationsprojekte mit Künstlern

Menschen mit sehr schwerer Behinderung haben in der Öffentlichkeit leider immer noch ein überwiegend negatives Image. Es bestehen Vorurteile und Ängste vor ihnen. Daher sehen wir es als unsere Aufgaben an, wenn immer möglich, z. B. über die Kooperation mit Künstler(inne)n, in die Öffentlichkeit der Gesellschaft hineinzuwirken. Mit insgesamt drei Projekten gelang es uns bisher, künstlerische Kooperationen zu realisieren:

3.2.1   Das Kunstprojekt

2009 führten wir das erste Kunstprojekt durch. Dazu konnten wir die bekannte Künstlerin Elvira Bach und die Kunstmalerin Ruth Eggers zur Zusammenarbeit mit zwei unserer Klientinnen, Gesine Anschütz und Britta Grützmacher, gewinnen. Unterstützt von zwei Mitarbeiterinnen nahmen sie an einem zweitägigen Kunst-Workshop teil, in dem ein großes Wandbild entstand.

Der Entstehungsprozess wurde gefilmt und fotografiert. Obwohl beide Frauen mit Behinderung nicht verständlich sprechen können und die beiden Künstlerinnen vorher noch keine Erfahrungen mit nichtsprechenden Menschen mit Behinderung hatten – oder vielleicht gerade deshalb – entstand eine intensive und kreative Zusammenarbeit, die alle Beteiligten als bereichernd erlebten.

Das Bild wurde Hubert Hüppe, dem damaligen Bundesbehindertenbeauftragten, bei einem Festakt für sein Büro überreicht und dort platziert.

3.2.2   Das Filmprojekt

Abb.: 4: Die Projektgruppe vor dem Frauenbild.
Foto: Fr. Garibian

Zwei Jahre später wagten wir eine längere Kooperation und einen öffentlichen Auftritt, allerdings noch nicht »live«, sondern in einer Filmpräsentation. In einem Workshop lernten sich neun Menschen mit schwerer Behinderung und vier Filmschaffende kennen. Diese Projektgruppe um die Regisseurin Susanne Elgeti setzte sich über den Zeitraum von fünf Wochen mit dem Medium Film auseinander. Die Menschen mit und ohne Behinderung erlebten Gemeinsamkeiten und Grenzen, erprobten die Technik, filmten und wurden gefilmt. Am Ende entstanden der Dokumentarfilm »Total behindert« und der kurze Spielfilm »Der Ausflug«. Beide Filme wurden in einer erfolgreichen Premiere vor über 500 Zuschauer(inne)n in einem großen Berliner Kino gezeigt.

3.2.2   Das Musikprojekt

Während wir in den beiden ersten Kunstprojekten mit den vermeintlich »stärksten« unserer Klient(inn)en in die Öffentlichkeit traten, wagten wir 2017 ein Projekt mit den Menschen, die in unserer Tagesförderstätte den höchsten Hilfebedarf haben. Als Kooperationspartner(innen) gewannen wir Künstler(innen) der Experimentellen Musik. Geplant wurden die Entwicklung einer Gruppenkomposition sowie eine öffentliche Aufführung. Die besondere Herausforderung, welche die Künstler(innen) dabei von Anfang an für sich sahen, lag darin, die Menschen mit Behinderung nicht zu instrumentalisieren und »vorzuführen«. In einem vierwöchigen Workshop entwickelte sich ein Prozess, der kulturelles Lernen für *alle* Teilnehmer(innen), mit und ohne Behinderung, ermöglichte. Zugang zur Musik fanden die Menschen mit Behinderung spontan und vorurteilsfrei – und manches Mal sogar leichter als die Mitarbeiter(innen) der Tagesförderstätte, die der Musik zunächst mit traditionellen Klang- und Hörgewohnheiten begegneten. Für die nicht sprechenden Klient(inn)en war es sicher eine besondere Erfahrung, dass in diesen fünf Wochen nicht die ihnen unverständliche Sprache das Hauptmedium der Kommunikation bildete, sondern ihre eigenen vertrauten Laute, Geräusche und Klänge.

Um den Teilnehmer(inne)n Raum für ihre eigene Ausdrucksweise zu geben, wurde der pädagogische Einfluss auf ein Minimum beschränkt. Der Workshop selbst war bereits für alle eine intensive Erfahrung – aber zu einem künstlerischen Prozess gehört natürlich auch eine Präsentation. Eine hausinterne Premiere wurde aufgeführt und nach dem diese erfolgreich verlief, wagten wir den Sprung nach draußen. Die Gruppenkomposition kam bei der »Biennale für Elektroakustische Musik und Klangkunst. KONTAKTE 17« in der Berliner Akademie der Künste zur Uraufführung.

Leider existiert bis dato kein Mitschnitt des Konzerts in der Akademie der Künste. Aber wir dürfen den Leserbrief der Mutter eines Projektteilnehmers verwenden. Als Abschluss unseres Beitrags vermittelt er anschaulich, was *kulturelle Teil-nahme* und *Teil-gabe* für Menschen mit schwerer Behinderung und ihre Angehörigen bedeuten kann:

»In einem großen Raum verteilte Objekte markieren die Positionen der Künstler während der Aufführung. Eine Vielfalt höchst spannender Dinge – vom an der Decke baumelnden Waschbottich zu großen Tonscherben, Metallstiften, Rettungsdecken, einem mit Objekten versehenen Fahrradreifen und mehr lässt uns staunen: sehr ungewöhnliche Instrumente bereiten uns auf ein ebenso ungewöhnliches Musikerlebnis vor. Eine eindrucksvolle filmische Wiedergabe des Arbeits-und Entstehungsprozesses läuft bereits großformatig an der Stirnwand des Raumes. Der Einzug der sieben behinderten Künstler wird zelebriert – schweigend rollen sie auf ihren Rollstühlen zu ihren jeweiligen Plätzen. Wir warten gespannt auf den Beginn. Erste Töne, vereinzelt noch, erklingen aus mehreren Richtungen. Musik, ein Konzert, eine Melodie? Nein, ganz anders: Töne, zunächst wie zufällig in den Raum geworfen, hier ein Gong vom Waschbottich, in Metallbehälter fallende Stifte, das Knistern der Rettungsdecke. Scheinbar zusammenhanglos. Dazwischen das Mamamamam der Bassstimme eines der behinderten Künstler, dann die »Antwort« einer sanften Frauenstimme. Töne stehen im Raum, scheinbar zusammenhanglos, dann wieder treffen sie sich, scheinen sich aufeinander zu beziehen, sich zu verändern. Eine für uns ganz neue Hörerfahrung.

Als Eltern eines dieser Künstler sind wir tief berührt, die Konzentration, die Freude, die Vertieftheit auf dem Gesicht unseres Sohnes, wie auch denen seiner »Künstlerkollegen« zu erleben. Menschen, die wir von Besuchen in der Tagesförderstätte kennen, wirken plötzlich wie »erwacht«. Sie nehmen ihre Verantwortung als Teile eines Teams ernst, produzieren Töne, »antworten« einander oder einem der Projektleiter, der mit seinem Geigenbogen feierlich von Künstler zu Künstler schreitet, einen neuen Ton kreiert: Saite auf Waschbottich oder Tonscherbe … Dann zum Abschluss der begeisterte Applaus der Zuschauer, Blumen für jeden der Künstler, Lob – ein Geschenk für Menschen, die so sehr in ihrem scheinbaren »Nichtkönnen« gefangen sind. Der deutlich sichtbare Stolz auf die eigene Leistung, die Freude über die Anerkennung leuchtet aus jedem der Gesichter. Ein sich anschließender kleiner Empfang, Austausch zwischen Publikum, Künstlern und Projektbegleitern lässt das Ereignis ausklingen und vertieft zugleich das Erleben einer Gruppe von Menschen, die zusammen etwas Tolles geschafft und erlebt haben.

Inklusiver könnte es nicht sein – wenn es solche wunderbaren Begegnungen doch häufiger geben könnte!«

Literatur

Praschak, W. (2008): Das Konzept der lebenslangen Bildung, Hausinterne Fortbildung, nicht öffentlich.

Partizipation

Kerstin Klapper-Eccvit

FuB-Beirat – Selbstbeteiligungsgremium für Menschen mit hohem Hilfebedarf

1   Grundgedanke

Sich ausdrücken, miteinander kommunizieren, seine Meinung äußern, dies mag für die Mehrzahl der Menschen keine Schwierigkeit darstellen. Für unseren Personenkreis im Förder- und Betreuungsbereich (im Folgenden FuB) stellt das Kommunizieren aufgrund der geistigen und körperlichen Beeinträchtigung eine hohe Barriere dar. Dieser Form der Sprachlosigkeit wurde in der Gesellschaft lange Zeit kaum Aufmerksamkeit geschenkt. Diese Personengruppe der Menschen mit hohem Hilfebedarf wurde begleitet, betreut und unterstützt, nicht aber gezielt gefördert und nach ihrer ganz persönlichen Meinung befragt.

Nachdem in den Gemeinnützigen Werkstätten und Wohnstätten GmbH (im Folgenden GWW) aber dieses Suchen nach eigenen Meinungen verstärkt wurde, erkannte man deutlich: hier muss dringend zu- und hingehört werden. Ganz klare Haltungen und Wünsche zum Umgang miteinander, zu Entwicklungschancen und Alltagswünschen wurden laut. Die Internen Kund(inn)en verblüfften viele mit ihrer Art der Wahrnehmung. In der Begegnung der Bedürfnisse veränderte sich die Zusammenarbeit mit den Internen Kund(inn)en. Das Miteinander auf Augenhöhe bekam eine ganz neue Bedeutung und ist nicht mehr wegzudenken. Schnell wurde klar, dass die FuBs ebenso wie die Werkstätten und Wohnheime Sprachrohre haben sollten, die eine gemeinsame Meinung der Internen Kund(inn)en transportieren und sich für die Belange ihrer Kolleg(inn)en stark machen. Der FuB-Beirat wurde im April 2015 gemeinsam konzeptioniert und ins Leben gerufen.

Gehört werden, sich mitteilen können, wahrgenommen werden, mitentscheiden, sich für andere einsetzen und gestalten dürfen – dies sind zentrale Elemente im FuB-Beirat. Im Leitbild der GWW sind wesentliche Grundhaltungen und Werte beschrieben. Wir haben die Vision, dass gleichberechtigte Teilhabe am täglichen Leben für alle Menschen selbstverständlich wird und wir streben an, dass unsere Internen Kund(inn)en mit ihren Wünschen, ihrem Willen und ihren Fähigkeiten im Mittelpunkt unseres Handelns stehen. Der FuB-Beirat setzt hier konkret an, Inhalte des Leitbilds werden praktisch umgesetzt und machen Selbstwirksamkeit für die Internen Kund(inn)en im FuB möglich und erlebbar. Ein Vertrauen in die Stärken jedes Einzelnen ist hierfür wesentliche Grundhaltung. Eine Orientierung an den Ressourcen der Internen Kund(inn)en und nicht an ihren Defiziten ist Basis allen Vorgehens. Um allen Menschen in der GWW den Einbezug in alle Belange möglich zu machen, wird gleichberechtigte Teilhabe aktiv vorgelebt und es findet ein lebendiger Austausch auch über die GWW hinaus in den Sozialraum statt, um Inklusion erlebbar zu machen.

Diese Form der Öffentlichkeitsarbeit stellt eine der Aufgaben des FuB-Beirats dar. Als Beteiligungsform politischer Art engagieren sich die FuB-Beiräte im Teilhabebeirat und geben hier den Schwächsten eine Stimme. All dies lässt den FuB-Beirat zum besonderen Vorreitermodell für weitere Einrichtungen für Menschen mit hohem Hilfebedarf werden.

2   Über die Einrichtung

Die Gemeinnützigen Wohn- und Werkstätten (GWW) wurden 1973 gegründet. Die GWW hat es sich zur Aufgabe gemacht, für behinderte Menschen in Baden-Württemberg in den Landkreisen Böblingen und Calw Arbeits- und Wohnplätze in der für sie jeweils geeigneten Form zu schaffen und die notwendigen Hilfe- und Förderleistungen bereitzustellen. Diese Einrichtungen und Betreuungsleistungen stehen behinderten Menschen unabhängig davon zur Verfügung, ob die Behinderung überwiegend geistiger, körperlicher oder seelischer Natur ist. Die GWW ist eine gemeinnützig anerkannte Gesellschaft mit beschränkter Haftung. Sie betreut in über 20 Einrichtungen 1.350 Menschen mit Behinderung. Die Werkstätten der GWW sind nach § 252 SGB IX durch die Bundesagentur für Arbeit anerkannt.

Der Förder- und Betreuungsbereich (FuB) ist seit 1981 ein Angebot der GWW für erwachsene Menschen mit Behinderung, die aufgrund ihres individuellen Hilfebedarfs nicht, nicht mehr oder noch nicht in unseren Werkstätten arbeiten können. Nach den Bedürfnissen der Menschen mit Behinderung haben wir das Umfeld gestaltet: Betreuungsräume mit kleinen überschaubaren Gruppen und ein speziell geschultes Personal sind die Grundlage für unsere Betreuungsleistungen.

Mit diesem Angebot wollen wir Angehörige und gesetzliche Betreuer(innen) unterstützen und Menschen mit Behinderung die Teilhabe an der Gesellschaft ermöglichen. Hierzu unterbreiten wir in unmittelbarer Nähe der Werkstätten ein umfassendes Tagesangebot.

In der GWW gibt es an vier Standorten für Menschen mit hohem Hilfebedarf Förder- und Betreuungsbereiche: die Standorte Sindelfingen (52 Plätze) und Herrenberg (40 Plätze) sind im Landkreis Böblingen verortet, die Standorte Calw (38 Plätze) und Nagold (24 Plätze) gehören zum Landkreis Calw.

Über die gesetzlichen Vorgaben eines Werkstattrats nach § 1 Abschnitt 1 der Werkstätten-Mitwirkungsverordnung (WMVO) und eines Heimbeirats nach § 1 der Heimmitwirkungsverordnung (HeimmwV) hinaus wird in der GWW von den Internen Kund(inn)en auch ein Selbstvertretungsgremium für den Förder- und Betreuungsbereich gewählt. Die Rechte und Pflichten des Beirats wurden in einer eigenen Satzung festgehalten und von den Beiräten und der Geschäftsführung unterzeichnet. Um dieses besondere Selbstvertretungsgremium ins Leben zu bringen, wurde ein dreijähriges GWW-Projekt auf die Füße gestellt (03/2015–03/2018)[1]. Eine Fachkraft

---

1   Unterstützt duch das Ministerium für Soziales und Integration Baden-Württemberg

und Assistenzkräfte der FuB-Standorte unterstützten die Internen Kund(inn)en bei der Konzeptionierung und Erstellung des Gremiums. Inzwischen ist der FuB-Beirat fest etabliert und in interne Abläufe und externe Netzwerke und Gremien eingebunden.

Abb. 1: Eröffnungssitzung des FuB-Beirats. Foto: Steffen Müller (GWW)

3　Vorbereitung

Zu Beginn des Projekts im April 2015 wurde eine Projektfachkraft in Teilzeit mit einem Stellenumfang von 30 % eingestellt. Der Kontakt zu den bereits bestehenden Selbstvertretungsgremien der GWW wurde gesucht. Es fand ein Erfahrungsaustausch mit den Vertrauenspersonen und den Räten des Werkstattrats und des Heimbeirats statt.

Die Idee des neuen Beirats für den FuB wurde allen FuB-Teilnehmer(inne)n sowie dem Personal vorgestellt. Vorerst wurde ein grundsätzliches Interesse aller Internen Kund(inn)en des FuB am neuen Gremium abgefragt. Später sollte entschieden werden, wie viele Menschen mit hohem Hilfebedarf aus dem FuB am Selbstvertretungsgremium teilnehmen sollen. Erfreulicherweise hatte eine Anzahl von 12 FuB-Teilnehmer(inne)n Interesse, als Beirat mitzuwirken. Die Interessent(inn)en wurden zunächst in ihrem Amt »ernannt«. Es stand bereits zu diesem Zeitpunkt fest, dass später Wahlen folgen und in regelmäßigen Abständen parallel zu den Wahlperioden der anderen Selbstvertretungsgremien der GWW etabliert werden sollten.

Anschließend wurden die Ziele für das erste Jahr in einem Meilensteinplan festgehalten. Hier ging es vor allem um Ziele wie die Festlegung der Funktionen und Rechte, die Bildung eines Kompetenzteams aus Assistenzkräften mit regelmäßigen Treffen, die Information der Angehörigen, die Zusammenarbeit mit dem Werkstattrat, das Abhalten von FuB-Beiratssitzungen usw.

Um das Projekt zu finanzieren, wurden Förderanträge gestellt. Es erfolgte eine Förderung durch den Kommunalverband für Jugend und Soziales Baden-Württemberg für ein neues Projektvorhaben »Jetzt sprechen wir selbst – politische Teilhabe für die Schwächsten«. Die restlichen Ausgaben wurden durch Eigenmittel finanziert. Zu den Aufwendungen gehörten in erster Linie Personalkosten der Projektfachkraft sowie Fahrtkosten und Sachausgaben. Zu den Sachausgaben gehörte auch die Anschaffung von fünf Tablet-PC, die mit geeigneter Schutzhülle und Software ausgestattet als Kommunikationsmittel der FuB-Beiräte untereinander dienen. Der Grund für die Anschaffung war, dass bei den meisten FuB-Beiräten eine hohe sprachliche Barriere durch geistige und körperliche Beeinträchtigungen besteht. Die Tablet-PC erleichtern den Beiräten den Kontakt untereinander, auch in eine andere Region.

Nach der Fertigstellung des Projektantrags, des Meilenstein- und des Budgetplans erfolgte die Kick-Off-Veranstaltung. Die FuB-Beiräte wurden in ihrem neuen Amt begrüßt und es wurden gemeinsame Ziele besprochen. Die FuB-Beiräte bekamen auch die Aufgabe, eine Umfrage zu dem Thema »Bedarf an Arbeit« zu starten. Sie sollten in ihrem Standort bei allen FuB-Teilnehmer(inne)n das Interesse an Arbeit aus der Werkstatt abfragen.

4   Kommunikation

Bei nahezu allen Teilnehmer(inne)n der FuB liegt durch die geistige und/oder körperliche Beeinträchtigung eine hohe sprachliche Einschränkung vor. Grundsätzlich wird viel über Symbole kommuniziert. An den Türen und Schränken befinden sich Bilder oder Fotografien, welche den Inhalt wiedergeben. Farbige Pfeile markieren die Wege und Gruppenräume im FuB. Jeden Morgen wird der Tagesablauf anhand von Bildkarten strukturiert und besprochen. Einige der Teilnehmer(innen) besitzen bereits einen elektronischen Talker, welcher über eine Touchfunktion oder sogar Augensteuerung bedient werden kann. Um den FuB-Beiräten die Kommunikation untereinander zu gewährleisten, hat die GWW fünf Tablet-PCs mit geeigneter Software angeschafft. Diese Tablets wurden mit einer wasserfesten und stoßfesten Schutzhülle versehen. Mit Hilfe dieser Talker haben die FuB-Beiräte die Möglichkeit, auch überregional miteinander in Kontakt zu stehen. Sie können E-Mails schreiben, Videoanrufe tätigen und mittels Symbolsprache kommunizieren. Ein eigener Datentarif macht die Tablet-PCs vom Netzwerk unabhängig und ermöglicht zudem auch außerhalb, z. B. auf Ausflügen oder bei Sitzungen in anderen Gebäuden Zugang zum Internet zu gewährleisten. Außerdem haben die FuB-Beiräte die Möglichkeit, ihre Beiträge oder Vorträge zu bestimmten Themen im Vorfeld aufzunehmen bzw. vorzubereiten. Die Einladungen für Sitzungen und die Protokolle werden in einfacher Sprache bzw. Symbolsprache verschickt. Die Assistent(inn)en in den Regionen wurden im Umgang mit dem Talker als Kommunikationsmittel geschult. Der FuB-Beirat ist im Moment dabei, an jedem Standort Talkertrainings für die Internen Kund(inn)en der FuB und der Werkstätten zu etablieren, um die Kommunikationsfähigkeiten der Internen Kund(inn)en voranzutreiben und regelmäßig zu üben.

Eine Schwierigkeit in der Nutzung der Tablet-PCs liegt in der Bedienung. Nicht allen FuB-Teilnehmer(inne)n gelingt durch ihre Beeinträchtigungen die sichere Handhabung. Hilfseinstellungen im Programm der Tablets und individuelle Hilfsmittel wie z. B. Helme mit Zeigestöcken erleichtern die Bedienung der Geräte. Ein Nachteil ist, dass sich Berichte oder Vorträge sehr gut vorbereiten lassen, ein spontaner sprachlicher Austausch durch lange und aufwendige Eingabezeiten allerdings schwierig ist.

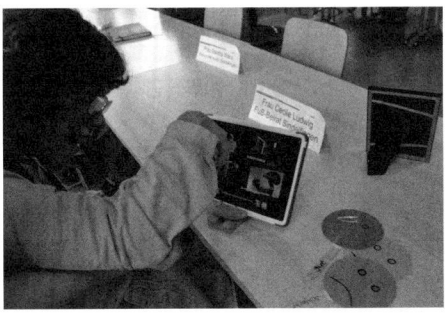

Spezielle Programme bringen das Geschriebene auf den Tablets in Sprache und ersetzen so für einige Interne Kund(inn)en die Stimme. Allerdings hängt bei der Anwendung der Tablets viel nicht nur von der Funktionalität der Hände ab, sondern natürlich auch von der Fähigkeit, Symbole verstehen, lesen und schreiben zu können.

Abb. 2: Unterstützte Kommunikation mit dem Tablet.
Foto: Kerstin Klapper-Ecevit (GWW)

5   Erfolge

Der sicherlich größte Erfolg für das Projekt »FuB-Beirat« war die Teilnahme am Mit-MenschPreis 2016. Es haben bundesweit 76 soziale Projekte teilgenommen. Das Projekt »FuB-Beirat« war eines der fünf Gewinner. Dies war für den FuB-Beirat sehr überraschend und äußerst motivierend, den Weg weiterzugehen und die Konzeption konsequent umzusetzen. Ein sehr spannendes Erlebnis wurde im Rahmen der Prämierung durch den MitMenschPreis der Dreh eines Kurzfilms über das Projekt. Die FuB-Beiräte wurden von Anfang an in die Planung mit einbezogen. Ergebnis des Drehs ist ein Kurzfilm, der die Tätigkeiten des FuB-Beirats widerspiegelt und deutlich macht, wie wichtig er nicht nur für die Internen Kund(inn)en selbst, sondern auch für die Personalkräfte, die gesamte GWW, aber auch für Angehörige und externe Netzwerke geworden ist.

Neben dem MitMenschPreis hatten die FuB-Beiräte immer wieder Gelegenheit, ihren Beirat auf Veranstaltungen, wie z. B. 2017 auf der Werkstättenmesse oder der Landesgartenschau in Bad Herrenalb vorzustellen.

Ein weiterer Erfolg ist die Teilnahme am Teilhabebeirat des Landkreises Böblingen: »Es sollte ein Gremium behinderter Menschen geben, die zu den Themen, in denen über sie geredet und beschlossen wird, auch selbst zu Wort kommen. Diesem Arbeitskreis sollen Menschen mit Behinderung aus dem gesamten Landkreis angehören und natürlich müssten hier auch die Interessen von Menschen mit hohem Hilfebedarf, die nicht für sich sprechen können, vertreten sein. Ziel könnte es sein, einen Beirat von Menschen mit Behinderung zu berufen, der die Anliegen behinderter Menschen formuliert, ihre Interessen wahrnimmt, Projekte initiiert etc.« (Teilhabeplan 2007 zit. n. Landkreis Böblingen 2015)

Der Teilhabebeirat in Böblingen besteht nun seit zehn Jahren. Bisher wurden die Menschen aus den FuB des Landkreises durch eine nichtbehinderte Fürsprecherin vertreten. Die GWW hat mit dem neu gegründeten FuB-Beirat angeregt, dass Menschen mit hohem Hilfebedarf für sich selbst sprechen können. In der Kooperation mit zwei weiteren Einrichtungen der Eingliederungshilfe im Landkreis Böblingen, die ebenfalls FuBs betreiben, wurden zwei FuB-Beiräte der GWW für die Vertretung im Teilhabebeirat zunächst im Rahmen eines Gaststatus bestimmt. Nach einem erfolgreichen Probejahr werden ab 2018 nun die Teilnehmer(innen) des FuB-Beirats als fester Bestandteil ins Gremium aufgenommen. Die FuB-Beiräte haben so die Möglichkeit, sich auch über die eigene Einrichtung hinaus sozialpolitisch zu engagieren und bei wichtigen Entscheidungen im Landkreis mitbestimmen zu können.

6   Satzung

Nach einem ersten erfolgreichen Jahr FuB-Beirat und dem großen Interesse und Wirkungsgrad des Gremiums war schnell klar, dass die Belange analog der weiteren Selbstvertretungsgremien der GWW klar festgelegt und geregelt werden müssen. Es sollte gemeinsam eine Satzung erstellt und verabschiedet werden, welche die Rechte und Aufgaben des FuB-Beirats beschreibt und regelt. Diese Satzung wurde an die vorliegende Satzung des Werkstatt- und Heimbeirats angeglichen. Demnach stellt der FuB-Beirat

> »die Interessenvertretung der Internen Kunden in den Förder-und Betreuungsbereichen der GWW dar. Er gestaltet die Weiterentwicklung des Teilhabeprozesses Arbeit/Öffnung des FUB zum Arbeitsbereich und berufliche Bildung aktiv mit. Weiter setzt sich der FUB-Beirat mit aktuellen sozialpolitischen Themen und ihren Auswirkungen auf die FUB der GWW auseinander« (Auszug aus der Satzung FuB-Beirat).

Zur Zusammensetzung und Organisation des FuB-Beirats beschreibt die Satzung:

> »Pro Förder-und Betreuungsbereich werden zwei Interne Kunden als FUB-Beirat gewählt. Fällt ein FUB-Beirat aus (z. B. Krankheit), rückt als Ersatzmitglied derjenige auf, der bei der Wahl die nächsthöhere Stimmenanzahl hatte« (Auszug aus der Satzung FuB-Beirat).

Die Satzung wurde von der Geschäftsführung und von allen FuB-Beiräten durch eine Unterschrift anerkannt und bestätigt. Außerdem wurde die Satzung zur allgemeinen Verständlichkeit in leichte Sprache übersetzt und mit Symbolen versehen. Zwei FuB-Beiräte stellten sich als Prüfgruppe zur Verfügung und stellten so die Verständlichkeit der Übersetzung sicher.

7   Aufgaben des FuB-Beirats

Der FuB-Beirat stellt die Interessenvertretung der Teilnehmer(innen) in den Förder- und Betreuungsbereichen der GWW dar. Er ist maßgeblich an der Weiterentwicklung des Teilhabeprozesses Arbeit/Öffnung des FuB zum Arbeitsbereich und berufliche Bildung beteiligt. Weiter setzt sich der FuB-Beirat mit aktuellen sozialpolitischen Themen und ihren Auswirkungen auf Menschen mit hohem Hilfebedarf auseinander. Der

FuB-Beirat nimmt regelmäßig an den monatlichen Sitzungen des Werkstattrats teil und berät diesen zu allen Belangen der Teilnehmer(innen) der FuBs.

In Abstimmung mit dem Werkstattrat nimmt der FuB-Beirat an Einstellungsgesprächen, die den FuB betreffen, beratend teil. Hierbei haben die FuB-Beiräte die Möglichkeit, dem jeweiligen Bewerber Fragen zu stellen. Im Anschluss an das Bewerbungsgespräch geben die FuB-Beiräte ihre Einschätzung zu dem oder der Bewerber(in) an die jeweilige Leitung der FuBs weiter. Findet eine Hospitation von Bewerber(inne)n in den FuB statt, begrüßen die FuB-Beiräte den Bewerber im Namen der Internen Kund(inn)en und führen ihn zu Beginn der Hospitation durch die jeweilige Einrichtung. Nach der Hospitation fragt der FuB-Beirat die Meinungen der Internen Kund(inn)en zum Bewerber ab und meldet diese an die jeweilige Leitung zurück.

Ebenso wird der FuB-Beirat an baulichen Veränderungen und Weiterentwicklungen der Förder-und Betreuungsbereiche beratend beteiligt. Mit allen anderen Beiratsgremien der GWW stimmt der FuB-Beirat in der jährlichen Gesamträtesitzung Schnittstellenthemen ab.

8   Wahlen

Die erste Wahl des FuB-Beirats im Mai 2017 war eine große logistische und kommunikative Herausforderung. Gewählt wurde überregional. Insgesamt werden laut Satzung »*Pro Förder- und Betreuungsbereich […] zwei Interne Kunden als FuB-Beirat gewählt*« (Auszug aus der Satzung FuB-Beirat).

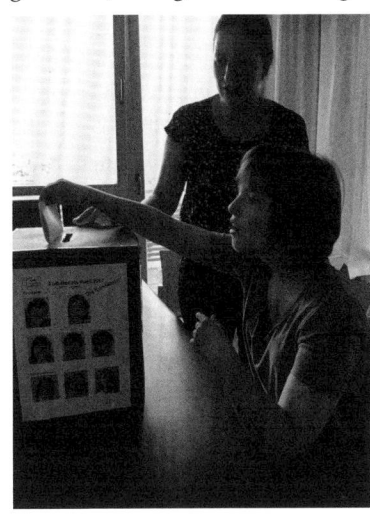

Abb. 3: Unterstützte Wahl des FuB-Beirats. Foto: Kerstin Klapper-Ecevit (GWW)

Jede(r) FuB-Teilnehmer(in) hatte zwei Stimmen, die er oder sie vergeben konnte. Im Vorfeld wurde abgefragt, wer sich für die Wahl als FuB-Beirat aufstellen lassen möchte. Es gab 20 Bewerber(innen). Alle Bewerber(innen) haben ein Video von sich aufgenommen, auf dem sie (bei Bedarf gestützt durch einen Talker) erklären, was ihre Ziele als FuB-Beiräte sind und weshalb sie gerne gewählt werden möchten. Diese Videos wurden anhand des Tablet PC allen Wahlberechtigten in den FuBs vorgestellt und zugänglich gemacht. Außerdem wurden von den Kandidat(inn)en selbst Wahlplakate und Flyer entworfen. Die Wahlen fanden geheim und ohne die Unterstützung der üblichen Assistenzkräfte statt. Dafür wurde eine externe Wahlvorständin beauftragt. Sie kannte als ehemalige Fachkraft der GWW die Belange von Menschen mit hohem Hilfebedarf gut und hatte keine Probleme mit der Kommunikation. Die Fotos der Kandidat(inn)en wurden großfor-

matig in DIN A5 ausgedruckt. Jede(r) Wähler(in) konnte nun im Zweierkontakt mit
der Wahlvorständin seine beiden Kandidat(inn)en anhand der Bildkarten auswählen.
Wenn die Aussage nicht eindeutig zu erkennen war, wurde die Wahl als ungültig er-
klärt, um das Ergebnis nicht zu verfälschen. Am Wahltag verhinderte oder durch die
Situation überforderte Interne Kund(inn)en in den FuBs konnten die Möglichkeit der
Briefwahl nutzen.

Insgesamt gab es eine Wahlbeteiligung von 75 %. Erfreulicherweise waren trotz knap-
pem Ausgang des Wahlergebnisses keine Stichwahlen notwendig. Die acht neu gewählten FuB-Beiräte wurden von der Wahlvorständin befragt, ob sie die Wahl annehmen möchten und in ihrem Amt begrüßt. Die nicht in den Beirat gewählten
Kandidat(inn)en bilden die Vertreter(innen), wobei auch hier in der Reihenfolge des
Nachrückens die Anzahl der erreichten Stimmen entscheidend ist.

9   Stolpersteine

Das wahrscheinlich größte Hindernis, das es zu überwinden galt und weiter gilt, war
und ist die große räumliche Distanz zwischen den FuB-Standorten der GWW. Alle
vier FuBs liegen zwischen 20 und 30 Kilometern voneinander entfernt. Dennoch war
und ist es sehr wichtig, dass die Beiräte sich untereinander gut kennen und in re-
gelmäßigem Austausch stehen. Zur Erleichterung des Kontakts wurden die bereits
erwähnten Tablet-PC's angeschafft, welche inzwischen zu einer selbstverständlichen
Austauschplattform geworden sind. Sitzungen finden Standort-rotierend statt, sodass
eine ausgewogene Mobilität gewährleistet ist. Im dritten Jahr des FuB-Beirats sind die
Beiräte sich untereinander vertraut und legen die Entfernungen ohne große Aufre-
gung und routiniert zurück. Trotz allem erfordert die räumliche Distanz ein erhöhtes
Maß an Aufmerksamkeit und logistischer Koordination der Assistenzkräfte, was die
Kontinuität in der Kommunikation und im persönlichen Austausch anbelangt.

Ein weiteres Problem war die anfängliche Skepsis der Sinnhaftigkeit eines FuB-Beirats für Menschen mit hohem Hilfebedarf, welche nicht nur von Personalkolleg(inn)en
und Angehörigen geäußert wurde, sondern z. B. auch von externen Personen aus dem
Teilhabebeirat. Die Bedenken waren der hohe personelle Aufwand der Assistenz, die
Vernachlässigung von Therapien oder anderen Angeboten, aber auch die mangelnde
Fähigkeit zur Kommunikation oder zur Übersicht der Themen. Ob die Beiräte sich
an das Niveau der anderen Beteiligten im Teilhabebeirat oder Werkstattrat anpassen
können? Die Vorurteile und Befürchtungen haben sich nicht bestätigt. Die Zusammenarbeit in den Gremien klappt außerordentlich gut. Was bleibt, ist ein erhöhter
Zeitaufwand in der Kommunikation, wenn Menschen mit hohem Hilfebedarf auf
kommunikative Hilfsmittel angewiesen sind und auf spezifische Themenlagen vorbereitet werden müssen. Hier stellt sich immer wieder die Frage des Preises im Aufwand,
gleichzeitig aber auch des Gewinns inklusiver Ansätze: Warum müssen sich Menschen

mit Behinderung an ein vorgegebenes Niveau anpassen, wenn Meinungen gleichberechtigt nebeneinander stehen sollen? Warum nicht umgekehrt? Die Entschleunigung der gemeinsamen Kommunikation zeigt sich an vielen Stellen als ungewohnt, aber außerordentlich sinnvoll, wenn Meinungen laut werden, die bisher ohne eigene Stimme nur interpretiert wurden. Und was an Meinungen auftauchte, war teilweise nicht nur erhellend, sondern geradezu verblüffend. So brachte beispielsweise ein stellvertretender FuB-Beirat mit einer Tetraplegie, der nicht sprachfähig ist, auf Nachfrage, was er als FuB-Beirat erreichen möchte, über seinen Computer zum Ausdruck, dass er es wichtig findet, dass junge Menschen erfahren, wie Menschen mit hohem Hilfebedarf leben. Seither lädt er als Botschafter Schulen ein und entführt verblüffte Schüler(innen) mit seiner Art der Kommunikation (Kniesteuerung eines Talkers) in den FuB-Alltag der GWW.

10   Wo wir heute stehen (Zusammenfassung)

Nach nun fast dreijährigem Bestehen ist der FuB-Beirat heute ein fest installiertes Gremium der GWW, das nicht mehr wegzudenken ist und bereits viele Anstöße gegeben und Dinge auf die Füße gestellt oder verändert hat. Es liegt eine eigene Satzung vor, die FuB-Beiräte wurden gewählt. Es besteht eine feste Absprache der Zusammenarbeit mit dem Werkstattrat. Der FuB-Beirat wird bei allen Themen, die den FuB betreffen, befragt und mit einbezogen. Für die FuB-Beiräte wurden Fortbildungen zur Stärkung in ihrem Amt entwickelt und geplant. Es besteht zudem ein Austausch mit FuBs aus anderen Werkstätten der Region. Zwei Teilnehmer(innen) des FuB-Beirats nehmen zusätzlich am Teilhabebeirat des Landkreis Böblingen teil. In einem neuen Projektvorhaben »Jetzt sprechen wir selbst – politische Teilhabe für die Schwächsten« – ging es vorrangig um die Stärkung der sozialpolitischen Teilhabe in beiden Landkreisen und den Kontakt zu Landkreisabgeordneten, um auf die besonderen Belange von Menschen mit hohem Hilfebedarf aufmerksam zu machen. Der FuB-Beirat wird im nächsten Jahr auf Wunsch der Internen Kund(inn)en in den FuBs schwerpunktmäßig an der Etablierung von Neigungsgruppen in den FuBs zur Durchführung sinnstiftender Tätigkeiten sowie der Akquise von Aufträgen für sinnstiftende Tätigkeiten durch Firmen, Kirchengemeinden, Vereine und Privatpersonen beteiligt sein.

Literatur

Landkreis Böblingen (2015): Geschäftsordnung des Teilhabe-Beirates im Landkreis Böblingen, https://www.lrabb.de/site/LRA-BB-Desktop/get/params_E-923362984/10848237/2015-02-02%20Gesch%C3%A4ftsordnung%20Stand%2011%2011%2014.pdf (12.01.2018)

Jörg Markowski

»Nicht ohne mich über mich« – Selbst- und Mitbestimmung in der Macherei

Überblick

Partizipationsmöglichkeiten von Menschen mit Beeinträchtigungen, vor allem von Menschen mit hohen Unterstützungsbedarfen, sind systemisch massiv begrenzt, u. a. in den Bereichen der (beruflichen) Bildung und Arbeit. Dies verdeutlicht sich in den Zugangsvoraussetzungen auch zur Macherei, dem Beschäftigungs- und Bildungsangebot der Ev. Johannesstift Behindertenhilfe gGmbH, die sich vor allem ex negativo aus Nicht-Zugangsmöglichkeiten zu alternativen Bildungs- und Arbeitsmöglichkeiten ergeben. Gelebte Selbstbestimmung der Macher(innen) bezogen auf Beschäftigungszeit, -inhalte und -ziele und gelebte Mitbestimmung bei der Entwicklung der Organisation zeigen, dass Partizipation gewollt, unter entsprechenden Voraussetzungen möglich und im Werden ist.

1 Was heißt Partizipation?

In ihrer Erzählung *Beobachterin* beschreibt Marina Liebsch eine alltägliche Szene aus der Perspektive der Ich-Erzählerin, einer Frau ohne verbal-sprachliche Möglichkeiten und ohne Möglichkeiten, ihren Rollstuhl eigenständig zu bewegen (vgl. Liebsch 2015, 142 f.). Die Ich-Erzählerin beobachtet das hektische Hin und Her in der Küche und reflektiert über das andere Verhältnis der »Läufer« zur Zeit und ihre daraus resultierende Blindheit für das Naheliegende und Schöne. Damit mehr Platz zum Laufen ist, wird sie in die Ecke geschoben, blickt nun auf eine kahle Wand, der Blick in die Küche und aus dem Fenster ist verhindert. Um mit ihrem Ärger umzugehen und der Ödnis zu entgehen, phantasiert sie sich zum Meer und entspannt. Mit einer neuerlichen Positionsveränderung wird sie auch aus dieser Fantasie bugsiert, nun aus »Fürsorge«: Gemäß der Einschätzung von Claudia mag sie die Sonne nicht, was ihr, wie so vieles, das sie in Gesprächen über sich erfährt, ganz neu ist. Schließlich, nach einer dritten Positionsveränderung, hat sie wieder den Blick in die Küche und aus dem Fenster und sieht, dass die Suppe überkocht. Sie versucht darauf aufmerksam zu machen, wird von Claudia jedoch nicht verstanden. Sie vermutet Frieren und die Ich-Erzählerin wird in eine Decke gewickelt. Als Reaktion auf ihr Nein, vermittelt durch die Kopfdrehung nach links, vermutet Claudia Durst. Noch ehe sie erneut Nein zeigen kann, hat sie die Schnabeltasse im Mund, schließlich geht Claudia von Hunger aus und die Ich-Erzählerin gibt lächelnd auf. Claudia wird über den sich nun verbreitenden Geruch auf die überkochende Suppe aufmerksam, die Ich-Erzählerin lächelt, vertieft sich in die Beobachtung der Natur vor dem Fenster und freut sich über die verändernden Farben des Krokus im Sonnenuntergang. Sie versucht neuerlich erfolglos Claudia darauf aufmerksam zu machen und fantasiert sich schließlich wieder ans Meer, »aber leider ohne Claudia« (ebd. 143).

Die Erzählung gibt wichtige Antworten auf die Frage nach dem, was Partizipation ist, was sie ausmacht und welche Voraussetzungen sie hat:

- Wir wissen nicht, ob gewollt oder nicht: Die Ich-Erzählerin ist Teil der Situation. Sie hat auf ihre Weise teil, beteiligt sich, indem sie beobachtet, reflektiert, kontempliert, fantasiert, kommuniziert. Teilhabe findet damit immer schon statt, Form und Qualität sind subjektiv, wenngleich abhängig von objektiven Rahmenbedingungen der Situation.

- Partizipation geht über Teilhabe hinaus. Entsprechend ist »participation« der Leitbegriff der UN-BRK. Sie impliziert die selbstbestimmte Entscheidung, zumindest die Beteiligung an der Entscheidung/Mitbestimmung über die Gestaltung auch der Rahmenbedingungen der Situation, in der sich Teilhabe realisiert. Von diesen Entscheidungen ist die Ich-Erzählerin ausgeschlossen. Sie wird ohne Absprache im Raum positioniert, von den einen mit dem Ziel, eine Barriere aus dem Weg zu räumen, von Claudia fürsorglich im Rekurs auf unhinterfragtes Vor-/Expert(inn)enwissen. Die Kommunikationsversuche der Ich-Erzählerin scheitern, da sie m. E. auf körperliche Bedürfnisse reduziert wird, die zu befriedigen Claudia als ihre zentrale Aufgabe erkennt: Ihre Hinweise auf die überkochende Suppe/die konkrete (geteilte) Situation werden durchgängig missverstanden als Hinweise auf körperliche Bedürfnisse. Teil-Sein/Beteiligt-Sein wird der Ich-Erzählerin tendenziell abgesprochen.

- Voraussetzungen für Partizipation und Teilhabe sind das Zutrauen/Wissen, dass die/der Andere Teil der Situation ist, Zeit für Kommunikation, der Wille zur Verständigung und zum Verstehen, intensive Beobachtung, deren Meisterin die Ich-Erzählerin ist, Empathie und die Entwicklung eines gemeinsamen (Verstehens-) Horizonts, gegebenenfalls durch die Entwicklung von Methoden zum Abbau von Kommunikationsbarrieren. Gelingend ist Teilhabe dann, wenn die Form selbstbestimmt und Teilhabe gegenseitig ist, die Situation geteilt wird.

- Diese misslingt der Ich-Erzählerin und Claudia, sie gelingt hingegen Marina Liebsch, der Autorin der Erzählung, die – für diese Information hat sie ihr Einverständnis gegeben – der Ich-Erzählerin entsprechend neben einer ausgeprägten Mimik die Möglichkeit hat, Ja/Nein durch Kopfbewegung mitzuteilen. Sie hat ihre Geschichten. In den von Nelli Elkind geleiteten, methodisch vielfältigen literarischen Projekten der Macherei werden mit Hilfe von Fragen, die sich aus ihren Ja/Nein-Antworten ergeben, das Gerüst der Geschichten, ihr Inhalt und schließlich jedes Wort erkennbar und ihre Erzählungen so für ihre Leser(innen) vernehmbar.

In einem umfänglichen und abstrakten Sinn meint Partizipation die

> »Teilnahme an und Einflussnahme auf Entwicklungen, die das eigene Leben betreffen, sowie die Teilhabe an den Ergebnissen dieser Entscheidungen – also an den Handlungsfeldern und Gütern der Gesellschaft, die für die Lebensführung wichtig sind« (Beck 2013, 7).

Sie realisiert sich in konkreten Situationen und Strukturen und hierin immer wieder neu. Zur Analyse ihrer unterschiedlichen Formen in Institutionen auch der Eingliederungshilfe ist neben der konkreten Situationsbeobachtung das Modell von Florence Fritz hilfreich, die sechs Stufen der Partizipation und ihre Voraussetzungen auf Seiten der Institution und der Klient(inn)en unterscheidet (vgl. Fritz 2015, 206). Auf dieses Modell wird bei der folgenden Darstellung der Partizipations-Realität der Macherei rekurriert.

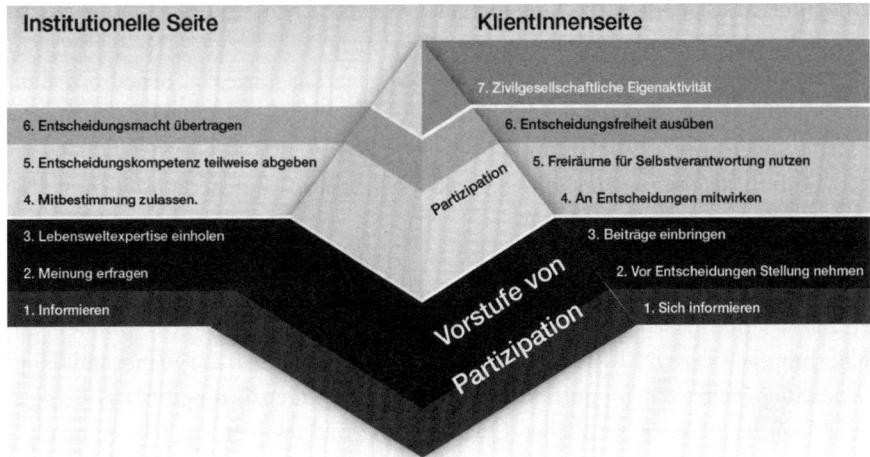

Abb. 1: Stufenmodell Partizipation (Darstellung Fritz 2015 in Anlehnung an Straßburger & Rieger 2014)

2 Die Macherei – ihre Rahmenbedingungen

Die Macherei ist das 2011 eröffnete Beschäftigungs- und Bildungsangebot der Ev. Johannesstift Behindertenhilfe gGmbH, angesiedelt in einem 850 qm großen, weitgehend barrierefrei zugänglichen und gut ausgestatteten Gebäude auf dem Stammgelände des Ev. Johannesstifts am Stadtrand von Berlin. Das Angebot wird aktuell von 50 multitalentierten Beschäftigten, 29 Frauen und 21 Männern zwischen 19 und 79 Jahren in Teilzeit genutzt, von denen 65 % seit frühester Kindheit mit ihrer kognitiven/motorischen und/oder Sinnes-Beeinträchtigung leben und 35 % diese im Lauf ihres Lebens erworben haben. Bei der Realisierung der sehr vielfältigen Teilhabewünsche in den Bereichen Beschäftigung und Bildung und bei der Erfüllung der Grundbedürfnisse (Hygiene, Ernährung) assistieren den Beschäftigten aktuell 20 Mitarbeitende ebenfalls in Teilzeit mit unterschiedlichen Professionen und Talenten, zusätzlich qualifiziert in den Bereichen »Handlungsorientierte Diagnostik und Therapie« nach Friederike Kolster und »Teilhabeorientierte Konzeption« (TOK), ein verpflichtendes Format für alle Mitarbeitenden der Behindertenhilfe gGmbH mit den Schwerpunkten UN-BRK, ICF, Personzentrierung nach Marlis Pörtner und Gewaltfreie Kommunikation nach Marshall Rosenberg. Tätig sind in der Macherei ebenfalls zahlreiche ehrenamtliche Unterstützer(innen) und Praktikant(inn)en.

Die Macherei entspricht dem seit 2011 gültigen berlinspezifischen Leistungstyp ABFB (Angebot zur Beschäftigung, Förderung und Betreuung). Er beschreibt ein Angebot für Erwachsene mit anerkannter Schwerbehinderung, die noch nicht, noch nicht wieder oder nicht mehr in den Werkstätten oder dem Allgemeinen Arbeitsmarkt beschäftigt sind. Die Leistungstypbeschreibung weist zahlreiche Parallelen zu jener der Förder- und Betreuungsbereiche (FUB) auf, mit zwei bedeutsamen Unterschieden: einer umfassenden Teilzeitregelung mit einer wöchentlichen Mindestanwesenheitszeit von sechs Stunden und ohne Altersgrenze nach oben.

Die Leistung wird finanziert über bedarfsbezogene Tagessätze, aus denen sich aktuell ein Schlüssel von durchschnittlich einer Assistentin oder einem Assistenten für vier Macher(innen) ergibt. Wie in den FUB (außerhalb von NRW) ist das Beschäftigungsverhältnis für die Nutzer(innen) des Angebots nicht sozialversicherungspflichtig, ihre Beschäftigung wird nicht entlohnt.

Es ist einerseits erfreulich, dass es diesen Leistungstyp gibt, der große Freiräume für eine personzentrierte Ausgestaltung der Leistung bietet. Zugleich ist und bleibt er Teil des massiv separierenden Systems der Eingliederungshilfe der Bundesrepublik. Entgegen der UN-BRK reduzieren sich in diesem System die Wahl- und damit Wunschmöglichkeiten proportional zum Grad des Unterstützungsbedarfs bezogen auf Möglichkeiten der beruflichen Qualifizierung/Bildung, der Zugänge zum Allgemeinen Arbeitsmarkt, der Auswahl von Berufsfeldern, Arbeitszeitmodellen, Aufstiegs- und Ausstiegschancen. Der Ausschluss aus allen anderen Arbeits-/Beschäftigungs- und Bildungssystemen ist gleichbedeutend mit den im Leistungstyp beschriebenen Zugangsvoraussetzung: noch *nicht,* noch *nicht* wieder, *nicht* mehr Allgemeiner Arbeitsmarkt Arbeitsmarkt/Berufsschule/Hochschule/Eingangsverfahren/WfbM/Zuverdienst/usw. in manchen Auslegungen der Kostenträger selbst FUB.

Der Ausschluss von alternativen Teilhabemöglichkeiten ist damit Voraussetzung dieses Teilhabe-Angebots. Dieser Ausschluss ist in den seltensten Fällen selbst gewählt oder mitbestimmt, ist vielmehr in aller Regel bestimmt nach begrenzt transparenten Kriterien und systemisch gemacht, womit die Erfahrung der Nicht-Partizipation, der Nicht-Teilnahme an und Nicht-Einflussnahme auch mangels Wahlmöglichkeiten auf Entscheidungen und Entwicklungen, die das eigene Leben zumindest in den Bereichen Beschäftigung und Bildung betreffen, eine objektive, in unterschiedlichem Grad bewusste Erfahrung der Macher(innen) ist. Der Ausschluss hat massive Konsequenzen für das Leben. Es ist der (zumindest temporäre) Ausschluss von Arbeitswelt – das, was in der Macherei getan wird, soll zumindest gemäß den Senatsvorgaben für die Konzeption nicht Arbeit, das was hergestellt wird, nicht Produkt, die Menschen mit denen man zusammenarbeitet, nicht Kolleg(inn)en heißen. Eine wirtschaftlich verwertbare Leistungsfähigkeit ist abgesprochen.

Der Ausschluss aus dem System der Erwerbsarbeit bedingt die starke Reduktion von Chancen, ökonomisches, kulturelles und soziales Kapital zu akkumulieren. Karrierechancen sind im aktuellen System minimal, die beruflichen Perspektiven mit einem

Wechsel auf den Allgemeinen Arbeitsmarkt oder in eine WfbM nur für die wenigsten realistisch und, zumindest bezogen auf die WfbM, für einige nur begrenzt attraktiv. Selbst die Wahlmöglichkeiten zwischen den FUB/ABFB-Angebote sind massiv eingeschränkt, sowohl begründet in der u. a. zur Reduzierung von Fahrtkosten geforderten Wohnortnähe, wie auch im Mangel an Plätzen in den Angeboten selbst, vor allem für jene Menschen mit besonders hohem pflege- oder verhaltensbedingten Unterstützungsbedarf.

Neben den (negativen) Zugangsvoraussetzungen durch den Leistungsträger gibt es zusätzliche konzeptionelle Zugangsvoraussetzungen der Macherei:

- hinreichend räumliche Bedingungen – aktuell z. B. gibt es keine Möglichkeit, weiteren Personen einen Platz anzubieten, die Pflege im Liegen benötigen
- bedarfsgerechte Kostenübernahme
- passendes Setting, überprüft von Assistent(inn)enteam und Bewerber(inne)n während des mindestens fünftägigen Praktikums
- ein »Ich will hier erstmal/bis auf Weiteres hier einer Beschäftigung nachgehen« der Bewerberin/des Bewerbers, verbal artikuliert oder, bei nicht verständlichen kommunikativen Möglichkeiten, im Austausch mit dem erweiterten Unterstützerkreis aus Beobachtungen geschlossen.

3 Partizipation in der Macherei

Im exklusiven und separierten System der Macherei selbst soll es so viel Partizipation wie möglich geben. Ausgehend von den Erfahrungen in der Vorläufereinrichtung SpagArt ist die Macherei seit sechs Jahren auf dem Weg. Dargestellt wird im Folgenden der Status quo der Partizipation der Macher(innen) bezogen auf Zeit, Inhalte, Ziele und Organisationsentwicklung.

3.1 Selbstbestimmung/Entscheidungsmacht über die (Beschäftigungs-)Zeit

Das nach dem Praktikum abgefragte »Ich will« wird regelmäßig überprüft – es bildet die zentrale Voraussetzung für die Teilnahme am Angebot. Es beinhaltet die Entscheidung, ob Lebenszeit hier, in einem nicht-entlohnten Beschäftigungsverhältnis, verbracht werden will, die für manche Beschäftigte aufgrund progredienter Erkrankungen deutlich erfahrbar begrenzt ist. Dieses »Ich will« ist zum Teil auch dem Mangel an erlebbaren Alternativen geschuldet – um es zu qualifizieren, braucht es Informationen zu bereits bestehenden Alternativen und die Chance, diese zu erleben, was bislang nur in begrenztem Umfang gelingt.[1]

---

1   In diesem Jahr hat eine Teilnehmerin in eine WfbM gewechselt, eine andere, forciert durch den Kostenträger, in einen FUB, eine dritte in eine Tagesförderstätte, die ihr einen für sie interessanteren Beschäftigungsplatz im Computerbereich anbieten konnte. Zwei Teilnehmerinnen über 60 nutzen zwischenzeitlich ausschließlich die nicht-arbeitsweltorientierten Freizeit- und Bildungsangebote im

Bei grundsätzlichem »Ja« bestimmen die Macher(innen) als Expert(inn)en ihrer selbst ressourcenorientiert ihre konkrete Beschäftigungszeit im Rahmen des in der Leistungsbeschreibung festgelegten Korridors (6 bis 40 Stunden/Woche).

Können die Ressourcen von Macher(inne)n nicht selbst artikuliert werden, wird auf Beobachtungen in der Macherei und im häuslichen Umfeld rekurriert, um sicherzustellen, dass ausreichend Energie für das Leben außerhalb der Macherei bleibt.

Die Macher(innen) bestimmen ebenfalls selbst, wie sie die vereinbarte Zeit unter Berücksichtigung der Zeitkorridore im Tagesablauf über die Wochentage verteilen. Für Macher(innen), die zeitlich nicht oder nur sehr begrenzt orientiert sind, erfolgt die zeitliche Einteilung in Absprache mit dem erweiterten Unterstützerkreis. Die getroffenen Absprachen sind verbindlich. Sie können unterjährig auf Antrag verändert werden und werden im einmal jährlich stattfindenden Perspektivgespräch überprüft. Die vereinbarten Zeiten erscheinen im individuellen Wochenplan der Macher(innen) (s. u.).

Voraussetzungen für die an die an gängige Verhältnisse der Arbeitswelt angepasste Entscheidungsfreiheit zum Beschäftigungsumfang sind

* die Teilzeitregelung der Leistungstypbeschreibung,
* die konsequente organisatorische und finanzielle Trennung von Wohnen und Beschäftigung,
* das sich bestätigende Wissen darum, dass auch Erwachsene mit Beeinträchtigung ihre Ressourcen sehr gut einschätzen und selbst entscheiden können, wofür sie sie einsetzen, sie sich zudem ebenfalls lieber zuhause als am Beschäftigungsort erholen.

Die Konsequenz ist eine personzentrierte Dienstplangestaltung mit fast ausschließlich Teilzeitarbeitsplätzen der Assistent(inn)en.

3.2   Selbstbestimmung/Entscheidungsmacht über (Beschäftigungs-)Inhalte und Mitwirkung bei ihrer Weiterentwicklung

Die Interessen und Talente der 50 Macher(innen) sind vielfältig. Um diesen Interessen zu entsprechen und zugleich zentrale Bereiche von Arbeitswelt mikrokosmisch abzubilden, gibt es eine breite Palette von Beschäftigungs- und Bildungsangeboten. Ein Mal pro Monat wählen die Macher(innen) die sie interessierenden Angebote aus, die sich dann im nächsten Monat im individuellen Wochenplan finden. Für Macher(innen), deren Ja und Nein dem Assistent(inn)enteam nicht verständlich ist,

---

Kontext des neu implementierten Senior(inn)enprojekts. Drei Beschäftigte sehen ihre Perspektiven auf dem Allgemeinen Arbeitsmarkt – ihr Versuch, hier im Rahmen des mit EU-Mitteln geförderten Projekts Kompetenzzentrums Spandau inklusiv (KoSi), an dem sich die Macherei beteiligt hat, über Coaching, unterstützte Praktika und eine Infokampagne für Unternehmer(innen), Zugang zu finden, waren jedoch erfolglos. Es ist zu hoffen, dass sich im Kontext der Realisierung des BTHG für diese Personen neue Perspektiven öffnen. Im Projekt »Tapetenwechsel« wird der Sozialraum erobert, in dem Alternativen erlebbar werden, ein ToDo besteht darin, stärker mit FUBen und Werkstätten zu kooperieren, um Praktika zu eröffnen und Wahlmöglichkeiten zu erweitern.

erfolgt die Auswahl stellvertretend: Aus den zusammengetragenen Beobachtungen in den verschiedenen Angeboten wird interpretiert, an welchen Angeboten die Person Interesse zeigt und/oder wo sie sich wohl fühlt.

Die Auswahl ist verbindlich für einen Monat. Die Palette der Angebote ist nicht dauerhaft festgeschrieben, sie entwickelt sich weiter durch Angebotsvorschläge der Assistent(inn)en oder Angebotswünsche der Beschäftigten. Eine Gelegenheit, neue Angebotswünsche zu benennen, ist die monatlich stattfindende Teilnehmer(innen)-vollversammlung (s. u.). Sie ist auch der Ort, an dem Assistent(inn)en neue Angebote vorschlagen. Voraussetzung für das Zustandekommen eines neuen Angebots ist, dass es mindestens vier interessierte Macher(innen) gibt und eine(n) Assistent(in), die/der Kapazitäten und Kompetenzen hat, das gewünschte/vorgeschlagene Angebot zu realisieren.

Das System erfordert einen hohen logistischen Aufwand – die individuellen Beschäftigungszeiten werden monatlich neu kombiniert mit den Ergebnissen der Angebotsauswahl und den Dienstplänen. Das Ergebnis der Kombination sind die individuellen Wochenpläne der Beschäftigten und der Wochenplan der Macherei.

Aus dem System der Angebotsauswahl folgt, dass es keine festen Gruppen gibt. Die Macher(innen) finden sich interessenorientiert zusammen in den individuell gewählten Angeboten und den diesen Angeboten zugeordneten Räumen.

Dies setzt Flexibilität bei den Macher(inne)n voraus – inwieweit sie als Gewinn oder Belastung erlebt wird, ist ein bedeutsames Kriterium der Praktikumsbewertung. Weitere Voraussetzungen für das Funktionieren des Systems sind

- die Flexibilität des Assistent(inn)enteams
- die dort versammelten vielfältigen Talente und Kompetenzen bezogen auf die Inhalte der Angebote
- die hohen Kompetenzen der Assistent(inn)en beim Abbau von Barrieren in den einzelnen Angeboten, um möglichst allen Beschäftigten Teilhabe in der gewünschten Form zu ermöglichen
- eine funktionierende Kommunikation, damit alle über sich verändernde Bedarfe der Macher(innen) informiert sind in täglichen Besprechungen, wöchentlichen Teamberatungen und Supervisionen im Sechs- bis Acht-Wochen-Rhythmus
- eine intensive Einarbeitung neuer Assistent(inn)en, in der sie sich vertraut machen mit den Kompetenzen, Bedürfnissen und Bedarfen aller Macher(innen).

Ein großer Vorteil des Systems besteht darin, dass es von den Kund(inn)en jeden Monat neu evaluiert wird – nur das Gewählte, d. h. nur was attraktiv ist, findet statt. Das System entwickelt sich zudem partizipativ und kund(inn)enorientiert weiter: die Beschäftigten können in den einzelnen Angeboten direkt Feedback geben, geben Feedback durch die (Nicht-)Wahl von Angeboten, evaluieren die gewählten Angebote in den Perspektivgesprächen und können Vorschläge zur Weiterentwicklung in der Vollversammlung einbringen. Zu konzeptionell geplanten Erweiterungen finden

Workshops statt.[2] Eine anonymisierte Evaluation des Systems erfolgt in der Kund(in-n)enbefragung, die in diesem Jahr zum ersten Mal stattgefunden hat und im Zwei-Jahres-Rhythmus wiederholt wird. Diese hat gezeigt, dass es eine überwältigende Zustimmung zum System gibt.

Aktuell sind folgende Angebote wählbar

- Im Bereich Dienstleistung: Kochen, (Türkisch-)Backen, Gartenarbeit, Mitarbeit in der Gärtnerei, Suppenküche. In Planung: Blumendienst Hotel, Pausengestaltung Schule.
- Temporär und angedockt an das reguläre Programm trifft sich die Prüfgruppe Leicht Lesen bei Übersetzungsaufträgen, sind Macher(innen) für die Bezirksverwaltung unterwegs bei der Erhebung von Barrieren im Kontext des Projekts *spandau inklusiv,* gestalten Macher(innen), die sich zum Thema UN-BRK qualifiziert haben, als (Peer-)Trainer(innen) Workshops für Interessierte, gibt es einen Besuchsdienst und werden im Kontext des Projekts »Kultur leben« Umsonst-Tickets plus ehrenamtliche Unterstützer(innen) an interessierte erwerbsgeminderte Personen vermittelt.
- Im Bereich (Kunst-)Handwerk: Werken, Nähen, Stricken, Filzen, Weben, Keramik, Parfümherstellung und Schmuckdesign.
- Im Bereich Kommunikation und Bildung: Männer- und Frauengruppe, Spiele, Klatsch und Tratsch, Lachyoga, Zumba, Italienisch-, Englisch- und Spanischkurs, Stimmtraining, Beauty, Länderkunde, Computerkurs, Trommeln.
- Zusätzliche temporäre Schulungsangebote gibt es im Bereich Infektionsschutz, UN-BRK und Gewaltfreie Kommunikation, zudem sind die inklusiven Bildungsangebote der Lernerei, die am Abend in den Räumen der Macherei stattfinden, buchbar, hier u. a. der Umgang mit Beschwerden, Selbstverteidigung.
- Im Bereich Kunst: Literatur, inklusive der Möglichkeit, an exklusiven/inklusiven/internationalen Projekten zu partizipieren, Texte zu veröffentlichen und an Lesungen teilzunehmen; Musik; Malerei/Skulptur, inklusive der Möglichkeit, mit Arbeiten an exklusiven und inklusiven Ausstellungen teilzunehmen.
- In angebotsübergreifenden Projekten: Mitarbeit in Filmprojekten in den Bereichen Skriptentwicklung/Schauspiel/Requisite und Kostüm/Filmmusik; Mitarbeit in temporären Projekten, z. B. im Designprojekt in Kooperation mit der Hochschule Wismar mit dem Ziel der Mitgestaltung eines Hotels.
- In Bildungs- und Freizeitangeboten für Senior(inn)en: Biografiegruppe, Tanzcafé, Gesellschaftsspiel, Ausflüge.[3]

---

2 Im Jahr 2017 haben Workshops mit interessierten Macher(inne)n zu Form und Inhalt des Senior(inn)enangebots stattgefunden und zum Projekt »Tapetenwechsel«, das die Erschließung interessanter Beschäftigungsorte im Sozialraum zum Ziel hat.

3 Ein Einblick in die Produktpalette und diverse Projekte findet sich auf der Webseite der Macherei (vgl. Ev. Johannesstift o. J.).

3.3   Selbstbestimmung/Entscheidungsmacht über die (Lern- und Teilhabe-)Ziele

Mit Aufnahme der Beschäftigung vereinbaren die Macher(innen) Ziele. Diese werden in den jährlich stattfindenden Perspektivgesprächen, die inhaltlich an die Mitarbeiter(innen)gespräche angelehnt sind, im Kontext der umfassenden Überprüfung der Zufriedenheit mit der Beschäftigungs- und Betreuungssituation überprüft und weiterentwickelt.

Die Ziele sind so vielfältig wie die Macher(innen). Formuliert werden Teilhabeziele bezogen auf die Angebote, sehr konkrete Ziele bezogen auf die Herstellung einzelner Produkte, und auch umfassende Ziele bezogen auf berufliche Perspektiven. Für manche Macher(innen) ist die Situation im Gespräch zu abstrakt – sie entwickeln konkrete Ziele direkt im Angebot. Für Macher(innen), deren Ja und Nein nicht verständlich ist, werden Ziele in ihrem Beisein stellvertretend mit dem erweiterten Unterstützerkreis entwickelt.

Angebotsbezogene Ziele werden für die Angebote gelistet, damit sie nicht aus dem Blick geraten. In den Angeboten selbst wird jeweils nach Fertigstellung eines Produkts nach neuen konkreten Teilhabezielen gefragt, ebenso wie nach der gewünschten Assistenzform und dem gewünschten Assistenzumfang.

Dokumentiert wird die Zielerreichung für Macher(innen) mit großen Gedächtnisschwierigkeiten durch Fotodokumentation. In der Regel dokumentiert das fertige Produkt die Zielerreichung. Über seine Verwendung (Eigenbedarf, Geschenk, Verkauf durch die Macherei) entscheiden die Macher(innen).

In mit den Beschäftigten abgestimmten Informationsberichten wird der Kostenträger über Verlauf und neue Zielplanung regelmäßig informiert.

3.4   Mitwirkung/Mitbestimmung bei der Organisationsentwicklung

Die Vollversammlung ist zentraler Ort der Information, Mitwirkung und Mitbestimmung. Zu dieser werden alle mit Tagesordnung eingeladen. Sie ist gut besucht, viele Beschäftigte sind engagiert beteiligt, alle Anwesenden werden auch bei Abstimmungsfragen zu beteiligen versucht. Sie ist ein bedeutsames Gremium der Organisationsentwicklung, in dem neben der Angebotsentwicklung auch konzeptionelle Weiterentwicklungen Thema sind. Zu diesen finden in der Regel Workshops mit am Thema interessierten Macher(inne)n und Assistent(inn)en statt, die Erprobung erfolgt in Projekten. Aktuell wird in einem Projekt die Vollversammlung selbst qualifiziert. In einer Mitwirkungsordnung, die die bereits verabschiedete Hausordnung ergänzt, soll transparent beschrieben werden, in welchen Bereichen Information, Mitwirkung und Mitbestimmung erfolgen. Ein Vorschlag hierzu ist erarbeitet. Er sieht auch vor, dass die Macher(innen) Sprecher(innen) wählen, die die Vollversammlung bei Bedarf mit Assistenz moderieren, zuständig sind für die Sammlung von Themen, bei der Einstellung neuer Assistent(inn)en die Leitung beraten, Macher(innen) bei Schwierigkeiten beraten, bei Beschwerden unterstützen und die Macherei in übergreifenden Selbstvertretungsgremien vertreten. Der Vorschlag wird nun in Workshops diskutiert und dann der Vollversammlung zur Abstimmung vorgelegt.

4 Partizipation!

Partizipation verwirklicht sich auf Basis der personzentrierten Grundhaltung durch Ernstnehmen-Zutrauen-Verstehen.[4] Sie benötigt Zeit und kreative Strategien zum Abbau von Barrieren. Sie hat inkludierende Kommunikationsmuster zur Voraussetzung, in denen mit und nicht über Kund(inn)en geredet wird, in denen deren eigeninitiierte Redebeiträge aufgegriffen werden und diese als relevant und maßgeblich gesetzt sind (vgl. Hitzler & Messmer 2016, 189). Durch die Erlebbarkeit von Selbstwirksamkeit, soziale Anerkennung und ein daraus gesteigertes Selbstwertgefühl ist Partizipation ein bedeutsamer Motor von Empowerment. Sie ist stressmindernd und gesundheitsförderlich (vgl. Lux, M. 2007, 130 ff.), ist Motor für die mit- und voneinander lernende Organisation und hält diese lebendig, ist manchmal anstrengend, macht meistens Spaß, bleibt spannend und ist alternativlos, weil (Menschen-)Recht.

Literatur

Beck, I. (2013): Partizipation. Aspekte der Begründung und Umsetzung im Feld von Behinderung. In: Teilhabe. Die Fachzeitschrift der Lebenshilfe, 52. Jg. (1), 4–11.

Ev. Johannesstift (o. J.): Die Macherei – Beschäftigung und Bildung, http://www.evangelisches-johannesstift.de/behindertenhilfe/unsere-angebote/bildung-und-beschäftigung/die-macherei-beschäftigung-und-bildung (21.12.2017)

Fritz, F. (2015): Was können wir von KlientInnen lernen? Potenziale internationaler Modelle der NutzerInnenbeteiligung bei einer Übertragung auf die österreichische Sozialarbeitsausbildung, http://www.sozialeskapital.at/index.php/sozialeskapital/article/viewFile/379/695.pdf (21.12.2017)

Hitzler, S./Messmer, H. (2015): Formen der Berücksichtigung. Interaktive Praxen der Ein- und Ausschließung im Hilfeplangespräch. In: Kommission Sozialpädagogik (Hg.): Praktiken der Ein- und Ausschließung in der Sozialen Arbeit. Weinheim/Basel, 173–192.

Liebsch, M. (2015): Beobachterin. In: Evangelisches Johannesstift Berlin, Die Macherei (Hg.): Massage, Handküsse und teures Parfüm. Magdeburg, 142–143.

Lux, M. (2007): Der Personzentrierte Ansatz und die Neurowissenschaft. München.

Pörtner, M. (1996): Ernstnehmen-Zutrauen-Verstehen. Personzentrierte Haltung im Umgang mit geistig behinderten und pflegebedürftigen Menschen. Stuttgart.

---

4   Dies der Titel jenes Buchs von Marlis Pörtner, das Basislektüre für alle Assistent(inn)en der Macherei ist.

Persönliche Zukunftsplanung

Stefan Doose

Da sein – gefragt sein – beitragen
Persönliche Zukunftsplanung in Unterstützungskreisen
mit und für schwer und mehrfachbehinderte Menschen

1   Zielsetzungen und Grundhaltungen

1.1   Fünf wertgeschätzte Erfahrungen von Inklusion

Die umfassende Teilhabe aller Menschen in Verschiedenheit und Verbundenheit am
Leben im Gemeinwesen nennt man Inklusion. Teilhabe im hier diskutierten Sinne
umfasst dabei die Aspekte des Teil-Seins, Teil-Habens, Teil-Nehmens und Teil-Gebens
(s. Lamers & Molnár in diesem Band).

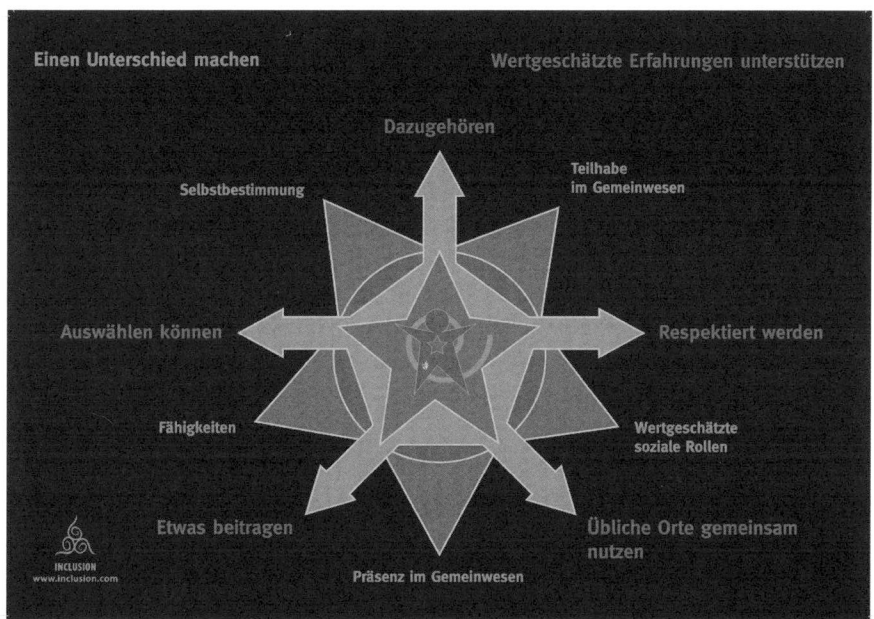

Abb. 1: Fünf wertgeschätzte Erfahrungen von Inklusion, O'Brien 2011

John O'Brien (2011) hat *fünf Dimensionen von Inklusion* herauskristallisiert, die *wertgeschätzte Erfahrungen* dieses Teil-Seins, Teil-Habens, Teil-Nehmens und Teil-Gebens
gut beschreiben:
- *Dazugehören* – wertgeschätztes Mitglied verschiedener Gruppen sein (Teil-Sein)
  und vielfältige Beziehungen haben.
- *Respektiert werden* – als Person ganzheitlich mit meiner Geschichte, meinen Gaben und meinen Grenzen gesehen und akzeptiert werden. In meinem »So-Sein«
  respektiert zu werden, bedeutet auch ohne Angst »Anders-Sein« zu dürfen.

- *Übliche Orte gemeinsam nutzen* – an den üblichen Orten des täglichen Lebens im Gemeinwesen da sein und dabei sein. Präsent sein im Alltag des Gemeinwesens in der Nachbarschaft, beim Einkaufen, Arbeiten und in der Freizeit. Verlässlich vor Ort dazusein ist die Voraussetzung, um anderen Menschen bekannt zu sein und in Beziehung treten zu können und gemeinsam mit anderen etwas zu tun und zu unternehmen.
- *Etwas beitragen* – die eigenen Stärken und Fähigkeiten, die eigenen Gaben des Tuns und des Seins zu entdecken, (weiter) zu entwickeln und einzubringen (Teilnahme und Teilgabe). Gaben brauchen Orte, an denen sie willkommen sind und gegeben werden können, sonst können sie nicht wirksam werden, sich nicht weiterentwickeln und verkümmern. Die Gaben können durch interessierte Teilnahme oder aktives Mitwirken eingebracht werden – gegen Bezahlung oder im freiwilligen Austausch. Diese Gaben können für andere Menschen einen positiven Unterschied machen.
- *Wählen können* – echte, qualitative Wahlmöglichkeiten zu haben, wie wir leben wollen, was wir im Alltag tun wollen, wie und mit wem wir unsere Zeit verbringen. Dazu gehört auch die Wahl, von wem ich wann wobei unterstützt werden möchte. Selbstbestimmung ohne gute Wahlmöglichkeiten verkommt zu einer leeren, für die Person bedeutungslosen Phrase. Um eine für mich bedeutungsvolle Wahl treffen zu können, benötige ich gute, für mich verständliche Informationen, die Möglichkeit, etwas Neues kennenzulernen und erproben zu können und vor allem für mich passende und attraktive Angebote. Ich habe so die Möglichkeit, Selbstwirksamkeit zu erfahren, auf der Grundlage meiner Entscheidungen Erfahrungen zu machen und für die Zukunft zu lernen. Dabei ist es wichtig, die Person zu einer gefragten Person zu machen, achtsam die eigene Stimme der Person zu hören und zu stärken, unabhängig davon, auf welche Art die Person kommuniziert.

1.2   Drei Seiten der Medaille von Teilhabe

Die grundlegenden Handlungsorientierungen zur Ermöglichung der wertgeschätzten Erfahrungen lassen sich dabei gut mit den *drei Seiten der Medaille* von Teilhabe beschreiben:

- Personen-Zentrierung als eine Seite der Medaille
- Sozialraum-Orientierung als andere Seite der Medaille
- Beziehungs-Orientierung als verbindenden Rand der Medaille

Personen-Zentrierung: Die erste Orientierung und Grundlage von Persönlicher Zukunftsplanung ist das personenzentrierte Denken und Handeln. Personen-Zentrierung ist sowohl eine Haltungsfrage als auch eine Frage des alltäglichen praktischen Handelns. Ein wichtiger Punkt gerade für Menschen mit einer schweren Beeinträchtigung ist es, die Gaben, Fähigkeiten, Stärken, Talente und Möglichkeiten einer Person zu entdecken, da sie oft unentdeckt und verborgen sind. Was kann eine Person, bei alledem, was ihr vielleicht schwerfällt? Was interessiert sie? Eine zentrale Frage ist dabei, wie wir Menschen darin unterstützen können, ihre Gaben, Fähigkeiten, Stärken, Talente und Möglichkeiten zu entwickeln und einzusetzen. Welche Möglichkeiten gibt es? Welche müssen neu geschaffen werden?

Personenzentriertes Denken und Handeln erfordert, genau hinzuschauen, hinzuhören und miteinander ins Gespräch zu kommen. Dies ist umso wichtiger, wenn sich die Person nur nonverbal durch ihr Verhalten oder mit Hilfe von Unterstützter Kommunikation äußern kann. Vielfach stehen sonst wichtige Informationen nicht allen Unterstützer(inne)n zur Verfügung, gehen bei Personalwechsel verloren oder geraten in Vergessenheit. Wenn wichtige Informationen über das, was für eine Person gute Unterstützung ausmacht, nicht dokumentiert und weitergegeben werden, muss die Person immer wieder durch sogenanntes auffälliges Verhalten die Erzieher(innen) erziehen, ordentlich mit ihr umzugehen. Ein für alle Seiten mühsames Verfahren.

Mitarbeiter(innen) aus Einrichtungen und Diensten können eine Veränderung herbeiführen, indem sie vielfältige, anregende Lernumgebungen im Gemeinwesen gestalten und nutzen, geduldige Könner als Anleiter(innen) und Inspirator(inn)en suchen und sich vor allem darauf konzentrieren, was eine Person für andere Menschen tun kann. Dazu braucht es Kreativität und Vorstellungskraft und manchmal ein technisches Verständnis, um die Unterstützung zu entwickeln und bereitzustellen, die eine Person braucht, um ihre Kompetenzen zu entwickeln und zur Geltung zu bringen. Dieses kreative Denken kann gut mit verschiedenen Personen im Unterstützungskreis erfolgen. Personen-zentrierte Methoden, die in den letzten Jahren aus der Tradition und den internationalen Lernerfahrungen der Persönlichen Zukunftsplanung entwickelt wurden, eignen sich besonders, um herauszufinden, was einer Person wichtig ist, sich auf die Suche nach neuen Möglichkeiten zu begeben und dafür die passende Unterstützung zu organisieren.

Sozialraum-Orientierung: Eine andere wichtige Grundlage für das Gelingen von Teilhabe ist die Sozialraum-Orientierung. Dabei geht es darum, Möglichkeiten vor Ort zu entdecken oder zu schaffen, an denen die Person ihre Gaben einbringen kann, und den Ort zu einem besseren Ort für alle Bürger(innen) zu machen. Die aktive Teilnahme und Teilgabe von Menschen mit schweren Beeinträchtigungen im Gemeinwesen können Mitarbeiter(innen) von Einrichtungen und Diensten unterstützen, indem sie mit ihnen allgemeine Angebote und willkommen heißende Orte aufsuchen, die deren Interessen entsprechen, Energie wecken und wo die Möglichkeit besteht, in Kontakt zu treten und etwas für andere Menschen beizutragen. Das Angebot »Auf Achse« von Leben mit Behinderung Hamburg oder »bei der Arbeit« vom ASB Bremen (s. Westecker et al. und Becker in diesem Band) ermöglichen beispielsweise Menschen mit schwerer Beeinträchtigung, ihre Fähigkeiten ins Gemeinwesen einzubringen, an regulären Orten verlässlich dazusein und mitzuarbeiten und so ihr Beziehungsnetz maßgeblich zu erweitern.

Das Konzept der Sozialraum-Orientierung richtet den Blick auf wesentliche Aspekte gelingender Inklusion: Die konsequente Orientierung an den Interessen und
am Willen der unterstützten Person und die Nutzung der Ressourcen der Menschen
und des Sozialraums. Das Konzept der Sozialraumorientierung (s. Früchtel in diesem Band) bietet sowohl eine gute theoretische Grundlage als auch eine Vielfalt von
methodischen Ideen zur Nutzung der Ressourcen im Sozialraum (vgl. Früchtel et al.
2012).

Beziehungs-Orientierung: Die dritte, beides verbindende Perspektive ist die Bezie-
hungs-Orientierung. Unser wichtigster Glücksfaktor sind gelingende, liebevolle, wertschätzende soziale Beziehungen. Was tragen Mitarbeiter(innen) in Einrichtungen und
Diensten dazu bei, den Aufbau und den Erhalt der Beziehungen und Gemeinschaft
von Menschen mit schwerer Beeinträchtigung zu fördern? Wie viel unserer Zeit,
Ressourcen und Kreativität verwenden wir dafür? Gibt es ein Adressbuch mit Fotos,
Interessen, Geburtstagen und Adressen wichtiger Menschen aus den verschiedenen
Lebensphasen der unterstützten Person? Wird die Person unterstützt, zu Geburtstagen eine Karte, einen Anruf oder eine Facebook-Notiz zu senden und im Kontakt zu
bleiben? Sind die Stärkung und der Aufbau von Beziehungen Teil der definierten Ziele
unserer Arbeit und ihrer Qualität oder ersetzen wir im Alltag natürliche, nicht-bezahl-
te Beziehungen durch professionelle, bezahlte Beziehungen? Wie können wir den Ruf
einer Person verbessern und sie in wertgeschätzte soziale Rollen, die ihren Interessen
entsprechen, und in Beziehung und Gemeinschaft mit anderen Menschen bringen?
Es gibt in diesem Zusammenhang einen neuen, interessanten Diskurs, der die relatio-
nalen Aspekte des Helfens betont (vgl. Früchtel 2016, Früchtel & Roth 2017). Die
Stärkung und der Aufbau von Beziehungen, gegenseitige Hilfe und Problemlösung,
die Aktivierung von »Wir-Hilfe« werden darin als wesentlich gesehen. Als eine Möglichkeit dieser versammelnden Methoden des Helfens ist der Unterstützungskreis in
der Persönlichen Zukunftsplanung eine Möglichkeit, Beziehungen zu würdigen, zu
reaktivieren, zu stärken und zu nutzen. Je mehr und umso unterschiedlichere Personen teilnehmen, desto mehr Ideen, klärende Beiträge und Ressourcen sind im Raum.
   Inklusion kann in diesem Zusammenhang nach Früchtel nicht als Zustand der
Gleichberechtigung, sondern als ein ständiger sozialer interaktiver Prozess verstanden werden, »in dem sich Menschen und deren Kommunikation berühren, anstoßen,
abstoßen, ein[en] Prozess, in dem Inklusion immer wieder neu entsteht und zerfällt,
in Interaktionen, gemeinsamen Handeln, in Zusammenkünften, in Assoziationen«
(Früchtel 2016, 22). Hilfreiche professionelle Unterstützung ist in diesem Zusam-
menhang eine Beziehungs-, Netzwerks- und Versammlungsarbeit, die Menschen und
Orte zu verknüpfen versteht, damit gemeinsames Handeln und »Wir-Hilfe« entsteht.
Beth Mount, eine der Begründerinnen der Persönlichen Zukunftsplanung, hat zu
Recht darauf hingewiesen, dass das Feld so fruchtbar sei, wie die Beziehungen zwi-
schen den Menschen.

Personen-Zentrierung, Sozialraum-Orientierung und als verbindender Rand die Beziehungs-Orientierung sind sozusagen die drei Seiten einer Medaille, die die Währung für gelingende Prozesse der Teilhabe sind.

1.3 Augen, Ohren und Mund für eine Persönliche Zukunftsplanung

Persönliche Zukunftsplanung fordert, mit einem Stärken und Ressourcen orientierten Blick gut zu achten und genau zuzuhören. John O'Brien, einer der Begründer der Methode, betont, dass für Persönliche Zukunftsplanung besonders geschulte Augen, Ohren und Münder notwendig seien: Augen für Stärken und Möglichkeiten, Ohren zum aktiven, einfühlsamen Zuhören und ein Mund für eine wertschätzende und für alle verständliche Sprache (vgl. Doose 2013, 60 f.):

Augen für Fähigkeiten und Möglichkeiten – dies sind Augen, die in der Lage sind, das Potenzial einer Person, einer Situation oder in einer Region zu erkennen. Sie sehen Dinge und Zusammenhänge, die den handelnden Personen selbst vielleicht noch verborgen sind. Es ist der wertschätzende und ermunternde Blick auf die Person und das, was ist und noch sein könnte.

Welches »Ansehen« jemand genießt, spiegelt sich im wahrsten Sinne des Wortes in den Blicken der anderen wider: Werde ich gesehen, übersehen oder wird weggesehen? Blicke können ermuntern, aber auch abwerten oder vernichten.

»Wenn Blicke töten könnten« – das Sprichwort beschreibt im übertragenen Sinne den vernichtenden Blick. Für Menschen, die anders sind, kann dieser Blick auch real zum Tod führen. Primo Levy, ein Auschwitzüberlebender, beschreibt in seinem Buch »Ist das ein Mensch?«, jenen vernichtenden, selektierenden Blick des Dr. Pannwitz in Auschwitz auf ihn, der in ihm kein lebenswertes Wesen sieht. Didi Danquart hat in seinem immer noch sehenswerten und mittlerweile auf YouTube verfügbaren Film »Der Pannwitzblick« jenen abwertenden Blick, der den Menschen entmenschlicht und zum Objekt – zum Unding – macht, aufgegriffen und die Kontinuität dieser Sichtweise auf Menschen mit Beeinträchtigungen auch nach dem Kriege analysiert.

Der *sonderpädagogische Blick* ist subtiler und schaut mit fördernder Absicht auf die Person. Dennoch stellt sich die Frage, ob er nicht besonders das Besondere, die Abweichung, die Defizite im Blick hat. Der sonderpädagogische Blick kann im Namen der Förderung zum Ausschluss aus den üblichen Angeboten vor Ort führen. Er ist dann begrenzt, wenn er nur Möglichkeiten im Rahmen von Maßnahmen und Einrichtungen für Menschen mit Behinderungen sieht und sucht. Werde ich gesehen als eine einzigartige Person mit meinen Interessen, Fähigkeiten und Möglichkeiten oder stehen meine Beeinträchtigungen, Unfähigkeiten und besondere Maßnahmen und Einrichtungen im Fokus? Gutachten sind in Wahrheit oft »Schlechtachten«. Es wird in diesem System der Förderung immer noch belohnt, die Defizite in den Vordergrund zu stellen, auch wenn dies im Grunde nicht förderlich ist.

Ohren zum aktiven und einfühlsamen Zuhören – dies sind Ohren, die aufmerksam und geduldig zuhören. Sie wollen verstehen, worauf es wirklich einer Person ankommt.

Dieses Zuhören spiegelt sich im gesamten Körper in der Zuneigung der Person wider. Dies ist insbesondere wichtig, wenn sich Menschen nicht einfach lautsprachlich mitteilen können. Shevin Mayer (2002) weist zu Recht darauf hin, dass wir uns oft nicht unseres »Sprachflüssigkeitsprivilegs« bewusst sind. Wir sind viel schneller als die Person kommunizieren kann und können dies scheinbar viel differenzierter ausdrücken. Wenn wir nicht mit ganzem Herzen und Geduld zuhören und schon zu wissen meinen, was die Person sagen will, verpassen wir oft das Wesentliche und dominieren die Gesprächssituation.

Sie kennen vielleicht die Situation, in der Ihnen jemand so zugehört hat, dass es Ihnen leicht fiel zu sprechen und sich Ihre Gedanken sortiert haben. Michael Ende hat in seinem Buch »Momo« eindrücklich eine solche Situation geschildert (Ende 1973, 14 ff.). Dieses öffnende Zuhören ermutigt Menschen Wünsche, Träume, Gedanken, aber auch Befürchtungen und Ängste zu äußern, die sonst nie über ihre Lippen gekommen wären. Jeder Mensch hat andere Menschen verdient, die ihm zuhören und ihn verstehen. Es kommt in Persönlicher Zukunftsplanung darauf an, aufmerksam und geduldig zuzuhören, auf Zwischentöne zu achten und der Hauptperson Gehör zu verschaffen. Otto Scharmer (2009) schildert in seiner »Theorie U« das schöpferische Zuhören, welches die Wahrnehmung auf die entstehenden Möglichkeiten der sich abzeichnenden Zukunft lenkt und Veränderungen bei allen beteiligten Personen bewirkt. Diese Art des schöpferischen Zuhörens hilft sowohl im Dialog mit der planenden Person oder im Unterstützungskreis, neue Perspektiven herauszuhören als auch im Gespräch mit Akteuren vor Ort neue Möglichkeiten im Gemeinwesen entstehen zu lassen.

Behinderte Menschen und ihre Eltern berichten oft, dass ihnen nicht richtig zugehört wird. Gespräche werden so oft davon dominiert, dass die Fachleute die Fragen und damit die Inhalte bestimmen. Die Expert(inn)en wissen dabei oft schon vorher die richtigen Antworten. »Downloading« nennt Otto Scharmer (2009) jene Art des Zuhörens, bei der wir die Dinge hören, die zu unseren Vorerfahrungen, Vorurteilen und dem gewohnten Denkrahmen aus der Vergangenheit passen. Mary Grant, eine unterstützte Arbeitnehmerin, hat dies einmal so ausgedrückt: »Fachleute hören, aber sie verstehen nicht. Sie wollen dich in die Vorstellungen einpassen, die sie in der Schule gelernt haben« (Grant zit. nach Doose 2013, 60).

Mund für eine wertschätzende und für alle verständliche Sprache – eine positive, wertschätzende Sprache, die für alle verständlich ist, sollte selbstverständlich sein. Bilder und Visualisierungen ergänzen die gesprochene Sprache sinnvoll und sind ein wichtiges Element in Persönlicher Zukunftsplanung. Unsere Seele denkt in Bildern und wir alle können uns Bilder viel besser merken. Es ist bedeutsam, welche Art von Geschichten wir uns voneinander erzählen. So werden bei der Methode MAPS im Unterstützungskreis beispielsweise von der planenden Person und verschiedenen Personen, die sie gut kennen, Geschichten aus dem Leben der Person erzählt, in denen eine Gabe der Person deutlich wird. Ein Treffen kann mit der Frage begonnen werden, was den

Beteiligten in der letzten Zeit gelungen ist und worüber sie sich gefreut haben. Diese Geschichten des Gelingens können wahre Kraftquellen sein und zu neuen, bisher unbedachten Möglichkeiten führen.

Fachleute sprechen oft eine Sprache, die Menschen mit Beeinträchtigungen, Eltern und andere Menschen außerhalb des Feldes nicht verstehen. Fachwörter, Fremdwörter und Abkürzungen werden benutzt und als allgemein verständlich vorausgesetzt. Leichte Sprache ist nicht nur für Menschen mit Lernschwierigkeiten hilfreich.

Sehr verletzend ist es, wenn Menschen erleben, wie in einer abwertenden und diskriminierenden Art und Weise über sie gesprochen wird. Oft wird aber auch hinter dem Rücken der Person in Mitarbeiter- und Lehrerzimmern auf so eine abwertende Art und Weise über die unterstützten Personen gesprochen, dass ich nicht von diesen Personen unterstützt oder gebildet werden möchte. Die meisten Menschen kennen Situationen, in denen ein(e) Lehrer(in) oder ein Elternteil ein vernichtendes Urteil über sie gefällt hat: »Du bist doch eine Niete! Aus dir wird nichts werden!« Diese Geschichten sitzen tief und werden selten vergessen, selbst wenn die Person, die den Ausspruch getätigt hat, dies längst nicht mehr weiß. Manche Menschen rackern sich das ganze Leben gegen so ein tiefsitzendes Urteil z. B. ihres Vaters ab. Auf der anderen Seite bleiben oft auch Geschichten des Zuspruchs und Zutrauens in Erinnerung und können eine Kraftquelle sein. Das Wort, das einem hilft, kann man sich eben nicht selbst sagen. In der Art und Weise, wie über Menschen gesprochen wird, spiegelt sich die Kultur einer Einrichtung wider.

2   Persönliche Zukunftsplanung

2.1   Was ist Persönliche Zukunftsplanung?

> *»Sag mal … Was kann man mit einer so interessanten Persönlichkeit*
> *wie meiner anfangen?«* Susanita fragt Mafalda.

Persönliche Zukunftsplanung (engl. person centred planning) umfasst eine Vielzahl methodischer Planungsansätze, um mit Menschen mit und ohne Beeinträchtigung über ihre Zukunft nachzudenken, eine Vorstellung von einer erstrebenswerten Zukunft zu entwickeln, Ziele zu setzen und diese mit Hilfe eines Unterstützungskreises Schritt für Schritt umzusetzen (vgl. Doose 2013).

> »Der Prozess der Persönlichen Zukunftsplanung schlägt eine Reihe von Aufgaben vor und hält verschiedene Methoden bereit, die uns helfen einen Prozess mit Menschen zu beginnen, um ihre Fähigkeiten aufzudecken, Möglichkeiten vor Ort zu entdecken und neue Dienstleistungen zu erfinden, die mehr helfen als im Weg stehen« (Mount 1994).

Dabei sollen Veränderungsprozesse sowohl auf der Ebene
- der Person,
- der Organisation
- und des Gemeinwesens gestaltet werden.

Es geht neben der Erreichung persönlicher Ziele für die Person also auch um die Frage der Gestaltung von hilfreicher Unterstützung und der Weiterentwicklung von Dienstleistungen einer Organisation und im Sinne der Sozialraumorientierung um den Aufbau und die Nutzung von Ressourcen vor Ort. Es bedarf also lernender Organisationen, die offen und bereit sind, am Einzelfall zu lernen, wie sie ihre Unterstützung weiterentwickeln und sich in das Gemeinwesen öffnen können.

Es gibt mittlerweile eine Reihe von Beispielen von Zukunftsplanungen auch für Menschen mit schwerer und mehrfacher Beeinträchtigung (vgl. Kluge 2007, Bros-Spähn 2007, Niedermair & Tschann 2007, Ehler 2008, Hömberg 2008, Woldrich & Pohl 2012, Werner 2012, Pohl 2013, 2011, Grotemeyer 2017, Westecker et al. in diesem Band).

Für Menschen mit schwerer und mehrfacher Beeinträchtigung und ihre Familien ist eine positive Vorstellung von der Zukunft nicht selbstverständlich. Schon vor oder mit der Geburt wird den Eltern oft klargemacht, dass sie Fürchterliches zu erwarten haben. Negative, entmutigende Prognosen werden ihnen auf den Lebensweg gegeben, die schnell zu selbst erfüllenden Prophezeiungen werden können. Es droht eine Abwärtsspirale der Unmöglichkeiten mit geringen Erwartungen und isolierenden Lebensbedingungen. Für die Eltern wird die Zukunftsplanung zum Albtraum, mit der bangen Frage »Wer kümmert sich, wenn ich nicht mehr bin?«

Es ist daher existenziell wichtig, eine positive Vision für die Zukunft zu entwickeln. Vision als eine Art zu sehen, was geht, was sein könnte. Wie würde ein gutes Leben für die Person und die Teilhabe in den Bereichen Wohnen, Freizeit, Arbeit und Bildung aussehen? Was braucht die Person, damit es ihr gut geht und sie gesund ist? Wie können positive Beziehungen gepflegt und ausgebaut werden?

Es geht um eine Verständigung über die Zukunft (vgl. Hömberg 2008), dazu ist es notwendig, überhaupt ein Zukunftsvokabular mit den Beteiligten zu entwickeln und Bilder zu haben, in welche Richtung die Entwicklung gehen soll. Was sind die Träume der Person? Was sind unsere guten Wünsche für sie? Was wäre aus Sicht der Beteiligten ein Albtraum und sollte auf keinen Fall passieren? Was wären Ziele, deren Verwirklichung einen wirklichen Unterschied im Leben der Person machen würden?

2.2   Methoden des personenzentrierten und sozialräumlichen Denkens und Planens

Persönliche Zukunftsplanung bedient sich einer Vielfalt von unterschiedlichen Methoden: Genutzt werden unterschiedliche Arbeitsblätter/Poster (vgl. Doose 2013, Sanderson & Goodwin 2010), Kartensets (z. B. Doose 2013, Hamburger Arbeitsassistenz 2008), Portfolios, Planungsordner (z. B. Doose et al. 2013) und verschiedene Planungsformate für Unterstützungskreise wie die Persönliche Lagebesprechung (vgl. Sanderson & Goodwin 2010), MAPS und PATH (vgl. O'Brien et al. 2010, Hinz & Kruschel 2013, Doose 2013). Im Folgenden werden kurz drei Methoden personenzentrierten und sozialräumlichen Denkens und Planens vorgestellt. Für eine ausführliche Schilderung sei auf die vertiefende Literatur und guten Internetquellen mit Methodendarstellungen wie die Seite des Projekts Neue Wege zur Inklusion (training-pack.personcentredplanning.eu/index.php/de/) und des Instituts für Menschenrechte www.inklusion-als-menschenrecht.de (Stichwort Persönliche Zukunftsplanung) verwiesen. Die hier vorgestellten Schilderungen der Methoden des Autors finden sich dort wieder. Eine umfassende aktuelle Link- und Literaturliste und Materialien zum Bestellen gibt es auch auf der Seite des Netzwerks Persönliche Zukunftsplanung www.persoenliche-zukunftsplanung.eu.

Die Methoden können teilweise begleitend oder vorbereitend für ein Treffen des Unterstützungskreises mit der Person und ihrem Umfeld genutzt werden. Sie können aber teilweise auch sehr gut als Methode auf dem Unterstützungskreistreffen eingesetzt werden bzw. die Person kann ihre Dinge präsentieren und der Unterstützungskreis ergänzt oder nimmt diese Informationen zum Ausgangspunkt für die Aktionsplanung.

Der erste Schritt in Persönlicher Zukunftsplanung ist es, sich wechselseitig kennenzulernen. Folgende Arbeitsblätter/Poster können dabei hilfreich sein:

2.2.1   *Was ist der Person wichtig? / Was ist für die Person wichtig?*

Dieses Arbeitsblatt/Poster erkundet einerseits, was der Person wichtig ist und andererseits, was für die Person wichtig ist, um gesund und sicher zu sein (vgl. Sanderson & Goodwin 2010, 4, Doose 2013). Bei dieser Methode werden zwei wichtige Fragen und eine Zusatzfrage erkundet:

1.   Was ist der Person wichtig?

Bei der ersten Frage geht es darum, möglichst genau herauszufinden, was der Person im Leben bzw. in einem Lebensbereich (zum Beispiel Schule, Arbeit, Wohnen) selbst wichtig ist: Was ist ihr im Leben wichtig? Was macht sie glücklich? Was sollte in ihrem Leben unbedingt vorkommen, was sollte vermieden werden? Was ist ihr zum Beispiel in der Tagesförderung wichtig? Dies kann sich auf die Beziehungen zu anderen Menschen, auf den Tages- und Wochenablauf, auf positive Routinen und Abläufe oder auf bestimmte Dinge beziehen.

Bei der Beantwortung soll so weit wie möglich die Sichtweise der Person selbst dokumentiert werden. Bei Personen, die sich nicht lautsprachlich äußern können, kann die Frage entweder durch Beobachtung von Situationen, in denen sich die Person wohlfühlt, oder mithilfe der Unterstützten Kommunikation beantwortet werden. Symbole aus der Unterstützten Kommunikation können auch direkt auf den Zettel oder das Plakat geklebt werden.

2.   Was braucht die Person, um gesund zu sein und sich sicher zu fühlen?

Bei der zweiten Frage geht es darum, möglichst genau herauszufinden, was die Person braucht, um gesund zu sein und sich nicht in Gefahr zu bringen. Hier geht es um das Wohlbefinden und das gesundheitliche Wohlergehen. Was braucht die Person, um gesund zu bleiben oder zu werden? Welche Unterstützung benötigt sie, um zum

Beispiel an einer Aktivität teilhaben zu können? Was benötigt sie für ihr seelisches Wohlergehen?

Bei dieser Frage geht es um die Sichtweise der Person, die aber ergänzt wird durch die Sichtweise der Eltern, Betreuer(innen), Therapeut(inn)en und Ärzt(inn)e(n). Ziel ist es, beide Fragen gleichermaßen zu beachten und in eine gute Balance zu bringen. Gerade bei Menschen mit schwerer und mehrfacher Beeinträchtigung steht oft die zweite Frage nach der Gesundheit und Sicherheit im Vordergrund.

Was müssen wir noch erkunden?
Manchmal sind nach Beantwortung der beiden Fragen noch einige Punkte unklar und müssen weiter beobachtet oder erkundet werden. Diese Zusatzfrage gibt Raum, offene Fragen festzuhalten.

2.2.2   Kartensets

Es gibt mittlerweile eine Reihe von Kartensets mit Zeichnungen und verschiedenen Fragestellungen (vgl. Doose 2013). Selbst wenn eine Person die Karten nicht lesen und sogar die Zeichnungen nicht verstehen kann, können jedoch ausgewählte Themen der Karten genutzt werden, um mit der Person bedeutsame Aspekte ihres Lebens zu erkunden und zu dokumentieren (z. B. Stärken und Fähigkeiten, Aktivitäten, die für sie vielleicht interessant wären). Es können auch selbst »Karten« mit Fotos oder tastbaren Objekten hergestellt werden. Auch können Symbolkarten aus der Unterstützten Kommunikation genutzt werden. Die Kartensets gibt es in verschiedenen Formaten:

Bei den *Lebensstilkarten* geht es darum, sich kennenzulernen und über Vorlieben im Alltag auszutauschen (Aktivitäten mit der Familie, Lieblingsessen, Umgang mit Wut).

Bei den *Hutkarten* geht es darum, eigene Stärken und Fähigkeiten zu erkunden und zu überlegen, was man gerne erproben möchte (z. B. sortieren, malen, Gartenmensch, pünktliche Person).

Ähnlich sind die *Ich-kann-Karten* und Vorlagen der Hamburger Arbeitsassistenz, wo gezielt für die berufliche Orientierung Karten mit Tätigkeiten und Eigenschaften in einem modernen Design für Jugendliche entworfen wurden. Sie befinden sich als Druckvorlagen auf der DVD des Talente- und BeO-Materials (vgl. Hamburger Arbeitsassistenz 2007, 2008).

Abb. 2: Beispiel Kartensets

Die *Traumkarten* thematisieren große und kleine Träume (z. B. reisen, eine Massage bekommen, gut zu mir selbst sein, mein Zimmer gestalten).

2.2.3 Eine Seite über mich …

Typischerweise umfasst die »Seite über mich« die Antworten auf drei Fragen und ein Foto der Person. Diese Fragen sind eine Zusammenfassung aus der Arbeit mit anderen personenzentrierten Methoden, können aber auch unabhängig davon bearbeitet werden.

Die Fragen lauten:

1. *Was mir wichtig ist …* In diesem Punkt wird aus Sicht der Person ggf. mit dem Wissen des Unterstützungskreises zusammengetragen, was ihr im Leben wichtig ist und unbedingt beachtet werden sollte.

2. *Was andere an mir mögen und schätzen …* In diesem Punkt werden aus Sicht von anderen Menschen Eigenschaften aufgelistet, die sie an der Person schätzen. Das können Antworten sein auf die Frage: »Was bringt die Person in diese Welt, was sonst nicht da wäre?« Die Person darf, sofern sie kann, aus den Vorschlägen der anderen die Dinge auswählen, die sie gerne auf ihrer Seite haben möchte.

3. *Wie man mich gut unterstützen kann …* Dies ist für viele eine ungewohnte, aber sehr wichtige Frage. Wie sieht gute Unterstützung für die Person aus? Was braucht sie, damit sie sich wohl fühlt und gesund ist? Dabei geht es beispielsweise um folgende Aspekte: Was braucht jemand, damit es ihm gut geht und er an wichtigen Aktivitäten teilhaben kann? Es kommt oft auf Details an, ob etwas genau passend ist oder nicht.

Im Rahmen des Projektes LebensTräume des Vereins Gemeinsam Leben – Gemeinsam Lernen für Inklusion im Landkreis Göppingen e. V. wurde beispielsweise als Variation die folgende »Seite über mich« entwickelt (Jerg & Sickinger 2014).

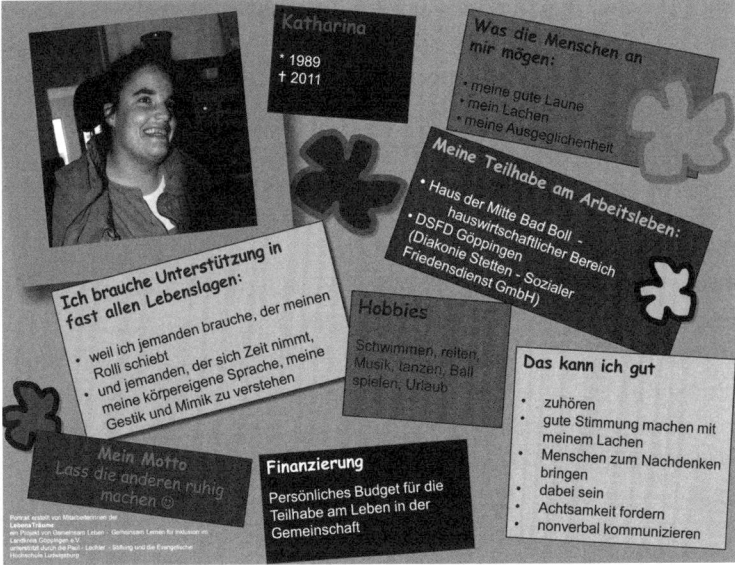

Abb. 3: Eine Seite über Katharina (Jerg & Sickinger 2014)

2.3   Unterstützungskreise

Ein Unterstützungskreis ist ein Kreis von Menschen, die die Person bei der Umsetzung ihrer Persönlichen Zukunftsplanung unterstützen können (ausführlich dazu Fietkau 2017). Unterstützungskreise umfassen neben der planenden Person als Hauptperson z. B. auch Freund(inn)e(n), Bekannte, Familienmitglieder sowie Professionelle. Die Personen im Unterstützungskreis werden persönlich zu einem Zukunftsplanungstreffen eingeladen. Ein Zukunftsplanungstreffen sollte an einem geeigneten schönen, möglichst von der Person ausgewählten Ort organisiert werden. Meistens gibt es auch etwas zu trinken und etwas Leckeres zu essen. Es geht darum »Heimspiele« zu organisieren. Unterstützungskreise können von einer Stunde bis zu einem »Zukunftsplanungsfest« (Boban 2007) von einem Tag dauern. Die Unterstützungskreistreffen sollten Teil eines längerfristigen Prozesses und gut vorbereitet sein. Je nach Situation des Einzelnen ist es in Zeiten, in denen sich viel ändern soll, erforderlich, sich alle sechs bis acht Wochen zu treffen, bei anderen, längerfristigen Prozessen reicht vielleicht ein bis zwei Mal im Jahr.

Bei Menschen mit schwerer und mehrfacher Beeinträchtigung stellt sich häufig die Frage der Beteiligung. Grundsätzlich sollte die Person den Prozess steuern. Eine gute Vorbereitung der Treffen mit der Person (vgl. Woldrich & Pohl 2012) kann ihr helfen, eine aktive Rolle zu übernehmen (z. B. Teilnehmer(innen) auswählen, Einladungen gestalten, Leute begrüßen, Talker mit wichtigen Worten präparieren, Karten mit Stärken oder Träumen mit in das Treffen bringen, Zeichen für Ja/Nein/STOP ausmachen).

Manchmal ist es trotz allen Bemühens nicht zu klären, ob die Person einen Unterstützungskreis und eine Zukunftsplanung wünscht. Dennoch kann gerade in diesen Fällen ein Unterstützungskreis für die Unterstützer(innen) ganz wichtig sein, um die Lebensqualität der Person zu verbessern. Gerade durch die verschiedenen Blickwinkel entstehen dann gemeinsame lebensbereichsübergreifende Verständigungen und neue Ideen. Die Planenden sind dann eher die Familie oder die Unterstützer(innen). Gemäß dem Grundsatz »Nichts über mich ohne mich« sollte die Person nach Möglichkeit immer mit anwesend sein. Die bloße Präsenz verändert die Diskussion und oft konnte ein erstaunliches Beteiligt-Sein der Personen an dem Planungstreffen festgestellt werden (vgl. O'Brien et al. 2010, Kluge 2007, Woldrich & Pohl 2012).

Der Fokus von Unterstützungskreisen und Persönlicher Zukunftsplanung liegt auf Stärken und Möglichkeiten statt auf Beeinträchtigung, Schwächen und Unmöglichkeiten, wobei reale Probleme nicht ignoriert werden. Aufgabe der Persönlichen Zukunftsplanung ist es, ein lebendiges Bild von der Person und ihrer Ausgangssituation zu zeichnen und eine positive Vision für zukünftiges Leben zu entwickeln. Zukunftsplanungstreffen enden meist mit einem konkreten Aktionsplan für die nächsten Schritte.

Unterstützungskreise können für alle Beteiligten eine enorme Hilfe darstellen, da durch sie professionelle und nichtprofessionelle Unterstützungspotenziale zusammengebracht, gemeinsam Möglichkeiten erkundet, Probleme gelöst und Unterstützung koordiniert werden können. Im Unterstützungskreis ändert sich auch der Charakter der Planung, da es nicht mehr alleine der Plan der Person ist und sie auf »Selbsthilfe« alleine verwiesen ist, sondern die gemeinsame Problemlösung durch die »Wir-Hilfe« (Früchtel 2016) im Unterstützungskreis in den Vordergrund tritt. Mit allen vorhandenen Stärken, Fähigkeiten, Ressourcen und Verbindungen der Personen im Unterstützungskreis wird gemeinsam ein Plan erstellt, um die Ziele der Person zu verwirklichen (vgl. O'Brien et al. 2010). Sinnvoll ist es deshalb, den Unterstützungskreis möglichst vielfältig und lebensbereichsübergreifend zusammenzusetzen. Manche Unterstützungskreise sind sehr klein, andere relativ groß. Oft geht es zunächst darum, mögliche Unterstützungspersonen zu identifizieren, da das Unterstützungsnetzwerk der Betroffen oft recht klein geworden ist. Für manche Menschen mit schwerer und mehrfacher Beeinträchtigung in Institutionen gibt es nur noch Professionelle, die sich um sie kümmern. Hier kann es sinnvoll sein, den Unterstützungskreis gezielt um Menschen aus dem Gemeinwesen zu erweitern, die Wissen und Verbindungen haben, die für eine lebenswerte Zukunft der Person bedeutsam sein könnten. Es kann auch ein gutes Feld für ehrenamtliche Arbeit sein, im Unterstützungskreis von ein bis zwei Personen mit Beeinträchtigung mitzuarbeiten und so einen Unterschied im Leben der Person zu machen. Eltern wünschen sich auch Unterstützungskreise für ihre erwachsenen Kinder mit schwerer Beeinträchtigung, »die das Leben des Unterstützten mit Empathie und Geduld begleiten«, für die Zeit, wenn sie nicht mehr sind (vgl. Dawletschin-Linder 2016). Wie später noch ausgeführt wird, könnte die Rolle einer von Einrichtungen und Diensten unabhängigen Moderation sinnvoll sein, als Assistenz zur persönlichen Lebensplanung den Unterstützungskreis zuverlässig zu versammeln, die Aktivitäten zu koordinieren und Verbindungen ins Gemeinwesen herzustellen und ggf. Assistenz für die Umsetzung der Zukunftspläne zu organisieren.

Für viele Menschen stellt es zunächst eine Überwindung dar, andere Menschen um Unterstützung zu bitten. In einer Zeit, in der es in unserer Gesellschaft nicht mehr selbstverständlich ist, sich in großer Runde zusammenzusetzen, um Probleme zu besprechen, sondern man eher alleine, im engsten Familienkreis oder mit professioneller Hilfe nach Lösungen sucht, erscheint der Unterstützungskreis als »soziale Zumutung« (Früchtel & Roth 2017, 83). Menschen benötigen deshalb häufig Ermutigung und Zuversicht, dass es sich lohnt, gemeinsam mit anderen wohlgesonnenen Menschen über die Zukunft nachzudenken. Gute Tipps mit isolierenden Vorbehalten umzugehen wie »Ich habe kein Netzwerk.«, »Die haben alle keine Zeit.« oder »Ich möchte die nicht damit belasten. Sie haben schon genug um die Ohren.«, finden sich bei Früchtel und Roth (2017, 76 ff.). Die Angst, dass keiner kommt, ist meistens unbegründet. Die Erfahrung mit Unterstützungskreisen zeigt, dass es viele Menschen als eine Ehre empfinden zu einem Unterstützungskreis eingeladen zu werden.

Unterstützungskreise sollten von einer erfahrenen Moderation und einer Person, die die Ergebnisse grafisch auf Plakaten festhält, begleitet werden. Während in Unterstützungskreisen häufig eine positive Dynamik erzeugt werden kann, gibt es auch Fälle, in denen die negative Dynamik sichtbar wird. Dies erfordert von der Moderation ein sensibles Umgehen mit Widerständen (vgl. Doose 2013).

Unterstützungskreise können vielfältige Funktionen haben. In ihnen können Beziehungen gestärkt und alltägliche Unterstützung und Aktivitäten koordiniert werden, sie können zur akuten Krisenbewältigung einberufen werden oder zur Persönlichen Zukunftsplanung genutzt werden. Für die Persönliche Zukunftsplanung in Unterstützungskreisen gibt es drei große Planungsformate:

Die *Persönliche Lagebesprechung* (vgl. Sanderson & Goodwin 2010, 19) wurde als personenzentrierte Alternative zu einer Hilfeplanung entwickelt. Mit ihr kann man sich einen Überblick über die aktuelle Situation verschaffen, wichtige Themen herausfiltern und erste Schritte planen.

MAPS wurde von Marscha Forrest und Jack Pearpoint entwickelt. Bei MAPS geht es darum die Geschichten der Person, ihre Träume und Albträume sowie ihre Gaben wahrzunehmen und zu erkunden. Anschließend wird gemeinsam erarbeitet, wie sich die Person in die Gemeinschaft einbringen kann und welche Schritte jetzt für sie wichtig sind (vgl. O'Brien et al. 2010, Doose 2013, Hinz & Kruschel 2013).

PATH wurde von Jack Pearpoint, John O'Brien und Marscha Forrest Anfang der 1990er Jahre entwickelt. PATH eignet sich, wenn zumindest eine ungefähre Vorstellung davon vorhanden ist, wie die Situation in Zukunft sein soll, aber der Weg dorthin noch geklärt werden muss. Der PATH-Prozess setzt an den gemeinsamen Werten und Visionen der planenden Person und ihres Unterstützungskreises an, zeichnet eine wünschenswerte Zukunft. Er beschreibt die gegenwärtige Situation, sucht dann Unterstützer(innen) sowie Stärkungsmöglichkeiten für den Weg, beschreibt wichtige Zwischenschritte und endet mit einem konkreten Aktionsplan für den nächsten Monat. Der PATH-Prozess kann sowohl für einzelne Personen, Familien und Projekte als auch Organisationen genutzt werden (vgl. O'Brien et al. 2010, Doose 2013, Hinz & Kruschel 2013, Beispiel für eine Zukunftsplanung einer Organisation s. auch Becker in diesem Band).

3 Möglichkeiten der Einbeziehung von Menschen, die sich nicht oder nur bedingt lautsprachlich äußern

Eine wesentliche Frage ist, wie die Person mit schwerer und mehrfacher Beeinträchtigung an ihrer Planung beteiligt werden kann. Dazu gilt es herauszufinden, wie und unter welchen Bedingungen die Person am besten kommunizieren kann und die Planungsmethoden daraufhin anzupassen. Dabei ist der Austausch im Unterstützungskreis besonders wichtig, um aus den verschiedenen Perspektiven und Beobachtungen zu einem gemeinsamen Verständnis der Kommunikation der Person zu kommen. Grundsätzlich lassen sich dabei folgende verschiedene Möglichkeiten der Kommunikation unterscheiden (vgl. Schröder & Wunder 2006):

1. Verbale Selbstäußerungen, Unterstützte Kommunikation

Einige Personen haben einen begrenzten Wortschatz oder benutzen eigene Worte, die vertraute Personen bestimmten Dingen, Situationen oder Gefühlen zuordnen können. Andere Personen können sich mit Unterstützter Kommunikation verständigen. Für den Unterstützungskreis kann es wichtig sein, dass eine Person, die die Person gut versteht, die Rolle als Dolmetscher(in) übernimmt. Persönliche Zukunftsplanung und Unterstützte Kommunikation lassen sich gut kombinieren, indem z. B. PCP, BLISS oder Minspeak-Ikonen mit eingebaut und ein entsprechender Wortschatz mit den Betroffenen erarbeitet wird (vgl. Hömberg 2008, Woldrich & Pohl 2012, Pohl 2013). Für manche Personen funktionieren Zeichnungen oder Fotos, andere bevorzugen taktile Objekte oder Gesten. Der Unterstützungskreis ist ein gutes Forum, damit alle Personen den Wortschatz der Person und die Bedeutungen der Symbole kennenlernen und er somit zu einem gemeinsamen Wortschatz aller Unterstützer(innen) wird. So kann z. B. eine gemeinsame Tafel oder ein Heft mit den Gebärden einer Person (vgl. Pohl 2013) geteilt werden. Auch andere wichtige personenzentrierte Informationen können für ein ICH-Buch oder »Über mich«-Buch im Unterstützungskreis zusammengetragen und dokumentiert werden.

2. Non-verbale Selbstäußerungen, Mimik, Gestik, Laute

Non-verbale Äußerungen wie die Mimik, Gestik oder Laute einer Person lassen häufig erkennen, was einer Person gefällt oder nicht. Auch hier kann ggf. eine Zusammenstellung bzw. ein kleiner (digitaler) Ordner mit Fotos/kleinen Filmen von entsprechender Körperhaltung und deren Bedeutung erstellt und geteilt werden.

3. Indirekte Selbstäußerungen durch beobachtbare Handlungen in Alltagssituationen

Im Unterstützungskreis kann sich ausgetauscht werden, wie sich die Hauptperson in verschiedenen Alltagssituationen verhält und was wir dadurch über ihre Vorlieben und Abneigungen erfahren.

4. Indirekte Selbstäußerung durch beobachtete Handlungen in herbeigeführten Situationen

Manchmal müssen wir im Unterstützungskreis aufgrund unserer Kenntnisse beste Schätzungen abgeben, was für die Person hilfreich sein könnte und dann im Tun an der Reaktion der Person ablesen, ob unsere Arbeitshypothesen richtig waren. Die Chance eines Unterstützungskreises ist, dass hier vielfältige Perspektiven zusammenkommen.

4 Teilhabe-, Hilfe- und Gesamtplanung und Persönliche Zukunftsplanung

4.1 Neue Verfahren und Grundsätze der Teilhabe-, Hilfe- und Gesamtplanung durch das Bundesteilhabegesetz

Eine Teilhabe-, Hilfe- oder Gesamtplanung ist immer dann notwendig, wenn ich auf staatlich finanzierte Unterstützungsleistungen zur Herstellung von Teilhabe angewiesen bin. Seit 1. Januar 2018 gelten in Deutschland mit Inkrafttreten der ersten Teile des neuen SGB IX neue Regelungen für die Teilhabe-, Hilfe- und Gesamtplanung der Leistungsträger (s. Schmachtenberg und Masuch in diesem Band, vgl. Doose 2017, Doose & Johannsen 2018):

Alle Rehabilitations-Leistungen – auch in der Eingliederungshilfe – müssen zukünftig beantragt werden. Dann soll aber *ein* Reha-Antrag ausreichen, um alle erforderlichen Rehabilitations- und Eingliederungsleistungen zu bekommen, auch wenn z. B. die Krankenkasse, die Eingliederungshilfe und die Bundesagentur für Arbeit für unterschiedliche Leistungen zuständig bleiben. Dazu wird ein Rehabilitationsträger der »leistende Rehabilitationsträger« (§ 14 SGB IX-neu), der ein umfassendes Prüf- und Entscheidungsverfahren in Gang setzt und die erforderlichen Leistungen im Rahmen eines verbindlichen trägerübergreifenden Teilhabeplanverfahrens (§§ 19–23 SGB IX-neu) koordiniert. Die Leistungen sollen auf der Basis möglichst nur einer Begutachtung (§ 17 SGB IX-neu) und mit ähnlichen Verfahren der Bedarfsermittlung (§ 13 SGB IX-neu) aufeinander abgestimmt »wie aus einer Hand« erfolgen, auch wenn, wie gesagt, weiterhin viele »Hände« im Spiel sein können. Es wird spannend werden, ob und wie es in der Praxis gelingt, die bisher eher unkoordiniert und parallel arbeitenden verschiedenen Leistungsträger in einem Verfahren effektiv zu koordinieren.

Die *Teilhabeplanung* (§§ 19–23 SGB IX-neu) ist also zukünftig der Begriff für das trägerübergreifende verwaltungsmäßige, standardisierte Verfahren der Bedarfsfeststellung und der Bewilligung von Leistungen zur Teilhabe aller Rehabilitationsträger. Es kommt immer dann zum Tragen, wenn mehr als ein Rehabilitationsträger beteiligt ist oder der Leistungsberechtigte die Erstellung eines Teilhabeplans wünscht. Im Rahmen des Verfahrens wird ein verbindlicher Teilhabeplan (§ 19 SGB IX-neu) erstellt, der alle erforderlichen Teilhabeleistungen umfassen soll. Im Laufe des Verfahrens kann mit Zustimmung der oder des Leistungsberechtigten bzw. seiner oder seines rechtlichen Betreuerin oder Betreuers eine Teilhabekonferenz (§ 20 SGB IX-neu) mit dem oder der Leistungsberechtigten, einer Vertrauensperson und allen beteiligten Rehabilitationsträgern erfolgen. Auf Wunsch oder mit Zustimmung der oder des Leistungsberechtigten können beteiligte Dienste, Einrichtungen und andere Leistungserbringer an der Teilhabeplankonferenz teilnehmen. Am Ende des Prozesses stehen ein Teilhabeplan und entsprechend aufeinander abgestimmte widerspruchsfähige Bescheide der Rehabilitationsträger. Das Entscheidungsverfahren soll bei mehreren beteiligten Rehabilitationsträgern nicht länger als sechs Wochen, bei Durchführung einer Teilhabeplankonferenz nicht länger als zwei Monate dauern.

Ist die öffentliche *Jugendhilfe* Träger, gelten für sie die Regelungen für den *Hilfeplan* (§ 36 SGB VIII) ergänzend zu den Regelungen der Teilhabeplanung.

Für Leistungen der *Eingliederungshilfe* wird vom Träger der Eingliederungshilfe ein *Gesamtplanverfahren* eingeleitet, für das es neue, umfangreiche Regelungen gibt. Diese Regelungen sind in der Zeit vom 1.1.2018 bis zum 31.12.2019 in den §§ 141 ff. SGB XII normiert und werden dann ab dem 1.1.2020 inhaltsgleich in die §§ 117 ff. SGB IX-neu überführt. Sind mehrere Rehabilitationsträger beteiligt, wird das umfangreichere Gesamtplanverfahren Teil des Teilhabeplanverfahrens (vgl. § 143 Abs. 3 SGB XII-neu/§ 119 Abs. 3 SGB IX-neu).

Der Träger der Eingliederungshilfe hat die Leistungen nach § 142 SGB XII-neu bzw. § 118 SGB IX-neu unter Berücksichtigung der Wünsche des oder Leistungsberechtigten festzustellen. Die Ermittlung des individuellen Bedarfs des oder der Leistungsberechtigten muss durch ein *Instrument der Bedarfsermittlung* erfolgen, das sich an der Internationalen Klassifikation der Funktionsfähigkeit, Behinderung und Gesundheit (ICF) orientiert.

Das Gesamtplanverfahren sieht mit Zustimmung des oder der Leistungsberechtigten die Möglichkeit einer *Gesamtplankonferenz* (§ 143 SGB XII-neu/§ 119 SGB IX-neu) analog zur Teilhabeplankonferenz vor. Am Ende des Prozesses steht hier der Gesamtplan (§ 144 SGB XII-neu/§ 121 SGB IX-neu), der der Steuerung, Wirkungskontrolle und Dokumentation des Teilhabeprozesses dienen soll. Sie können zudem noch mit dem oder der Leistungsberechtigten konkrete Teilhabeziele in einer *Teilhabezielvereinbarung* festlegen (§ 145 SGB XII-neu/§ 122 SGB IX-neu).

Das Bundesteilhabegesetz definiert in § 78 SGB IX-neu zum ersten Mal übergreifend den Begriff der *Assistenzleistung*. Als ein wesentlicher Bereich werden dort Leistungen *zur »persönlichen Lebensplanung«* (§ 78 (1) SGB IX-neu) genannt. Hier besteht ein Ansatzpunkt, zukünftig mit Personen mit Beeinträchtigung eine umfassende persönliche Lebensplanung als qualifizierte Assistenz durch entsprechend geschulte Fachkräfte begleiten und z. B. mit Methoden der Persönlichen Zukunftsplanung gestalten zu können. Im Sinne einer möglichst selbstbestimmten und eigenständigen Gestaltung des Alltags sollen die Leistungsberechtigten zukünftig auf der Grundlage des Teilhabeplans selbst über die konkrete Gestaltung aller Assistenzleistungen hinsichtlich Ablauf, Ort und Zeitpunkt der Inanspruchnahme entscheiden können (§ 78 (2) SGB IX-neu).

4.2 Die Unterschiede zwischen der neuen Teilhabe-, Hilfe- und Gesamtplanung und Persönlicher Zukunftsplanung

Die neue, stärker personenzentrierte, sozialraumorientierte und an der Internationalen Klassifikation der Funktionsfähigkeit, Behinderung und Gesundheit (ICF) orientierte Teilhabe-, Hilfe- oder Gesamtplanung des Leistungsträgers bietet gute Ansatzpunkte für eine passgenauere personenzentrierte Bedarfsermittlung und Planung. Das SGB IX ermöglicht mit der Fokussierung auf Selbstbestimmung und Teilhabe, dem Grundsatz der individuellen Hilfen, dem Wunsch- und Wahlrecht und der Möglichkeit eines Persönlichen Budgets prinzipiell Gestaltungsspielräume. Die tatsächlichen Partizipationsspielräume der Planenden hängen dabei einerseits von den strukturell im Prozess verankerten Partizipationsrechten und andererseits maßgeblich von der Haltung der Professionellen ab (vgl. Doose 2015). So entscheidet sich, ob aus dem oder der Planenden ein(e) Geplante(r) wird. In manchen Hilfeplanungsverfahren erscheint die Person in unzähligen Formularen mit formalen Angaben zu ertrinken. Dabei gerät die

Frage, wer die Person ist, was sie ausmacht und sich in ihrem Leben wünscht, in den Hintergrund. Teilhabeplanung und die damit verbundenen Berichte sowie die Dokumentation in den Einrichtungen drohen manchmal zur Rechtfertigungsübung zu verkommen, die keine positiven Auswirkungen auf die Lebensqualität und die Zukunft der Person hat. Planen wird hier zur bürokratischen Verpflichtung auf dem Weg zur gewünschten Unterstützung der Teilhabe. So soll die individuelle leistungsrechtliche Zuweisung von notwendigen Maßnahmen zur Erreichung von amtlich akzeptierten persönlichen Zielen gewährleistet werden.

Teilhabe-, Hilfe- oder Gesamtpläne können mittlerweile im Rahmen einer Teilhabe-, Hilfeplan- oder Gesamtplankonferenz beraten werden. Die planende Person hat ein Recht darauf, an diesen Konferenzen, ggf. mit einer Person ihres Vertrauens, teilzunehmen. Die Zahl der Teilnehmenden aus dem persönlichen und familiären Umfeld ist aber in der Regel eng begrenzt, sodass die Fachleute und Vertreter(innen) der Rehabilitationsträger in der Überzahl sind. Ob Hilfe- und Teilhabekonferenzen eher zu einer für die Betroffenen unangenehmen »Anhörung« oder zu einem bestärkenden Erlebnis von Selbstwirksamkeit werden, hängt sehr von der Ausgestaltung und Grundhaltung der handelnden Personen ab. Vor einiger Zeit wurde mir von einer individuellen Hilfeplankonferenz berichtet, in der sich eine beeindruckende Zahl von Professionellen versammelt hatte, die sich alle mit Namen, Einrichtung und Funktion vorstellten, ehe sich zuletzt die planende Person mit ihrem Namen vorstellte und hinzufügte »ich habe keine Funktion«, womit sie ihre Position in dieser Runde gut auf den Punkt brachte. Zu viele Teilhabeplanungskonferenzen sind immer noch nicht personenzentriert, sondern Orte, an denen die Fachleute den unterstützten Personen sagen, was sie zu tun haben. Welche persönlichen Ziele eines behinderten Menschen akzeptabel und welche Maßnahmen als notwendig erscheinen, bleibt letztendlich dem Urteil der Leistungsträger überlassen.

Für die Teilhabe ist es darüber hinaus gerade für Menschen mit schwerer Beeinträchtigung entscheidend, welche Hilfen und Unterstützungsleistungen für die Teilhabe im Gemeinwesen tatsächlich zur Verfügung stehen. Plan wird bisher meist das, was im Hilfesystem vorrätig ist (vgl. Früchtel & Roth 2017). Wird die Teilhabe-, Hilfe- oder Gesamtplanung primär dazu genutzt, Menschen mit Unterstützungsbedarf in bestehende Maßnahmen und Einrichtungen zu platzieren oder ist sie ein Instrumentarium, um die individuell notwendige Unterstützung, orientiert an dem, was der Person wichtig ist, flexibel zu organisieren? Die mögliche Teilhabe von Menschen mit Beeinträchtigung wird wesentlich von dem Vorhandensein entsprechender inklusionsorientierter, personenzentrierter und sozialräumlicher Unterstützungsarrangement abhängen. Die Träger der Eingliederungshilfe haben nach § 95 SGB IX-neu im Rahmen ihrer Leistungsverpflichtung eine personenzentrierte Leistung für Leistungsberechtigte unabhängig vom Ort der Leistungserbringung sicherzustellen (Sicherstellungsauftrag). Die Ergebnisse aus den Gesamtplanungen sollen dabei bei den Strukturplanungen, wie einer regionalen Teilhabeplanung, berücksichtigt werden. Nach § 94 SGB IX-neu haben zukünftig die Länder den Auftrag, auf »flächendeckende, bedarfsdeckende, am Sozialraum orientierte und inklusiv ausgerichtete Angebote von Leistungsanbietern hinzuwirken« und die Träger der Eingliederungshilfe bei der Umsetzung ihres Sicherstellungsauftrags zu unterstützen. Dies ist gerade für die Zielgruppe von Menschen mit schwerer Beeinträchtigung in den meisten Regionen dringend erforderlich und würde den von der UN-Behindertenrechtskonvention geforderten Wechsel von einem Denken in Einrichtungen und Maßnahmen hin zu einem Denken in Unterstützung realisieren.

Im Rahmen des Teilhabe-, Hilfe- und Gesamtplanung können sicher auch Methoden des personenzentrierten und sozialraumorientierten Planens eingesetzt werden. Dennoch haben die Persönliche Zukunftsplanung als Methode der Assistenz der persönlichen Lebensplanung und die Teilhabe-, Hilfe- oder Gesamtplanung des Leistungsträgers einen unterschiedlichen Charakter und Fokus: Während es sich bei der Teilhabe-, Hilfe- oder Gesamtplanung des Leistungsträgers um die vorgeschriebene, leistungsrechtliche Bedarfsermittlung und Zuweisung der im Einzelfall erforderlichen Leistungen handelt, die in einem möglichst kurzen Zeitraum von zwei bis acht Wochen erfolgen soll, ermöglicht die *Assistenz bei der persönlichen Lebensplanung* eine umfangreichere Persönliche Zukunftsplanung.

Bei einer *Persönlichen Zukunftsplanung* geht es zum Beispiel zunächst darum, alleine oder mit Hilfe eines selbst gewählten Unterstützungskreises eine Vorstellung von einer wünschenswerten Zukunft zu entwickeln und diese dann gemeinsam Schritt für Schritt umzusetzen. Persönliche Zukunftsplanung ist im Gegensatz zu einer Teilhabe-, Hilfe- oder Gesamtplanung freiwillig und wird mit einem selbst gewählten Kreis von Unterstützer(inne)n durchgeführt. Die Person selbst ist ggf. mit Unterstützung die einladende Person, bestimmt die Regeln und die Gästeliste. Eingeladen werden Familienmitglieder, Freund(inn)e(n), Bekannte und eben auch hilfreiche Professionelle. Grundlage der Einladung ist die persönliche Beziehung und Freiwilligkeit, keiner muss qua Amt und Funktion kommen. Dies ist anders als bei einer Teilhabe- oder Gesamtplankonferenz, wo der Leistungsträger plant und einlädt, die meisten Teilnehmer(innen) durch Amt und Funktion feststehen, die Person lediglich eine Person des Vertrauens mitbringen darf und die Regeln des Verfahrens und der Ablauf gesetzlich vorgeschrieben sind. Ausgangspunkt einer Persönlichen Zukunftsplanung ist oft ein persönlich empfundener Veränderungsbedarf und ein selbst gewählter Themenschwerpunkt der Planung. Das Format des Prozesses ist nicht vorgeschrieben, es gibt verschiedene methodische Möglichkeiten, die individuell ausgewählt und angepasst werden können. Persönliche Zukunftsplanungen werden von entsprechend ausgebildeten, unabhängigen Moderator(inn)en vorbereitet und moderiert, Planungen werden oft mit Bildern grafisch durch eine(n) zweite(n) grafische(n) Moderator(in) visualisiert. Persönliche Zukunftsplanung ist als längerfristiger Prozess angelegt und dient der kontinuierlichen Verbesserung der Lebensqualität und Erreichung von Zielen der Person. Eine Persönliche Zukunftsplanung mit der intensiven Beschäftigung mit der eigenen Person, den verschiedenen Möglichkeiten und Hindernissen, dem Erkunden der Träume und Herauskristallisieren der persönlichen Ziele und häufig mehreren Treffen mit einem Unterstützungskreis würde den Rahmen eines offiziellen Teilhabe-, Hilfe- oder Gesamtplanungsverfahrens sprengen. Nicht alle Menschen, die eine Persönliche Zukunftsplanung machen, haben Anspruch auf Leistungen zur Teilhabe. Nicht jedes persönliche Ziel erfordert eine Unterstützung durch offizielle Leistungen zur Teilhabe, andere sind ohne entsprechende Teilhabeleistungen nicht erreichbar.

Eine Persönliche Zukunftsplanung kann wiederum eine hervorragende Vorbereitung auf die offizielle Teilhabe-, Hilfe- oder Gesamtplanung sein. Gerade bei der Gestaltung von Übergängen oder wenn eine intensivere persönliche Lebensplanung gemacht werden soll, kann es deshalb sinnvoll sein, als erste Maßnahme der individuellen Teilhabe-, Hilfe- oder Gesamtplanung Assistenzleistungen zur persönlichen Lebensplanung zum Beispiel im Rahmen einer unabhängig moderierten Persönlichen Zukunftsplanung mit Unterstützungskreis zu bewilligen. Die Methoden der Persönlichen Zukunftsplanung bieten sich nämlich hervorragend an, die Assistenz zur persönlichen Lebensplanung fachlich anspruchsvoll zu gestalten und – wie im SGB IX-neu vorgesehen – »personenzentrierte«, »am Sozialraum orientierte« und »inklusiv ausgerichtete« Angebote (vgl. § 94, 95 SGB IX-neu) zu entwickeln.

Die Assistenz zur persönlichen Lebensplanung ist nicht nur denkbar als Teil eines umfassenden Angebots von Assistenzleistungen, die in der Regel als »Paket« bei einem Dienstleister eingekauft werden sollen. Es ergibt gerade bei der persönlichen Lebensplanung Sinn, zunächst einmal mit Hilfe einer unabhängigen Moderation herauszufinden, was die Person in ihrem Leben für Ziele erreichen will, wie sie leben möchte, welche Unterstützungsbedarfe sie hat und wie die Unterstützung erbracht werden soll. Sind diese Punkte zum Beispiel im Rahmen einer Persönlichen Zukunftsplanung mit einem Unterstützungskreis hinreichend geklärt worden, kann ich mir gezielt passende Assistenzleistungen bei entsprechenden Anbietern suchen und in einer offiziellen Teilhabe-, Hilfe- oder Gesamtplanung des Leistungsträgers meine Wünsche und Bedarfe hinsichtlich der Assistenz informiert und detailliert aufzeigen.

In Ontario in Kanada gibt es deshalb seit einigen Jahren die finanzierte Rolle der »unabhängigen Moderation« (independent facilitation), die für eine Person unabhängig von Einrichtungen und Diensten eine Zukunftsplanung und Prozessbegleitung organisiert. Diese Moderator(inn)en arbeiten freiberuflich und sind nicht bei Einrichtungen, Diensten oder Leistungsträgern angestellt. Sie gestalten mit der unterstützten Person ihre Persönliche Zukunftsplanung, bereiten den Unterstützungskreis vor und moderieren ihn, stellen Kontakte zu Menschen vor Ort her, stärken die Person bei Verhandlungen und helfen bei der Organisation und Koordination von notwendigen Unterstützungsleistungen und ggf. der Verwaltung eines persönlichen Budgets (vgl. http://www.oifn.ca). Sie bieten aber selbst keine weitergehenden Assistenzdienste an. Ziel ist die personenzentrierte und sozialräumliche Unterstützung eines guten Lebens im Ort. Auch im deutschsprachigen Raum wäre es an der Zeit, diese Formen der unabhängigen Persönlichen Zukunftsplanung zu erproben und zu implementieren. Die Finanzierung von Persönlichen Zukunftsplanungen als Assistenzleistungen zur persönlichen Lebensplanung könnte eine Möglichkeit dafür sein.

5 Fazit: Persönliche Zukunftsplanung als Assistenz zur persönlichen Lebensplanung und Gestaltung von Teilhabe im Gemeinwesen

Persönliche Zukunftsplanung ist die gemeinsame Anstrengung in einem Unterstützungskreis einer Person eine selbst bestimmte Teilhabe und die genannten wertgeschätzten Erfahrungen im Gemeinwesen zu ermöglichen, sie zu gestalten und zu erkämpfen. Die Erfahrung zeigt nämlich, dass gerade Menschen mit schwerer Beeinträchtigung von Ausgrenzung und Ausschluss bedroht sind, ihre Fähigkeiten nicht oder nur teilweise erkannt werden und nicht zur Geltung kommen und sie übermäßiger Kontrolle von außen ausgesetzt sind. Die Teilhabe dieses Personenkreises ist durch die Struktur des Unterstützungssystems oft schwer behindert. In der Welt der Einrichtungen ist ihre Erfahrungswelt oft auf diese begrenzt. Nur unter diesen engen Rahmenbedingungen bekommen sie dort die Unterstützung, die sie brauchen. Sie haben häufig nur wenige Wahlmöglichkeiten und bisher kaum Möglichkeiten, wertgeschätzte Erfahrungen im Gemeinwesen zu machen. Dass es auch anders geht, zeigen einige der in diesem Band veröffentlichten Erfahrungen wie das Angebot »Auf Achse« von Leben mit Behinderung Hamburg oder »bei der Arbeit« vom ASB Bremen (s. Westecker et al. und Becker in diesem Band). Die grundlegenden Handlungsorientierungen zur Ermöglichung der wertgeschätzten Erfahrungen von Teilhabe lassen sich dabei gut mit den *drei Seiten der Medaille* Personenzentrierung, Sozialraumorientierung und Beziehungsorientierung beschreiben.

Persönliche Zukunftsplanung könnte zukünftig als Assistenz zur persönlichen Lebensplanung finanziert werden. Sie bietet eine Vielfalt von personenzentrierten und sozialräumlichen Methoden, gemeinsam mit einer Person mit Beeinträchtigung und einem Unterstützungskreis bedeutsame Veränderungsprozesse in Gang zu setzen und eine lebenswerte Zukunft zu gestalten. In Unterstützungskreisen können Familie, Freund(inn)e(n), Bekannte, Fachleute und ehrenamtliche Bürger(innen) mit der Hauptperson gemeinsame Sache machen und Schritt für Schritt mehr Teilhabe ermöglichen. Unterstützungskreise können Keimzellen einer neuen Unterstützungskultur sein, in der Beziehungen wertgeschätzt, ausgebaut und gestärkt werden. Kommunikation ist gerade für Menschen mit schwerer Beeinträchtigung ein Schlüssel zur stärker selbst bestimmten Teilhabe. Deshalb ist es wichtig, im Vorfeld möglichst gute Möglichkeiten der Unterstützten Kommunikation aufzubauen und im Unterstützungskreis gemeinsam zu erkunden, wie die Person am besten ihre Präferenzen zum Ausdruck bringen kann.

Die personenzentrierten und sozialräumlichen Methoden sind keine Patentrezepte und müssen immer im Blick auf die Person und Situation ausgewählt und gerade bei schweren und mehrfachen Beeinträchtigungen kreativ angepasst werden. Die methodischen Ideen sind wie die Zutaten eines Kuchens: Es haftet nichts Magisches an ihnen. Die richtige Mischung der Zutaten, die richtige Wärme, das richtige Timing und der richtige Anlass sind entscheidend für das Gelingen.

Es ist ein Prozess, auf den man sich einlässt. Das Tempo der Veränderung und die Größe der Schritte muss dabei durch die Person vorgegeben werden. Manchmal sind es nur kleine Schritte, die den Fortschritt einer Person ausmachen, manchmal müssen Rückschritte und Umwege in Kauf genommen werden, nicht selten sind es aber auch erstaunliche, größere Veränderungen im Leben einer Person, die mit guter Unterstützung erreicht werden können. Wichtig ist es den Prozess so zu gestalten, dass er die Person stärkt und ermächtigt und nicht klein und ohnmächtig macht. Persönliche Zukunftsplanung kann so einen wichtigen Beitrag zur Stärkung des Selbstbewusstseins und zur Eröffnung von sozialer Teilhabe in der Region leisten. Dazu braucht es Offenheit und Ausdauer bei allen Beteiligten und Organisationen, die sich als lernende und veränderungsbereite Organisationen selbst auf neue Wege in die Zukunft begeben.

»Die Zukunft, die wir wollen, müssen wir selbst erfinden!
Sonst bekommen wir eine, die wir nicht wollen.«
(Joseph Beuys)

Literatur

Boban, I. (2007): Moderation Persönlicher Zukunftsplanung in einem Unterstützerkreis – »You have to dance with the group!« Zeitschrift für Inklusion, Ausgabe 1, http://bidok. uibk.ac.at/library/boban-moderation.html (15.11.2017)

Blok, N. (2015): Zukunftsplanung? Auch für Menschen mit Komplexer Behinderung im Alter. In: Maier-Michalitsch, N./Grunick, G. (Hgg.): Alternde Menschen mit Komplexer Behinderung. Düsseldorf, 130–139.

Bros-Spähn, B. (2007): Und was ist nach der Schule? Welche Lebens- und Berufsperspektiven haben Jugendliche, die als »schwerstmehrfachbehindert« diagnostiziert sind? In: Hinz, A. (Hg.): Schwere Mehrfachbehinderung und Integration – Herausforderungen, Erfahrungen, Perspektiven. Marburg, 181–187.

Dawletschin-Linder, C. (2016): Wie geht es ohne uns? – Eltern in der Zwickmühle. In: Gemeinsam leben (2), 94–97.

Doose, S. (2011): Persönliche Zukunftsplanung in der beruflichen Orientierung für Menschen mit schwerer und mehrfacher Behinderung. In: Leben mit Behinderung (Hg.): Ich kann mehr! Berufliche Bildung für Menschen mit schweren Behinderungen. Hamburg, 93–111.

Doose, S. (2012): Zukunft gestalten – Hilfe planen. Methoden einer individuellen Hilfe- und Persönlichen Zukunftsplanung. In: Maier-Michalitsch, N./Grunick, G. (Hgg.): Wohnen. Erwachsen werden und Zukunft gestalten mit schwerer Behinderung. Düsseldorf, 53–71.

Doose, S. (2013): »I want my dream!« Persönliche Zukunftsplanung. Neue Perspektiven und Methoden einer personenzentrierten Planung mit Menschen mit und ohne Beeinträchtigung. Buch mit umfassendem Materialienteil. 10. aktualisierte Auflage. Neu-Ulm.

Doose, S. (2015): Partizipation im Rahmen von Prozessen der Hilfe- und Zukunftsplanung. Teilhabe an einem guten Leben als Zielperspektive – Behinderung als Ausgangssituation. In: Düber, M./Rohrmann, A./Windisch, M. (Hgg.): Barrierefreie Partizipation. Entwicklungen, Herausforderungen und Lösungsansätze auf dem Weg zu einer neuen Kultur der Beteiligung. Weinheim/Basel, 342–355.

Doose, S. (2017): Persönliche Zukunftsplanung als Methode der Assistenz zur persönlichen Lebensplanung (§ 78 SGB IX-neu), https://zukunftsplanungblog.wordpress. com/2017/10/16/persoenliche-zukunftsplanung-als-methode-der-assistenz-zur-persoenlichen-lebensplanung-%c2%a7-78-sgb-ix-neu/ (15.11.2017)

Doose, S./Emrich, C./Göbel, S. (2013): Käpt'n Life und seine Crew. Ein Planungsbuch zur Persönlichen Zukunftsplanung. Zeichnungen von Tanay Oral. Netzwerk People First Deutschland (Hg.). 5. aktualisierte Auflage. Neu-Ulm.

Doose, S./Johannsen, B. (2018): Neue Regeln für die Teilhabe-, Hilfe- und Gesamtplanung, Persönliche Lebensplanung als fachliche Assistenzleistung. Fragen an und Einschätzungen zur Rolle der Heilpädagogik bei Planungsprozessen im neuen SGB IX. In: heilpädagogik.de (1), 40–44.

Ehler, J. (2008): Resümee meiner Zukunftskonferenz. In: Orientierung (1), 6–7

Ende, M. (1973): Momo. Stuttgart.

Fietkau, S. (2017): Unterstützer*innenkreise für Menschen mit Behinderung im internationalen Vergleich. Weinheim.

Früchtel, F./Roth, E. (2017): Familienrat und inklusive, versammelnde Formen des Helfens. Heidelberg.

Früchtel, F. (2016): »Was ist relationale Sozialarbeit?« In: Früchtel, F./Straßner, M./ Schwarzloos, Ch. (Hgg.): Relationale Sozialarbeit. Versammelnde, vernetzende und kooperative Hilfeformen. Weinheim Basel, 12–33.

Früchtel, F./Budde, W./Cyprian, G. (2012): Sozialer Raum und Soziale Arbeit. Fieldbook: Methoden und Techniken. 3. Auflage. Wiesbaden

Grotemeyer, G.(2017): Marks Zukunftsfest, https://zukunftsplanungblog.wordpress. com/2017/03/29/102/ (15.11.2017)

Hinz, A./Kruschel, R. (2013): Bürgerzentrierte Planungsprozesse in Unterstützerkreisen. Praxishandbuch Zukunftsfeste. Düsseldorf.

Hamburger Arbeitsassistenz (2008): talente. Ein Angebot zur Förderung von Frauen mit Lernschwierigkeiten im Prozess beruflicher Orientierung und Qualifizierung. Theoretische Grundlagen, Projektbeschreibung, Methoden, Materialien, Filme, Begleit-DVD. Hamburg.

Hamburger Arbeitsassistenz (2007): bEO – berufliche Erfahrung und Orientierung. Theoretische Grundlagen, Projektbeschreibung, Methoden, Materialien, Begleit-CD. Hamburg.

Hömberg, N. (2008): Verständigung über die Zukunft – Persönliche Zukunftsplanung und Unterstützte Kommunikation. In: ISAAC (Hg.): Handbuch der Unterstützten Kommunikation. Karlsruhe, http://bidok.uibk.ac.at/library/hoemberg-verstaendigungen. html (10.01.2018)

Jerg, J./Sickinger, H. (2014): Lebensträume verwirklichen. Wie sich junge Leute am Übergang von der Schule in den Beruf mit einem Elternverein auf den Weg machten, um Inklusion zu realisieren. Reutlingen.

Kluge, M. (2007): Felix – die Zukunft beginnt in der Grundschule, die Planung auch. In: Hinz, A. (Hg.): Schwere Mehrfachbehinderung und Integration – Herausforderungen, Erfahrungen, Perspektiven. Marburg, 188–194.

Mayer, Sh. (2002): Communication Ally. In: O'Brien, J./O'Brien, C. L. (Hgg.): Implementing Person-Centred Planning. Voices of Experience. Toronto.

Mount, B. (1994): Benefits and Limitations of personal future planning. In: Bradley, V. J./ Ashbaugh, J. W./Blaney, B. C. (Hgg.), Creating individual supports for people with developmental disabilities: A mandate for change at many levels. Baltimore, 97–108.

Niedermair, C./Tschann, E. (2007): Kompetenzorientierte Planung im Spagat. In: Hinz, A. (Hg.): Schwere Mehrfachbehinderung und Integration – Herausforderungen, Erfahrungen, Perspektiven. Lebenshilfe-Verlag, Marburg, 168–172.

O'Brien, J. (2011): 5 wertgeschätzte Erfahrungen von Inklusion. Deutsche Übersetzung vom Netzwerk Persönliche Zukunftsplanung 2016, https://www.persoenliche-zukunftsplanung.eu/fileadmin/Webdata/NPZP/NPZP-PDFs_DOCs/5-wertgeschaetze-erfahrungen_j.o-brien_2-seit.pdf (15.11.2017)

O'Brien, J./Pearpoint, J./Kahn, L. (2010): The PATH & MAPS Handbook. Person-Centred Ways to Build Community. Toronto.

Pohl, Margot (2011): Schau mir in die Augen. Persönliche Zukunftsplanung mit alternativen Kommunikationsformen. In: impulse. Thema Persönliche Zukunftsplanung, 21–27, http://trainingpack.personcentredplanning.eu/attachments/article/159/impulse_SonderheftZukunftsplanung_Downloadversion.pdf (15.11.2017)

Pohl, M. (2013): Schummeln nicht erlaubt! Persönliche Zukunftsplanung mit Menschen, die nicht mit ihrer Stimme sprechen. In: impulse – Das Fachmagazin der BAG UB, (67), 25–28, http://bidok.uibk.ac.at/library/imp-67-13-pohl-schummeln.html (15.11.2017)

Sanderson Associates, H. (Hg.) (2008): community connecting. Stockport, http://www.hsapress.co.uk/media/9661/ccminibookfinalweb.pdf (15.11.2017)

Sanderson, H./Goodwin, G. (Hgg.) (2010): Minibuch Personenzentriertes Denken. Deutsche Übersetzung Doose, S./Göbel, S./Koenig, O. Stockport, http://www.personcentredplanning.eu/files/hsa_minibook_pcp_german.pdf (15.11.2017)

Scharmer, O. (2009): Theorie U: Von der Zukunft her führen. Heidelberg.

Schröder, L.-Ch./Wunder, M. (Hgg.) (2006): Arbeitsbuch zur Individuellen Hilfe- und Perspektivplanung. Ein Leitfaden für Praktiker. Hamburg.

Stiftung Leben Pur (Hg.) (2012): Projekt Persönliche Zukunftsplanung mit Menschen mit schweren und mehrfachen Behinderungen, http://www.stiftung-leben-pur.de/fileadmin/user_upload/slp/PZP/Ergebnisflyer.pdf (15.11.2017)

Werner, R. (2012): Bericht von Eltern über die Zukunftsplanung ihres schwerstmehrfachbehinderten Sohnes. In: Maier-Michalisch, N./Grunick, G. (Hgg.): Wohnen. Erwachsen werden und Zukunft gestalten mit schwerer Behinderung. Düsseldorf, 88–93.

Woldrich, A./Pohl, M. (2012): Zukunftsfeste mit Menschen mit schweren und mehrfachen Behinderungen. In: Maier-Michalitsch, N./Grunick, G. (Hgg.): Wohnen. Erwachsen werden und Zukunft gestalten mit schwerer Behinderung. Düsseldorf, 72–87.

Heinz Becker

Mit MAPS und PATH an die Arbeit
Eine Tagesförderstätte auf dem Weg in die Arbeitswelt mit »Persönlicher Zukunftsplanung«

Teilhabe am Arbeitsleben außerhalb von Sondereinrichtungen ist für alle Menschen möglich. Um diesen Anspruch umzusetzen, sind Veränderungen auf vielen Ebenen nötig. Vielfach verhindert nicht die Arbeitswelt die Teilhabe, sondern die konzeptionellen Ausrichtungen und Strukturen der Einrichtungen. Fachkräfte müssen ihre Rolle anders definieren und Einrichtungen ihre Strukturen verändern.

Am Beispiel der ASB-Tagesförderstätte in Bremen wird der Weg einer Einrichtung in die Arbeitswelt des Sozialraums gezeigt. Seit 1989 stehen Arbeitsangebote im konzeptionellen Mittelpunkt der Einrichtung, seit 2012 auch außerhalb der Tagesstätte in Betrieben. Wir orientieren uns an den Anforderungen der Behindertenrechtskonvention und den Leitgedanken der Teilhabe und begeben uns unter den gegebenen finanziellen und personellen Möglichkeiten in unseren Sozialraum, in unser Quartier.

Als Motor der Organisationsentwicklung werden Methoden der Persönlichen Zukunftsplanung genutzt.

1 Die Persönliche Zukunftsplanung (PZP)

In einer gesellschaftlichen Stimmung, die durch Kämpfe um Gleichberechtigung von diskriminierten Menschen dunkler Hautfarbe und anderer Minderheiten geprägt war, entstand 1962 in den USA die »Independent Living« Bewegung. Vorwiegend Menschen mit körperlichen Behinderungen setzten sich für Selbstbestimmung und Gleichberechtigung ein. Mit dem anschließend hieraus weiterentwickelten Konzept »Supported Living« forderten Menschen mit geistiger Behinderung diese Rechte ein.

Selbstbestimmung wurde nun als Bürgerrecht verstanden und Menschen mit Behinderungen wollten als Bürger(innen) ihrer Gemeinde gesehen werden. Als Instrument, um die Ziele des Supported Living zu erreichen, wurden seit den 1980er Jahren Methoden des »Person-Centered Planning« entwickelt.

Diese Methoden wurden in Deutschland unter dem Oberbegriff »Persönliche Zukunftsplanung« eingeführt. Hierunter werden methodische Ideen und Planungsansätze zusammengefasst, die heilpädagogischen Förderplänen oder individuellen Hilfeplänen gegenüberstehen, wie sie hierzulande von Leistungserbringern und Kostenträgern genutzt werden (vgl. Theunissen 2012, 257).

Das Ziel ist immer, gemeinsam und unter der Regie der betroffenen Person »über ihre Zukunft nachzudenken, eine Vorstellung von einer erstrebenswerten Zukunft zu entwickeln, Ziele zu setzen und diese mit Hilfe eines Unterstützerkreises Schritt für Schritt umzusetzen« (Doose 2012, 56 f.).

Dazu bietet Persönliche Zukunftsplanung eine »Schatzkiste mit zahlreichen Ideen und methodischen Anregungen« (Emrich et al. 2006, 188) und unterschiedlichen Planungsinstrumenten. »Entscheidend ist dabei, dass es nicht einfach eine neue Methode ist, die man nutzen kann, sondern ein Prozess, auf den man sich einlässt« (Doose 2013, 34).

Ein Unterstützerkreis ist zentraler Bestandteil vieler Methoden. Ihm können Familienmitglieder, Freund(inn)e(n), Bekannte, Nachbar(inne)n oder Fachleute angehören. Im Idealfall stellt die planende Person selbst den Unterstützerkreis zusammen. Es sollte keine homogene Gruppe sein, sondern auch »andere offene, ideenreiche und engagierte Menschen« einbeziehen (Doose 2014).

Persönliche Zukunftsplanung erschöpft sich nicht nur im Pläneschmieden und Träume-erzählen. Sie impliziert immer auch die Realisierung.

> »Planung ohne daraus folgende Aktion würde Persönliche Zukunftsplanung zu einem leeren Ritual verkommen lassen. Dabei ist es nicht entscheidend, sofort Großes zu bewegen – viel wichtiger ist, *dass* Menschen Schritte gehen, auch wenn es kleine Schritte sind« (Emrich 2004).

2   Arbeit und Teilhabe

Arbeit ist ein wesentlicher »Legitimations- und Teilhabefaktor« in unserer Gesellschaft (Bendel et al. 2015, 18). Deswegen fordert die Behindertenrechtskonvention das Recht auf die Möglichkeit zur Teilhabe am Arbeitsleben. Dieses Recht auf Teilhabe am Arbeitsleben ist nicht an Voraussetzungen gebunden, eben nicht an die Fähigkeit, ein »Mindestmaß wirtschaftlich verwertbarer Arbeitsleistung« zu leisten.

Für Menschen mit geistiger Behinderung beschränkt sich in Deutschland die Möglichkeit zur Teilhabe am Arbeitsleben in der Regel auf das Angebot, eine Werkstatt für behinderte Menschen (WfbM) zu besuchen. Das sind meistens fabrikähnliche Spezialeinrichtungen, in denen behinderte Menschen häufig einfache Sortier- und Montagearbeiten machen. Sicher gibt es Ausnahmen, es gibt Außenarbeitsplätze, Cafés, Läden, grüne Werkstätten. Das Recht auf einen Arbeitsplatz in einer WfbM ist ein weltweit fast einmaliges und hohes Gut. Aber das ganze Konstrukt »Werkstatt für behinderte Menschen« mit seinen engen gesetzlichen Vorgaben hat sich seit 1974 kaum verändert, ist sehr zäh und veränderungsresistent. Ein Wechsel von der WfbM in den allgemeinen Arbeitsmarkt findet so gut wie nicht statt und die Werkstätten bleiben ein »intransparentes und abgeschlossenes System von Sondereinrichtungen« (Greving et al. 2017), Einbahnstraßen, in denen behinderte Menschen für ein bundesdurchschnittliches Arbeitsentgelt von 180 Euro monatlich das arbeiten, was nichtbehinderte Menschen ihnen sagen.

Deswegen hat der Ausschuss der Vereinten Nationen zur Überprüfung der Behindertenrechtskonvention das deutsche Werkstattsystem hart kritisiert (vgl. Bendel et al. 2015, 25 f.) und fordert den Einstieg in den Ausstieg aus diesem System.

Wer etwas schwerer behindert ist oder wer unter diesen Bedingungen nicht genug arbeiten kann, erhält in einigen, vornehmlich den neuen Bundesländern etwas wie eine »heiminterne Tagesstruktur«, in den meisten anderen Bundesländern wird eine Tagesstätte oder eine Fördergruppe der WfbM angeboten. Für diese Tagesstätten und Förderbereiche gibt es keine inhaltlichen Vorgaben. Die Inhalte und Konzepte vieler Tagesstätten haben mit Teilhabe, gar mit Teilhabe am Arbeitsleben in der Regel wenig am Hut, wie die SITAS-Studie der Pädagogischen Hochschule Heidelberg gezeigt hat (vgl. Becker 2016, 56 ff.).

3 Bei der Arbeit: Die ASB-Tagesförderstätte

Die Tagesförderstätte des ASB in Bremen hat sich seit ihrer Gründung 1989 als Einrichtung zur Teilhabe am Arbeitsleben verstanden. Sie bietet auf der Basis einer personzentrierten Arbeitsweise (vgl. Pörtner 2017) kleine Arbeitsgruppen und Werkstätten, in denen versucht wird, die Arbeitsprozesse so zu gestalten, dass sich jede(r) Beschäftigte in einer angemessenen Weise an den Arbeitsabläufen beteiligen kann. Das ist ja auch gut, besser als »entwicklungsförderliches Beisammensein« den ganzen Tag, aber Teilhabe am Arbeitsleben ist das noch nicht.

Ungefähr 2010 haben sich Leitung und Fachkräfte gefragt: »Wo finden wir anregende, offene Orte, an denen wir mitarbeiten können?« (Doose 2011, 93). Warum gehen wir nicht ins Regelsystem, dahin, wo die »richtige« Arbeit stattfindet und versuchen, uns dort einzubringen. Dieser Ansatz wird seitdem Schritt für Schritt umgesetzt. Mitarbeitende bringen sich in den Sozialraum ein, knüpfen Kontakte, nehmen an Gremien und Arbeitskreisen teil und suchen nach Nischen, wo sie mitarbeiten können.

Dadurch haben sich in den letzten Jahren viele sozialräumliche Teilhabeangebote entwickelt: Menschen mit schwersten Behinderungen und hohem Unterstützungsbedarf arbeiten mit ihren Assistent(inn)en in einer kleinen Gärtnerei, verteilen Flyer der Kirchengemeinde oder von Betrieben, machen Hilfsarbeiten auf einem Pferdehof, holen Altpapier aus einem Betrieb ab, arbeiten in einer Firma, die Beleuchtungsanlagen für Windkrafträder und Kräne herstellt, decken den Tisch in einem Café ab oder helfen bei der Ernte für die Gemüsekiste. Sie gehen in ein großes Schulzentrum, dort gibt es viel zu tun: die Blumen im Lehrerzimmer gießen, Unkraut im Innenhof entfernen, im Speiseraum die Stühle an den Tisch schieben und einiges mehr.

Das führt zu einer Haltungsänderung bei den Fachkräften, die sich in kleinen Schritten vollzogen hat. Sie hat zu vielen Veränderungen geführt, was an zwei Beispielen illustriert werden kann:

Früher sind die Mitarbeitenden mit einigen Beschäftigten zu einem Wochenmarkt gefahren, um die in der Tagesförderstätte hergestellten Produkte anzubieten. Der Wochenmarkt findet in einem entfernten Stadtteil Bremens statt, in dem keiner der behinderten Menschen wohnt und zu dem die Einrichtung keinerlei Bezug hat. Aber es wohnen dort viele Leute, die im sozialen Bereich arbeiten und bei denen ist der Markt zu Recht sehr beliebt, es ist ein sehr schöner Wochenmarkt. Jetzt wird das nicht mehr gemacht. Die Mitarbeiter(innen) nehmen viel mehr Möglichkeiten in der Umgebung der Einrichtung wahr und nehmen dort an Veranstaltungen und Märkten teil, auch wenn die Sozialpädagog(inn)en diese nicht so schön finden.

Vor vielen Jahren kam an einem heißen Sommertag der damalige Ortsamtsleiter in die Tagesförderstätte. Er fragte an, ob die Mitarbeiter(innen) mit den Beschäftigten (die damals noch »Besucher(innen)« hießen) nicht ab und zu die neu angepflanzten Bäume an der Straße vor der Einrichtung gießen könnten. Das wurde freundlich, aber entschieden zurückgewiesen: »Für so etwas haben wir keine Zeit, wir müssen in unseren Arbeitsgruppen arbeiten, Papierkarten schöpfen, Weihnachtsmänner glasieren und Seidentücher bemalen«. Heute würde ein solches Angebot sofort angenommen, die Einrichtung sucht geradezu nach solchen Gelegenheiten, sich in den Sozialraum einzubringen.

Bei den behinderten Menschen zeigen sich Veränderungen in den Fähigkeiten, im Verhalten, im Selbstbewusstsein, in der Lebensqualität. Fast immer entwickelt sich eine hohe Identifikation mit der Arbeit. Mal ist es die Straßenbahnfahrt zum Arbeitsplatz, die die Motivation weckt, mal die persönlichen Begegnungen, der Werkstoff oder die Maschinen. Verhaltensprobleme, die in der Tagesstätte auftreten, treten »bei der Arbeit« deutlich weniger auf. Daneben bietet sich eine Vielzahl von Möglichkeiten, Dinge zu erfahren und zu lernen, die in der Einrichtung nicht möglich sind.

Die Mitarbeiter(innen), die die behinderten Menschen begleiten, berichten, dass sie das Gefühl haben, in der Öffentlichkeit anders wahrgenommen zu werden. Es ist nicht mehr die kleine Gruppe von behinderten Menschen, die mit ihren Betreuer(inne)n spazieren gehen, sondern es sind die beiden Damen, die das Rundschreiben der Kirchengemeinde bringen, die Frau, die mit ihrer Assistentin die Blumen sortiert, der junge Mann, der das Altpapier abholt …

Mitarbeiter(innen) orientieren sich viel mehr im Stadtteil, erkennen es zunehmend als ihre Aufgabe, sich dort auszukennen, umzusehen und Kontakte zu knüpfen.

Für die Einrichtung ergibt sich der Nutzen in einer sehr hohen Nachfrage von zukünftigen Klient(inn)en, einer hohen Aufmerksamkeit und einem hohen überregionalen Bekanntheitsgrad und Beachtung in ganz Deutschland und darüber hinaus.

Zur Weiterentwicklung und Vernetzung mit Einrichtungen mit ähnlichen Konzepten arbeitet die ASB-Tagesförderstätte in überregionalen Arbeitskreisen (z. B. dem »AK Bildung ist Teilhabe«) und Projekten (»Zeit für Arbeit« der BAG UB) mit.

4   Die Zukunftsplanung als Organisationsentwicklung

Einige Methoden der Persönlichen Zukunftsplanung (PZP) sind geeignet, um eine Zukunftsplanung für eine Institution als Mittel der Organisationsentwicklung zu machen.

Für den Prozess der Weiterentwicklung der Bemühungen um Teilhabe am Arbeitsleben für die Beschäftigten der ASB-Tagesförderstätte wurde im März 2014 eine zweitägige PZP für die ganze Tagesförderstätte durchgeführt. Eine zweite fand 2016 statt, dieser Zweijahresrhythmus soll zunächst beibehalten werden. An beiden Veranstaltungen nahmen alle Fachkräfte, Aushilfen, Praktikant(inn)en und Auszubildenden der Tagesförderstätte teil, daneben wurden alle Beschäftigten, ihre Eltern und viele Gäste als Unterstützer(innen) eingeladen.

Bei der ersten PZP wurden die Methoden »MAPS« und »PATH« angewendet. Zunächst wurde mit »MAPS« gemeinsam die Geschichte der Einrichtung betrachtet, ihr heutiges Erscheinungsbild, die Träume und Albträume, die Stärken und die Situationen und Bereiche, in denen sie zum Tragen kommen.

Der Planungsprozess von PATH beginnt mit der Beschreibung eines »Nordsterns«. In acht Schritten findet eine gedankliche Reise von der Vision des Nordsterns über den Kontrast mit der Gegenwart zu konkreten Phasen eines Veränderungsprozesses statt, die in sofort umsetzbaren Maßnahmen mündet. Hier wurde ein Unterstützerkreis eingeladen, der sich aus verschiedensten Personen zusammensetzte: Regionalpolitiker(innen), Eltern und Beschäftigte der Tagesförderstätte, eine Mitarbeiterin einer anderen Tagesstätte, eine Vertreterin des Kostenträgers, ein Mitarbeiter der WfbM, Kooperationspartner(innen)… Mit diesen Gästen wurden gemeinsam Pläne geschmiedet und eine lange Liste mit Personen und Institutionen gesammelt, die der Einrichtung bei der Umsetzung helfen können. Die PZP endete mit der Erarbeitung konkreter Schritte, die sofort umsetzbar waren (vgl. Becker 2016, 200 ff.).

Eine zweite PZP wurde zwei Jahre später durchgeführt. Nun wurden andere Methoden aus der »Schatzkiste« der PZP angewendet, auch hier wurden Ziele entwickelt. Sie haben sich deutlich von dem »Nordstern« zwei Jahre zuvor unterschieden. Während sich die Vorhaben 2014 noch vorwiegend auf interne Abläufe und Angebote (z. B. einen Kiosk im Haus zu betreiben) bezogen, waren sie jetzt viel mehr auf den Sozialraum gerichtet (Angebotszeiten werden flexibler, mehr und neue Arbeitsangebote außerhalb). Auch bei der zweiten PZP waren Gäste eingeladen, auch hier kamen wieder sehr viele konkrete Anregungen für weitere Unterstützer(innen).

Einige Erfolgskriterien für die sinnvolle Anwendung von Methoden der PZP als Organisationsentwicklung sind:

- Die Vorbereitung für das Team, die Einstimmung und Bereitschaft, sich darauf einzulassen: Die PZP funktioniert nicht, wenn sie dem Team verordnet wird, weil die Leitung eine Idee durchsetzen will. Wir waren bei der ersten PZP schon drei Jahre »bei der Arbeit« im Sozialraum unterwegs, haben uns mit dem Thema auseinandergesetzt, Chancen, Erfolge und auch Probleme erlebt. Auch PZP war schon bekannt und wurde genutzt. Mitarbeiter(innen) wurden ausgebildet, wir hatten bereits einen Fachtag zu dem Thema durchgeführt.

- Die PZP sollte von erfahrenen und ausgebildeten Moderator(inn)en geplant, durchgeführt und dokumentiert werden.
- Wichtig sind gute Rahmenbedingungen: gute Räumlichkeiten, gutes Essen, angenehme Atmosphäre.
- Anschließend ist eine gute Dokumentation und Präsenz der Ergebnisse wichtig. Eine ansprechende bebilderte Broschüre wurde erstellt und an alle Teilnehmer(innen) ausgegeben. Wir haben im Besprechungsraum den »Nordstern« und die Ziele ausgehängt, es wird daran gearbeitet.

5   Haltung verändern

Mit der ersten PZP ist es gelungen, den Ansatz »arbeitsweltbezogene Teilhabe im Sozialraum« fest zu etablieren. Wir haben zwar schon mehr als zwei Jahre vorher in dieser Richtung gearbeitet und auch viele Teilhabeangebote im Sozialraum gehabt, aber die Ernsthaftigkeit ist durch die erste PZP deutlicher geworden. Danach wurden Arbeitskleidung und einige Rituale eingeführt, es wurde vermehrt nach Kontakten gesucht, der ganze Prozess hat noch einmal Fahrt aufgenommen.

Für die Mitarbeiter(innen), auf die es entscheidend ankommt, ist es gut, so einen Prozess mitzumachen, zu erleben, wie man Probleme bearbeiten, Ergebnisse erzielen kann. Das Team hat sich sofort eine zweite PZP gewünscht, die 2016 stattfand. Diesen zweijährigen Rhythmus wollen wir zunächst beibehalten. Auch zwischendurch werden für Planungsprozesse der Organisation (z. B. Eröffnung einer neuen Außengruppe) Methoden der Persönlichen Zukunftsplanung genutzt.

Es ist eine hohe Aufgeschlossenheit für neue Entwicklungen festzustellen, vielleicht auch aus dieser Erfahrung heraus, dass es geht, solche Prozesse zu steuern und zwar mit meiner Beteiligung. Planungsprozesse der PZP beziehen immer die Mitarbeiter(innen) und Unterstützer(innen) in entscheidender Funktion mit ein.

Diese ganz wichtige Erfahrung, selbst an der Erarbeitung beteiligt zu sein, führt zu einer konstruktiven und ernsthaften Mitarbeit und zu einer schrittweisen Haltungsänderung.

Diese Haltungsänderung ist ein entscheidender Faktor. Spätestens mit der Unterzeichnung der Behindertenrechtskonvention hat sich Deutschland, jedenfalls auf dem Papier, von der Hilfe für behinderte Menschen verabschiedet, die dazu Besonderung benötigt (vgl. Frickenhaus 2017b). Das Problem ist, dass die Strukturen der geschlossenen Welten mehr als hundert Jahre alt sind und eine starke Beharrungstendenz auf verschiedenen Ebenen haben.

»Die Behindertenhilfe braucht ein neues berufliches Selbstverständnis für die Zeit nach der Besonderung« (Frickenhaus 2017b). Das haben wir, die Behindertenhilfe,

noch nicht. Und das kann man nicht zunächst »am grünen Tisch« von der »schreiben-
den Fachwelt« entwickeln lassen und wenn das fertig entwickelt ist, dann lassen wir
das mit der Besonderung. Unser Alltag muss sich Zug um Zug verändern. Und das
müssen wir selbst machen.

Es wird in unserem Bereich in nächster Zeit zu erheblichen Veränderungen kommen. Natürlich leben wir in einer Welt, die immer mehr Menschen vereinzelt, die
zwischenmenschliche Kontakte durch Produktionsstätten informationeller Macht wie
facebook ersetzt, die konsumorientiert und zerstreuungssüchtig ist, in der jeder für
sich selbst sorgt und in Casting-Shows zur Ergötzung des Publikums Elendsgestalten
aufeinander gehetzt werden. Und wenn Rechtspopulist(inn)en immer stärker werden,
weil sie Migration nicht aushalten und »dem Ruf nach Ausgrenzung folgen, dann ist
es um das Projekt einer gleichberechtigten Teilhabe von Menschen mit Behinderung
schlecht bestellt« (Wohlfahrt 2017, 138).

Aber wir leben auch in einer Gesellschaft, in der die Bedeutung der Menschenrechte
wieder anerkannt ist, in der Menschen, die Hilfe benötigen, nicht mehr nur dankbare
Fürsorgeempfänger(innen) sind, sondern zunehmend ihre Rechte einfordern. Das ist
für unser Fachgebiet und die daraus entstandenen Strukturen etwas unbequem.

Denn die Erfahrung zeigt, dass paradigmatische Veränderungen kaum mal von uns
Fachleuten oder der Politik angestoßen wurden. Es kommen jetzt Schulabgänger(innen)
auf uns zu, die noch nie eine Sondereinrichtung, keinen Sonderkindergarten, keine
Sonderschule besucht haben. Denen reicht es nicht, wenn wir ihnen einen Arbeitsplatz anbieten, an dem sie für die nächsten 40 Jahre für wenig mehr als 180 Euro im
Monat Vogelfutter einpacken können, oder eine Tagesstätte mit einem tollen Wasser-
bett, einem langen Gruppenfrühstück und einem jährlichen Kunstprojekt. Das alles
wird nicht mehr ausreichen. Die Zeit der Beglückungspädagogik mit Klangschalen-
therapie und Bällchenbad geht zu Ende (Rödler 1993, 61).

In einem Gespräch mit Franco Basaglia hat Jean-Paul Sartre gesagt:

> »Das Andere muss sich aus der Überwindung des Bestehenden ergeben. Kurz: es geht
> nicht darum, das gegenwärtige System pauschal zu negieren, abzulehnen. Man muss es
> vielmehr Zug um Zug außer Kraft setzen: in der *Praxis*. Der Angelpunkt ist die *Praxis*. Sie
> ist die offene Flanke der Ideologie« (Basaglia 1980, 40).

Der Weg ist nicht, Einrichtungen wie Werkstätten, Tagesstätten oder Wohnheime ab-
zuschaffen, jedenfalls jetzt noch nicht, sondern durch unsere Praxis die Ideologie der
Exklusion zu überwinden. Die Idee, dass es für behinderte Menschen am besten sei,
wenn sie unter ihresgleichen fern von den anderen sind, ist immer noch aktuell. Der
Weg führt weg von der Institutionszentrierung hin zur Institution, die sich nicht als
Gebäude, sondern als Maßnahme versteht: die Tagesstätte, die als Experte für die personzentrierte Teilhabe am Arbeitsleben ihre Funktion im Gemeinwesen hat und nicht
in der Hierarchie des Hilfesystems hinter der WfbM. Die PZP bietet gute Methoden,
diesen Prozess zu steuern und zu begleiten.

Literatur

Basaglia, F./Basaglia-Ongaro, F. (Hgg.) (1980): Befriedungsverbrechen. Über die Dienst-
barkeit der Intellektuellen. Frankfurt am Main.

Becker, H. (2015): Teilhabe am Arbeitsleben für Menschen mit schwerer und mehrfacher
Behinderung. In: Behinderte Menschen, 38. Jg. (2), 41–47.

Becker, H. (2016): … inklusive Arbeit. Weinheim.

Becker, H. (2017): »So lange, bis ich nicht mehr kann«. Die Geschichte der Paula Kleine.
In: Behinderte Menschen, 40. Jg. (1), 63–69.

Becker, H./Juterczenka, W. (2017): »Das Leben verändert sich.« Neue Ziele für Tagesstätten. In: Impulse 81 (2), 12–19.

Bendel, A./Richter, C./Richter, F. (2015): Entgelt und Entgeltordnungen in Werkstätten
für Menschen mit Behinderungen. WISO-Diskurs. Bonn: Friedrich-Ebert-Stiftung.

Doose, S. (2011): Persönliche Zukunftsplanung in der beruflichen Orientierung für Men-
schen mit schwerer und mehrfacher Behinderung. In: Leben mit Behinderung Hamburg
(Hg.): Ich kann mehr! Berufliche Bildung für Menschen mit schweren Behinderungen.
Hamburg, 93–111.

Doose, S. (2012): Zukunft gestalten – Hilfe planen. In: Maier-Michalitsch, N./Grunick,
G. (Hgg.): Leben pur: Wohnen. Erwachsen werden und Zukunft gestalten mit schwerer
Behinderung. Düsseldorf, 53–71.

Doose, S. (2013): »I want my dream!« Persönliche Zukunftsplanung. 10. Aufl. Neu-Ulm.

Doose, S. (2014): Inklusion als Menschenrecht – Zukunftsplanung als Weg. In: Deutsches
Institut für Menschenrechte (Hg.): Online-Handbuch Inklusion als Menschenrecht,
http://www.inklusion-als-menschenrecht.de/gegenwart/materialien/persoenliche-zu-
kunftsplanung-inklusion-als-menschenrecht/ (14.10.2017)

Emrich, C. (2004): Persönliche Zukunftsplanung. Konzept und kreative Methoden zur individuellen Lebens(stil)planung und/oder Berufswegplanung. In: impulse 29, Mai 2004,
(22–25), www.bag-ub.de/dl/impulse/impulse29.pdf (12.01.2018)

Emrich, C./Gromann, P./Niehoff, U. (2006): Gut leben. Persönliche Zukunftsplanung realisieren – ein Instrument. Marburg.

Frickenhaus, R. (2017a): Achtung: Sturm außerhalb des Wasserglases! In: Kobinet Kolumne 15.3.2017, http://www.kobinet-nachrichten.org/de/1/kolumne/35650/Achtung-
Sturm-außerhalb-des-Wasserglases!.htm (15.10.2017)

Frickenhaus, R. (2017b): Alles auf Anfang. In: Kobinet Kolumne 15.5.2017, http://www.
kobinet-nachrichten.org/de/1/kolumne/35979/Alles-auf-Anfang.htm (15.10.2017)

Greving, H./Sackarendt, B./Scheibner, U. (2017): Menschenwürde in den Werkstätten
brauchen menschengerechte Strukturen, http://www.kobinet-nachrichten.org/de/1/
nachrichten/35659/Menschengerechte-Strukturen-in-Werkst%C3%A4tten-angemahnt.
htm (15.10.2017)

Pörtner, M. (2017): Ernstnehmen, zutrauen, verstehen. 11. Aufl. Stuttgart.

Rödler, P. (1993): Menschen, lebenslang auf Hilfe anderer angewiesen. Frankfurt am Main.

Theunissen, G. (2012): Lebensweltbezogene Behindertenarbeit und Sozialraumorientierung. Freiburg.

Wohlfahrt, N. (2017): 2017 ist Wahljahr. In: Teilhabe 56 (3), 138.

Produktion und Dienstleistung

Ingrid Laible, Anika Maier und Stefan Leiber

Wie wir unser Um-denken um-setzen
… und wie Eigenprodukte Lebensqualität bringen

1   Am Anfang war die Unzufriedenheit

Anstoß, unsere Arbeitsweise zu überdenken, gab uns eine Mitarbeiterin. Wir, in unserem Sprachgebrauch, nennen die Klient(inn)en Mitarbeiter(innen), die Fachkräfte
Personalmitarbeiter(innen).

Frau B. war über viele Jahre hinweg im Arbeitsbereich einer Werkstätte beschäftigt.
Sie wollte weiterhin »richtig arbeiten« und äußerte ihre Unzufriedenheit über die Arbeitsmöglichkeiten in der Förderstätte lautstark. Diese Unzufriedenheit von Frau B.
war Anlass, unsere Förderangebote zu überdenken. Aus Überdenken wurde In-Frage-
Stellen.

Bei der Betrachtung unter den Aspekten: Sind sie altersgemäß, erwachsenengerecht
und motivierend? Und beim Anblick von Steckspielen, Perlen und Bauklötzen hat
sich die Antwort erübrigt …

Unsere nächste Überlegung: Wie kann erwachsenengerechtes Arbeiten im Förderbereich aussehen?

Aus der Kompetenzanalyse, aus der Befragung und aus der Beobachtung der Mitarbeiterin ergab sich ein Bild der Fähigkeiten und der Motivation von Frau B. Jetzt war
die Kreativität der Personalmitarbeiter(innen) gefragt, Arbeitsangebote zu entwickeln,
die Frau B. entsprechen.

Das Ergebnis: Frau B. ist ein Mal pro Woche in einem begleiteten Praktikum in
einer Werkstätte. In der Förderstätte schreddert sie Papier. Das Arbeitsangebot bewährt sich: Frau B. ist stolz auf ihre Arbeit – und wir versinken in Papierbergen. Wir
beginnen Papier zu schöpfen; daraus entstehen Grußkarten. Aus einem Angebot für
eine Mitarbeiterin ist ein Eigenprodukt entstanden. Im Herstellungsprozess können
mehrere Mitarbeiter(innen) ihre Kompetenzen einbringen.

Ein neues Raumkonzept ergibt eine neue Gruppenkonstellation: Die ursprüngliche
Raumaufteilung und das Papierschöpfen haben nicht zusammengepasst. Papierschöpfen braucht Platz, spritzt und kleckert. Am Standort gab es zwei Gruppen, deren Alltag sich in jeweils einem Raum abgespielt hat.

Wir haben einen Raum als Gruppenraum belassen, den anderen zum Arbeitsraum
umgestaltet.

Ein Zeitraum von drei Wochen wurde als Probephase festgelegt. Ziel war herauszufinden: wie die Mitarbeiter(innen) auf die räumlichen Veränderungen reagieren; wie
sich die veränderte Gruppenkonstellation auf alle Beteiligten auswirkt; ob es gelingt,
die Arbeitsphasen unter den neuen Bedingungen intensiver zu nutzen.

Wir haben beobachtet und diskutiert, Zeiten angepasst und immer wieder Möbel verrückt. Wir haben die Rückzugsräume verändert und gelernt, die Nischen zu akzeptieren, die sich Mitarbeiter(innen) außerhalb unserer definierten Räume gesucht haben. Die Essenssituation musste mehrfach verändert werden.

Unser Eindruck war, dass die Mitarbeiter(innen) mit der neuen Gruppenkonstellation zurechtkommen. Wir haben das Raumkonzept beibehalten, immer vor dem Hintergrund, dass es für die Mitarbeiter(innen) zum jetzigen Zeitpunkt passt und bei Bedarf wieder verändert wird.

2   Der Mehrwert

Die Unzufriedenheit einer Mitarbeiterin hat uns in Bewegung gebracht – unsere Hände und unsere Köpfe.

- Mit welcher Brille schauen wir? Mit der Brille des Hilfebedarfs oder der Brille der Kompetenz?
- Wer passt sich an? Die Mitarbeiterin oder die Umwelt?
- Wird unser Umgang mit den Mitarbeiter(inne)n erwachsenengerechter, weil wir Eigenprodukte herstellen?
- Wer braucht im Arbeitsalltag vorhersehbare Abläufe, Routine, Sicherheit? Die Mitarbeiter(innen) oder die Personalmitarbeiter(innen)?

Mehrwert konkret:
Die Herstellung der Produkte geschieht in vielen kleinen Herstellungsschritten. Darin können viele der Mitarbeiter(innen) eingebunden werden. Manchmal heißt Mitarbeit lediglich eine Handbewegung beim Drücken des Power-Links (Gerät zur Umgebungssteuerung).

Einige Mitarbeiter(innen) können die Produktionsschritte bis hin zum fertigen Produkt nachvollziehen. Andere sind an Details beteiligt, ohne einen Zusammenhang zum Produkt herstellen zu können. Teil-Habe-Möglichkeit besteht für beide. Ein Ziel erreicht!

Als Personalmitarbeiter(in) ändert sich die Wahrnehmung der Mitarbeiter(in). Es macht einen Unterschied, ob wir gemeinsam Kräuter ernten und verarbeiten oder ob die oder der Personalmitarbeiter(in) beim Puzzeln unterstützt.

Es macht einen Unterschied, ob die/der Personalmitarbeiter(in) individuelle Fördermaßnahmen festlegt oder ob sie oder er sich überlegt, wie der Beitrag jeder Mitarbeiterin oder jedes Mitarbeiters an der Herstellung von Kräutersalz aussehen kann.

Wenn zwei Erwachsene in unterschiedlicher Funktion an einem Produkt arbeiten, ist das zweite Ziel erreicht – erwachsenengerechtes Arbeiten. Und wenn Förderung durch Eigenprodukte dazu führt, dass sich beide als Team erleben – dann arbeiten wir inklusiv.

Angehörige reagieren überrascht auf diese gemeinsame Arbeit. Sie fragen oft nach, inwiefern Tochter oder Sohn am Herstellungsprozess beteiligt waren.

Förderung bekommt durch die Produkte ein Gesicht.

3   Achtung Um-bruch

Die drei Teams sind in ihrem Arbeitsstil recht unterschiedlich. Daher ist auch die Herangehensweise an die Herstellung von Eigenprodukten unterschiedlich. Das Ziel Eigenprodukte herzustellen, wurde von der Leitung vorgegeben.

Jedes Team hat im eigenen Stil geplant und setzt das Geplante nach und nach um.

Die Anforderungen an die Personalmitarbeiter(innen) haben sich verändert. Mehr Kreativität ist gefragt: Welche Arbeiten lassen sich aus den Fähigkeiten der Mitarbeiter(innen) ableiten? Welche Arbeitsschritte passen zu welchen Mitarbeiter(inne)n? Wie bringen wir Förderziele, Bedarfe und unsere Produktideen zusammen?

Die Personalmitarbeiter(innen) können und müssen sich spezialisieren. Das ist eine Chance, eigene Interessen und Kompetenzen in die Arbeit einzubringen. Und es ist die Herausforderung: es heißt, Verantwortung für einen Produktionsprozess zu übernehmen, in den möglichst viele Mitarbeiter(innen) eingebunden sind, der mit den anderen Abläufen der Einrichtung koordiniert ist und an dessen Ende ein qualitativ hochwertiges Produkt steht.

Die Zusammenarbeit im Team verändert sich:

Die Planung, Vorbereitung und Herstellung von Eigenprodukten braucht Zeit. Die oder der Produkt-Verantwortliche nimmt sich aus dem Tagesablauf heraus – und diese Abwesenheit muss durch das Team kompensiert werden.

Toleranz und Flexibilität sind noch wichtiger als bislang. Beteiligung an der Arbeit geschieht zum Teil gruppenübergreifend, da die Fähigkeiten der Mitarbeiter(innen) und nicht ihre Gruppenzugehörigkeit beachtet werden. Für die Personalmitarbeiter(innen) bedeutet das, dass sie mit mehr verschiedenen Mitarbeiter(inne)n arbeiten als zuvor.

Die Personalmitarbeiter(innen) sagen, ihre Arbeitsmotivation sei gestiegen, seit es neben der pädagogischen und pflegerischen Verantwortung für die Mitarbeiter(innen) eine zweite Schwerpunktsetzung gibt. Besonders motivierend sei es, ein alltagstaugliches Arbeitsergebnis in den Händen zu halten. Das heißt: die Arbeit wird greifbarer, sichtbarer und »erzählbarer«.

4   Gefahren im Alltag

Die Herstellung von Eigenprodukten ist kein expliziter Auftrag der Förderstätten. Sie ist ein erwachsenengemäßes Mittel zur Umsetzung der Förderziele.

Auch ohne die Herstellung von Eigenprodukten ist der Alltag in den Fördergruppen mit vielerlei Tätigkeiten und Notwendigkeiten gefüllt. Die Produktion sollte nur aus wichtigen Gründen verschoben werden. Ansonsten besteht die Gefahr, dass sie sich ausschleicht.

Produktionsdruck darf nicht dazu führen, dass z. B. ohne Beteiligung der Mitarbeiter(innen) produziert wird, weil der Abgabetermin ansteht.

5   Welche Ideen wir bereits um-setzen

5.1   »Seespätzle«

Die Entscheidung mit der größten Auswirkung war die Entscheidung für eine Nudel-Werkstatt. Der Werkraum einer Fördergruppe wurde zum Produktionsraum umgebaut, ein Personalmitarbeiter zum »Nudelmacher« ausgebildet. Unter dem Namen »Seespätzle« stellen wir heute drei verschiedene Nudelsorten in unterschiedlichen Geschmacksvarianten her. Und natürlich Spätzle.

Mitarbeiter(innen) finden in den verschiedenen Produktionsschritten Arbeitsmöglichkeiten: Körbe mit den frisch hergestellten Nudeln zum Trockenschrank bringen, Mitarbeit beim Abwiegen und beim Einpacken, beim Tütenbedrucken bzw. Etikettieren und beim Verpacken der Tüten.

5.2   Und dann gibt es noch …

An einem Standort nähen wir für ein Modelabel Turnbeutel. Frau P. ist am Herstellungsprozess beteiligt, indem sie ihren Fuß auf dem Pedal der Nähmaschine mitschwingen lässt.

Sirup wird aus Blüten vom Holunderbusch im Garten und aus Minze vom eigenen Kräuterbeet hergestellt. Herr D. ist beteiligt, indem er die Etiketten schreibt und ausschneidet, Frau J., indem sie den Sirup auf ihren Lippen schmecken kann. Wir backen Kuchen im Glas zum Verkauf in unserem Kooperations-Café. Wir häkeln Geschenkbänder und mahlen Kaffee. Ein Personalmitarbeiter hat sich aufs Flechten spezialisiert und stellt zusammen mit den Mitarbeiter(inne)n Körbe her.

6   Vermarktung

Wenn die Produkte eine Öffentlichkeit erreichen sollen, die über den eigenen Verband hinausgeht, ist Marketing gefragt. Das geht auf Dauer nicht nebenher und nicht ohne Vermarktungskompetenzen. Unser Umfang an Eigenprodukten ist noch so überschaubar, dass Organisation und Verkauf weitgehend durch die Teams übernommen werden kann.

Unser Ziel ist es, die Vermarktung zu verbessern.

Die Voraussetzungen:

1. Die Einrichtungsleitung will die Förderung der Mitarbeiter(innen) mittels Eigenprodukten und legt dies als Einrichtungsziel verbindlich fest.

2. Die Haltung der Personalmitarbeiter(innen): Wir kennen die Bedarfe, die Bedürfnisse und Fähigkeiten der Mitarbeiter(innen). Wir entwickeln Produktideen, die dies aufgreifen. Bestenfalls hat dies zur Folge, dass Mitarbeiter(innen) in ihrem Element sind.

3. Die Personalmitarbeiter(innen) bringen die Kompetenz mit – nicht nur in der Betreuung der Mitarbeiter(innen), sondern auch an der Herstellung eines Produkts eigenverantwortlich zu arbeiten.

4. Die Produktion bietet die Möglichkeit, Förderziele umzusetzen.

5. Der Caritasverband anerkennt diese Arbeitsweise und unterstützt sie auch finanziell.

6. Bei der Leitung und in den Teams besteht die Offenheit, die Entwicklungen an den verschiedenen Standorten unterschiedlich anzugehen.

7   Was wir gelernt haben

Die Idee »Eigenprodukte« hat uns zwei Dinge gelehrt.

Erstens:
Wie schnell wir oft sagen: »Das geht doch nicht« – und wir mit unserer Aussage komplett daneben liegen. Die Praxis schlägt die Bedenken.

Zweitens:
Wie wichtig das Umfeld ist, damit man das, was man gut kann, auch zeigen kann. Deshalb passen wir die Umwelt den Mitarbeiter(inne)n an.

Mit dieser Erkenntnis machen wir weiter, und schauen, was sich daraus noch entwickelt …

Gabriele Niehörster und Karin Ruh-Hagel

»Wir machen das einfach«

Arbeit und arbeitsweltbezogene Bildung für Menschen mit hohem Unterstützungsbedarf in der Tagesförderstätte der Spastikerhilfe Berlin eG[1]

Seit mittlerweile über 30 Jahren, suchen wir immer neue Wege, die Teilhabe von Menschen mit einem hohen Unterstützungsbedarf an dem Lebensbereich Arbeit zu stärken (vgl. Zinn 1991, Hoffrichter 1994). Vorangetrieben von unserem Leitprinzip und unserer festen Überzeugung, dass Teilhabe an Arbeit auch für diesen Personenkreis möglich ist, entwickeln wir Arbeitsplätze und Bildungsangebote, konstruieren und adaptieren Werkzeuge und Hilfsmittel und entwickeln unsere Assistenzkonzepte kontinuierlich weiter (vgl. Niehörster et al. 2014). Unser Ziel ist es, den in unseren Einrichtungen beschäftigten Menschen an ihre individuellen Fähigkeiten und Interessen angepasste Arbeits- und Bildungsmöglichkeiten zu bieten.

1   An wen richtet sich unser Angebot? – Die Beschäftigten

Die Tagesförderstätte (TFS) der Spastikerhilfe ist dem Leistungstyp »Förderbereich« (FB) zugeordnet. In den Förderbereichen werden im Land Berlin Menschen mit einer geistigen, körperlichen oder mehrfachen Behinderung im erwerbsfähigen Alter betreut, die »nicht, noch nicht oder noch nicht wieder […] in einer Werkstatt für behinderte Menschen beschäftigt werden können« (Senatsverwaltung für Integration, Arbeit und Soziales Berlin 2014, 1, gem. § 136 (3) SGB IX (§ 219 SGB IX seit dem 1.1.2018)). Es handelt sich also um Angebote zur sozialen Teilhabe und nicht zur Teilhabe am Arbeitsleben im eigentlichen Sinne.

Unsere Angebote richten sich an erwachsene Menschen und Schulabgänger(innen) mit komplexen Behinderungen und einem sehr hohen Unterstützungsbedarf. Dazu gehören Menschen mit schweren oder schwersten Beeinträchtigungen körperlicher und/oder kognitiver Art, Beeinträchtigungen der Sinnesfunktionen und oftmals auch progredienten Erkrankungen. Bei den in unserer Einrichtung beschäftigten Menschen handelt sich um eine heterogene Gruppe von Menschen mit Behinderungen, die sich in ihren Schädigungen und Beeinträchtigungen zwar stark voneinander unterscheiden, nicht aber in der Komplexität der Erschwernis ihrer Lebenslagen und in der Erfahrung, oft stigmatisiert und ausgeschlossen zu werden.

---

1   Bei dem vorliegenden Beitrag handelt es sich um eine überarbeitete Fassung des Artikels Niehörster, Gabriele; Ruh-Hagel, Karin; Müller, Reiner (2014): »Arbeit ist möglich«. Arbeit und arbeitsweltbezogene Bildung für Menschen mit hohem Unterstützungsbedarf in der Tagesförderstätte der Spastikerhilfe Berlin eG. In: Bundesvereinigung Lebenshilfe (Hg.): Teilhabe durch Arbeit. Ergänzbares Handbuch zur beruflichen Teilhabe von Menschen mit Behinderung. Marburg.

Dieser Personenkreis der Menschen mit Behinderungen weist einen andauernd hohen und umfassenden Unterstützungs- und Hilfebedarf in allen alltagsrelevanten Bereichen des Lebens wie z. B. der Wahrnehmung, der Mobilität, der Bewegungskoordination, der Kommunikation, der Verhaltensanpassung und -steuerung, der alltagspraktischen Fähigkeiten und Fertigkeiten, der Gestaltung sozialer Beziehungen, der kognitiven und psychosozialen Entwicklung sowie der eigenständigen Gestaltung wichtiger Lebensbereiche auf.

Für diese Menschen sind die Prozesse der Bildung, des Lernens und der Entwicklung durch besondere Erschwernisse gekennzeichnet, sie benötigen sehr viel längere Zeiträume, stellen eine hohe Beanspruchung für die Betroffenen dar und erfordern ein beständiges Ausbalancieren zwischen Anforderungen und Ruhe- und Entspannungsphasen.

2   Wie arbeiten wir? – Unser Konzept

Für uns ist Arbeit die geplante und zielgerichtete Durchführung von Tätigkeiten zur Herstellung von Produkten und zum Erbringen von Dienstleistungen. Und Arbeit ist so viel mehr! – Einbindung in Arbeit ist von hoher individueller Bedeutung. Arbeit vermittelt Selbstwertgefühl und Selbstwirksamkeitserfahrungen. Arbeit eröffnet Lern- und Entwicklungsmöglichkeiten. Arbeit strukturiert den Tag. Arbeit eröffnet soziale Kontakte. Arbeit hilft dabei, unsere sozialen Kompetenzen und unsere Kooperationsfähigkeit weiterzuentwickeln. Im Arbeitsumfeld können Freundschaften geschlossen werden und Liebesbeziehungen entstehen. Arbeit ist eine sinnstiftende Tätigkeit und normalerweise können wir hoffentlich durch Arbeit unseren eigenen Lebensunterhalt bestreiten. Bis auf Letzteres treffen diese Aspekte von Arbeit auf alle Menschen zu, auch auf Menschen mit Behinderungen und hohem Unterstützungsbedarf. Wir versuchen in unserer Tagesförderstätte diese vielfältigen Aspekte von Arbeit für unsere Beschäftigten erlebbar zu machen.

Wir bieten Menschen mit hohem Unterstützungsbedarf strukturierte Lern- und Beschäftigungsmöglichkeiten mit dem eindeutigen Schwerpunkt auf Arbeit und arbeitsweltbezogener Bildung. Wir folgen dabei einem konsequent kompetenz- und ressourcenorientierten Ansatz und orientieren uns an dem bio-psycho-sozialen Behinderungsmodell der International Classification of Functioning, Disability and Health (ICF). Unser Ziel ist es, den in unserer Einrichtung beschäftigten Menschen im weitesten Sinne arbeitsweltbezogene Handlungskompetenzen zu vermitteln, ihre persönlichen und sozialen Kompetenzen zu stärken, sie bei der Wahrnehmung weitestgehender Selbstbestimmung zu unterstützen und ihnen umfassende Teilhabe zu ermöglichen.

Darüber hinaus bieten wir begleitende Bildungsangebote im musischen und künstlerischen Bereich wie Musik- und Literaturgruppen, Angebote zur Gesundheitsförderung und dem Erwerb und Erhalt von Kulturtechniken. Die notwendigen Pflege- und Versorgungsleistungen werden mit der Zielstellung erbracht, die jeweils größtmögliche Selbstständigkeit in den lebenspraktischen Bereichen zu fördern. Da die meisten Beschäftigten unserer Einrichtung in ihrer Kommunikationsfähigkeit und in ihrer Motorik stark eingeschränkt sind, ist außerdem die Förderung in den Bereichen Kommunikation, Motorik und Mobilität von herausragender Bedeutung.

Wie oben beschrieben, handelt es sich bei den in unserer Einrichtung beschäftigten Menschen mit Behinderungen um keine homogene Gruppe. Im Gegenteil sind die Beschäftigten in unterschiedlichem Ausmaß in ihrer jeweiligen funktionellen Gesundheit beeinträchtigt, d. h. von Schädigungen ihrer Körperfunktionen und -strukturen betroffen und in der Umsetzung von Aktivitäten und ihren Teilhabemöglichkeiten beeinträchtigt. Dementsprechend erfordert ihre Beteiligung an Arbeit und das Erlernen von arbeitsweltbezogenen Fertigkeiten ein hoch individualisiertes Vorgehen. Um das realisieren zu können, arbeiten wir in interdisziplinären Teams aus Pädagog(inn)en, Therapeut(inn)en und Handwerker(inne)n. Von besonderer Bedeutung ist dabei unser Konzept der integrierten Therapie, d. h. jedem Betreuungsteam gehört ein(e) therapeutische(r) Mitarbeiter(in) aus den Bereichen Ergo- oder Physiotherapie an. Die Therapeut(inn)en sind somit nicht nur im engeren Sinne therapeutisch tätig, sondern sowohl in die jeweiligen Werkstattbereiche als auch in die Versorgungs- und Pflegesituationen eingebunden. Sie sind unterstützend, anleitend, begleitend und therapeutisch tätig. Sie arbeiten gemeinsam mit den anderen Teammitgliedern u. a. an der individuellen Einrichtung und Anpassung der Arbeitsplätze und der Entwicklung und dem Bau von Hilfsmitteln, sie leiten Maßnahmen zur Sensibilisierung und Tonusregulation an, entwickeln individuelle Transfer- und Handlingkonzepte, koordinieren die individuelle Hilfsmittelversorgung und führen Einzel- und Gruppentherapien durch. Kolleg(inn)en aus dem Bereich Musiktherapie sind gruppenübergreifend tätig. Der Fachdienst Psychologie begleitet die Betreuungsteams und die Beschäftigten; medizinische Beratung durch einen Arzt kann in Anspruch genommen werden.

Die verschiedenen Professionen arbeiten eng verzahnt in den Betreuungsteams miteinander, wobei der regelmäßige Austausch und die Auseinandersetzung mit den unterschiedlichen fachlichen Perspektiven zu der in dieser Arbeit besonders notwendigen Reflexion der eigenen Tätigkeit und Haltung anregen und zu einer innovativen und qualitativ hochwertigen Arbeit der Betreuungsteams führen.

3   Wie ist Arbeit möglich? – Bei uns ist es normal zu arbeiten

An unseren drei Standorten in Berlin bieten wir den Beschäftigten Arbeitsmöglichkeiten im handwerklichen Bereich und auf dem Dienstleistungssektor. An den beiden Standorten in Berlin-Reinickendorf und -Charlottenburg mit 62 bzw. 45 Plätzen bieten wir Arbeitsmöglichkeiten in den Arbeitsbereichen Keramikwerkstatt, Holzwerkstatt, Textil- und Papierwerkstatt, Hauswirtschaft und EDV. An unserem dritten Standort, unserem Kiezladen in Prenzlauer Berg, bieten wir sozialraumorientierte Beschäftigungsangebote. Unser Ziel ist es, hochwertige Produkte herzustellen und zweckmäßige Dienstleistungen zu erbringen.

Die Arbeitstätigkeiten werden in Kooperation von den Beschäftigten und den Mitarbeiter(inne)n als Assistent(inn)en erbracht. Wir haben uns das Ziel gesetzt, die Arbeitsprozesse so zu strukturieren, dass jede(r) Beschäftigte unabhängig von ihrer oder seiner Beeinträchtigung in die Ausführung der Tätigkeiten eingebunden werden kann und – wenn möglich – diese oder auch kleinste Teile davon selbstständig oder mit entsprechender personeller Unterstützung ausführen kann. Um das zu realisieren, haben wir folgendes Vorgehen entwickelt:

3.1   Anpassung von Arbeitsplätzen

Wir passen die Arbeitsplätze an die individuellen Fähigkeiten und behinderungsbedingten Einschränkungen der Beschäftigten an. Im Betreuungsteam werden aus den unterschiedlichen professionellen Perspektiven die Fähigkeiten und Beeinträchtigungen der einzelnen Beschäftigten analysiert und eine entsprechende individuelle Arbeitsplatzeinrichtung unter ergonomischen Kriterien sowie eine physiologische Anpassung vorgenommen. Damit soll die je bestmögliche Bewegungsausführung unterstützt, erworbene Funktionen erhalten und verbessert und u. a. Fehlhaltungen oder Verstärkungen von Kontrakturen vermieden werden. Zu den Arbeitsplatzeinrichtungen gehören z. B. die Anpassung von Tischhöhe und Tischplatte, die optimale Positionierung am Arbeitsplatz, die Anordnung von Arbeitsmitteln.

3.2   Adaption von Hilfsmittel

Wir adaptieren bzw. entwickeln für die Beschäftigten notwendige Hilfsmittel. Im Betreuungsteam werden spezifische Hilfsmittel für die Ausführung der Tätigkeiten bzw. die Nutzung der Werkzeuge und Maschinen durch die einzelnen Beschäftigten individuell angepasst bzw. speziell für sie entwickelt und hergestellt (z. B. Adapter, Aufrichtungshilfen, Greifhilfen, Sortier- und Zählhilfen u. ä.).

3.3   Analyse von Arbeitsaufgaben

Wir analysieren die einzelnen Arbeitsaufgaben und die dazugehörigen Arbeitsabläufe und bereiten sie individuell für die Vermittlung an die Beschäftigten auf. Dafür werden die Arbeitsprozesse in den Arbeitsbereichen aufgeschlüsselt und die Abläufe in Arbeitssystemen beschrieben. Auf der Grundlage dieser detaillierten Arbeitsabläufe können die für deren Durchführung notwendigen Handlungsschritte der Beschäftigten und die dabei ggf. notwendigen personellen Hilfeleistungen ausgearbeitet werden. Lernprozesse werden anhand von Aufgabenanalysen strukturiert, d. h. individuell an die Fähigkeiten des oder der Beschäftigten angepasste Ausarbeitungen der Handlungsabläufe, in denen eindeutige Situationen bzw. Hinweisreize beschrieben werden, die jeweils die Ausführung einer entsprechenden Handlung signalisieren.

3.4   Angebot von adäquaten Hilfen

Wir bieten die für Lernprozesse und die Durchführung der Tätigkeiten adäquaten Hilfen. An den Stellen, an denen durch (technische) Hilfsmittel keine Kompensation der Beeinträchtigung möglich ist, werden personelle Hilfen geleistet. Die Unterstützungsperson bietet die der oder dem jeweiligen Beschäftigten und dem Handlungsschritt angepasste notwendige personelle Hilfe. Wir strukturieren die notwendigen Hilfeleistungen dabei nach:

*   dem Zweck der Hilfe (Initiierung, Ausführung, Aufrechterhaltung bzw. Beendigung einer Aktivität),
*   der Art der Hilfe (verbale Anleitung/Motivation, Impulsgabe bis direkte physische Führung bzw. stellvertretende Ausführung) und
*   dem Umfang der Hilfe (permanent oder zeitweilig während der Aktivitätsdurchführung).

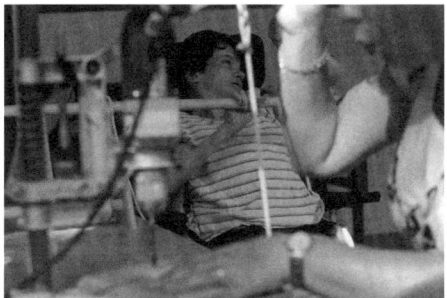
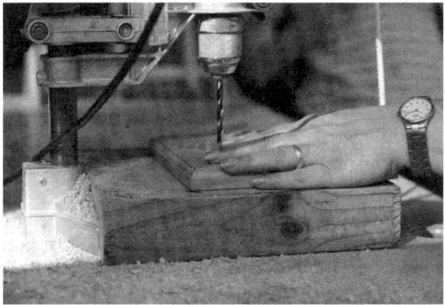
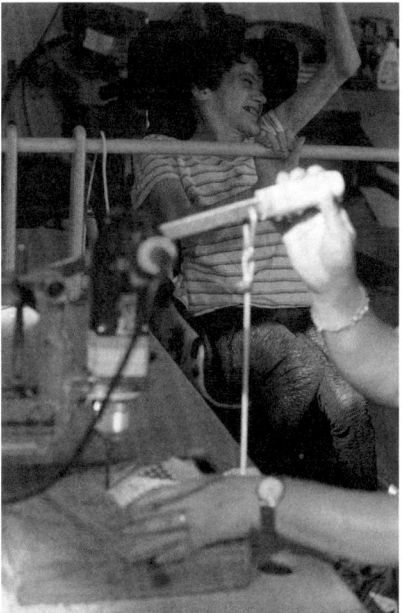

Abb. 1–3: Frau T. beim Bohren von Löchern in ein Spielbrett. Frau T. führt diesen Arbeitsschritt in Kooperation mit ihrer Assistentin durch. Sie nutzt für die Umsetzung des Bohrvorgangs eine Seilzugverbindung mit Umlenkbügel als Hilfsmittel. (Fotos: Matthias Wolf)

Bei den personellen Hilfen gilt der Grundsatz, nur so viel Assistenz zu leisten wie für die Lernprozesse und die Durchführung der Tätigkeiten notwendig ist und die Hilfen nach Möglichkeit sukzessive zurückzunehmen. Die Rücknahme der personellen Hilfe und die Kompensation durch (technische) Hilfsmittel sind bei den meisten unserer Beschäftigten aufgrund der Art und Schwere ihrer Beeinträchtigung nur partiell möglich und kein hinreichender Indikator für Kompetenzentwicklung. In unserem Verständnis von Arbeit als kooperativem Prozess ist die strukturierte Aktivitätskoordination zwischen Beschäftigter oder Beschäftigtem und Mitarbeiter(in) daher das wesentliche Element, Menschen mit hohem Unterstützungsbedarf die Teilhabe an Arbeit zur ermöglichen.

Bei dem oben beschriebenen Vorgehen sind der Aufbau von verlässlichen Beziehungen und die Gestaltung der Interaktionsprozesse zwischen den Beschäftigten und den Unterstützungspersonen von herausragender Bedeutung. Weitere wichtige Rahmenbedingungen, die Menschen mit hohem Unterstützungsbedarf für die Integration in Arbeitsprozesse benötigen, sind überschaubare Bezugs- und Arbeitsgruppen, ein Wechsel zwischen Einzel- und Kleingruppenangeboten, eine anregende und an die individuellen Lernmöglichkeiten angepasste Arbeitsgestaltung, nach Möglichkeit Zusammenarbeit mit Beschäftigten mit unterschiedlichen Fähigkeiten und Fertigkeiten, eine klare und transparente Tages- und Wochenstruktur und ein Ausbalancieren zwischen Phasen der Anforderungen und der Ruhe und Entspannung.

Die Planung und Evaluation der individuellen Förderung der Beschäftigten wird im Betreuungsteam unter Einbeziehung der Wünsche der oder des Beschäftigten auf der Grundlage einer detaillierten Hilfebedarfs- sowie einer therapeutischen Befunderhebung vorgenommen und in dem Teilhabeplan festgeschrieben.

4   Wie bilden wir aus? – Arbeitsweltbezogene Bildung

Wir haben die Prozesse der arbeitsweltbezogenen Bildung in unserer Einrichtung überprüft und im Hinblick auf die Bedarfe von Schulabgänger(inne)n neu strukturiert. Wir haben für Schulabgänger(innen) und andere neu aufgenommene Beschäftigte einen Ausbildungsgang durch die verschiedenen Arbeitsbereiche konzipiert, in dem sie systematisch an die Materialien, Werkzeuge, Produkte und Arbeitstechniken in den jeweiligen Arbeitsbereichen herangeführt werden. Für jeden Arbeitsbereich wurden Curricula erarbeitet, in denen die Lernziele und Methoden entsprechend den unterschiedlichen Aneignungsmöglichkeiten der Beschäftigten dargestellt werden.

Neu aufgenommene Beschäftigte durchlaufen in unserer TFS eine zwei- bis dreijährige Ausbildung. Die Ausbildungsdauer wird individuell, entsprechend der persönlichen Voraussetzungen der oder des Beschäftigten festgelegt. Ein(e) Bezugsbetreuer(in) begleitet die Beschäftigten jeweils während der gesamten Ausbildungsdauer und koordiniert ihre Ausbildung. Nach der Aufnahme bietet eine sechsmonatige Einstiegsphase die Möglichkeit, die jeweiligen Kolleg(inn)en und Mitarbeiter(innen) der Bezugsgruppe sowie Räumlichkeiten und Abläufe kennenzulernen. Während dieser Phase erheben die pädagogischen und therapeutischen Mitarbeiter(innen) ein strukturiertes Kompetenzprofil der Beschäftigten. Die Einstiegsphase endet mit einer Ausbildungskonferenz, an der die oder der Beschäftigte, die oder der Bezugsbetreuer(in) und Bezugstherapeut(in), Angehörige und/oder gesetzliche(r) Betreuer(in) und ggf. andere wichtige Bezugspersonen teilnehmen. Wir arbeiten bei dieser Konferenz mit den Methoden der Persönlichen Zukunftsplanung. Die persönlich wichtigen Bezugspersonen werden von dem oder der Beschäftigten ausgewählt und eingeladen. Die Ausbildungskonferenz wird von einer Moderatorin für Persönliche Zukunftsplanung geleitet. In diesem Gespräch stehen die Stärken, Interessen und Wünsche der oder des Beschäftigten im Mittelpunkt. Im Anschluss an die Ausbildungskonferenz wird ein individueller Ausbildungsplan erstellt, in dem die Ausbildungsstationen, ggf. individuelle Prioritäten, erste Teilhabeziele, geplante therapeutische Angebote und begleitende Bildungsangebote festgehalten werden. Der Ausbildungsplan wird regelmäßig fortgeschrieben.

Während der Ausbildungsphase durchlaufen die Beschäftigten die einzelnen Arbeitsbereiche entsprechend ihrer Ausbildungsplanung. In jedem Arbeitsbereich erhalten sie eine(n) Ausbildungsanleiter(in) und werden entsprechend ihrer Lernmöglichkeiten und den Inhalten des Curriculums ausgebildet. Der Ausbildungsverlauf wird in Übergangsgesprächen zwischen Beschäftigter oder Beschäftigtem, Bezugsmitarbeiter(in), Therapeut(in) und jeweiligem/jeweiliger Ausbildungsanleiter(in) evaluiert und der Ausbildungsplan entsprechend angepasst. Die Ausbildungsergebnisse werden in einem aus dem Curriculum und den Arbeitssystemen abgeleitetem tätigkeitsorientierten Kompetenzprofil erfasst. Nach Abschluss der gesamten Ausbildung findet eine Abschlusskonferenz mit demselben Teilnehmerkreis der ersten Ausbildungskonferenz statt. Hier werden Ausbildungsverlauf und -ergebnisse besprochen und Perspektiven und Wünsche für die weitere berufliche Entwicklung der oder des Beschäftigten ausgelotet und Vereinbarungen diesbezüglich getroffen (Wuncharbeitsbereich ggf. Übergang in die WfbM, Perspektiven hinsichtlich Unterstützter Beschäftigung, weitere Maßnahmen der beruflichen Bildung).

5   Weiter auf dem Weg – Kiezladen und Kiezarbeit

Unser Ziel ist es, die Teilhabemöglichkeiten von Menschen mit hohem Unterstützungsbedarf weiter zu stärken. Dafür gehen wir wieder neue Wege. Wir beteiligten uns in den vergangenen drei Jahren an dem von der Aktion Mensch geförderten Projekt, »Zeit für Arbeit!« der Bundesarbeitsgemeinschaft für Unterstützte Beschäftigung (BAG UB). Gemeinsam mit der BAG UB und den anderen Kooperationspartner(inne)n im Projekt, Leben mit Behinderung Hamburg, dem Arbeiter-Samariter-Bund Bremen, der Lebenshilfe Gießen und der Lebenshilfe Worms, entwickeln wir arbeitsweltbezogene Teilhabeangebote in Betrieben und im Sozialraum weiter und erarbeiten Qualitätskriterien für solche Angebote (vgl. Blesinger 2016).

Im Rahmen dieses Projekts haben wir mitten im lebendigen Berliner Stadtteil Prenzlauer Berg unseren »Kiezladen« aufgebaut. Bei der Konzeptentwicklung für dieses Angebot stand die Idee, »Inklusion« durch »Partizipation« umzusetzen, im Vordergrund. Durch die Entwicklung von sozialraumorientierten Beschäftigungsangeboten für Menschen mit hohem Unterstützungsbedarf wollen wir die Chancen der Teilhabe *und* der Teilgabe für diesen Personenkreis ausbauen. Wir haben dafür ein Ladengeschäft in einem lebendigen Quartier gesucht, angemietet und barrierefrei umgebaut. Eine feste Arbeitsgruppe von acht Beschäftigten wird von hier aus mit ihren Assistent(inn)en tätig. Der Laden ist das räumliche Zentrum des Angebots. Das Angebot hat mehrere Säulen, zum einen werden im Laden handwerkliche Produkte aus der Tagesförderstätte zum Verkauf angeboten und zum anderen werden, ausgehend vom Laden, Dienstleistungen im Sozialraum akquiriert. Die Akquise orientiert sich an den individuellen Interessen und Kompetenzen der Beschäftigten.

Zu den Auftraggebern gehören mittlerweile z. B. Kitas, ein Café, ein Kino, ein Sportverband, ein Bürgerbüro und viele Nachbar(inne)n. Es ist gelungen, ein vielfältiges Dienstleistungsspektrum zu etablieren. Für die Kitas legen die Beschäftigten z. B. kleine Wäscheteile, befüllen Oster- und Weihnachtskörbe, haben einen Spiele- und Buchdoktorservice aufgebaut und pflegen ein Erdbeerbeet. Für den Sportverband adressieren und kuvertieren sie u. a. die Mitgliederzeitschrift. Für das Café entsorgen sie Kartons. Für die Nachbar(inne)n nehmen sie z. B. Pakete entgegen, bieten Kopier- sowie kleine Schreibarbeiten an. Die beschäftigten Menschen mit hohem Unterstützungsbedarf sind mit ihren Dienstleistungen im Quartier angekommen. Sie sind sichtbar und haben vielfältige Kontakte und Begegnungen. Sie leisten im Sozialraum aktive Nachbarschaftshilfe und bieten geschätzte Dienstleistungen an, nicht nur ihre Teilhabe, auch ihre Teilgabe ist deutlich sichtbar.

Auch an den anderen beiden Standorten der Tagesförderstätte gehen wir den Weg in den Sozialraum und haben dafür den Begriff der »Kiezarbeit« geprägt. Zu unseren Auftraggebern gehören u. a. eine Autowerkstatt, das Quartiersmanagement, ein Krankenhaus und ein Blumenladen.

6   Arbeit ist möglich, aber wie geht es weiter? – Perspektiven

Wir sind mit dem Anspruch angetreten und haben in den vergangenen drei Jahrzehnten zeigen können, dass die Teilhabe von Menschen mit hohem Unterstützungsbedarf am Arbeitsleben möglich ist. Für die Realisierung dieses Anspruchs war und ist es notwendig, individuelle, auf die Fähigkeiten und den Bedarf der einzelnen Person zugeschnittene Lösungen zu entwickeln und innovative Wege zu beschreiten. Wir haben dafür in der TFS ein spezifisches Vorgehen entwickelt, das aus der individuellen Anpassung und Entwicklung von Arbeitsplätzen und Hilfsmitteln, der Systematisierung und Aufschlüsselung von Arbeitsprozessen, der Strukturierung von Lernprozessen und dem Angebot von adäquaten personellen Hilfen besteht. Wir haben für Schulabgänger(innen) und andere neue Beschäftigte eine Ausbildung konzipiert, die wir evaluieren. Wir arbeiten mit den Methoden der Persönlichen Zukunftsplanung, um die Wünsche, Interessen und Ressourcen der Beschäftigten noch stärker in den Mittelpunkt unserer Arbeit zu stellen. Außerdem versuchen wir, mit den Beschäftigten Möglichkeiten ihrer beruflichen Weiterentwicklung auszuloten. Dazu gehören, Übergänge in die WfbM zu realisieren, Möglichkeiten für Unterstützte Beschäftigung zu erschließen und unter dem Dach der TFS neue Projekte und Arbeitsmöglichkeiten zu entwickeln. Mit unserem »Kiezladen« und der »Kiezarbeit« gehen wir aktiv den Weg in den Sozialraum und versuchen dort »Inklusion« durch »Partizipation« voranzutreiben und die Teilgabe auch von Menschen mit hohem Unterstützungsbedarf sichtbarer zu machen.

Was wünschen wir uns für die Zukunft? – Die UN Behindertenrechtskonvention (BRK) fordert für alle Menschen mit Behinderungen das Recht auf Arbeit (Artikel 27) und das Recht auf Bildung (Artikel 24), das gilt ausdrücklich auch für Menschen mit einem hohem Unterstützungsbedarf. – Wir wünschen uns den Rechtsanspruch auf Leistungen zur beruflichen Bildung und Teilhabe am Arbeitsleben auch für Menschen mit hohem Unterstützungsbedarf und entsprechend auch die Einbindung in die Sozialversicherungssysteme. Auf dem Weg dorthin wünschen wir uns viele innovative Ideen und Menschen, die sie umsetzen, um die Partizipation an Arbeit und beruflicher Bildung für Menschen mit hohem Unterstützungsbedarf zu realisieren.

Literatur

Blesinger, B. (2016): Jeder Mensch kann draußen arbeiten – Aktivitäten und Zwischenergebnisse des Projekts Zeit für Arbeit! der BAG UB. In: Impulse 77(2), 16–21.

Hoffrichter, R. (1994): Arbeit ist möglich. Arbeitsangebote in den Tagesförderstätten der Spastikerhilfe Berlin. In: Das Band (4), 8–13.

Niehörster, G./Ruh-Hagel, K./Müller, R. (2014): »Arbeit ist möglich«. Arbeit und arbeitsweltbezogene Bildung für Menschen mit hohem Unterstützungsbedarf in der Tagesförderstätte der Spastikerhilfe Berlin eG. In: Bundesvereinigung Lebenshilfe (Hg.): Teilhabe durch Arbeit. Ergänzbares Handbuch zur beruflichen Teilhabe von Menschen mit Behinderung. Marburg.

Senatsverwaltung für Integration, Arbeit und Soziales Berlin (2014): Leistungsbeschreibung für Förderbereiche, Stand 13.05.2014, https://www.berlin.de/sen/soziales/_assets/vertraege/sgb-xii/kommission-75/berliner-rahmenvertrag/anlage-3/mdb-brv_anlage3_lb_wfbfg.pdf (11.11.2017)

Zinn, K. (1991). Arbeit und Beschäftigung. Berlin

Sozialraumorientierung

Frank Früchtel

Hilfe zur Wirhilfe: Theorie und Methodik der Sozialraumorientierung

Herr Sebald ist nervös. Der Grill ist aufgebaut. Bier und Brötchen sind bestellt. Gestern haben seine Eltern abgesagt. Die Geburtstagsfeier droht ein Flop zu werden. Michael Heer, Fachkraft in der frisch bezogenen Wohngemeinschaft, leidet mit Herrn Sebald. Er würde am liebsten Bewohner(innen) und Mitarbeiter(innen) der benachbarten Wohngruppen als Ersatzgäste anwerben. Er weiß aber: Im Team Baiersbronn wird er für gekonntes Nichtstun bezahlt. So bestärkt er Herrn Sebald als erstes darin, sich den Tag nicht vermiesen zu lassen. Der junge Mann ist gesellig, aufgeschlossen und will feiern. Das ist sein Potenzial, auf das die Fachkraft setzt. Michael Heer inszeniert einen neuen Gedanken: »Die coolsten Partys sind die, bei denen man nicht weiß, wer kommt!« Das gibt Herrn Sebald die zündende Idee. Kurzerhand lädt er die Leute aus der Nachbarschaft ein, die er noch nicht kennt. In Baiersbronn gehören Impro-Feiern zum methodischen Repertoire. Bierbänke und weiße Tischdecken, Lampions, Pechfackeln und Einladungskarten sind Standardausstattung. Das Fest wird gut. Dass der Rentner von oben kommt und noch dazu mit Sohn und Tochter, hätte keiner gedacht. Insgesamt kreuzen sechs Nachbar(inne)n auf, die zusammen mit Siggis Freunden aus dem Haus, einer guten Freundin und dem Ortschaftsrat dafür sorgen, dass von Bier und Steaks nichts übrig bleibt. Es entwickeln sich in harmonischer Stimmung muntere Gespräche und man erfährt so einiges von früher: welche Menschen hier gelebt haben, was sich verändert hat, wie das Haus ausgesehen hat. Die Nachbar(inne)n erfahren mehr über die neue Wohngemeinschaft. Herr Daubert erzählt Anekdoten aus seiner Zeit im Stahlbau. Oma Schmidt lebt ganz alleine, der Nachbar mit dem Hund hat auch nicht viel Kontakt und im Ortschaftsrat werden noch Mitglieder gesucht. Die junge Frau von schräg gegenüber hat ein Auge auf die freie Wohnung im Haus geworfen. Die Feier geht bis in die Puppen und hinterlässt Geschenke. Seither grüßt man freundlich auf dem Hof, die Nachbar(inne)n wissen, wer hier wohnt, es finden Nachbarschaftsschwätzle am Fenster statt und Oma Schmidt winkt zur guten Nacht. In der klassischen Eingliederungshilfe unterstützen Fachkräfte Menschen mit Behinderungen. Im Team Baiersbronn provozieren Fachkräfte Gelegenheiten, weil sie einen Riecher haben für das, was der soziale Raum hergibt. Sie machen Platz, und Herr Sebald macht Eingliederungshilfe.

Der Raum, der die Sozial-Raum-Orientierung meint, ist Relation, nicht der physikalische Raum oder die administrative Gebietsgliederung, sondern die Netzwerke und Einbindungen der Menschen. Nicht der Fall, die Diagnose oder die Zielgruppe, nicht die Einrichtung, die Immobilie oder die Angebote, sondern der Prozess, in dem sich

Fachkräfte und Organisationen auf Lebenswelten einstellen und sich dabei immer wieder neu erfinden.

1   Sozialraumorientierung als kritisch reflexive Theorie

Seit Mitte der 1970er Jahre ist ein neuer Trend, die sog. »Alltagswende«, in den Sozialwissenschaften und der Sozialen Arbeit zu verzeichnen. Dabei spielten die neuen sozialen Bewegungen (Frauen-, Friedens, Öko- und Selbsthilfebewegung) eine wichtige Rolle, weil sie die Handlungsmöglichkeiten des Einzelnen in den Mittelpunkt rückten. Damit war die Forderung verbunden, dass Menschen Subjekte und nicht Objekte von Hilfe sein sollten. Die Alltagswende wurde programmatisch im Begriff »Lebenswelt«, der als kritischer Begriff konstruiert war und hier in der Lesart von Jürgen Habermas verfolgt werden soll (vgl. Habermas 1981, 183).

Lebenswelt ist das kommunikative Alltagsgeschehen, in dem sich Menschen begegnen, berühren und verständigen. Zur Lebenswelt gehören unsere alltäglichen zwischenmenschlichen Einbettungen in Partnerschaft, Elternschaft, Freundschaft, Verwandtschaft, Nachbarschaft, etwas verkürzt gesprochen unser alltägliches Netzwerk, in das wir als Personen eingewoben sind. Viele Wissensbestände und Ressourcen resultieren aus dieser quasi naturwüchsigen Einbettung, weil darin Sozialisation durch die Orientierung an kulturellen Überlieferungen und Werten geschieht, Interessen und Handlungen verständigungsorientiert aufeinander abgestimmt werden und sich aufeinander bezogene Identitäten herausbilden. Lebenswelt ist kommunikatives Gewohnheitshandeln. Wir verständigen uns und dadurch entsteht gegenseitiges Verstehen, Gemeinsamkeit, Teilhabe, Solidarität, soziale Integration. Hilfeleistungen sind Teil dieses sozialen Prozesses, wobei Unterstützungsleistungen durch soziale Nähe, emotionale Betroffenheit und selbstverständliche Alltagsnormen entstehen. Wir helfen, weil wir als Menschen mitfühlen und traditionsgemäß die Verantwortung unserer sozialen Position als Eltern, Großeltern, Freund(inn)e(n), Geschwister, Kolleg(inn)en oder Nachbar(inne)n erfüllen. Ein Rechtsanspruch besteht auf diese Hilfe zwar nicht, jedoch sind es genau diese Hilfebeziehungen, in denen wir uns aufgehoben, geborgen oder fachlich ausgedrückt »integriert« fühlen. Das ist deswegen der Fall, weil lebensweltliche Hilfe mit Reziprozitätserwartungen verbunden ist. Es geschehen permanent Gegenleistungen, die in einem fortwährenden Prozess des Gebens, Nehmens und Erwiderns zur Gemeinschaftsbildung führen und gleichzeitig die Geltung der zugrunde liegenden Hilfenormen stärken.

Gleichermaßen Lebenswelt ist aber auch die Sphäre, in der sich Probleme manifestieren, die ihren Ursprung in strukturellen gesellschaftlichen Ungleichheiten haben. Zur Problembearbeitung greifen Systeme mit Autorität und Ressourcen von außen in die Lebenswelt ein, um Betroffene bei der Problemlösung zu instruieren. »*Systeme*« sind das Ergebnis gesellschaftlicher Differenzierung. Sie übernehmen spezifische

Funktionen für die Gesellschaft wie das Wirtschaftssystem, das Bildungssystem, das Rechtssystem oder das Sozialstaatliche System und handeln innerhalb ihrer Grenzen nach einer für das jeweilige Funktionssystem typischen Logik. Die Bürger(innen) sind auf diese Systemleistungen angewiesen, machen aber in ihren Interaktionen mit diesen Funktionssystemen (zum Beispiel in Krankenhäusern, in der Interaktion zwischen Helfer(in) und Klient(in) die Erfahrung, dass dort Zweckrationalität das Handeln bestimmt. Geholfen wird nicht aus solidarischen und affektiven Motiven, sondern z. B. weil Betroffene Rechtsansprüche haben, die, abgesichert durch Leistungsverträge mit Organisationen und Arbeitsverträge mit Fachkräften, Hilfe mit Geld verrechnen. In diesem Verfahren braucht es objektive, von den subjektiven Sichten der Betroffenen unabhängige Diagnosen, über die rechtliche Leistungsansprüche und wissenschaftlich abgesicherte und dadurch notwendigerweise standardisierte Hilfeformen verkoppelt werden. Die zweckrational beabsichtigte Wirkung ist ein berechenbarer Erfolg im Hinblick auf einen wissenschaftlich definierbaren Normalzustand, wobei die Hilfeleistung einseitig geschieht: Einer hilft, dem anderen wird geholfen.

Die Pointe der Habermas'schen Argumentation lautet, dass die ausdifferenzierten marktwirtschaftlichen, professionellen, administrativen und juristischen Systeme Risiken für lebensweltliche Formen von Solidarität darstellen, da sie zwar instrumentelle Leistungen und Problemlösungen bewirken, aber integrative und solidarische Prozesse nicht hervorbringen können. Soziale Integration geschieht in der Lebenswelt – u. a. durch *gegenseitige* Hilfeleistungen. Wenn sich die Hilfe durch Hilfeexpert(inn)en gegen lebensweltliche Hilfe durchsetzt, entstehen Entwertungs-, Austrocknungs- und Substitutionseffekte. Dieses Phänomen hat Habermas mit dem Begriff »Kolonialisierung« belegt:

> »Wissenschaft und Moral spalten sich vom naturwüchsigen Traditionsstrom des Alltags ab. […] Der Alltag wird den Maßstäben exklusiver, eigensinniger Expertenkulturen unterworfen und so von Zufuhren durch lebensweltliche Tradition abgeschnitten, deren Geltungsanspruch suspendiert wird. […] Die Imperative der Systeme dringen in die Lebenswelt – wie Kolonialherren in eine Stammesgesellschaft – ein und erzwingen die Assimilation« (ebd., 522).

Zweckrationale Wirkungsorientierung, professionelle Methoden, bürokratische Verfahren, marktwirtschaftliche Ökonomie, Arbeitsteilung und professionelle Distanz kennzeichnen den »Systemcharakter« von Hilfe. Der Wirksamkeitsgrad dieser Hilfe mag zwar höher sein als der der lebensweltlichen Unterstützung, sie mag planbarer sein und ist in modernen Gesellschaften nicht mehr wegzudenken, allerdings müssen ihre nicht intendierten Nebenwirkungen im Auge behalten werden, die im Anschluss an Habermas' Terminologie als *Kolonialisierungsrisiken* bezeichnet und in vier Problemfelder sortiert werden: *Desozialisierung, Standardisierung, Entwertung und Individualisierung.*

1. Von einem Risiko der *Desozialisierung* kann gesprochen werden, weil Spezialbehandlungen in Spezialeinrichtungen natürliche Beziehungen zerschneiden. Sie

operieren nicht nach dem Prinzip »sozialer und lokaler Nähe«, sondern nach den Prinzipien »Zuständigkeit« und »Spezialisierung«. Das lässt sich deutlich im stationären Bereich beobachten, z. B. wenn ein Übergangswohnheim eine(n) Psychiatrieentlassene(n) wie eine behütende Blase von seinen oder ihren letzten existierenden Freund(inn)en und von potenziellen neuen Freund(inn)en abschirmt – schlichtweg deswegen, weil es existiert. Schwerpunkt ist das heilsame Zusammenleben in der Gruppe der »Gleichen«. In Hilfeplänen steht oft: »Braucht eine feste Tagesstruktur«. Bewirkt werden Integration in die stationäre Gruppe und Desintegration aus den sozialen Gruppen, denn oft bedeutet die stationäre Unterbringung den Abbruch vieler sozialer Beziehungen. Der Stadtteil taucht nur als Randbedingung auf, weil die Bewohner(innen) wegen des überregionalen Einzugsbereichs der Spezialeinrichtung ja sowieso von anderen Orten und Stadtteilen kommen.

2. *Standardisierung*: Das Hilfesystem ist geprägt von funktionaler Differenzierung (Spezialisierung), Verrechtlichung und Institutionalisierung. In der Folge wird von der Komplexität und Einzigartigkeit des konkreten Falls nur noch gesehen, was zum »Standard« der jeweiligen Dienstleistung gehört. Wie Prokrustes von seinen Besucher(inne)n abschnitt, was zu lang für sein Gästebett war, tendieren unsere spezialisierten und verregelten Angebote dazu »konkrete … Lebenssituationen einer gewaltigen Abstraktion zu unterwerfen, weil sie rechtlich subsumiert und administrativ bearbeitet werden müssen« (Habermas 1981, 533). Standardisierung passiert, wenn die Eltern einer behinderten Frau in den Urlaub fahren und sie etwas Unterstützung im Haushalt bräuchte, aber dennoch in stationäre Kurzzeitpflege muss. Von Standardisierung sprechen wir auch, wenn rechtlich erzwungene Aufsichtspflichten der Fachkräfte zur zweiten Behinderung der Menschen mit Behinderung werden, weil sie viele Dinge ohne Begleitung nicht machen dürfen und sich an den Dienstplan des Personals halten müssen:

Frau Blümer lebt in einer barrierefreien Wohngruppe. Sie möchte am Sonntagabend zum Geburtstagsfest ihres Freundes in dessen Wohngemeinschaft und fragt einen Mitarbeiter, ob dieser sie hinbringen und abholen kann. Dieser erklärt, sein Dienst ende um 17.00 Uhr, danach wäre nur noch eine Kollegin in der Schicht, deswegen müsse sie bereits um 16 Uhr vom Fest abgeholt werden. Begrenzte Ressourcen bieten nur begrenzte Möglichkeiten, könnte man meinen, Frau Blümers stationäre Situation unterscheidet sich nicht von den materiellen Begrenzungen des Normalalltags. Der Vergleich hinkt allerdings, weil Frau Blümer keinen Einfluss auf die Verteilung »ihrer« Ressourcen hat. Sie kann auf Organisationsebene nicht mitentscheiden, für bestimmte Dinge weniger auszugeben, damit andere Dinge möglich werden. Die Institution entzieht ihr ihre materiellen Ressourcen und verwaltet sie fremd. Dies erfolgt sicherlich in verantwortungsvoller Weise, wird aber nicht nur durch Frau Blümers Interessen, sondern auch von den Interessen der Organisation und Mitarbeiter(inne)n bestimmt, die aber als Sachzwänge daherkommen.

Standardisierung bedeutet auch, wenn Unterstützung nicht innerhalb des Netzwerks von Menschen gesucht wird, weil Verantwortung sich leichter auf professionelle Organisationen zurechnen lässt und dort Hilfe gebrauchsfertig bereitsteht. Ein spezialisierter Organisationsaufbau von Trägern, der das Wechseln von stationären zu ambulanten Hilfeformen zur aufwendigen bürokratischen Angelegenheit mit Abteilungs- und Bezugsbetreuer(innen) wechsel macht, ist der gleichen Kategorie zuzurechnen oder wenn passgenaue Hilfearrangements zur Ausnahme werden, weil sie quer zu den vordefinierten, standardisierten Angebotsformen liegen.

3. *Entwertung* geschieht, wenn durch die professionelle Arbeit in nahezu systematischer Weise Kompetenzen, Erfahrungen, Wissen, Wille und die Sicht der Adressat(inn)en auf die eigene Situation als nachrangig betrachtet und die professionellen Diagnosekategorien und Interventionen in den Vordergrund kommen (s. das Zielplanungsbeispiel). Der Selbstbezug des Hilfesystems hat dann den Effekt, nur noch die eigenen Leistungen als mögliche Hilfeleistung zu erkennen oder zuzulassen. Plan wird, was im System vorrätig ist (ein Arbeitsplatz in der Werkstatt für behinderte Menschen). Alles andere, wie z. B. die tatkräftige Mutter, wird als irrelevant oder gar das Behandlungsziel störend ausgeblendet. Entwertung passiert nicht absichtlich, sondern quasi hinter dem Rücken der Fachkräfte als eine Nebenwirkung ihres fachlichen Bemühens. Im folgenden Beispiel werden sicher korrekte Fakten präsentiert, aber eben nur der kleine, hilfesystemrelevante Ausschnitt dessen, was die Adressatin ausmacht, und deswegen entwerten sie.

- Befunde und Diagnosen: Suizidale Verhaltensweisen, Sachbeschädigungen, Nahrungs- und Medikamentenverweigerung, Borderline-Persönlichkeitsstörung (ICD 10 F 60.31), Gehörlosigkeit (ICD 10 H 91.9)
- Art der Behinderung: Wesentliche seelische Behinderung
- Wohnsituation: Zuletzt bei der Mutter, Aufenthalte in der Psychiatrie, Fehlversuche in Internaten, Mutter überfordert, kann Behinderung der Tochter nicht akzeptieren, überfordert Tochter mit hohen Erwartungen
- Wünsche des Leistungsberechtigten/Welche Ziele sollen erreicht werden?: Psychische Stabilisierung, Bewältigung des aggressiven Verhaltens, eigene Geldverwaltung, Werkstattfähigkeit, medizinische und soziale Reha.

Ausschnitt aus einem Musterbeispiel zur Erstellung eines »Hilfeplans« in einer Handreichung.

4. *Individualisierung* meint, dass strukturelle Ursachen von Problemen einzelner Menschen durch eine am einzelnen Menschen ausgerichtete Förderung verdeckt werden. Mit therapeutischer Konzentration wird versucht, das zu lösen, was mit der Konzentration auf einen einzelnen Menschen nicht zu lösen ist: weniger Arbeitsplätze, mehr Schulden, mehr Räumungsklagen. Das Problem ist der hochauflösende therapeutische Blick: »Jeder Mensch ist anders und jede Intervention ist anders!« Wenn Akten nie generalisierend sozialpolitisch ausgewertet werden,

entsteht bei den Mitarbeiter(inne)n das Gefühl, von der Arbeit aufgefressen zu werden (vgl. Hinte 1996: 11):

Die StVO macht eine Frau mit geistiger Behinderung immobil, da diese nicht als kompetent genug gilt, sich im öffentlichen Raum ohne Selbstgefährdung zu bewegen. Die Verknüpfung der Selbstgefährdung mit den Kompetenzen der Frau verdeckt das fremdgefährdende Potenzial des Straßenverkehrs. Nicht die *strukturelle* Ursache des Straßenverkehr kommt ins Blickfeld, sondern die *individuellen* Defizite der betroffenen Frau.

2   Sozialraumorientierung als Methode

Weil Soziale Arbeit ein Beruf am Schnittpunkt der Arbeit »mit Dingen, Menschen und Ideen« (Staub-Bernasconi 1986) sei, ginge es immer gleichzeitig um ökonomische, institutionelle, soziale und politische Ressourcenerschließung. Deswegen wurde der Ansatz der Sozialraumorientierung *transdisziplinär* konzipiert, weil er unterschiedliche Wissensbestände verknüpft. Psychologisches und ethisches Wissen des Stärkemodells wird mit soziologischem Wissen des Sozialkapitalmodells, ökonomischem Wissen, Organisationswissen, politischem Steuerungswissen kombiniert, um den disziplinären Reduktionismus, der sich auch in den klassisch versäulten Arbeitsformen zeigt, zu überwinden. Diese systematische Verknüpfungsleistung ist das eigentlich Neue an der Sozialraumorientierung. Ein solcher Ansatz läuft der beruflichen Spezialisierung entgegen, um vereinzeltem Wissen das Wissen über seine Verknüpfung hinzuzufügen (vgl. Münch 1995, 146). Das ist das transdisziplinäre Konstruktionsprinzip eines Modells aufeinander bezogener Maximen, Strukturen und Methoden, in den ansonsten auf sich selbst bezogenen Arbeitsfeldern von Einzelfallarbeit, Sozialmanagement, Quartiersmanagement, Sozialplanung und Kommunalpolitik. Sozialraumorientierung hat den Anspruch, den Facettenblick institutioneller Ordnungen durch ein Weitwinkelobjektiv zu ersetzen und bietet als Handlungsmodell vier Felder, die in der praktischen Arbeit zum Methoden- und Arbeitsformenmix kombiniert werden und verschiedene Rollenanforderungen an Sozialarbeitende stellen:

Kritik der SRO	Bezug	Methodik der SRO
Desozialisierung der Hilfe	Sozialer Raum als sozialökologische Umwelt von Betroffenen	Fallunspezifische Arbeit, Inklusion und Resozialisierung der Hilfe als Gemeinschaftsleistung (Weiterentwicklung des Konzepts der Selbsthilfe zur Wirhilfe)
Standardisierung der Hilfe	Das institutionalisierte Hilfesystem	Flexibilisierung von Organisationen und Leistungen, Sozialraumteam, Sozialraumbudget
Entwertung durch Hilfe	Wille und Kompetenzen der Betroffenen	Stärkemodell zur Anerkennung von Selbstwirksamkeit
Individualisierung der Hilfe	Kommunalpolitik	Aktivierung und Einmischung zur Erschließung politischer Ressourcen

Tab. 1: Handlungsfelder der Sozialraumorientierung (vgl. Früchtel, Cyprian & Budde 2013a)

Im Folgenden werden methodische Ansätze vorgestellt, die auf das Desozialisierungs-risiko antworten. Zu den anderen Handlungsfeldern siehe Früchtel, Budde & Cypri-an 2013a, 2013b. Weite Teile der sozialen Arbeit sind an einzelnen Individuen und an Familien orientiert. Wenn wir von »Klient(inn)en« reden, meinen wir damit zumeist einzelne Personen, manchmal Familien, aber normalerweise nicht den relativ großen »sozialen Konvoi« (Antonucci 1985) der Menschen, der uns hilft, einigermaßen sicher, glücklich und erfolgreich durchs Leben zu kommen. Das folgende Kapitel beschäftigt sich mit Sozialer Arbeit, die mit diesem Konvoi arbeitet, also in und mit Netzwerken agiert, um Ressourcen zu erschließen, die Bürger(innen) stark machen. Das professio-nelle Denken in Netzwerken bedeutet, sich soziale Beziehungen zwischen Menschen und Organisationen als Netze vorzustellen. Die einzelnen Menschen sind die Kno-tenpunkte, die Verbindungsmaschen stellen die Beziehungen zwischen ihnen dar. Sie können als Förderbänder gedacht werden, auf denen vielfältige Austauschprozesse ab-laufen und unter der Hand die Integration der Individuen in die Gesellschaft erfolgt. Nicht jede Netzwerkkonstellation ist für die Bearbeitung jedes Problems geeignet, und die Chancen, weitläufige Netzwerke auf- und auszubauen, sind gesellschaftlich ungleich verteilt. Dennoch stecken in der Konzentration auf Netzwerke Chancen, die die professionelle Sozialarbeit noch lange nicht ausgeschöpft hat.

Mary Richmond, eine der Pionierinnen der sozialen Hilfe, wusste schon vor fast 100 Jahren, dass gelingende Einzelfallarbeit über den Einzelfall hinausgehen und »Fall« mit »Feld« verbinden muss. In Richmonds Case Work wird die Person als »wider self« aufgefasst, als komplexes Arrangement individueller und sozialer Kräfte. Erfolgreiche professionelle Hilfe kennt sich deswegen nicht nur mit den Schwierigkeiten und Fä-higkeiten individueller Personen aus, sondern auch mit den Kräften der Kernfamilie (Family Forces), den Kräften von Verwandten und Freund(inn)en (Personal Forces), den Kräften von Nachbar(inne)n, Vermieter(inne)n, Arbeitgeber(inne)n, Gewerk-schaften, Vereinen, Wohnungsbaugesellschaften (Neighborhood Forces), den Kräften von Lehrer(inne)n, Polizist(inn)en und Postbot(inn)en (Civic Forces), den Kräften von Kirchengemeinden, Wohltätern, Selbsthilfegruppen, Suppenküchen (Charitable Forces) (vgl. Richmond 1922, 253). Auch wenn wir heute anders sortieren würden, ist Richmonds Aufzählung eindrucksvoll und aufschlussreich. Sie war der Überzeugung, dass professionelle sozialstaatliche Kräfte (Public Relief Forces) dann am wirksamsten seien, wenn es gelingt, sie mit all den anderen Kräften zu verbinden. Nach diesem Prinzip arbeiten auch sozialräumliche Methoden. Ihre Perspektive richtet sich nicht ausschließlich auf individuelle Klient(inn)en und Angebote der eigenen Organisation, sondern sie erforschen den Sozialen Raum, der sich z. B. im Netzwerk jedes einzel-nen Betroffenen zeigt und anhand des »ecological mapping« sichtbar gemacht werden kann (vgl. Früchtel et al. 2013b, 86 ff.).

Eco-Mapping

Dazu nutzt die Fachkraft eine »Achtfelderliste« und ein großes Blatt Papier. Sie zeichnet einen Kreis sowie acht Linien, sodass acht Segmente entstehen (Abb. 1).

Achtfelderliste zur Inspiration für die Benennung der Segmente in der nebenstehenden Grafik

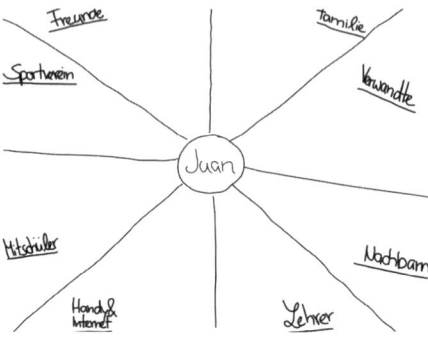

Abb. 1: Leeres Eco-Map von Juan am Beginn

- Familie
- Verwandte
- Freund(inn)e(n)
- Im Handy gespeicherte Kontakte
- Tageszeiten, zu denen man andere Menschen trifft: früh, nachmittags, abends
- Orte, an denen ich gelebt habe
- Fachkräfte, mit denen ich zu tun habe
- Menschen aus Vereinen
- Menschen aus meiner Kirchengemeinde
- Menschen, die ich durch mein Hobby kenne
- Nachbar(inne)n
- Kolleg(inn)en, auch von früher
- Mitschüler(innen), auch von früher
- Kindergartenfreund(inn)e(n)
- Freund(inn)e(n) aus der Schule
- Leute vom Studium
- Gäste beim letzten Geburtstag
- Bekannte
- Vertraute
- Gruppen, in denen ich bin
- Menschen, die ich aus andern Lebensphasen kenne

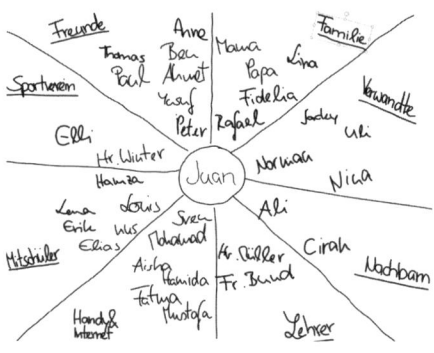

Abb. 2: Eco-Map von Juan nach etwa 20 Minuten

In das erste Segment schreibt die Fachkraft »Familie«, in ein zweites »Verwandte« und in eines »Freund(inn)e(n)«, um danach den Adressaten zu fragen: »Wie benennen wir die anderen Felder?« Wenn alle oder die meisten Felder eine Überschrift haben, fragt die Fachkraft: »Mit welchem Feld beginnen wir?« und danach: »Wen schreiben wir da hinein?«, »Wen noch?«, »Wer gehört noch dazu?«, »Wen haben wir vergessen?«, »An wen haben wir noch nicht gedacht?« Nachdem man ein Feld nach dem anderen durchgegangen ist, können »Namensgeneratoren« (s. u.) verwendet werden, die weitere Personen zum Vorschein bringen. Ziel ist es, bei guter Atmosphäre so viele Namen wie möglich aufzuschreiben.

Die Kategorien dürfen beim Gespräch nicht im Vordergrund stehen. Sie sind nur Finde-Strategie, nie Ordnungsmittel. Deswegen sind auch ganz unterschiedliche Aufteilungen möglich: Man kann, wie oben nach »Personengruppen« aufteilen, aber auch nach »Lebensphasen« (Kindheit, Schule, Ausbildung, …), oder nach Wohnorten, an denen man bereits gelebt hat. Die Aufteilungsformen können miteinander kombiniert werden. Das Ergebnis ist eine gut gefüllte Netzwerkkarte (Abb. 2). *Namensgeneratoren* können helfen, den Blick auf unterschiedliche Situationen des Alltags richten:

* Wen fragen Sie, wenn Sie Rat brauchen?
* Auf wen hören Sie, wenn Sie eine wichtige Entscheidung zu treffen haben?
* Wen können Sie jederzeit besuchen?
* Wer sagt Ihnen ab und an, dass Sie, in dem was Sie tun, so richtig gut sind?
* Mit wem am Arbeitsplatz sprechen Sie am meisten?
* Wer waren früher Ihre Freund(inn)e(n) im Kindergarten/in der Schule/während der Ausbildung?
* Mit wem haben Sie sich letzte Woche getroffen/telefoniert/gemailt?
* Wer wohnt in Ihrer Straße/im selben Haus?

Das ausgefüllte Eco-Map bietet einen großen Reichtum an Namen, die allesamt Relevanz im Leben der Erstellerin oder des Erstellers haben. Im nächsten Schritt werden die Potenziale, die sich mit den einzelnen Namen verbinden, ausfindig gemacht. *Ressourcenfinder* sind Vergrößerungsgläser, um spezifische Ressourcen der genannten Personen sichtbar zu machen. Dazu werden die folgenden Informationen für jeden Namen gesammelt, wobei man nicht systematisch vorgehen muss und die Sammlung auf mehrere Tage aufteilen sollte:

* Wohnorte, weil darin geografische Mobilitätsressourcen stecken können
* Beruf und Arbeitsgeber(in), weil darin Wissen und Connections stecken
* Hobbys, Fähigkeiten und Talente
* Verbindungen dieser Person zu anderen Menschen oder Organisationen, weil darin Zugangsmöglichkeiten stecken
* Bewältigte Krisen, weil Krisen wesentlicher Teil unserer Lebenserfahrung sind
* Berufliche oder private Erfolge
* Materielle Ausstattungen wie KFZ, Werkzeug, Wohnraum usw.
* Eigenschaften, Merkwürdigkeiten weil dadurch eine Person im Gespräch ein Gesicht bekommt und man sie sich merken kann
* Geburtstage, Namenstage oder Heiratstage, weil diese ein guter Anlass zur Kontaktaufnahme sind sowie Kontaktdaten

Jedes Hobby, jede Fähigkeit, jede Beziehung, jeder VW-Bus, jede biografische Erfahrung, sei es eine Auseinandersetzung mit einem Vermieter oder einem Arbeitgeber, kann das Material sein, in dem etwas entdeckt werden kann, an das man bisher nicht gedacht hatte, das aber im Sinne einer Netzwerkorientierung weiter verfolgt werden kann. Die Informationen kommen in eine *Ressourcenkartei* (Abb. 3), in der jede Person eine Karteikarte erhält.

Ressourcenkartei

- Wohnorte, weil darin geographische Mobilitätsressourcen stecken können, Adressdaten nicht vergessen, da dies für eine Kontaktaufnahme wesentlich sind.
- Beruf und Arbeitgeber, weil darin Wissen und Verbindungen stecken.
- Hobbys (dito!)
- Fähigkeiten und Talente
- Verbindungen der genannten Person zu weiteren Menschen oder Organisationen, weil das Vitamin B ist.
- Bewältigte Krisen, weil Krisen wesentlicher Teil unserer Lebenserfahrung sind.
- Berufliche oder private Erfolge
- Materielle Ausstattungen wie KFZ, Werkzeug, Bücher Wohnung etc.
- Eigenschaften, Merkwürdigkeiten, weil dadurch eine Person ein Gesicht bekommt und man sie sich merken kann.
- Geburtstage, Namenstage oder Heiratstage, weil diese ein guter Anlass zur Kontaktaufnahme sind.

> **Tante Mathilde Will**
>
> Geburtstag: 10.06.32
>
> kann malen, kreativ, war Kunsttherapeutin
> organisiert Ausstellungen und Vernissagen, kennt die Kunstszene
> hat große Familie
> immer hilfsbereit, hat immer Zeit für mich
> ist scheidungserfahren
> ein wichtiger Mensch in meinem Leben
> hat viel Platz und das Haus steht immer offen
> ist gerne mit Menschen zusammen, lernt gerne Menschen kennen
> reist gerne und lernt Leute kennen
> hat gute Kontakte zu ausländischen Künstlern z.B. in Israel, Ecuador und USA
> kommunalpolitisch aktiv, kennt Stadträte und Amtspersonen
> eine richtige Mama
> Antifaschistin
> Trauererfahrung
> naturverbunden
> belesen
> mag internationale Küche und kennt Restaurants
> hat großen Garten

Abb. 3: Beispiel einer Ressourcenkarteikarte

Ein Eco-Map verändert den Blick der Betroffenen auf sich selbst genauso wie den Blick der Fachkräfte. Jemand mag zwar einen sozialen Dienst aufsuchen, weil er in einem ernsthaften Problem steckt und momentan nicht mehr weiter weiß, aber er wird eben nicht auf dieses Problem reduziert, sondern die Fachkräfte erschließen systematisch sein Netzwerk und die darin dem professionellen Blick erst einmal verborgenen Schätze.

> Beispiel aus der Praxis:
> Theos Traum war, Polizist zu werden. In seinem Eco-Map fanden sich sogar mehrere Polizeibeamte, zu denen er eine freundschaftliche Beziehung pflegte. Sein Assistent ging Theos Wunsch und seinen Beziehungen konsequent nach und daraus wurde ein Job als Hilfssheriff einer Polizeistation. Theo kontrolliert den Eingangsbereich zu einem Geschäftsgebäude, seine besondere Kompetenz ist, von potenziellen Straftätern unterschätzt zu werden, aber Theo passt immer auf und hat einen Geheimknopf, mit der er wenn nötig Alarm schlägt. Drei Tage in der Woche geht er seiner Wachaufgabe nach und an zwei weiteren Tagen ist er in »seiner« Polizeiwache, die eine Patenschaft für ihn übernommen hat, als interessierter Beobachter.

3   One-to-Ones als Methode für Fachkräfte, sich Kontakte, Beziehung und Ressourcen im Stadtteil zu erarbeiten

Fallunspezifische Arbeit versucht Potenziale des Stadtteils, der Straße, des Dorfes, der Gewerbe usw. in den Blick zu bekommen, die in der Fallarbeit zum Tragen kommen können. Fachkräfte erschließen sich Kenntnisse in einem sozialen Raum, ohne schon darauf gerichtet zu sein, diese Ressourcen für einen bestimmten Fall abzurufen. Es geht um das Aufspüren von lebensweltlichen Kapazitäten, die wesentlich für das Funktionieren eines Gemeinwesens sind (vgl. Hinte 1999). Fallunspezifische Arbeit geschieht zu einem Zeitpunkt, da Fachkräfte noch nicht absehen können, ob und für welchen Fall sie die jeweiligen Ressourcen benötigen. Ihre Arbeit ist erst einmal noch keinem spezifischen Fall zuzuordnen, geschieht aber durchaus mit Blick auf die Fallarbeit. Insofern ist sie etwas grundsätzlich anderes als Gemeinwesen- oder Stadtteilarbeit.

> Herr Will arbeitet in einer Werkstatt für Menschen mit Behinderung. Er macht seine Arbeit gut, aber nicht sonderlich begeistert, weil er eigentlich ein musischer Mensch ist und sich in dieser Richtung weiterentwickeln möchte. Ein Ressourcencheck (vgl. Früchtel et al 2013b) zeigt: Herr Will singt gern und ist ein guter Geschichtenerzähler. Aus diesen Fähigkeiten entwickeln die Fachkräfte zusammen mit Herrn Will einen neuen Halbtagsarbeitsplatz als mobiler Animateur in drei Senior(inn)enwohnheimen. Herr Will hat die Aufgabe, Menschen zu besuchen, Zeit mit ihnen zu verbringen, Geschichten zu erzählen und zu singen. Wesentlich für die Schaffung dieses ungewöhnlichen, aber genau zu Herrn Will passenden Arbeitsplatzes waren ein Landkreisbürgermeister und ein Pfarrer, jeweils Vorstandsmitglieder von Senior(inn)enheim-Trägern. Sie haben die drei Senior(inn)enheime davon überzeugt, dass ein mobiler Animateur positive Auswirkungen auf die Lebensqualität der Bewohner(innen) haben würde und die zusätzlichen Personalkosten wert sei. Herr Will selbst sagt, die neue Arbeit sei wunderbar, Singen würde er sowieso gerne und die Senior(inn)en seien ein dankbares Publikum.

Wie Bürgermeister und Pfarrer zu Job-Huntern für Herrn Will gemacht wurden, war wiederum ein Ergebnis fallunspezifischer Arbeit, die einige Monate früher stattfand:

Ein Integrationsspezialist begleitete eine Adressatin zum Arzt. In der Fußgängerzone sieht die junge Frau – begeisterte Katholikin – einen Mann, den sie aus der Zeitung zu kennen glaubt. »Ist das der Erzbischof?«, fragt sie. Ihr Assistent, ein geschickter fallunspezifischer Arbeiter, erkennt blitzschnell die in der Frage steckende Gelegenheit und antwortet: »Könnte sein, Sie können ihn ja fragen!« Die Frau eilt quer durch die Fußgängerzone ihrem vermeintlichen Star hinterher, stoppt ihn etwas abrupt und fragt: »Bist Du der Erzbischof?«

In dem folgenden Gespräch ergibt sich für den Assistenten die Gelegenheit, von einer Projektidee zu erzählen, wie man aus den Talenten behinderter Menschen Ar-

beitsplätze machen könnte, wenn es gelänge, mithilfe der Kontakte und Beziehungen von bestens im Gemeinwesen verankerten Personen Nischen-Beschäftigungs-
möglichkeiten zu finden. Pfarrer und Bürgermeister verfügen über enormes lokales
Insiderwissen, Unmengen von Kontakten und Einflussmöglichkeiten, die normale
Arbeitsagenturmittel weit übersteigen. Über den Kontakt mit dem Erzbischof konnten einige Pfarrer(innen) und Bürgermeister(innen) gefunden werden, die ihr lokales
Expertenwissen für das Projekt zur Verfügung stellten. So entstand Herrn Wills maß-
geschneiderter Arbeitsplatz. Ein Vorteil der neuen Arbeit ist, dass sie durch Beziehungen zustande kam und genau deshalb wird das Beziehungs-Netzwerk von Herrn Will
gestärkt und erweitert. Die initiierenden Bürgermeister und Pfarrer wollen, dass ihr
Projekt erfolgreich wird und bleiben auch weiterhin Fürsprecher und Mentoren für
Herrn Will, bringen ihn sogar mit weiteren interessanten Leuten in Kontakt.

Fallunspezifische Arbeit findet nicht im Büro statt, sondern sucht überall nach Gelegenheiten. Das Ungewöhnliche daran ist, dass Gelegenheiten oft blitzschnell entdeckt und am Schopf gepackt werden müssen. Wenn man zu lange wartet, können
sie, wie im vorliegenden Fall, dem fachlichen Zugriff bereits entschwebt sein. Jedes
Gemeinwesen besteht aus einer Fülle solcher Gelegenheiten, an die heranzukommen
mitunter die Gerissenheit eines erfahrenen Schnüfflers oder die Ausdauer eines gedul-
digen Sammlers verlangt, aber eigentlich gelingt immer mehr als man denkt, wenn
man einmal damit angefangen hat, die engen Grenzen der eigenen Institution und
Profession zu überwinden. Die Voraussetzung dafür ist, im Stadtteil als interessierte(r)
Gesprächspartner(in) präsent zu sein. Das kann man durch vielerlei: So lassen sich die
eigenen Besorgungen des täglichen Lebens im Stadtteil machen; Friseur- und Laden-
besuche sind unerschöpfliche Quellen von Information und Tratsch, bieten zudem
einfache Möglichkeiten, bekannt zu werden und Menschen anzusprechen. Gemeint
ist eine »Einzelhändlerstrategie« (Brand 1995, Häcker 2003): Man spricht keine
Gruppen oder Organisationen an, sondern provoziert Face-to-face-Kontakte mit Einzelnen. Deswegen heißt die Methode auch One-to-Ones (Eins-zu-eins-Kontakte).
One-to-ones (auch: 121s) haben zwei Ebenen. Auf der *Beziehungsebene* geht es darum,
eine Sympathie- und Vertrauensbeziehung zum Gegenüber aufzubauen, an der man
später anschließen kann. Gelungen ist der Kontakt, wenn die oder der Angesprochene
zu sich selbst sagt: »Das war ein gutes Gespräch. Mit der Frau würde ich gerne mal
wieder reden. Die war interessiert an mir. Sie hat Fragen gestellt, die einem nicht jeden
Tag gestellt werden und es waren gute Fragen …« Auf der *Inhaltsebene* muss ein One-
to-one die folgenden Fragen beantworten können: »Wer ist dieser Mensch? Wer sind
seine Helden? Was bewegt diesen Menschen? Worüber ärgert er oder sie sich? Was sind
seine oder ihre Träume für seine oder ihre Nachbarschaft, seine oder ihre Gemeinde?
Welche Kontakte und Einflussmöglichkeiten hat er oder sie?«

Dabei geht es aber nie darum, die Menschen, die man kennenlernt, für die eigenen Ziele zu instrumentalisieren, sondern die Fachkräfte versuchen, zielunspezifisch
so viele unterschiedliche Kontakte und Bekanntschaften im Stadtteil zu machen wie

möglich und dabei zu erfahren, was Menschen bewegt und wo ihre Interessen liegen. Diese eigenen Interessen der Menschen, die man kennenlernt, lassen sich dann mitunter mit den Interessen von Adressat(inn)en verbinden. Allerdings ist beim Zustandekommen dieser Beziehungen noch nicht absehbar, wohin sie einen führen werden und man muss viele solcher Bekanntschaften machen und pflegen, um ein reiches Möglichkeitslager aufzubauen. Die geschickte Kooperation mit dem Zufall spielt hier eine gewisse Rolle. Der fachliche Clou ist aber, dass man mitunter originelle und innovative Möglichkeiten findet, nach denen man nicht gezielt hätte Ausschau halten können, weil man gar nicht auf den Gedanken gekommen wäre, danach zu suchen.

Literatur

Antonucci, T. (1985): Social support: Theoretical advances, recent findings and pressing issues. In: Sarason, l. G./Sarason, B. R. (Hgg.): Social Support: Theory, research and applications. Dordrecht. Nighoff, 21–38.

Brand, R. (1995): Vom Großhändler zum Einzelhändler: Erfahrungen und Einsichten nach einem Jahr Community Organizing in den USA. In: Sozial Extra, Sept., 15–16.

Früchtel, F./Budde, W. (2011): Mit dem Zufall kooperieren. Philosophie und Methodik fallunspezifischer Arbeit. In: Teilhabe, 50. Jg. (11), 172–179.

Früchtel, F./Cyprian, G./Budde, W. (2013a): Sozialer Raum und Soziale Arbeit, Textbook: Theoretische Grundlagen. 3. Aufl. Wiesbaden.

Früchtel, F./Cyprian, G./Budde, W. (2013b): Sozialer Raum und Soziale Arbeit, Fieldbook: Methoden und Techniken. 3. Aufl. Wiesbaden.

Habermas, J. (1981): Theorie des kommunikativen Handelns. Zweiter Band. Zur Kritik der funktionalistischen Vernunft. Frankfurt am Main.

Häcker, W. (2003): Power durch das Community Organizing – Das Organisieren von Bürgerengagement auf breiter Basis – kann man das in den USA lernen? In: Praxis der Bürgerbeteiligung. Ein Methodenhandbuch. Bonn, 95–99.

Hinte, W. (1996): Jenseits von Lebenswelt und Einmischung – zur strukturellen und personellen Situation des ASD. In: Greese, D. (Hg.) (1993): Allgemeiner Sozialer Dienst: Jenseits von Allmacht und Ohnmacht. Münster, 7–26.

Hinte, W. (1999): Fallarbeit und Lebensweltgestaltung – Sozialraumbudgets statt Fallfinanzierung. In: Soziale Praxis, (20) – Soziale Indikatoren und Sozialraumbudgets in der Kinder- und Jugendhilfe (Hg.): Institut für soziale Arbeit (ISA). Münster, 82–94.

Münch, R. (1995): Dynamik der Kommunikationsgesellschaft. Frankfurt am Main.

Richmond, M. (1922): What is Social Case Work? New York.

Staub-Bernasconi, S. (1986): Soziale Arbeit als eine besondere Art des Umgangs mit Menschen, Dingen und Ideen. Zur Entwicklung einer handlungstheoretischen Wissensbasis Sozialer Arbeit. In: Sozialarbeit 10 (18), 2–71.

Jeannette Hoffmann

Wir im Sozialraum Neukölln – die Tagesförderstätte engagiert sich im Kiez

1 Arbeit für Menschen mit komplexer Behinderung

Die Teilhabe am Arbeitsleben für Menschen mit komplexer Behinderung wird noch immer häufig ausgeschlossen. Nach wie vor ist für die Aufnahme in einer Tagesförderstätte die Nichterbringung wirtschaftlich verwertbarer Arbeit ein wesentliches Kriterium. Dies impliziert allerdings nicht, dass Menschen mit komplexer Behinderung von der Arbeitswelt exkludiert werden müssen und ihnen lediglich alltagsstrukturierende Tätigkeiten dargeboten werden, die sich thematisch mit dem Bereich Wohnen decken.

>»Durch Arbeit erhält das Leben einen Rhythmus, der Tagesablauf wird sinnvoll gegliedert. Eine Unterscheidung von Arbeit und Urlaub, von Wochentag und Feiertag/Wochenende wird erfahrbar« (beb 2010, 5).

Arbeit darf in diesem Kontext nicht nur mit Erwerbsarbeit in Verbindung gebracht werden, vielmehr ist es notwendig, alle Tätigkeiten, die für die Menschen mit Behinderung als sinnstiftend anerkannt werden und mit denen sie sich identifizieren, als Arbeit zu deklarieren.

>»Arbeit ist die spezifisch menschliche Grundlage des Lebens, sich mit der Umwelt auseinandersetzen zu können. Menschen mit schwerer Behinderung haben nicht nur ein Recht auf Arbeit, sondern auch ein grundlegend menschliches Bedürfnis nach Selbstverwirklichung und Anerkennung« (Terfloth & Lamers 2011, 19).

Fornefeld (2016) definiert Arbeit als zielgerichtete Tätigkeit eines jeden Menschen zum Zweck der Entwicklung einer Idee, der Herstellung eines Produkts oder der Bereitstellung einer Dienstleistung mit dem Ziel der Teilhabe an der Gesellschaft und der Stiftung von Identität zur Befriedigung individueller wie auch kollektiver Bedürfnisse.

Auch für Menschen mit komplexer Behinderung sollten die Bedeutung und die Funktionen von Arbeit nicht diametral entgegengesetzt sein. So sind Teilhabemöglichkeiten, Sinnstiftung, Identitätsbildung, Selbstverwirklichung, Anerkennung, Wertschätzung und vor allem die dabei entstehenden sozialen Kontakte auch und gerade für diese Menschen wesentlich.

Die Tagesförderstätte bietet Menschen mit komplexer Behinderung ein zweites Milieu mit tagesstrukturierenden Angeboten, sozialen Kontakten außerhalb der Familie oder der Wohneinrichtung.

>»Auch wenn sich ein Mensch nur eine Stunde am Tag in eine Arbeitsgemeinschaft eingliedern kann und nur wenige Minuten aktiv darin mitwirkt, so vollzieht er dennoch in dieser kurzen Zeit sein Arbeitsleben« (Kistner 2006, 133).

2 Die Relevanz des Sozialraums

Durch die Begegnung mit anderen Menschen und durch Partizipation an anderen Tätigkeitsfeldern, durch soziale und kulturelle Teilhabe bildet sich der Mensch (nach Fornefeld 2016). Um der Forderung nach tätigkeits- und arbeitsorientierter Beschäftigung oder Förderung im Rahmen der Teilhabe am Leben in der Gemeinschaft mit dem Ziel der Orientierung am Arbeitsleben zu entsprechen, kann der Sozialraum nicht außer Acht gelassen werden.

Kooperationen mit Firmen und Unternehmen im Kiez bieten neue Möglichkeiten für soziale Kontakte, für das Kennenlernen von Arbeitsfeldern außerhalb der Tagesförderstätte und für sinnstiftende Tätigkeiten, mit denen sich die Menschen mit komplexer Behinderung identifizieren können und durch die sich ihnen nachhaltig Zusammenhänge und die Zweckdienlichkeit ihrer Tätigkeit erschließen.

Dafür müssen die notwendigen Unterstützungsleistungen für die Menschen mit komplexer Behinderung geschaffen werden. Eine Sensibilisierung des Umfelds muss erfolgen, Kontakte geknüpft, Gespräche geführt werden. Mit den Firmen im Kiez, die für eine Kooperation gewonnen werden können, müssen gemeinsame Strategien entwickelt und Möglichkeiten zum Tätigwerden innerhalb der Betriebe gefunden werden. Kreativität und Umdenken ist gefragt und neue Wege wollen erschlossen werden.

Eine intensive Ressourcenanalyse und die Berücksichtigung von Wünschen und Vorlieben der Menschen mit komplexer Behinderung sind wesentliche Voraussetzungen für das Aktivwerden im Sozialraum. Von einzelnen Klient(inn)en ausgehend müssen personenzentrierte Tätigkeiten mit den Firmen im Kiez gemeinsam akquiriert werden. Ist eine Tätigkeit gefunden, müssen der Arbeitsplatz, die Hilfsmittel, die Möglichkeiten der Kommunikation und auch die Begleitung individuell adaptiert werden. Vermittelnde und erklärende Gespräche sind in jedem Fall notwendig, um eine für beide Seiten nutzbringende und sinnstiftende Kooperation zu erreichen. Ziel ist dabei immer ein soweit als möglich selbstständiges Agieren, die eigenaktive Handlung und die Nachvollziehbarkeit der Tätigkeiten der Menschen mit komplexer Behinderung. »Inklusion geht nur inklusive Arbeit« (Becker 2016, 263).

3 Die Tagesförderstätte Neukölln

In der Tagesförderstätte Neukölln der Lebenshilfe Berlin werden 38 Klient(inn)en mit komplexer Behinderung betreut. In der Regel liegt bei den betreuten Menschen eine schwere geistige Behinderung vor, teilweise einhergehend mit einer körperlichen Beeinträchtigung sowie herausforderndem Verhalten, psychischen Erkrankungen und vorrangig nonverbalen Kommunikationsformen, die z. B. der gebärdengestützten und/ oder Methoden und Medien der Unterstützten Kommunikation bedürfen. Konzeptionell steht ein ergebnisorientierter Ansatz im Mittelpunkt, der es Jedem ermöglicht, arbeitsweltorientierte Prozesse zu planen, durchzuführen, zu erleben, zu erfahren bzw. an ihnen teilhaben zu können, unabhängig vom jeweiligen Unterstützungsbedarf.

Es geht nicht nur um Strukturierung des Alltags, um Schaffung von verbindlichen, nachvollziehbaren Strukturen im sogenannten zweiten Milieu. Vielmehr sollen die Menschen mit komplexer Behinderung in arbeitsweltorientierte Prozesse intensiv eingebunden werden, die für sie nachhaltig und überprüfbar sind. Es sollen sinnstiftende Angebote unterbreitet werden, die es dem Menschen mit komplexer Behinderung ermöglichen, selbstständig zu agieren, kooperativ mit anderen tätig zu werden und auch Kontakte zu Firmen und Unternehmen im Kiez aufzubauen und Tätigkeiten zu erbringen, die sowohl den Klient(inn)en als auch den Firmen nutzbringend sein können.

Für die Klient(inn)en werden diese unterbreiteten arbeitsweltbezogenen Tätigkeitsangebote als wesentliches Mittel zur Selbstwahrnehmung und größtmöglichen Selbstverwirklichung und Teilhabe am gesellschaftlichen Leben betrachtet.

Die Menschen mit komplexer Behinderung bedürfen spezieller Hilfen, adaptierter Arbeitsmaterialien und Arbeitsplätze. Schon die Zeit, die Klient(inn)en benötigen, um sich auf neue Situationen und Aufgaben einzulassen, ist im Vergleich zu vielen Werkstattbeschäftigten sehr viel länger. Daher werden alle Tätigkeiten generell ohne Zeit- und Leistungsdruck angeboten.

Durch das multiprofessionelle Team in der Tagesförderstätte können sowohl alle Klient(inn)en als auch die Mitarbeitenden profitieren. Ergotherapeut(inn)en stellen personenbezogene adaptierte Arbeitsmittel zur Verfügung, die es den Klient(inn)en ermöglichen, selbsttätig zu werden und die Assistenz- und Unterstützungsleistungen auf das notwendige Maß zu reduzieren. Die Fachkraft für Unterstützte Kommunikation berät die Teams zum Einsatz von individuell abgestimmten Methoden und Hilfsmitteln zur gegenseitigen Verständigung.

Für jeden Menschen mit Behinderung wird somit ein Angebot geschaffen, das seine Fähigkeiten entwickeln hilft und eine sinnvolle Tagesgestaltung erlebbar macht. Es werden Angebote unterbreitet, die differenziert und personenzentriert, also auf die jeweiligen Ressourcen des zu betreuenden Menschen abgestimmt werden.

Wesentlich ist dabei immer die Nachvollziehbarkeit der angebotenen Tätigkeiten, entweder im Hinblick auf die Herstellung eines Produkts, der einzelnen dazu hinführenden Handlungssequenzen oder aber die größtmögliche Selbsttätigkeit während einer Handlung.

4   Die Konzeption der Tagesförderstätte Neukölln

Die konzeptionelle Ausrichtung der Tagesförderstätte Neukölln basiert auf drei ineinandergreifenden, sich gegenseitig stützenden Segmenten (Abb. 1), die den Menschen mit komplexer Behinderung die notwendige Unterstützung und Begleitung im Alltag bieten, ihnen sinnvolle ergebnisorientierte Angebote unterbreiten und einen perso-

nenzentrierten und sozialraumorientierten Zugang zu Firmen und Unternehmen im
Kiez möglich machen.

Abb. 1: konzeptioneller Aufbau der Tagesförderstätte Neukölln der Lebenshilfe Berlin (eig. Abb.)

4.1   Segment 1: Angebote in der Tagesförderstätte

Segment 1 stellt die Basis und das stützende Element der Arbeit in der Tagesförderstätte dar. In der Tagesförderstätte werden in Bezugsgruppen und in gruppenübergreifen-
den bzw. Einzelangeboten den Bedarfen der Menschen mit komplexer Behinderung in
Bezug auf Alltagsstrukturierung mit personenzentrierten Methoden und Maßnahmen
Rechnung getragen. Durch einzel- und gruppentherapeutische Maßnahmen werden
alle Prozesse unterstützt und begleitet.

Es werden Settings geschaffen, die Kompetenzen und Arbeitsfähigkeiten in Kooperation mit anderen Menschen entwickeln, um ein erhöhtes Selbstwertgefühl, Selbstbewusstsein und Gemeinschaftsgefühl zu erlangen. Arbeitsangebote werden im Alltag
innerhalb von Stammgruppen angeboten, eingebettet in lebenspraktische, kreativ-
künstlerische, kommunikative, kooperative Angebote und Mobilisierungsmöglichkei-
ten. Die Identifikation mit ihrer Arbeit ist dabei Ziel, Arbeit als wesentliches Mittel
zur Selbstwahrnehmung und größtmöglichen Selbstverwirklichung und Teilhabe am
Leben in der Gemeinschaft erleben zu können.

Generell werden Unterstützungsangebote unterbreitet, um Kompetenzen und wei-
testgehende Unabhängigkeit in der Alltagsroutine zu erlangen. Prinzipiell werden im
Alltag immer wieder neue Settings durch gruppenübergreifende Angebote geschaffen,
die neue soziale Kontakte ermöglichen, Erprobungsmöglichkeiten in unterschiedlichen Tätigkeits- und Angebotsbereichen schaffen. Dadurch werden die Möglichkeiten
des Wunsch- und Wahlrechts vergrößert.

Im Rahmen der Teilhabeplanung findet die Erfassung der Wünsche und Vorlieben der Menschen mit komplexer Behinderung Berücksichtigung. Um diese erfassen zu können, finden unterschiedliche Methoden Anwendung. Die Evaluation des
sozio-emotionalen Entwicklungsstands durch den SEN-Test gibt Rückschlüsse auf die

Möglichkeiten in diesem Bereich. Der erhobene Entwicklungsstand gibt Hinweise auf basale Bedürfnisse, die eng mit diesem Entwicklungsstand verknüpft sind, sodass Über- bzw. Unterforderungen ausgeschlossen werden können. Verschiedene Beobachtungs- und Fragebögen, die personenzentriert eingesetzt werden, unterstützen diesen Prozess. Anhand von Reaktionen während der angebotenen arbeitsweltorientierten Tätigkeiten durch intensive Beobachtungen können Zuspruch bzw. Ablehnung erkannt und ggf. gegengesteuert und alternative Angebote unterbreitet werden.

In Fallberatungen und Unterstützerkreisgesprächen gemeinsam mit den Klient(inn)en, Angehörigen, Mitarbeitenden der Tagesförderstätte und Wohneinrichtungen sowie anderen möglichen Kontaktpersonen können die Ergebnisse ausgewertet, bewertet und gemeinsame Ziele erarbeitet und evaluiert werden.

4.2   Segment 2: Kooperationstätigkeiten für Firmen im Kiez

Die arbeits- und alltagsweltbezogenen Angebote ermöglichen den Menschen mit komplexer Behinderung Selbstwahrnehmung, Selbstverwirklichung und Teilhabe am Leben in der Gemeinschaft durch konkrete Aufgaben mit für sie sichtbaren, spürbaren und auch erlebbaren Ergebnissen.

Die Kooperationen mit Firmen im Kiez bieten eine weitere Möglichkeit, sinnstiftende arbeitsweltorientierte Tätigkeiten innerhalb der Tagesförderstätte auszuüben. Durch die Kontakte zu den Kooperationspartner(inne)n durch z. B. Kurierdienste und die Auslieferung von Materialien und Produkten werden die Tätigkeitsprozesse für die Klient(inn)en überprüfbar.

Den Kooperationspartner(inne)n erschließt sich durch diese Kontakte eine für sie unbekannte Welt, schafft neue Erfahrungen durch begleitete und erklärende Begegnungen, baut ggf. Ängste und Vorurteile ab. Die Menschen mit komplexer Behinderung werden im Kiez sichtbarer und intensiver als Teil der Gesellschaft wahrgenommen. Es entsteht eine Win-Win-Situation für alle am Prozess Beteiligten.

Der ergebnisorientierte Ansatz bedarf keines Leistungs- und Zeitdrucks, richtet sich auf sinnvolle Tätigkeiten, die den Menschen mit komplexer Behinderung das notwendige Selbstwertgefühl geben und sie sich als Teil der Gesellschaft erleben lässt.

Die Akquise von Kooperationspartner(inne)n erfolgt in der Regel über persönliche Kontakte der Mitarbeitenden, die sich mit dem Konzept der Tagesförderstätte identifizieren und im Sozialraum agieren.

Derzeit bestehen mit sechs Unternehmen im Kiez Kooperationen:
- Für einen Weinhändler und ein Kurzwarengeschäft werden Papiertüten mit adaptierten Hilfsmitteln, die selbstständiges Agieren und Handeln ermöglichen, mit dem jeweiligen Firmenlogo und dem der Lebenshilfe bedruckt.
- Der Schneiderin im Kurzwarengeschäft werden außerdem in der Keramikwerkstatt gefertigte Knöpfe zur Verfügung gestellt.
- Für eine bildende Künstlerin werden für ihre Kunstwerke aus Papiermaché Papierbriketts hergestellt.

- Für die Zeitung »Kiez und Kneipe« fertigen die Klient(inn)en in 1:1 Assistenz Zeitungshalter in der Holzwerkstatt, die dann in den Cafés und Kneipen im Kiez mit einem Barcode, der die interessierten Leser(innen) auf die Homepage der Tagesförderstätte Neukölln leitet, ausgehängt.
- Für ein Bestattungsunternehmen werden mit geschreddertem Papier Sargkissen befüllt.
- Für eine Schmuckdesignerin werden kleine Papiertüten für den Verkauf ihres Schmucks hergestellt. Außerdem wird der Schmuck auf kleine Kärtchen gezogen.

Gemeinsam mit den Klient(inn)en werden die Produkte und Materialien ausgeliefert. Dabei entstehen Kontakte und es bleibt in der Regel immer Zeit für ein Gespräch bei Kaffee oder Tee. Lediglich ein Mitarbeiter des Bestattungsunternehmens und die Schmuckdesignerin, die über kein Ladengeschäft verfügt, kommen in die Tagesförderstätte und holen die Sargkissen und Tüten/Schmuckkärtchen persönlich ab.

Integriert in Segment 2 ist das Konzept der Papierverwertung

Um den Bedarfen und Wünschen der Klient(inn)en nachzukommen, wurde ein Konzept zur Papierverwertung erarbeitet, die Verarbeitungs- und Weiterverwertungsprozesse klar strukturiert. Verschiedene Gruppen der Tagesförderstätte sind in diesen komplexen Prozess der Papierverwertung mit unterschiedlichen Teilschritten integriert.

Ein Datenschutzkonzept wurde erstellt und durch die Datenschutzbeauftragte eine Freigabe erteilt, da alle notwendigen Sicherheitsvorkehrungen zur Wahrung des Datenschutzes erfüllt waren. Das Vernichten von Papier mit einem Schredder stellt für viele Klient(inn)en einen großen Anreiz dar. Körperliche Koordination, Auge-Hand-Koordination und feinmotorische Leistungen sind notwendig, um das einzelne Blatt Papier zum Schredder zu führen. Der Schredder bietet akustische, vibratorische und visuelle Reize und ist für eine Nachvollziehbarkeit und Ergebnisorientiertheit sehr gut einsetzbar.

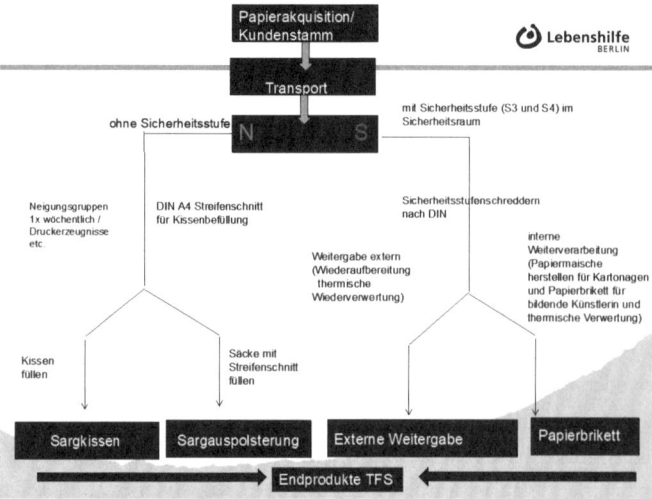

Abb. 2: Prozess der Papierverwertung (eig. Abb.)

4.3 Segment 3: KiezAktion

Durch das Projekt KiezAktion binden wir Menschen mit komplexer Behinderung in Betrieben des allgemeinen Arbeitsmarkts temporär in die Arbeitsprozesse ein und bieten damit Möglichkeiten, sich an zielgerichteten personenzentrierten Tätigkeiten in diesen Betrieben mit intensiver Unterstützung durch KiezBegleiter(innen) zu erproben.

Die KiezAktionen zielen nicht auf sozialversicherungspflichtige Beschäftigungsverhältnisse ab, sondern möchten entsprechend der UN-Behindertenrechtskonvention für Menschen mit komplexer Behinderung den Anspruch auf Arbeit geltend machen.

Es geht darum, Engagement im Sozialraum zu zeigen und gemeinsame Tätigkeitsmöglichkeiten von Menschen mit und ohne Behinderung in ihrem Arbeitsumfeld im Betrieb zu finden. Die Klient(inn)en werden direkt in den Betrieben im Kiez bzw. in Kooperation mit ihnen aktiv, knüpfen Kontakte zu anderen Arbeitnehmer(inne)n, lernen deren Tätigkeiten kennen und können einen kleinen Beitrag durch Einbringen der eigenen Ressourcen mit intensiver Arbeitsassistenz zurückgeben. Damit wird ein Perspektivenwechsel angestrebt.

In aller Regel wird das Bild von Menschen mit Behinderung damit verbunden, dass sie auf Hilfe und Unterstützung angewiesen sind. Dass diese Menschen auch einen Beitrag in der Gesellschaft leisten können, gerät dabei meist in den Hintergrund bzw. wird selten in Betracht gezogen. Mit den KiezAktionen möchten wir dieses Bild wandeln und uns gemeinsam mit den Klient(inn)en im Sozialraum engagieren.

Mit den KiezAktionen soll der Lebensraum »Arbeit« für die Klient(inn)en neu erschlossen werden. Innerhalb der Betriebe und Firmen werden Tätigkeiten und Aufgaben individuell angepasst und Arbeitsmaterialien adaptiert, sodass sie dem Menschen mit Behinderung eine größtmögliche Chance auf Selbstständigkeit bieten. Den Klient(inn)en wird durch das Projekt ein kontinuierlicher Kontakt zu anderen Kolleg(inn)en in den Betrieben ermöglicht, ihre Anwesenheit wird selbstverständlich, Berührungsängste und Unterschiede relativieren sich erfahrungsgemäß.

Das Projekt »KiezAktion« wurde als konzeptioneller Bestandteil der Tagesförderstätte Neukölln etabliert. KiezAktion richtet sich an Menschen mit komplexer Behinderung, denen der Zugang zur WfbM aufgrund ihres sehr hohen Unterstützungsbedarfes verwehrt bleibt, die kein Mindestmaß an wirtschaftlich verwertbarer Arbeit erbringen können, jedoch eine Entwicklungsperspektive und einen Zugang zu betrieblicher Arbeit erhalten sollen.

Die Integration der Menschen mit komplexer Behinderung in Betriebe des allgemeinen Arbeitsmarkts erfolgt mit Hilfe von KiezBegleiter(inne)n im Sozialraum Neukölln.

Aktuell bestehen Kooperationen mit vier Unternehmen im Kiez:

- In einem Autohaus arbeitet ein Klient in der Werkstatt des Autohauses und reinigt dort mit adaptiertem Werkzeug die Material- und Werkzeugkisten. Dieses Angebot findet in enger 1:1 Begleitung entsprechend der individuellen Ressourcen statt. Die positiven Erfahrungen, die dieser Klient dort erleben darf und die positive Resonanz der Kolleg(inn)en in der Autowerkstatt werden als eindeutiges Signal dafür bewertet, dass die KiezAktion für alle Beteiligten ein gewinnbringendes inklusives Tätigkeitsangebot darstellen kann.

- Ein weiterer Arbeitsplatz steht für eine Stunde pro Woche für eine Klientin im Bürobereich des Autohauses zur Verfügung. Sie erledigt leichte Büroarbeiten wie das Eintüten von Briefen, Säubern der Büroschränke, Schreddern von Unterlagen und Blumenpflege.
- In Kooperation mit dem Natur- und Grünflächenamt reinigen drei Kleingruppen jeweils einmal pro Woche die Wege auf dem Buschkrugfriedhof von Papier und Unrat. Unterstützung wird dabei neben der KiezBegleitung durch einen Klienten des betreuten Einzelwohnens, der sich ehrenamtlich engagiert, geboten.
- Im Seniorendomizil Britz pflegt eine Klientin regelmäßig einmal wöchentlich Kontakt zu einem dementen Senioren bei gemeinsamen Erkundungen des Kräutergartens oder des Tiergeheges. Die Kommunikation der beiden wird dabei durch die KiezBegleiterin in dolmetschender Form begleitet.
- Mit der Malzfabrik in Schöneberg besteht eine Kooperation für drei Klienten. Einmal wöchentlich sind die Klienten in 1:2 Begleitung vor Ort und reinigen das Gelände, erledigen kleinere haushandwerkliche Tätigkeiten in Zusammenarbeit mit dem Hausmeister vor Ort.

In einer wöchentlich stattfindenden Arbeitsgruppenbesprechung berichten die Klient(inn)en über ihre Tätigkeiten. Eine Dokumentation der Arbeitsgruppenbesprechung erfolgt dabei immer und wird zur gemeinsamen Evaluation im Hinblick auf Zufriedenheit oder Veränderungswünsche genutzt.

Voraussetzung für ein Gelingen sind engagierte Mitarbeitende, die das Konzept tragen und weiterentwickeln, ein stabiler Mitarbeiter(innen)stamm sowie gruppenübergreifende Angebote, die die Stammgruppen entlasten und neue Settings für Kontakte und Kooperationen schaffen, ein regelmäßiger Austausch zu allen bestehenden Projekten und die Bereitschaft, neue Wege zu gehen.

Die Bereitschaft von Firmen und Unternehmen im Kiez, diesen Weg mit uns gemeinsam zu gehen und daraus auch für sich gewinnbringende Ziele zu verbinden, sind ebenso Grundlage für die Weiterentwicklung von arbeitsweltbezogenen Angeboten für Menschen mit komplexer Behinderung.

Ein sensibler und wachsamer Umgang mit den Ressourcen der Menschen mit komplexer Behinderung, die Berücksichtigung ihrer Wünsche und Vorlieben, aber auch ein Bemerken und Beachtung von Grenzen sind Prämisse für ein Engagement im Kiez mit Menschen mit komplexer Behinderung.

Literatur

BeB (Bundesverband evangelische Behindertenhilfe) (2010): Teilhabe am Arbeitsleben von Menschen mit hohem Hilfebedarf. Handlungsempfehlung des Bundesverbandes evangelische Behindertenhilfe e.V. Berlin, https://btdirekt.de/images/dateien_pdf/2010-02-18HandlungsempfehlungTeilhabeArbeitUnterstue.pdf (18.12.2017)

Becker, H. (2016): … inklusive Arbeit! Das Recht auf Teilhabe an der Arbeitswelt auch für Menschen mit hohem Unterstützungsbedarf. Weinheim.

Bundesvereinigung Lebenshilfe (2012): Teilhabe am Arbeitsleben personenzentriert ausgestalten. In: Bundesvereinigung Lebenshilfe (Hg.) (2015): Teilhabe durch Arbeit. Ergänzbares Handbuch zur beruflichen Teilhabe von Menschen mit Behinderung. Marburg.

Doose, S. (2012): Unterstützte Beschäftigung: Berufliche Integration auf lange Sicht. Theorie, Methodik und Nachhaltigkeit der Unterstützung von Menschen mit Lernschwierigkeiten auf dem allgemeinen Arbeitsmarkt. 3.Aufl. Marburg.

Fornefeld, B. (2016): Vortrag auf der Fachtagung »Teilhabe am Arbeitsleben für Menschen mit hohem Unterstützungsbedarf« der Bundesvereinigung Lebenshilfe am 10./11. Februar 2016 in Essen.

Hinte, W. (2014): Sozialraumorientierung – was ist das eigentlich? https://www.diakoniewerk.at/assets/WCAG/AAA-Downloads/Martinstift_Symposion_2015/Hinte_SRO_Fachkonzept_Eingliederungshilfe.pdf (18.12.2017)

Juterczenka, W. (2014): Was ist dein Beruf? Erwachsene haben einen Beruf – das weiß doch jedes Kind! Oder? In: Das Band (6), 13–17.

Kistner, H. (2005): Arbeit und Bewegung. Entwicklungsfördernde Arbeitsplätze für Menschen mit schweren Behinderungen. Düsseldorf.

Kistner, H. (2014): Arbeit und Begegnung. Teilhabe am Arbeitsleben von Menschen mit hohem Unterstützungsbedarf. In: Das Band (6), 22–23.

Lelgemann, R. (1996): Arbeit ist möglich! Arbeitshilfen und Arbeitsplätze für Menschen mit schweren und mehrfachen Behinderungen. Düsseldorf.

Müller-Fehling, N. (2014): Arbeit bedeutet Teilhabe. In: Das Band (6), 4–5.

Pörtner, M. (2015): Ernstnehmen Zutrauen Verstehen. Personzentrierte Haltung im Umgang mit geistig behinderten und pflegebedürftigen Menschen. 10. Aufl. Stuttgart.

Terfloth, K. (2014): Teilhabe am Arbeitsleben von Menschen mit hohem Unterstützungsbedarf. In: WfbM-Handbuch 22. Ergänzungslieferung 09/2014.

Terfloth, K./Lamers, W. (2011): Praxis und Management. Berufliche Bildung für alle. In: Teilhabe (2), 69–76.

Mathias Westecker, Josephine Herweg und Wibke Juterczenka

Personenzentrierung ernst nehmen – drei Konzeptbeispiele aus der Praxis von Leben mit Behinderung Hamburg

Leben mit Behinderung Hamburg ist ein Zusammenschluss von über 1.500 Familien mit einem behinderten Angehörigen. Die gleichberechtigte Beteiligung von Menschen mit Behinderung am Leben unserer Stadt ist Zielsetzung des Vereins.

Der Verein ist ein zentraler Ansprechpartner in Politik, Verwaltung und gesellschaftlichem Leben Hamburgs und Anlaufstelle für Familien in jeder Lebensphase. Der ehrenamtliche Vorstand überwacht die Aktivitäten des Vereins und hat 1976 eine gemeinnützige GmbH gegründet, um verschiedenste Dienstleistungen für Menschen mit Behinderung, vornehmlich Menschen mit Lernschwierigkeiten sowie Menschen mit schwerer und mehrfacher Behinderung zu organisieren. Die Lehren aus der Naziherrschaft und die fortschrittliche Grundhaltung der nordischen Länder prägen bis heute die Philosophie von Leben mit Behinderung Hamburg. »Wir […] sind dem Ziel verpflichtet, keinen Menschen in Hamburg als ›unnormal‹ ausgrenzen zu lassen, keinen behinderten Menschen, keinen Angehörigen einer religiösen Minderheit und auch nicht die Menschen mit einem Migrationshintergrund. Im Sinne unseres Leitbildes, und nun auch mit der UN-Konvention über die Rechte behinderter Menschen, sehen wir in der Einbeziehung dieser Familien und deren behinderten Angehörigen unsere aktuelle Herausforderung« (Schümann 2010, 9).

In den Sozialeinrichtungen, einer Tochtergesellschaft des Elternvereins, erhalten Menschen mit Behinderung Arbeit, Wohnmöglichkeiten sowie Freizeit- und Bildungsangebote. Die Betreuung beginnt im Kindesalter. Mit Hilfen in der Familie, der Hortbetreuung und den Ferienreisen wird wichtige Unterstützung für Familien geleistet. Zum selbstständigen Leben gehört auch die eigene Wohnung. Rund 900 Menschen werden durch einen Pflegedienst bzw. die Sozialen Dienste in ihrer Wohnung unterstützt oder leben in gemeinschaftlichen Wohnformen. Ob in einer ruhigen Wohngemeinschaft am Stadtrand, in der Hausgemeinschaft im quirligen Schanzenviertel oder beim Wohnen für Senior(inn)en am Stadtpark. Im Herbst 2015 wurde mit der Hausgemeinschaft Shanghaiallee das erste inklusive Wohnprojekt für Menschen mit Behinderung und Student(inn)en gegründet. Neben den Arbeitsangeboten (s. u.) sind die Freizeitangebote in der Behindertenhilfe wegweisend. Mit den Eisenhans-Theaterprojekten, einer Kooperation mit dem Thalia Theater, der Schreibwerkstatt Tolle Worte oder dem Hamburger Kulturschlüssel wird ein wichtiger Beitrag zur Wahrnehmung behinderter Menschen im öffentlichen Leben geleistet.

In den folgenden Kapiteln werden drei Konzepte näher vorgestellt, mit denen Leben mit Behinderung Hamburg Personenzentrierung in die Praxis umsetzt.

1   Wunschwege – Von der Personenzentrierung zur Persönlichen Zukunftsplanung

Das Wort ›Personenzentrierung‹ wird oft erwähnt, es ist schon fast ein wenig ›inflationär‹. Aber was genau beschreibt es? Es beschreibt, dass der Mensch im Mittelpunkt steht, mit seinen Wünschen und Träumen, seinen Zielen und Plänen, mit seinen Stärken und Fähigkeiten, mit seinem Willen und seinen Bedarfen an Unterstützung. Und das Ganze in dem ihm eigenen Umfeld. Im Weiteren geht es dann nicht darum, zu schauen, welche Defizite durch Hilfen und Unterstützung ausgeglichen werden können oder müssen, sondern vielmehr, welche Stärken ausgebaut werden können. Das Personenzentrierte Denken erfordert einen individuellen und ressourcenorientierten Blick auf den Menschen und seine Situation. Mit Hilfe der Methoden des Personenzentrierten Denkens werden Wege aufgezeigt, wie Menschen mit Behinderung begleitet werden können, um die passende Unterstützung und einen eigenen Lebensstil zu finden. Die Personenzentrierung ist die Basis für einen wertschätzenden Umgang und bereitet den Nährboden, auf dem Wünsche wachsen können.

»Inklusion, Sozialraumorientierung, Personenzentrierung – das sind die großen Themenfelder, die eng miteinander verbunden unsere fachliche Arbeit in den letzten Jahren bestimmen«, berichtet Stephan Peiffer (2012), Geschäftsführer von Leben mit Behinderung Hamburg Sozialeinrichtungen.

> »Sobald es gelang, Projekte und Vorhaben zu formulieren und auf den Weg zu bringen, gerieten die Menschen in Bewegung und sind es noch. Mit diesen Projekten hat sich auch unsere Organisation verändert. Viele Träger der Behindertenhilfe haben ihr Inseldasein aufgegeben. Mitarbeiter sind in trägerübergreifende Projekte eingebunden und haben enorm an Methodenwissen, aber auch an Wissen über das Umfeld ihrer Einrichtungen und Dienste gewonnen. Neben den Professionellen und den Angehörigen haben wir ein drittes Standbein von Unterstützern: Freiwillige, die in eigenen Projekten vor allem im Freizeitbereich neue Angebote verwirklicht haben. Schritt für Schritt haben wir an Fähigkeit gewonnen, Antworten auf Wünsche von Klienten zu finden, die bislang im Gerüst der Einrichtungsorientierung nicht denkbar waren. So haben wir uns vom Träger von Wohngruppen und Tagesstätten zu einem Komplexdienstleister entwickelt« (Peiffer 2012, 2).

Leben mit Behinderung Hamburg hat im Rahmen des internen Projekts Wunschwege und seiner Netzwerkaktivitäten über 19 Mitarbeiter(innen) zu Moderator(inn)en für Persönliche Zukunftsplanung ausgebildet. Zusätzlich wurden Klient(inn)en und Ehrenamtliche sowie Angehörige zu Moderator(inn)en oder Botschafter(inne)n ausgebildet. Im Rahmen von Personalentwicklung wurden Fortbildungen für einzelne Mitarbeiter(innen) angeboten und ganze Teams in Methoden der Personenzentrierung qualifiziert, ein Methodenkoffer wurde vermittelt und Grundlagen der Persönlichen Zukunftsplanung gelegt.

Leben mit Behinderung Hamburg ist aktiv in einem internationalen Zusammenschluss geworden. Das EU-Projekt ›Neue Wege zur InklUsion‹ ist ein auf drei Jahre angelegtes europäisches Projekt, in dem 19 Partnerorganisationen – Dienstleistungsanbieter und Dachverbände für Menschen mit Behinderung, Universitäten, For-schungs- und Ausbildungseinrichtungen – aus 14 europäischen Ländern zusammen-arbeiten. Sie leisten gemeinsam einen wichtigen Beitrag zur Entwicklung von per-sonenzentrierten und sozialräumlichen Angeboten, die Menschen mit Behinderung dabei unterstützen, ihr Leben als selbstbestimmte Bürger(innen) in ihren sozialen und räumlichen Bezügen zu gestalten.

1.1   Persönliche Zukunftsplanung – gemeinsam Ideen entwickeln

Abb. 1: Sensing-Workshop. Foto: lmbhh

Der planende Mensch entscheidet selbst, welche Unterstützer(innen) ihn bei der Persönlichen Zukunftsplanung begleiten sollen. Alle planen gemeinsam. Dabei entstehen spannende und ungewöhn-liche Ideen. Ein(e) Moderator(in) für Persönliche Zukunftsplanung leitet die Planung. Sie oder er berät und hilft da-bei, die Wünsche und Vorstellungen zu benennen. Es können kleine Wünsche sein, aber auch manchmal große Träu-me. Die planende Person bestimmt allein, welche der gesammelten Ideen umgesetzt werden. Die Ziele werden aufgezeichnet und festgehalten, damit sie nicht verloren gehen.

Aktuell werden ca. 15 Persönliche Zukunftsplanungen pro Jahr für Klient(inn)en aus den unterschiedlichsten Bereichen durchgeführt. Es werden sehr positive Erfah-rungen gerade für Menschen mit komplexem Unterstützungsbedarf gesammelt. Da-neben gestalten zunehmend Wohngruppen und Tagesstätten inklusive Konzepttage, Bewohner(innen) und Mitarbeiter(innen) legen gemeinsam die Ziele und konkreten Schritte für eine inklusive und personenzentrierte Zukunft der jeweiligen Einrichtung fest.

Wie sieht der Prozess der Persönlichen Zukunftsplanung konkret aus? In einer Per-sönlichen Zukunftsplanung werden Menschen mit Behinderung unterstützt, über ihre Wünsche und Ziele fantasievoll nachzudenken. Gemeinsam mit Freund(inn)en, Angehörigen, Bezugsbetreuer(inne)n, Mitarbeiter(inne)n und anderen hilfreichen Personen entwickelt die planende Person eine eigene Vorstellung ihrer Zukunft. Mit einem Unterstützerkreis wird nach Wegen und Lösungen gesucht, um die eigenen Ziele zu erreichen. Im Mittelpunkt steht die planende Person mit ihren Stärken, Fä-higkeiten und Interessen.

1.2 Zukunft gestalten

Personen aus dem Unterstützerkreis können aktiv bei der Umsetzung der Wünsche und Vorstellungen mitwirken. Die planende Person wird auch langfristig durch Menschen aus dem Unterstützerkreis begleitet. Träume werden Wirklichkeit. Eine Zukunftsplanung ist für alle Menschen, deren Zukunft neue Perspektiven und Wege braucht, spannend.

Wie wertvoll ein Umfeld und die Unterstützer(innen) sein können, zeigt das folgende Beispiel:

»Mark W. lebt in einer Wohngruppe in Hamburg und arbeitet in einer Tages(förder)-stätte in seinem Stadtteil. Seine Eltern besuchen ihn regelmäßig und unternehmen viel mit ihm. Er ist sehr gesellig und genießt die Gesellschaft vieler Menschen. Ein besonders wichtiger Mensch in seinem Leben ist seine Freundin F., mit der er gern einmal verreisen möchte. Seine Freundin, die Eltern und seine Bezugsbetreuer(innen) verstehen ihn gut. Sie wissen, dass ein ›nein‹ nicht immer ›nein‹ bedeutet, manchmal versteckt sich darunter auch eine verhaltene Zustimmung, manchmal heißt es aber auch ›das habe ich noch nicht verstanden‹.

Mark sitzt meist in seinem Rollstuhl und würde gern regelmäßig zum Schwimmen gehen. Aber das ist schwierig, weil er warmes Wasser benötigt, damit seine Muskeln weich und geschmeidig werden, er braucht eine Vorrichtung, die ihm ins Wasser hilft und er muss dorthin gefahren werden. Eine Unternehmung, die in seinem Alltag bisher noch keinen festen Platz gefunden hat. Er würde gern mehr unterwegs sein, immer wenn ein Ausflug mit den Eltern bevorsteht, ist er sehr aufgeregt und freut sich darauf.

Es passte gut, dass Mutter W. in ihrem Kollegenkreis von den Möglichkeiten einer Zukunftsplanung hörte. In ersten Vortreffen wurde deutlich, dass der Rahmen der Zukunftsplanung Vertrauen und Sicherheit vermitteln sollte, damit Mark sich in der Gesellschaft vieler Menschen wohlfühlt. Also kam als Raum das Wohnzimmer der Eltern in Frage und gemeinsam sollte gesungen werden, darauf legt Mark Wert. Es wurden viele Menschen aus seinem Umfeld eingeladen: die Eltern, die Schwester, Mitarbeiter(innen) aus Tagesstätte und Wohngruppe, Nachbar(inne)n der Eltern, die Freundin und andere. Die familiäre Umgebung, die vielen Menschen und auch das gemeinsame Singen ließen diese Zusammenkunft zu einem Fest werden, ähnlich einer Familienfeier. Man kam sich nahe, an einigen Stellen flossen Tränen, aber vor allem wurde viel gelacht, viele Geschichten kamen zusammen und gemeinsam entwickelten sich Träume von und für Mark. Und im Mittelpunkt Mark, an der Seite seiner Freundin. Nach einem gemeinsamen Mittagessen wurde es konkret und aus den Träumen ergaben sich erste Verabredungen und Zuständigkeiten, um Mark bei der Umsetzung zu unterstützen.

Was bleibt? Die Eltern haben den Eindruck, dass Mark in seiner Persönlichkeit ein Stück ›gewachsen‹ ist. Die Mitarbeiter(innen) aus Tagesstätten und Wohngruppe pflegen einen intensiveren Austausch (ein BigMack als Kommunikationshilfe wird eingesetzt), das Schwimmen ist im Alltag integriert und als Zuschauer zum Fußballspiel geht Mark jetzt in Begleitung eines Nachbarn, ein Bauernhofbesuch hat stattgefunden, nur die gemeinsame Reise mit seiner Freundin F. musste auf das nächste Jahr verschoben werden. Und vielleicht gibt es in absehbarer Zeit wieder ein Fest, bei dem die Zukunft von Mark erneut im Mittelpunkt steht« (Benthien et al. 2016, 147).

An diesem Beispiel wird deutlich, wie konkret und mit viel Energie die Lebensqualität von Menschen mit komplexem Unterstützungsbedarf verbessert werden kann. Auch im Rahmen der beruflichen Orientierungsphase und der Entscheidung für Tätigkeiten und Schwerpunkte in der Tagesstätte sind Zukunftsplanungen und Methoden der Persönlichen Zukunftsplanung sehr hilfreich. Beschäftigte erhalten im Rahmen ihrer zweijährigen Berufs-Orientierung die Möglichkeit, sich durch eine Persönliche Zukunftsplanung klarer über die eigenen Wünsche und Stärken zu werden. Unterstützerkreise können bei der Suche nach Tätigkeiten außerhalb der Tagesstätte hilfreiche Tipps geben oder Verbindungen aktiv herstellen.

Persönliche Zukunftsplanung, ein wertegeleiteter Ansatz, unterstützt die Person dabei herauszufinden, welche Träume sie hat, welche Stärken im Moment da sind und was und wen es braucht, um die Pläne umzusetzen. Häufig wird dabei ein Entwicklungsprozess angeschoben, der Bewegung in das Leben der Personen bringt. Es geht darum, den Menschen dabei zu unterstützen: Selbst über das eigene Leben zu bestimmen, den eigenen Lebensstil zu finden, mehr Lebensqualität zu gewinnen, sich neue Lebensbereiche zu erschließen und neue Rollen auszuprobieren.

So sagte eine Mutter nach der Planung ihres Sohnes: »Es war ein Zusammenwachsen von Menschen, die ganz nah an meinem Sohn dran sind. Die Qualität der persönlichen Kontakte ist seitdem eine ganz andere. Ich wusste gar nicht, wie viele Menschen meinen Sohn lieben und wertschätzen, ich habe ganz andere Stärken meines Sohnes erfahren und erlebt«. So gehen nicht nur die Hauptpersonen gestärkt aus einer Zukunftsplanung die nächsten Schritte in ihrem Leben, auch Angehörige und die weiteren Teilnehmer(innen) erleben oft eine stärkende und motivierende Energie durch eine Zukunftsplanung.

Jeder mit seinem Blick trägt zum Facettenreichtum einer Person bei. Der Mensch wird anders wahrgenommen, seine Biografie wird gewürdigt und sein Handeln, seine Äußerungen werden besser verstanden. Unterstützerkreise bilden das Lebensumfeld und die persönliche Geschichte ab und können neben Eltern und Professionellen, Nachbar(inne)n, Bekannte, Kolleg(inn)en, Lehrer(inne)n, Mitschüler(inne)n, Kinder, Menschen mit und ohne Behinderung einbeziehen. Die Organisation einer Persönlichen Zukunftsplanung ist daher oft mit zeitlichem Aufwand verbunden. Unterstützer(innen) haben einen ganz besonderen Stellenwert bei dem Personenkreis, der in den Tagesstätten arbeitet und sich oft nicht mitteilen kann – die Persönliche Zukunftsplanung entdeckt die Ressourcen der planenden Person, aber auch die der teilnehmenden Unterstützer(innen).

2 Arbeitsangebote für Menschen mit hohem Unterstützungsbedarf bei Leben mit Behinderung Hamburg

Arbeit ist für die meisten Menschen ein zentraler Lebensinhalt. Stärken und Fähigkeiten werden ausgebaut und eingesetzt, Erfolge motivieren und eine ökonomische Unabhängigkeit wird zunehmend erreicht. Arbeit strukturiert den Tag und das Jahr, erzeugt Erholungsbedarf und Abwechslung. Durch die persönliche Assistenz, den Einsatz von Hilfsmitteln und eine zielgerichtete Unterstützung ist Arbeit für jeden möglich und Konzept in allen Tagesstätten von Leben mit Behinderung. Die Menschen in Tagesstätten nehmen entsprechend ihrer Fähigkeiten und Vorlieben am Arbeitsprozess teil. Hierbei ist eine gegebene berufliche Vielfalt von großer Bedeutung. Berufliche Bildung und Teilhabe am Arbeitsleben sollte sinnstiftend sein und personenzentriert gelebt werden. Jeder Arbeitsbereich ist in kleinteilige und einfache Arbeitsschritte unterteilt, sodass diese von den Beschäftigten nachvollzogen werden können und eine größtmögliche Beteiligung am Arbeitsprozess gewährleisten.

Menschen mit hohem Unterstützungsbedarf genau diese Aspekte zu ermöglichen, ist ein weiterer Auftrag. Daher bietet Leben mit Behinderung Hamburg in sieben Tagesstätten, zwei Lernwerkstätten und einem Kunstatelier über 300 individuelle Arbeitsplätze für diesen Personenkreis. Die Häuser sind dezentral über das gesamte Hamburger Stadtgebiet verteilt und bieten seit mehr als 20 Jahren wohnortnahe Arbeitsangebote. Mittlerweile können die Beschäftigten sich in mehr als 15 verschiedenen Produktions- und Dienstleistungsprozessen einbringen.

Um personenzentrierte und sinnstiftende Arbeits- und Teilhabemöglichkeiten für den Personenkreis schaffen zu können, hat Leben mit Behinderung Hamburg ein Arbeitskonzept mit drei Säulen entwickelt und in den Tagesstätten etabliert: Verschiedene Arbeitsbereiche innerhalb der Tagesstätten, Auf Achse – sozialraumorientierte Tätigkeiten bei Auftraggebern an Orten des allgemeinen Arbeitslebens und Feinwerk – eine Berufsbildung für Menschen mit hohem Unterstützungsbedarf. Im Folgenden werden die Berufsbildung Feinwerk und Auf Achse jeweils anhand eines Praxisbeispiels vorgestellt.

2.1 Feinwerk – Entstehung und Etablierung

Leben mit Behinderung Hamburg hat im Rahmen eines Modellprojekts ein Qualitätsinstrument entwickelt, um Menschen mit hohem Unterstützungsbedarf eine zweijährige qualifizierende Berufsbildungsmaßnahme zu ermöglichen. Finanziell wurde die Modellphase von Aktion Mensch unterstützt und fachlich von Herrn Prof. Dr. Lamers begleitet. Weiterhin wurde zum Aufbau des Projekts eine nahegelegene Werkstatt für Menschen mit Behinderung hinzugezogen.

Seit Abschluss der Modellphase ist Feinwerk als Berufsbildung für Menschen mit hohem Unterstützungsbedarf in allen Tagesstätten von Leben mit Behinderung Hamburg erfolgreich eingeführt und somit ein fest etablierter Bestandteil des Tagesstättenkonzepts.

Herr G. absolvierte das letzte Schuljahr in einer Förderschule mit dem Schwerpunkt Geistige Entwicklung. Um nach seiner Schulzeit eine passende Tagesstätte zu finden, schaute er sich zusammen mit seiner Mutter und rechtlichen Betreuerin verschiedene Tagesstätten im Hamburger Stadtgebiet an. Als er erfuhr, dass in der Lernwerkstatt Friesenweg die Berufsbildung Feinwerk angeboten wird und ihm zusätzlich die Tagesstätte gefiel, entschied er sich, nach Beendigung des laufenden Schuljahres dort zu arbeiten.

2.1.1   Feinwerk – Personenkreis und Ziele

Feinwerk stellt eine arbeitsweltbezogene Bildung und Teilhabe für Menschen mit hohem Unterstützungsbedarf dar. In Tagesstätten erhalten Menschen mit hohem Unterstützungsbedarf, die nicht in einer anerkannten Werkstatt für Menschen mit Behinderungen tätig sein können, da sie das Mindestmaß an wirtschaftlich verwertbarer Arbeit nicht leisten können, einen Betreuungsplatz. Das trägerinterne Berufsbildungskonzept Feinwerk gilt für jeden Menschen unabhängig von seinem Hilfebedarf, der in einer Tagesstätte von Leben mit Behinderung eine Tätigkeit beginnt. Jede(r) Beschäftigte durchläuft somit für 27 Monate Feinwerk.

Ziel der personenzentrierten Berufsbildung ist es, dass jede(r) Teilnehmer(in) am Ende von Feinwerk einen adäquaten Arbeitsplatz erhält, der seinen oder ihren Fähigkeiten und Wünschen entspricht. Es geht weiterhin darum, dass er oder sie seine oder ihre vorhandenen Fähigkeiten weiter ausbaut und neue Fertigkeiten erlernt. Somit ist ein weiteres Ziel von Feinwerk, dass sich der Mensch weiterbilden und -entwickeln kann und die persönlichen Interessen ausbaut. Durch das Kennenlernen verschiedener Arbeitsbereiche und damit inbegriffen vieler beruflicher Tätigkeiten soll den Beschäftigten eine Vielfalt an Wahlmöglichkeiten zur Verfügung gestellt und damit ein attraktiver Arbeitsplatz geschaffen werden.

Damit jeder Mensch unabhängig von seinem Hilfebedarf an beruflicher Teilhabe partizipieren kann, ist es wichtig, dass die Arbeitstätigkeiten (bspw. Kaffeemahlen) in viele kleine Arbeitsschritte unterteilt sind (Kaffeebohnen in die Kaffeemühle füllen, Kaffee per Hebel an der Kaffeemühle mahlen, Kaffeepulver aus der Kaffeemühle nehmen …). Weiterhin ist von großer Bedeutung, dass die Menschen von vielen verschiedenen Arbeitstätigkeiten und Bildungsangeboten profitieren können, um vieles entdecken und ausprobieren zu können.

Als Herr G. in die Lernwerkstatt Friesenweg kam, brauchte er ungefähr sechs Monate, bis er alle Beschäftigten und pädagogischen Mitarbeiter(innen) kennen gelernt hatte und sich an neue Gegebenheiten und Strukturen gewöhnen konnte. Nach einer Phase des Ankommens startete Herr G. mit Feinwerk. Durch seine eigenen Beobachtungen hat er in den letzten Monaten erfahren, dass seine Kolleg(inn)en an verschiedenen Arbeitsaufgaben beteiligt sind. Nun freut er sich, auch mitarbeiten zu können …

2.1.2   Feinwerk – Verlaufsphasen und Formulare

Feinwerk ist in vier Verlaufsphasen eingeteilt, in der jeweils unterschiedliche Aufgaben und Methoden greifen:

Die erste Phase ist die Orientierungsphase. Diese hat einen zeitlichen Umfang von acht Monaten nach Feinwerkstart. In der Orientierungsphase folgt anfänglich ein Gespräch mit der oder dem Beschäftigten, einer Vertrauensperson der oder des Beschäftigten und der oder dem Bezugsbetreuer(in) der Tagesstätte. Hier wird thematisiert, was die berufliche Orientierung genau beinhaltet und der zeitliche Ablauf besprochen. Nach anfänglichen Beobachtungen und Dokumentationen der pädagogischen Fachkräfte in der Tagesstätte über die oder den Teilnehmer(in) können gemeinsam mit der oder dem Beschäftigten Erhebungsinstrumente ausgefüllt werden. Durch die Erhebungsinstrumente sollen vorhandene Fähigkeiten, Interessen und Wünsche und der gegebene Hilfebedarf der Teilnehmerin oder des Teilnehmers erfasst werden.

Abb. 2: Feinwerk: Gemeinsam die Papierpresse bedienen. Foto: lmbhh/Eibe Maleen Krebs

Im gleichen Zuge folgt die erste Anbahnung an Arbeits- und Bildungsangebote. Um von der oder dem Beschäftigten ausgeführte Arbeitsschritte bzw. eine berufliche Teilhabe zu dokumentieren, greifen verschiedene Formulare. Ab dem ersten Tag an wird im Rahmen eines Begleitbuchs jeder Arbeitsschritt und jedes Bildungsangebot anhand von Fotos und Texten mit der oder dem Beschäftigten zusammen erarbeitet. Es kann auch ein Begleitkasten angefertigt werden, in dem Material, mit dem in der Berufsbildung gearbeitet wurde, gesammelt wird. Das Begleitbuch bzw. den Begleitkasten bekommen die Beschäftigten nach Beendigung von Feinwerk zur Verfügung gestellt. Beides dient als Dokumentation und Erinnerung der beruflichen Qualifizierung.

In der Orientierungsphase wird oft eine Persönliche Zukunftsplanung für die oder den Beschäftigte(n) angeboten, um mit einem größeren Unterstützerkreis personenzentriert die Bedürfnisse und Wünsche des oder der Beschäftigten herausarbeiten zu können (s. o. Wunschwege).

Herr G. wurde in einem Gespräch mit seiner Mutter und seiner Bezugsbetreuerin erklärt, was Feinwerk genau beinhaltet und er wurde gefragt, ob er die Berufsbildung gerne durchlaufen möchte. Da Herr G. an vielem sehr interessiert ist und sich freut, verschiedene Arbeitsschritte zu erlernen und auszuführen, willigte er sofort ein. Durch das Ausfüllen der Erhebungsinstrumente konnte Herr G. sehen, was er bereits alles kann und was er noch erlernen möchte. Herr G. äußerte den Wunsch, überwiegend im Papierbereich zu arbeiten. Sein erster Arbeitsschritt in diesem Kontext war das Zerreißen von Servietten. Schnell folgte, dass Herr G. auch die Servietten in einem Mixer anhand eines Powerlinks zu Brei zerkleinerte. Als nächstes erlernte er das Schöpfen von Papier … Alle seine absolvierten Arbeitsschritte fotografierte seine Bezugsbetreuerin und dokumentierte diese in dem Begleitbuch. Mit Hilfe schrieb Herr G. zu jedem Foto einen kleinen Text am Computer. Auch dieser wurde mit in das Begleitbuch eingeklebt. Da Herr G. mit dem Wechsel von der Schule in die Tagesstätte einen großen Schritt gemacht hat und bald ein weiterer großer Schritt mit dem Umzug in eine Wohngruppe für Menschen mit Behinderungen folgen soll, wurde eine Persönliche Zukunftsplanung organisiert, um Wünsche und Bedürfnisse von Herrn G. mit seinem Unterstützerkreis auszuarbeiten.

In der zweiten Phase (9.–18. Monat), der Arbeits- und Bildungsphase, wird die berufliche Teilhabe vertieft. Der oder die Beschäftigte soll von so vielen Arbeits- und Bildungsangeboten profitieren wie es möglich ist. In dieser Phase wird ein Berufsorientierungsplan mit der oder dem Beschäftigten zusammen ausgefüllt und somit Ziele und Maßnahmen festgehalten. Die Schwerpunkte Arbeit und Bildung sollen stark fokussiert werden und die Umsetzung der Maßnahmen aus dem Berufsorientierungsplan verfolgt werden. Die oder der Beschäftigte soll die Chance haben, neben der Partizipation an Arbeit auch an Bildungsausflügen und Projekten teilzunehmen, Hospitationen und Praktika in anderen Formen von beruflichen Maßnahmen (andere Tagesstätten, Werkstätten für Menschen mit Behinderung) zu absolvieren und Auf Achse-Tätigkeiten auszuführen. Auf Achse bedeutet, sozialraumorientierte Tätigkeiten bei Auftraggebern auf dem allgemeinen Arbeitsmarkt auszuführen (s. u. zu Auf Achse).

Herr G. hat mittlerweile viele Arbeitsbereiche kennengelernt und erledigt abwechslungsreiche Arbeitsschritte. Er kann sich täglich aussuchen, im Papierbereich oder Seifenbereich zu arbeiten oder Auf Achse zu gehen. Am liebsten schöpft Herr G. Papier oder geht in ein nahegelegenes Café, um dort Coffee-to-go-Becher zu bestempeln. Zusammen mit seiner Bezugsbetreuerin hat er drei Ziele und Maßnahmen im Berufsbildungsplan festgelegt, an denen er, so oft es geht, arbeitet, um seine Fähigkeiten zu festigen und zu erweitern. Herr G. nimmt außerdem an einem Holzprojekt teil. Um zu verstehen, wie aus Holz Papier wird, hat er an einem Bildungsausflug teilgenommen, bei dem er visuell und haptisch den Weg vom Holz zu Papier erfahren konnte.

Nun folgt die Vertiefungsphase von Feinwerk. Im 18.–24. Monat wird der Berufsorientierungsplan mit der oder dem Beschäftigten zusammen überprüft. Gegebenenfalls werden Ziele und Maßnahmen verändert oder als erreicht eingestuft. Weiterhin wird von der oder dem Beschäftigten ein Werkstück angefertigt. Dieses wird in der Regel in dem von der oder dem Beschäftigten bevorzugten Arbeitsbereich erarbeitet und kann nach Beendigung von Feinwerk mit nach Hause genommen werden.

Zur Beendigung von Feinwerk folgt die Abschlussphase. Diese liegt zeitlich gesehen im 25.–27. Monat. In dieser Phase wird der Abschluss der beruflichen Bildung fokussiert. Das Begleitbuch/der Begleitkasten wird ebenso wie das Werkstück fertiggestellt. Der Berufsorientierungsplan wird mit dem oder der Beschäftigten zusammen nochmals durchgegangen und Ziele und Maßnahmen ausgewertet. Im Rahmen einer Feier werden alle in Feinwerk angefertigten Stücke und Dokumente sowie eine Teilnahmebescheinigung ausgehändigt.

> Herr G. steckt mit seiner Bezugsbetreuerin in der Endphase von Feinwerk. Er stellt sein Begleitbuch und sein Werkstück fertig und freut sich nun auf seine Abschlussfeier. Er zelebriert seinen Feinwerkabschluss im Rahmen des Morgenkreises in der Lernwerkstatt Friesenweg. Hier sind alle Beschäftigten und Mitarbeiter(innen) der Tagesstätte versammelt. Er wünscht sich eine Feier, bei der seine Mutter anwesend ist und viel Musik läuft. Was er noch nicht weiß, ist, das seine Feinwerkbezugsbetreuerin eine tolle Rede halten wird, mit all dem, was Herr G. in seiner Feinwerkzeit gelernt und erlebt hat …

2.1.3   Feinwerk – Arbeitsplätze einrichten und Übergänge gestalten

Feinwerk bietet die Möglichkeit für Menschen mit hohem Unterstützungsbedarf, einen adäquaten Arbeitsplatz in der Tagesstätte zu finden oder Übergänge in eine Werkstatt für Menschen mit Behinderungen oder andere berufliche Maßnahmen qualifizierter zu gestalten. Hier wird individuell und personenzentriert nach Gestaltung, Zielen und Möglichkeiten für die einzelnen Beschäftigten geschaut, die Wahlmöglichkeiten der Teilnehmer(innen) deutlich erweitert und neue Lernprozesse umgesetzt.

> Herr G. konnte während seiner Feinwerkzeit in der Lernwerkstatt Friesenweg eine Vielfalt an beruflichen Tätigkeiten erleben. Er hat für sich erfahren, dass er bevorzugt im Papierbereich tätig ist. Am Ende seiner Feinwerkzeit hat er ein Praktikum in einer nahegelegenen Werkstatt für Menschen mit Behinderung absolviert und dort seine Freude an Montagetätigkeiten entdeckt. Da Herr G. während seiner Feinwerkzeit viel gelernt hat und seine Interessen herausfinden konnte, überlegt er nun, in eine Werkstatt für Menschen mit Behinderung zu wechseln.

2.2   Auf Achse – Teilhabe an Orten des allgemeinen Arbeitslebens

In den Tagesstätten können wir bereits verschiedene Arbeitsbereiche zur Verfügung stellen. Nicht für jeden ist jedoch etwas dabei. Vor allem Arbeitsangebote, in denen Bewegung oder Begegnungen Bestandteil der Tätigkeit sind, fehlen oft. Zudem können sich die Menschen nicht irgendeine Tagesstätte aussuchen; eine Beförderung wird in der Regel bis zu einer bestimmten Entfernung genehmigt. Mit Auf Achse können einrichtungsunabhängig weitere Tätigkeitsfelder dazu gewonnen werden, sodass wir personenzentrierte Angebote kreieren können, die die Wahl- und Erfahrungsmöglichkeiten der Beschäftigten deutlich erhöhen. Seit 2010 werden in Kooperation mit Firmen, Vereinen und anderen sozialen Einrichtungen Arbeitsangebote sowie Erfahrungs- und Begegnungsräume an Orten des regulären Arbeitslebens entwickelt und umgesetzt.

Die Standorte der Tagesstätten von Leben mit Behinderung Hamburg verteilen sich über das ganze Hamburger Stadtgebiet. Ziel des einrichtungsübergreifenden Vorhabens war es, dass sich alle Standorte gleichzeitig auf den Weg machen und die Idee von Auf Achse in das bereits bestehende Tagesstättenkonzept einbetten. Damit dies gelingen konnte, wurden in einer vierjährigen Projektphase u. a. Qualitätsmerkmale aufgestellt und erprobt, welche die optimale Beschaffenheit externer Arbeitsangebote beschreiben und sich im Laufe der Jahre für die Umsetzung als gemeinsamer Leitfaden bewährt haben. Fortbildungen und konkrete Unterstützungssysteme für die einzelnen Tagesstätten wurden entwickelt, einheitliche Standards umgesetzt.

2.2.1 Qualitätsmerkmale externer Arbeitsangebote

Personenzentrierung: Die Arbeitsangebote werden in verschiedenen Tätigkeitsfeldern angesiedelt und in Zeitumfang, Intensität sowie Inhalt den Fähigkeiten, Interessen und Bedürfnissen der Beschäftigten entsprechend angelegt. Damit dies gelingt, orientieren wir uns dabei in der Regel nicht an gängigen Berufsbildern oder den bestehenden Abteilungen eines Betriebs. Gemeinsam mit den Kooperationspartner(inne)n identifizieren wir passende Tätigkeiten.

Zwei Beschäftigte der Tagesstätte Harburger Carrée entsorgen beispielsweise an zwei Vormittagen in der Woche für die Volkshochschule und die Bücherhalle das Altpapier. Dies dauert jeweils ca. eine halbe Stunde. Eine Vierergruppe der Tagesstätte Roter Hahn fährt dagegen einmal wöchentlich für drei Stunden in die Behörde für Arbeit, Soziales, Familie und Integration. Dort decken und dekorieren die Beschäftigten u. a. den Tisch für die Dienstbesprechung der Sozialsenatorin und ihrer Abteilungsleiter(innen). Ein weiteres Beispiel: Vier Beschäftigte der Tagesstätte Ilse Wilms arbeiten an einem Vormittag in der Woche in einem Hotel. Zu ihren Aufgaben gehören das Einsammeln von Leergut, das Reinigen und Polieren von Besteck sowie das Befüllen der Getränkekühler.

Sinnvolle Arbeit und größtmögliche Beteiligung: Gewählt werden Tätigkeiten, die für die oder den Auftraggeber einen tatsächlichen Nutzen haben und von den Beschäftigten als sinnvoll erlebt werden – beide Seiten profitieren von der Kooperation. Es wird darauf geachtet, dass der Hauptanteil der Tätigkeit von den Beschäftigten übernommen werden kann. Wie in den Tagesstätten auch werden die Tätigkeiten in kleinteilige Schritte zerlegt, sodass sich jeder mit seinen individuellen Kompetenzen einbringen kann. Auch Menschen, die bisher noch nicht aktiv mitarbeiten, wird eine Teilhabe ermöglicht: Beispielsweise durch das Wahrnehmen der spezifischen Arbeitsatmosphäre, ein Erleben des Betriebsablaufs usw.

Kein Zeit- oder Leistungsdruck: Ein festgelegtes Arbeitsergebnis innerhalb einer vorgegebenen Zeit ist keine Bedingung, denn das können viele Beschäftigte nicht leisten. Lässt es die Tagesform der Beschäftigten oder die personelle Situation der Tagesstätte einmal nicht zu, muss ein Arbeitsangebot pausieren dürfen. Dennoch bringen wir uns so in die Betriebe ein, dass es spürbar ist, wenn wir einmal nicht kommen können – ein lohnenswerter Balanceakt.

Orientierung an Tagesstättenressourcen: Die Arbeitsangebote sind Bestandteil des regulären Ablaufs und werden dauerhaft von pädagogischen Mitarbeiter(inne)n der Einrichtungen begleitet. Damit sie nachhaltig Bestand haben können, werden sie von Anfang an entsprechend der zur Verfügung stehenden Ressourcen angelegt. Berücksichtigt werden dabei z. B. personelle und zeitliche Möglichkeiten, aber auch Entfernungen zu den Einsatzorten. Die meisten Kooperationen befinden sich in der näheren Umgebung der Einrichtungen. Um möglichst viele Beschäftigte beteiligen zu können, werden vor allem Arbeitsangebote für Kleingruppen geschaffen und Ehrenamtliche als zusätzliche Unterstützung eingebunden.

Erlebbare Strukturen durch Zuverlässigkeit: Mit den Auftraggebern werden verbindliche Vereinbarungen getroffen, um stabile Kooperationen aufbauen und halten zu können. Die Arbeitsangebote finden in regelmäßigen Abständen statt und sind sowohl an bestimmte Beschäftigte als auch begleitende Mitarbeiter(innen) gebunden. So entstehen erlebbare Strukturen, welche für die Beschäftigten Lernprozesse (auch im Rahmen der Berufsbildung Feinwerk) und eine Identifikation mit dem Arbeitsplatz ermöglichen. Auch für die Auftraggebern ist dies ein wichtiges Signal: Wir kommen nicht jede Woche mit einer anderen Gruppe zu Besuch – es ist ein Arbeitsplatz!

Kontakt zu dem Auftraggeber und Raum für Begegnungen: Zentraler Bestandteil der Arbeitsangebote sind Begegnungen mit Kolleg(inn)en, Kund(inn)en oder Passant(inn)en. Wir nehmen mit den Menschen vor Ort aktiv Kontakt auf, arbeiten oder verbringen die Frühstücks- bzw. Mittagspause gemeinsam. Auch hier bewährt sich eine Konstanz der beteiligten Personen. Ziel ist es, die sozialen Bezüge der Beschäftigten um hilfeunabhängige Kontakte zu erweitern und Abhängigkeitsverhältnisse zu entlasten bzw. zu verringern. Das gelingt vor allem dort gut, wo gemeinsame Interessen bestehen oder zueinander finden. Beispielsweise hilft eine Beschäftigte einmal wöchentlich beim Tischdecken eines Obdachlosenfrühstücks. Hauswirtschaftliche Tätigkeiten sind ihr bekannt und sie führt sie gerne aus. Hier tut sie dies gemeinsam mit den Ehrenamtlichen der Kirchengemeinde, die sich wiederum für die Kirchengemeinde engagieren. Dabei haben auch Gespräche Zeit und Raum. Wir pflegen einen persönlichen Kontakt zu den Auftraggebern, sodass diese als Ausgangspunkt von Tätigkeit und Wertschätzung erlebt werden können.

Form der Anerkennung: Rechtlich ist für Beschäftigte in Tagesstätten keine Entlohnung vorgesehen. Dennoch ist es wichtig, dass der Wert von geleisteter Arbeit anerkannt wird. Wir vereinbaren deshalb individuelle Formen der Anerkennung, die die Beschäftigten verstehen und die Auftraggeber aufbringen können. Meist wird diese in Zeit ausgedrückt, die sich Auftraggeber für einen kleinen Schnack bei einem Kaffee o. ä. nehmen. Aber auch andere Formen wie geschenkte Erlebnisse oder ein gemeinsames Mittagessen mit den Schulkindern in der Kantine sind möglich.

2.2.2 Kooperationspartner(innen) finden, Arbeitsangebote aufbauen und pflegen

Abb. 3: Aktenvernichtung beim Versicherungsmakler. Foto: lmbhh

Ausgangspunkt für ein Arbeitsangebot außerhalb einer Tagesstätte sind die Wünsche und Fähigkeiten des oder der Beschäftigten sowie die Frage, an welchen Orten er oder sie sich gerne aufhält. Vielleicht gibt es auch Orte, die im Gegensatz dazu besonders gemieden werden sollten? Hier können bereits Hinweise entdeckt werden, aus denen sich mögliche Tätigkeiten und Arbeitsorte ableiten lassen. Herausfinden lässt sich dies z. B. im Rahmen einer Persönlichen Zukunftsplanung, wie oben beschrieben. Eine weitere Herangehensweise kann es sein, zu überlegen, in welchem Arbeitskontext ein(e) Beschäftigte(r) ihm oder ihr bereits bekannte Tätigkeiten oder Bewegungsmuster einbringen kann. In der Einrichtung erworbene Kenntnisse und Abläufe können eventuell an andere Orte verlagert werden. Manchmal können durch vertraute Werkzeuge oder andere Utensilien wie Bollerwagen o. ä. Brücken zu einem neuen Arbeitsplatz geschlagen werden, da diese Sicherheit vermitteln und eine Struktur vorgeben. Um passende Auftraggeber und geeignete Arbeitsorte aufzuspüren, lohnt es sich außerdem, sich einmal genauer in der Umgebung der Tagesstätte umzuschauen: Welche Betriebe, Organisationen, Vereine usw. gibt es im Stadtteil? Wie ist der Stadtteil infrastrukturell ausgestattet; können bzw. sollen öffentliche Verkehrsmittel genutzt werden oder muss ein Arbeitsangebot fußläufig erreichbar sein? Vielleicht können auch bestehende Kontakte der Einrichtung, der Mitarbeiter(innen) oder der Beschäftigten Anknüpfungspunkte bieten – gerade informelle Kontakte haben sich dabei als besonders wertvoll erwiesen. Gelegenheiten sollten genutzt werden, wie folgendes Beispiel zeigt:

> Einmal im Jahr lädt Leben mit Behinderung Hamburg Freund(inn)e(n), Kooperationspartner(innen) des Trägers, aber auch Akteure aus der Hamburger Politik und Wirtschaft zu einem Essen ein. Bei Grünkohl und Bregenwurst werden Kontakte aufgefrischt und neu geschmiedet. Außerdem wird den Gästen jeweils ein aktuelles Konzept oder Projekt des Unternehmens vorgestellt. Im Januar 2012 erzählten wir von Auf Achse und den ersten Arbeitsangeboten, die in diesem Rahmen entstanden waren. Im Anschluss an die Präsentation nutzten wir die Gelegenheit, um den Hamburger Sozialsenator anzusprechen: Wäre es nicht vorstellbar, auch in der Hamburger Sozialbehörde Auf Achse zu gehen? Der Senator war offen für diese Idee und vermittelte den Kontakt zu seiner Assistentin.

Ist ein(e) geeignete(r) Kooperationspartner(in) ausgemacht, folgt das erste Gespräch, in dem die Idee einer Zusammenarbeit vorgestellt wird. Es gilt, ein Gefühl für den Betrieb zu gewinnen und geeignete Tätigkeiten zu identifizieren. Während in Betrieben des ersten Arbeitsmarkts in der Regel in Berufsbildern oder auch Abteilungen gedacht wird, »erfinden« wir für Menschen mit hohem Unterstützungsbedarf Arbeitsplätze, indem einzelne Tätigkeiten oder Arbeitsschritte eines Arbeitsprozesses herausgegriffen oder betriebsergänzende Tätigkeiten eingebracht werden: Aus dem komplexen Arbeitsbereich des Verwaltungs-Fachangestellten wird ein Spezialist für das Vernichten von Akten. Im Musicaltheater liegt alle 14 Tage für jede(n) Tänzer(in) im Theater ein gefaltetes Handtuch bereit, das diese sich sonst selbst aus der Waschküche holen. Und wer laminiert eigentlich die roten und gelben Karten für einen Fußballverein? Hierbei ist zu bedenken, dass die meisten Betriebe keine Vorstellungen haben, welche Aufgaben für Menschen mit hohem Unterstützungsbedarf geeignet und interessant sein könnten. Deshalb ist es gut, sich bereits vorab ein paar mögliche Tätigkeiten zu überlegen, die in dem Betrieb anfallen und übernommen werden könnten. Bei einer gemeinsamen Betriebsbegehung werden dann meist schnell weitere Ideen gefunden. Besteht auf beiden Seiten Interesse an einer Zusammenarbeit, können Startzeitpunkt, zeitlicher Umfang und feste Ansprechpartner(innen) vereinbart werden. Auch über eine Form der Anerkennung kann gemeinsam nachgedacht werden. Im Rahmen von Auf Achse erhalten die Beschäftigten eine dauerhafte Begleitung. Dies ist für die Auftraggeber eine oft entscheidende Information. Bevor es tatsächlich an die Arbeit geht, folgt ein Treffen vor Ort, bei dem sich die Beschäftigten der Tagesstätte und die Ansprechpartner(innen) im Betrieb kennen- und einschätzen lernen können. Für manche Betriebe ist es außerdem hilfreich, zunächst eine begrenzte Anzahl von Terminen zu vereinbaren. Haben beide Seiten nach dieser Probezeit ein gutes Gefühl, steht einer Fortsetzung nichts im Weg.

In der Hamburger Sozialbehörde einigte man sich zunächst auf zehn Termine, an denen zwei Beschäftigte einmal wöchentlich für zwei Stunden im 10. Stock des Bürogebäudes tätig werden würden. Als Aufgaben wurden das Bestücken der Spülmaschine in der Teeküche sowie das Eindecken des Tisches für die Dienstbesprechung der sogenannten Senatorenrunde vereinbart. Die Beschäftigten peppen den langen Besprechungstisch mit Blumen und farbigen Servietten auf. Da diese Tätigkeiten bisher als zusätzliche Aufgabe in den Bereich einer Mitarbeiterin fielen, nutzt diese die frei gewordenen Minuten nun für eine gemeinsame Kaffeepause mit den Beschäftigten.

Zu Beginn einer Kooperation geht es unter anderem um die Entwicklung des Arbeitsangebots. Die Tätigkeiten werden so unterteilt, dass sie für die Beschäftigten nachvollziehbar werden und eine Beteiligung möglich wird. Diese kann eventuell durch individuelle arbeitsunterstützende Geräte erweitert werden. Abläufe werden idealerweise so angelegt, dass sie wiederkehren und Routinen entstehen, die sowohl den Beschäftigten als auch den Kooperationspartner(inne)n Sicherheit vermitteln. Auch feste Anfangs- und Endgewohnheiten wie das Begrüßen und Verabschieden der

Kolleg(inn)en vor Ort gehören dazu. Nach einer Eingewöhnungsphase macht es Sinn, sich erneut mit den Ansprechpartner(inne)n auszutauschen, vor allem dann, wenn eine Probezeit vereinbart wurde. Wie läuft es bisher für beide Seiten, sind Veränderungen notwendig? Sind beide Seiten mit der Zusammenarbeit zufrieden, können eventuell weitere Tätigkeiten oder Arbeitsbereiche erschlossen werden. Auf diese Weise können häufig zusätzliche Ansprechpartner(innen) in einem Betrieb und damit neue Verbündete gewonnen werden. Vielleicht können auch der Zeitumfang vor Ort verlängert oder weitere Arbeitstage hinzugenommen werden. Um den Ressourcen der Einrichtung gerecht zu werden und möglichst vielen Beschäftigten eine Teilhabe zu ermöglichen, ist es sinnvoll, nach einer Weile weitere Beschäftigte in das Arbeitsangebot einzubinden. Besonders schön ist es, wenn es gelingt, punktuell mit Mitarbeiter(inne)n eines Betriebes zusammenzuarbeiten oder auch die Pause zu verbringen. Bei allen Möglichkeiten und Ideen zur Weiterentwicklung eines Arbeitsangebots sollte jedoch das Tempo des Kooperationspartners berücksichtigt werden: Hier bedarf es viel Feingefühl und Beobachtung der begleitenden Mitarbeiter(innen), wann der nächste Schritt in Angriff genommen werden kann. Auch ist es manchmal durchaus angemessen, ein wenig in Vorleistung zu gehen, um die neuen Kolleg(inn)en mit Behinderung in einem Betrieb ins Bewusstsein der Mitarbeiter(innen) zu bringen. Dabei sind kreative Ideen erlaubt.

> In der Hamburger Sozialbehörde gibt es nur Büroarbeitsplätze und die meiste Zeit des Tages verbringen die Mitarbeiter(innen) an ihren Schreibtischen, häufig hinter geschlossenen Türen. Die Tagesstätte suchte deshalb nach einer Möglichkeit, auch mit diesen Kolleg(inn)en in Kontakt zu kommen. Einmal im Monat bringen die Beschäftigten nun einen selbst gebackenen Kuchen zum Verkauf mit, fahren mit einem Servierwagen den langen Flur entlang, klopfen an die Bürotüren und kommen mit neuen Gesichtern ins Gespräch.

Damit Kooperationen dauerhaften Bestand haben, lohnt es sich, diese zu hegen und zu pflegen. Dies kann auf unterschiedliche Art und Weise geschehen: Beispielsweise können die Auftraggeber mit Weihnachtskarten bedacht und zu Hospitationen oder Veranstaltungen in die Tagesstätte eingeladen werden. Jubiläen der Arbeitsangebote können gefeiert und so eine gegenseitige Wertschätzung ausgedrückt werden. Manche Betriebe schätzen auch eine gemeinsame Öffentlichkeitsarbeit. Hierbei ist jedoch wieder darauf zu achten, ob die Kooperationspartner(innen) und in welcher Form sie dies möchten.

> Im kommenden Jahr feiert die Tagesstätte Roter Hahn mit der Hamburger Sozialbehörde fünfjähriges Bestehen der Zusammenarbeit. Das Arbeitsangebot in der Sozialbehörde findet weiterhin einmal wöchentlich statt, inzwischen mit fünf Beschäftigten, die in zwei Kleingruppen in verschiedenen Bereichen tätig sind. Begleitet wird die Gruppe neben einer pädagogischen Fachkraft von einer Ehrenamtlichen. Zum Eindecken des Besprechungstischs und dem Kuchenverkauf sind das Lochen

und Vernichten von Akten, ein Postservice zwischen dem 5. und dem 10. Stockwerk sowie die Archivierung von Akten im Keller hinzugekommen. Bereits zum einjährigen Jubiläum erhielten die Beschäftigten der Tagesstätte von den Kolleg(inn)en der Sozialbehörde eine eigene Bürotasse, die jeden Dienstag in der gemeinsamen Frühstückspause stolz aus dem Schrank in der Teeküche geholt wird.

2.2.3   *Sieben Jahre Auf Achse*

Zurzeit kooperieren wir mit ca. 50 verschiedenen Auftraggebern, welche sich zumeist in der direkten Umgebung der Tagesstätten befinden. Auftraggeber sind z. B. ein Reisebüro, das Gesundheitsamt, Kirchengemeinden, Kindergärten und Schulen sowie ein großes Theaterhaus und ein Versicherungsbüro. Es werden Botengänge oder Einkäufe übernommen, Akten vernichtet, Schriftstücke laminiert, Blumen an Kund(inn)en ausgeliefert oder Außenanlagen gepflegt. Bei manchen Auftraggebern finden mehrere Arbeitsangebote für unterschiedliche Kleingruppen statt. Einzelangebote sind selten; sie bestehen z. B. dann, wenn eine Kooperation neu entsteht oder wenn Beschäftigte sich außerhalb der Einrichtung nicht in einer Gruppe bewegen können. Etwa 125 Beschäftigte gehen inzwischen auf Achse, manche nehmen mehrere Angebote wahr. Sowohl die pädagogischen Mitarbeiter(innen) als auch die Beschäftigten erleben insgesamt eine hohe Akzeptanz durch die Auftraggeber und die Beschäftigten signalisieren zumeist deutlich, dass ihnen ihr Auf Achse Arbeitsplatz wichtig ist. Auch Menschen, die von ihrer Umgebung als herausfordernd erlebt werden, machen hier keine Ausnahme. Arbeitsangebote außerhalb von Tagesstätten sind sicher kein Patentrezept und für jeden Menschen die richtige Wahl. Der personenzentrierte Ansatz von Auf Achse erweitert jedoch wesentlich das Angebotsspektrum der Tagesstätten und somit die Wahlmöglichkeiten der Beschäftigten. So entstehen vielfältige und individuelle Wege, um auch Menschen mit hohem Unterstützungsbedarf eine Teilhabe am Arbeitsleben zu ermöglichen.

3   Ausblick

Abb. 4: Hagenbeck Tierpark. Foto: lmbhh

Leben mit Behinderung Hamburg geht den Weg von der Einrichtungsorientierung hin zur Personenzentrierung konsequent weiter. Durch die Persönlichen Zukunftsplanungen und die berufliche Bildung in Feinwerk werden Wahlmöglichkeiten geschaffen und persönliche Ressourcen genutzt. Auf Achse als beständiger Weg in den Sozialraum wird weiter ausgebaut mit dem Ziel, einzelne Arbeitsangebote dauerhaft unabhängig von Institutionen zu organisieren.

Auch werden kleine Gruppen noch häufiger an Orten des regulären Arbeitslebens tätig sein und die gesellschaftliche Teilhabe damit stetig erweitert. Methoden der Zukunftsplanung fließen in die zukünftige Unterstützungsplanung ein und Klient(inn)en werden an der Weiterentwicklung der Unterstützungsleistungen systematisch beteiligt. So werden die Ziele des Elternvereins auch nach 60 Jahren noch täglich mit Leben gefüllt.

Literatur

Benthien, V./Müller, C./Voß, N. (2016): Veränderungen im Leben gestalten – Persönliche Zukunftsplanung auch für Menschen mit hohem Unterstützungsbedarf. In: Bernasconi, T.; Böing, U. (Hgg.): Schwere Behinderung & Inklusion. Facetten einer nicht ausgrenzenden Pädagogik. Oberhausen, 141–154.

Leben mit Behinderung Hamburg (Hg.) (2011): Ich kann mehr! Berufliche Bildung für Menschen mit schweren Behinderungen. Hamburg.

Peiffer, S. (2012): Personenzentrierung bei Leben mit Behinderung Hamburg – Einige Stichworte zum Umbau der Organisation, Leben mit Behinderung Hamburg 2012, https://www.lmbhh.de/fileadmin/user_upload/Infomaterial/Veranstaltungsreihe_Horizonte_erweitern/Personenzentrierung_bei_Leben_mit_Behinderung_Hamburg.pdf (26.12.2017)

Schümann, B. (2010): Kurt Juster – Kabarettist, Kaufmann, Jüdischer Emigrant, Pionier der Behindertenarbeit. Düsseldorf.

Unterstützte Kommunikation

Michael Wahl

Teilhaben durch Kommunikation.
Unterstützte Kommunikation als Schlüssel einer erfolgreichen Kommunikation

1 Einleitung

Kommunikation ist ein Grundbedürfnis aller Menschen. Sie bietet zahlreiche Ausdrucksmöglichkeiten für Wünsche und Gefühle. Treten jedoch aufgrund einer angeborenen oder erworbenen Behinderung Schwierigkeiten in den kommunikativen Fähigkeiten auf, kann die Kommunikation oftmals nicht mehr erfolgreich eingesetzt werden. Hier können Methoden der Unterstützten Kommunikation zum Tragen kommen, welche den Personen ermöglichen, am gesellschaftlichen, beruflichen Leben und dem Alltag teilzuhaben. In diesem Beitrag werden Ergebnisse einer Untersuchung zum Einsatz von Unterstützter Kommunikation in Einrichtungen für Menschen mit schweren und mehrfachen Behinderungen vorgestellt.

2 Grundlagen der Kommunikation und Kommunikationsstörungen

Kommunikation ist hochkomplex und besteht aus vielen kleinen Bausteinen. Einer dieser Bausteine der Kommunikation ist die (Laut-)Sprache, derer sich die Menschen bedienen. Mit dieser Form der Kommunikation treten wir miteinander in Kontakt, tauschen Informationen aus und drücken Empfindungen aus. Sind diese Fähigkeiten aufgrund einer angeborenen Behinderung, einer fortschreitenden Erkrankung, eines plötzlich auftretenden Ereignisses, wie einem Schlaganfall, eingeschränkt, entstehen neben häufigen sprachlichen Problemen kommunikative Probleme. Diese Schwierigkeiten wirken sich in alle Bereiche des Lebens aus und es bedarf oftmals einer professionellen Hilfestellung, diese Probleme zu reduzieren, idealerweise zu beheben, um eine Teilhabe am alltäglichen Leben zu ermöglichen.

Kommunikation kann definiert werden als: »[d]er Prozess der Übermittlung und Vermittlung von Informationen durch Ausdruck und Wahrnehmung (Transaktion) von Zeichen aller Art, systematisch einzuordnen auf

- einer biophysischen Ebene (körperliche Berührungen und Affekte wie Lachen und Weinen),
- einer motorischen Ebene (Körperhaltung, Mimik und Gestik),
- einer lautlichen Ebene (Geräusche und Sprache) sowie
- einer technischen Ebene (Schrift, Bild und Ton)« (Brockhaus 1996, 385).

Kommunikation kann in einer weiteren Betrachtungsweise in verbale und nonverbale Anteile unterteilt werden. Die verbale Kommunikation stellt die Kommunikation zwischen Menschen mittels der Sprache dar, wobei hier das gesprochene Wort, das geschriebene Wort, Gebärdensprachen oder andere Formen ggf. auch verschlüsselter verbaler Informationen gemeint sind. Die verbale Kommunikation wird zur Übermittlung von Inhalten der Mitteilung genutzt. Nonverbale Kommunikation beinhaltet jene Kommunikationsformen, die nicht verbal sind. Dazu zählen u. a. die Körpersprache, Blickkontakt, interpersonelle Distanz, aber auch Anteile der Prosodie und des Sprechtempos.

Betrachtet man Kommunikation als Ganzes, so fallen etwa 60 % auf die nonverbale Kommunikation, noch einmal 35 % auf Tonfall, Stimme und Prosodie und lediglich 5 % auf den verbalen Inhalt der Mitteilung.

In einem stark vereinfachten Modell lassen sich für alle eben benannten Ebenen Parallelen herstellen und somit unabhängig von wissenschaftlichen Disziplinen identische Elemente identifizieren. Es gibt einen Sender, einen Kommunikationsinhalt, einen Übertragungskanal und einen Empfänger. Jeder dieser einzelnen Bestandteile kann Quelle von Störungen im Kommunikationsablauf sein. Im Nachfolgenden soll auf die Kommunikationsschwierigkeiten auf Seiten des Senders eingegangen werden, wobei aus den o. g. Ebenen nur auf die Ebene der Lautsprache eingegangen wird (Abb. 1a/b).

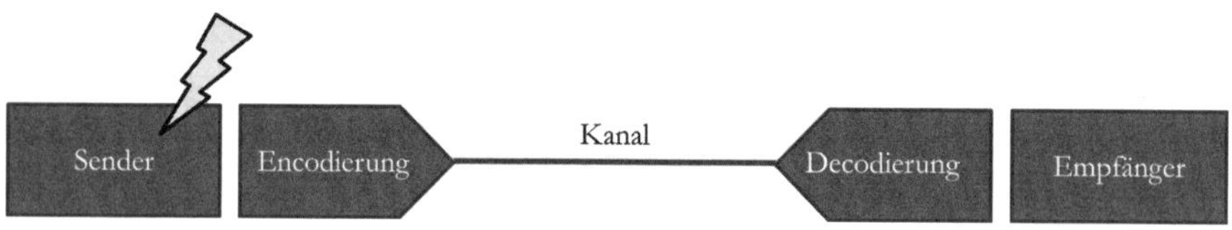

Abb. 1: Stark vereinfachtes Modell der Kommunikation a) ungestört b) Störungen auf der Seite des Senders

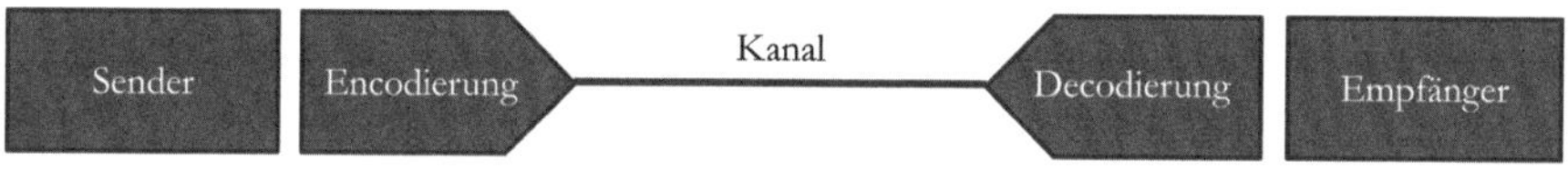

Kommunikationsstörungen können vielfältige Ursachen haben. Im Folgenden seien nur einige exemplarisch aufgeführt. So können Kommunikationsstörungen Folge von Schlaganfällen sein und sich in Form von Aphasien und Dysarthrien äußern. Kinder mit (spezifischen) Sprachentwicklungsstörungen können Kommunikationsdefizite entwickeln. Aber auch Redeflussstörungen, wie bspw. Stottern und Poltern führen, unbehandelt, zu Beeinträchtigungen in der Kommunikation. Fortschreitende Erkrankungen, wie bspw. Multiple Sklerose, Amyotrophe Lateralsklerose oder auch Morbus Parkinson führen in ihrem Verlauf zu kommunikativen Störungen. Zahlreiche angeborene Behinderungen, wie bspw. Infantile Cerebralparesen, wirken sich oft negativ auf die kommunikativen Fähigkeiten der Personen aus.

Somit ergibt sich aus den ausgeführten Punkten für den Bereich der Unterstützten Kommunikation (UK) die Zuwendung auf wichtige Elemente innerhalb der Kommunikation: auf den Inhalt und die Nonverbale Kommunikation.

3   Unterstützte Kommunikation

Anlehnend an die internationale Bezeichnung Augmentative and Alternative Communication (AAC), hat sich seit der Gründung der deutschen Abteilung ISAAC (International Society for Augmentative and Alternative Communication) in den neunziger Jahren der Begriff UK in Deutschland etabliert. Augmentative Communication umfasst ergänzende Lautsprache, zusätzliche Unterstützung, Überbrückung fehlender Lautsprache. Alternative Communication sind Kommunikationsformen, die Menschen benötigen, die aufgrund fehlender oder eingeschränkter Sprechfähigkeit ein anderes Kommunikationssystem benötigen (vgl. Wilken 2010, 3).

> »Unter UK werden alle therapeutischen sowie pädagogischen Hilfen und Maßnahmen verstanden, um Menschen mit fehlender oder eingeschränkter Lautsprache zu einer Erweiterung ihrer kommunikativen Kompetenz zu verhelfen. […] Die fehlende oder eingeschränkte Lautsprache kann durch ergänzende oder ersetzende körpereigene, nichtelektronische und/oder elektronische Kommunikationsmethoden/-hilfen kompensiert werden. […] Dabei ermöglicht häufig erst eine multimodale Methodenanwendung eine erfolgreiche gesellschaftliche Teilhabe und Selbstbestimmung für die unterstützt kommunizierenden Menschen« (Giel 2014, 201).

Die unterschiedlichen Ursachen, die zu einer Beeinträchtigung der Lautsprache führen, weisen eine heterogene Gruppe an Nutzer(inne)n von UK aus. Zum Personenkreis zählen Menschen mit angeborenen Behinderungen wie Cerebralparesen, Menschen mit einer fortschreitenden Erkrankung (z. B. Multiple Sklerose, Muskeldystrophien), Menschen mit erworbenen Hirnschädigungen oder nach einem Schlaganfall sowie Menschen mit temporären sprachlichen Einschränkungen wie bei Gesichtsverletzungen oder Schockzuständen (Kristen 2005, 15).

Bei nicht- bzw. kaum sprechenden Menschen werden zunächst alle körpereigenen Möglichkeiten wie Mimik, Gestik, Laute, Sprache, Bewegungen genutzt, um eine Kommunikation zu ermöglichen. UK kann dabei als expressives Kommunikationsmittel eingesetzt werden, um Menschen, die Lautsprache verstehen, die Möglichkeit des eigenen Ausdrucks zu geben. UK als unterstützendes Mittel findet Anwendung bei Menschen, die Unterstützung beim Erwerb der Lautsprache benötigen. Für Menschen, die aufgrund ihrer Einschränkung keine Lautsprache oder andere Möglichkeiten der Kommunikation haben, sind Formen der UK eine Ersatzsprache. Grundsätzlich ist

UK für jeden anwendbar. UK umfasst ein breites Band an Kommunikationsformen und Möglichkeiten. Ziel ist es, ein individuelles multimodales Kommunikationssystem für den betroffenen Menschen zu schaffen (vgl. Boenisch 2007, 351).

4   Projekt UK-FuB

Im Weiteren werden Ergebnisse des Projekts »Unterstützte Kommunikation im Förder- und Betreuungsbereich (UK-FuB)« vorgestellt, welches in Kooperation der Katholischen Fachhochschule Freiburg, der Pädagogischen Hochschule Heidelberg und der Humboldt-Universität zu Berlin im Jahr 2014 durchgeführt worden ist.

Es handelt sich um eine deutschlandweite Fragebogenerhebung in den Förder- und Betreuungsbereichen, welche die Situation der UK als wesentlichen Aspekt der Partizipation für Menschen mit schwerer und mehrfacher Behinderung erhoben hat.

Die quantitative Erhebung mittels Fragebogen war bei dieser Studie gegenüber anderen Erhebungsverfahren, wie Interviews oder Beobachtungen, vorteilhaft, weil mit gezielten Fragestellungen eine große Anzahl an Antworten erwartet werden konnte.

Die verwendeten Fragebögen waren den befragten Personenkreisen angepasst und enthielten zum großen Teil wiederkehrende und parallele Fragestellungen. Neben allgemeinen Angaben wurden spezielle Fragen zu Konzepten oder Gruppenstärken gestellt. Die Fragen beinhalteten Auskünfte zu den Aufnahmevoraussetzungen in den FuB, über welche kommunikativen Kompetenzen die behinderten Menschen bei der Aufnahme verfügten und wie diese diagnostisch erfasst wurden. Ein Themenkreis befasste sich mit dem Personal im FuB und deren Qualifikationen, einschließlich der Kenntnisse im Bereich der UK. Weiterführend wurden Fragen formuliert, die Aussagen zur Zusammenarbeit mit externen Berater(inne)n, UK-Hilfsmittelfirmen oder dem internen Fachaustausch zum Inhalt hatten. Eine erste Veröffentlichung von Teilergebnissen findet sich bei Wahl et al. (2015).

Im Fokus der Befragung standen die Leiter(innen) der FuB, die Gruppenleiter(innen), die Mitarbeiter(innen) und, sofern in den Einrichtungen vorhanden, die UK-Berater(innen). Die Gruppenleiter(innnen) wurden darüber hinaus gebeten, Angaben zu den in den Gruppen betreuten Personen zu machen.

4.1   Förder- und Betreuungsbereich (FuB)

Die Namensgebungen sind in Deutschland für diese Einrichtungen unterschiedlich, unter anderem werden Begriffe wie Tagesförderstätte, Beschäftigungstagesstätte, Förder- und Beschäftigungsbereiche, tagesstrukturelle Angebote in Angliederung an Wohnheime oder Förderbereiche »Angebot zur Beschäftigung, Förderung und Betreuung« (AFAB), die es seit 2011 in Berlin gibt, verwendet.

Den Einrichtungen gemeinsam ist, dass schwer- und mehrfach behinderten Menschen, die einer Arbeitstätigkeit in der WfbM aufgrund ihrer Behinderung und des damit verbundenen Pflegeaufwands, der Selbst- und Fremdgefährdung oder anderer Gründe nicht nachkommen können, dort eine intensive Begleitung, Förderung und Versorgung erhalten.

4.1.1 Organisation des Förder- und Betreuungsbereichs (FuB)

Die Mehrzahl der FuB (45,6 %) ist Teil einer WfbM und befinden sich im selben Gebäude. 18,1 % der FuB sind Teil einer Werkstatt für behinderte Menschen (WfbM) und befinden sich in einem anderen Gebäude oder an einem anderen Standort. Die AFAB Einrichtungen bieten Menschen mit einer geistigen, körperlichen oder mehrfachen Behinderung aus ambulanten Wohnstätten oder stationären Wohneinrichtungen eine Tagesstruktur, wo die Zielsetzung auf der Teilhabe am Leben in der Gemeinschaft entsprechend § 76 SGB IX und der Veränderung des Wohnumfelds liegt.

4.1.2 FuB im Rahmen der Werkstatt für behinderte Menschen (WfbM)

Für Menschen mit einer Schwerbehinderung gibt es die Möglichkeit, zur Teilhabe am Arbeitsleben in einer Werkstatt für behinderte Menschen tätig zu sein.

Die Werkstätten sollen der Eingliederung behinderter Menschen in das Arbeitsleben dienen. Mit Hilfe eines breiten Angebots an Arbeitsplätzen und entsprechenden berufsvorbereitenden Maßnahmen und Arbeitstrainings ist die Zielsetzung dieser Einrichtungen, die Leistungsfähigkeit und die Persönlichkeit von Menschen mit Behinderung zu fördern und zu entwickeln (§ 56 Abs. 1 (1) SGB IX). Die WfbM bietet allen Menschen mit einer körperlichen, geistigen oder seelischen Behinderung oder auch einer Schwerst- und Mehrfachbehinderung einen Arbeitsplatz, »sofern erwartet werden kann, dass sie spätestens nach Teilnahme an Maßnahmen im Berufsbildungsbereich wenigstens ein Mindestmaß wirtschaftlich verwertbarer Arbeitsleistung erbringen werden« (§ 57 Abs. 1 (2) SGB IX). Die WfbM haben einen Rehabilitationsauftrag zu erfüllen und arbeiten nach dem Prinzip der Wirtschaftlichkeit. Für Menschen, die aufgrund ihrer Behinderung diese Voraussetzungen nicht erfüllen, sollen nach § 219 Abs. 3 SGB IX »in Einrichtungen oder Gruppen betreut und gefördert werden, die der Werkstatt angegliedert sind«. Diese Bereiche werden in Angliederung an eine WfbM Förder- und Betreuungsgruppen genannt.

Eine Ausnahme gibt es in Nordrhein-Westfalen (NRW), wo anders als in den anderen Bundesländern keine FuB bzw. Tagesförderstätten gegründet wurden. Schwer- und mehrfach behinderte Menschen können in NRW nach dem Eingangsverfahren mit einem entsprechenden Förderkonzept oder auch direkt im Arbeitsbereich der WfbM beschäftigt und betreut werden (vgl. Finke 2013, 5).

4.1.3 Angebote und Förderziele im FuB

Das während der Schulzeit erworbene Wissen und die Fähigkeiten zum selbstbestimmten Leben von Menschen mit schwerer und mehrfacher Behinderung sollen in den folgenden Jahren weitergeführt, gefestigt und entwickelt werden. Hier benötigt diese Personengruppe besondere Unterstützung und Förderung. Der Bildungs- und Erziehungsbedarf ist nicht nur an die individuellen Lern- und Entwicklungsvoraussetzungen eines Menschen mit Schwer- und Mehrfachbehinderung geknüpft, sondern umfasst auch die jeweils geltenden gesellschaftlichen Erziehungs- und Bildungsnormen (vgl. Fornefeld 2004, 117). Einrichtungen wie WfbM, Tagesstätten, Förder- und Betreuungsbereiche geben diesem Personenkreis nachschulische Arbeits- und Beschäftigungsmöglichkeiten. Neben der Teilhabe am Leben in der Gemeinschaft stehen hier Aufgaben der Alltagsbewältigung, der Pflege und der Realisierung eines weitgehend selbstbestimmten Lebens im Mittelpunkt. Das Spektrum an Angeboten in den FuB ist auf diese sehr differenzierten Nutzer(innen) abzustimmen. Die Angebote im Förderbereich berücksichtigen die individuellen Neigungen und Fähigkeiten der Menschen mit Behinderungen. Die Förderplätze sind als Lern-, Beschäftigungs- und Betreuungsbereiche für behinderte Menschen zu gestalten. Der FuB ermöglicht schwerst- und mehrfach behinderten Menschen, ihre Persönlichkeit weiter zu entwickeln, indem sie, anknüpfend an den Entwicklungsstand des Einzelnen, dessen lebenspraktische, soziale, psychomotorische, emotionale, kognitive Kompetenzen fördert und arbeits- und lebensweltbezogene Bildungsangebote anbietet. Die lebenspraktische Förderung der Selbstständigkeit und Selbstversorgung, die Stabilisierung der Persönlichkeit, gesundheitsfördernde Maßnahmen, der Erhalt und die Verbesserung der Mobilität, das Training der Wahrnehmung, der Sprache und des Denkens, unter Einbeziehung der erforderlichen pflegerischen Versorgung sind zentrale Förderaufgaben. Kommunikationsförderung, Sport und Bewegung, Musik, Kunst, kreatives Gestalten, aber auch Erholung und Entspannung gehören in den Alltag der FuB (vgl. Klauß 2012, 12). Hier werden Tätigkeitsfelder entwickelt, die sich am Arbeitsleben orientieren. Die Produktionsarbeit und alle anderen Angebote im FuB sollen Wegbereiter für den Übergang in den Arbeitsbereich der WfbM sein. Die Anzahl der Personen, die vom Förderbereich in die WfbM wechseln, ist gering (vgl. Klauß 2012, 14). Die Vermittlung einer Tagesstruktur ist neben der Vermittlung von Fähig- und Fertigkeiten, der persönlichen Alltagsgestaltung und der Entwicklung der individuellen Potenziale und Bedürfnisse inhaltlicher Schwerpunkt. Hier haben die Einrichtungen Angebot zur Beschäftigung, Förderung und Betreuung (ABFB) ihren Schwerpunkt, in dem für Menschen aus stationären oder ambulanten Wohneinrichtungen eine Tagesgestaltung zur Teilhabe am Leben in der Gesellschaft angeboten wird.

Das Angebotsspektrum der FuB umfasst neben der Entlastung der Familien ebenfalls medizinisch-therapeutische Angebote wie Physiotherapie, Ergotherapie oder Logopädie (vgl. Klauß 2012, 13). Im FuB gehören gemeinsame sportliche Aktivitäten, Spiele, Feste und Ausflüge zur Teilhabe am Leben in der Gemeinschaft. Für nicht sprachlich kommunizierende Menschen gehört die Entwicklung anderer Möglichkeiten der Kommunikation ebenso in den Bereich der zentralen Förderung im FuB. Kommunikation, auch Unterstützte Kommunikation (UK) ist im FuB daher ein zentrales Aufgabenfeld. In der SITAS-Studie wird darauf verwiesen, dass zur Förderung der Kommunikation 74 % der FuB Kommunikationsformen und -hilfen der Unterstützten Kommunikation (UK) anbieten (vgl. Terfloth & Lamers 2009).

5 Ergebnisse

5.1 Über die betreuten Personen in der Gruppe

Die folgenden Ergebnisse der Studie beziehen sich auf die Auswertung des Fragebogens »UK-FuB – Über die betreuten Personen in der Gruppe«. Aus 76 FuB konnten 247 Angaben über Personen mit UK gewonnen werden. Tabelle 1 gibt eine Übersicht über die Zusammensetzung des Datensatzes.

Bundesland	Anzahl der Einrichtungen, aus denen Antworten vorliegen	Anzahl der betreuten Personen insgesamt	Anzahl der betreuten Personen mit UK-Bedarf	Anzahl der betreuten Personen mit UK-Versorgung
Nordrhein-Westfalen	15	132	112	71
Bayern	14	101	87	60
Rheinland-Pfalz	9	78	52	27
Baden-Württemberg	7	53	41	26
Berlin	14	52	33	22
Sachsen	3	36	20	10
Sachsen-Anhalt	2	23	13	10
Brandenburg	6	37	25	8
Niedersachsen	3	44	25	6
Hessen	1	8	8	4
unbekannt	2	14	7	3
gesamt		578	423	247

Tab. 1: Zusammensetzung des Datensatzes

Für jedes Bundesland sind die Zahlen der betreuten Personen in den FuB abzulesen. Zunächst ist die Anzahl aller Betreuten angegeben, in der nebenstehenden Spalte ist die Zahl derer ohne bzw. mit unzureichender Lautsprache angegeben. Für die weitere Betrachtung werden die Daten der letzten Spalte »Anzahl an Betreuten mit UK-Versorgung« weiter vorgestellt. Es fällt auf, dass die UK-Versorgung territorial sehr unterschiedlich ausfällt. Die Standardabweichung (SD = 23,04) vom Mittelwert der Betreuten mit UK (M = 22,45) macht deutlich, dass die Betreuung generell und die Versorgung mit UK speziell in den verschiedenen Bundesländern uneinheitlich ist.

Um einen übersichtlichen Altersüberblick (Abbildung 2) der betreuten Personen zu geben, war es notwendig, das Spektrum der angegebenen Altersspannen von jeweils zehn Jahren zusammenzufassen. Dieses Vorgehen ergab zehn Personen unter 20 Jahren, 103 Personen im Alter von 20 bis 29 Jahren. Mit jeweils 13 Nennungen waren die 27-Jährigen und die 28-Jährigen am häufigsten vertreten. Die nächsthöhere Altersgruppe erstreckte sich von 30 bis 39 Jahren und wurde von deutlich weniger, von 57 Personen, repräsentiert. 28 Personen wurden der Gruppe der 40 bis 49 Jahre alten Menschen zugeordnet. 35 Personen zählten zu den 50 bis 59 Jahre alten. 10 Personen gehörten den 60- bis 69-Jährigen an. Vier Personen waren über 70 Jahre alt.

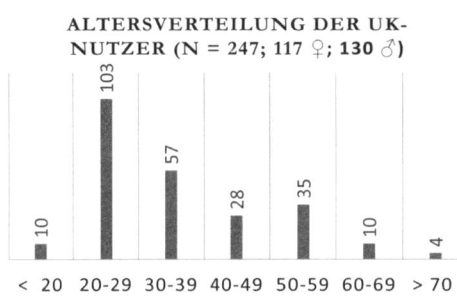

Abb. 2: Altersverteilung der UK-Nutzer(innen)

Die jeweiligen Profile der UK-Nutzer(innen) werden in Abbildung 3 vorgestellt. Hierbei waren in der Frage Mehrfachantworten möglich, da die meisten Beeinträchtigungen nicht isoliert auftreten und sich die Krankheitsbilder und Beeinträchtigungen nicht strikt voneinander abgrenzen lassen, sondern sich in den meisten Fällen gegenseitig bedingen. Die Ergebnisse zeigen, dass den 247 UK-Nutzer(inne)n 645 Behinderungen zugeschrieben wurden. Im Durchschnitt machte das 2,6 Behinderungen pro UK-Nutzer(in). Bei den beiden meistgenannten Behinderungsformen der UK-Anwender(innen), der kognitiven Einschränkung mit Zeichenfähigkeit (N = 148) und der motorischen Einschränkung (N = 134) gab es 90 Dopplungen. 90 Personen wiesen demnach sowohl eine kognitive als auch eine motorische Einschränkung auf. Die Verhaltensstörungen wurden am dritthäufigsten genannt und beeinträchtigten 102 Personen. 81 UK-Anwender(innen) wiesen eine Autismusspektrumstörung auf. 72 Personen waren kognitiv so eingeschränkt, dass ihnen weder eine Intentionalität noch eine Zeichenfähigkeit zuerkannt werden konnte. 60 Personen hatten eine visuelle Einschränkung. 33 Personen hatten eine auditive Einschränkung bis hin zur Gehörlosigkeit. 15 Gruppenleiter(innen) nutzten die Kategorie »Sonstige«, um die dargestellten Beeinträchtigungen zu konkretisieren oder zu ergänzen. Notizen wie »geistige Behinderung nach frühkindlichem Hirnschaden«, »leichte kognitive Einschränkungen, Zustand nach Schädel-Hirn-Trauma«, »Down-Syndrom«, »Demenz«, »Epilepsie«, »LRS, Dysgrammatismus«, »extreme Konzentrationsschwierigkeiten«, »gehörlos«, »Rett-Syndrom«, »spricht teilweise ausländisch«, »mit geistiger Behinderung«, »Morbus Down«, »Tetraparese«, »stark einschießende Spastik des ganzen Körpers« wurden in dieses Feld eingetragen.

Profile der UK-Nutzer

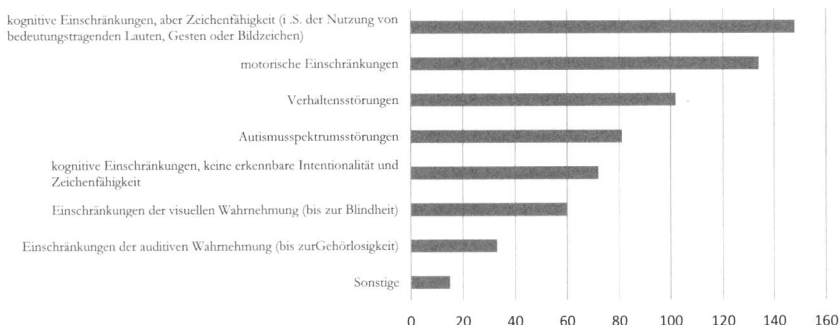

Abb. 3: Profile der UK-Nutzer(innen)

Die besonders stark repräsentierte Gruppe der kognitiv Eingeschränkten mit Zeichenfähigkeit gilt ebenso als große Nutzer(innen)gruppe der UK. Die Sprachbeeinträchtigung kann viele Gründe haben und durch weitere Beeinträchtigungen wie z. B. Sinnes- und Körperbehinderungen kompliziert werden. Der Zusammenhang zwischen der kognitiven Entwicklung und der Sprache scheint relativ eng zu sein (vgl. Adam 2000, 5). Die Verhaltensstörungen mit 102 Nennungen und damit an dritter Stelle werden von Kristen (2005) in einer Art Bedingungsgefüge erläutert. Können Personen nicht auf herkömmliche Weise, also lautsprachlich, kommunizieren werden sie von ihrem Umfeld oft nicht oder falsch verstandenen. Wünsche oder Bedürfnisse werden falsch interpretiert oder bleiben unerkannt, was die Personen ohne Lautsprache oft hilflos macht und zu Resignation führt. In der Hoffnung, besser verstanden zu werden, verändern die Personen ohne Lautsprache ihre Taktik; ungewöhnliche Kommunikationsformen werden gewählt, was dann von außenstehenden Bezugspersonen als Verhaltensauffälligkeit wahrgenommen wird. Ein Teufelskreis, der nur von den Bezugspersonen und deren Einstellung zu den Gesprächspartner(inne)n unterbrochen und beendet werden kann. Autismus oder Autismusspektrumstörungen machen den Gebrauch von UK oft notwendig. Personen mit Autismus haben große Schwierigkeiten damit, sich effektiv mitzuteilen und den Kontakt mit anderen Menschen angemessen und befriedigend zu gestalten. Etwa nur die Hälfte entwickelt funktionale Sprache; 30 % zeigen keinerlei Sprachentwicklung. Die Kommunikationsprobleme betreffen nicht nur den expressiven Bereich; auch das Verstehen von Botschaften anderer Personen ist in der Regel beeinträchtigt. Die Beeinträchtigung der verbalen Kommunikation wird nicht durch den Einsatz anderer, nonverbaler Strategien wie Mimik und Gestik kompensiert. Oft erkennen die Betroffenen die Macht der Kommunikation nicht. Selbst sprachlich gewandte Personen mit Autismus wissen oft nicht, dass und wie sie andere Personen ansprechen können (vgl. Wilken 2010).

Die Ergebnisse zur Sprechfähigkeit ergaben sich aus der dritten Frage des Fragebogens zu den betreuten Personen mit UK. Die Gruppenleiter(innen) sollten die Kompetenzen ihrer Gruppenmitglieder hinsichtlich der Sprechfähigkeit einschätzen.

Aus vier vorgegebenen Antwortmöglichkeiten konnte eine Auswahl getroffen werden (Abbildung 4).

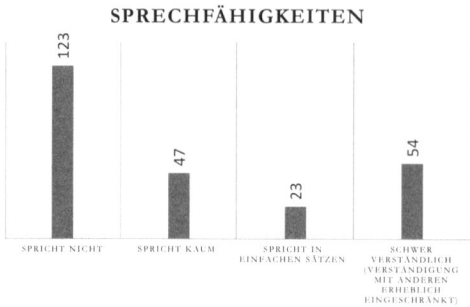

Von den insgesamt 247 UK-Nutzer(inne)n sprachen 123 Personen nach Auskunft der Gruppenleiter(innen) nicht. Somit liegt der Anteil der Nichtsprechenden mit 50 % bei der Hälfte aller UK-Nutzer(innen). 47 Personen sprachen kaum, was einem Anteil von 19 % entspricht. Ein kleiner Teil von 23 UK-Nutzer(inne)n (9 %) sprach in einfachen Sätzen

Abb. 4: Sprechfähigkeiten der betreuten Personen (N = 247)

und 54 Gruppenmitglieder (22 %) sprachen nur schwer verständlich, sodass die Kommunikation mit fremden oder unvertrauten Gesprächspartner(inne)n erheblich eingeschränkt war. Allgemein lässt sich festhalten, dass die Bedarfe der Nichtsprechenden klar auf eine die Lautsprache ersetzende Kommunikationsförderung abzielen. Wegen ihrer hohen Kompensationsleistung könnte eine umfangreichere Versorgung notwendig sein. Für die kaum, in einfachen Sätzen und die schwer verständlich Sprechenden hätten die Kommunikationsmittel die Aufgabe, die Lautsprache zu ergänzen. Ohne die weiteren Umstände zu kennen, kann aufgrund der einzelnen Merkmalsausprägungen »Produktion von Lautsprache« noch keine genaue Bedarfsanalyse erfolgen. Aus diesem Grund wurden die Gruppenleiter(innen) gebeten, Aussagen zum Sprachverständnis der betreuten Personen mit UK zu machen (Abbildung 5).

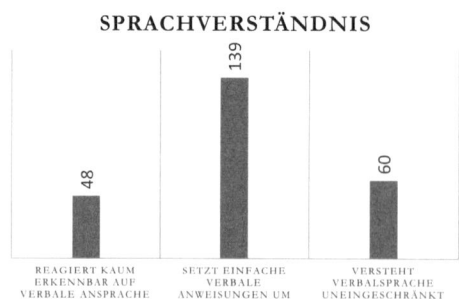

Die Auswertung dieser Frage zeigt, dass 48 Gruppenmitglieder (20 %) kaum erkennbar auf verbale Ansprachen reagierten. 139 UK-Nutzer(innen) (56 %) verstanden einfache verbale Anweisungen und setzten diese auch um. 60 Personen (24 %) verstanden Verbalsprache uneingeschränkt. Die Bedarfe einer Kommunikationsförderung

Abb. 5: Sprachverständnis der betreuten Personen mit UK (N = 247)

der 48 Personen, die nur kaum erkennbar auf Ansprachen reagierten und den 199 Personen, die (uneingeschränkt) verstanden, könnten sich im Alltag deutlich voneinander unterscheiden. So beschreiben u. a. Tetzchner & Martinsen (2000, 80) für die Gruppe der Personen mit Cerebralparese die große Kluft zwischen Sprachverständnis und der Fähigkeit, sich mit Lautsprache auszudrücken als typisch. Sie können ihre Sprechorgane nicht ausreichend kontrollieren und sind zusätzlich in vielen Fällen durch motorische Störungen, die sich auf nahezu alle Bewegungen auswirken, beeinträchtigt. Interventionen zielen hier nicht auf das Sprachverständnis. Kaum erkennbare Reaktionen bei verbalen Ansprachen können auf die Ursache einer auditiven Wahrnehmungsstörung bis hin zur Hörschädigung oder auf eine schwere mehrfache Behinderung zurückgeführt werden. Personen mit einer Störung der auditiven Wahrnehmung hören verbale Ansprachen nicht oder schwer und reagieren folglich kaum oder gar nicht. Bei einer isolierten auditiven Wahrnehmungsstörung kann davon ausgegangen werden, dass andere kognitive Bereiche wie die Sprachproduktion nicht betroffen sind. Bei Personen mit einer schweren mehrfachen Behinderung wird angenommen, dass die Ursache einer ausbleibenden Reaktion bei Ansprache an der kognitiven Verarbeitung liegt. Die Personen hören das Gesprochene also, können die aufgenommene Information jedoch nicht oder nur sehr langsam verarbeiten und nutzen. Eine Nichtverständigung beginnt in diesen Fällen nicht erst bei der Sprachproduktion; kognitive Beeinträchtigungen behindern u. a. das Sprachverständnis. Der Fokus der Bedarfe dieser Personengruppe liegt vor allem darin, das Verstehen zu fördern. Besonders bei Personen mit einer Autismusdiagnose hat sich die Unterstützung beim Verstehen von Äußerungen anderer Personen mithilfe des TEACCH-Konzepts bewährt. Strukturiertheit und individuell gestaltete visuelle Hilfen, wie sie im Rahmen des TEACCH-Ansatzes verwendet werden, könnten für andere UK-Anwender(innen) auch eine Verbesserung des Verstehens bewirken. Visuelle Informationshilfen sind beständig und personenunabhängig, was den Vorteil hat, dass sich die angesprochene Person mehr Zeit bei der Verarbeitung lassen kann und auch immer wieder auf die Informationen zurückkommen kann (vgl. Wilken 2010).

In einer weiteren Frage waren fünf Kategorien an Mitteln und Methoden der UK aufgelistet. Die Gruppenleiter(innen) sollten die zur Auswahl stehenden Ausdrucksformen und Kommunikationsmittel ankreuzen, wenn ihre Gruppenmitglieder sie nutzten. Mehrfachnennungen waren bei diesem Item möglich (vgl. Abb. 6).

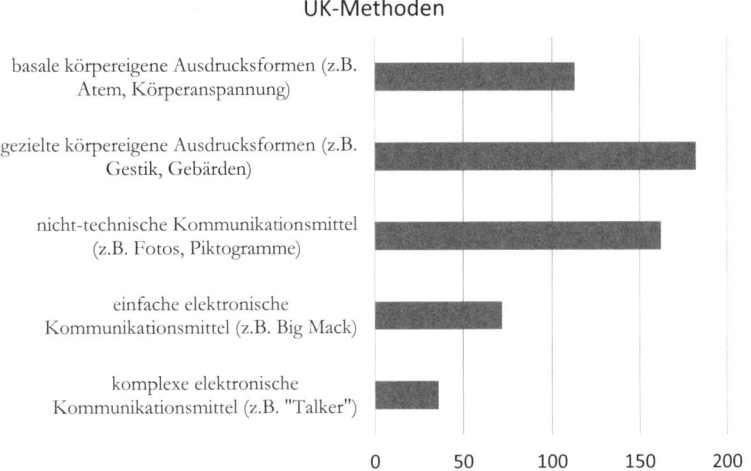

Abb. 6: Verwendete Methoden der Unterstützten Kommunikation – Mehrfachnennungen möglich

Die Ergebnisse des Balkendiagramms zeigen, dass insgesamt 566 Methoden und Mittel von 247 UK-Anwender(inne)n genutzt wurden. Im Durchschnitt macht das pro UK-Anwender(in) 2,3 genutzte Methoden und Mittel. Gezielte körpereigene Ausdrucksformen wie Gestik und Gebärden wurden mit 182 Nennungen am häufigsten zur Unterstützten Kommunikation angewandt. Dicht gefolgt von den nicht-technischen Kommunikationsmitteln, wie Fotos und Piktogrammen (N = 162). Basale körpereigene Ausdrucksformen wie Atmung und Körperspannung wurden 113 Mal als UK-Methode angegeben. Einfache elektronische Kommunikationsmittel, wie der Big Mack, wurden 73 Mal genutzt und komplexe elektronische Kommunikationsmittel, zu denen u. a. der Talker zählt, 36 Mal. Es fällt auf, dass sowohl einfache als auch komplexe Kommunikationsmittel im Vergleich zu den anderen Methoden und Mitteln (im Verhältnis 109:457) eher weniger genutzt werden. Im Zeitalter der allgegenwärtigen elektronischen Kommunikationstechnologie verwundert dieses Ergebnis und verlangt nach Erklärungen. Zunächst sei erwähnt, dass nicht-elektronische Hilfsmittel in der UK einen hohen Stellenwert haben und dass Gebärden als Kommunikationshilfe besonders bei geistig behinderten Menschen bereits seit Jahren mit Erfolg eingesetzt werden (vgl. Kristen 2005). Außerdem sollte vor Anschaffung eines elektronischen Geräts eine nicht-elektronische Hilfe zur Verfügung stehen, die als Ergänzung oder beim Ausfall des technischen Geräts genutzt werden kann (ebd., 75). Eine These für dieses Ergebnis könnte sein, dass die finanziellen Hintergründe für die eher geringe Zahl an Nennungen bei den elektronischen Geräten verantwortlich sein könnten. Im Vergleich zu den gegebenen körpereigenen Ausdrucksformen und den nicht-technischen Kommunikationsmitteln müssen die elektronischen Kommunikationsmittel erst beantragt und von den Krankenkassen bewilligt werden. Oft müssen auch private Zuschüsse gezahlt werden. Nicht zu vergessen die Wartung und anfallende Reparaturen des Geräts. Um auf dem neuesten Stand zu bleiben – sprachlich und interessengebunden – muss das Gerät neu besprochen werden, Inhalte müssen installiert oder auf den neuesten Stand gebracht werden. Das alles ist zeitlich aufwendig und erfordert gleichzeitig ein gewisses Maß an technischem Verständnis. Ein anderer Aspekt der elektronischen Mittel mit ihrem begrenzten Einsatz bei den Personen mit UK in den Gruppen könnte ihre vergleichsweise hohe Komplexität für die Anwender(innen) darstellen. Eine weitere These könnte also sein, dass die hohe Anzahl an Personen mit einer kognitiven Einschränkung die vergleichsweise geringe Zahl an elektronischen Hilfsmitteln erklären würde.

Eine Frage zu den Situationen zum Einsatz von UK in Alltag zeigte, dass in der Alltagssituation »Morgenkreis« der größte UK-Einsatz zu verzeichnen ist. Mit 172 Nennungen kommt UK während des Morgenkreises immer (N = 135) oder meistens (N = 37) zum Einsatz. Der Morgenkreis als Alltagssituation ist demnach ungeschlagen diejenige Situation, in der am häufigsten UK-Mittel und -Methoden zum Einsatz kommen. Die Mahlzeiten rangieren als UK-Einsatz-Situation auf Platz 2. Mit 162 Nennungen, UK immer (N = 115) bzw. meistens (N = 47) während des Essens einzusetzen, zeichnet sich ein weiteres wichtiges Handlungsfeld der UK ab. In den Einzelförderungen wird UK in 99 Fällen immer genutzt. 64 Personen nutzen UK während der Einzelförderung meistens. Mit 163 Nennungen liegt die Einzelförderung damit insgesamt knapp vor den Mahlzeiten (N = 162). Für die Einzelbetrachtung war jedoch die Antwort »immer« in den beiden Kategorien wichtig, bei der die Mahlzeiten mit 115 zu 99 Nennungen der Einzelförderung deutlich vorne lagen. Arbeitsabläufe wurden in 85 Fällen immer und 57 Fällen meistens mit UK erledigt. Gruppenaktivitäten ließen bei 77 Personen immer und bei 62 Personen meistens UK zum Einsatz kommen. Beim Transfer der Gruppenmitglieder nutzten 73 Personen immer und 28 Personen meistens UK. Der Toilettengang wurde von 71 Personen immer und von 31 Personen meistens als UK-Einsatzsituation gewählt. In ihrer Freizeit nutzten die Gruppenmitglieder in 48 Fällen ihre UK immer und in 43 Fällen meistens. Spielsituationen nahmen 47 Personen immer zum Anlass ihre UK zu nutzen, 58 Personen nutzten ihre UK in dieser Situation meistens.

Die häufige Nutzung der UK im Morgenkreis könnte damit erklärt werden, dass diese Situation oftmals ritualisiert ist. Man trifft sich in gemütlicher Runde und erzählt über die unterschiedlichsten Themen. Im Gegensatz zu anderen Alltagssituationen wird sich hier bewusst Zeit genommen, um etwa miteinander zu kommunizieren oder zu singen. Diese Muße und die Gemeinschaft regen eventuell an, UK zum Einsatz kommen zu lassen. Auch die Mahlzeiten stellen eine Pause oder eine Abwechslung von anderen Situationen, wie Arbeit, dar. Hier treffen sich die Gruppenmitglieder und sitzen zusammen, können kommunizieren. Auch die Essenssituation an sich bietet viele Gelegenheiten zu kommunizieren. Das Themenfeld jedoch ist begrenzt und täglich wiederkehrend, was den Einsatz von UK wohl praxistauglich macht. Der häufige Einsatz von UK in den Einzelförderungen ist plausibel, denn die Einzelförderung ist speziell dafür da, die unterstützt kommunizierenden Personen im Umgang mit ihrem Hilfsmittel zu fördern. Oftmals sind es Eins-zu-Eins-Situationen, die in den Fördereinheiten für intensive Gespräche zwischen der Person mit UK und der Therapeutin oder dem Therapeuten sorgen. Der Umgang mit dem Gerät kann in diesen Sitzungen verbessert oder erweitert werden. So erfreulich die häufige Nutzung der UK in den eben vorgestellten Situationen ist, sollen hier der Vollständigkeit halber die Alltagssituation vorgestellt werden, die eine UK bei den Gruppenmitgliedern weniger oder gar nicht zum Einsatz kommen lassen. Der Toilettengang veranlasste die wenigsten Personen, ihre UK zu nutzen. 47 Personen nutzen ihre UK in dieser Situation weniger und in 95 Fällen gar nicht. Damit nutzen 102 Personen ihre UK häufig und 142 Personen weniger oder gar nicht während des Toilettengangs. Der Transfer wird von 27 Personen weniger und von 79 Personen gar nicht als eine Situation gesehen, die den Einsatz von UK fordert. Die Nichtnutzung der UK überwiegt auch in dieser Situation. Das Verhältnis Nutzung-Nichtnutzung fällt ab den Spielsituationen positiv mit 105 Angaben, UK immer und meistens bzw. sie weniger und gar nicht in 100 Fällen zu verwenden, aus. Die größte Unbekannte der Gruppenleiter(innen) ist mit 82 Nennungen die Freizeitgestaltung ihrer Mitglieder. Auch in den Spielsituationen (N = 42) und während des Transfers (N = 40) ist den Leiter(inne)n unbekannt, inwieweit UK zum Einsatz kommt. Bei der Situation des Morgenkreises konnten 29 Gruppenleiter(innen) keine Angaben über die Nutzung bzw. Nichtnutzung der UK ihrer Gruppenmitglieder machen. In den anderen Alltagssituationen scheinen die Gruppenleiter(innen) mit jeweils geringen Angaben der Ausprägung »unbekannt« über den UK-Einsatz ihrer Mitglieder gut informiert zu sein. Die Bedarfe zur Kommunikationsförderung der Gruppenmitglieder zielen auf eine bessere Nutzung und verstärktes Eingebundensein der UK in den Alltag ab. Jeder oder jede UK-Versorgte sollte seine oder ihre Kommunikationsmittel und Ausdrucksformen selbstverständlich in jeder Situation anwenden. Sicher entscheidet der Grad der Einschränkungen und Beeinträchtigungen der Personen in bestimmten Situationen über die Verwendung der UK. So scheint es für selbstständige UK-Nutzer(innen) nicht unbedingt notwendig, sich während des ungeselligen Toilettengangs verständlich zu machen. Alle anderen Situationen, die in der Gemeinschaft verbracht werden, sollten auch von Einzelgänger(inne)n genutzt werden, um Wünsche und Bedürfnisse zu äußern oder um ganz selbstverständlich mit den anderen Gruppenmitgliedern in Kontakt zu kommen und zu kommunizieren. Die Bedarfe der UK-Personen liegen aber auch in einer besseren Vernetzung von FuB und (familiärem) Umfeld, um über eine Zusammenarbeit eine optimierte UK-Nutzung voranzubringen.

Die präsentierten Ergebnisse können nicht losgelöst von der Einschätzung der in den Einrichtungen vorhandenen Ressourcen an Methoden der UK diskutiert werden. Im Folgenden werden diese Punkte überblicksartig präsentiert.

Ressourcen in den Einrichtungen
Der für die folgenden Ergebnisse zugrundeliegende Datensatz ist in Tabelle 2 dargestellt.

Bundesland	Einrichtungs- leiter(innen)	Gruppenleiter- (innen)	UK- Koordinator(innen)
Baden-Württemberg	35	36	5
Bayern	20	27	8
Berlin	10	5	1
Brandenburg	5	4	1
Hamburg	0	1	1
Hessen	9	28	6
Mecklenburg-Vorpommern	2	0	1
Niedersachsen	21	21	9
Nordrhein-Westfalen	39	37	11
Rheinland-Pfalz/Saarland	6	7	5
Sachsen	9	15	0

Bundesland	Einrichtungs-leiter(innen)	Gruppenleiter-(innen)	UK-Koordinator(innen)
Sachsen-Anhalt	6	2	1
Schleswig-Holstein	5	3	1
Thüringen	5	3	1
Falsche Angabe	3	6	1
gesamt	175	195	52

Tab. 2: Anzahl der vorliegenden Fragebögen

Zur aktuellen Situation an UK in den FuB ergab sich nach der Auswertung der Daten ein recht einheitliches Bild, welches die befragten Personengruppen in ihren Antworten angaben. Die Häufigkeit, zu der gezielte körpereigene Kommunikationsformen und nichttechnische Kommunikationsmittel für den Einsatz oder die Erprobung zur Verfügung standen, wurde zu über 90 % eingeschätzt. In allen FuB, wo es UK-FuB Koordinator(inn)en gab, wurden gezielte körpereigene Kommunikationsformen und nichttechnische Kommunikationsmittel zu 100 % eingesetzt (Abbildung 7).

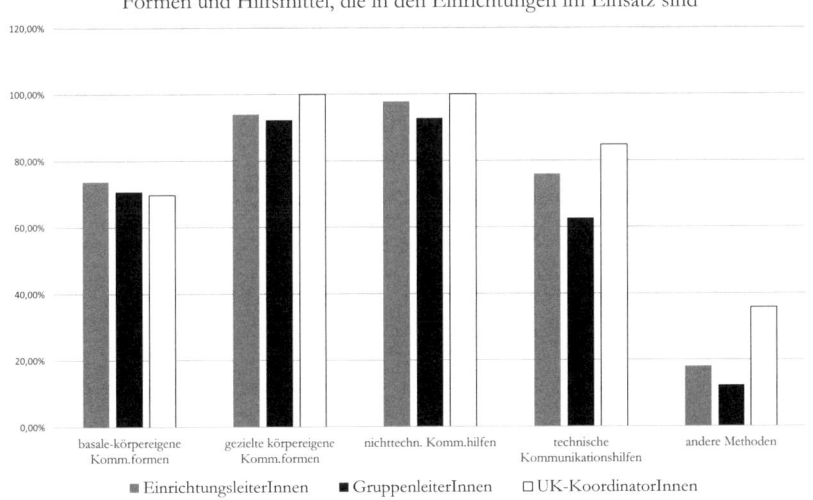

Abb. 7: Formen und Hilfsmittel der UK, die in den Einrichtungen im Einsatz sind

Vier UK-FuB Gruppenleiter(innen) gaben an, dass keine Formen und Hilfsmittel der UK für den Einsatz oder die Erprobung zur Verfügung waren. Daraus ergab sich die Schlussfolgerung, dass es nur sehr wenige Einrichtungen gab, die kaum oder keine Mittel der UK zur Verfügung hatten. Die basalen Kommunikationsformen standen in drei Viertel der Einrichtungen zur Verfügung und wurden angewendet. Diese Formen sind für schwer- und mehrfach behinderte Menschen, die über wenig eigene verbale Äußerungsmöglichkeiten verfügen, eine grundlegende Form, um in Austausch zu treten. Die UK-FuB Koordinator(inn)en schätzten das Vorhandensein dieser Kommunikationsform höher ein, was jedoch im Gegensatz zum tatsächlichen Einsatz basaler Kommunikationsformen in den Einrichtungen steht. Das Vorhandensein und die Erprobung technischer Kommunikationsmittel wurden von den UK-FuB Koordinator(inn)en am höchsten eingeschätzt. Die hohe Einschätzung der Anwendung dieser Mittel entspricht vielleicht auch dem Wunsch, speziell mit komplexen technischen Kommunikationshilfen neue kommunikative Möglichkeiten im FuB zu haben. Eine große Diskrepanz bestand in der Auswertung der Fragebögen der UK-FuB Leiter(innen) und der UK-FuB Gruppenleiter(innen) zwischen den zur Verfügung stehenden anderen Methoden wie TEACCH oder PECS, was in über der Hälfte der Einrichtungen der Fall war, und der geringen Anwendung dieser Kommunikationsmittel in den Einrichtungen. Die UK-FuB Koordinator(inn)en gaben an, dass in etwa drei Viertel der FuB andere Methoden vorhanden waren und in knapp zwei Drittel der Einrichtungen diese auch angewendet wurden. Gründe, warum Kommunikationshilfsmittel, die in den Einrichtungen vorhanden sind, nur teilweise eingesetzt werden, sehe ich in mehreren Faktoren. Zum einen wurde in den Antworten die fehlende Zeit zum Einsatz der UK genannt, aber auch fehlende Qualifizierungen und Fortbildungen wurden mehrfach erwähnt. Weiterhin gibt es keine standardisierten Tests zur Diagnostik der Kommunikationssituation schwer- und mehrfach behinderter Menschen, worauf eine gezielte Förderung aufbauen könnte.

Der Bedarf an UK wurde mit 84 %, 81 % respektive 85 % von den befragten Personen als sehr hoch eingeschätzt (Abbildung 8). Trotzdem der Ist-Stand im Bereich der technischen Kommunikationsmittel ein recht einheitliches Bild zeichnete, bestand ein besonders hoher Bedarf an diesen Kommunikationsmitteln.

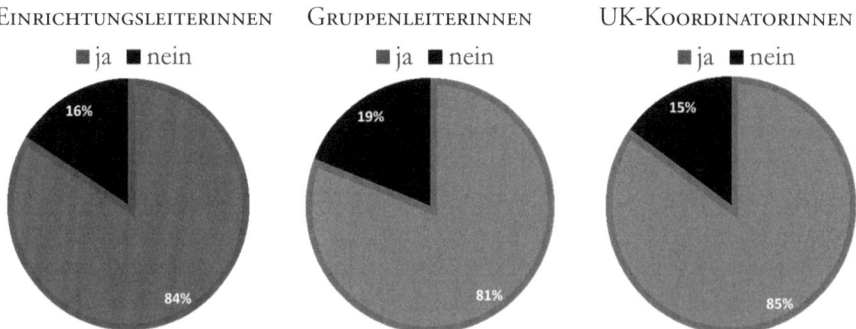

Abb. 8: Bedarfe an Unterstützter Kommunikation in den Einrichtungen

Gezielte körpereigene Kommunikationsformen als auch nichttechnische Kommunikationsmittel wurden z. B. aus der Schule oder vorherigen Einrichtungen mitgebracht. Die Studie von Boenisch (2003) zum Einsatz von Formen und Mitteln der UK bei Schüler(inne)n an Schulen mit dem Förderschwerpunkt »Geistige Entwicklung« zeigte, dass die betroffenen Schüler(innen) hauptsächlich mit Blickbewegungen, unartikulierten Lauten, Gestik und Gebärden kommunizierten (vgl. Boenisch

& Bünk 2003, 23). Es brauchte wenig Mittel, um Gesten, Mimik und Gebärden zu zeigen. Nichttechnische Kommunikationsformen wie das Ich-Buch, die Kommunikationsmappe wurden von den Mitarbeiter(inne)n oftmals mit viel persönlichem Engagement erstellt oder weitergeführt. Das erwies sich als nicht so kompliziert, allerdings waren die Möglichkeiten zu einer umfassenderen Kommunikation mitunter eingeschränkt. Aufgrund der Entwicklung im UK-Bereich, besonders aber der technischen Entwicklung in den vergangenen Jahren, sahen die UK-FuB Leiter(innen), UK-Gruppenleiter(innen) sowie die UK-FuB Koordinator(inn)en Bedarfe in der Versorgung der schwer- und mehrfach behinderten Menschen mit einfachen als auch komplexeren technischen Kommunikationsmitteln. Das wachsende Angebot und die neuen, individuell umsetzbaren Möglichkeiten zur Versorgung der nichtsprechenden Menschen eröffneten Perspektiven in der Kommunikationsförderung. Dies verdeutlichten die Mitarbeiter(innen) in den Kommentaren zu den Bedarfen, dass ein Fort- und Weiterbildungsbedarf nicht nur im Bereich der technischen Kommunikationsmittel bestand, sondern im Bereich UK allgemein. Unterschiedlich wurde der Bedarf an gezielten körpereigenen Kommunikationsformen und anderen Methoden eingeschätzt. Die Hälfte der UK-FuB Leiter(innen) und Gruppenleiter(innen) sahen einen Bedarf in diesem Bereich. Dagegen stand die Einschätzung der UK-FuB Koordinator(inn)en, die hier einen Bedarf zu fast 90 % sahen. Etwa 20 % der UK-FuB Leiter(innen) und UK-FuB Gruppenleiter(innen) formulierten einen Bedarf an anderen Methoden wie TEACCH, PECS oder FC. Dagegen gaben über 80 % der UK-FuB Koordinator(inn)en in diesem Bereich einen Bedarf an. Die UK-FuB Koordinator(inn)en schätzten den Bedarf, wahrscheinlich aufgrund ihrer Fachkenntnisse im Bereich UK, höher ein (vgl. Abbildung 9).

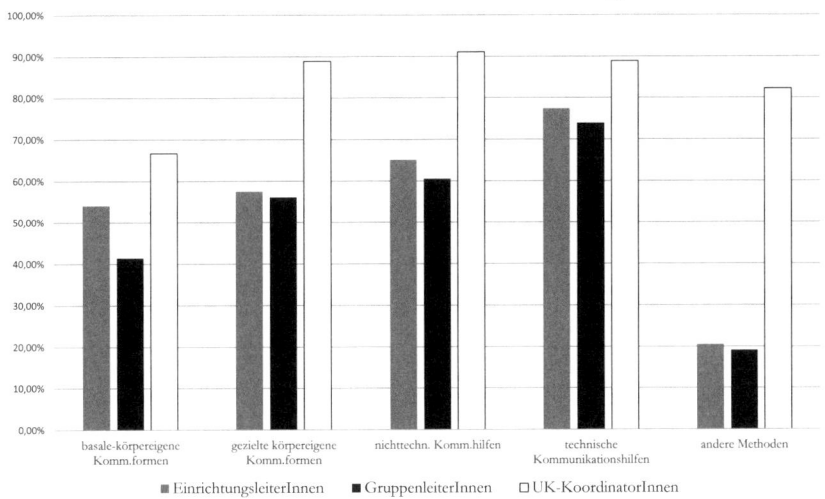

Abb. 9: Bedarfe an UK, aufgeschlüsselt nach Methoden

Generell konnten die UK-FuB Koordinator(inn)en Begriffe wie z. B. Gesten, Gebärden, Fotos, Taster exakter den vorgegebenen Kategorien zuordnen als die anderen befragten Personengruppen. »Taster, Talker, iPad« wurden in einer Kategorie im offenen
Antwortformat genannt, was unterschiedliche Items im Fragebogen implizierte. Hier
wurde beim Erstellen des Fragebogens ein fundiertes Fachwissen vorausgesetzt, dass
sich bei der Auswertung nicht immer wiederfand. Mehrfach wurden auch Fragezeichen
eingetragen, was keine genaue Deutung zu ließ. Die UK-FuB Gruppenleiter(innen)
gaben unter anderem Fortbildungen zu Deutscher Gebärdensprache (DGS) und anderen Formen gebärdenunterstützter Kommunikation an. Dies umzusetzen wird für
sehr unwahrscheinlich gehalten, da DGS wie eine Fremdsprache erlernt werden müsste, was im Aufgabenkontext von UK-FuB Gruppenleiter(inne)n schwer realisierbar ist.
Ein anderer Aspekt waren die mangelnden zeitlichen Ressourcen, besonders der UK-
FuB Koordinator(inn)en, sich mit Möglichkeiten der UK zu beschäftigen (vgl. Tabelle
3). Ein Viertel der UK-FuB Koordinator(inn)en gab »fehlende Zeitressourcen« an.
Es gab nach Auskunft des Fragebogens nur wenige UK-FuB Koordinator(inn)en, die
dafür eine separate Stelle im FuB hatten. Die meisten UK-FuB Koordinator(inn)en
hatten diese Funktion zusätzlich zu ihrer Aufgabe als UK-FuB Gruppenleiter(in) inne.

	Einrichtungs-leiter(innen)	Gruppenleiter(innen)	UK-Koordinator(inn)en
Fehlende Zeit	4,5 %	10,1 %	25,8 %
Fehlendes Personal	6,8 %	1,0 %	6,5 %
Fehlende Ausstattung	37,5 %	52,6 %	41,9 %
Fehlende Strukturen	26,2 %	23,2 %	12,9 %
Wachsender Bedarf an UK	10,2 %	2,0 %	9,7 %
Fortbildungsbedarf	14,8 %	11,1 %	3,2 %

Tab. 3: Bedarf und fehlende Ressourcen zur Umsetzung von UK

Dem als hoch eingeschätzten Bedarf an Formen und Mitteln der UK stand die Einschätzung der vorhandenen Ressourcen an UK gegenüber. Zwischen 40 % und 48 %
der befragten Personengruppen gaben an, dass die vorhandenen Ressourcen an Materialien und Kommunikationsgeräten ausreichen. Über die Hälfte der Befragten gab
zur Antwort, dass die Ressourcen nicht ausreichen. Damit waren Ressourcen an UK
in den Einrichtungen vorhanden. Dies stellt für mich eine Diskrepanz zwischen dem
recht einheitlich formulierten hohen Bedarf an Mitteln und Formen der UK und
den ausreichend vorhandenen Ressourcen an UK in den FuB dar. Die unterschiedliche Ausstattung mit Kommunikationshilfsmitteln lässt die Vermutung zu, dass die
Mittel an UK in den Einrichtungen vorhanden sind, aber teilweise nur ungenügend

für die schwer- und mehrfach behinderten Menschen genutzt werden. Die individuell sehr unterschiedlichen Behinderungen erfordern differenzierte Lösungen im Bereich UK, womit die UK Mitarbeiter(innen) zum Teil überfordert sind bzw. nicht die notwendige Fachkenntnis besitzen. Die Ressourcen in den Kategorien »Geräte« und »Materialien« wurden zu über einem Drittel in den FuB als nicht ausreichend eingeschätzt. Die Ressource »Fortbildung« schätzten die UK-FuB Leiter(innen) und UK-FuB Gruppenleiter(innen) viermal höher ein als die UK-FuB Koordinator(inn)en, die schon mehr Fortbildungen besuchen konnten und damit über ein umfangreicheres Fachwissen verfügten. Die Kommentare der UK-FuB Gruppenleiter(innen) machten deutlich, dass »genaue Anleitung zur Anbahnung« oft nicht im Mittelpunkt der Fortbildung stand, sondern eher allgemeinere Kompetenzen im Bereich UK vermittelt wurden. Diese Mitarbeiter(innen) arbeiteten eng mit den behinderten Menschen und stellten fest, dass noch nicht jede Person mit entsprechenden Kommunikationsmitteln versorgt wurde. Die Ressource »Kosten« wurde von keiner/m UK-FuB Leiter(in) erwähnt, dagegen hatten die fehlenden finanziellen Mittel für die anderen Mitarbeiter(innen) einen deutlich höheren Stellenwert. Fehlende finanzielle Mittel bedeutete, dass keine weiteren Kommunikationshilfsmittel angeschafft werden konnten. Dies spielte gerade in Bezug auf die preisintensiven technischen Kommunikationshilfen eine wichtige Rolle. Die Auswertung der Fragestellungen in dieser Arbeit stellte einen ersten Schritt zur Erfassung der Situation nicht verbal kommunizierender Menschen in den FuB dar. Da dieser Bereich über keine Qualitätsstandards verfügt, gestaltete sich die Förderung und Betreuung der schwer- und mehrfach behinderten Menschen sehr unterschiedlich. Um das Recht auf Teilhabe am Leben in der Gemeinschaft, wozu auch das Recht auf Kommunikation zählte, auch für den Personenkreis der schwer- und mehrfach behinderten Menschen umzusetzen, ist der Bereich der UK allgemein, vor allem aber der technischen Kommunikationsmittel, Einzelfalllösungen für die betreuten Menschen, spezielle Fortbildungen für die Mitarbeiter(innen), Ressourcen an finanziellen Mitteln, Personal und Materialien als ein wichtiges Handlungsfeld einzuschätzen.

6   Fazit

Die vorliegenden Ergebnisse zeigen, dass Unterstützte Kommunikation ein wesentlicher Bestandteil in den Förder- und Betreuungsbereichen ist. Die mit UK versorgten Personen nutzen diese in verschiedenen Kontexten, wobei sie auf einen Mix an Methoden zurückgreifen, um in den jeweiligen Situationen kompetent kommunizieren zu können. Es zeigt sich jedoch auch sehr deutlich, dass noch nicht in allen Situationen auf Methoden der UK zurückgegriffen wird. Auch bei den Möglichkeiten zur Nutzung von UK in den Einrichtungen besteht Bedarf der Optimierung. Dies betrifft vor allem die Anzahl an Personen, die UK nutzen. In der Befragung wurde deutlich, dass knapp 73 % der betreuten Personen einen Bedarf an UK haben, lediglich aber nur 42 % wirklich Methoden der UK anwenden (vgl. Tabelle 1). Des Weiteren besteht dringender Optimierungsbedarf bei den Ressourcen. Da ist zum einen die Ausstattung der Einrichtungen mit UK-Methoden zur Erprobung und Anwendung zu nennen und zum zweiten die strukturelle Einbindung in den Einrichtungen noch weiter zu verstärken. Hierfür ist allerdings das zur Verfügungstellen von Zeit und auch die Qualifikation der Mitarbeiter(innen) in den Einrichtungen zu verbessern.

Erfolgreich eingesetzte Unterstützte Kommunikation ist ein Schlüssel zur Teilhabe und befähigt die Personen, Wünsche zu äußern und sich am allgemeinen Tagesgeschehen zu beteiligen.

Literatur

Adam, H. (2000): Mit Gebärden und Bildsymbolen kommunizieren. Voraussetzungen und Möglichkeiten der Kommunikation von Menschen mit geistiger Behinderung. Würzburg.

Boenisch, J. (2003): Zur Situation kommunizierender Kinder und Jugendlicher an Schulen für Körperbehinderte und Geistigbehinderte in Deutschland. In: Boenisch, J./Bünk, C. (Hgg.). Methoden der Unterstützten Kommunikation. Karlsruhe, 19–35.

Boenisch, J. (2007): Unterstützte Kommunikation. In: Theunissen, G./Kulig, W./Schirborth, K. (Hgg.). Handlexikon Geistige Behinderung. Schlüsselbegriffe aus der Heil- und Sonderpädagogik, Sozialen Arbeit, Medizin, Psychologie, Soziologie und Sozialpolitik. Stuttgart, 351–353.

Brockhaus (1996): Kommunikation. Band 10, Gütersloh/München, 385.

Finke, B. (2013): Statement anlässlich Braunschweiger Gespräche der Werkstätten. www. bagwfbm.de/file/839 (14.11.2017)

Fornefeld, B. (2004): Einführung in die Geistigbehindertenpädagogik. München/Basel.

Giel, B. (2014): Unterstützte Kommunikation und Sprachtherapie/Logopädie – zwei komplementäre Systeme! In: Logos 22 (3), 201–207.

Kristen, U. (2005): Praxis Unterstützter Kommunikation. Düsseldorf.

Klauß, Th. (2012): Teilhaben oder nur dabei sein. http://www.ph-heidelberg.de/fileadmin/ user_upload/wp/klauss/Sinnvolle_Beschaeftigung.pdf (14.11.2017)

SGB IX (2001): Sozialgesetzbuch Neuntes Buch – Rehabilitation und Teilhabe behinderter Menschen, https://dejure.org/gesetze/SGB_IX_a.F. (16.01.2018).

Terfloth, K./Lamers, W. (2009): Untersuchung von Organisationsmerkmalen nachschulischer Angebote für Menschen mit schwerer und mehrfacher Behinderung (Projekt SITAS). In: Janz, F./Terfloth, K. (Hgg.): Empirische Forschung im Kontext geistiger Behinderung. Heidelberg, 215–239.

Tetzchner, S. v./Martinsen, H. (2000): Einführung in die Unterstützte Kommunikation. Heidelberg.

Theunissen, G./Kulig, W./Schirbort, K. (Hgg.) (2007): Handlexikon Geistige Behinderung. Stuttgart.

Wahl, M./Renner, G./Terfloth, K.; Lamers, W. (2015): Unterstützte Kommunikation in Förder- und Betreuungsgruppen: Bedarf an Aus- Fort- und Weiterbildungen – Ergebnisse einer deutschlandweiten Befragung. UK & Forschung. Beilage zur Zeitschrift Unterstützte Kommunikation (5), 11–18.

Wilken, E. (Hg.) (2010): Unterstützte Kommunikation. Stuttgart.

Hendrik Dangschat und Hildegard Südkamp

Gelingende Kommunikation

1 Das Projekt »Gelingende Kommunikation« (GK)

Verstehen und verstanden werden ist ein menschliches Grundbedürfnis, eine Voraussetzung, um soziales Leben zu gestalten. Menschen nutzen ständig gesprochene und geschriebene Sprache, um miteinander in Kontakt zu treten, sich mitzuteilen und zu informieren. Wenn jemand sich gar nicht oder nur sehr begrenzt lautsprachlich äußern, oft auch nicht lesen kann, ist das eine Beeinträchtigung, die die soziale Teilhabe massiv erschwert. Egal, ob es jemand nie gelernt, wieder vergessen oder zum Beispiel durch einen Schlaganfall verloren hat: Sprachlosigkeit isoliert, macht den einen traurig und den anderen wütend.

In Einrichtungen der Behindertenhilfe treten häufig Kommunikationsprobleme bei/mit Klient(inn)en auf, auch im Förder- und Betreuungsbereich der Werkstätten. Dann werden pragmatische Lösungen gesucht: hier ein wenig Gebärdensprache, dort verschiedenste Piktogramme oder spezielle Kommunikationshilfen, ab und zu Texte in Leichter Sprache. Durch individuelle Hilfen wird eine rudimentäre Verständigung unter Eingeweihten ermöglicht – bestenfalls. Eine Koordination dieser Ansätze für die Gemeinschaft findet nur selten statt.

Vor diesem Hintergrund wurde Ende 2014 in der Regionalen Arbeitsgruppe der Werkstätten Niedersachsen Süd-West das dreijährige Projekt »Gelingende Kommunikation« (GK) ins Leben gerufen, gefördert vom Land Niedersachsen. Acht große Träger der Behindertenhilfe, die ca. 15.600 Klient(inn)en und 6.600 Mitarbeiter(innen) vertreten (vgl. Die Vielfalter 2017), haben ein praxisorientiertes Konzept entwickelt, um kommunikationsbedingte Barrieren für Menschen mit Beeinträchtigungen herabzusetzen.

Individuum:
Was braucht ein Mensch, um gelingend kommunizieren zu können?

Organisation:
Was muss eine Organisation zur Verfügung stellen, damit Kommunikation gelingt?

Sozialraum:
Wie kann die Gemeinschaft von den Projektergebnissen profitieren?

Abb. 1: Dimensionen Gelingender Kommunikation (RAG WfbM Niedersachsen Süd-West)

Das Projektteam setzt sich multiprofessionell aus allen acht Einrichtungen zusammen: Beauftragte für Gelingende Kommunikation, Sozialpädagoginnen im Fachdienst der Werkstätten, ein Logopäde und eine Sonderschullehrerin, das Büro für Leichte Sprache, Leitungskräfte aus unterschiedlichen Bereichen sowie der Vorsitzenden des RAG Werkstattrats mit Assistenz. Eine Projektkoordinatorin und eine Projektleitung sorgen für den notwendigen Zusammenhalt.

Drei thematische Schwerpunkte wurden identifiziert und im Projektzeitraum nacheinander bearbeitet (siehe Abb. 1).

Ausgehend vom Individuum sind GK-Standards festgelegt worden, von denen hier zwei (siehe Kapitel 3 und 4) näher vorgestellt werden sollen. In der Organisation sind förderliche Rahmenbedingungen notwendig (GK-Beauftragte, Verankerung in Leitbild und Qualitätsmanagement, Qualifizierungskonzept, …), um GK zu etablieren. Und zur Übertragung der Ergebnisse in den Sozialraum dient die Vorstellung von GK in Fachschulen, Krankenhäusern, Verwaltungen …, genau wie die Präsentation des Projekts auf Tagungen und in Fachzeitungen.

2   Standards Gelingender Kommunikation

Um sich der komplexen Thematik zu nähern, hat das Projektteam zunächst fünf Themen festgelegt, zu denen verbindliche Standards entwickelt worden sind:
• Gebärden
• Sprechen, Lesen, Informieren
• Symbole, Piktogramme
• Elektronische Kommunikationshilfsmittel
• Übergänge gestalten
Immer wieder wird deutlich, dass sich die Diskussion im multiprofessionellen Projektteam einrichtungsübergreifend befruchtet. Generell sorgen »Themenhüter« dafür, dass die einzelnen Standards nicht im Gesamtprojekt verlorengehen und konkrete Ergebnisse festgehalten werden. Dabei sind die Überlegungen zur Praxistauglichkeit handlungsleitend.

Die Vereinbarung der GK-Standards war ein längerer Prozess, dessen Umsetzung noch immer aktuell ist, zumal auch Vorbereitungen zu treffen sind. Ein Meilenstein war die Einigung auf zwei Symbolsysteme, die sich grundsätzlich auch für den Sozialraum eignen (Universal Design im Sinne der UN-Behindertenrechtskonvention). Folgerichtig mussten Lizenzen für Symbole (*Metacom*, Kitzinger 2017; *Leichte Sprache*, Lebenshilfe Bremen 2013 und *Gebärdensammlungen*, Kestner 2013) angeschafft werden. Außerdem waren Festlegungen zu treffen, welche Texte in Leichter/Einfacher Sprache vorliegen sollen. Somit ging die Perspektive Individuum in die nächste Dimension »Organisation« über.

Abb. 2: Standards Gelingender Kommunikation, Perspektive: Individuum (RAG WfbM Niedersachsen Süd-West)

Die immer tiefer gehende Diskussion in der Projektgruppe führte dazu, dass zunächst ein Flyer zum GK-Projekt insgesamt gestaltet wurde, um die Zusammenhänge zu visualisieren. Hinzu kamen und kommen Broschüren für Mitarbeitende und weitere Interessierte, die sich schnell und fachlich über relevante Themen informieren möchten, zum Beispiel: Was ist Leichte Sprache? Was ist Einfache Sprache? Wie können Informationen für Nicht-Leser gestaltet werden? Im Themenfeld Elektronische Kommunikationshilfsmittel verpflichten sich die Projekteinrichtungen zur Anschaffung eines bestimmten Repertoires an Hilfsmitteln, um Erprobungen oder eine gezielte Diagnostik zu ermöglichen. Außerdem werden Prozessverantwortliche bestimmt, die sich mit ihrem Fachwissen für die Nutzung elektronischer Kommunikationshilfen einsetzen.

Die Ergebnisse der Themenfelder »Gebärden« und »Übergänge gestalten« werden im Folgenden genauer vorgestellt.

3   Schwerpunkt: GK-Übergänge gestalten

Der Wechsel von einem Lebensbereich in den anderen ist ein ganz normaler Vorgang. Vom Kindergarten in die Schule, von der Schule in die Berufswelt, vom Elternhaus in die eigene Wohnung: Das Leben geht weiter.

Abb. 3: Lebensabschnitte und -bereiche (RAG WfbM Niedersachsen Süd-West)

Und doch bedeutet jeder Entwicklungsschritt eine große Umstellung für die betroffene Person. Insbesondere auf der Schwelle zum Erwachsenenalter ändert sich die Umgebung gravierend. Die Aufnahme einer Ausbildung oder Tätigkeit bringt neue Anforderungen, Bezugspersonen und häufig eine andere Kultur des Umgangs mit sich. Wer auf Unterstützung angewiesen ist, spürt das doppelt und dreifach.

»Ich verstehe ihn auch so!«, meinen manche Praktiker(innen), wenn jemand z. B. mit einem Talker neu in die Tagesförderstätte kommt. Möglicherweise landet das Gerät im Schrank, wird nur in therapeutischen Settings benutzt oder es sind dann gerade die Batterien leer … Langsam verkümmern die mühsam erlernten Kommunikationsfähigkeiten des Klienten, und man sieht sich bestätigt: »Der versteht ja nichts«, und fügt gedanklich hinzu: »Außerdem haben wir mit der Pflege und Versorgung eh schon so viel zu tun. Wer soll sich denn auch noch um sowas kümmern, das können wir nicht«.

Diese Schilderungen müssen nicht zutreffen, aber manchmal ist tatsächlich die Haltung der Mitarbeitenden die größte Barriere in der Kommunikation mit Klient(inn)en. Umso wichtiger ist es, Mitarbeiter(innen) von Anfang an mitzunehmen, miteinzubeziehen und ihnen effektive Hilfsmittel zur Verfügung zu stellen. So wurde im Rahmen des Projekts beispielsweise die sogenannte »Checkliste GK-Übergänge« entwickelt.

Diese beleuchtet systematisch die kommunikativen Fähigkeiten und Ressourcen der Klient(inn)en und zeigt effektive Kommunikationsmöglichkeiten auf, unter anderem:

- Welche (Mutter-)Sprache wird überhaupt verstanden?
- Wie ist das Seh- und Hörvermögen, die Motorik ausgeprägt?
- Wahrnehmung, Konzentrationsfähigkeit, Lesen und Schreiben?
- Kann jemand sprechen, gebärden, Hilfsmittel benutzen?

Die Aussagen dazu können einfach angekreuzt und bei Bedarf einzeln erläutert werden. Ausgehend von solchen Einschätzungen werden anschließend effektive Kommunikationsmöglichkeiten aufgezeigt:

- Worüber »spricht« jemand besonders gerne und mit wem?
- Neigt jemand bei Missverständnissen eher zu Rückzug oder zu herausforderndem Verhalten?
- Gibt es bestimmte Zeichen für die Grundkommunikation (ja, nein …), kann jemand auswählen?
- Können Bedürfnisse, Wünsche und Stimmungen zum Ausdruck gebracht werden? Wie?

Zielgruppe für solche Beschreibungen sind ausschließlich Menschen mit kommunikativen Beeinträchtigungen, sofern im Rahmen der Teilhabeplanung ein entsprechender Unterstützungsbedarf festgestellt wurde.

Die GK-Checkliste ersetzt keine fachspezifische Diagnostik spezieller Professionen (Logopädie, Ergotherapie, Unterstützte Kommunikation …), sie dient der Bestandsaufnahme und Informationsübermittlung zwischen unterschiedlichen Lebensbereichen. Im Rahmen des Qualitätsmanagements ist sie den Kernprozessen Aufnahme/ Teilhabeplanung/Entlassung der jeweiligen Einrichtung zugeordnet.

Nutzt man die Checkliste per Computer, passt sich das ursprünglich 3-seitige Formular beliebig an den jeweiligen Platzbedarf an, da jedes Item mit Erläuterungen hinterlegt werden kann. Grundsätzlich wäre es sinnvoll, die GK-Checkliste in bestehende Dokumentationen der Einrichtungen zu integrieren. So lange das nicht möglich ist, empfiehlt sich ein separates Dokument.

Menschen mit komplexen kommunikativen Beeinträchtigungen, die sich in verschiedenen Lebensbereichen oder Einrichtungen bewegen, müssen ihre Fähigkeiten überall nutzen und weiterentwickeln können. Nicht nur die Übergänge, sondern auch die grundlegenden Kommunikationsbedingungen sollten deshalb in den jeweiligen Lebensbereichen gut aufeinander abgestimmt sein. Das gelingt nur, wenn die betroffene Person bei der Bestandsaufnahme und der Anwendung kommunikativer Aktivitäten im Rahmen ihrer Möglichkeiten einbezogen ist.

4   Schwerpunkt: Gebärden

In den acht Projekteinrichtungen werden Gebärden in der Arbeit mit unterschiedlichen Zielgruppen genutzt. In der Kommunikation mit Gehörlosen wird die Deutsche Gebärdensprache (DGS) verwendet. Die DGS ist eine eigenständige Sprache mit einer von der Lautsprache abweichenden Grammatik (vgl. Kleyboldt & Hillenmeyer 2016a, b). Weitere Zielgruppen werden der Unterstützten Kommunikation zugeordnet. So können Gebärden beispielsweise die Lautsprachentwicklung bei hörenden Kindern fördern. Sie können aber auch dauerhaft eine Ergänzung zur Lautsprache bilden oder für Personen, die Lautsprache nicht erwerben können, zu einer alternativen Sprachform werden. Im Kontext der Unterstützten Kommunikation werden Gebärden, im Gegensatz zur DGS, in der Regel lautsprachunterstützend eingesetzt. Dabei werden einzelne Worte (Schlüsselbegriffe) des gesprochenen Satzes parallel durch Gebärden ergänzt (vgl. Appelbaum 2013).

Im Schwerpunkt Gebärden konnten im Rahmen des Projekts folgende Ergebnisse vereinbart werden:

- Die in der Projektregion genutzten Gebärden entstammen der DGS. Andere Gebärdensysteme (zum Beispiel »Schau doch meine Hände an« oder »Makaton«) werden nicht verwendet.
- Die Projekteinrichtungen sorgen dafür, dass Mitarbeiter(innen) Zugang zu passenden Gebärdenschulungen bekommen. In der Arbeit mit gehörlosen Menschen sind das DGS-Schulungen. Für das Erlernen von Gebärden im Kontext der Unterstützten Kommunikation wird aktuell eine eigene Qualifizierung entwickelt.
- Die Einrichtungen haben sich auf die Nutzung des »Großen Wörterbuchs der Deutschen Gebärdensprache« von Karin Kestner geeinigt. Dieses enthält ca. 19.000 Wörter bzw. Gebärdenvideos (vgl. Kestner 2014).
- Zum Erlernen eines ersten Gebärdenwortschatzes wurden im Rahmen des Projektes zwei sich ergänzende Hilfsmittel entwickelt: die SIGNmap und die SIGNbox (vgl. Die Vielfalter 2017). Die SIGNmap ist eine Übersichtstafel und kann überall aufgehängt werden, wo man schnell alle Gebärden im Überblick haben möchte, z. B. bei Logopäd(inn)en, am Arbeitsplatz in Werkstätten, in Wohngruppen, im Büro von Assistent(inn)en und Anleiter(inne)n, in Schulen oder auch in der Kindergartengruppe. Die 224 Karten aus der SIGNbox sind multimodal aufgebaut (Gebärde, Metacom Symbol/© Annette Kitzinger und Schriftbild) und eignen sich ideal zum Lehren und Erlernen von Gebärden in Einzel- oder Gruppenarbeit. Alle beteiligten Projekteinrichtungen wurden mit einem Starterpaket dieser Materialien versorgt.

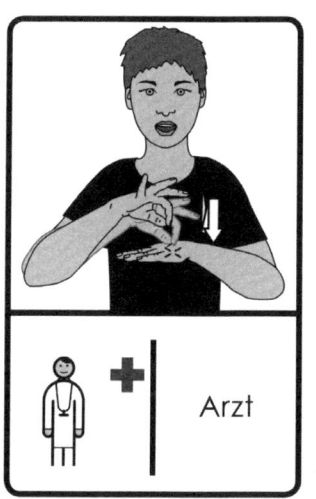

Das Zusammenwirken der einzelnen Komponenten (Standard DGS, Nutzung Hilfsmittel, gezielte Qualifizierung der Mitarbeitenden) soll im Folgenden anhand eines Fallbeispiels illustriert werden.

Abb. 4: Karte »Arzt« aus der SIGNbox
(Originalgröße 8 × 12 cm)

5   Fallbeispiel Frau Schmidt

5.1   Zur Person

Frau Schmidt ist 35 Jahre alt. Sie arbeitet in einer Gruppe im sogenannten »Intensivbereich« der Osnabrücker Werkstätten. Frau Schmidt nutzt keine Lautsprache. Sie kommuniziert jedoch intentional, indem sie zum Beispiel eine Mitarbeiterin zu einem gewünschten Objekt zieht. Ebenfalls verwendet Frau Schmidt zwei Gebärden, um etwas einzufordern: Kaffee und Brötchen. Zwar kann sie weitere Gebärden imitieren bzw. spiegeln (zum Beispiel »Vogel«), nutzt diese aber nicht funktional (um zum Beispiel zu kommentieren: »Da ist ein Vogel«).

Neben den beiden Gebärden setzt Frau Schmidt einzelne Fotos ein. Auch hier möchte sie offensichtlich etwas einfordern (zum Beispiel Foto »Schaukel« – einfordern »Schaukeln gehen«). Insgesamt kommuniziert Frau Schmidt also multimodal, da sie sich verschiedener Ausdrucksformen bedienen kann.

5.2   Eingliederungsplanung

Im Intensivbereich der Osnabrücker Werkstätten finden Eingliederungsplanungen in einem zweijährigen Rhythmus statt. Aktuell wurde für und mit Frau Schmidt eine Eingliederungsplanung durchgeführt. Da Frau Schmidt selbst nicht über Lautsprache kommuniziert sowie nur sehr wenige Symbole funktional einsetzt, war eine aktive Beteiligung ihrerseits nur eingeschränkt möglich. Inhaltlich wurde in dem Eingliederungsgespräch die Frage aufgeworfen, ob Frau Schmidt in ihrer Gebärdenkompetenz weiter gefördert werden könne. Dies wurde kontrovers diskutiert:

»Wir haben ihr bereits so viele Gebärden gezeigt. Sie lernt das einfach nicht.«

»Sie kann ja schon zwei Gebärden. Es wäre doch sehr praktisch, wenn sie weitere lernen könnte. Gebärden hat man ja immer bei sich!«

»Vielleicht haben wir ihr die falschen Gebärden angeboten!?«

Tatsächlich wurden Frau Schmidt in den letzten Jahren regelmäßig »Gebärdenangebote« unterbreitet. Zum Beispiel wurden Frau Schmidt anhand eines Posters verschiedene Gebärden gezeigt, wie Lebensmittel (Apfel, Banane, Kirsche) oder Fahrzeuge (Fahrrad, Auto, Bus). Teilweise konnte Frau Schmidt die Gebärden kopieren. Sie setzte ihrerseits die Gebärden aber nie aktiv bzw. funktional ein. Frau Schmidt verlor schnell das Interesse an diesen Angeboten.

Für die Planung eines anstehenden Förderprozesses bietet das sogenannte Partizipationsmodell eine wertvolle Hilfe (vgl. Beukelman & Miranda 2005). Dieses Modell ermöglicht beispielsweise die Identifizierung hinderlicher Barrieren. Dabei geht es sowohl um Faktoren seitens der Menschen mit Behinderung selbst (Zugangsbarrieren) und um Faktoren, die außerhalb des Individuums, im Umfeld der Person zu verorten sind (Gelegenheitsbarrieren). Für das Erlernen von Gebärden könnten sich

bei Frau Schmidt zum Beispiel motorische, kognitive oder perzeptive Fähigkciten er-
schwerend auswirken. Aber auch Einstellungen der Mitarbeitenden (»Gebärden? Ach,
ich verstehe sie auch so!«) können einen gravierenden Einfluss auf den Förderverlauf
haben. Manche Mitarbeitenden sind im Umgang mit Gebärden vielleicht nicht geübt
oder trauen sich nicht, vor »Publikum« zu gebärden (Fertigkeiten). Ebenfalls können
Wissensdefizite (zum Beispiel über passende Strategien der Gebärdenvermittlung oder
Kommunikationsanbahnung) zu den Gelegenheitsbarrieren zählen. Das Gelingen des
Förderprozesses hängt demnach stark davon ab, inwieweit Barrieren erkannt und reduziert werden können.

5.3   Die passende Strategie: Schulung des Teams

Da Frau Schmidt hörend ist, werden Gebärden lautsprachunterstützend vermittelt.
Eine für das Team effektive Schulung wäre also eher eine UK-Gebärdenschulung und
kein DGS-Kurs. In dieser Schulung geht es neben dem Erlernen von Gebärden auch
um die Vermittlung zentraler UK-Strategien:

1. *Modelling* oder wie werden Gebärden vermittelt? *Modelling* zählt zu den etablier-
ten UK-Strategien (vgl. Castañeda & Waigand 2016) und bezieht sich auf die Vor-
bildfunktion der Mitarbeitenden bzw. des Umfelds. Das Team gebärdet mit! Dabei
geht es aber nicht darum, Frau Schmidt in gezielten Lerneinheiten zum Gebärden zu
motivieren (»So, jetzt üben wir Gebärden!«). Es geht vielmehr darum, Gebärden in
den sich bietenden Alltagssituationen passend einzusetzen. Wenn Frau Schmidt einen
Gegenstand wegschiebt, könnte kommentiert werden: »Ich glaube, du möchtest das
nicht.« Dabei würde das Wort »nicht« gebärdet werden. Weiter könnte ergänzt werden: »Möchtest du *etwas anderes*?« »Etwas anderes« würde gebärdet werden. So geht es
beim *Modelling* insgesamt darum, die Sinnhaftigkeit von Kommunikation im alltäglichen Miteinander zu vermitteln. Ziel ist es, dass Frau Schmidt erkennt, Gebärden
funktional einzusetzen. Wenn Frau Schmidt versteht, dass sie mit einer Gebärde etwas
bewirken kann (zum Beispiel eine Handlung *nochmal* auszulösen), dann könnte sie
diese Gebärden zukünftig einsetzen. Dieser Prozess erfordert von den Mitarbeitenden
unter Umständen viel Geduld. Es kann sein, dass monatelang »gemodellt« werden
muss, bevor sich Erfolge zeigen.

2. Kernvokabular und Fokuswörter oder mit welchen Gebärden fangen wir an? Das
»Große Wörterbuch der Deutschen Gebärdensprache« von Karin Kestner bietet den
Mitarbeitenden prinzipiell eine gute Möglichkeit, um schnell eine Gebärde nachzu-
schauen. Im Fall von Frau Schmidt sagt das Programm aber nicht, mit welchen der
ca. 19.000 Gebärden sinnvollerweise angefangen werden kann. Was wäre also eine
sinnvolle Vokabularauswahl? In der Sprachförderung und in der Gestaltung von Kommunikationsformen kann in den letzten zehn Jahren von einem Paradigmenwechsel
gesprochen werden. Dieser wurde maßgeblich durch die Forschungen und Entwicklungen der Universität zu Köln zum Thema Kernvokabular eingeleitet (vgl. Boenisch

& Sachse 2007). So bezeichnet »Kernvokabular« die am häufigsten verwendeten Wörter einer Sprache. Das Kernvokabular macht 80 % des Gesprochen aus und wird unabhängig von der individuellen Lebenssituation und vom Thema flexibel eingesetzt. Es sind vor allem situationsunspezifische Funktionswörter (Pronomen, Hilfsverben, Adverbien, Präpositionen, Artikel, Konjunktionen), die durch einzelne Inhaltswörter (Nomen, Verben, Adjektive) ergänzt werden. In der Regel umfasst das Kernvokabular die 200 bis 300 am häufigsten verwendeten Wörter in der lautsprachlichen Kommunikation. So müssen bei der Auswahl von ersten Gebärden auch folgende Wörter berücksichtigt werden: »ich, nochmal, auch, fertig, möchte, können«. Außerdem muss es aber Platz für Wörter/Gebärden geben, die für die jeweilige Person individuell bedeutsam sind (wie zum Beispiel die Gebärde für den geliebten Fußballverein). Aufbauend auf der Grundidee des Kern- und Randvokabulars bietet das Konzept der »Fokuswörter« (vgl. Sachse & Willke 2011) eine wertvolle Strategie zur Organisation des angestrebten Zielwortschatzes. Dabei rücken nach und nach bestimmte Gebärden in den Fokus. Diese Gebärden verfolgen eine bestimmte Kommunikationsfunktion (zum Beispiel erstes Steuern von Aktivitäten, um eine Handlung bitten, etwas auswählen) und müssen vom Umfeld konsequent »gemodellt« werden. Eine visuelle Hilfe bieten dabei die SIGNmaterialien (zum Beispiel durch Kennzeichnung der Gebärdenauswahl auf der SIGNmap).

Ob Frau Schmidt ihre bisherige Kommunikationskompetenz noch um weitere Gebärden bereichern wird, kann zu Beginn der »Förderung« nicht prognostiziert werden. Die Chance, dass dies passiert, erhöht sich aber durch eine umfassende Strategie: Bereitstellung passender Hilfsmittel (Kestner, SIGNmaterialien), Identifizierung vorhandener Barrieren, Schulung des Umfelds unter Berücksichtigung zentraler UK-Strategien (Modelling, Kern- und Randvokabular, Fokuswörter).

6   Fazit

Das Projekt Gelingende Kommunikation (GK) hat durch die Bündelung von Fachkompetenzen verschiedener Spezialist(inn)en im Bereich Unterstützter Kommunikation, Gebärdensprache sowie Leichter/Einfacher Sprache einen sehr wertvollen Grundstock gelegt. Durch intensive Diskussionen und zum Teil wissenschaftliche Begleitung ist ein Regelwerk entstanden, das eine entscheidende Verbesserung der Kommunikationsmöglichkeiten für Menschen mit kommunikativen Beeinträchtigungen bedeutet. Diese Erkenntnisse gilt es umzusetzen und nachhaltig zu sichern.

Zukünftig wird durch eine gute Vernetzung im Rahmen eines regionalen GK-Expert(inn)enkreises eine Weiterentwicklung in Zusammenarbeit mit verschiedenen Universitäten und weiteren Fachexpert(inn)en (z. B. »Gesellschaft für Unterstützte Kommunikation e. V.«) erfolgen. Durch diesen Wissenstransfer kann auch das erklärte Ziel, mit den vorhandenen Erkenntnissen in den Sozialraum hineinzuwirken, besser verfolgt werden.

Die intensive Phase der Konzeptentwicklung muss sich jetzt im Alltag beweisen. Bis zur Gestaltung eines kommunikativ-barrierefreien Umfelds im Sinne der UN-Behindertenrechtskonvention ist es noch ein weiter Weg, doch sind die erarbeiteten Standards, Materialien und Methoden ein guter Schritt in die richtige Richtung. Es geht weiter …

Literatur

Appelbaum, B. (2013): Mit den Händen reden. Möglichkeiten in der Arbeit mit sinnesbeeinträchtigten Menschen. In: ISAAC (Hg.): UK kreativ!, Karlsruhe, 208–220.

Beukelman, D./Mirenda, P. (2005): Augmentative and Alternative Communication. Managing Severe Communication Disorders in Children and Adults. Baltimore.

Boenisch, J./Sachse, S. (2007): Sprachförderung von Anfang an. In: Unterstützte Kommunikation (3), 12–20.

Castañeda, C./Waigand, M. (2016): Ein Weg für jeden?! Modelling in der Unterstützten Kommunikation. In: Unterstützte Kommunikation (3), 41–44.

Die Vielfalter (2017): Die Vielfalter – Experten für Teilhabe, www.teilhabe-experten.de (17.12.2017)

Kestner, K. (2014): Das große Wörterbuch der Deutschen Gebärdensprache. Schauenburg.

Kitzinger, Annette (2017): Metacom – Symbole zur Unterstützten Kommunikation, http://www.metacom-symbole.de/ (17.12.2017)

Kleyboldt, T./Hillenmeyer, M. (2016a): DGS – Deutsche Gebärdensprache Teil 1., 2. Auflage. Hamburg.

Kleyboldt, T./Hillenmeyer, M. (2016b): DGS – Deutsche Gebärdensprache Teil 2., Hamburg.

Lebenshilfe Bremen (2013): Leichte Sprache – Die Bilder. Marburg.

Sachse, S./Willke, M. (2011): Fokuswörter in der Unterstützten Kommunikation. Ein Konzept zum sukzessiven Wortschatzaufbau. In: Bollmeyer, H. et al. (Hgg.): UK inklusive – Teilhabe durch Unterstützte Kommunikation. Karlsruhe, 375–394.

Verzeichnis der Autorinnen und Autoren

Henning Ader
Schwarzbach Schule
Johannes-Diakonie Mosbach

alsterdorf assistenz west gGmbH
Hamburg
(Judith Beliaeff, Gesine Drewes)

Heinz Becker
Arbeiter-Samariter-Bund Landesverband
Bremen e. V.

Jochen Bietz
LWV.Eingliederungshilfe GmbH
Rappertshofen Reutlingen

Hendrik Dangschat
Heilpädagogische Hilfe Osnabrück gGmbH

Prof. Dr. Markus Dederich
Universität zu Köln
Department Heilpädagogik und Rehabilitation
Allgemeine Heilpädagogik – Theorie der Heilpädagogik und Rehabilitation

Dr. Stefan Doose
Fachschule für Sozial- und Heilpädagogik Lensahn
Netzwerk Persönliche Zukunftsplanung e. V.

Dörte Eggers
Lebenshilfe gGmbH
Berlin

Sophia Falkenstörfer
Humboldt-Universität zu Berlin
Institut für Rehabilitationswissenschaften
Geistigbehindertenpädagogik

Prof'in Dr. Barbara Fornefeld
Universität zu Köln
Department Heilpädagogik und Rehabilitation
Pädagogik und Rehabilitation bei Menschen
mit geistiger und schwerer Behinderung

Prof. Dr. Andreas Fröhlich
Bis 2006 Universität Koblenz-Landau
Allgemeine Sonderpädagogik

Prof. Dr. Frank Früchtel
Fachhochschule Potsdam
Fachbereich Sozial- und Bildungswissenschaften
Ethik, Theorie und Methoden der Sozialen Arbeit

Susanne Gruber
Lebenshilfe gGmbH
Berlin

Jutta Hennies
Deutsches Taubblindenwerk gGmbH
Fischbeck

Josephine Herweg
Leben mit Behinderung Hamburg e. V.

Jeannette Hoffmann
Lebenshilfe gGmbH
Berlin

Wibke Juterczenka
Leben mit Behinderung Hamburg e. V.

Dr. Caren Keeley
Universität zu Köln
Department Heilpädagogik und Rehabilitation
Pädagogik und Rehabilitation bei Menschen
mit geistiger und schwerer Behinderung

Hein Kistner
Lebens- und Arbeitsgemeinschaft »Am Bruckwald«
Waldkirch

Kerstin Klapper-Ecevit
Gemeinnützige Werkstätten und Wohnstätten GmbH
Calw

Prof. Dr. Theo Klauß
Pädagogische Hochschule Heidelberg
Institut für Sonderpädagogik
Geistig- und Mehrfachbehindertenpädagogik

Ingrid Laible
Caritasverband Singen-Hegau e. V.

Prof. Dr. Wolfgang Lamers
Humboldt-Universität zu Berlin
Institut für Rehabilitationswissenschaften
Geistigbehindertenpädagogik

Stefan Leiber
Caritasverband Singen-Hegau e. V.

Anika Maier
Caritasverband Singen-Hegau e. V.

Jörg Markowski
Ev. Johannesstift Behindertenhilfe gGmbH
Die Macherei
Berlin

Dr. h.c. Peter Masuch
Präsident des Bundessozialgerichts a. D.
Kassel

Tina Molnár
Humboldt-Universität zu Berlin
Institut für Rehabilitationswissenschaften
Geistigbehindertenpädagogik

Prof. Dr. Oliver Musenberg
Universität Hildesheim
Institut für Erziehungswissenschaft
Angewandte Erziehungswissenschaft

Dr. Gabriele Niehörster
Spastikerhilfe Berlin e. G.

Steven Reres
Schwarzbach Schule
Johannes-Diakonie Mosbach

Benita Richter
Bundesvereinigung Lebenshilfe
Bundesgeschäftsstelle
Berlin

Dr. Judith Riegert
Humboldt-Universität zu Berlin
Institut für Rehabilitationswissenschaften
Geistigbehindertenpädagogik

Karin Ruh-Hagel
Spastikerhilfe Berlin e. G.

Dr. Teresa Sansour
Pädagogische Hochschule Heidelberg
Institut für Sonderpädagogik
Geistig- und Mehrfachbehindertenpädagogik

Dr. Rolf Schmachtenberg
Beamteter Staatssekretär
im Bundesministerium für Arbeit und Soziales
Berlin

Hildegard Südkamp
Heilpädagogische Hilfe Bersenbrück gGmbH

Angelika Thäle
Humboldt-Universität zu Berlin
Institut für Rehabilitationswissenschaften
Geistigbehindertenpädagogik

Prof. Dr. Michael Arnold Wahl
Humboldt-Universität zu Berlin
Institut für Rehabilitationswissenschaften
Abteilung: Rehabilitationstechnik/Neue Medien

Michael Werner
Schwarzacher Werkstätten
Johannes-Diakonie Mosbach

Mathias Westecker
Leben mit Behinderung Hamburg e. V.

Joachim Wolf
Schwarzacher Werkstätten
Johannes-Diakonie Mosbach